Edition Dräger-Stiftung

ZUKUNFT ZUKUNFT ZUKUNFT

Band 15

Herausgegeben von
Christian Dräger
Petra Pissulla
Andreas Wass von Czege

Mehr Wettbewerb, mehr Arbeit –

Ist Vollbeschäftigung eine Illusion?

More Competition, More Jobs –

Is Full Employment an Illusion?

Dokumentation des X. Malenter Symposiums
Proceedings from the X. Malente Symposium

Nomos Verlagsgesellschaft
Baden-Baden

Die Deutsche Bibliothek – CIP-Einheitsaufnahme

Mehr Wettbewerb, mehr Arbeit – Ist Vollbeschäftigung eine Illusion? : Dokumentation des X. Malenter Symposiums = More Competition, More Jobs – Is Full Employment an Illusion? – 1. Aufl. – Baden-Baden : Nomos Verl.-Ges., 1996

(Zukunft ; Bd. 15)

ISBN 3-7890-4272-2

NE: Malenter Symposion <10, 1995>; More Competition, More Jobs – Is Full Employment an Illusion?; GT

1. Auflage 1996

Inhaltsverzeichnis
Contents

Vorwort der Herausgeber
Preface of the Editors 13

Heide Simonis
Begrüßungsansprache
Welcome Address 15

Dieter Feddersen 19
Peter Meyer-Dohm 21
Grußworte
Words of Greeting

Teil 1: Einführende Referate
Part 1: Introductory Lectures

Walther Ch. Zimmerli
Arbeit im Wandel – Selbstentfaltung statt Selbstentfremdung 25

Kommentare: *Friedrich Fürstenberg* 40
Karl Homann 42
Dietrich Schulz 47

Herbert Giersch
Arbeitsmärkte im Standortwettbewerb 51

Peter Haase
Standortwettbewerb als personalpolitische Herausforderung
für das Unternehmen 71

Pádraig Flynn
The New Architecture for a European Labour
Market and Social Policy under the Pressure
of International Competition 85

Teil 2: Arbeitskreissitzungen
Part 2: Working Group Sessions

Arbeitskreis I
Working Group I

Nationale Arbeitsmärkte im internationalen Wettbewerb – Brauchen wir eine neue Beschäftigungspolitik?

National Labor Markets in International Competition – Do We Need a New Employment Policy?

Johann Eekhoff
Arbeitsmarkt und Leistungsgesellschaft - Politische, soziale und wirtschaftliche Wurzeln der heutigen Arbeitslosigkeit 93

Wolfgang Franz
Gegen die Arbeitslosigkeit: Können wir uns nationale Alleingänge leisten oder brauchen wir eine konzertierte Aktion der westlichen Industrieländer? 99

Erich Staudt
Brauchen wir eine staatliche Industriepolitik? 107

Klaus-Peter Möller
Wie weit können wir die Deindustrialisierung Deutschlands treiben? 137

Thomas Lange
Active Labour Market Policies: Lessons from International Experiences 147

Dale T. Mortensen
The Unemployment and Income Effects of Active Labor Market Policy: A U.S.-U.K. Comparison 157

Richard Medley
A Tale of Four Worlds: America's Emerging Class Crisis 181

Ronald Schettkat
Zusammenfassung der Ergebnisse des Arbeitskreises I 205

Karl-Heinrich Oppenländer
Abschließende Bemerkungen zum Arbeitskreis I 209

Arbeitskreis II
Working Group II

Deregulierung und Flexibilisierung des Arbeitsmarktes – Können sozialstaatliche, kollektive und individuelle Interessen zum Ausgleich gebracht werden?

Deregulation and Flexibilization of Labor Markets – Can Social State, Collective and Individual Interests be Balanced?

Hubertus Schmoldt
Definition der Rahmenbedingungen für partizipative Konfliktlösungsmodelle auf dem deutschen Arbeitsmarkt 215

Rüdiger Soltwedel
Hat die Tarifautonomie in Deutschland noch eine Zukunft? 223

Gilles Saint-Paul
Reforming Europe's Labor Market: Political Issues 233

David Foden
Europe's Employment Crisis: Is Deregulation the Answer? 245

Ramana Ramaswamy/Robert Rowthorn
Decentralizing Wage Bargaining: Macro versus Micro Flexibility. Experiences from Sweden 255

Matthew J. Slaughter
American Wage Inequality and Its Impact on Overall Economic Growth 275

Wolfgang Scheremet
Zusammenfassung der Ergebnisse des Arbeitskreises II 281

Gottlieb Förster
Abschließende Bemerkungen zum Arbeitskreis II 285

Arbeitskreis III
Working Group III

Aktuelle beschäftigungspolitische Konzepte – Innovation oder Sackgasse?

Current Employment Policy Concepts – Innovation or Blind Alley?

Martin Ahbe
Aktuelle beschäftigungspolitische Konzepte:
Das Weißbuch der Europäischen Kommission 291

Gerhard Bosch
Beschäftigungspolitische Ansätze in der Bundesrepublik
Deutschland und ihre kritische Würdigung 295

Achim Trube
Der Zweite Arbeitsmarkt – Trumpfkarte oder Fehlfarbe
in der Beschäftigungskrise? 307

Daniel Gros
International Experiences in (Un)employment Policies 323

Hans-Peter Klös
Die Umsetzbarkeit konkreter beschäftigungspolitischer
Vorschläge in die praktische Politik – Realisierungschancen
und Hindernisse 327

Stefan Huckemann
Zusammenfassung der Ergebnisse des Arbeitskreises III 347

Ulrich van Suntum
Abschließende Bemerkungen zum Arbeitskreis III 351

Arbeitskreis IV
Working Group IV

Flexibilisierungsstrategien im Unternehmen – Maßnahmen zur Sicherung oder auch zur Schaffung von Arbeitsplätzen?

Flexibilization Strategies of Enterprises - Serving not only the Protection but also the Creation of Jobs?

Artur Wollert
Problemfelder und Ziele im Unternehmen 357

Hans-Jörg Bullinger/Stephan Zinser
Paradigmenwechsel: Von der erwerbswirtschaftlichen Einbahngesellschaft zur Gesellschaft der Wahlmöglichkeiten. Sind mikroökonomische und gesamtwirtschaftliche Interessen in Einklang zu bringen? 365

Joachim Ragnitz
Bewertung unternehmerischer Flexibilisierungsstrategien: Auswirkungen und Nebenwirkungen auf Leistungsfähigkeit und Beschäftigung 373

Ingeborg Sperling
Zusammenfassung der Ergebnisse des Arbeitskreises IV 383

Werner Then
Abschließende Bemerkungen zum Arbeitskreis IV 387

Arbeitskreis V
Working Group V

Wertewandel und Leistungsgesellschaft – Brauchen wir ein neues Arbeitsverständnis?

Value Changes and Performance-Oriented Society – Do We Need a New Understanding of Labor?

Hans Ruh
Der Stellenwert der Arbeit in der zukünftigen individuellen Lebensplanung 393

Gabriele Andretta/Martin Baethge
Wertewandel, Arbeitsorganisation und neue Arbeitsorientierungen 401

John Erpenbeck
Wertewandel und Selbstorganisation 409

Volker Heyse
Das lernende Unternehmen – Vision und Realität 425

Christa-Jana Hartwig
Zusammenfassung der Ergebnisse des Arbeitskreises V 433

Peter Meyer-Dohm
Abschließende Bemerkungen zum Arbeitskreis V 437

Arbeitskreis VI
Working Group VI

Die Arbeitsmärkte Osteuropas im Aufbau – Werden die Chancen genutzt?

Labor Markets in Eastern Europe in the Process of Organization – Can the Chances be Seized?

Michal Rutkowski
Labor Market in Transition: How to Cope with Unemployment and Poverty? 441

Jozef M. van Brabant
Deregulated, Administered, and Social-Democratic Labor Markets for Postcommunist Economies in Transition (PETs) 485

Olaf Hübler
Beschäftigungsorientierte Qualifizierung in Ostdeutschland – Ein Modell für die Arbeitsmärkte in Osteuropa? 513

Zenon Wiśniewski
Polens Erfahrungen mit Maßnahmen zur beschäftigungsorientierten Qualifizierung: Kann der Westen helfen? 561

Klára Fóti
The Increasing Shadow Economy in Eastern Europe –
Impacts on the First Labour Market and the National Budget 569

Marvin Jackson
Summary of the Results of Working Group VI 585

Josef C. Brada
Final Remarks on Working Group VI 591

Anhang
Appendix 595

Die Autoren
The Authors 597

Vorwort

Die Malenter Symposien, die sich mit aktuellen Fragen der internationalen Wirtschafts- und Sozialpolitik beschäftigen, sind die umfassendste und bekannteste Konferenzreihe der Dräger-Stiftung. Seit dem ersten Malenter Symposium im Jahre 1981, das sich mit dem Problem des weltweiten Bevölkerungswachstums auseinandersetzte, wurden im Rahmen der acht folgenden Konferenzen Fragen des internationalen Arbeitsmarkts, der Welthandelsentwicklung, des Technologietransfers, der internationalen Schuldenkrise, der Zukunft der Europäischen Gemeinschaft, der Weltwährungsordnung, der Ost-West-Wirtschaftsbeziehungen und eines umweltgerechten Wirtschaftswachstums diskutiert.

Beschäftigungspolitik und Probleme der Arbeitslosigkeit gehörten für Heinrich Dräger, den Gründer der Dräger-Stiftung, zeit seines Lebens zu den immer wiederkehrenden Schwerpunktthemen seiner Arbeit. Dementsprechend hat auch die Dräger-Stiftung auf ihrem X. Malenter Symposium diese weltweit immer drängender werdende Thematik erneut aufgegriffen. Seit im Jahre 1967 das Gesetz zur Förderung der Stabilität und des Wachstums der Wirtschaft verabschiedet wurde, ist die Erreichung und die Sicherung eines hohen Beschäftigungsstandes in der Bundesrepublik eines der gesetzlich verankerten Ziele im Rahmen des sogenannten magischen Vierecks der Wirtschaftspolitik. Dennoch hat es in Deutschland eine kurze Phase der Vollbeschäftigung allein in den 60er und den frühen 70er Jahren gegeben. Mittlerweile scheint das Ziel der Vollbeschäftigung nicht nur in Deutschland, sondern auch in den meisten anderen westlichen Industrieländern – ganz zu schweigen von den osteuropäischen Transformationsländern, deren Arbeitslosenzahlen mit dem Zusammenbruch ihrer Wirtschaftsordnung i.d.R. geradezu explodierten, oder den Ländern der Dritten Welt – in immer weitere Ferne gerückt.

Auch wenn es gegenwärtig Anzeichen dafür gibt, daß der in den letzten Jahren weltweit zu beobachtende Anstieg der Arbeitslosigkeit – zumindest vorübergehend – zum Stillstand kommen wird, so bleibt das Niveau der Arbeitslosigkeit auch in der Bundesrepublik Deutschland doch intolerabel hoch. Das bedeutet, daß es in der Beschäftigungs- und Arbeitsmarktpolitik nicht nur um die Sicherung und den Erhalt vorhandener Arbeitsplätze gehen darf, sondern daß es auch um die Schaffung neuer Arbeitsplätze gehen muß. Arbeitslose müssen verstärkt in den Arbeitsprozeß reintegriert werden, wenn wachsende soziale Ungleichheiten mit möglichen negativen Konsequenzen für die Wirtschaftsentwicklung und den sozialen Frieden vermieden werden sollen.

Die Suche nach Wegen aus der Arbeitslosigkeit bleibt also für Politik, Wirtschaft und Wissenschaft eine der wichtigsten Aufgaben des ausgehenden 20. Jahrhunderts. Aus diesem Grund hat die Dräger-Stiftung in Kooperation mit I.P.I – International Partnership Initiative e.V., Wolfsburg, mehr als 200 internationale Experten aus Wissenschaft, Politik und Wirtschaft auf dem X. Malenter Symposium vom 12. – 14. Juni 1995 in Lübeck zusammengeführt, um dieses komplexe Problem unter der Fragestellung: »Mehr Wettbewerb, mehr Arbeit – Ist Vollbeschäftigung eine Illusion?« umfassend und ausführlich zu diskutieren. Dabei ging es weniger darum, der Vielzahl der Ursachenanalysen eine weitere hinzuzufügen, als vielmehr um die Suche nach innovativen Wegen aus der Arbeitslosigkeit, um eine möglichst komplexe Analyse und Bewertung bereits unternommener Maßnahmen – oder zur Zeit diskutierter Lösungsansätze – und um einen intensiven Erfahrungsaustausch mit dem Ziel, voneinander zu lernen. Die vorliegenden Beiträge spiegeln das breite Spektrum der verschiedenen Denk- und Lösungsansätze aus Sicht der unternehmerischen und gewerkschaftlichen Praxis, aus Sicht der Politik und aus Sicht der Wissenschaft wider. Praxis und Theorie, Befürworter und Kritiker unterschiedlicher Lösungsansätze kommen dabei gleichermaßen zu Wort.
Die Dräger-Stiftung und I.P.I danken der Ministerpräsidentin des Landes Schleswig-Holstein, *Frau Heide Simonis,* für die Übernahme der Schirmherrschaft des X. Malenter Symposiums.

Dem wissenschaftlichen Steering Committee, dem Dank gesagt wird für die Hilfe bei der Konferenzvorbereitung, gehörten an:
Professor Dr. Herbert Giersch, Institut für Weltwirtschaft an der Universität Kiel,
Professor Dr. Peter Meyer-Dohm, I.P.I, Wolfsburg,
Petra Pissulla, Dräger-Stiftung,
Dr. Bernhard Teriet, Institut für Arbeitsmarkt- und Berufsforschung, Nürnberg,
Werner Then, Deutsche Managementgesellschaft, Frankfurt,
Professor Dr. Ulrich van Suntum, Universität Münster und
Dr. Andreas Graf Wass von Czege, I.P.I, Wolfsburg.

Der vorliegende Band 15 der *Edition Dräger-Stiftung Zukunft* enthält ausgewählte Konferenzbeiträge und die Zusammenfassungen der Diskussionsergebnisse aus den Arbeitskreissitzungen des X. Malenter Symposiums. Die von den Referenten, Arbeitskreisleitern und Rapporteuren überarbeiteten und freigegebenen Beiträge erscheinen hier in unveränderter Form.

Die Herausgeber — Im November 1995

Heide Simonis

Begrüßungsansprache

Sehr geehrte Damen und Herren!

Die Dräger-Stiftung hat Sie alle – sozusagen aus der ganzen Welt – zusammengeführt, um Lösungen für das weltweite Problem der Arbeitslosigkeit zu suchen.
Ist Vollbeschäftigung eine Illusion? Eine Illusion ist eine vergebliche, ja eine unerfüllbare Hoffnung. Ich weiß nicht, wie man die Millionen chinesischer Wanderarbeiter in feste, dauerhafte Beschäftigung bringt. Ich weiß nicht, wie man in den Ländern der ehemaligen Sowjetunion eine Wirtschaft aufbaut, die allen Menschen dort eine materielle, humane und soziale Existenz sichert. Ich weiß auch nicht, wie wir die sechs bis sieben Millionen Arbeitsplätze schaffen können, die uns in Deutschland plausiblen Schätzungen zufolge fehlen.
Aber ich bin mir sicher: Sie alle hätten die teilweise sehr weiten Anreisen nicht unternommen, wenn Sie der Meinung wären, Vollbeschäftigung sei eine Illusion. Nein, Vollbeschäftigung ist keine Illusion. Vollbeschäftigung ist kurzfristig eine nicht sehr realistische Hoffnung. Aber wenn wir sie für unerfüllbar erklären und die Hände in den Schoß legen, dann wird sie sich nie erfüllen.
Ich will einen Punkt ansprechen, an dem in Deutschland angesetzt werden muß, um Beschäftigung zu sichern und zu mehren. In meinen Augen sind die Kosten für den Faktor Arbeit ein zentraler Punkt. Die Arbeit ist zu teuer geworden. Ich meine ausdrücklich *nicht* die Löhne und Gehälter, schon gar nicht die Netto-Einkommen. Seit 1990 ist die Kaufkraft um 4,5 Prozent gesunken. Wer an dieser Schraube weiterdrehen will, sollte an Henry Ford denken: »Autos kaufen keine Autos«. Seit 1990 sind die Arbeitskosten real um 2,4 Prozent gestiegen. Wo ist der Mehraufwand der Arbeitgeber geblieben? Auf jede Mark Arbeitslohn waren 1993 noch einmal 47 Pfennig für allerlei tarifliche Leistungen zu zahlen, wie 13. oder auch 14. Gehälter, Urlaubsgeld und so weiter.
Da will ich nicht eingreifen. Das müssen die Tarifpartner unter sich ausmachen. Aber weitere 37 Pfennig an Lohnnebenkosten waren von Gesetzes wegen zu zahlen, vor allem Rentenversicherung und Arbeitslosenversicherung. Das ist im Prinzip auch völlig in Ordnung. Ich will an der paritätischen Vorsorge für Alter und Arbeitslosigkeit nicht rütteln. Mich stört aber der Etikettenschwindel.

- Wenn die Bundesanstalt für Arbeit in Nürnberg mehr als 40 Prozent ihres Beitragsaufkommens – das sind etwa 35 Milliarden Mark – für allgemeine Arbeitsmarktpolitik aufwendet, dann hat das mit der Versicherung gegen Lohnausfall durch Arbeitslosigkeit wenig zu tun. Da werden Versicherungsbeiträge für zweifellos notwendige, aber klar versicherungsfremde Zwecke ausgegeben. Sie dürfen nicht über Arbeit, sondern müssen von der gesamten Gesellschaft finanziert werden.
- Wenn die gesetzliche Rentenversicherung für Kriegsdienst und Flucht, für Kriegsfolgelasten, Vertreibung und Verfolgung, für die Entschädigung von NS- oder SED-Unrechts und so weiter zahlt – dann hat das mit einer beitragsbezogenen Rente wenig zu tun. Diese Leistungen summieren sich auf 80 bis 90 Milliarden Mark im Jahr. Aber es sind versicherungsfremde Leistungen, die hier nicht hineingehören. Es gibt zwar einen Bundeszuschuß zur Rentenversicherung, aber er deckt sie bei weitem nicht. Die Rentenbeiträge könnten deutlich gesenkt werden, wenn sie nur zweckmäßig verwendet würden.

Wir sollten strikter trennen zwischen beitragsfinanzierten Versicherungen auf der einen Seite und Sozialleistungen auf der anderen Seite, die gesamtgesellschaftliche Aufgaben darstellen und deshalb auch gesamtgesellschaftlich finanziert werden müssen – also über Steuern, die alle aufbringen müssen.
Wir haben es zu tun mit einer Art unlauterem Faktor-Wettbewerb. Wir bürden dem Faktor Arbeit Lasten auf, die dort nicht hingehören. Wenn wir die Arbeitskosten entlasten von allen Positionen, die von allen und nicht nur von Arbeitnehmern und Arbeitgebern zu bezahlen sind, dann können wir die Sozialversicherungsbeiträge um etliche Prozentpunkte senken. Niedrigere Renten- und Arbeitslosenversicherungsbeiträge senken die Arbeitskosten. Niedrigere Arbeitskosten drücken die Lohnstückkosten. Niedrigere Lohnstückkosten erhöhen die Wettbewerbsfähigkeit, und eine höhere Wettbewerbsfähigkeit schafft mehr Arbeit.
Ich glaube, es ist ziemlich unbestritten, daß es Aufgabe des Staates ist, für eine angemessene Preis-Relation der Produktionsfaktoren zu sorgen. Ein Faktor ist in Deutschland noch immer bei weitem zu billig. Das ist der Verbrauch natürlicher Ressourcen. Umwelt gibt es nicht umsonst, und deshalb müssen Umweltbelastung und Umweltverbrauch in der betriebswirtschaftlichen Kostenrechnung zu Buche schlagen. Wenn wir alle nicht erneuerbaren und nicht unendlich verfügbaren Energieträger Schritt für Schritt durch eine Steuer verteuern, dann bekämpfen wir nicht nur die drohende Klima-Katastrophe. Wir verbesseren damit auch die Position der Arbeit im Faktor Wettbewerb. Das allein würde schon mehr Arbeitsplätze schaffen.
Ich will aber nicht – der Umwelt zuliebe – die Energie verteuern und – dem Fiskus zuliebe – einfach abkassieren. Die gesamte Steuerbelastung darf nicht erhöht werden. Ich will eine ökologische Steuerreform, die Schritt für Schritt

Umweltverbrauch höher belastet und in einem geschlossenen System dieses Steueraufkommen einsetzt zur Senkung der staatlich bestimmten Lohnnebenkosten.

Eine Art kombinierte Öko-Arbeits-Steuerreform also. Und zugleich fremde Leistungen raus aus der Sozialversicherung: Das sind zwei systematische und wirksame Ansätze, unsere zu teuren Arbeitskosten zu senken. Damit holen wir sicher nicht die deutsche Textilindustrie zurück nach Deutschland. Sie vagabundiert seit Jahren zwischen Osteuropa, Südeuropa und inzwischen auch Nordafrika umher – je nachdem, wo es gerade ein bißchen billiger ist. Wir werden auf diese Weise auch nicht konkurrieren können mit den Philippinen, wo es Stundenlöhne von zwei Mark gibt. Wir können dadurch aber unsere Position im Wettbewerb mit Amerika und Japan verbessern. Wir können auf diese Weise dem Trend entgegenwirken, die menschliche Arbeit zugunsten maschineller Lösungen immer weiter zurückzudrängen.

Und wir können auf diese Weise dazu beitragen, daß menschliche Dienstleistungen, die ja etwa in den USA schon einen viel höheren Anteil an der Wertschöpfung ausmachen als bei uns, wieder bezahlbarer werden. Sie würden aus der Schattenwirtschaft wieder ans Licht treten. Alles das bedeutet neue zusätzliche Arbeitsplätze.

Die Tarifpartner könnten ein übriges tun und für mehr Flexibilität sorgen. Wenn die Maschinenlaufzeiten verlängert würden, könnten die individuellen Arbeitszeiten sogar weiter verkürzt werden und dennoch würden die Lohnstückkosten günstiger. Ich halte auch viel von Jahresarbeitszeitkonten und ähnlichen Modellen, die durch Flexibilität Kosten senken, ohne daß soziale Dämme eingerissen werden müßten.

Nein, meine Damen und Herren: Vollbeschäftigung muß keine Illusion bleiben, auch wenn man sie heute wohl nicht mehr so definieren kann, wie noch zu Ludwig Erhards Zeiten.

Ich bin schon heute gespannt auf die Tagungsberichte dieses X. Malenter Symposiums. Ich bin sicher, daß Sie einen reichen Fundus auch für die politische Arbeit zusammentragen werden. Mehr als ein Fundus kann es für die Politik nicht sein. Denn wie sagte Bismarck: »Die Politik ist keine Wissenschaft, wie viele der Herren Professoren sich einbilden, sondern eine Kunst.«

Als Schirmherrin dieser Tagung danke ich Ihnen, daß Sie Ihren Sachverstand hier einbringen – zu einem Thema, das gemeinsam mit der Umweltfrage weltweit oberste Dringlichkeit verdient. Dank auch noch einmal der Dräger-Stiftung, daß sie dieses Symposium ermöglicht hat. Ich wünsche Ihnen noch eine lebhafte, ergiebige Tagung.

Dieter Feddersen

Grußworte

Meine Damen und Herren,

im Namen der Dräger-Stiftung, insbesondere im Namen meines Vorstandskollegen, Dr. Christian Dräger, und der gesamten Mannschaft der Dräger-Stiftung darf ich Sie hier sehr herzlich zum X. Malenter Symposium begrüßen. Das Symposium hat seinen Namen von dem Ort Malente, in welchem wir die ersten acht Symposien abgehalten haben, deren Themen einen weiten Bogen von der Bevölkerungspolitik über die internationale Finanzpolitik, über die Frage des Ost-West-Wirtschaftsverhältnisses und über Fragen der Umwelt bis hin zu internationalen Finanz- und Währungsfragen spannten.
Wir freuen uns, heute das Symposium erstmalig am Sitz unserer Verwaltung in Lübeck abhalten zu können und sind glücklich, daß das Land Schleswig-Holstein und die Stadt Lübeck dieser Veranstaltung ihre Aufmerksamkeit widmen, die insbesondere in den beiden abendlichen Ereignissen zum Ausdruck kommt, dem festlichen Abendessen am heutigen Tage, zu dem die Dräger-Stiftung und I.P.I. zusammen mit der Ministerpräsidentin des Landes Schleswig-Holstein, Frau Heide Simonis, einladen und dem morgigen Empfang seitens der Stadt Lübeck im historischen Rathaus dieser schönen Stadt.
Mit dem Thema der diesjährigen Konferenz, dem Thema »(Immer) mehr Wettbewerb, (immer) mehr Arbeit« oder in stiller Hinterfragung »Immer weniger Arbeit?« sind wir, genau wie bei den Konferenzen über internationale Währungsfragen aus Anlaß der IMF-Tagung in Berlin im Jahre 1988 und über die Ost-West-Wirtschaftsbeziehungen unmittelbar vor Öffnung der Mauer im Herbst 1989, wieder an ein Kernproblem der derzeitigen internationalen wirtschaftlichen Situation herangegangen.
Aus jeder der vergangenen Rezessionen sind wir mit immer weniger Arbeitsplätzen hervorgegangen. Die Vollbeschäftigungsmogelpackungen der sozialistischen Länder haben in der Konfrontation mit der realen Wirklichkeit der Weltwirtschaft elenden Schiffbruch erlitten. Die im Zuge der technologischen Entwicklung stattfindende Ersetzung vieler Arbeitsplätze durch Roboter und elektronische Datenverarbeitung hat noch kein Ende gefunden. Anlaß genug zu einer grundsätzlichen Aufarbeitung der Situation. Wie in allen früheren Symposien der Dräger-Stiftung wollen wir auch diesmal in Verbindung von Wissenschaft und Praxis versuchen, einen Beitrag zur Behandlung dieser

Thematik zu leisten, und hierbei alle beteiligten Seiten – Arbeitgeber, Arbeitnehmer und ihre Vertretungen, die Gewerkschaften, Regierungsvertreter, Vertreter von internationalen Institutionen – zu Worte kommen lassen.
Die Beteiligung auch internationaler Fachleute an unserem X. Malenter Symposium erlaubt uns dabei – unter Berücksichtigung der jeweiligen länderpolitischen Wirtschafts- und sozialpolitischen Besonderheiten – einen breiten Erfahrungsaustausch über Maßnahmen und Lösungsansätze zur Bekämpfung der Arbeitslosigkeit in anderen Ländern, über deren Erfolge und Mißerfolge.
Dank habe ich zu sagen an unseren Mitveranstalter, die International Partnership Initiative e. V., der sich mit Wort und Tat in die Vorbereitung und Finanzierung dieser Konferenz miteingeschaltet hat. Dank an die Referenten, die den Weg nach Lübeck nicht gescheut haben und sich der Konfrontation, der geistigen Auseinandersetzung stellen wollen. Dank aber auch an diejenigen, die sich über die Veranstalter hinaus zur Unterstützung dieser Konferenz in finanzieller oder ideeller Hinsicht bereitgefunden haben.
Dank schließlich auch an die Ministerpräsidentin des gastgebenden Bundeslandes und den Bürgermeister der traditionsreichen Hansestadt Lübeck, die nicht nur diese Stiftung, sondern auch die nunmehr von meinem Mitvorstand, Dr. Christian Dräger, geführte Drägerwerk AG beheimatet.
Ich möchte meine Begrüßung nicht schließen, ohne zu erwähnen, daß wir dieses und die vorhergegangenen neun Symposien alle dem Gründer dieser Stiftung, Dr. Heinrich Dräger, verdanken, der die ersten Malenter Symposien im hohen Alter noch interessiert verfolgen konnte und dem das hier behandelte Thema zu Lebzeiten ganz besonders am Herzen gelegen hat. Mit der Durchführung dieser Veranstaltung wissen wir uns daher mit Dr. Heinrich Dräger und der Familie Dräger vollkommen einig. Wir freuen uns, daß die Gelegenheit zur Beschäftigung mit diesem drängendsten aller wirtschaftlichen Gegenwartsprobleme möglich ist, und wünschen dem Symposium einen erfolgreichen Verlauf.

Peter Meyer-Dohm

Grußworte

Meine Damen und Herren,

die International Partnership Initiative verdankt ihre Entstehung der sich 1989 vollziehenden Öffnung des durch Europa verlaufenden »Eisernen Vorhangs«, mit der tiefgreifende sozio-ökonomische und politische Änderungen eingeleitet wurden. Indem die Phase der Konfrontation zwischen den Supermächten durch den Zusammenbruch der sozialistischen Systeme beendet wurde, ergab sich die Notwendigkeit des Übergangs vom »Plan« zum »Markt«, und für jeden, der in Politik und Wirtschaft Verantwortung trägt, stellt sich die Frage, wie das »Europäische Haus« gestaltet werden wird. Eine Vorbedingung zur Beantwortung dieser Frage lautet: Partnerschaft auf möglichst vielen Ebenen.
Diese Aussage, die für die International Partnership Initiative konstruktiv ist, gilt aber nicht nur für Ost-West-Probleme, sondern für alle jene Probleme, die sich nicht automatisch, sondern nur durch gemeinsame Anstrengungen lösen lassen. Der sozialen Marktwirtschaft ist Partnerschaft nicht fremd. Partnerschaft ersetzt nicht den Koordinationsmechanismus des Marktes, sondern ergänzt, vervollständigt ihn und ist für die freiheitliche Gesellschaftsordnung ein elementarer Baustein. Wir verstehen unter Partnerschaft, daß in eigenverantwortlicher Interessenwahrnehmung, unter gemeinsamer, übergreifender Zielsetzung, basierend auf Gleichberechtigung und gegenseitigem Vertrauen der Partner und unter Geltung verbindlicher Verfahrensregeln zusammengearbeitet wird. Partnerschaft erfordert Verständnis füreinander und hat als Voraussetzung die gegenseitige Information. Partnerschaft betont das Gemeinsame: Der eine kann nicht ohne den anderen, denn Partner sind aufeinander angewiesen. Der Gegensatz zum Partner ist der Abhängige, der Dominierte, der Ausgebeutete.
Auch wenn es sich um »ungleiche« Partner handelt – ungleich in den Chancen, den Ausgangspositionen –, bezeichnet Partnerschaft die Hilfestellung bietende Kooperation, das »gemeinsame Dach« über den jeweiligen individuellen Interessen.
Das Symposium, das wir mit der Dräger-Stiftung als Partner durchführen wollen, widmet sich einem Thema, das gut zu der I.P.I-Philosophie paßt. Wir haben es ausschnittweise schon in anderen Veranstaltungen aufgegriffen, denn

es handelt sich um eines der entscheidenden sozio-ökonomischen Probleme unserer Zeit.
Ich freue mich über das rege Interesse, das unser Thema »Mehr Wettbewerb, mehr Arbeit – Ist Vollbeschäftigung eine Illusion?« schon im Vorfeld gefunden hat, und auch Ihre Anwesenheit in so großer Zahl unterstreicht die Bedeutung der Fragestellung.
Mit Sicherheit stehen wir mit der Arbeitslosigkeit nicht vor einem Problem, das sich in kurzer Zeit lösen lassen wird. Und es wird auch nicht ohne tiefgreifende Veränderungen sowohl in der Wirtschaftsstruktur als auch in der Politik zu bewältigen sein. Diese Herausforderung verlangt von uns andere als die konventionellen Antworten, und wenn wir im Thema von »mehr Wettbewerb« sprechen, dann meinen wir damit auch mehr Bereitschaft zum Wandel und mehr Flexibilität.
Einzelne Unternehmen haben bereits angezeigt, wie in Partnerschaft von Belegschaft und Management unkonventionelle Lösungen des Beschäftigungsproblems gefunden werden konnten. Ich glaube, daß wir auch im volkswirtschaftlichen Zusammenhang nach neuen, kreativen Antworten suchen müssen. Wie diese lauten könnten? Dafür wird es auf diesem X. Malenter Symposium sicher ebenso viele Hinweise geben wie Erinnerungen an die »harten ökonomischen Wahrheiten«, die oft bei der Suche nach neuen Wegen vergessen werden, sich aber nicht außer Kraft setzen lassen.
Gleichwohl ist unsere Thematik nicht alleiniges Feld der Ökonomen. Es berührt so viele Bereiche unseres gesellschaftlichen Seins, daß es nur multidisziplinär angegangen werden kann. Das beweist bereits die Liste der Vortragenden und Diskutanten, die wir hier begrüßen können.
Mit einem Dank an die Dräger-Stiftung wünsche ich den Verhandlungen dieser Tage einen guten Verlauf.

Teil 1: Einführende Referate
Part 1: Introductory Lectures

Walther Ch. Zimmerli
Arbeit im Wandel – Selbstentfaltung statt Selbstentfremdung

Kommentare: *Friedrich Fürstenberg*
Karl Homann
Dietrich Schulz

Herbert Giersch
Arbeitsmärkte im Standortwettbewerb

Peter Haase
Standortwettbewerb als personalpolitische Herausforderung
für das Unternehmen

Pádraig Flynn
The New Architecture for a European Labour
Market and Social Policy under the Pressure
of International Competition

Walther Ch. Zimmerli

Arbeit im Wandel – Selbstentfaltung statt Selbstentfremdung

Mit der Arbeit verhält es sich ähnlich wie mit der Politik: Hier ist jeder Experte. Und so gerät denn, wer über Arbeit spricht, leicht in die Versuchung, als Stammtischpolitiker oder Stammtischökonom ein wenig zu dilettieren. Ein Blick in die Literatur zeigt, daß auch in dieser Hinsicht die Talsohle der Rezession durchschritten ist und eine neue Konjunktur des (z.T. dilettantischen) Nachdenkens über Arbeit und Arbeitslosigkeit sich abzeichnet. Dabei herrscht weder an Diagnosen noch an Therapievorschlägen Mangel, und in schöner Regelmäßigkeit werden die Lohnnebenkosten, die Staatsquote oder beides für das Übel der immer noch ansteigenden Arbeitslosenquote verantwortlich gemacht und daher auch die Reduktion entweder des einen oder des anderen oder aller beider gefordert. Damit ist natürlich beileibe noch nicht das ganze Spektrum bezeichnet, aber das ist auch nicht meine Absicht. Es ist mir als einem Philosophen, der diese Tagung eröffnen soll, nicht so sehr an ökonomischem oder politischem Dilettantismus, sondern an *Reflexion* gelegen. Reflektieren heißt innehalten und auf die scheinbar selbstverständlichen Bedingungen des eigenen Denkens zurückblicken. Das ist der Grund dafür, warum Reflexion etwas mit Orientierung zu tun hat: Wer wissen will, wohin er gehen soll, tut gut daran, sich danach zu fragen, woher er kommt und was die Ursachen seiner Orientierungslosigkeit sind.

Denn orientierungslos sind wir derzeit alle, was das Problem der Zukunft der Arbeit oder seine derzeit brennendste Manifestation, die Frage nach der Beseitigung oder Linderung der Arbeitslosigkeit, betrifft. Nun hat diese Frage – wie nota bene (n.b.) fast alle interessanten Fragen – eine grundsätzliche und daher überregionale und eine kontingente und daher regionale Seite. Der erste Schritt meiner in drei Teile gegliederten Überlegungen soll sich mit einer Reflexion auf die regionalen Bedingungen unseres Denkens über Arbeit und Arbeitslosigkeit befassen, wie sie sich insbesondere in den fünf Jahren seit der deutschen Einigung herausgebildet haben (I). In einem zweiten Schritt soll sodann nach räumlich wie zeitlich überregionalen Voraussetzungen gefragt werden, die ein prinzipielles Nachdenken über die Zukunft von Arbeit und Arbeitslosigkeit bestimmt, behindert oder befördert haben (II). Dies soll schließlich den Horizont für mögliche alternative Zukünfte, und das heißt: für

mögliche Alternativen neuen Denkens über Arbeit und Arbeitslosigkeit eröffnen (III).
Bevor ich jedoch in die Details der Analyse eintrete, sei eine Bemerkung zur Terminologie vorausgeschickt. Obwohl Ludwig Wittgenstein uns mit, wie ich denke, hinreichend guten Argumenten klargemacht hat, daß – zumindest bei allgemeinsprachlichen Ausdrücken – so etwas wie eine ›trennscharfe‹ Definition weder möglich noch sinnvoll ist, will ich doch auf eine Äquivokation hinweisen, die in fast allen einschlägigen Überlegungen zum Thema ›Arbeit‹ und ›Arbeitslosigkeit‹ anzutreffen ist. Aufgrund dessen halte ich es für sinnvoll zu unterscheiden zwischen

a) Arbeit im Sinne von zu erfüllenden gesellschaftlichen Aufgaben (»Arbeit gäb's ja genug, nur gibt es niemanden, der sie tut«),
b) Arbeit im Sinne der durch Arbeitsplätze quantitativ definierten Erwerbsarbeit (»Die Arbeit, die zu tun wäre, tut keiner, weil niemand dafür bezahlt«) und
c) Arbeit im Sinne der Mitwirkung am Produktionsprozeß (»Ihr redet, diskutiert und reflektiert, aber die Arbeit tun die anderen« (Schelsky)).

Das Problem der Arbeitslosigkeit bezieht sich ausschließlich auf den zweiten Begriff der Arbeit als Erwerbsarbeit, weswegen man auch besser von ›Erwerbslosigkeit‹ sprechen sollte.

I.

Beginnen möchte ich mit einer scheinbar kontraintuitiven Bemerkung: Für viele derjenigen, die die Diskussion überblicken, steht vermutlich eines außer Frage: Wir waren in der Diskussion um Arbeit und Arbeitslosigkeit schon einmal erheblich weiter, als wir es heute sind. Und ich will das gleich noch verdeutlichen: Schuld daran sind nicht zuletzt die Folgen der deutschen Einigung.
Am Frankfurter Römerberggespräch 1993, das sich mit den Fragen »Arbeit ohne Sinn? Sinn ohne Arbeit?« befaßte, erinnerte sich Wolfgang Thierse:

> »In den 80er Jahren meinten viele, die Massenarbeitslosigkeit sei ein untrügliches Indiz dafür, daß der ›Arbeitsgesellschaft‹ die Arbeit ausgehe, sie sei grundsätzlich nicht mehr in der Lage, allen, die auch arbeiten wollten, einen Arbeitsplatz zur Verfügung zu stellen. (. . .) Sozialwissenschaftler erklärten, immer größer werdende Teile der bundesdeutschen Bevölkerung wollten die mit der Erwerbsarbeit einhergehenden Werte und Normen nicht mehr akzeptieren (. . .). Die Geburt eines neuen gesellschaftlichen Typus schien sich abzuzeichnen, wovon zahlreiche Begriffsschöpfungen jener Jahre noch heute zeugen: Tätigkeitsgesellschaft, Freizeitgesellschaft, Informationsgesellschaft, Dienstleistungsgesellschaft, Wissenschaftsgesellschaft, postindustrielle Gesellschaft, zuletzt Erlebnisgesellschaft –

> Begriffe, mit deren Hilfe eine sich wandelnde soziale Wirklichkeit deutend eingefangen werden sollte, Begriffe, die signalisierten, daß ›Arbeit‹ einem gravierenden Bedeutungsverlust unterliege.« (Thierse 1994, 87 f.)

Und natürlich hat Thierse ganz recht: Fürstenberg hatte explizit gefragt, ob »der Arbeitsgesellschaft die Arbeit ausgehe« (Fürstenberg 1987); und die 80er Jahre waren in der Tat von der Überzeugung geprägt, daß die technologische Risikogesellschaft (Beck 1986) den Anteil an gesellschaftlich notwendiger Arbeit radikal vom Menschen auf intelligente Maschinen verlegen werde. Um es in den Worten Adam Schaffs zu sagen:

> »Die mikroelektronische Revolution wird zweifellos den Stellenwert der Arbeit im Leben der Menschen verändern, die Notwendigkeit von Arbeit verringern und in manchen Fällen sogar völlig eliminieren. Das wirft die Frage auf, wodurch das ersetzt werden soll, was die Menschen traditionell als den ›Sinn des Lebens‹ angesehen haben, der sich ja, besonders in den Industriestaaten des Nordens mit der Arbeit verbindet.« (Schaff 1982, 353).

André Gorz sprach gar von »Wegen ins Paradies« (Gorz 1983), und ich selbst habe, an Aristoteles anknüpfend, vom »Glück der Arbeitslosigkeit« (Zimmerli 1987) gesprochen und für eine »Utopie der Arbeits-Losigkeit« (Zimmerli 1988) plädiert, letzteres in der von Peter Meyer-Dohm mitherausgegebenen Festschrift für das damalige VW-Vorstandsmitglied Karl Heinz Briam.
Das war 1988. 1989 fiel die Mauer, und mit ihr brach bekanntlich sukzessive der ganze planwirtschaftliche Block der Arbeiter- und Bauernrepubliken zusammen, in denen es Arbeitslosigkeit per definitionem nicht geben konnte. Seit 1990 begann dann in der geeinten Bundesrepublik Deutschland als in einem Mikrokosmos und unter spezifischen Laborbedingungen jenes Experiment, das weltweit noch nicht abgeschlossen ist: die Umwandlung staatlicher Kommandowirtschaften in Marktwirtschaften. Die Hoffnungen waren hochgesteckt; nun würde es sich zeigen, wie effizient die »soziale Marktwirtschaft« der »sozialistischen Mißwirtschaft« (Rauscher 1994, 5) zu Leibe rükken würde. Man versprach sich ein zweites Wirtschaftswunder in den neuen Ländern und erhoffte sich daraus auch einen zusätzlichen Aufschwung der Wirtschaft in der alten Bundesrepublik. Was sich stattdessen ereignete, war zunächst einmal etwas teilweise ganz anderes. Nach der ersten Euphorie (in der sogar Geistes- und Sozialwissenschaftler, ja: auch Philosophen in den neuen Bundesländern eigene Firmen gründeten, um das geistige Wissen zu ›vermarkten‹) kam der radikale Einbruch; die Zahl der Beschäftigten in der ehemaligen DDR ging trotz massiver arbeitsmarktpolitischer Maßnahmen aufgrund marktwirtschaftlicher Rationalisierungen von 9,75 Millionen im Jahr 1989 auf 6,125 Millionen im Jahr 1992 zurück. Während sich die weltweite Rezession für den Bereich der alten Bundesländer durch den neu er-

schlossenen Markt der ehemaligen DDR bis zum Jahr 1993 abfedern ließ, war das in den im Umbau begriffenen neuen Ländern nicht der Fall. Zwar stieg dann ab 1993 auch in Westdeutschland die Arbeitslosenquote um rund ein Drittel, aber sie war damit immer noch erst halb so hoch wie in Ostdeutschland.

Das alles ist bekannt. Von Interesse daran ist für unsere Fragestellung indessen, daß diese fünf Jahre von 1990 bis 1995 als die ›Anti-Inglehart-Jahre‹ bezeichnet werden können. Einfache ökonomisch-materialistische Werte nahmen umstandslos wieder die Stelle der von Inglehart 1977 diagnostizierten postmaterialistischen Werte ein. Es ging wieder um einen Arbeitsplatz, eine Wohnung, einen Kühlschrank, elektronisches Gerät und – vor allem – ein West-Auto. Aber auch vor den alten Bundesländern machte diese Rückwendung nicht Halt. Selbst der verhältnismäßig geringfügige Solidaritätsbeitrag, der unterhalb der Kosten allmonatlicher Lotterieteilnahme liegt, legte ökonomische und vulgärmaterialistische Atavismen frei und verstellte den Blick für andere Werte. (An diese Stelle müßte n.b. bei genauerer Analyse wohl auch das Problem der Ausländerfeindlichkeit gerückt werden, die, wie sich nachträglich zeigen läßt, in vielen Fällen durch politisch irregeleitete Arbeitsplatzunsicherheit ausgelöst wurde.) Um diesen Wandel der Werte empirisch zu belegen: Eine 1993 durchgeführte Umfrage über die Prioritäten der West- und Ostdeutschen resultiert in beiden Hälften der Bundesrepublik hinsichtlich der Themen Ausländer, Rechtsradikalismus und Arbeitslosigkeit bei weit über 50 Prozent, wogegen z.B. der Umweltschutz nur bei 7 Prozent der Westdeutschen eine hohe Priorität einnimmt; bei den Ostdeutschen dagegen bei genau 0 Prozent.

Nun kam dies alles nur für kurzsichtige Marktfetischisten überraschend; weitblickende Zeitanalytiker, die Ohren hatten zu hören und Augen zu sehen, hatten bereits lange zuvor vorhergesagt, daß die deutsche Einigung, gleichsam in einer Art von ökonomischer Entropie, dazu führen würde, daß die Arbeitslosigkeit nicht zurückgehen, sondern sogar kumuliert werden würde. Anders gesagt: Wenn zutrifft, daß Technologisierung und Automatisierung als Maßnahmen der Rationalisierung tendenziell stets zur Steigerung der Arbeitslosenquote beitragen oder diese im besten Falle durch Schaffung neuer Jobs konstant halten, traf der Rationalisierungseffekt die Arbeitslandschaft in der ehemaligen DDR mit voller Wucht, da sich dort zusätzlich zur technologieinduzierten strukturellen Reduktion von Arbeitsplätzen der Effekt der Aufdekkung versteckter Arbeitslosigkeit fatal auswirkte. Da die Arbeitsproduktivität aufgrund veralteter Industrie und sozialistischer Mißwirtschaft nur etwa ein Drittel derjenigen Westdeutschlands ausmachte, konnte es nicht verwundern, daß sich in den neuen Bundesländern nur etwa ein Drittel der vorher vorhandenen Arbeitsplätze durch die Privatisierungsanstrengungen der Treuhand überhaupt halten ließ. Und erst recht verwundert nicht, daß unter diesen Bedingungen postmaterialistische Werte in den neuen Bundesländern kaum ein Echo fanden.

Ich fasse zusammen:
Der Zusammenbruch des Sozialismus und die sich daraus ergebenden Konsequenzen für Mitteleuropa, zumal für die Bundesrepublik Deutschland, haben eine ganze Reihe für gesichert gehaltener Einsichten erschüttert und zudem die Prioritäten in den Wertvorstellungen verschoben. Besonders deutlich wurde dies am Beispiel der Wiederkehr überwunden geglaubter »materialistischer« Werte. Diese läßt sich u.a. mit kumulativen Prozessen zunehmender Arbeitslosigkeit in den neuen Bundesländern in Verbindung bringen. Ein analytischer Rückblick zeigt, daß sich dieses Phänomen aus der Überlagerung technologieinduzierter ›neuer‹ und versteckter ›alter‹ Arbeitslosigkeit erklären läßt. Diese Übergangsphase scheint nun abgeschlossen zu sein.
Das Interessante an diesem Befund ist, daß sich, obwohl materialistische Werte wieder eine große Rolle gespielt haben, die Grundthese der Wertwandeltheorie trotzdem erhärtet zu haben scheint. Die deutsche Einigung war gleichsam das Experiment für die Validität der Korrelation zwischen dem ökonomischen Saturierungsgrad einer Gesellschaft und der Dominanz materialistischer Werte. Nun wissen wir es nicht nur historisch, sondern sogar experimentell begründet: Erst unter relativ gesichert saturierten ökonomischen Bedingungen können materialistische Werte in ihrer Prioritierung von postmaterialistischen abgelöst werden. Dieser Vorgang ist durchaus reversibel und befindet sich – wenn überhaupt – in einem sehr labilen Gleichgewicht: Jede Änderung der ökonomischen Bedingungen, und sei sie auch noch so geringfügig wie diejenige des Solidaritätsbeitrages, kann die alte Hierarchie wieder zum Vorschein bringen.
Nun jedoch scheint sowohl im Westen als auch im Osten der Wendepunkt erreicht oder sogar überschritten zu sein. Das aber bedeutet, wenn das bisher Entwickelte zutrifft, keineswegs eine Lösung des Arbeitslosenproblems. Die ökonomische Entropievermutung, die ich vorhin geäußert habe, besagt vielmehr, daß sich die Arbeitslosenquote in den beiden Teilen Deutschlands sukzessive annähert, und zwar wird sie in Ostdeutschland etwas langsamer fallen, als sie im Westen steigt, bis sie in beiden Hälften der Republik – selbstverständlich mit regional bedingten Differenzen – annähernd gleich sein wird.
Daß aber die strukturell bedingte Arbeitslosigkeit in beiden Teilen weiter steigen wird, ist bedingt durch den Prozeß fortschreitender Rationalisierung in der Form von Technologisierung und Modernisierung. Zwar hört man häufig – und ganz zu Recht –, daß Rationalisierung in Form von Technologisierung und Modernisierung auch Arbeitsplätze schaffe, aber dies gilt zum einen nur in Übergangsphasen und zum anderen bevorzugt in saturierten Bereichen, wo

das Spektrum der ökonomisch primär notwendigen Tätigkeiten und Dienstleistungen bereits ausgefüllt ist. Daher vermute ich folgendes:
Gegenwärtig stellt sich die Situation so dar, daß zwar der kumulative Effekt der heterogenen Formen von Arbeitslosigkeit überwunden ist, daß dafür aber der modernitätsspezifische Effekt technologieinduzierter Arbeitslosigkeit umso deutlicher zum Tragen kommen. Diesen kann selbst die auffrischende Konjunktur nicht auffangen, höchstens abschwächen. Auf längere Sicht können hier auch Arbeitsbeschaffungsprogramme und wirtschaftspolitische Maßnahmen keine nachhaltige Abhilfe schaffen. Daher ist die Rückkehr zu prinzipiellen Überlegungen erforderlich.
Und im Gegensatz zu vielen, die meinen, die Rahmenbedingungen hätten sich durch den Zusammenbruch des Sozialismus vollständig geändert, bin ich aufgrund der Universalität des technologischen Modernisierungsprozesses der Auffassung, daß wir nahezu bruchlos an unsere Diskussionen der 80er Jahre anknüpfen können, ja: daß wir heute sogar deutlicher als damals die Bedeutung verschiedener Faktoren in bezug auf Arbeit und Arbeitslosigkeit erkennen können. Vieles hat sich also geändert, aber durch diese Änderung hat sich auf der nächsthöheren, nämlich prinzipiellen Ebene auch vieles bestätigt.

II.

Nicht erst die ausländerfeindlichen Exzesse, sondern schon die zuvor und an anderen Orten beobachteten Desozialisierungs- und Kriminalisierungseffekte der Arbeitslosigkeit haben dazu beigetragen, daß wir Arbeitslosigkeit gegenwärtig als eines der schlimmsten Übel unserer Gesellschaft empfinden. Kann es da etwas anderes als Zynismus gewesen sein, vom »Glück der Arbeitslosigkeit« zu sprechen, wie ich das 1987 getan habe (Zimmerli 1987)? Zumal wenn man bedenkt, daß hinter dem Begriff von Arbeit, wie ich ihn hier verwendet habe, nämlich in der zweiten Bedeutung als Erwerbsarbeit, die ganze Wucht der christlichen Arbeitsethik und ihrer säkularisierten Varianten von Karl Marx bis Max Weber steht. Wie stark ist die Macht dieser Tradition, und läßt sie sich durch Reflexion brechen? Verhält es sich nicht eher so, wie Oskar Negt in den 80er Jahren plakativ und deutlich formuliert hat: »*Arbeitslosigkeit ist ein Gewaltakt, ein Anschlag auf die körperliche und seelisch-geistige Integrität, auf die Unversehrtheit der davon betroffenen Menschen.*« (Negt 1984, 8)?
Um dieser Frage nachzugehen, ist es bedeutsam, sich erneut der Bedingungen zu versichern, unter denen sie steht, und zwar sowohl ideengeschichtlich als auch systematisch. Erinnern wir uns: Arbeit war nicht immer und nicht überall dermaßen positiv konnotiert wie hier bei Negt. Die Antike, und zwar sowohl die christliche als auch die griechische, erachtete Arbeit als eines freien Men-

schen nicht würdig, als Strafe, als Schande. Nicht als Segen war die Austreibungsformel aus dem Paradies gedacht (Gen. 3, 17-19), sondern als Fluch:

> »Verflucht sei der Acker um deinetwillen, mit Kummer sollst du dich darauf nähren dein Leben lang. Dornen und Disteln soll er dir tragen, und du sollst das Kraut auf dem Felde essen. Im Schweiße deines Angesichts sollst du dein Brot essen, bis daß du wieder zu Erde werdest, davon du genommen bist. Denn du bist Erde und sollst zu Erde werden.« (1. Mose 3, 17-19)

Erst in der frühchristlichen Kirche, und zwar zurückgehend auf schlechte Erfahrungen mit den in Parusie-Erwartung faulenzenden gläubigen Mitgliedern der Gemeinde, sahen sich die Gemeindeältesten dazu gezwungen, das Theologumenon von der Gottwohlgefälligkeit der Arbeit zu entwickeln. Seither hat es seinen legitimatorischen Charakter zwar mannigfach gewandelt, aber niemals verloren. Es fungierte als Rechtfertigungslehre für die Ansprüche der Feudalherren gegenüber ihren Leibeigenen und Lehnsleuten; es diente in seiner lutherischen Berufsvariante ebenso wie in seiner calvinistischen Prädestinations-Gestalt zum Ansporn für christliche Gläubige, hienieden fleißig und ökonomisch erfolgreich zu sein; und es mutierte in seiner säkularisierten Variante der Differenz von entfremdeter und nichtentfremdeter Arbeit bei Karl Marx sogar zum eigentlichen Motor der Geschichte. Kurz: Den Menschen war in der abendländisch-christlichen Tradition Arbeit, und zwar in der Form von schweißtreibender körperlicher Arbeit, als Wesensmerkmal vindiziert worden. In der vom Politologen Richard Albrecht formulierten Variation eines Diktums von Hannah Ahrendt: ». . . hier und heute jemand zu sein, der arbeiten will, und doch keine Arbeit zu haben – das heißt: keinen angemessenen Platz in der Welt zu haben. Also jemand zu sein, den die Arbeitsgesellschaft nicht vorgesehen hat.« (Albrecht 1991, 321).
Hieraus wird deutlich: ›Arbeit‹ ist nicht ein rein deskriptiver Begriff, der den Besitz eines Arbeitsplatzes oder die Teilnahme an der Wertproduktion alleine meint. Sondern »Arbeit adelt«, hat also darüber hinaus auch den normativen Charakter bekommen, die Menschlichkeit des menschlichen Antlitzes zu definieren. Deswegen auch war die höchste Stufe der Verhöhnung des Humanen der Satz, den die Nazis über das Tor an der Rampe von Auschwitz schrieben: »Arbeit macht frei«. Nimmt man einem Menschen seine Arbeit oder läßt man ihn Arbeit unter unmenschlichen Bedingungen verrichten, zerstört man seine moralische Integrität. Zusammenfassend:
Um den Problemzusammenhang von Arbeit, Selbstverwirklichung, Entfremdung und Vollbeschäftigung richtig zu verstehen, ist es sinnvoll, sich in Erinnerung zu rufen, daß ›Arbeit‹ ein – in verschiedenen Hinsichten – normativ stark aufgeladener Begriff ist: Wir bezeichnen damit nicht nur die ökonomische Wertschöpfung, sondern zugleich auch eine menschliche Wesensbestimmung, die die Möglichkeit zu Selbstverwirklichung wie zu Selbstentfremdung

in sich birgt. Daraus erklärt sich auch, warum in berufsorientierten modernen Gesellschaften Arbeit ein Faktor persönlich-moralischer Integrität geworden ist.

Aber diese traditionelle Prägung ist, wenn wir uns genauer umschauen, eben nicht die einzige, der wir unterliegen. Schon bei Aristoteles, dem ersten eigentlichen Ökonomen unserer abendländischen Tradition, findet sich klar ausgesprochen die Überzeugung, daß eine klassenlose und herrschaftsfreie Gesellschaft nur möglich sei, wenn die Arbeit nicht mehr von Menschen, sondern von automatischen Maschinen verrichtet würde:

> »Denn freilich, wenn jedes Werkzeug auf erhaltene Weisung oder gar die Befehle im voraus erratend, seine Verrichtung wahrnehmen könnte, wie das die Statuen des Dädalus oder die Dreifüße des Hephästos getan haben sollten, von denen der Dichter sagt, daß sie ›von selbst zur Versammlung der Götter erschienen‹; wenn so auch das Weberschiff von selber webte und der Zitherschlägel von selber spielte, dann brauchten allerdings die Meister keine Gesellen und die Herren keine Knechte.«

Und im Rahmen dieser Tradition, die über Thomas Morus, Francis Bacon, Karl Marx, Adam Schaff und André Gorz bis in die Gegenwart reicht, ergibt sich ganz ohne Zweifel, daß das Ziel, auf das die Menschheit sich in ihrer technologischen Phase stärker und intensiver als je zuvor entwirft, das Ziel einer Gesellschaft ohne Arbeit ist, einer Gesellschaft, in der die freigesetzte Zeit des Menschen nicht da ist, um ›totgeschlagen‹ zu werden, sondern um für den Bereich des menschlichen Miteinanders, des Lebens in der Gesellschaft und der Wiederherstellung des Umgangs der Menschen mit einer heilen Natur Frucht zu bringen. Das, was traditionell Arbeit und Produktion war, wird in dieser Zukunftsgesellschaft den Menschen nur noch historisch beschäftigen müssen (vgl. Zimmerli 1987). Wenn dies nicht ein – zumindest auch – erstrebenswertes Ziel wäre, dann wäre zweierlei nicht erklärbar: zum einen, warum die Menschen immer intensiver weiter daran arbeiten, ihre eigene Arbeit durch Automatisierung und Technologisierung überflüssig zu machen; zum anderen aber und ganz besonders, wieso die Menschen bei gleichzeitiger Reduktion des Anteils an harter körperlicher ›Fluch‹-Arbeit so stark auf Vollbeschäftigung dringen. Anders, als es auf den ersten Blick erscheinen möchte, handelt es sich bei ›Vollbeschäftigung‹ nämlich nicht um einen materialistischen, sondern um einen postmaterialistischen Wert, der deswegen auch nur unter Saturierungsbedingungen regulativ wird. ›Vollbeschäftigung‹ heißt nämlich nur scheinbar Lohn und Brot für alle. In Wahrheit aber ist damit gemeint, daß nur wenn alle einer gesellschaftlich (und heute würden wir hinzufügen: und ökologisch) sinnvollen Tätigkeit nachgehen, sie ein menschenwürdiges Leben führen können. Ob sie dabei für ihr Überleben von einer Rente, von einem Beamtengehalt, vom Angestelltenlohn oder vom erwirtschafteten

Firmengewinn finanziert werden, ist für die Vollbeschäftigung unerheblich. ›Arbeit‹, ›Erwerbstätigkeit‹ und ›Vollbeschäftigung‹ müßten also analytisch unterschieden werden, obwohl die Chancen, diese Unterscheidung pragmatisch durchzusetzen, sehr gering sind.
Man kann daraus schließen, daß alle Menschen ihre Begriffe falsch verwenden (was eher unpraktisch wäre), oder daß der Begriff der Arbeit unterdessen so fest an das Bild geknüpft ist, was die Menschen von sich selbst haben, daß er zu allergrößter Plastizität fähig ist, so daß man ihn für alles mögliche verwenden nicht nur kann, sondern muß, solange jedenfalls die Kernbestimmung der sinnvollen vergesellschafteten Tätigkeit[1] erfüllt ist.

Ich fasse erneut zusammen:
Ein Blick in die Geschichte der Wertung von Arbeit zeigt, daß ihr ihre menschenbildkonstitutive Rolle unter christlichen Wertbedingungen zugewachsen ist. Im Verlaufe der Neuzeit, ganz explizit in der Moderne, hat sich daran ein spezifisches Verständnis von marktgesteuerter Produktion (»Geist des Kapitalismus«, Max Weber) angekoppelt. ›Vollbeschäftigung‹ ist dagegen erst unter Saturierungsbedingungen als weitere Zielsetzung hinzugekommen. Allerdings sitzt die normative und sozialpsychologische Konnotation des Begriffes ›Arbeit‹ so tief, daß ein Auseinanderhalten der beiden Bedeutungen pragmatisch beliebig unwahrscheinlich ist: Obwohl in technologisch hochentwickelten Industriegesellschaften nur noch ein verschwindend kleiner Teil der Beschäftigten ›Arbeit‹ im Sinne des Arbeitsbegriffs des 19. Jahrhunderts verrichtet, läßt dieser sich nicht durch einen anderen Begriff ersetzen.
Die unter Begriffsreflexionsbedingungen sich nahelegende Option, mit der aktiven menschlichen Teilnahme am Produktionsprozeß sukzessive auch den Begriff der Arbeit zu verabschieden, läßt sich daher aller Wahrscheinlichkeit nach nicht realisieren. Trotzdem gilt es festzuhalten, daß bereits mit dieser reflexiven Klärung Barrieren benannt und identifiziert sind, die bei einer Modellierung alternativer Zukünfte im Wege stehen könnten.
Im Zusammenhang mit dem globalen Saturierungs- und Wertwandeltheorem ergibt sich folgende Vermutung: Die Verwechslung von Arbeit als selbstverwirklichender Teilnahme an sinnvoller vergesellschafteter Tätigkeit mit der Teilnahme am ökonomischen Produktionsprozeß beruht auf einer Verkennung der internen Differenzierung von Wertschöpfung: Wertschöpfung beruht nur äußerlich gesehen ausschließlich auf der Schöpfung materieller Werte; schon eine kurze Reflexion auf Geschichte und Zusammenhang von

1 Unter ›vergesellschafteter Tätigkeit‹ ist im folgenden jede Art von Tätigkeit verstanden, die von den tätigen Individuen
a) nicht allein, sondern in interaktiver oder kommunikativer Gesellschaft anderer verrichtet wird und die
b) eine sinnvolle Funktion in der Gesellschaft erfüllt.

Wertschöpfung und menschlicher Gesellschaft zeigt aber, daß die Produktion materieller Werte zwar eine notwendige, keineswegs aber eine hinreichende Bedingung für Vergesellschaftung ist. Diese bedarf vielmehr stets auch der Produktion immaterieller oder ideeller Werte. In der Sprache der alten Wertwandelhypothese ausgedrückt: Nur auf jenen Entwicklungsstufen industrieller Gesellschaften, auf denen das religiöse Stadium bereits verlassen, aber noch keine ökonomische Saturierung eingetreten ist, kann es so aussehen, als ob Arbeit ausschließlich in der Teilnahme an materieller Wertschöpfung bestehe. In solchen Phasen intellektueller Desorientierung können dann materialistische Werthierarchien – allerdings nur für eine gewisse Zeit – dominieren. In saturierten oder gar übersaturierten Industriegesellschaften dagegen ist klar, daß die Teilnahme an der immateriellen Wertschöpfung mindestens gleichgewichtig ist und ebenfalls Arbeit sein kann. Dann gewinnen die sogenannten postmaterialistischen Werte wieder an Wertschätzung.

III.

Wir sehen nun genauer, wo die raum-zeitlich regionalen und wo die globalen Bedingungen des Verständnisses von Arbeit liegen. Und die Identifikation dieser Denkbarkeitsbedingungen erlaubt es, nun umgekehrt einige begriffliche Bedingungen für das neue Denken von Arbeit namhaft zu machen.
Im einzelnen haben wir erkannt, daß

- die hohe Wertbesetzung von Arbeit in Zentraleuropa und spezifisch in der Bundesrepublik Deutschland als Wertschätzung der aktiven Teilnahme an der ökonomischen Wertschöpfung verstanden wurde;
- daß der globale Prozeß der ökonomischen Saturierung von Industriegesellschaften aber einer zunehmenden Orientierung an der ideellen Wertschöpfung Raum verschaffte, so daß auch Tätigkeiten, die zuvor vermutlich nicht als ›Arbeit‹ qualifiziert worden wären, nun unter diesen Begriff fallen.

Dies alles läßt sich an zwei Indikatoren ablesen, die uns Hinweise für die zukünftige Entwicklung geben können. Zwar ist eine direkte Extrapolation gerade bei einem sich dermaßen quer verschiebenden System wie demjenigen der als Arbeit gesellschaftlich anerkannten Tätigkeiten schlechterdings unmöglich; aber gewisse Strukturmerkmale lassen sich in der Vorgeschichte doch erkennen. Bei den zwei Indikatoren handelt es sich um Kompensation in Form von Lohn und Gehalt auf der einen und um Zeitstrukturen auf der anderen Seite.
Das aller vulgärmaterialistischen Auffassung zum Trotz Fundamentalere der beiden ist das *Zeitverständnis*. Menschen sind, wie man immer gewußt hat und wie heute sowohl naturphilosophisch als auch phänomenologisch be-

gründbar ist, zeitkonstituierende Wesen, die durch das, was sie da konstituieren, zugleich selbst mitkonstituiert werden. So läßt sich die Geschichte der menschlichen Zeitmessung deutlich als eine Reaktionsgeschichte auf diejenige der menschlichen Arbeit schreiben, und umgekehrt unterwirft sich die menschliche Arbeit der durch sie erst mithervorgebrachten Zeitmessung. Man möge sich, um sich diese Differenz zu vergegenwärtigen, nur einmal vorstellen, Sokrates hätte seine Dialoge nicht mit dem Hinweis auf ihren aporetischen Charakter oder auf die Tatsache, daß alle Gesprächsteilnehmer ohnehin schon trunken seien, abgebrochen, sondern unter Berufung darauf, daß seine Arbeitszeit abgelaufen sei, und man vergleiche das mit den Zeiterfassungsgeräten, die heute durchaus auch in wissenschaftlich-technischen Einrichtungen üblich sind. Die Vorstellung, daß Arbeit etwas sei, das sich in bezug auf die dazu aufgewendete Zeit berechnen lasse, ist die eine Seite der Zeitprägung unseres Arbeitsverständnisses, die noch bis hinein in ihr Extrem, das Modell der Akkordarbeit, sichtbar ist. Die andere Seite ist die Differenzierung zwischen Arbeitszeit und Freizeit, die den Großtakt von Arbeitstag, (unter Einbeziehung des Wochenendes) Arbeitswoche, (unter Einbeziehung des gesetzlich zustehenden Urlaubs) Arbeitsjahr und letztlich (unter Einbeziehung der gesetzlich vorgeschriebenen Altersgrenze) Arbeitsleben durchwaltet.
Man braucht nicht erst an die taylorisierte Taktung arbeitsteiliger Produktion zu erinnern, um darauf zu kommen, daß die Industrialisierung der Arbeit nicht nur die Dominanz der Teilnahme am ökonomischen Wertschöpfungsprozeß, sondern auch das Zeitverständnis von Arbeit entscheidend beeinflußt hat.
Die Konstruktion der Arbeitsprozesse nach dem Muster mechanischer Uhrwerke hat umgekehrt auch die Mechanisierung der Arbeitszeit zur Folge gehabt. – Nun stehen wir gegenwärtig, was die paradigmatischen Metaphern unserer Weltbildkonstitution betrifft, inmitten eines radikalen Wandels: Die mechanistische Konzeption von Natur, folge sie nun der Newtonschen Mechanik, der relativistischen Mechanik oder Quantenmechanik, wird von einer paradigmatischen Naturmetapher abgelöst, die biologischen Ursprungs ist und die Selbstorganisation als Muster benutzt. Und das wirkt sich natürlich auch auf Arbeit und Arbeitszeit aus. Wenn wir uns daraufhin die Entwicklungen der vergangenen Jahrzehnte genauer ansehen, stellen wir fest, daß es sich dabei durchgehend um Prozesse einer plastischeren Modellierung der Ränder handelt: ›Gleitende Arbeitszeit‹ ist von der Tagesarbeitszeit über die Wochenarbeitszeit (Beispiel VW) und die Jahresarbeitszeit bis zur Lebensarbeitszeit (Vorruhestands- und Nachruhestandsarbeit) ein Indikator für diesen Prozeß.
Nur wer sich dem Diktat einer extensional definierten und getakteten Zeitvorstellung von Arbeit unterwirft, wird in Schwierigkeiten geraten, wenn es um phantasievolle Zukunftsentwürfe geht; wer sich davon freimacht, sieht plötzlich eine Unzahl von neuen Möglichkeiten. Diese reichen von time-sharing

über Teilzeitarbeit und Projektaufträge mit definiertem Projektziel-Zeitpunkt bis hin zu der Vorstellung, Arbeit an Zeitextension nur noch dort zu koppeln, wo es – wie etwa bei Pflege- oder Aufsichtstätigkeiten durch die Tätigkeitsmerkmale selbst erforderlich ist.

Das aber bedeutet für die Frage der Vollbeschäftigung, daß diese nicht mehr (oder jedenfalls nicht ausschließlich) an der Extension der Beschäftigung gemessen wird. ›Vollbeschäftigung‹ würde unter diesen Bedingungen vielmehr eine all-quantifizierte intensionale Bedeutung erhalten: Alle sollen die Möglichkeit haben, auf einem offenen Arbeitsmarkt ihre sinnvollen vergesellschafteten Tätigkeiten anzubieten. Zwar scheint die Überlegung an dieser Stelle zirkulär zu werden, da darüber, welche vergesellschaftete Tätigkeit ›sinnvoll‹ ist, wiederum die Nachfrage auf dem Markt entscheidet. Aber die Nachfrage auf dem Markt unterliegt ihrerseits den Rahmenbedingungen des Marktes, die von der Politik gesetzt werden. Hier also liegt eine Aufgabe der Politik: Prioritäten in der Frage zu setzen, welche der vergesellschafteten Tätigkeiten gesellschaftlich sinnvoll und erstrebenswert sind.

Nun sieht man bereits aus dem Entwickelten sofort, daß die Zeitverfassung der Arbeit sich – mehr oder minder – direkt auf die Frage des *Lohns* oder des *Erwerbs* abbildet. Unser normales Erwerbsarbeitssystem beruht auf einer Mischung von extensional und intensional definierten Arbeitsprodukten: Man kann Musikunterricht extensional quantifiziert erteilen oder intensional definiert ein Zimmer streichen lassen. Dabei kann die Arbeitsstunde sehr unterschiedlich bewertet werden. Fußballspieler, Vorstandsvorsitzende, Filmschauspieler und Universitätsprofessoren (um nur ein paar Beispiele zu nennen) scheinen, was die Extension betrifft, nicht nach dem Prinzip der maximalen, sondern nach dem Prinzip der minimalen aufzuwendenden Arbeitszeit finanziert zu werden, mit dem Effekt allerdings, daß die de facto investierte Arbeitszeit in der Regel bei weitem höher als durchschnittlich ist. Machen wir uns doch einmal von der Vorstellung frei, dies gälte nur für diese Berufe (oder wie wir jetzt weniger lutherisch sagen sollten: Tätigkeiten)! De facto sind alle Vorschläge zur gleitenden Arbeitszeit Vorschläge in Richtung auf die Definition einer Minimalextension von Arbeit; sie werden nur aufgrund von – typisch deutschen – Überstundenkompensationen anders wahrgenommen.

Auch hier wiederum liegt eine Aufgabe, die der Markt allein nicht regulieren kann, wo es vielmehr der Anstöße aus der Politik bedarf. Hierzu ein letztes Zwischenresümee:

Zunächst ist der begrifflichen Verwirrung zu wehren: Wenn unter ›Vollbeschäftigung‹ der Zustand gemeint ist, in dem alle Menschen im arbeitsfähigen Alter einer gesellschaftlich anerkannten Tätigkeit nachgehen, dann ist Vollbeschäftigung realisierbar. Wenn darunter allerdings nach wie vor eine Arbeitstätigkeit im Sinne einer ökonomischen Wertschöpfung gemeint ist, dann ist Vollbeschäftigung eine Illusion. Ein weiterer Blick in die Geschichte lehrt nun, daß viele Tätigkeiten im Verlaufe der Zeit in dem genannten moralischen und sozialpsychologischen Sinne den Status von Arbeit angenommen haben (und dann auch marktinternalisiert wurden), die zuvor nicht dazu gehörten. Bedingung dafür ist häufig ein Anstoß aus der Politik.

Und damit sind wir nun am Ende unserer Überlegungen und zugleich bei der scheinbar schwierigsten Frage angelangt. Rein formale Rahmenbedingungsänderungen der Arbeitsmarktsituation durch die Politik vermögen zwar hier und dort Symptome zu kurieren, und sie haben auch fraglos den Status von notwendigen Bedingungen. Hinreichend allerdings sind sie noch nicht. Denn, wie vorhin bereits gesagt, die Politik hat auch die Aufgabe, inhaltliche Anstöße in Richtung auf Bestimmung neuer Gebiete sinnvoller gesellschaftlicher Betätigung zu geben.

Nach allem Gesagten wird es nicht verwundern, wenn ich die Auffassung vertrete, daß, nach einer Phase eines wiederaufflackernden Ökonomismus nach der Erreichung der ökonomischen Saturierung nun erneut nicht-ökonomische Zielsetzungen an der Zeit sind. Langsam wird, wenn ich mich nicht täusche, der ökologische Umbau der Gesellschaft wieder an Momentum gewinnen. Und Ernst Ulrich von Weizsäcker hat auch schon einige erste Grundüberlegungen dazu geliefert (v. Weizsäcker 1994), die mir sehr einleuchten wollen: ›End of the pipe‹-Ökologie wird immer ökonomische Kosten verursachen, die zusätzlich zu den sonstigen Kosten anfallen. Infolgedessen scheint der Pfad einer am Muster der Steigerung von *Energieeffektivität* ausgerichteten Reform des Arbeitsmarktes sinnvoller zu sein. Ob das Instrument langfristiger Verteuerung der Primärenergiepreise dabei die vordringliche Rolle spielen muß, wie Ernst Ulrich von Weizsäcker offenbar zu meinen scheint, sei dahingestellt; eine ökologische Steuerreform andererseits wird für sich alleine auch nicht ausreichen. Es wird mithin wohl eine Kopplung unterschiedlicher Maßnahmen nötig sein, und das läßt sich mit Sicherheit weder nach dem Muster einer wilden Marktwirtschaft noch nach demjenigen eines Staatsdirigismus realisieren. Der Weg scheint mir vielmehr erneut derjenige über »konzertierte Aktionen« im Sinne von Rexford Tugwell, dem Berater von Präsident Roosevelt und dem Erfinder des »New Deal«, zu sein. Heute nennen wir dies ›Private Public Partnership‹ (PPP). Daher fasse ich abschließend zusammen:

Die Grundkonzeption für eine Vollbeschäftigungsgesellschaft der Zukunft muß von einem PPP-Modell ausgehen. Eine weitere Bedingung wäre die Verabschiedung der Kopplung von Lohn und Arbeit sowie der Trennung von Arbeitszeit und Freizeit.

So sähe denn die Realisierung meiner früheren Utopie einer arbeitslosen Gesellschaft etwas anders aus, als ich sie mir ursprünglich vorgestellt hatte: Zwar wird, wie vermutet, die ökonomische Wertproduktion weitgehend ohne Zutun menschlicher Arbeit durch intelligente automatisierte Maschinerie erfolgen. Dementsprechend wird es kaum mehr Angestellte von Firmen und

daher auch kaum mehr personell riesig ausgestattete Großunternehmen geben. Die Menschen werden vielmehr auf einem offenen Arbeitsmarkt ihre individuellen Fähigkeiten und Fertigkeiten radikal wettbewerbsorientiert anbieten, sozusagen jeder als sein eigener Unternehmer. Die Funktion des Staates wird auf das Setzen von ›incentives‹ und das Einrichten von konzertierten Aktionen reduziert werden.
Eine solche Arbeitsmarktzukunft hätte zudem einen ganz entscheidenden Vorteil gegenüber anderen Modellen: Sie könnte jene Faszination und Orientierungskraft ausstrahlen, die der bisherigen rein ökonomischen Orientierung so spürbar fehlt, denn sie trüge der alten Einsicht Rechnung, daß ökonomische Gewinne immer nur Mittel, niemals aber Endzweck sein können. Und in einem solchen umwelt-, zukunfts- und verantwortungsorientierten Arbeitsmarkt gäbe es zudem auch weiterhin brillante Arbeitschancen für die älteste akademische Zunft: die der Philosophen . . .

Literatur:

R. Albrecht 1991, »Ohne Arbeit Leben lernen. Über Existenz-Versuche in der Arbeitergesellschaft und ihre Konsequenzen. – Plädoyer für eine neue soziale Gerechtigkeit«, in: *Zentralblatt für Sozialversicherung und Versorgung (ZfS)*, 45. Jg., H.11, 321-327.

U. Beck 1986, *Risikogesellschaft.* Auf dem Weg in eine andere Moderne, Frankfurt a.M.

F. Fürstenberg 1987, »Geht der Arbeitsgesellschaft die Arbeit aus?«, in: *Universitas*, 42. Jg., Nr. 490, H.3, 201-217.

G. Friedrichs/A. Schaff (Hrsg.) 1982, *Auf Gedeih und Verderb.* Mikroelektronik und Gesellschaft. Bericht an den Club of Rome, 1982, dt. Wien/München/Zürich.

A. Gorz 1983, *Wege ins Paradies*, 1983, dt. Berlin.

H. Hoffmann/D. Kramer (Hrsg.) 1994, *Arbeit ohne Sinn? Sinn ohne Arbeit?* Über die Zukunft der Arbeitsgesellschaft, Weinheim.

R. Inglehart 1977, *The Silent Revolution.* Changing Values and Political Styles Among Western Publics, Princeton N.J.

O. Negt 1984, *Lebendige Arbeit, enteignete Zeit*: Politische und kulturelle Dimensionen des Kampfes um die Arbeitszeit, Frankfurt/New York.

A. Rauscher 1994, *Arbeit für alle.* Kirche und Gesellschaft Nr. 207, Köln.

A. Schaff 1982, »Beschäftigung kontra Arbeit«, in: Friedrichs/Schaff (Hrsg.), *a.a.O.*. 353-366.

W. Thierse 1994, »Verteilungskampf um Arbeit«, in: Hoffmann/Kramer (Hrsg.), *a.a.O.*, 87-101.

E.U. v. Weizsäcker 1994, »Arbeit und Umwelt – Perspektiven für das 21. Jahrhundert«, in: Hoffmann/Kramer (Hrsg.), *a.a.O.*, 69-86.

W.Ch. Zimmerli 1987, »Vom ›Glück‹ der Arbeitslosigkeit«, in: *Universitas*, 42. Jg., Nr. 490, H.3, 243-254, wiederabgedruckt in: H.-L. Ollig (Hrsg.), *Philosophie als Zeitdiagnose.* Ansätze der deutschen Gegenwartsphilosophie, Darmstadt 1991, 96-109.
W.Ch. Zimmerli 1988, »Von der Ethik der Arbeit. Homo faber und die Angst vor der Konsequenz des Denkens«, in: P. Meyer-Dohm/E. Tuchtfeldt/E. Wesner (Hrsg.), *Der Mensch im Unternehmen.* Festschrift für Karl-Heinz Briam zum 65. Geburtstag, Bern/Stuttgart, 521-546.

Friedrich Fürstenberg

Kommentar

Universalbegriffe wie auch jener der »Arbeitsgesellschaft« legen eine einseitige Blickrichtung nahe. Es ist notwendig, die zu diskutierenden Probleme auch in einem weiteren Kontext zu sehen. Die Ausgangslage ist bekannt. Von Jean Fourastiérs »großer Hoffnung des 20. Jahrhunderts«, die er an die wachsenden Beschäftigungschancen im Dienstleistungssektor knüpfte, ist nicht viel übrig geblieben. Wenn wir davon ausgehen, daß die möglichst optimale Nutzung des Arbeitsvermögens in einer Volkswirtschaft anzustreben ist, ist festzustellen, daß das Management der Ressource »Arbeitskraft« gegenwärtig unzureichend ist. Die Arbeitsverhältnisse haben sich nicht planungsadäquat fortentwickelt. Stattdessen ist bei immer noch vorhandener Berufs- und Leistungsorientierung ein Verlust von Erwerbschancen zu konstatieren. Von ihm sind nicht nur ältere Arbeitnehmer und Sondergruppen betroffen, sondern auch jüngere Menschen haben Schwierigkeiten, eine angemessene Beschäftigung zu finden. Unser Beschäftigungssystem ist nur begrenzt in der Lage, interne Strukturwandlungen und externe Beeinflussungsfaktoren zu absorbieren. Die Veränderung dieser Problemsituation ist zweifellos eine Gemeinschaftsaufgabe. Allein für sich genommen, sind weder Unternehmensstrategien noch arbeitsmarktfördernde Maßnahmen des Staates, noch Initiativen der Tarifvertragsparteien und auch nicht das individuelle Selbstmanagement des Arbeitnehmers zielführend.

Unmittelbar einsichtig ist es, daß zur *Verbesserung der Erwerbschancen* aus der Sicht des Arbeitnehmers eine Erhöhung der Leistungspotentiale sinnvoll ist. Hierzu gehören insbesondere eine Förderung der Qualifikation durch Aus-, Fort- und Weiterbildung sowie eine Förderung der Flexibilität und Mobilität durch entsprechende Orientierungs- und Handlungshilfen. Generell geht es darum, Kompetenz und Motivation zu verbessern. Hierbei stellen sich unterschiedliche Schwierigkeiten, je nachdem, ob es um professionelle Arbeit mit einem hohen Niveau von Kenntnissen und Fertigkeiten geht oder um eine ebenfalls hochqualifizierte, aber organisationsgebundene Arbeit. Am schwierigsten sind die Probleme im Bereich der Jedermannsarbeit, die von ungelernten und nur kurz angelernten Arbeitskräften verrichtet wird. Hier ist die Tendenz zur Wegrationalisierung am größten.

Eine weitere Strategie betrifft die *Erweiterung der Nutzungschancen*, d. h. entsprechende Maßnahmen der Arbeitgeber, die den Wertschöpfungsbeitrag der Arbeit steigern. Hierzu ist ein bedarfsorientierter Einsatz der Arbeit erforderlich, der sich aber nicht allein auf bereits vorhandene Arbeitsfunktionen beschränken darf. Es ist auch ein innovatives Job-Design gefragt, z. B. als Rahmen für multifunktionale Arbeitsteams, die den Nutzungsgrad ihrer Tätigkeit selbst mitbestimmen. Derartige Strategien werden aber nicht kurzfristig zur vollen Auslastung des Arbeitskräftepotentials führen. Es mehren sich auch bereits die Anzeichen für einen weiteren tiefgreifenden Strukturwandel, der zur allmählichen Herausbildung des sogenannten quartären Sektors führen kann. Hierunter sind Leistungen zu verstehen, die mit unterschiedlicher Dichte und Reichweite im Lebenslauf zu bewältigen sind, aber nur begrenzt marktfähig sind. Hierzu gehört ein großer Teil der persönlichen Dienstleistungen (z. B. Erziehung, Betreuung und Pflege). Arbeit im Sinne eines Leistungsaufwands wird ja auch jetzt keineswegs nur im Rahmen einer Erwerbstätigkeit realisiert. Ein kürzlich erschienenes Buch mit dem Titel »Lebensführung als Arbeit« signalisiert die vielfältigen Herausforderungen unserer Lebenswelt, Leistungen zu erbringen, die auch nicht allein privater Natur sind. Sie haben auf Gemeindeebene durchaus teilweise öffentlichen Charakter, z. B. bei freiwilliger und ehrenamtlicher Mitarbeit.

So können wir feststellen, daß die krisenhafte Entwicklung der Erwerbschancen wenigstens zeitweise im Lebenslauf einen erheblichen Problemdruck und damit verbunden auch Handlungsbedarf erzeugt. Aber wir dürfen auch nicht vergessen, daß ein *Bewußtseinswandel* erforderlich ist, um sich an veränderte Verhältnisse kreativ anpassen zu können. Bis in die 60er Jahre hinein konnte in der Regel ein Vater die ganze Familie ernähren. Gegenwärtig ist hierzu die Mithilfe der erwachsenen Familienangehörigen notwendig. Aus der Sicht der Familien ist also das Ausmaß der gesellschaftlich notwendigen Arbeit im Sinne von Erwerbstätigkeit verändert worden. Zweifellos hat die zunehmende Frauenerwerbstätigkeit viele soziale Chancen eröffnet. Viele Lebensaufgaben müssen aber auch dementsprechend neu organisiert werden, was nicht ohne Leistungen praktizierbar ist. So gibt es gegenwärtig durchaus eine informale Freizeitbewirtschaftung, die die vielfältigsten Formen annimmt. Im Maße ihres Gelingens werden hierdurch auch Kosten eingespart, die andernfalls durch Konsumentenausgaben gedeckt werden müßten.

Wir dürfen also bei der Diskussion der gegenwärtigen Probleme unserer Arbeitsgesellschaft nicht nur die Erwerbsarbeit betrachten, sondern auch den *lebensweltlichen Kontext*. Es ist auch nicht angebracht, die Leistungsorientierung mit einer Erwerbsorientierung gleichzusetzen. In bestimmten Lebensphasen wird eine Abkoppelung notwendig. Schließlich ist es auch kurzsichtig, aus betriebs- und volkswirtschaftlicher Perspektive ein Loblied auf diejenigen Unternehmer zu singen, die Aufwand und Ertrag vor allem durch Arbeitsplatzabbau ins Gleichgewicht bringen. Es gibt auch andere Parameter unternehmerischer Entscheidungen, die tendenziell Arbeitsplätze sichern. Wir dürfen nicht vergessen, daß letztlich menschliche Arbeit die wichtigste Ressource für die Bewältigung von Zunkunftsaufgaben ist. Wer sie verschwendet oder verkümmern läßt, handelt letztlich nicht rational und keineswegs zukunftsorientiert.

Karl Homann

Kommentar

Der hohe Stellenwert der Arbeit ist ein modernes Phänomen. Von ihrer geringen Wertschätzung in der Antike über G. W. F. Hegel, der 1807 in der »Phänomenologie des Geistes« in der Arbeit des Sklaven den Beginn seiner Emanzipation sah, bis zur heutigen Auffassung, daß der Mensch sich vornehmlich in seiner Arbeit, sc. der Erwerbsarbeit, entfalte, hat es gut zweitausend Jahre gebraucht. Aufgrund dieser Umwertung der Arbeit drängen gegenwärtig auch die Reserven auf den Arbeitsmarkt, national (insbesondere Frauen) und international, was zu den Problemen der verbreiteten Massenarbeitslosigkeit nicht unwesentlich beiträgt. Angesichts der Dimensionen und der Bedeutung dieses Problems für die demokratischen Gesellschaften ist es richtig und wichtig, sich auch über die philosophischen und gesellschaftlichen Zusammenhänge zu verständigen. Ich will in meinem Statement zwei Problemkreise ansprechen und meinen Überlegungen dazu jeweils so etwas wie eine These voranstellen, die dann in einem stärker argumentativen zweiten Durchgang erläutert wird.

1. *Moralische Blockaden für die Verbesserung des »Standorts Deutschland«*

These: Arbeit als Selbstentfaltung ist nur in entwickelten Industriegesellschaften mit Marktwirtschaft und Demokratie realisierbar. Hier existiert jedoch – besonders in Deutschland – eine andere als die klassische Form von »Entfremdung«: Sie ist dadurch gekennzeichnet, daß Menschen die kontraintuitiven Zusammenhänge moderner Marktwirtschaften immer weniger verstehen. Dies gilt hinsichtlich der positiven und vor allem hinsichtlich der normativen Dimensionen. Die modernen Arbeitsformen mildern zwar die klassische

Entfremdung aufgrund entfremdeter Arbeit, sie beseitigen aber diese andere Form von Entfremdung nicht: Solange die Menschen die Funktionszusammenhänge moderner Gesellschaften nicht verstehen (können) und Markt und Wettbewerb mit ihren eigenen normativen Idealen nicht in Übereinstimmung bringen (können), drohen moralisch motivierte Politikblockaden die Zukunftsfähigkeit unserer Gesellschaft und damit die Qualität des »Standorts Deutschland« zu gefährden.

Erläuterung: Das Handeln von Menschen wird von einem Komplex von Vorstellungen geleitet, den man »Orientierungswissen« (H. Lübbe) oder – mit D. C. North, Nobelpreisträger für Ökonomie 1993 – »Ideologie« nennen kann.[2] Darin sind positive Vorstellungen darüber, wie die Welt funktioniert, und normative Vorstellungen, wie sie funktionieren sollte, unlösbar ineinander verwoben. Die überaus große Bedeutung solchen Orientierungswissens für die gesellschaftliche und wirtschaftliche Entwicklung wurde von Max Weber über J. A. Schumpeter und F. A. von Hayek bis zu J. M. Buchanan und D. C. North immer wieder hervorgehoben.[3] Aber die moderne Lehrbuchökonomik hat hier außer Schlagworten so gut wie nichts zu bieten. Daß die Marktwirtschaft mit Wettbewerb auch auf dem Arbeitsmarkt das »System der Freiheit« sei und daß der Ausdruck »soziale Gerechtigkeit« nach einer Formulierung von F. A. von Hayek so unsinnig sei »wie der Ausdruck ›ein moralischer Stein‹«,[4] geht an den normativen Überzeugungen breiter Bevölkerungskreise, besonders der moralisch engagierten Zeitgenossen, vorbei. Mit Recht und guten Gründen werden die Menschen in unserem Kulturkreis auch heute noch in einer Moralvorstellung sozialisiert, deren tragende Säulen »Person« und »Solidarität« sind. Aber genau diese normativen Leitideen finden Menschen mit eher geistes- bzw. kulturwissenschaftlichem Hintergrund in Markt und Wettbewerb und vor allem im Wettbewerb auf Arbeitsmärkten nicht wieder. Daher verweigern sie sich den notwendigen Modernisierungsprozessen. Da diese Menschen schließlich mit dem Wort umzugehen wissen[5] – in Schulen und Kirchen, in Medien und vor Gerichten –, findet eine Entfremdung gerade moralisch engagierter (junger) Menschen von der modernen Gesellschaft statt.
Moderne Formen der Arbeitsgestaltung können sicher Vorurteile und Fehleinschätzungen gegenüber »entfremdeter Arbeit« ein Stück weit abbauen, indem sie andere Erfahrungen machen lassen. Was aber auf breiter Front hinzukommen muß, wenn man Entfremdung überwinden will, ist die öffentliche

2 North (1981/1988), insbesondere Kapitel 5; North (1990/1992)
3 Brennan/Buchanan (1985/1993), insbesondere Kapitel 2; Weber (1905/1947); Schumpeter (1942/1972); von Hayek (1969) S. 27 f., 170 Fn. 13, u.ö.; vgl. dazu die neue Interpretation bei Pies (1993)
4 Von Hayek (1976/1981) S. 112.
5 Dazu insbes. Weber 1919/1988).

und wissenschaftliche Diskussion der normativen Qualitäten der modernen Wettbewerbsgesellschaft. Diese Diskussion darf sich nun nicht an den Vorstellungen der traditionellen Ökonomik von »Wohlstand«, »Effizienz« und »wirtschaftlicher Freiheit« als den zentralen Werten einer neuen, einer »anderen Moral«[6] orientieren. Sie muß sich vielmehr orientieren an den im Sozialisationsprozeß erworbenen Idealen von »Humanität« und »Solidarität«. Hier hat die Ökonomik in Deutschland seit den 60er Jahren weitgehend versagt. Sie sollte heute Themen wie »Solidarität«, »soziale Gerechtigkeit« und Freiheit qua Handlungsmöglichkeiten aller nicht länger den Moralisten überlassen – und den organisierten Interessengruppen, die diese Begriffe dann im politischen Tagesgeschäft benutzen (können).[7] Die Ökonomik sollte selbst vielmehr unter methodischer Disziplinierung überlegene Konzepte von »individueller Freiheit« und »Solidarität« entwickeln und so ihre normative Kompetenz unter Beweis stellen. Daß Wettbewerb solidarischer – nicht: »effizienter« – ist als Teilen[8] und daß die individuelle Freiheit Resultat – und nicht: Voraussetzung – kollektiven Handelns ist,[9] kann ich im Mainstream der Ökonomik nicht finden.
Um die Zukunftsfähigkeit unserer Gesellschaft zu stärken, gilt es, durch theoretische Arbeit die normativ bedingte Entfremdung großer Bevölkerungskreise aufzubrechen. Oder anders: Die moderne Ökonomik muß die gesellschaftstheoretische Kompetenz der Klassiker zurückgewinnen, um die vielfältigen moralischen Blockaden zu beseitigen, die den »Standort Deutschland« beeinträchtigen. Mit Menschen, die die moderne Gesellschaft mit Demokratie und Wettbewerb, auch auf den Arbeitsmärkten, nicht verstehen und die ihre moralischen Ideale in dieser Gesellschaft nicht mehr wiederfinden, ist kein Staat zu machen, jedenfalls kein moderner.

2. These: Arbeit als Selbstentfaltung verlagert den Schwerpunkt des Aufbaus personaler Identität des Menschen in die »Organisationen«, besonders in die Unternehmen. Dies geht zu Lasten der Familie, die zunehmend in die Krise gerät. Der Prozeß, in dem zunächst der Vater, dann zunehmend auch die Mutter für die Erziehung der Kinder im permanenten Umgang des Alltags mehr oder weniger ausfallen, produziert im Zuge des Generationenwechsels Folgekosten für Gesellschaft und Unternehmen: Letztere finden auf dem Arbeitsmarkt immer weniger jene sozialen Kompetenzen vor, die die – wettbewerbsinduzierten – modernen Arbeitsformen verlangen. Dies sollte bei der Arbeitsmarktpolitik mitbedacht werden, wenn man Probleme der modernen Gesellschaft nicht nur weiterschieben will.

6 Hoppmann (1990) S. 15 ff.
7 Dazu insbes. von Weizsäcker (1984).
8 Homann, Blome-Drees (1992) S. 26.
9 Homann, Pies (1993).

Erläuterung: Moderne Gesellschaften sind wesentlich durch die seit 1850 entstandenen »Organisationen« bestimmt.[10] Während die traditionelle Sozialeinheit der Familie aus »Personen« besteht, bestehen Organisationen aus »Positionen«. Seit einigen Jahrzehnten wird nun die Arbeit in Organisationen bzw. in Unternehmen als Ort der Selbstentfaltung jedes einzelnen eingestuft, also als Ort des Aufbaus seiner personalen Identität. Man kann auch sagen, die Unternehmen haben die Produktivität des personalen Faktors bei ihren Mitarbeitern entdeckt. Damit verschiebt sich das Lebenszentrum vieler Menschen – gerade bei anspruchsvolleren Tätigkeiten – deutlich in Richtung auf die Organisationen.

Dies geht zu Lasten der Familie. Damit fallen nämlich für die Erziehung der nachwachsenden Generationen zunächst der Vater, dann zunehmend auch die Mutter – und ferner Verwandte, Lehrer, Pfarrer, Nachbarn – aus; dies wird besonders bei unvollständigen Familien manifest. Die Folge: Junge Menschen kommen immer mehr mit einem stark veränderten Persönlichkeitsprofil aus dem Sozialisationsprozeß heraus.[11]

Wir sollten diese Entwicklung nicht vorschnell nur beklagen, obwohl die Folgeerscheinungen wie Anstieg der Scheidungsraten, Zunahme von Gewalt unter Jugendlichen und Schülern, »übertriebene Individualisierung« und Verlust des Gemeinsinns ernste Probleme darstellen. Aber grundsätzlich kann z. B. ein neuer Individualisierungsschub – unter geeigneten Bedingungen sc. – auch gesellschaftlich positive Wirkungen wie Kreativität und Vielfalt zeitigen.

Für die Organisationen, speziell für die Unternehmen, bedeutet das, daß sie immer weniger jene sozialen Kompetenzen auf dem Arbeitsmarkt vorfinden, die die neuen, u. a. durch den internationalen Wettbewerb veranlaßten Arbeits- und Interaktionsformen verlangen. Die Unternehmen geraten daher in folgendes Dilemma: Unter den heutigen Wettbewerbsbedingungen benötigen sie Positionsinhaber, die über eine ausgeprägte personale Identität mit sozialer Kompetenz und hoher Selbststeuerungsfähigkeit verfügen. Da die Aufwertung der Arbeit qua Selbstentfaltung im Zuge des Generationenwechsels aber zur Erosion des Sozialkapitals bei der nächsten Generation beiträgt, müssen sich die Unternehmen zunehmend selbst um diese grundlegenden personalen normativen Qualitäten ihrer Mitarbeiter bemühen. Eine überzeugende Lösung ist nicht in Sicht.

Ansätze in dieser Richtung sehe ich in der verstärkten Diskussion um die Vereinbarkeit von Berufstätigkeit und Familie sowie auch in den Überlegungen zur Wahlzeit-Arbeit. Amerikanische Unternehmen haben auf diese Probleme, und zwar ausgehend von Branchen mit sensiblen Produkten wie Chemie und Flugzeugindustrie, mit der Konsequenz geantwortet, ihre Mitarbeiter bis ins

10 Dazu insbes. Coleman (1990/1992) Bd. 2, Kapitel 20-22.
11 Lindenberg (1993).

Top-Management hinauf mit Ethik, Business Ethics, »nachzuschulen«,[12] wie man früher Mitarbeiter in Rechtschreibung und Mathematik »nachgeschult« hat.

Natürlich können wir nicht in die vermeintlich »heile Welt« vergangener Tage zurück: Dies würde die immensen Vorteile der Entwicklung wieder neutralisieren. Selbst katholische Bischöfe sind in diesem Punkt heute oft weiter als manche – oder viele? – Top-Manager aus der Wirtschaft. Aber angesichts der Probleme mit der Familie und deren Langzeitwirkungen auf Wirtschaft und Gesellschaft sollten wir intensiv nach einem neuen Gleichgewicht in diesem Feld suchen. Arbeitsmarktpolitik, selbst wenn sie gut gemeint und im Prinzip auch normativ zu begrüßen ist, sollte hier nicht falsche Signale setzen und die Probleme lediglich verschieben: Dies wäre nur eine weitere Variante der »Verträge zu Lasten Dritter«, von denen wir in der Arbeitswelt schon mehr als genug haben.

Literatur

Brennan, Geoffrey, James M. Buchanan (1985/1993): Die Begründung von Regeln. Konstitutionelle Politische Ökonomie, übersetzt von Monika Vanberg, mit einer Einleitung hrsg. von Christian Watrin, Tübingen

Coleman, James S. (1990/1992): Grundlagen der Sozialtheorie, übersetzt von Michael Sukale unter Mitwirkung von Martina Wiese, 3 Bde., München

Hayek, Friedrich August von (1969): Freiburger Studien, Tübingen

Hayek, Friedrich August von (1976/1981): Recht, Gesetzgebung und Freiheit, Bd. 2: Die Illusion der sozialen Gerechtigkeit, Landsberg am Lech

Homann, Karl, Franz Blome-Drees (1992): Wirtschafts- und Unternehmensethik, Göttingen

Homann, Karl, Ingo Pies (1993): Liberalismus: kollektive Entwicklung individueller Freiheit – Zu Programm und Methode einer liberalen Gesellschaftstheorie, in: Homo Oeconomicus X, München, S. 297-347

Hoppmann, Erich (1990): Moral und Marktsystem, in: Ordo 41, S. 3-26

Lindenberg, Siegwart M. (1993): Club Hierarchy, Social Metering and Context Instruction: Governance Structures in Response to Varying Self-command Capital, in: Siegwart M. Lindenberg, Hein Schreuder (Eds.): Interdisciplinary Perspectives on Organization Studies, Oxford, S. 195-220

North, Douglass C. (1981/1988): Theorie des institutionellen Wandels. Eine neue Sicht der Wirtschaftsgeschichte, übersetzt von Monika Streissler, Tübingen

North, Douglass C. (1990/1992): Institutionen, institutioneller Wandel und Wirtschaftsleistung, übersetzt von Monika Streissler, Tübingen

Pies, Ingo (1993): Normative Institutionenökonomik. Zur Rationalisierung des politischen Liberalismus, Tübingen

12 Dazu die Arbeit von Wieland (1993) und die systematische Weiterentwicklung Wieland (1995).

Schumpeter, Joseph A. (1942/1972): Kapitalismus, Sozialismus und Demokratie. Einleitung von Edgar Salin, 3. Aufl., München
Weber, Max (1905/1947): Die protestantische Ethik und der Geist des Kapitalismus, in: Max Weber: Gesammelte Aufsätze zur Religionssoziologie I, 4. Aufl., Tübingen, S. 17-206
Weber, Max (1919/1988): Politik als Beruf, in: Max Weber: Gesammelte Politische Schriften, hrsg. von Johannes Winckelmann, 5. Aufl., Tübingen, S. 505-560
Weizsäcker, Carl Christian von (1984): Was leistet die Property Rights Theorie für aktuelle wirtschaftspolitische Fragen?, in: Manfred Neumann (Hrsg.): Ansprüche, Eigentums- und Verfügungsrechte. Schriften des Vereins für Socialpolitik N. F. Bd. 140, Berlin, S. 123-152
Wieland, Josef (1993): Formen der Institutionalisierung von Moral in amerikanischen Unternehmen. Die amerikanische Business-Ethics-Bewegung: Why and how they do it, Bern, Stuttgart, Wien
Wieland, Josef (1995): Ökonomische Organisation, Allokation und Status. Neue Organisationsökonomik und Allokation moralischer Güter, Tübingen, (im Druck)

Dietrich Schulz

Kommentar

Herr Zimmerli sagte zu Beginn seines Vortrags einleitend: Wer keine Arbeit hat, hätte gerne welche, und wer Arbeit hat oder gar zu viel, hätte gerne keine mehr. Dies kann ich aus der Praxis unseres Unternehmens nicht bestätigen. Denn wir beobachten unter unseren Beschäftigten doch eine große Identifizierung mit ihrer Arbeit, mit dem Unternehmen, auch mit dem Umfeld, in dem das Unternehmen tätig ist.
Auch Herr Homann hat in seinem Beitrag eine Reihe von Betrachtungen angestellt, die ich nicht nachvollziehen kann. Er hat aber auch eine – wenn auch von ihm zugleich kritisierte – Feststellung getroffen, die ich gerne unterschreibe, daß nämlich die Unternehmen heute Orte der Selbstverwirklichung sind. Dies ist – glücklicherweise – tatsächlich so in dem Bereich der privaten Wirtschaft, in dem wir tätig sind. Wenn Herr Hohmann davon spricht, daß uns die soziale Kompetenz, die wir für die zu besetzenden Positionen im Unternehmen auch benötigen, durch die zunehmende Auflösung des traditionellen Familienverbands abhanden zu kommen drohe, dann halte ich ihm entgegen, daß die Unternehmen in starkem Maße diese soziale Kompetenz über die Ausbildung schaffen, die wir mit Energie und Vehemenz betreiben und in

der wir uns auch in der heutigen schwieriger gewordenen Situation wachsender Arbeitslosigkeit sehr engagieren. Wir haben in unserem Unternehmen – nicht zuletzt durch den hohen Stellenwert, den wir der beruflichen Ausbildung beimessen –, keine nennenswerten Probleme im Umgang mit den jungen Leuten.

Herr Zimmerli hat viel Philosophisches gesagt, das ich mit Freude verfolgt habe. Ich bin allerdings nicht so ganz sicher, Herr Zimmerli, ob wir uns heute tatsächlich im Übergang zu den postindustriellen bzw. zu den nicht-materialistischen Werten befinden. Wenn die These vom Wertewandel hin zu ideellen Werten zutrifft, dann gilt dies meiner Meinung nach zunächst allenfalls für den Bereich der Ökologie, den Sie auch angesprochen haben. Und selbst in diesem Bereich muß man wohl noch sehr viele Abstriche machen, denn den Nutzen und den Wert der Ökologie entdecken und propagieren – abgesehen von engagierten Umweltschutzgruppen – zumeist nur diejenigen Leute, die unmittelbar von Umweltbelastungen betroffen sind, sei es durch den Bau oder Betrieb von Autobahnen, Flughäfen, Industrieanlagen oder was auch immer. Erst bei unmittelbarer Betroffenheit scheint die Umweltschutzdiskussion so richtig in Gang zu kommen. Ansonsten stellen wir nach wie vor keine sehr starke Hinwendung zu immateriellen, zu ideellen Werten fest. Z.B. können wir kaum eine Bereitschaft erkennen, sich aktiv für das Gemeinwohl zu engagieren. Kaum jemand scheint bereit, sich in der Arbeit von Vereinen, Institutionen, Verbänden u.ä. engagieren zu wollen. Auch diese fehlende Bereitschaft spricht eigentlich gegen Ihre These von einem Wertewandel in Richtung auf immaterielle Werte.

Mit der Schlußfolgerung von Herrn Fürstenberg, der in einem tiefgreifenden Strukturwandel in Form einer stärkeren Hinwendung zum sogenannten quartären Sektor einen möglichen Ausweg aus der Beschäftigungskrise sieht, bin ich teilweise einverstanden. Nach Ihrer Vision werden die kleinen Unternehmen die Arbeitswelt der Zukunft bestimmen. Wenn Sie aber deren Arbeit vorwiegend als ideelle Leistung definieren, d.h. als geistige Leistung, dann wäre das meiner Meinung nach zu eng gefaßt. Ich glaube – und in Amerika hat sich dies ja gezeigt –, daß es in der Zukunft eine Fülle von Selbständigen und sehr kleinen Unternehmen geben wird, die nicht nur hochgeistige Leistungen, sondern durchaus auch handwerkliche und andere Leistungen jeder Art anbieten. Wenn Sie den quartären Sektor in diese Richtung ausweiten, dann gebe ich Ihnen recht.

Die Philosophen und Soziologen in dieser Runde haben die Entwicklung der Arbeitsverhältnisse in einem interessanten Bogen von der Vergangenheit bis in die fernere Zukunft weit gespannt. Zwar sind solche Entwicklungsausblicke bis ins Jahr 2020 oder sogar darüber hinaus auch für die wirtschaftliche Praxis von großem Interesse, jedoch dürfen wir nicht aus den Augen verlieren, daß sich die Arbeitsverhältnisse in der Vergangenheit keineswegs planad-

äquat entwickelt haben. Dies wurde ja bereits von Herrn Fürstenberg gesagt. Eine planadäquate Entwicklung von Arbeitsverhältnissen kann man, glaube ich, allenfalls innerhalb eines relativ engen Zeitraums erhoffen. Wir wären froh, wenn wir die nächsten 5 – 10 Jahre einigermaßen überblicken, einschätzen und uns danach ausrichten könnten.
Damit kommen wir zu dem Thema, das uns hier beschäftigt. Die Bekämpfung der Arbeitslosigkeit ist eine zentrale gesellschaftliche Aufgabe, also auch eine Aufgabe der Unternehmen, die wir sehr ernst nehmen. Als Unternehmen sind wir nun aber in dem großen Dilemma, daß wir diese Aufgabe einerseits zwar gerne und effizient wahrnehmen möchten, daß wir aber auf der anderen Seite mit unseren Unternehmen weiterleben müssen, daß wir unsere betriebswirtschaftlichen Probleme lösen müssen. Und dazu gehört notfalls auch die Trennung von Mitarbeitern. Auch bei voller Kenntnis und Akzeptanz der gesellschaftlichen und sozialen Probleme, die durch steigende Arbeitslosigkeit entstehen, unterliegt der Unternehmer in der Praxis Zwängen, die nicht wegzudiskutieren sind und die im schlimmsten Fall eine große Zahl von zu Entlassenden zur Folge haben können.
Sie haben recht, Herr Zimmerli, es gibt eine fast unüberschaubare Vielzahl von Veröffentlichungen über Arbeit und Arbeitslosigkeit. Ich sage dennoch, es ist richtig, daß wir uns – auch als Unternehmer – immer wieder und auf allen Ebenen solchen Diskussionen stellen. Denn je mehr man darüber spricht, desto mehr kann man erreichen, und das heutige Symposium dient ja auch diesem Zweck. Es ist wichtig, daß die Gesellschaft die Suche nach Wegen zu mehr Beschäftigung als Aufgabe auch wirklich begreift. Wir sprechen immer von der wirtschaftlichen Wettbewerbsfähigkeit des Standorts Deutschland. Wir brauchen aber auch eine gemeinschaftlich definierte gesellschaftspolitische Standortposition Deutschlands.

Herbert Giersch

Arbeitsmärkte im Standortwettbewerb

1. *Das soziale Problem*

Wenn die Arbeitslosigkeit so groß ist, wie die Statistik sie für Europa ausweist (um die 10 Prozent für OECD-Europa, mitten im Aufschwung), ist auf Abhilfe zu sinnen, muß man als Wirtschaftswissenschaftler – radikal – nach den tieferliegenden Gründen fragen. Denn ein Leben ohne sinnvolle Arbeit ist gegen die menschliche Natur; und verbreitete Arbeitslosigkeit weckt Zweifel an der Qualität der sozialen Ordnung. Von vielen verinnerlicht wurde die Bibelweisheit, wir hätten uns unser Brot selbst zu verdienen, auch im Schweiße unseres Angesichts; und allenthalben hört man, welche demoralisierenden Folgen einer längeren Dauer der Arbeitslosigkeit zugerechnet werden müssen: das Gefühl, ein Versager zu sein und nicht gebraucht zu werden, der Verlust an Selbstachtung, die Zerrüttung der Familie, das Abgleiten in Alkoholismus und Kriminalität, die Anfälligkeit für politischen Extremismus und Fremdenhass. Müßiggang, so sagt der Volksmund, ist aller Laster Anfang.

Mit Arbeit gemeint ist im folgenden natürlich nicht die Selbstbeschäftigung aus bloßem Zeitvertreib, sondern Erwerbsarbeit: ein Wirken in der gesellschaftlichen Arbeitsteilung, das Einkommen verspricht und Anerkennung findet. Nicht jeder muß jederzeit Erwerbsarbeit haben, aber es sollte für jeden eine Gelegenheit dazu geben. Das Problem also ist die Arbeitslosigkeit, die unfreiwillig ist, eine Ausgrenzung, die der Betroffene nicht selbst zu verantworten hat. Ein Recht auf Arbeit – zu einem vorgegebenen Anspruchslohn – kann es indessen nicht geben, zumindest nicht in einer freien Gesellschaft. Denn man kann ja auch freie Menschen nicht zwingen, andere – zu ihrem Anspruchslohn – zu beschäftigen. Jedermann wirft sich selbst aus dem Wettbewerb um Arbeitsplätze, der überhöhte Ansprüche stellt – der einen Lohn beansprucht, der alles in allem mehr ausmacht, als die Leistung für einen Arbeitgeber wert ist.

Dieser Anspruchslohn ist für die ärmeren Schichten und für die Langzeitarbeitslosen, denen unser soziales Interesse gilt, weitgehend davon abhängig, wie hoch das Netz der sozialen Sicherheit gespannt ist.

- Natürlich bejahen wir eine gesetzliche Pflicht zur Versicherung gegen die Einkommensrisiken der Arbeitslosigkeit, aber wenn ein kürzerer Zeitraum oder ein kleinerer Teil des Einkommens abgesichert wäre, gäbe es mehr Anlaß, den Zustand der Arbeitslosigkeit zu vermeiden oder schneller zu beenden. Die Fälle einer induzierten Fahrlässigkeit oder Nachlässigkeit, die das moralische Risiko ausmachen, wären geringer. Helfen würden auch Prämien oder Rabatte, wie wir sie aus der Kraftfahrzeugversicherung kennen, aber sie würden das Solidarprinzip durchlöchern.

- Natürlich möchte man, daß Langzeitarbeitslosen aus der Staatskasse Unterstützung zuteil wird, aber ob sie vom früheren Arbeitseinkommen abhängig sein und so den früheren Lebensstandard sichern muß, ist zu bezweifeln. Ebenso offen ist die Frage, ob Staat und Steuerzahler eine Gegenleistung einfordern und strenge Kriterien für die Zumutbarkeit von angebotenen Arbeitsgelegenheiten durchsetzen sollten.
- Natürlich wollen wir, daß niemand mit seinem Lebensstandard unter das Existenzminimum absinkt und dieses Minimum hoch genug ist, um uns ein Mitleiden mit echter Not und Armut zu ersparen; aber es muß doch genug Anreiz bleiben, auch geringwertige Tätigkeiten auszuüben und wieder Steuerzahler zu werden, statt auf Dauer in die Schattenwirtschaft abzutauchen.

Unter diesen Umständen verwundert es nicht, daß der Sozialstaat Arbeitslosigkeit erzeugt und die Rate der Arbeitslosigkeit in der westlichen Welt mit dem Umfang des Sozialstaats korrespondiert.[1]

Der Konflikt zwischen den Zielen der Sozialpolitik und der Beschäftigungspolitik ist offensichtlich. Er wird schärfer mit der zunehmenden Globalisierung der Wirtschaft. Diese zwingt uns dazu, die Knappheitsrelationen der Neuindustrialisierungsländer mit ihren billigen Arbeitskräften mehr als früher ins Kalkül zu nehmen. Im Interesse der Beschäftigung werden wir nicht umhin können, mehr Ungleichheit zu akzeptieren, insbesondere die vertikale Lohnskala stärker zu spreizen, auch und vor allem nach unten. Doch zuvor ein Blick in die Vergangenheit.

2. *Die gute alte Zeit der Vollbeschäftigung*

In den fünfziger und sechziger Jahren nahm in Deutschland West die Arbeitslosigkeit stetig ab – in jedem Konjunkturaufschwung von der Flaute bis zur Hochkonjunktur und im Trend des Wachstums von Flaute zu Flaute und von Hochkonjunktur zu Hochkonjunktur. Schließlich gab es in den späten sechziger Jahren mehr offene Stellen als arbeitsuchende Inländer. Die Arbeitgeber trieben von sich aus Arbeitsmarktpolitik; sie mußten aktiv um Arbeitnehmer werben und aus purem Eigeninteresse übertarifliche Leistungen gewähren, für Wohnraum sorgen, Umzugshilfen gewähren und erhebliche Mittel in Hu-

1 Vgl. Anthony de Jasay, On Redistribution, in: Peter J. Boetke und Mario J. Rizzo (Hrsg.), Advances in Austrian Economics, Part A, 1995, Greenwich, Connecticut.

mankapital investieren, also für die Schulung und Ausbildung der neuen (wie der alten) Mitarbeiter aufwenden. Dies war Vollbeschäftigung. Überdies wurden Gastarbeiter angeworben. Sie gingen dorthin, wo man sie brauchte, um solche Arbeiten zu verrichten, die von Inländern verschmäht wurden. Man sprach sogar klagend von Überbeschäftigung. Sie brachte den Inländern eine inhaltsvolle – im Kontrast zu einer formalen – Freiheit der Arbeitsplatzwahl: Die Arbeitnehmer konnten oft zwischen mehreren Stellenangeboten wählen. So bekamen sie die Zwänge und Härten des Strukturwandels kaum zu spüren. Was als Mobilität lästig war, wurde vom Zustrom der Gastarbeiter bewältigt. Den Inländern verblieb der bessere Teil der Mobilität: der Aufstieg im System der gesellschaftlichen Arbeitsteilung. Dafür war ein Preis zu zahlen – in Form von maßvollen Lohnansprüchen. Es zeigte sich: Wer wenig verlangt, aber viel leistet, ist bei den Nachfragern nach Arbeitskräften beliebt und erhält zum Ausgleich mancherlei Vorteile, einschließlich der Sicherheit des Arbeitsplatzes.
Alles in allem kann man sagen: Bis Anfang der siebziger Jahre erlebte die Bundesrepublik Deutschland das goldene Zeitalter eines beschäftigungsintensiven Wachstums. Zu verdanken hatten wir es einem Nachhinken der Lohnansprüche hinter der Wertschöpfung. Es gab einen Lohn-Lag insbesondere im Bereich der Tariflöhne. Diese stiegen weniger als das, was an Produktivitätsspielraum entstand: in den Betrieben durch Kostensenkung, im Markt durch die Vorteile der weltweiten Arbeitsteilung. Vor allem das Glück des Rückenwindes aus der Weltwirtschaft blieb lange unerkannt; es diente als fortwährende Quelle für Investitionen – auch zur Festigung der Wettbewerbsfähigkeit deutscher Arbeitsplätze.

3. *Der Umbruch*

Seit über 20 Jahren ist das Beschäftigungswunder eine historische Reminiszenz. In den letzten beiden Jahrzehnten stieg in Westdeutschland der Prozentsatz der Arbeitslosen, bezogen auf die Erwerbsbevölkerung, von Rezession zu Rezession. Das ist der Trend. Besonders stark erhöhte sich die Arbeitslosigkeit jeweils nach dem Übergang von der Hochkonjunktur zur Talsohle, so auch 1992/93. Das ist die zyklische Komponente. Sie ist jener Teil, der sukzessive verschwindet, wenn die Gesamtnachfrage in Relation zum gesamtwirtschaftlichen Produktionspotential wieder steigt – bis an den Rand des inflationsfrei nutzbaren Auslastungsgrades. Der konjunkturelle Teil heißt auch keynesianische Arbeitslosigkeit, weil Keynes es war, der solche Beschäftigungsdefizite auf einen Mangel an kaufkräftiger Nachfrage zurückführte, also auf geldpolitisch bedingte Nachfragelücken. Man kann dazu auch Geldmangel-Arbeitslosigkeit sagen. Über sie wäre mit der Zentralbank zu reden.

Die Bundesbank kann antworten, sie sei grundsätzlich und mit Erfolg bemüht, das Geldangebot stetig und maßvoll zu erweitern, könne dies aber nur so lange tun, wie sich die Inflationstendenzen in Grenzen halten. Diese Grenzen werden vom Ziel der Geldwertstabilität bestimmt. Eng wird es für die Zentralbank, wenn ein Inflationsdruck vom Ausland oder von der Lohnfront kommt. Dann muß die Zentralbank geldpolitisch gegenhalten, zumindest die Geldexpansion bremsen. Preis- und Lohndisziplin also kann der Zentralbank viel helfen, zunächst im Aufschwung, erst recht aber in der Rezession, die dem Bremsvorgang folgt. Zu Zeiten von Ludwig Erhard und Karl Schiller war es nicht unüblich, die Lohn- und Preisdisziplin schon in der Hochkonjunktur wirkungsvoll anzumahnen, anfänglich durch moralische Maßhalteappelle an die breite Öffentlichkeit, später durch korporatistische Konsensbildung im Rahmen einer Konzertierten Aktion. Prinzipiell und immer müssen sich die Akteure vorhalten lassen, daß Mengeneinbußen unvermeidlich die Folge sind, wo immer man an Gegenleistung mehr fordert, als man an Eigenleistung anbietet.

Hieran zeigt sich schon im Grundsatz, wie Konjunktur- und Trendarbeitslosigkeit miteinander verwoben sind: Anbieter, die – einzeln oder kollektiv – nicht aggressiv sind, sondern moderat, wenn es um Preise und Löhne geht, verschaffen sich manche Vorteile. Kollektiv gewinnen sie den Vorteil einer leichteren Geldversorgung und einer erhöhten wirksamen Nachfrage.

Es gibt samt und sonders ein Weniger an Preiskonjunktur – sprich: Inflation – und ein Mehr an Mengenkonjunktur, sprich: Wachstum. Man kann auch sagen, daß sich das Maßhalten lohnt, weil es die konjunkturellen Aufschwünge verlängert und die Rezessionen verkürzt. So wurde der lange Aufschwung der achtziger Jahre wesentlich begünstigt dadurch, daß es der EG nach 1985 gelang, ihr Programm für Wachstum und Beschäftigung überzeugend zu formulieren und an die richtigen Leute zu bringen. Das Kernstück hieß »Lohnmäßigung«. In Deutschland fand die EG-Initiative von 1985 zwar publizistisch und politisch kaum einen Widerhall, wohl aber einen Niederschlag an der Lohnfront – in moderaten Tarifverträgen mit langen Fristen. Die Gewerkschaften jedenfalls waren mit dem Konzept vertraut, hatte es doch einer aus ihrer Mitte (Alois Pfeiffer als deutscher EG-Kommissar) in seinem Ressort entstehen lassen. Ein Ende nahm das Maßhalten dann im Boom der deutschen Einheit, vor allem im Öffentlichen Dienst, vergleichbar mit dem Lohnstoß der Kluncker-Runde von 1974, der auf den Ölschock von 1973 folgte. Im Vereinigungs-Boom geriet freilich auch manches andere außer Rand und Band. Es war eine Euphorie, die als späteren Ausgleich eine Ernüchterung, wenn nicht eine richtige Depression, zu verlangen schien. Der Bumerang-Effekt hat nicht lange auf sich warten lassen, aber dank einer guten Weltkonjunktur war er schwächer, als sonst zu befürchten stand.

Wenn in Westdeutschland und Westeuropa die Arbeitslosigkeit im letzten Vierteljahrhundert im Trend zugenommen hat, so hängt dies also generell damit zusammen, daß Lohnarbeit für die Arbeitgeber zu teuer geworden ist. »Für die Arbeitgeber« heißt hier: Es zählen außer den Löhnen, die den Arbeitnehmern ausgezahlt werden, auch die Lohnzusatzkosten, die gesetzlichen wie die tariflichen.[2] Doch sprechen wir der Einfachheit halber summarisch nur von Löhnen. Im übrigen ist »überteuert« natürlich ein relativer Begriff. Er bezieht sich hier – als Maßstab – auf jenes Niveau der Tariflöhne, bei dem Vollbeschäftigung möglich gewesen wäre – möglich trotz des Zutritts geburtenstarker Jahrgänge aus der Zeit des Babybooms und trotz des verstärkten Eindringens der Frau in das Erwerbsleben. Eigentlich hätte die Arbeit, die reichlicher geworden ist, absolut billiger werden müssen; eigentlich, das heißt hier: abgesehen von jenem wachstumsbedingten Produktivitätsfortschritt, den wir dem vermehrten Kapitaleinsatz und der Anwendung neuen Wissens verdanken.

Zu dem Angebotsdruck auf dem Arbeitsmarkt, der das Vollbeschäftigungsniveau der Tariflöhne tendenziell reduziert hat, kamen andere widrige Umstände, die in gleicher Richtung wirkten. Sie hängen damit zusammen, daß sich für den Produktionsfaktor Arbeit in Deutschland (und anderswo) tendenziell die »Terms of Trade« verschlechterten, also die Austauschrelationen gegenüber anderen Faktoren und gegenüber anderen Ländern. Verknappt und verteuert haben sich Faktoren, die im Produktionsprozeß mit der Arbeit zusammenwirken. Kapital ist knapper geworden, gemessen vor allem an dem weltweiten Anstieg der Realzinsen in den achtziger Jahren. Dies hat den Spielraum für beschäftigungsneutrale Lohnerhöhungen verengt. Sodann wurde die Umwelt zunehmend ein Kostenelement, das zu Lasten auch des Faktors Arbeit geht. Drittens verengte sich der Spielraum für Arbeitsentgelte durch die dramatischen Ölpreiserhöhungen von 1973 und 1979. Und schließlich verschlechterten sich die Verdienstchancen für einfache Arbeit dadurch, daß mehr um mehr Entwicklungsländer Erfolge beim Aufbau ihrer Industrie erzielten und massiert als Konkurrenten auf den Plan traten. Sie fragten zwar ihrerseits hochwertige Industrieerzeugnisse nach, vor allem moderne Investitionsgüter, aber die traditionellen Branchen in den alten Industrieländern traf der Importwettbewerb so schwer, daß sie – bei gegebenen Löhnen – mehr Kräfte entlassen mußten, als andere Bereiche – wieder bei gegebenen Löhnen – einzustellen sich veranlaßt sahen. Der Hinweis auf die gegebenen Löhne ist wichtig. Bei Lohnflexibilität wäre die Freisetzung geringer, der Sog der neuen Nachfrage auf die freigesetzten Kräfte stärker gewesen.

2 Vgl. iwd 27/1993, Personalzusatzkosten – Der Staat mischt kräftig mit. »Seit Mitte der achtziger Jahre wirken vor allem die gesetzlichen Komponenten als Treibsatz der Personalzusatzkosten. [1984: 34,7 v. H., 1994: 39,4 v. H. des Direktentgelts]. Die betrieblichen und tariflichen Zusatzkosten sind dagegen seit langem stabil [1984: 46,9 v.H., 1994: 46,8 v.H.]«.

Vor allem im Kontrast zu Nordamerika zeigt sich, wie nachteilig es für die Beschäftigung ist, daß Westeuropas Arbeitsmärkte starr und verhärtet sind. Das reale Sozialprodukt ist zwar (seit 1970) auf unserer Seite des Atlantik so schnell gewachsen wie drüben; und auch der Bestand an Sachkapital hat sich hier wie dort ungefähr gleich stark erhöht; aber es blieb hier das Beschäftigungsvolumen ziemlich unverändert, während es in den USA mit dem Angebot an Arbeit stieg (um mehr als 60 Prozent).
So war das Wachstum bei uns sehr viel kapitalintensiver und arbeitssparender als drüben. Drüben war der Prozeß kapitalsparender und beschäftigungswirksamer als hier. Offenbar war bei uns in Europa der Kostendruck der Löhne so stark, daß zuviel Arbeit durch Kapital ersetzt wurde. In dieser Sicht handelt es sich in Europa um klassische Arbeitslosigkeit. Zu einem erheblichen Teil hängt sie wohl damit zusammen, daß die Geldpolitik auf Stabilitätskurs ging, aber das Herunterfahren der Inflationsraten an der Lohnfront nicht (hinreichend) berücksichtigt wurde. Im Trend sanken die Inflationsraten; sie waren nicht selten niedriger, als man antizipiert hatte. Entsprechend stärker stiegen die Reallöhne um mehr als das, was die Tarifvertragsparteien im Auge gehabt hätten. Der inflexible Reallohn-Auftrieb, der sich aus der Kollision von Geldpolitik und Lohnpolitik ergab, gehört zu dem, was mir Anfang der achtziger Jahre zum Begriff »Eurosklerose« zu passen schien. Für die Zukunft ergibt sich vielleicht etwas Entlastung daraus, daß die Inflationsbekämpfung nicht mehr so im Vordergrund steht. Doch nun drohen neue Gefahren.

4. *Im Zangengriff von Globalisierung und Strukturwandel*

Dies führt zum Kernproblem von heute. Wie andere Märkte schon lange befinden sich nunmehr auch die Arbeitsmärkte unmittelbar im internationalen Wettbewerb. Dies gilt direkt für hochqualifizierte Kräfte, denen es wenig ausmacht, ob ihr Arbeitsplatz im In- oder Ausland ist und ob das Unternehmen, dem sie zu Diensten sind, seine Zentrale diesseits oder jenseits des Rheins, diesseits oder jenseits des Atlantik, im fernen Westen oder im Fernen Osten hat. Weil sie mobil sind, verdienen sie – einschließlich Zulagen und unter Berücksichtigung von Steuern und Kostenunterschieden – überall ungefähr gleichviel. Und sie sind international begehrt, auch weil sie sich durch Kompetenz auszeichnen und viel Wissen mit sich herumtragen – viel Humankapital.
Nicht so direkt im internationalen Wettbewerb der Arbeitsmärkte stehen auf der anderen Seite Arbeitskräfte, die völlig immobil sind –, fest verwurzelt mit dem heimatlichen Boden. Sie sind meist auch fachlich, sprachlich und geistig weniger versiert und wendig. Der Wert ihrer Arbeitsleistung verhält sich eher so wie der Wert des Bodens; er ist abhängig von der Gunst des Standorts und

vom allgemeinen Wohlstandsniveau der Gegend. Dies gilt vor allem für persönliche Dienstleistungen, also für Fälle, in denen auch das Produkt ziemlich immobil ist. Haarschnitte sind in armen Gegenden billig, in reichen teuer. Der geographische Schutzzoll begünstigt die lokalen Anbieter in der Nähe der Reichen und benachteiligt die Armen in der Nähe der Armen. Aber dieser Schutzzoll verliert zunehmend an Bedeutung.

International sehr mobil sind moderne Güter, wenn sie sich leicht transportieren lassen, und Ideen und Kenntnisse, die man kommunizieren kann. Ihre Mobilität erhöht sich im Zuge des technischen Fortschritts. Zum Teil dramatisch sinken die Kosten der Telekommunikation. Dies ist ein wesentlicher Schritt auf dem Marsch in die Informationsgesellschaft, die ihrerseits die Welt schrumpfen läßt – sozusagen zu einem globalen Dorf oder Marktplatz. Mit der zunehmenden Mobilität der Güter und dem Abbau der Handelshemmnisse verstärkt sich die Tendenz zum internationalen Faktorpreis – Ausgleich durch Handel, wie sie vom Samuelson-Theorem beschrieben wird. Das Stolper-Samuelson-Theorem behauptet zudem die Möglichkeit, daß der vergleichsweise knappe Faktor, der bei Freihandel seine Knappheitsrente verliert, sogar absolut an Realeinkommen einbüßen kann, aber diese These berücksichtigt nicht, welche positiven Wachstumseffekte sich aus der Arbeitsteilung und Spezialisierung, aus dem Wettbewerb als Entdeckungsverfahren und aus der Mobilität des Kapitals ergeben.

Mobil wie das Humankapital und frei wie die Gedanken sind heute auch die Kapitalien zum Investieren und zum Erwerb von Vermögenswerten. Diese Mittel fließen dorthin, wo sie – je nach Zeithorizont – die höchste Rendite nach Steuern erwarten dürfen. Attraktiv in diesem Sinne sind: niedrige Abgaben für wertvolle öffentliche Güter und Leistungen; niedrige Arbeitskosten bei hoher Arbeitsproduktivität; Rechtssicherheit und große Dispositionsfreiheit; ein geringes Streikrisiko; und eine günstige Verkehrslage zu Abnehmern und Vorlieferanten. Dies ergibt Standortwettbewerb, Steuerwettbewerb, Institutionenwettbewerb und – nicht zuletzt – einen Wettbewerb der Arbeitsmärkte – zum Sichern der bestehenden Arbeitsplätze, zum Nutzen und Ausweiten neuer Beschäftigungsmöglichkeiten. Weil das Kapital weltweit so mobil ist, zieht es alles, was zu ihm irgendwie komplementär ist, direkt oder indirekt in das weltweit expandierende Wettbewerbssystem hinein.

Dies schließt nicht aus, daß die Anleger nach wie vor den heimischen Kapitalmarkt bevorzugen (hoher »Country Bias«). Aber die Mobilität an der Spitze nimmt zu, auch durch die zunehmende Bedeutung der professionell geleiteten Anlegerfonds. Und die Unternehmen verhalten sich zunehmend als »Global Players«, die bei sinkenden Transport- und Kommunikationskosten viel an Produktion auslagern in Länder, die mit niedrigeren Kosten aufwarten können.

Stünde hinter dem Kapital nicht eine amorphe Masse von Kapitaleignern, sondern eine Person oder Personengruppe, so würde man geneigt sein zu sagen, das Kapital regiere die Welt; es treibe Wachstums- und Beschäftigungspolitik, Geldpolitik, Regionalpolitik, Steuer- und Finanzpolitik. Es unterwerfe alles dem Diktat seiner Ratio. In Wahrheit jedoch stehen die Kapitalbesitzer selber in einer Wettbewerbsordnung, die sie veranlaßt, dorthin zu gehen, wo es gilt, Knappheiten zu überwinden, Finanzierungslücken zu schließen und Arbeitsplätze zu schaffen, die es Menschen erlauben, soviel zu leisten, wie ihr Anspruchslohn ausmacht.

Folglich sind Augenmaß beim Fordern und Entfaltungsdrang beim Leisten unverzichtbar, wenn es darauf ankommt, Investitionskapital für neue oder bessere Arbeitsplätze anzuwerben. Den Maßstab liefern die jeweiligen Alternativen. Beim Kapital sind es zunehmend Investitionsstandorte in anderen Ländern, die ein gutes Preis-Leistungs-Verhältnis aufweisen. Beim Personal sind es außer den Netto-Einkommen die Aufstiegschancen und die Arbeitsbedingungen, die andere Länder und Unternehmen bieten, auch ausländische. Es gibt heute so viele Alternativen, die sich sehen lassen können, daß keine Seite viel Spielraum zur Willkür hat. Aber es mag sehr wohl zutreffen, daß die erhöhte Mobilität des Kapitals gegenwärtig vor allem dem Kapital zugute kommt, und zwar nicht zuletzt deshalb, weil die Arbeitnehmer-Organisationen nur so lange (dank hoher Streikbereitschaft) hier oder da eine dominierende Stellung besaßen, solange für das Kapital noch keine internationale Freizügigkeit gewährleistet war, der »Home Bias« noch eine größere Rolle spielte. Nunmehr, so ließe sich argumentieren, kann das Kapital seine weltweite Knappheit voll zur Geltung bringen, begünstigt nicht zuletzt durch den Kapitalmangel in Ländern mit einem sehr reichlichen und daher sehr billigen Angebot an leistungswilligen Arbeitskräften. Dies mag so sein, läßt sich aber nicht ändern, wenn man dem Prinzip einer kosmopolitischen Moral zu folgen gewillt ist. Wollte man auf der Seite der Arbeitnehmer etwas Wirksames dagegen tun, so müßte man schon ein weltweites Gewerkschafts-Kartell schmieden. Es müßte auch die Arbeitnehmer in den aufstrebenden Marktwirtschaften an der Peripherie einschließen, also genau jene Kräfte, die sich verstärkt um die Partnerschaft mit dem mobilen Kapital bemühen. Über Sozialklauseln, Mindestnormen und Anti-Dumping-Praktiken wird noch zu reden sein. Ansonsten bleiben nur Abwehrmöglichkeiten im Rahmen einer protektionistischen Strategie, die die Abnehmer oder Steuerzahler im Inlande schädigt, aber oft auch – wie ein Bumerang – die Initiatoren selber trifft, vor allem auf dem Weg über die exportintensiven Bereiche.

Die nationalen Arbeitsmärkte konkurrieren untereinander, wie schon angedeutet, über den Handel mit Gütern und Dienstleistungen ebenso wie über den weltweiten Kapitalmarkt. Beides wird zusammengefaßt in der Erkenntnis, daß der Handel ein Substitut für Faktorbewegungen ist, also für Migrationen von Arbeitskräften, von Humankapital und von Investitionskapital. Wo Arbeit reichlich und billig ist – relativ, versteht sich –, öffnet sich weit das Exportventil (vor allem) für Erzeugnisse, die man recht arbeitsintensiv herstellen muß – oder arbeitsintensiv preiswerter herstellen kann. Diese Güter gehen vor allem dorthin, wo Arbeit so knapp und teuer ist, daß arbeitsintensive Produktionen sich nicht lohnen. Im Gegenzug kann ein Land, das arm an Sachkapital ist, mit Vorteil Güter importieren, die mit viel Sachkapital erzeugt werden. Der Kapitalausgleich findet also auch auf indirektem Wege statt – durch den Güteraustausch nach dem Gesetz der komparativen Kosten oder Knappheiten.

Seit Handel und Kapitalverkehr frei sind, stehen in den alten Industrieländern vor allem Märkte für Arbeit mit geringen Qualifikationen unter dem Druck des Wettbewerbs der Importe aus den aufstrebenden Neuindustrialisierungs-Ländern. Es ist, als ströme einfache Arbeit direkt von dort nach hier: Arbeitsplätze für einfache Arbeit hierzulande werden verdrängt. Es zeigt sich ein dramatischer Strukturwandel. Er begünstigt intelligente Arbeit für innovative Produkte und gibt dem modernen Dienstleistungsbereich bessere Chancen im Vergleich zur traditionellen Industrie. Zwar vollzieht sich daneben ein wachstumsbedingter Strukturwandel, den wir selbst dann zu bewältigen hätten, wenn wir uns gegenüber der Weltwirtschaft abkapseln könnten – weg von der Materialverarbeitung, hin zum modernen Dienstleistungsbereich, weg von primitiver Hardware, hin zu raffinierter Software. Aber diese wachstumsbedingte Deindustrialisierung wird nun überlagert von einer parallelen Tendenz, die sich aus dem Vorpreschen der Neuindustrialisierungs-Länder ergibt. So erleben die alten Industrieländer, die Vorreiter der industriellen Revolution des 19. Jahrhunderts, eine neue industrielle Revolution – einen Anpassungszwang im Zangengriff von Globalisierung und ökonomisch-technischem Fortschritt.

Die erste industrielle Revolution brachte beschäftigungsmäßig eine Ausdehnung der verarbeitenden Industrie auf Kosten des Agrarsektors – mit einer Landflucht in die Städte und so mit einem Wechsel von schlecht bezahlten zu gut bezahlten Arbeitsplätzen. Und die Fertigkeiten, die die Industrie verlangte, waren eher mechanisch als handwerklich und daher ziemlich leicht erlernbar. Der Strukturwandel von heute ist schwieriger und verlangt mehr. Was im modernen Dienstleistungssektor gebraucht wird, ist nicht Muskelkraft oder Ausdauer im Umgang mit Maschinen, sondern Wendigkeit und Findigkeit in Kombination mit dem Computer. Dies erschwert den Übergang. Und wo es – wie im Pflegedienst – um einfache Tätigkeiten geht, verbindet sich der Wechsel (vorerst noch) mit Einkommenseinbußen, zumindest in Relation zum Arbeitsleid. Folglich fallen viele, die durch das Schlankwerden der Industrie freigesetzt werden, in das soziale Netz. Dies gilt vor allem, wenn sich die Sozialleistungen am früheren Einkommen orientieren, also am hohen Einkommen der Industriearbeiter. Welche Tätigkeiten die Arbeitslosen nebenher verrichten, bleibt im Schatten.

5. *Für ein Mehr an Arbeitsmarkt-Flexibilität*

Die Industrialisierung der Schwellenländer und der fortschrittsbedingte Strukturwandel verlangen hierzulande – im Verein mit der Globalisierung – eine erhöhte Flexibilität des Arbeitsmarktes, damit möglichst viele Menschen Beschäftigung behalten oder wieder finden. Nach meinem Dafürhalten wären geboten:

- *Kurzfristig*: Öffnungsklauseln in Tarifverträgen zum Absenken von Tariflöhnen überall dort, wo andernfalls nur eine Betriebsschließung oder eine Verlagerung ins Ausland in Betracht käme.
- Staatliche Hilfen, soweit diese nötig sind, um für Arbeitnehmerhaushalte, die von einer Lohnsenkung betroffen sind, das Existenzminimum sicherzustellen.
- Ein Abkoppeln der Arbeitslosenhilfe vom früheren Arbeitseinkommen, damit die Bereitschaft zunimmt, auch weniger attraktive Stellen anzunehmen.
- Staatlich finanzierte Ausbildungs- und Umschulungsgutscheine, der Effizienz wegen vielleicht auf Kreditbasis, damit möglichst viele Arbeitslose die Chance erhalten, dem Schicksal jener »Working Poor« zu entrinnen, die einfache Arbeit nur zu Löhnen am Rande des Existenzminimums finden können.
- *Längerfristig*: Mehr Qualitätswettbewerb im Schul- und Ausbildungssystem, auch mit Hilfe von Bildungsgutscheinen (auf Kreditbasis) zum Besuch von Hochschulen im In- und Ausland, die privat sind und sich mit den öffentlichen Einrichtungen messen können.
- Eine stärkere Dezentralisierung der Tarifverhandlungen - bis hin zum Abschluß von Haustarifen, damit den Entwicklungs- und Überlebenschancen der vom internationalen Wettbewerb bedrängten Unternehmen und Betriebsstätten auch längerfristig Rechnung getragen werden kann.
- Als Schritt zu einer solchen Dezentralisierung: Eine regionale und branchenspezifische Differenzierung der in herkömmlichen Flächentarifen vereinbarten Lohnerhöhungen.
- *Grundsätzlich*: Ein Recht auf Arbeit in dem Sinne, daß Arbeitslose die Möglichkeit erhalten, sich zu untertariflichen Löhnen anzudienen und Beschäftigung zu finden.
- Einsteigertarife, vor allem für Berufsanfänger und Langzeitarbeitslose.
- Eine Berücksichtigung der lokalen Arbeitslosigkeit, vor allem bei Lohntarifen für Arbeitskräfte mit geringer Qualifikation.

- Ein Verzicht auf jede Allgemeinverbindlichkeits-Erklärung von Tarifverträgen, schon damit die Tarifpartner bei Lohnverhandlungen nicht dazu verleitet werden, die Arbeitssuchenden vor Ort unberücksichtigt zu lassen.

Manches an Flexibilität und Differenzierung brächte der Markt von selbst zustande, wenn die Tariflöhne – als echte Mindestlöhne – allenthalben deutlich niedriger wären, niedriger als die Wertschöpfung, die dem Produktionsfaktor Arbeit (vor allem als einfache Arbeit) unter Bedingungen der Vollbeschäftigung zurechenbar wäre. So etwas gab es einmal hierzulande im Westen – etwa bis zur Kluncker-Runde von 1974. Die Lohndistanz, also der Abstand zwischen Tarif- und Effektivlöhnen, konnte alles an Differenzierungsbedarf auffangen, was nicht durch den Zustrom der Gastarbeiter unnötig wurde. Wahrscheinlich ist heute der Differenzierungsbedarf größer, als er damals war; denn vor zwei oder drei Jahrzehnten waren uns die Neuindustrialisierungs-Länder bei weitem noch nicht derart auf den Fersen. Vor allem war der Bedarf an vertikaler Lohnspreizung noch nicht so groß.

Es klagen ja auch in den USA die Beobachter erst seit anderthalb Jahrzehnten darüber, daß die niedrigen Lohneinkommen weit hinter den Spitzeneinkommen zurückbleiben (absolut sowieso, aber eben auch relativ und prozentual). Da darf man sich keinen Illusionen hingeben darüber, welch großes Maß an Ungleichheit die Vollbeschäftigung bei zunehmender Globalisierung von uns in Deutschland verlangt. So gesehen brauchten wir vielleicht einen mehrjährigen Stillstand im Bereich der tariflichen Mindestlöhne, damit der Markt jene Struktur der Effektivlöhne finden kann, die uns wieder einen hohen Beschäftigungsgrad des Arbeitskräftepotentials in Aussicht stellen würde.

6. *Gegen Sozialprotektionismus*

Angesprochen ist damit ein fundamentaler Konflikt: der Konflikt zwischen Vollbeschäftigung und Gleichheit im offiziellen Beschäftigungssystem. Weil Organisationen auf Gleichheit drängen – populistisch oder ideologisch bedingt – oder ersatzweise starr am bisherigen festhalten, wird ein Teil der wirtschaftlichen Aktivität ausgegrenzt, in den Schatten gestellt, zur Untätigkeit verurteilt, vielleicht in die Illegalität gedrängt. Im marxistischen Sprachgebrauch des 19. Jahrhunderts würde man auch von Lumpenproletariat reden. Was in den USA die »Working Poor« sind, ist bei uns ein Bodensatz von Arbeitslosen ohne Beschäftigungschance. Die Ursachen sind ähnlich, die Auswege verschieden. Deutsche Gewerkschaftsvertreter finden die deutsche und kontinentaleuropäische Lösung vorzugswürdig, zumal sich bei uns der Staat als Sozialstaat anbietet, Verantwortung für die Arbeitslosen und die Arbeitslosigkeit zu übernehmen. Doch es wäre der Sozialstaat selbst gefährdet, wollte man ihm zuviel von den Lasten aufbürden, die eine Kompensation der weltwirtschaftlich bedingten Ungleichheiten verlangte. Infolgedessen bleiben andere Strategien in der Diskussion. Es sind dies (i) der Sozialprotektionismus, (ii) die Industriepolitik und (iii) die Technologieförderung.

Zunächst zum Sozialprotektionismus: Direkt schützen läßt sich das System der kollektiven Tarifverhandlungen dadurch, daß man – entgegen den Regeln der Marktwirtschaft – mehr und mehr Verträge für allgemeinverbindlich erklärt. Im Baugewerbe wird versucht, (ersatzweise) das Bestimmungsland-Prinzip für ausländische Mitbewerber einzuführen: Ausländische Unternehmen sollen, wenn sie im Inlande Bauleistungen erbringen wollen, gezwungen sein, ihren angestammten Arbeitskräften, die sie mitbringen (entsenden), die hohen Löhne zu zahlen, die aufgrund der hiesigen Tarifverträge für die Inländer gelten.

Die ausländischen Konkurrenten sollen sozusagen keinen Lohnvorteil haben, praktisch so gestellt sein, wie die inländischen Anbieter es in Tarifverträgen für sich ausgehandelt haben. Mit anderen Worten: Es sollen die Knappheitsbedingungen des Ursprungslandes nicht zur Geltung gebracht werden dürfen. Auf den Handel mit Gütern übertragen hätte dies zu bedeuten: Damit es möglich wäre, in Alaska auch Ananas wettbewerbsfähig anzubauen, dürfte Ananas nach Alaska nur importiert werden, wenn die Exporteure in südlichen Ländern darauf verzichteten, den Standortvorteil des sonnenreicheren Klimas an die Verbraucher weiterzugeben. Es wäre wie in Bastiats Parabel, in der die französischen Kerzenmacher ihren König drängen, im Interesse der Beschäftigungsförderung die freie Einfuhr von Sonnenlicht zu verbieten, die unfaire und schmutzige Konkurrenz der Sonne zu verhindern. Kommentar: Armes Bestimmungsland, arme Konsumenten.

In der wirtschaftspolitischen Wirklichkeit sind die protektionistischen Argumente nicht ganz so durchsichtig. Denn sie werden oft altruistisch verkleidet mit dem Hinweis, man wolle für die ausländischen Konkurrenten an »sozialen« Errungenschaften durchsetzen, was man im eigenen Lande (für sich) bereits erreicht habe. Es appelliert dies an unsere Gefühle vor allem dann, wenn suggeriert wird, daß die ausländischen Konkurrenten ausgebeutet würden und Hilfe dadurch erhielten, daß man die Früchte ihrer Arbeit aussperrt. Wer kann schon etwas dagegen setzen, wenn Kinderarbeit als Argument vorgebracht wird! Nur Ökonomen, denen es nichts ausmacht, wenn sie sich den Vorwurf des Zynismus einhandeln, werden auf die Alternativen hinweisen: Was geschieht den Kindern, denen durch Verbot verwehrt wird, mit ihrer Arbeit zu ihrem Unterhalt in- und außerhalb der Familie beizutragen? Verlieren sie mit ihrer Arbeitsmöglichkeit auch noch die nackte Existenz? Will man hierzulande Konsequenzen in Kauf nehmen, die man nicht absehen kann, nur weil die eigene Interessenslage es nahelegt, den ausländischen Konkurrenten die bisherigen Optionen protektionistisch zu beschneiden? Wenn die Aufgabe tatsächlich darin gesehen wird, Kinderarbeit zu bekämpfen, so sucht man besser nach dem direkten Weg, der frei von protektionistischer Eigensucht ist. Dieser Weg zielt auf direkte Hilfen und vor allem auf Aufklärung – zur Empfängnisverhütung und zur Förderung des Schulbesuchs in den armen Ländern. Handelssanktionen sind – wie in anderen Bereichen – recht untaugliche Mittel, um anderen Ländern gute Sitten beizubringen. Sie schaden ja überdies den Verbrauchern und Verarbeitern im Inlande, indirekt den Exporteuren. Andererseits ist gegen eine Pflicht, die Käufer über die Produkte und die Methoden ihrer Herstellung zu informieren, grundsätzlich nichts einzuwenden, sofern die Vorschriften im Detail nicht zu administrativem Protektionismus (Schikanen) mißbraucht werden.

Sozialklauseln in zwischenstaatlichen Handelsverträgen sollen »Sozialdumping« verhindern. Verwehrt werden soll den Anbietern aus zurückgebliebenen Ländern das Nutzen eines Wettbewerbsvorteils, der ihnen daraus entsteht, daß bei ihnen – am (Ursprungs)-Produktionsstandort – nicht ähnlich hohe Mindestbedingungen für die Beschäftigung von Arbeitskräften vorgeschrieben sind (oder implementiert werden) wie in den fortschrittlicheren Importländern (Bestimmungsländer). Vor allem Frankreich dringt immer wieder auf Sozialprotektionismus, auch die EU im Rahmen ihrer Sozialcharta. Fragwürdig sind solche Klauseln aus folgendem Grunde:

- Sie verursachen im Ursprungsland zusätzliche Kosten, die das Exportangebot verteuern und so auf die Beschäftigung durchschlagen.
- Alternativ müssen die betroffenen Exportunternehmen versuchen, die Kosten den Arbeitskräften aufzubürden, zum Beispiel in Form eines (real) niedrigeren Barlohns.

Arbeitslosigkeit oder Barlohnkürzung also ist das, was die Arbeitnehmer im Ursprungsland dafür hinnehmen müssen, daß ihnen im Interesse der Beschäftigten im Bestimmungsland bestimmte sozialpolitische Regulierungen aufgezwungen werden. Statt den zurückgebliebenen Ländern beim Nutzen der Aufholchancen zu helfen, stößt man sie zurück; und man beschränkt ihnen die Möglichkeit, in der Arbeitsmarkt- und Sozialpolitik ihren eigenen Weg zu gehen.

Zur Industriepolitik ist zu sagen, daß auch sie im Zweifel Protektionismus ist. Gefördert werden müßte, so entnimmt man es der Diskussion, im Zweifel alles, das Alte wie das Neue. Aber wer alles fördert, fördert nichts, weil die Subventionen allesamt über Steuern finanziert werden müssen. Das Neue allgemein fördern kann man am besten, indem man aufhört, das bisherige zu subventionieren und statt dessen die Unternehmen und die Bürger von fortschrittshemmenden Steuern befreit. Gezielte staatliche Subventionen für wirkliche Innovationen oder für das, was mit großen Innovationsrisiken verbunden ist, sind ebenfalls nicht unproblematisch. Denn wo immer der Staat sich als Geber anbietet, weckt er viele Nachfrager, die um das Angebot konkurrieren, oft mit Vorhaben, die sie auch ohne Hilfe durchführen und finanzieren könnten. Um jedoch genau das zu fördern, was sonst nicht entstünde, aber mehr Wert ist, als es kostet, dazu fehlt das Wissen; es fehlt vor allem im Geflecht von Politik, Bürokratie und Interessenlobby. Mit Steuersenkungen käme die Unternehmerwirtschaft besser in Fahrt als mit Hilfen, die Hilfsbedürftigkeit erzeugen.

7. *Produktivitätsfortschritt durch Produktinnovationen und innerbetriebliche Kooperation*

Wenn die Menschen und Organisationen der reichen Länder im internationalen Wettbewerb der Arbeitsmärkte fair bleiben und die Aufholländer nicht im Stile alter imperialistischer Vorstellungen behindern oder gar zurückstoßen wollen, müssen sie entweder eine Verschlechterung der Terms of Trade für den Faktor Arbeit hinnehmen oder das Manko durch ein Mehr an Produktivitätsfortschritt wettmachen. Die Produktivität ihrer Arbeit unmittelbar erhöhen können die Arbeitskräfte selbst: durch Fortbildung und Qualifikation aus eigenem Antrieb – unter Nutzung der Schulungs- und Umschulungseinrichtungen, die bereitstehen oder zu schaffen sind. [Einen Erfolg garantieren können Dritte nicht. Deshalb sollte das Risiko bei den Beteiligten bleiben, sollte möglichst wenig auf Kosten Dritter gefördert werden.]

Ein forciertes Beschleunigen des Produktivitätsfortschritts – durch Lohndruck und Personaleinsparung – ist volkswirtschaftlich kontraproduktiv, solange die Arbeitslosigkeit so hoch ist. Nur wenn genug Arbeit nachgefragt wird und die Löhne nicht hochgedrückt, sondern vom Markt her hochgezogen werden, ist das Freisetzen von Arbeitskräften keine fragwürdige, keine zweischneidige Sache. Förderungswürdig sind Prozeßinnovationen, die viel Arbeit einsparen, derzeit also nicht. Vor allem ergibt es ökonomisch keinen Sinn, mit öffentlichen Mitteln den Investitionsbetrag zu bezuschussen und damit die Substitution von Arbeit durch Kapital zu forcieren. Im Gegenteil sollte man froh darüber sein, daß die Realzinsen nicht so niedrig sind wie in den siebziger Jahren, und daß sie deshalb dem technischen Fortschritt nicht länger einen kapitalintensiven und arbeitssparenden Drall geben.

Produktinnovationen sind im Zweifel neutral: Sie sind von sich aus weder übermäßig arbeitssparend noch übermäßig kapitalsparend. Natürlich absorbieren sie Kapital – Kapital in Form von Investitionen für neue Arbeitsplätze; aber die neuen Produkte bieten zugleich Beschäftigungschancen für Arbeitskräfte, sobald sie sich auf den Märkten durchsetzen. Neue Produkte für neue Beschäftigungschancen – das ist zugleich eine Strategie, die es den Menschen in den reichen Ländern gestattet, ihren Platz an der Spitze der wirtschaftlichen Entwicklung zu behalten, ohne daß sie die aufholwilligen Nachzügler irgendwie behindern. Neuartige Produkte sind zudem die Quelle von Innovations-prämien, an denen auch die Beschäftigten – in Form erhöhter Reallöhne – teilhaben können. Testmarkt ist der Markt vor der Haustür. Deshalb tun die reichen Länder gut daran, die reichen Leute, die den Testmarkt bilden, nicht allzusehr zu schröpfen. Und die Unternehmen, die riskante Produktinnovationen auf den Markt bringen sollen, müssen Gewinne erzielen dürfen: Gewinne als Spielgeld im Kasino des Fortschritts.

Die Arbeitsmärkte stehen im internationalen Wettbewerb nicht nur mit ihren Tarifvertragsparteien und Gesetzesvorschriften, sondern auch mit ihren Betrieben und mit den Menschen, die in den Betrieben als Unternehmer und Arbeitnehmer zusammenwirken. Deshalb ist zu vermuten, daß mit zunehmendem Arbeitsmarkt-Wettbewerb die Vorstellung von einem weltweiten Klassenkampf zwischen Kapital und Arbeit vollends zusammenbricht und an ihren Platz die Einsicht tritt, daß Kooperation vor Ort besser ist als jede – ideologisch gestützte – Konfrontation. Konkret gemeint ist das friedliche Zusammenwirken der komplementären Faktoren Arbeit, Kapital und Unternehmerleistung in dem Bemühen, mit Produktinnovationen und Kosteneinsparungen zum Fortbestehen im Unternehmenswettbewerb beizutragen. Ein gutes Betriebsklima wird zunehmend Bedeutung erlangen – in der Praxis als Unternehmensziel, in der Wissenschaft als Forschungsgegenstand. Für einen Standort oder eine Region zählt das Atmosphärische: die Arbeitsmoral und die Einstellung zum technischen Fortschritt. Man wird sich des Atmosphärischen mehr und mehr bewußt werden, sobald sich auf dem Kapitalmarkt und dem Meinungsmarkt ein diesbezügliches »Rating« durchsetzt. Da werden auch die »harten Tugenden« wieder zur Geltung gelangen: Arbeits- und Gewerbefleiß, Sparsamkeit, Zukunftssparen, Selbstverantwortlichkeit, dies alles verbunden mit Wohlwollen und Hilfsbereitschaft gegenüber den Nächsten und dem Nachbarn, so daß sich die Ansprüche an die staatliche Solidargemeinschaft auf Dauer in Grenzen halten lassen. Das Urteil der Investoren hängt letztlich wohl auch davon ab, wie weit die Arbeitskräfte in ihrem Bewußtsein auf dem Weg vom Proletarier zum Bürger gelangt sind. Da wird man auch darauf zu achten haben, welche Parolen die politischen Parteien für wahlwirksam halten.

Neue Entlohnungssysteme werden im weltweiten Wettbewerb der Arbeitsmärkte eine Chance erhalten, ausprobiert und getestet zu werden. Die Grundfrage besteht darin, wieviel Aufstiegs- und Fortschrittschancen die Beschäftigten erstreben – als Quasi-Unternehmer – und wieviel an Sicherheit und Lohnanspruch sie dafür hinzugeben bereit sind, zum Beispiel im Zuge einer zunehmenden Beteiligung am Gewinn des Profit Centers oder des Unternehmens, in dem sie beschäftigt sind. Die Frage läßt sich ins Grundsätzliche ausweiten: Wenn die traditionelle Industrie schrumpft, sei es unter dem Druck der Aufholer, sei es im Zug der Zeit zur modernen Dienstleistungsgesellschaft, müssen oder können wir dann nicht erwarten, daß die Lösung des Arbeitslosenproblems auch außerhalb der Lohnarbeit liegt, zum Beispiel in der Gründung selbständiger Existenzen nach dem ironischen Spruch: Wer nichts wird, wird Wirt?

8. *Mehr Unternehmen*

In der Tat wird es in Europa kaum möglich sein, die Arbeitslosigkeit drastisch zu verringern, ohne das Angebot an Unternehmern und Arbeitgebern zu vermehren. Auf längere Sicht ist dieses Angebot sehr wohl elastisch, wenn die administrativen Marktzutrittsbeschränkungen niedrig und die Gewinnchancen attraktiv sind. Ähnliches gilt für die Kapitalzufuhr. Wenn man im Inlande mehr Unternehmen braucht – und Unternehmen, die beschleunigt wachsen – muß man eben dafür sorgen, daß entsprechend hohe Gewinnerwartungen (nach Steuern) entstehen können. Dafür wird erforderlich sein:

(i) Eine Senkung der Unternehmenssteuern, die ja ohnehin entweder überwälzt werden oder zum Abwandern veranlassen;
(ii) Eine Senkung der Lohnzusatzkosten, freilich nicht finanziert durch eine Maschinensteuer, die das Inland im internationalen Wettbewerb der Investitionsstandorte benachteiligen würde;
(iii) Lohnsubventionen (aus allgemeinen Steuermitteln) für neu eingestellte Arbeitskräfte, soweit der Lohn, zu dem Arbeit angeboten wird, unter dem Familien-Existenzminimum liegt;
(iv) Die Möglichkeit einer Sofortabschreibung der Investitionen, die von neuen Unternehmen im Inlande getätigt werden, eventuell verbunden mit steuerlichen Verlustzuweisungen, die im Rahmen von Patenschaftsverträgen handelbar sind.

An möglichen Einwänden ist kein Mangel. Nimmt man sie sehr wichtig, so gelangt man zu dem Schluß: Wir haben an Arbeitslosigkeit, was wir unter unseren Bedingungen zu haben verdienen; die Kosten der Bekämpfung des Übels übersteigen vielleicht gar den Nutzen eines höheren Beschäftigungsvolumens. Dies bedeutete Resignation. Ich teile eine solche Auffassung nicht, weil ich das Land noch aus der Zeit der Vollbeschäftigung kenne und andere Länder bewundere, die das Problem mit Schwung angehen.

9. *Zur Klärung von Mißverständnissen*

Zwei Punkte, die in der deutschen Diskussion (in »Die Zeit«) eine Rolle gespielt haben, scheinen mir klärungsbedürftig.

Erstens: Eine starke Differenzierung der Löhne nach Branchen, Regionen und Betrieben ist gewiß wichtig, aber sie verspricht nicht allzuviel an zusätzlicher Beschäftigung, es sei denn, sie geht einher mit einem Sinken des Niveaus der Löhne (und Lohnkosten) am Standort Deutschland insgesamt. Wenn dem so ist, wenn also der Produktionsfaktor Arbeit insgesamt nur dann wesentlich mehr genutzt wird, wenn er sich temporär preiswerter anbietet – und dauerhaft preiswerter im Verhältnis zu seiner Produktivität – so muß man es auch sagen, obwohl sich »Differenzierung« besser anhört. Es wird sogar, selbst wenn die Mehrbeschäftigung ins Gewicht fällt, die gesamtwirtschaftliche Lohnquote abnehmen – aber wen stört dies schon, ausgenommen einige volkswirtschaftliche Verteilungstheoretiker?

Zweitens: Es wird manchmal behauptet, ein Sinken des Lohnkostenniveaus (am Standort D) bringe nichts ein, weil es durch eine induzierte Währungsaufwertung neutralisiert werde. Gewiss gibt es eine Bumerang-Wirkung: eine induzierte Währungsaufwertung, aber sie neutralisiert den Primäreffekt nur zum Teil, weil sie um so weniger dämpfend auf die Preise wirkt, je mehr es sich um Inlandsgüter handelt.

Man denke nur an die öffentlichen Hände, die kostenmäßig entlastet werden, aber die Bumerang-Effekte der induzierten Währungsaufwertung nicht zu spüren bekommen. Im wichtigen Zwischenbereich verbessert sich bei einer Reallohn-Senkung allenthalben die Erlös-Kosten-Relation an den inländischen Standorten. Es geschieht zwar in abgeschwächtem Maße, aber man muß hinzurechnen, daß niedrigere Kosten der öffentlichen Hände den Unternehmen als niedrigere Steuern zugute kommen.
An dieser Stelle ist einem ähnlich strukturierten Einwand anderer Art zu begegnen. Er lautet: Wenn alle Länder versuchen, ihr Beschäftigungsproblem durch Standortwettbewerb mit Lohnmäßigung zu lösen, wird im Zweifel keines Erfolg haben, vergleichbar der Situation im Theater, die sich ergibt, wenn einer nach dem anderen aufsteht, um besser zu sehen. Im Endergebnis sieht keiner besser, aber alle müssen stehen. Was im internationalen Niveau-Wettbewerb der Arbeitsmärkte bleibt, ist das dynamische Werben in einem Prozeß: Das Werben um das mobile Kapital. Es ergibt sich eine Tendenz zum Anstieg der Realzinsen und eine bessere Honorierung der Unternehmerrisiken. Genau das ist es, was die Welt braucht – für ein Wachstum, das kräftiger und beschäftigungsintensiver ist, als wir es bei uns hatten. Wir könnten und sollten solches Wachstum wieder haben – bei uns und allenthalben.
Im Wettbewerb gleicht sich natürlich vieles aus, aber es gibt Vorreiter, die anspornen, und Nachzügler, die den Vorreitern als Aufholer den Rang ablaufen. Das kann hart sein. Auch der Standortwettbewerb ist nicht etwas, das sich die Beteiligten zur gemeinsamen Freude ausgedacht haben. Der Wettbewerb

überkommt uns, und das hat auch sein Gutes. Denn die Wettbewerbsillusion, die die Konkurrierenden antreibt, weicht oft einem betörenden Gemeinschaftsgedanken – als »Wir-Prinzip«, als Idee der Solidarität, als Kooperation. Schon Adam Smith machte die Beobachtung, daß Angehörige desselben Berufs oder Gewerbes sich gerne treffen und auch bei festlichen Gelegenheiten selten auseinandergehen, ohne vorher eine Kartellabrede – zum Nachteil ihrer Kunden – getroffen zu haben. Ein bißchen Illusion treibt auch den Wettbewerb der Unternehmer um einen maximalen Gewinn, aber am Ende bleibt nicht viel mehr übrig als eine angemessene Risikoprämie und eine knappheitsorientierte Realverzinsung für das investierte Kapital. Gleichwohl laufen im Wettbewerbsprozeß alle schneller als im geruhsamen Alleingang. Was die Gewinnillusion ausmacht, hat mir ein amerikanischer Fernsehfilm vor Augen geführt. Da ließen sich die Kinder morgens alltäglich von ihrem Hund mit einem Leiterwägelchen zur Schule transportieren. Als sie einmal zu spät aufgestanden waren und es besonders eilig hatten, kamen sie auf die Idee, vorn an die Deichsel eine Wurst zu binden. Weil der Hund diese Wurst einholen wollte, lief er wie wild. Er schnappte die Wurst nie, aber die Kinder kamen noch rechtzeitig ans Ziel. Man muß diesen Anreiz, der sich im Wettbewerbgeschehen ergibt, immer im Auge behalten, wenn man die Marktwirtschaft verstehen will – und mit ihr den Standortwettbewerb. Momentaufnahmen von Start und Ziel, wie sie statistischen Analysen zugrunde liegen, zeigen nicht die Kräfte, die der Wettlauf selber weckt.

10. *Eine Beschäftigungsinitiative*

Unberührt vom Standortwettbewerb bleiben die Arbeitsmärkte selber nicht. Was an Überregulierung besonders schädlich ist, wird zunehmend Anstoß erregen und einem Reformdruck ausgesetzt sein. »Tout s'arrange«, könnte man gelassen als Beobachter von außen meinen. Aber wenn der Ruheständler sich an seine wissenschaftliche Bringschuld erinnert fühlt, befällt ihn Unruhe. Da kann er nur raten, im evolutionären Wettbewerb der Arbeitsmärkte nicht passiv zu sein, sondern die Triebkräfte zu stärken, eher zur Vorreiterrolle zu drängen, als Nachzügler zu sein. Denn es gibt Pioniergewinne und Nachzüglernachteile. Dies rechtfertigt Reformeifer – im Sinne eines Mikro-Makro-Programms der folgenden Art.

Es sollten die Flexibilierungs- und Liberalisierungsmöglichkeiten, die in Betracht kommen, vom Gesetzgeber und von den Tarifvertragsparteien ausgelotet und als Maßnahmen so zusammengefügt werden, daß der Effekt auf die Beschäftigung und das Wachstumspotential möglichst groß ist. Eine neutrale sachverständige Institution könnte sich aufgefordert sehen, die Chancen der Angebotsausweitung der Größenordnung nach abzugreifen. Vor allem sollte

erkennbar werden, welche Beschäftigungseffekte beim Befolgen alternativer Lohnleitlinien eintreten könnten. Dann wäre mit der Bundesbank darüber zu reden, was nötig und möglich ist, um das Vorhaben geldpolitisch abzustützen. Wenn die Formel im Gesetz, es solle die Bundesbank die Wirtschaftspolitik der Bundesregierung unterstützen, einen Zweck hat, dann in einem solchen Falle. Und wer könnte das ganze Bündel schnüren? Gesucht wird ein Optimist wie Ludwig Erhard; oder ein kühler Rationalist wie Karl Schiller.
Bleibt die Suche vergeblich, so haben wir nur die Möglichkeit, uns an den Zug der Zeit anzuhängen: Der internationale Wettbewerb der Arbeitsmärkte wird uns schon Dampf machen. Da wird sich auch zeigen, was wir aus den Reformversuchen in konkurrierenden Ländern lernen können. Zum Glück ist der Wettbewerb der Arbeitsmärkte keine isolierte Erscheinung, sondern Teil des allgemeinen Standortwettbewerbs, der zugleich ein Politikwettbewerb ist. Er läßt uns erwarten, daß im Zuge der Zeit der Sozial- und Regulierungsstaat schlanker, der Arbeitsmarkt flexibler und das inflationsfreie Wachstum stärker und beschäftigungsintensiver wird.

Peter Haase

Standortwettbewerb als personalpolitische Herausforderung für das Unternehmen

Ich werde das Thema dieses Symposiums mehr aus der Mikro-Perspektive, der betrieblichen Perspektive darstellen und darüber berichten, wie ein internationales Unternehmen den Standortwettbewerb personalpolitisch begreift und versucht, innovativ handelnd nach vorne zu blicken, damit ihm die Arbeit nicht ausgeht – denn darum geht es ja letztendlich in unserer Republik.

Meinen Überlegungen möchte ich zunächst einmal eine gedankliche Ableitung voranstellen: Wirtschaftsunternehmen reagieren wie Wirtschaftssysteme. Entweder passen sie sich rechtzeitig veränderten Rahmenbedingungen an und haben Erfolg oder aber sie nehmen die veränderten Rahmenbedingungen nicht oder zu spät wahr und scheitern.

Wir Deutschen haben das endgültige Scheitern eines solchen Systems gerade hautnah erlebt. Die Wiedervereinigung war letztlich Ergebnis des Zusammenbruchs eines nicht mehr wettbewerbsfähigen Wirtschafts- und Gesellschaftssystems – ob es je wettbewerbsfähig war, ist an dieser Stelle nicht zu diskutieren.

Für meinen Vortrag noch einmal zitierbedürftig scheint mir allerdings die wirtschaftswissenschaftliche Literatur der ehemaligen DDR, die noch 1988 dem mechanistischen Weltbild Lenins huldigte, der Organisationen und Prozesse »unter dem einheitlichen Willen eines Leiters« und »mit der Genauigkeit eines Uhrwerks« beherrschen zu können glaubte – also im Sinne des asymmetrischen Kommunikations- und Führungsmodells.

»Wer zu spät kommt, den bestraft das Leben!«, hat ein anderer kommunistischer Führer dazu ganz richtig festgestellt. Für uns Unternehmer heißt das im Klartext: »Wer sich zu spät an geänderte Rahmenbedingungen anpasst, den bestraft der Konkursrichter!«

1. *Rahmenbedingungen*

Die Rahmenbedingungen im Wettbewerb der Automobilhersteller sind weltweit betrachtet nach wie vor extrem schwierig:

- Jährliche Überkapazitäten bei den Automobilproduzenten von zirka 10 Millionen Fahrzeugen,

- geringere Produktivität der europäischen Automobilhersteller gegenüber den Besten der Welt,
- wesentlich geringere Lohn- und Lohnstückkosten in den sogenannten Billiglohnländern und
- weltweit stagnierende Absatzmärkte.

Anhand dieser Stichworte wird mehr als deutlich, daß von der Automobilindustrie nicht mehr die Beschäftigungsimpulse ausgehen können, die notwendig wären, um die Arbeitslosigkeit in Deutschland abzubauen. Auch unsere deutschen Arbeitnehmervertreter müssen derzeit resignierend feststellen, daß wir aktuell einen Boom ohne Arbeitsplätze erleben. Konjunkturell bedingtes Wachstums ist in unserer Branche heute nicht mehr in der Lage, neue Arbeitsplätze zu schaffen. Konjunkturell bedingtes Wachstum kann lediglich die gewaltigen Produktivitätsschübe unserer Branche etwas auffangen.

Diesen Produktivitätsschüben läßt sich auch kein betriebsverfassungsrechtliches Veto entgegensetzen, weil sie nicht dadurch zustandekommen, daß Menschen durch Maschinen ersetzt würden – ganz im Gegenteil. Und insofern ist der eingangs belächelten DDR-Managementlehre wieder etwas Abbitte zu tun. Auch bei uns hat noch bis in die 80er Jahre hinein ein mechanistisches Weltbild dazu geführt, die Automatisierung unserer Fabriken auf die Spitze zu treiben in der Meinung, dadurch personal- und damit kostenintensive Fertigung maschinell rationalisieren zu können.

Wie wir in unserem Unternehmen uns damals die »Fabrik 2000« vorgestellt haben, können Sie heute in der berühmten Halle 54 in Wolfsburg »besichtigen«. 1995 wissen wir, daß Übermechanisierung nicht die Lösung des deutschen Problems sein kann, weil wir dort letzten Endes genau das erreicht haben, was uns im internationalen Wettbewerb am meisten gefährdet: Inflexibilität, Gefahr des Stillstands durch eine komplexe Maschinerie, die sich zentraler Steuerung entzieht – weil auf diese Art nicht beherrschbar!

2. *Beschäftigte und Umsatz in der europäischen Automobilindustrie*

Lassen Sie mich einmal anhand der Umsatz- und Beschäftigungssituation der letzten 10 Jahre bei den europäischen Industrienationen, deren Automobilbaugeschichte mit der unseren vergleichbar ist, die Problembeschreibung weiter verdeutlichen.

In Großbritannien wurden im Zeitraum zwischen 1984 und 1993 die Arbeitsplätze in der Automobilindustrie um 20,4 Prozent verringert; die inflationsbereinigten Umsätze stiegen dagegen um 20,9 Prozent. Der Beschäftigtenabbau ist überwiegend auf den Verlust der Konkurrenzfähigkeit bedeutender britischer Automobilproduzenten zurückzuführen, denn die Umsatzsteigerungen

kommen im wesentlichen aus den hochproduktiven Transplants, die die Japaner auf der Insel eingerichtet haben.
Auch in Frankreich und Italien war der Personalabbau mit 21,3 Prozent bzw. 24,1 Prozent sehr hoch. Die inflationsbereinigte Umsatzsteigerung bleibt dagegen mit 3,9 Prozent in Frankreich und 0,7 Prozent in Italien vergleichsweise niedrig. Nur durch massiven Abbau von Arbeitsplätzen konnten also unsere französischen und italienischen Nachbarn den Anschluß im internationalen Markt halten.
Hier bei uns in Deutschland nahmen die Arbeitsplätze in der Automobilindustrie zwischen 1984 und 1993 um 1,2 Prozent zu, obwohl die Umsatzsteigerungen um 5,5 Prozent zurückgingen.
Aus dieser Gegenüberstellung wird deutlich, warum die Automobilunternehmen in der Bundesrepublik zur Rückgewinnung der internationalen Konkurrenzfähigkeit auch zum Abbau von Lohnkosten gezwungen werden.
Aber muß der Abbau von Lohnkosten zwangsläufig Abbau von Arbeitsplätzen bedeuten? Bisher sind wir für 20.000 Menschen daran vorbeigekommen durch ein Modell, das in der Öffentlichkeit allgemein als die »Volkswagen-4-Tage-Woche« diskutiert wird. Dieser Weg hat zwar keine neuen Arbeitsplätze schaffen können, aber bestehende Arbeitsplätze durch Umverteilung wenigstens abgesichert. Vollbeschäftigung ist insofern – was diese personalpolitische Maßnahme betrifft – erhalten geblieben.

3. *Absatz- und Kostenentwicklung*

Die Ausgangssituation, wie sie sich für Volkswagen 1993 darstellte, sah folgendermaßen aus: Gegenüber dem Höhepunkt des europäischen Automobilabsatzes im Jahr 1992 begann der Markt um 20 Prozent einzubrechen. Volkswagen erlebte als Marktführer diesen Einbruch in der vollen Breite seiner Marken, Modelle und Standorte.
Um das wahre Ausmaß zu begreifen, ist wichtig zu wissen:

- Die hohe Auslastung der Vorjahre war nur mit einer risikoreichen Expansionsstrategie erreicht worden.
- Volkswagen engagierte sich als Global Player weltweit, nicht nur in Süd- und Westeuropa und als Pionier in China mit Werken an drei chinesischen Standorten, sondern nach dem Fall des eisernen Vorhangs auch als größter Investor in Osteuropa.
- Durch das größte Investitionsprogramm in der Geschichte deutscher Unternehmen wurde eine enorme Kapital- und Fixkostenspirale in Gang gesetzt, zu deren Deckung Volumen über Volumen, Sonderschichten über

Sonderschichten gefahren und Verkaufshilfen über Verkaufshilfen mobilisiert werden mußten, um Autos über Autos in die Märkte zu drücken. Die Gewinnschwelle wurde dadurch erst bei Vollauslastung erreicht.

- Und zu alledem machte eine MIT-Studie erschreckend transparent, daß die japanischen Wettbewerber mit halben Prozeßzeiten mindestens die gleiche Kundenzufriedenheit rund um das Auto erreichten. Solche Wettbewerbsnachteile werden extrem deutlich und richten sich dann unweigerlich gegen ein Unternehmen, sobald der Absatz rückläufig ist.

Damit offenbarte unsere eigene Szenario-Analyse Probleme gigantischen Ausmaßes: Durch die Markt-, Kosten- und Wettbewerbssituation, insbesondere die prognostizierte Vertriebssituation und die zur Wettbewerbsfähigkeit notwendigen Produktivitätsfortschritte würden bei Volkswagen bis Ende 1995 unter Zugrundelegung herkömmlicher Personalüberhang-Lösungen 30.000 Menschen ohne Arbeit sein.
Auf der anderen Seite stellten wir uns natürlich die Frage, wie wir den großen Sprung nach vorne, die Kosten- und Produktivitätsoffensive überhaupt schaffen sollten mit Menschen, die aufgrund der konkreten Bedingungen von Arbeitslosigkeit bedroht sind. Wer ist bereit, das Steuer innovativ und hoch leistungsmotiviert herumzureißen, wenn er Gefahr läuft, sich selbst dabei wegzurationalisieren?

4. *Spezifische Programme für die 3 Kerngeschäftsprozesse*

Neben anderen unternehmerischen Maßnahmen, die wir zur Kostenminimierung gestartet haben – genannt seien hier beispielhaft die Optimierung der drei Kerngeschäftsprozesse Produktentstehung, Produktion und Beschaffung sowie Vermarktung und das Konzentrieren auf die Wertschöpfungsprozesse durch bis heute mehr als 11.000 Workshops im Rahmen unseres »kontinuierlichen Verbesserungsprozesses (KVP^2)«, erschien dies vielen als die eigentliche und unlösbare Aufgabenstellung.
Allen Beteiligten war klar, daß Massenentlassungen in der skizzierten Größenordnung einer Katastrophe gleichgekommen wären für die Beschäftigten, für Ihre Angehörigen, für alle Menschen in der Region, die mit ihrem Einkommen direkt und indirekt von Volkswagen abhängig sind. In unserer Gesellschaft verliert doch derjenige sein Gesicht, der seinen Arbeitsplatz verliert. Wer dagegen in Arbeit ist, plant für die Zukunft. Wer in Arbeit ist, zahlt Steuern und Sozialabgaben. Wer in Arbeit ist, erspart der Gemeinschaft hohe Kosten.

5. *Volkswagen als Wirtschaftsfaktor für Niedersachsen*

Möglichst viele dieser 30.000 mußten deshalb in Arbeit gehalten werden, um dem Niedergang einer ganzen Region – schließlich hängt in Niedersachsens Industrie jeder sechste Arbeitsplatz, jede fünfte Investition, jede vierte Mark und jeder zweite Export direkt an Volkswagen – zu verhindern.
Kurzarbeitergeld für 30.000 Mitarbeiter kostet pro Tag 3,3 Mio. DM, im Jahr 660 Mio.! Arbeitslosengeld für 30.000 Entlassene bedeutet 1,9 Mrd. DM pro Jahr! Eine Milliarden-Abwärtsspirale von ausfallenden Steuern und Sozialabgaben, beschleunigt durch wachsende Unterstützungsleistungen der Sozialkassen, hätte sich in Gang gesetzt.
Unsere personalpolitischen Antworten erforderten deshalb eine Weiterentwicklung der klassischen Personalinstrumente, und zwar unter dem Credo: »Standortwettbewerb als personalpolitische Herausforderung.«
Lassen Sie mich diese Personalpolitik anhand einiger personalpolitischer Grundsätze unseres Unternehmens skizzieren, die vielleicht auch für die Diskussion auf diesem Malenter Symposium Widerspruch herausfordernder Input sein könnten.

6. *Weiterentwicklung der Personalpolitik Volkswagens*

- Wir wollen Arbeitsplätze erhalten bei Darstellung der vollen Wettbewerbsfähigkeit.
- Wir haben Kosten gesenkt statt Köpfe.
- Wir entwickeln ein neues Mitarbeiterprofil.
- Die soziale Funktion des Großunternehmens und des regionalen Wirtschaftsfaktors setzen wir als Wertschöpfungsfaktor ein.
- Allerdings müssen wir auch die Zumutbarkeitsregeln neu definieren.
- Wir schaffen variable Beschäftigungsverhältnisse und eine neue Bindungsdefinition.
- Wir haben eine Coaching-Gesellschaft gegründet, um der Internationalisierung des Managements die besten Fachkräfte in allen Prozessen und Dienstleistungen rund um den Autobau an die Seite zu stellen.

Der erste Schritt dieser Personalpolitik wurde im Dezember 1993 mit unserem »Tarifvertrag zur Sicherung der Standorte und Beschäftigung« gemacht: 100.000 Menschen – und das ist einmalig auf der Welt – entschlossen sich zu einer solidarischen Beschäftigungssicherung, indem sie unter dem Ausschluß betriebsbedingter Kündigungen auf annähernd 20 Prozent ihres Brutto-Einkommens verzichteten bei 20-prozentiger Arbeitszeitverkürzung auf 28,8 Stunden pro Woche.

7. *Schwerpunktmodelle für die Umsetzung der Arbeitszeitverkürzung*

Diese 28,8 Stunden pro Woche sind in Hunderten von individuellen Modellen umgesetzt, denn »alles geht« lautete unsere Losung für die Umsetzung, und alles, was Sinn machte und allseits tragbar war, wurde umgesetzt:

- die tägliche Arbeitszeitverkürzung mit und ohne freie Tage
- der feste freie Freitag
- das Modell ›langes Wochenende‹, d.h. vier Tage frei alle vierzehn Tage
- die Freiwoche alle fünf Wochen
- die rollierenden freien Tage
- das ›Drei-Schicht-Modell‹, gefahren mit Vier-Schichten-Besetzung usw.

Und natürlich bleiben auch 28,8 Stunden pro Woche kein starres Verdikt. Bei steigender Nachfrage passen wir uns nach oben an – so schon in unterschiedlichen Umfängen an den verschiedenen Standorten geschehen – ebenso wie bei weiteren Markteinbrüchen eine weitere Senkung der durchschnittlichen Arbeitszeit durchaus denkbar ist.

Oberstes Gebot ist und bleibt, daß die Betriebsnutzungszeiten nicht durch Restriktionen der Arbeitszeit eingeschränkt werden dürfen – im Gegenteil: Wir verlangen den Mitarbeitern ein hohes Maß an Flexibilität ab und werden von den Gewerkschaften in den anstehenden Tarifverhandlungen einen noch weitergehenden Rahmen für Flexibilisierung fordern.

Sie kennen sicher aus den Medien das Bild der ›Atmenden Fabrik‹, die von einer konsequenten Marktorientierung und Marktsteuerung ausgeht. Die unternehmerische Fabrik der Zukunft kann dem globalen und bis zur Grenze gesteigerten Wettbewerbsdruck nur dadurch begegnen,

⇒ daß sie nach Kundenwünschen atmet und bei Qualitätsmängeln stoppt, *statt* die Kapazitäten bis zur Neige in den Markt zu drücken,

⇒ daß sie sich in flexible Module und Fraktale organisiert, *statt* sich als perfektes Ganzes bis zur Starrheit zu übersteuern,

⇒ daß sie sich aus Teams aufbaut und Gestaltungselan freispielt, *statt* den einzelnen im Anonymen zu lassen,

⇒ daß sie sich auf mehrfach qualifizierte und mobile Mitarbeiterinnen und Mitarbeiter stützt, die sich zur Spitze coachen lassen, *statt* sich auf einst erlernte Berufe und Arbeitssysteme festzulegen,

⇒ daß sie nach neuen zumutbaren Lösungen sucht, *statt* alte Besitzstände fortzuschreiben,

⇒ daß sie sich transparent macht, *statt* die Kommunikation durch Wissensmonopole zu blockieren.

Dies bedeutet für das Unternehmen eine stärkere Gewichtung der Geschwindigkeit als Produktivfaktor und für die Beschäftigten die flexiblere Arbeitsverteilung über die Woche und über das gesamte Geschäftsjahr. Insofern haben die Mitarbeiter und Mitarbeiterinnen an deutschen Standorten den Stand-

ortwettbewerb auch als persönlichen Wettbewerb zu begreifen. Deshalb muß heute von jedem ein zumutbares Maß an finanzieller, fachlicher, räumlicher und sozialer Flexibilität erwartet werden, damit das Unternehmen als Ganzes, das Wirtschaftssystem letztendlich Erfolg hat.
Nur so kann jeder Mitarbeiter und jede Mitarbeiterin in Zeiten rasanter Produktivitätsschübe auch vom Unternehmen die Sicherheit des eigenen Arbeitsplatzes erwarten. »Wer Leistungen auslösen will, muß Sicherheit einlösen« – dem fühlen wir uns als einer der größten Arbeitgeber in Deutschland verpflichtet, dies verpflichtet umgekehrt aber auch unsere Mitarbeiter.
Natürlich setzt diese Erkenntnis, dieses Umdenken nicht von heute auf morgen ein, insbesondere wenn man sich bis vor gar nicht allzu langer Zeit damit in Sicherheit wiegen konnte, daß man konkurrenzlos, vielleicht sogar konkurrenzlos gut war. Heute gibt es auch außerhalb Deutschlands massenhaft billigere und oft auch gute Konkurrenz. Gegen diese Konkurrenz kann sich nur derjenige deutsche Hersteller und derjenige deutsche Arbeitnehmer behaupten, der gut und konkurrenzlos flexibel und deshalb besser ist.
Lassen Sie mich aus betrieblicher Sicht einige weitere Beispiele für neue Denkansätze unter dem Aspekt »uns geht die Arbeit aus« darstellen – die morgen ggf. in den Arbeitskreisen vertieft werden können.

– Stafette für Ausgebildete

Die Stafette für Ausgebildete, nach der junge Menschen, die bei Volkswagen ausgelernt haben, im Laufe von 48 Monaten in ein Vollzeitarbeitsverhältnis hineinwachsen, könnte unter bestimmten Prämissen so ein Ansatz sein.

– Arbeitsfreie Blockzeit

Ein Modell »arbeitsfreie Blockzeit« hatten wir als weiteren Ansatz so gut wie umgesetzt – ein innovatives Qualifizierungsmodell, bei dem sich ein Teil unserer Belegschaft rollierend weiterbilden sollte, um den Herausforderungen an den Standort Deutschland gerecht zu werden: Dieses Modell wurde durch eine überschnelle Reaktion unserer Regierung in der angedachten Form gestoppt. Wir haben es nun modifiziert eingeführt, freilich nicht mit dem ursprünglich avisierten Kosteneffekt.

– Staffette für Generationen

Zur Zeit arbeiten wir daran, die Stafette für Ausgebildete in eine Stafette für Generationen auszubauen. Im Februar des Jahres haben wir dieses Modell als beschäftigungspolitische Innovation in die Kanzlerrunde eingebracht. Die Modellrechnungen haben gezeigt, daß ein Steuerfreibetrag von nur 1.000,– DM einen relativ großen Effekt auf das Nettoeinkommen unseres Beispiels hätte und für viele ältere Arbeitnehmer in Verbindung mit einem Mehr an Freizeit eine attraktive Alternative wäre, aus dem Berufsleben schrittweise auszuscheiden und ihren Arbeitsplatz an einen Ausgebildeten weiterzugeben. Diese Überlegung steht in logischer Folge der ersten Tarifvereinbarung von 1993, die wir im November des vergangenen Jahres in Verhandlungen mit dem Gesamtbetriebsrat zu einem umfassenderen Generationenvertrag ergänzt haben. Ziel des Generationenvertrags war es, eine wirtschaftliche und zumutbare Verteilung der reduzierten Beschäftigung auf Standorte und Mitarbeiter vorzunehmen. Vereint werden darin die drei Säulen Fertigungsverlagerung, Mobilität und Vorruhestand in einer gemeinsamen Regelung.

8. *Ein Modell für die Zukunft – Der Generationenvertrag von Volkswagen*

Der erweiterte Generationenvertrag bringt beiden Seiten, dem Unternehmen und den Beschäftigten, eindeutige Vorteile.
Für das Unternehmen sind das:

- optimaler Einsatz der personellen Ressourcen
- optimale Auslastung technischer Kapazitäten
- Mobilität unserer Mitarbeiterinnen und Mitarbeiter
- markt- bzw. kundenorientierte Produktion

Aus Sicht des Mitarbeiters stehen

- Standort- und Beschäftigungssicherung sowie eine
- sozialverträgliche Personalanpassung

im Vordergrund.
Die Mobilität sieht derzeit konkret so aus, daß rund 1.300 Mitarbeiterinnen und Mitarbeiter an die Standorte geschickt wurden, wo nachfragebedingt ein erhöhter Personalbedarf entstanden war. Allerdings haben wir festgestellt, daß unser Angebot der Beschäftigungssicherung durch das Instrument Mobilität noch lange nicht von allen Beschäftigten innerlich akzeptiert wird.
Obwohl wir im wesentlichen die nach unserer Auffassung schon allein nach ihrer Lebensphase mobilsten Mitarbeiter, die gerade Ausgebildeten, ausgewählt hatten, scheint geographische Flexibilität, die zugegebenermaßen eine erhebliche Veränderung des gesamten sozialen Umfeldes mit sich bringt, (noch) nicht zu den deutschen Tugenden zu gehören.
Wenn sich aber unsere Wirtschaft insbesondere gegen amerikanische und japanische Konkurrenz behaupten will, dann müssen sich auch die in ihr Beschäftigten mit den amerikanischen und japanischen Beschäftigten messen

lassen, für die ein Umzug infolge beruflicher Erfordernisse eine Selbstverständlichkeit ist.

9. *Leistung auslösen und Sicherheit einlösen*

Damit der Mitarbeiter sich stärker als Mitunternehmer begreift, überlegen wir, in die nächsten Tarifverhandlungen auch neue Entgelt- und Benefitsysteme hineinzutragen, die diese Einstellung fördern. Wir denken daran, Einkommensbestandteile so zu flexibilisieren bzw. zu dynamisieren, daß Erfolge, die über das arbeitsvertraglich geforderte Leistungsminimum hinausgehen, stärker gewürdigt werden können, und daß das Erreichen von Meilensteinen in der Projektarbeit stärker hervorgehoben wird und attraktiver erscheint.
Aber auch die Altersversorgung muß neu geregelt werden, da die neuen Arbeitssysteme nachhaltige Einschnitte bringen werden, die zum Teil später nicht mehr zumutbar und korrigierbar sind. Mit der betrieblichen Beteiligungsrente stellen wir zur Zeit ein neues Instrument vor, das eine aktive Gestaltung von variablen Rentenbausteinen für ein variables Lebensarbeitsverhältnis zuläßt. Damit würde der Einkommensstrom, der dem Mitarbeiter zufließt, gestaltbar. »Wieviel möchte ich heute, wieviel morgen?« Das betriebliche Versorgungskapital öffnet sich dann für eine direkte und attraktive Beteiligung der Arbeitnehmer.
In Kombination lassen sich völlig neue Perspektiven für den Übergang in den Ruhestand vorstellen:
Altersstafette – also gleitender Übergang –
plus Altersregelung – also vorzeitiger Ruhestand –
plus Beteiligungskapital für Übergangsregelungen – also finanzierte Beschäftigungssicherung – mit Hilfe des am stärksten akzeptierten Instruments: der variablen Lebensarbeitszeit.

10. *Das zukünftige Mitarbeiterprofil*

Ich habe Ihnen eine ganze Reihe von Ansätzen geschildert, die die Umstrukturierung unseres Unternehmens begleiten und ermöglichen. Der Schlüssel dieses Umstrukturierungsprogramms sind jedoch die Mitarbeiter und Mitarbeiterinnen selbst. Für sie brauchen wir ein starkes Leitbild, ein Soll, eine Vision, einen Wegweiser, die auch attraktiv genug sind, damit der neue Weg mitgegangen wird.
Unter dem Namen »M4« haben wir ein zukunftsorientiertes Mitarbeiterprofil umschrieben: Unsere Mitarbeiter und Mitarbeiterinnen sollen sich über die Mobilität hinaus mehrfachqualifiziert, menschlich und mitgestaltend in den

Umstrukturierungsprozeß von Volkswagen einbringen. Sie müssen breit und vielseitig qualifiziert, national oder international stärker einsatzfähig sein und genau das notwendige Training erfahren, um die Verbesserungsprozesse aktiv zu steuern.

Einzelkämpfertum weicht an allen Fronten der Kraft der Gruppe – gerade unter diesem Aspekt haben die Asiaten ja enorme kulturelle Vorteile. Deshalb kommt es für eine erfolgreiche Zukunft auch so sehr auf die Förderung und Forderung der menschlichen Komponente an, bei der unsere Familien, Schulen und Universitäten die entscheidenden Grundsteine legen, auf die die Personalentwicklung in unseren Betrieben aufbaut.

Lohn- und Lohnnebenkosten werden weiterhin als ständige »Vorhaltekosten« unter die Rubrik Fixkosten fallen. Wir plädieren aber dafür, die Kosten für Aus- und Weiterbildung bei unseren internen Kostenbuchungen richtigerweise zu den Investitionskosten zu rechnen: Investition in das Humankapital, »Vorlaufkosten«, die sich in lohnender Organisationsentwicklung und im Erfolg des Unternehmens amortisieren werden.

11. *Coaching*

Durch die Gründung einer ›Coaching-Gesellschaft‹ zu Beginn des Jahres und mit der Einführung eines ›Persönlichen Entwicklungsplans‹ wollen wir die Personalentwicklung instrumentell begleiten. »Jeder Gute kann noch besser werden!« ist der Leitgedanke dieser qualitativen Personalarbeit. In aller Kürze einige Bemerkungen zu diesem Instrument.

Die Volkswagen Coaching Gesellschaft soll Trendsetter sein, Drehscheibe Volkswagens für den internen und externen Arbeitsmarkt und sie soll das Unternehmertum und die stärkere Marktorientierung selbst durch ihre Eigenständigkeit, als auch für Dritte arbeitende GmbH, leben und vorexerzieren.

Ihre Geschäftsfelder gliedern sich folgendermaßen:

- Aus- und Weiterbildung,
- Coaching von Führungskräften und Teams,
- Managemententwicklung, insbesondere Aufbau und Pflege einer internationalen Konzern-Talentbank,
- Belebung und Fortführung unserer Business-Schule,
- Unternehmensberatung für Prozeßoptimierung, d.h. die zentrale Unterstützung all unserer Aktivitäten im Rahmen unseres »kontinuierlichen Verbesserungsprozesses« (KVP^2).
- Personalforschung betreiben, weltweit Trends aufspüren und Volkswagen dem Weltstandard aussetzen,
- und schließlich arbeitsmarktpolitische Projekte durchführen, vor allem das strategische Insourcing, die Lieferantenintegration in der Fertigung zu för-

dern und Industrieparks in Emden, Hannover und Wolfsburg mitzuentwickeln.

Die Coaching-Philosophie soll das im Leistungssport erfolgreiche Konzept »Die Spitze zieht, die Breite schiebt« in unser Unternehmen transferieren helfen. Daran orientieren sich auch die Programme, die entsprechend für die Spitzenkräfte individueller ausfallen, als dies für andere Mitarbeiterinnen und Mitarbeiter der Fall sein kann. Wir brauchen dabei nicht nur ein internationales Management, sondern auch die besten Fachkräfte in allen Prozessen und Dienstleistungen rund um den Autobau. Dies zu erreichen, zeichnen sich neue Trainingsmethoden und neue Betreuungsverhältnisse ab, die auch die Rolle des Personalwesens im Unternehmen nachhaltig verändern werden.

Auf der Managementebene ist das vertrauliche, individuelle Beratungsgespräch mit regelmäßigem Feedback das Kernelement. Es ist die Basis für einen maßgeschneiderten Entwicklungsplan, der ganz unterschiedliche Bausteine enthalten kann: das fachliche Training, das mentale Training, den internationalen Erfahrungsaustausch bis hin zum Gesundheitscoaching, um die körperliche Fitness zu erhalten.

Durch gezieltere Orientierung an individuellem Wissensstand, Qualifizierungsziel, Entwicklungstempo, persönlichem Terminkalender und Entwicklungsrichtungen tritt eine qualifizierte Personalplanung an die Stelle des »Im-Nebel-Stocherns« und des Zufallsprinzips, wie es zumindest in unserem Haus – aber ich kenne auch genügend andere – in der Vergangenheit oft der Fall war.

Die Integration des Geschäftsfelds ›Prozeßoptimierung‹ in die Coaching-Gesellschaft ist vor dem Hintergrund zu sehen, daß gerade die Methodik des KVP^2-Prozesses einen über die in den Workshops gefundenen Problemlösungen weit hinausgehenden pädagogischen Wert hat.

12. *Selbstorganisation*

Jedes Unternehmen und in noch stärkerem Maße ein international verflochtener Konzern ist ein komplexes System in einem hochkomplexen Umfeld. Ein solches System erfolgreich zu führen, bedeutet, auf die Detailsteuerung durch zentrale Anordnungen zu verzichten zugunsten einer Selbststeuerung und Selbstoptimierung durch dezentrale Verantwortungsträger. Denn die formale Führungsorganisation einer arbeitsteilig geführten Unternehmung wird niemals über die notwendigen Informationen, niemals über genügend Kenntnisse und Fähigkeiten verfügen, um ein solches System im Detail zu steuern. Selbstorganisation wird in unserer Zeit des immer rascheren Wandels der Märkte und der Gesellschaft zum einzig möglichen Weg, das höhere Maß an Komplexität erfolgreich zu managen.

Dem Management ist in der betrieblichen Navigation zunehmend die Rolle des Prozeßcontrollers zugewiesen, der die Selbstorganisation und Selbstoptimierung von Fraktalen zu steuern hat und mithelfen muß, die internen Widerstände, die sich üblicherweise gegen jede Art von Veränderungen regen, zu überwinden.
Wir wollen und müssen weg von der reagierenden Rolle der administrativen Abwickler personeller Veränderungen in Folge von technischen, organisatorischen, politischen Ereignissen, hin zu aktiven Mitgestaltern von Organisationsveränderungen und Förderern von Transformationsprozessen. Nur so können wir die Personalentwicklung antizipieren. Qualitative Personalarbeit muß sich mit Unternehmens- und mit Unternehmerberatung beschäftigen. Der Personalmann, die Personalfrau als Organisationsentwickler, als Coach der Mitarbeiter und Führungskräfte und als Manager von Transformationsprozessen.
Volkswagen hat ein halbes Jahrhundert erfolgreiche deutsche Wirtschaftsgeschichte mitgeschrieben. Aber auch wir mußten im Laufe dieser Zeit immer wieder Existenzkrisen meistern, von denen die letzte mit Sicherheit noch nicht überwunden ist.
Ein Mißerfolg gefährdet die wirtschaftliche Existenz von 240.000 Menschen. Schlägt man den Bogen über den gesamten Wertschöpfungsprozeß, dürften sogar weit mehr als 1 Million Menschen – von der Rohstoffgewinnung bis zum Verkauf des fertiggestellten Produkts – vom Schicksal dieser Unternehmensfamilie abhängen.
Andererseits bietet sich uns aufgrund des internationalen Verbunds der enorme Vorteil, den Standortwettbewerb innerhalb der einzelnen Glieder des Konzerns praktizieren zu können. Und bei aller Konkurrenz, die bei dieser unternehmensinternen Diskussion ausgetragen wird, wissen letztlich alle Beteiligten, vom Management bis zum Mitarbeiter am Band, daß es ohne eine Neudefinition der Arbeitsteilung, auch international, nicht mehr geht. In diesem Bewußtsein konnte sich der interne Standortwettbewerb inzwischen als Unternehmensprinzip etablieren. Dieser interne konzernweite Standortwettbewerb läßt langsam einen Riesen wieder hellwach werden.
Konzernstandorte konkurrieren in immer stärkerem Maße um die Vergabe von Komponenten bis hin zu ganzen Modellreihen. Und neben Produktivitäts-Commitments, deren Einhaltung streng verfolgt wird, opfern Standorte und Belegschaften im Rahmen der Zumutbarkeit ein ums andere Mal in besseren Zeiten erkämpfte soziale Besitzstände, um Arbeitsplätze zu sichern.
Unsere deutschen Arbeitnehmervertretungen warnen uns mit aller Schärfe davor, die deutschen Standorte zu reinen Lückenbüßern zu machen. Ich bin mir sicher, daß wir, nicht nur weil wir ein im Kern deutsches Unternehmen sind, die deutschen Werke niemals zu Lückenbüßern verkommen lassen.

Aber nicht nur den Spitzen von Unternehmen und Betriebsrat ist klar, daß wir die sich in der Welt bietenden Wachstumschancen nicht mehr wie in den 50er und 60er Jahren allein von Deutschland aus erschließen können. Damals waren wir das Billiglohnland. Das vom Export und nachkriegsbedingter explodierender Binnennachfrage getragene Wirtschaftswunder begegnet uns nun unter umgekehrten Vorzeichen. Aber es wäre nicht nur unfair, sondern auch unklug, durch prohibitive Maßnahmen unsere materiellen und sozialen Errungenschaften absichern zu wollen. Wir führen diese interne Standortdiskussion deshalb auch nicht mit den jeweiligen nationalen Arbeitnehmervertretungen bilateral, sondern mit dem Euro-Konzern-Betriebsrat und seinen assimilierten außereuropäischen Gruppierungen gemeinsam, damit die Interessengegensätze auf der Arbeitnehmerseite von Anbeginn an einbezogen und ausdiskutiert sind und von allen getragene Standortentscheidungen getroffen werden können.
»Mehr Wettbewerb, mehr Arbeit?« – Auf jeden Fall gilt: Mehr Unternehmertum, mehr Arbeit. Lassen Sie uns deshalb ein unternehmerfreundlicheres Klima in unserer großen Gesellschaft durch entsprechende Anreize und in unseren Unternehmen durch entsprechende innovative und zukunftsweisende Lösungen für die Menschen schaffen! Ich hoffe, ich konnte dazu einige Anregungen geben und dazu beitragen, daß hoffentlich die Schreckensvision »uns geht die Arbeit aus« keine Wirklichkeit wird.

Pádraig Flynn

The New Architecture for a European Labour Market and Social Policy under the Pressure of International Competition

Let us consider the facts of the European jobs crisis, and how it has developed over time.

Firstly, we have seen steady growth in the working age population since the 1960's, of around 1 million per year, except for the 1975-85 period when that growth almost doubled to 1.7 million each year.

This fact – of more people willing and able to work – should be seen as an opportunity to develop greater prosperity, not as a demographic inconvenience. But, to date we failed to harness this potential.

Therefore, the increase in the labour force has been accompanied by a continuous increase in unemployment, most dramatically between 1975 and 1985, when the working age population grew more rapidly, and the economy grew more slowly, partly because of the two oil price shocks of the period. Unemployment rose in that period from 5 million to 15 million people.

When employment did increase in the late 1980's by 10 million jobs, unemployment was reduced but, by less than 3 million. This was because the demand for labour required new and flexible skills, rather than old and less flexible competencies. Many of the already unemployed were not equipped to compete effectively. Most of the new jobs went to young people and women returners.

The unemployment problem therefore remained, and has been compounded by the lack of effective re-skilling.

This, in turn, has manifested itself in a growing duration of unemployment. At the moment, nearly half of Europe's 17 million unemployed have been looking for work for more than a year. This is a huge economic and social problem, which the Union must address.

Let us examine employment generation and the main sectors in which jobs have come from during this period.

Employment in the service sector increased by around 1 million jobs each year between 1965 and 1985. But that increase was only just enough to balance the decline in industry and agriculture.

Then, during 1985-90, services sector growth doubled to two million jobs each year, and manufacturing contributed a net increase. Services have become the motor of growth, partly due to growing real wages creating demand for a wide range of services, from personal, to financial to leisure services. It is, of course, partly statistical also, due to contracting out of work from erstwhile in-house mass manufacturers.
But 1992-93 is the period which we must build from, where we saw a dramatic decline in employment, and a huge rise in unemployment. In one single year, half of the new jobs from the 1985-90 period were lost, and even the service sector was hurt by the decline, due to lowering of internal demand in Europe.
What happened?
We had become complacent with regard to the pace of change and its implications for the structure of the labour market. At the same time, we paid the price for the decline in, particularly, domestic demand.
When you look at the figures on Europe's economic performance you will discover that there was not a rapid fall in world demand for European goods and services.
On the contrary, export markets were more favourable than domestic markets. In fact, the global market helped Europe out of recession. And it was demand from the fast growing countries mainly those of South East Asia, Latin America, which gave us an export led recovery.
So we can not blame those countries for our problems. We have to take a close look at our domestic economy.
And we have to realise that we can do better in Europe.
We have a macro economic problem, that must be solved by closer cooperation in the field of economic policy, with economic and monetary union as the goal for all our work in the next few years.
But we also have a structural problem in the labour market, a problem that I would like to describe with the phrase »the two-speed labour market«.
What do I mean by that ?
It is both very simple and very complicated. It is simple to explain but difficult to change, but we have to do it. Let me begin with the explanation.
The labour market is changing fast. New and more productive jobs are being created while old jobs are disappearing. There is a 10 per cent turnover every year in the stock of jobs. So the speed of change is remarkably high.
The skill requirements of the new jobs being created are higher than for those being lost, putting severe pressure on our education and training systems. But, in these systems, the speed of change is much less, capacity is too low, and adaptation to new conditions is slow.
We have found ourselves with a two-speed labour market, which manifests itself in severe problems for those who lose their jobs, and difficulties for

expanding firms to get skilled labour. In the end, this leads to slower growth and continued pressure on public finances.

That is why we in the Commission and in the European Council have put the fight against unemployment at the top of the agenda, and identified human resource development as a key component of that fight.

That is why we have developed the White Papers on Growth, Competitiveness and Employment, and on Social Policy as cornerstones for the renewal of the European economy and labour market. And this is why the Heads of State and Government at the European Summit in Essen last year made a renewed commitment to a number of initiatives, that now are being developed in the Member States.

The key facets of the Essen conclusions concern a stronger push on training, employment intensive growth, reducing employer cost obstacles to recruitment, and stronger action to help those most affected by structural unemployment. Within this, the importance of renewed action on small and medium enterprises, and local initiatives and capacity, is also stressed.

We now have, following Essen, a Union-wide process to gauge and improve employment performance. It is an inclusive process bringing together the Social Affairs and EcoFin Councils and drawing heavily on Social Partners engagement as well as involvement of other institutions.

The Council also took a significant step by urging Member States to transpose the main Essen priorities and recommendations into national multi-annual programmes to be examined each year by the Heads of State in Council. The Essen process, drawing from the White Papers, gives us the bones of such of a new European employment policy.

The Single Market, developed to maximum potential, is the first building block of wealth and job creation. Economic and monetary union – the single currency – will be crucial to ensuring that this potential is realised and can offer the stability needed to do so. But if EMU is really to be the further locomotive to ensuring wealth and job creation for the citizens of Europe, it must be matched by an employment policy which can give us the high quality, flexible, labour force we need for a productive working society.

Without that we cannot realistically aspire to full employment – which must be put back at the top of the agenda.

We have mass structural unemployment, which is less a buffer, or recruitment reserve, than a dualising of society. We have to recognise and respond to the fact that there has been a fundamental shift in the nature of the labour market. Unemployment is becoming – under present systems – a permanent state, encased by a fundamental mis-match between skills, needs and incentives.

It may be that full employment, defined as mainly for men, and largely in manufacturing, with people having more or less the same job for life, is gone.

A return to a different kind of full employment will only be possible if we make as great an effort to develop a new employment policy as we are now deploying towards economic and monetary union.

Let me be clear. I do not, for a moment, want to see employment relegated to being merely another statistical criterion for EMU. This is because I believe employment is much more important than that.

Such a move would miss the point, and misunderstand the significance of peoples' productive skills in creating wealth and jobs. Engaging – fully – our human resources to productive gain is not a matter of statistical criteria.

A qualitative change in the objectives of employment policy is what we need to make Economic and Monetary Union work.

EMU without a revamped employment policy will not work well. An employment policy without EMU or the single market will not work well either.

These should be parallel and complimentary efforts.

We need a root and branch re-examination of our employment systems in Europe in the interplay of taxation, welfare, training, regulation and other policies, and collective agreements.

Only through such an approach will a new employment policy emerge, which finds a new European way – a third way – between the United States paradox of high job generation and poverty wages and the European paradox of high welfare and low employment.

It must – as Robert Reich would also stress – be predicated on skill development, and on rebalancing work, training, and welfare.

This can be expressed in one simple sentence – jobs and training first, unemployment compensation as a last resort.

The structural changes we suggest can offer this third way. They can enable us to reorganise our re-employment measures, to bring new skills to the unemployed, more positive relationships between work and welfare, and the capacity for workers and companies to access training systematically and flexibly.

The Essen Council pointed us firmly in these directions.

The Council stressed, particularly, continuous training as fundamental to long-run competitiveness, to productivity growth. But it needs investment in capacity on a par with the higher education revolution of the 1960s and '70s. It needs the flexibility to design and deliver quickly and on different levels – local, enterprise or sector.

A key challenge in this field is that of small and medium enterprise. It is from these companies, if a fair wind is offered, that business wealth and jobs growth – with consequent reduction of public deficits – will come. But it is bigger than that.

We also need a broader, more sophisticated view of local development and local initiatives, of how the national and European levels can enable and nurture local economic development – whether indigenous growth through local demand, or national or supranational sub-contracting opportunities. The European Council saw this as of great importance to ensuring employment intensive growth.

All this can be underpinned by re-examining tax policies, and their impact on employment. On non-wage labour costs, which Essen also targeted, I feel we can make a great impact, not only on bringing unskilled people back into the labour market, particularly the long term unemployed, by making them more attractive to employers, but in bringing unmet need – new entrepreneurial and social activity – to the market.

This would mean addressing honestly the tax-wedge issue for the low-skilled – how to balance the cost of an employee and the likely productive output of that employee. And it would need an upgrading of the training opportunities available to the unemployed, in terms of both relevance and flexibility of access.

Done correctly, all this could help transform today's passive schemes of unemployment insurance into more active, more strategic, re-employment systems, allied to more positive and imaginative tax and welfare relationships. The costs of such an approach would be a small fraction of what we have been spending merely to extend unemployment benefits for those who have lost jobs.

Again the European Council urged action here to address long-term unemployment, and, particularly, stressed the vital issue of young people. With youth unemployment double that of adults in Europe, we must find new ways to give young people their first step in the labour market, while at the same time avoiding the possibility of job substitution and consequent wage instability.

Otherwise we reinforce the trend whereby the young unemployed are increasingly lost as productive and creative force and are increasingly the long-term unemployed. This is also predicated on access to real training and new skills.

The new Youthstart programme, which I initiated, and feel very strongly about, focuses on this issue. It is an area which requires the full weight of Social Partners support to work.

These are only examples, though important ones, of what a new employment policy, aimed at eradicating the developing two speed and dual society Europe, would entail. To succeed, however, we need, more than anything, a change of attitudes. Productivity growth is the objective. And that demands skill and motivation, stability and reward.

But it is also clear that the only sustainable employment growth will come from competitive productive business, and when some employers say we need to look again at whether our regulatory climate is conducive to job creation, we should be willing to have that discussion openly and frankly.

We must tailor our systems to the changes developing around us. But we must do it by incentive, informed by social justice.
Developing and utilising the skills and enterprise of the whole workforce is how we can achieve productivity gain, and create more jobs.

Conclusion

We have the Single Market, a huge achievement, with still more potential to be realised for industry, finance, consumers and workers.
We are now in the process of consolidating that economic capacity by developing Economic and Monetary Union and the single currency.
We need also an employment policy which matches those realities.
We need a new employment policy for Europe, the third building block, clearly focused on developing the labour force required to ensure that the jobs potential of the Single Market, and impending Economic and Monetary Union, are realised for consumers, investors, workers and society.
Strong productive employment is not simply or simplistically a criterion for EMU, it is a prerequisite for a successful Economic and Monetary Union.
We now have a unique opportunity to make real progress on these fronts, by utilising fully the positive economic climate which now exists. The recovery which began in mid-1993 is now being transformed into robust economic growth, with 2.7 % growth last year now projected to be 3.1 % this year and 2.9 % in 1996, by which time real output in the Community will be almost 10 % above the 1991 level.
This provides a window of opportunity to focus clearly on unemployment problems and employment potential. I believe we ignore this opportunity at our peril, particularly since we now have some of the building blocks to make the economic policy and labour market changes which can address the single greatest problem which preoccupies all our people: jobs.
A new, human resource based employment policy is, I believe a coherent goal. It squares the circle of economic and social progress. It is crucial to ensuring a sustainable, employment rich, Union.

Teil 2: Arbeitskreissitzungen
Part 2: Working Group Sessions

Arbeitskreis I
Working Group I

Leiter/Chairman: *Karl Heinrich Oppenländer*
Rapporteur: *Ronald Schettkat*

Nationale Arbeitsmärkte im internationalen Wettbewerb – Brauchen wir eine neue Beschäftigungspolitik?

National Labor Markets in International Competition – Do We Need a New Employment Policy?

Johann Eekhoff
Arbeitsmarkt und Leistungsgesellschaft – Politische, soziale und wirtschaftliche Wurzeln der heutigen Arbeitslosigkeit

Wolfgang Franz
Gegen die Arbeitslosigkeit: Können wir uns nationale Alleingänge leisten oder brauchen wir eine konzertierte Aktion der westlichen Industrieländer?

Erich Staudt
Brauchen wir eine staatliche Industriepolitik?

Klaus-Peter Möller
Wie weit können wir die Deindustrialisierung Deutschlands treiben?

Thomas Lange
Active Labour Market Policies: Lessons from International Experiences

Dale T. Mortensen
The Unemployment and Income Effects of Active Labor Market Policy: a U.S.-U.K. Comparison

Richard Medley
A Tale of Four Worlds: America's Emerging Class Crisis

Ronald Schettkat
Zusammenfassung der Ergebnisse des Arbeitskreises I

Karl-Heinrich Oppenländer
Abschließende Bemerkungen zum Arbeitskreis I

Johann Eekhoff

Arbeitsmarkt und Leistungsgesellschaft – Politische, soziale und wirtschaftliche Wurzeln der heutigen Arbeitslosigkeit

1. Arbeitslosigkeit wird in fast allen Umfragen als das größte Problem angesehen, das die Menschen in Deutschland bedrückt. Das Problem ist nicht die konjunkturelle Arbeitslosigkeit, sondern die strukturelle, also der Teil der Arbeitslosigkeit, der sich auch in der Hochkonjunktur nicht wieder abbaut. Seit Anfang der siebziger Jahre beobachten wir in Westdeutschland, daß sich die Arbeitslosigkeit von Konjunkturzyklus zu Konjunkturzyklus hochschaukelt. Lag die Arbeitslosenquote damals noch unter 1 %, so stieg sie schrittweise auf jetzt 8,5 % in Westdeutschland und 9,6 % in Gesamtdeutschland an. In der Europäischen Union liegt die Arbeitslosenquote sogar bei 11,5 % bzw. 18 Mio. Erwerbspersonen. Mit 3,7 Mio. Arbeitslosen in Deutschland gibt die offizielle Statistik aber nur ein unvollständiges Bild. Hinzuzurechnen sind die Menschen in Arbeitsbeschaffungsmaßnahmen, in der Umschulung und Fortbildung, im vorzeitigen Ruhestand, in Kurzarbeit, in der stillen Reserve usw. Auch wenn man berücksichtigt, daß einige Arbeitslose bereits einen neuen Arbeitsplatz in Aussicht haben (Friktionsarbeitslosigkeit) oder aus dem Arbeitsprozeß ausscheiden wollen, fehlen in Deutschland insgesamt mehr als 6 Mio. Arbeitsplätze.

2. In den letzten Jahren hat es gravierende exogene Veränderungen gegeben, die von vielen für die Misere auf dem Arbeitsmarkt verantwortlich gemacht werden. Insbesondere wird auf folgende veränderte Bedingungen verwiesen:

– Wiedervereinigung Deutschlands mit der Folge eines vermehrten Arbeitsangebots und einer steigenden Kapitalnachfrage,
– Öffnung der sogenannten Zweiten Welt, also des ehemaligen Ostblocks mit der gleichen Folge für die Arbeits- und Kapitalausstattung auf den Märkten wie die Öffnung der innerdeutschen Grenze,
– Globalisierung vieler Märkte und Zugang für immer mehr Unternehmen zu einem weltweiten Arbeitsmarkt,
– schneller arbeitssparender technischer Fortschritt, der die Vorstellung einer 2/3-Gesellschaft aufkommen läßt: Braucht 1/3 der Erwerbspersonen

künstliche staatlich subentionierte Arbeitsplätze oder unmittelbare soziale Hilfen?

- steigende Abgabenlast und ständige Ausweitung der Staatstätigkeit verbunden mit der Furcht vor einer abnehmenden Wettbewerbsfähigkeit der privaten Unternehmen,
- sich kumulierende Verrechtlichung und Regulierung mit negativen Folgen für die Wettbewerbsfähigkeit der Unternehmen und der Arbeitslosen.

Die zunehmende Sockelarbeitslosigkeit kann nicht mit den erwähnten Veränderungen begründet werden – mit Ausnahme der beiden letztgenannten Faktoren (steigende Abgabenlast, Überregulierung). Aufgrund der deutschen Einheit ist die Arbeitslosigkeit in Deutschland noch über den Trend der steigenden Sockelarbeitslosigkeit hinausgegangen. Aber der Trend besteht in Westdeutschland bereits seit Beginn der siebziger Jahre, und er setzt sich ungebrochen fort. Die übrigen Faktoren, also vor allem die Öffnung der Weltmärkte wirken sich grundsätzlich positiv auf den Wohlstand aus – es sei denn, eine Wirtschaft ist verkrustet und läßt den nötigen Strukturwandel nicht zu. Niedrige Löhne in anderen Ländern und niedrige Importpreise können zwar einige inländische Produzenten und ihre Arbeitnehmer in Schwierigkeiten bringen, sie sind aber für die Gesellschaft insgesamt ein Vorteil, weil mit der gleichen Menge an Exportgütern eine größere Menge an Importgütern erworben werden kann. Dieser Vorteil wird aber nur wirksam, wenn die Gesellschaft den Wandel akzeptiert und die Wirtschaft sich auf die Produktion stärker nachgefragter, rentabler Güter umstellt und wenn die notwendigen Änderungen der relativen Preise und Löhne nicht durch staatliche Eingriffe oder Tarifvereinbarungen vereitelt werden. Der Nachteil für die betroffenen Arbeitnehmer in den schrumpfenden Wirtschaftszweigen ist um so geringer, je flexibler, mobiler und je besser ausgebildet sie sind. Der wirtschaftliche Fortschritt und der Wunsch nach steigenden Einkommen erfordern einen ständigen Strukturwandel, auch ohne die Öffnung neuer internationaler Märkte. Für die Arbeitnehmer ist der Strukturwandel am leichtesten zu bewältigen, wenn innerhalb von Unternehmen umstrukturiert wird und tendenziell eine Übernachfrage nach Arbeit besteht. Insoweit ist die Arbeitslosigkeit eine besondere Bürde in Zeiten des schnellen Strukturwandels.

3. Die gesellschaftlichen, politischen und ökonomischen Ursachen der Arbeitslosigkeit sind eng verwoben. Es sind zu einem großen Teil gutgemeinte Maßnahmen und Verhaltensweisen, wie sie in der Familie, in den Kirchen, in Vereinen usw. eingeübt werden, die im Ergebnis die Wirtschaft belasten, Beschäftigungsprobleme verursachen und häufig zu Lasten der vermeintlich Begünstigten gehen. Letzteres gilt beispielsweise für den Kündigungsschutz und für eine Reihe von arbeitsmarktpolitischen Maßnahmen. Fast immer handelt es sich um unwirtschaftliche Eingriffe, die indirekt die Beschäftigungsmög-

lichkeiten beeinträchtigen, oder um Maßnahmen, mit denen die Chancen und Rechte der Arbeitslosen unmittelbar verringert werden. Im Wettbewerbssystem der sozialen Marktwirtschaft können den Unternehmen keine Soziallasten aufgebürdet werden. Die soziale Absicherung ist Aufgabe des Staates.

4. Eine wichtige Ursache für die aktuelle hohe Arbeitslosigkeit ist die Explosion der Ansprüche zu Beginn der neunziger Jahre: Rentenansprüche, Sozialmaßnahmen, Infrastrukturinvestitionen, Lohnansprüche usw. Die gesamtwirtschaftliche Leistung konnte nicht entsprechend gesteigert werden.
In der Lohnfindung wird häufig das Prinzip angewandt »im Zweifel etwas mehr für die Arbeitnehmer«. Das gilt allgemein, aber insbesondere für einzelne Gruppen wie ältere Arbeitnehmer, Frauen, untere Lohngruppen bzw. Arbeitnehmer mit geringer Qualifikation. Leider wird dabei nur an die Mehrzahl der Beschäftigten und nicht an die Arbeitslosen und die von Arbeitslosigkeit bedrohten Beschäftigten gedacht, deren Chancen sich dadurch unmittelbar verschlechtern, d. h. die gutgemeinten Lohnzugeständnisse richten sich gegen die Interessen der schwachen Arbeitnehmer und der Arbeitslosen, insbesondere gegen von solchen Maßnahmen besonders »begünstigte« Gruppen, deren Beschäftigung für die Unternehmen nicht mehr wirtschaftlich ist. Noch einmal: Staatlich verordnete oder durch Lohnkartelle beschlossene Sozialpolitik, deren Kosten die Unternehmen tragen sollen, verschlechtert die Beschäftigungschancen.
Der Hauptgrund für gesamtgesellschaftlich falsche Maßnahmen liegt im sogenannten »Insider-Outsider-Problem«. Die »insider«, also die Beschäftigten, bilden die Mehrheit der Erwerbspersonen. Deshalb vertreten die Gewerkschaften vorrangig deren Lohnerhöhungs- und Arbeitsplatzsicherungsinteressen – häufig zu Lasten der Arbeitslosen, der »outsider«. Für die Politik gilt ebenfalls das Prinzip der Mehrheit. Politiker reden zwar viel über ihre Absichten, den Arbeitslosen zu helfen. Im Zweifel handeln sie aber zugunsten der großen Mehrheit der Beschäftigten, z. B.

- mit dem eindeutig widerlegten Kaufkraftargument: Das Argument wird toleriert und akzeptiert, weil die Mehrzahl der Erwerbspersonen damit für höhere (nicht marktkonforme) Löhne streitet,
- mit der produktivitätsorientierten Entlohnung in den neuen besonders produktiven Betrieben Ostdeutschlands statt mit Knappheitslöhnen,
- der Frühverrentung, um den Arbeitsmarkt zu entlasten,
- mit einem Berufsbildungsgrundjahr,
- mit der Subventionierung von Teilzeitarbeit und Kurzarbeit,
- mit der Abschottung von Arbeitsmärkten gegen den Wettbewerb von außen.

5. Ein großes Gewicht hat das Prinzip der »Absicherung gegen einen Arbeitsverlust«, z. B. durch

- einen verstärkten Kündigungsschutz, vor allem für ältere Arbeitnehmer, Mütter, Behinderte,
- die Subvention gefährdeter Betriebe,
- Importbeschränkungen,
- Mindestlohnvorschriften für ausländische Arbeitnehmer und auch für Arbeitnehmer aus verschiedenen Regionen innerhalb Deutschlands (Entsende-Gesetz),
- Monopolisierung der Arbeit: Verträge zugunsten von »insidern« und zum Nachteil von »outsidern«, »Zusätzlichkeit« bei Arbeitsbeschaffungsmaßnahmen und bei der Beschäftigung von Sozialhilfeempfängern, Tariflöhne bei ABM.

Zum Teil geht es dabei um einen Verteilungskampf zugunsten einzelner Interessengruppen. Immer gehen die Nachteile zu Lasten der Allgemeinheit, häufig unmittelbar zu Lasten der Arbeitnehmer, deren Rechte mit Hilfe des Staates beschnitten werden.

6. Das christliche Prinzip des Teilens taucht als Prinzip der »Umverteilung aus sozialen Gründen« immer wieder auf, z. B. in der Form der Umverteilung der Arbeit, der Umverteilung zugunsten der Arbeitnehmer und Rentner in den neuen Bundesländern, der Auszubildenden, die mit ihrer Ausbildungsvergütung angemessen am gesellschaftlichen Leben teilnehmen können sollen. Dabei geht es nicht um die freiwillige Umverteilung, sondern um Formen der Zwangsumverteilung, die vom Staat, von den Tarifparteien usw. durchgesetzt werden sollen – möglichst zu Lasten der Allgemeinheit oder anderer Gruppen. Das Prinzip des Teilens ist gründlich mißverstanden worden. Der ethische Anspruch richtet sich an jeden einzelnen, von dem erarbeiteten Einkommen und Vermögen etwas abzugeben. Tatsächlich werden aber Unternehmer gezwungen, soziale Leistungen zu erbringen, ohne Rücksicht darauf, ob sie das wollen und können, und ohne Rücksicht darauf, ob jeder einzelne Begünstigte bedürftig und in einer schlechteren Position ist als der Unternehmer. Ähnliches gilt für gesetzlich beschlossene Sozialleistungen, deren Kosten durch Zwangsabgaben finanziert werden oder die andere Bürger in ihren Rechten einschränken. Die Vorstellung, die Arbeit sei begrenzt und müsse umverteilt werden, widerspricht der Erfahrung in einem Familienbetrieb und im privaten Haushalt, wo umgekehrt darauf geachtet wird, daß möglichst jeder mitarbeitet und dadurch im Rahmen seiner Möglichkeiten zum Wohl der anderen beiträgt. Dieser Zusammenhang gilt auch für die Gesamtgesellschaft.

7. Auf breite Unterstützung stößt auch die Forderung der Sozialpolitiker nach »allgemeinen Verbesserungen der sozialen Bedingungen«. Ein Beispiel

ist die Einführung der Pflegeversicherung, mit der die Situation der aktuell Pflegebedürftigen und der sogenannten pflegenahen Jahrgänge sofort verbessert werden sollte, d. h. ohne eigene Ansparleistung und ohne vorher in ein Umlagesystem eingezahlt zu haben. Im übrigen ist dies ein klassisches sozialistisches System: Jedem nach seinen Bedürfnissen, jeder nach seinen Fähigkeiten. Obwohl sich das sozialistische System nicht bewährt hat, werden systematisch sozialistische Elemente in das System der sozialen Marktwirtschaft eingebaut. Dazu gehören auch alle Elemente der staatlichen Preisfestsetzung, wie in der Landwirtschaft, bei den Ostmieten, für die Ausbildung usw.

Ein anderes Beispiel ist die Leistungsverbesserung in der gesetzlichen Rentenversicherung, sobald das Beitragsaufkommen höher ist als die laufenden Rentenzahlungen. Statt für die Zukunft vorzusorgen und die Mittel – wie früher in der Familie in der Investionsphase – für Zeiten zurückzulegen, in denen das System stärker belastet wird, wird jede Gelegenheit genutzt, sofort Wohltaten zu verteilen. In beiden Fällen handelt es sich um eine seit Jahren anhaltende Verschiebung zu Lasten künftiger Generationen – ein Prinzip, daß uns über die Abgabenlast längst eingeholt hat und deren Auswirkungen erst zu Beginn des nächsten Jahrhunderts voll durchschlagen werden.

8. Eine weitere Ursache der hohen Arbeitslosigkeit liegt in der zyklischen Selbstverstärkung. In einer Rezession erfolgt die Anpassung der Kosten an eine sich verschlechternde Erlössituation nicht über eine Verringerung der Löhne, sondern der Arbeitsplätze. Da Entlassungen praktisch nur in der Krise akzeptiert werden, nutzen die Unternehmen Rezessionsphasen, um falsche Strukturen zu korrigieren und sich von Arbeitnehmern zu trennen, mit deren Leistung sie nicht zufrieden sind oder von denen sie erwarten, daß sie sie in Zukunft nicht brauchen werden. Der Einschnitt in die Beschäftigung erfolgt schärfer als nötig wäre, weil die Löhne oberhalb des Niveaus liegen, das mit Vollbeschäftigung vereinbar ist, und weil Korrekturen der Beschäftigung in wirtschaftlich besseren Zeiten kaum möglich wären. Die Produktion wird verringert und auf besonders produktive Beschäftigte eingestelllt, sei es durch Auslagerung von Betriebsstätten, Zukauf von Produktteilen oder Rationalisierung der Produktion. Damit wird eine spätere Erhöhung der Beschäftigung im Konjunkturaufschwung erschwert. Parallel zu diesem Prozeß werden die Sozialsysteme in der Rezession zu stark beansprucht, so daß Beitragssätze und Steuern erhöht werden müssen. Diese Erhöhungen lassen sich in der folgenden Aufschwungphase praktisch nicht wieder abbauen, so daß die Belastung auf Dauer wächst und es noch schwieriger wird, normale Arbeitsplätze zu schaffen.

9. Voraussetzung für die Lösung des Beschäftigungsproblems ist es, die Denkweisen zu ändern. Wir müssen wegkommen von den Defensivstrategien, von der Ausweitung der staatlichen Fürsorge und von dem Prinzip, die Probleme mit dem Geld anderer oder zu Lasten anderer zu lösen. Wir müssen den Wettbewerb wieder stärker akzeptieren. Strukturänderungen dürfen nicht blockiert, sondern müssen unterstützt werden. Der Staatsanteil und die Abgabenlast müssen drastisch gesenkt werden, damit Raum bleibt für eigenverantwortliches privates Handeln. Die soziale Absicherung ist unverzichtbar. Die Kosten können aber kräftig verringert werden, wenn bei allen sozialen Maßnahmen ein strenges Bedürftigkeitsprinzip angelegt wird.
Ralf Dahrendorf hat 1993 gesagt, »daß eine Gesellschaft, die bereit ist, 5 % ihrer Bevölkerung zu vergessen, damit ihre eigenen Werte in einem solchen Maße verrät, daß sie sich nicht wundern sollte, wenn viele ihrer Mitglieder an diese Werte nicht mehr glauben. Es wird sozusagen die Rede von Grundwerten der Gesellschaft zu Heuchelei, wenn man diese fünf oder mehr Prozent im Stich läßt.«[1]
Die Rechte der Arbeitslosen, nach besten Kräften am Wettbewerb teilzunehmen, müssen wieder hergestellt werden. Daneben gibt es eine Vielzahl an Maßnahmen, mit denen die Bedingungen für mehr Beschäftigung verbessert werden können. Der Standortbericht der Bundesregierung aus dem Jahre 1993 ist eine gute Ausgangsbasis.

1 Ralf Dahrendorf, Erstarrende Gesellschaft in bewegten Zeiten, Stuttgart, 1993, S. 14 f.

Wolfgang Franz

Gegen die Arbeitslosigkeit: Können wir uns nationale Alleingänge leisten oder brauchen wir eine konzertierte Aktion der westlichen Industrieländer?

Wegen der Kürze der mir zur Verfügung stehenden Zeit möchte ich gleich zum Thema kommen und mir eine allgemeine Darstellung des Problems der Arbeitslosigkeit sparen – angesichts des hochkarätigen Teilnehmerkreises an diesem Symposium hieße eine solche Gesamtschau wohl ohnehin »die Eulen nach Athen tragen« oder in diesem Fall eben: nach Lübeck tragen. Lassen Sie mich als Vorbemerkung noch hinzufügen, daß ich hier selbstverständlich nur für mich sprechen werde und nicht etwa stellvertretend für den Sachverständigenrat zur Begutachtung der gesamtwirtschaftlichen Entwicklung, obwohl die Ausführungen teilweise auf dem Jahresgutachten 1994 »Den Aufschwung sichern – Arbeitsplätze schaffen« beruhen.

Die Diskussion der Alternativen, nationale Alleingänge versus internationale Aktion, setzt voraus, daß man weiß, was denn gegen Arbeitslosigkeit getan werden soll. Dieses Wissen macht nun seinerseits die Kenntnis der Ursachen der Arbeitslosigkeit erforderlich. Deshalb möchte ich einige zusammenfassende Bemerkungen über die Ursachen der Arbeitslosigkeit voranstellen. Dabei beschränke ich mich auf Westdeutschland; dies nicht nur aus Zeitgründen, sondern auch auf Grund der Spezifika, die den ostdeutschen Arbeitsmarkt prägen.

Um Ihnen jedoch schon jetzt die Möglichkeit zu geben, meine Analyse kritisch zu begleiten, möchte ich die Hauptthese dieses Vortrages vorwegnehmen. Sie lautet: Die Bekämpfung der bestehenden Arbeitslosigkeit in Westdeutschland muß zuallererst und schwerpunktmäßig bei uns hier und heute beginnen. Eine internationale Koordination kann in bestimmten Fällen hilfreich sein, aber sie würde nur zu einem Teil zur Lösung des Problems beitragen. Etwas zugespitzt formuliert: Wir können uns nationale Alleingänge nicht nur leisten, sondern wir müssen sie uns leisten!

Die angekündigte kurze Ursachenanalyse hat mit der bedauerlichen Feststellung zu beginnen, daß aus wissenschaftlicher Sicht kein allgemein akzeptiertes, in sich geschlossenes Erklärungsmodell existiert, innerhalb dessen alle Gründe für Arbeitslosigkeit untersucht und die Maßnahmen zu ihrer Beseitigung isoliert erörtert werden können. Gleichwohl besteht eine weitgehende

Übereinkunft darin, daß zumindest die beiden folgenden Komponenten der Arbeitslosigkeit unterschieden werden können:

1. Konjunkturelle, rezessionsbedingte Arbeitslosigkeit,
2. Arbeitslosigkeit auf Grund von Funktionsstörungen auf Arbeitsmärkten.

Rezessionsbedingte Arbeitslosigkeit ist zunächst temporärer Natur und bildet sich bei einem nachhaltigen Konjunkturaufschwung zurück. Der Sachverständigenrat schätzte für 1994 ungefähr 400 – 500 Tsd. konjunkturell bedingte Arbeitslose. Diese Abgrenzung einer konjunkturellen Arbeitslosigkeit ist freilich nicht unproblematisch, weil sich aus zunächst konjunkturbedingter Arbeitslosigkeit mit der Dauer Langzeitarbeitslosigkeit entwickeln kann, bei deren Bekämpfung man eben nicht allein auf einen Konjunkturaufschwung setzen kann.

Damit bin ich aber bereits bei einem der wenigen Fälle angelangt, bei dem möglicherweise eine internationale Koordination von Maßnahmen erforderlich ist, um Arbeitslosigkeit zu bekämpfen. Denn prinzipiell, wenn auch in Grenzen, kann der Abbau einer rezessionsbedingten Arbeitslosigkeit durch eine Stabilisierungspolitik unterstützt werden, d.h. in diesem Zusammenhang durch eine expansive Geld- und Fiskalpolitik. Eine Belebung der gesamtwirtschaftlichen Nachfrage durch eine solche Stabilisierungspolitik hat natürlich nur Aussicht auf Erfolg, insoweit die Nachfrageentwicklung in den Hauptpartnerländern einigermaßen synchron verläuft. Sie würde weitgehend ins Leere laufen oder sogar kontraproduktiv wirken, falls in den anderen Ländern – aus welchen Gründen auch immer – eine kontraktive Nachfragepolitik betrieben würde. Mit anderen Worten, bei einer gesamtwirtschaftlichen expansiven Nachfragepolitik, so sie denn in der jetzigen Situation in Frage kommt, wären nationale Alleingänge ineffizient, wir könnten sie uns nicht leisten. Das entsprechende historische Beispiel stellt der Versuch Frankreichs anfangs der achtziger Jahre mit einem solchen Alleingang dar, der bekanntlich erfolglos blieb, um es einmal freundlich auszudrücken.

Diese Überlegung provoziert die Frage, ob wir denn die bestehende Arbeitslosigkeit mit einer Expansionspolitik bekämpfen sollten. Ich persönlich bin ja frei von dem Verdacht, ein erbitterter Gegner des Keynesianismus zu sein, aber ich meine, daß der Spielraum für eine solche Expansionspolitik derzeit außerordentlich gering ist. Zum einen ist es nur rund ein Fünftel der Arbeitslosigkeit in Westdeutschland, das als rein konjunkturell bedingt einzustufen wäre. Zum anderen besteht für die Fiskalpolitik angesichts der hohen Verschuldung der öffentlichen Haushalte keine Möglichkeit, durch ein »Deficit-Spending« nachfrageexpansiv zu wirken. Vielmehr stünde zu befürchten, daß solche expansiven Wirkungen von vornherein durch eine Ausgabenzurückhaltung der privaten Haushalte und Unternehmen zunichte gemacht würden, wenn diese dann wegen einer noch mehr wachsenden Staatsverschuldung mit

noch höherer Wahrscheinlichkeit von späteren Steuererhöhungen ausgehen müssen.
Wie steht es mit einer expansiven Geldpolitik? Kann man für eine international koordinierte Zinssenkungsrunde oder gar für eine national ausgerichtete, expansivere Geldpolitik plädieren? Bekanntlich ist die Wirksamkeit der Geldpolitik in einer Rezession beschränkt. Die Geldpolitik kann zwar flankierend durch Zinssenkungen die monetären Voraussetzungen für einen Konjunkturaufschwung schaffen, diesen aber nicht herbeiführen. Ich erinnere an das Zitat des unvergessenen Karl Schiller: »Man kann die Pferde zur Tränke führen, saufen müssen sie selbst.« Mit »saufen« ist in diesem Fall »investieren« gemeint. Für die Investitionsentscheidungen sind die langfristigen Zinssätze sehr viel wichtiger als die kurzfristigen. Die Bundesbank beeinflußt jedoch direkt zunächst einmal die kurzfristigen Zinssätze und sie muß neben anderen Faktoren beachten, daß eine forcierte Senkung der kurzfristigen Zinssätze und die damit einhergehende Geldmengenexpansion Inflationserwartungen wekken können, die daraufhin die langfristigen Zinssätze ansteigen lassen. Mit anderen Worten, auch die Möglichkeiten der Bundesbank sind nicht beliebig, was nicht ausschließt, daß es im Verlauf einer möglichen schärferen Konjunkturabschwächung in den USA vielleicht doch noch einen gewissen Spielraum für eine internationale Zinssenkungsrunde geben wird.
Zusammenfassend sehe ich mithin kaum, daß eine Stabilisierungspolitik in Deutschland und international koordiniert Platz greifen kann. Insoweit bin ich auch skeptisch hinsichtlich der Vorschläge im seinerzeitigen EU-Weißbuch »Wachstum, Wettbewerbsfähigkeit, Beschäftigung – Herausforderungen der Gegenwart und Wege ins 21. Jahrhundert« (1993), die über ein gigantisches Infrastruktur-Investitionsprogramm (»Transeuropäische Netze«) zur Belebung der Beschäftigung in Europa beitragen wollen. Gegen eine verbesserte Infrastruktur ist selbstverständlich nichts einzuwenden, wohl aber gegen kontraproduktiv wirkende Finanzierungen.
Wenden wir uns nun der zweiten Gruppe der Ursachen der Arbeitslosigkeit zu, nämlich der Arbeitslosigkeit auf Grund von Funktionsstörungen auf Arbeitsmärkten. Es geht hier nicht darum, diese Störungen im einzelnen zu diskutieren, sondern allein um die Frage: Können oder müssen wir diese Störungen im nationalen Alleingang lösen oder bedarf es dazu einer konzertierten Aktion der westlichen Industrieländer?
Um welche Funktionstörungen geht es?
Das Zusammenspiel von Arbeitskräfteangebot und Arbeitskräftenachfrage auf dem Arbeitsmarkt verläuft nicht reibungslos. Arbeitsplätze erfordern oft andere Berufe und Qualifikationen, als sie die Bewerber aufweisen. Unternehmen, die Arbeitskräfte suchen, sind mitunter woanders angesiedelt als geeignete Bewerber. Möglicherweise trifft auch beides zu. Diese Diskrepanzen in den Profilen von Arbeitskräfteangebot und Arbeitskräftenachfrage werden als

Mismatch bezeichnet. Natürlich wäre dies bei hoher beruflicher, qualifikatorischer und regionaler Mobilität weit weniger ein Problem. Daraus folgt, daß solche Strukturdiskrepanzen und Mobilitätsdefizite zusammenhängende Aspekte darstellen.
Mobilitätsdefizite können verschiedene Ursachen haben. Sie umfassen einen angespannten Wohnungsmarkt, hohe Grundstückspreise, institutionelle Hemmnisse beispielsweise in Form eines regional differenzierten Schulsystems, soziale Bindungen, die unzulängliche Bereitschaft und Fähigkeit, neue Qualifikationen zu erwerben, und eine mangelnde Bereitschaft, notfalls Lohneinbußen hinzunehmen.
Der Sachverständigenrat schätzt, daß in Westdeutschland eine Mismatch-Arbeitslosigkeit in der Größenordnung von rund 500 000 Personen zu verzeichnen ist. Dies ist eine beachtliche Anzahl. Gleichwohl dürfte aus der obigen Aufzählung der Bestimmungfaktoren der Mismatch-Arbeitslosigkeit klar sein, daß diese Abstimmungsprobleme national gemildert werden müssen, welche Maßnahmen da auch immer ergriffen werden mögen.
Funktionsstörungen können ihre Ursache ebenso im Steuer- und Abgabensystem haben. Ein beschäftigungsfreundliches Steuersystem genießt bei der Verbesserung der Rahmenbedingungen hohe Priorität. Dies betrifft vor allem die Abgabenbelastung des Produktionsfaktors Arbeit. Es ist schwer nachvollziehbar, daß einerseits der Arbeitseinsatz mit immer höheren Abgaben verteuert wird, zum Beispiel zur Finanzierung der sozialen Sicherung, andererseits aber dann Klage über Beschäftigungsprobleme geführt wird. Wenn eine Absenkung des bestehenden Niveaus der sozialen Sicherung nicht in Frage kommt, dann muß der Faktor Arbeit durch eine anderweitige Finanzierung entlastet werden. Dies kann beispielsweise durch die Verlagerung einiger Komponenten von Sozialleistungen in den Bereich der privaten Vorsorge erreicht werden. Hier wäre beispielsweise an Sozialplanleistungen oder die Lohnfortzahlung im Krankheitsfall zu denken. Es ist weiterhin zu prüfen, inwieweit bestimmte Leistungen, die über die Sozialversicherung finanziert werden, als versicherungsfremd einzustufen sind und nicht über Beiträge finanziert werden sollten. Eine stärkere Belastung des Faktors Sachkapital verbietet sich für die Finanzierung solcher Leistungen, denn Investitionen sind für die Schaffung neuer Arbeitsplätze unverzichtbar. Auch eine höhere Besteuerung der Unternehmensgewinne sollte angesichts des internationalen Wettbewerbs um mobiles Kapital nicht erwogen werden, im Gegenteil, nach wie vor ist eine Reform der Unternehmensbesteuerung geboten. Soweit Umschichtungen im Steuer- und Abgabensystem geboten sind, sollte eine stärkere Besteuerung des privaten Konsums ins Auge gefaßt werden.
Eine höhere Konsumbesteuerung muß nicht unbedingt über eine höhere Mehrwertsteuer erfolgen. Es gibt andere Möglichkeiten, z.B. die einer Konsumausgabensteuer. Wie auch immer, wenn diese Maßnahmen in Betracht

kommen, wäre angesichts des starken grenzüberschreitenden Verkehrs eine Koordinierung innerhalb der EU dringend geboten, um etwaige Verzerrungen und Wettbewerbsnachteile zu vermeiden.
Die Langzeitarbeitslosigkeit stellt die größte Herausforderung für die Arbeitsmarktpolitik dar. Für die Entstehung und Dauerhaftigkeit der Langzeitarbeitslosigkeit spielen zwei Faktoren eine wichtige Rolle, nämlich die Konzentration von nachteiligen Merkmalen bei den betroffenen Personen und die Tendenz zur Selbstverstärkung durch Dequalifikation und Entmutigung. Zu diesen für das Überwechseln in ein Beschäftigungsverhältnis hinderlichen Eigenschaften gehören eine fehlende Schulbildung und/oder Berufsausbildung, eine geringe Berufserfahrung und gesundheitliche Einschränkungen. Diese Merkmale sind bei Langzeitarbeitslosen überrepräsentiert. Frauen sowie Arbeitnehmer in höheren Altersgruppen sind unter den Langzeitarbeitslosen ebenfalls überproportional vertreten. Trotzdem ging ein hoher Prozentsatz dieser Personen vor ihrer Arbeitslosigkeit einer Beschäftigung nach und es ist nicht von vornherein aussichtslos, daß auch diese Arbeitslosen wieder einen Arbeitsplatz erhalten.
Weiterhin läßt sich aber zeigen, daß die Entwicklung von Langzeitarbeitslosigkeit ein sich selbst verstärkender Prozeß sein kann. Unternehmen müssen bei der Suche nach Arbeitskräften die häufig unbekannte Produktivität der Bewerber mit möglichst geringem Aufwand evaluieren. In vielen Fällen sind Zeugnisse nicht hinreichend aussagefähig, so daß andere, leicht feststellbare Auswahlkriterien zu Rate gezogen werden (müssen), wie beispielsweise eine bisherige Arbeitslosigkeit. Je ausgeprägter solche Unterbrechungen der Erwerbstätigkeit sind, um so wahrscheinlicher wird es, daß der Bewerber einen Teil seiner Kenntnisse und Fähigkeiten eingebüßt und den Kontakt zur Arbeitswelt verloren hat. Unabhängig davon, ob diese Einschätzung im Einzelfall gerechtfertigt ist, es werden bei gleicher formaler Qualifikation beschäftigte oder kurzfristig arbeitslose Bewerber einem Langzeitarbeitslosen vorgezogen. Diese Zurückhaltung der Unternehmen gegenüber der Einstellung von Langzeitarbeitslosen mag durch allgemeine und spezielle Kündigungsvorschriften verstärkt werden. Zudem sinken die Chancen auf ein Beschäftigungsverhältnis durch Entmutigungseffekte auf Seiten der Langzeitarbeitslosen, die vielfach in ihren Suchanstrengungen mit zunehmender Dauer der Arbeitslosigkeit nachlassen, weil sie ihre geringeren Einstellungschancen kennen.
Bei der Bekämpfung der Langzeitarbeitslosigkeit sollte das Kriterium der betrieblichen Nähe der Maßnahmen besonders beachtet werden. Wie Erfahrungen in einigen europäischen Ländern zeigen, muß dafür Sorge getragen werden, daß diese Personen den Kontakt zur Arbeitswelt nicht verlieren, um somit ihre Vermittlungschancen zu erhöhen. Hilfreicher mögen hier im Vergleich zur Umschulung und Fortbildung in erster Linie Arbeitsbeschaffungsmaßnahmen sein. An die damit einhergehende Subventionierung der Lohnkosten

müssen allerdings strenge Maßstäbe angelegt werden. In Westdeutschland sollte diese Lohnkostensubventionierung schon wegen der knappen Mittel nur auf eng abgegrenzte Zielgruppen bei den Langzeitarbeitslosen angewandt werden, wobei das Tätigkeitsfeld klar umrissen, die Dauer der Subventionierung zeitlich befristet und das Abstandsgebot zu regulären Beschäftigungsverhältnissen gewahrt sein muß. Die finanzielle Förderung ist nach dem Grad der Vermittelbarkeit zu differenzieren. Für Ostdeutschland gelten angesichts der besonderen Situation weiter gefaßte Kriterien, was den Umfang einer subventionierten Beschäftigung im Rahmen von Arbeitsbeschaffungsmaßnahmen angeht.

Ein letzter Aspekt betrifft des Angebot an Ausbildungsplätzen. Zur Attraktivität des Standortes Deutschland gehört neben der Innovationstätigkeit der Unternehmen auch die Erweiterung und Aktualisierung des Humankapitals. Hier müssen die Unternehmen in die Pflicht genommen werden, es liegt in ihrem eigenen ökonomischen Interesse, genügend Ausbildungsplätze bereitzustellen. Sie haben in der Vergangenheit in häufig vorbildlicher Weise zur Lösung des Problems eines Lehrstellenmangels beigetragen und tun dies vielerorts auch heute. Allein schon aus ökonomischer Sicht grenzt es an Fahrlässigkeit, wenn aus kurzfristigen Kostenüberlegungen Maßnahmen der beruflichen Ausbildung und Weiterbildung zurückgefahren werden. Der hohe Standard des Humankapitals der Erwerbsbevölkerung stellt einen der wichtigsten Standortvorteile der deutschen Volkswirtschaft dar. Ihn durch nachlassende Anstrengungen im Bereich der beruflichen Bildung zu gefährden, kann selbst in wirtschaftlich schwierigen Zeiten keine ernstzunehmende Option sein. Unternehmen werden auch in Zukunft auf gut ausgebildete Facharbeiter angewiesen sein. Ihre Ausbildung jetzt zu vernachlässigen, würde sich bitter rächen. Jugendliche ohne berufliche Ausbildung, deren Eintritt in das Erwerbsleben mit Arbeitslosigkeit beginnt, sind überdies nach aller Erfahrung besonders gefährdet, in die Kriminalität abzugleiten und anfällig gegenüber politischem Radikalismus zu werden. Daher stellt es eine Herausforderung mit hoher Priorität dar, daß es insbesondere auch in Ostdeutschland in ausreichendem Maß privat finanzierte Ausbildungsplätze, auch in Form überbetrieblicher Ausbildungsstätten, gibt. Angesichts des partiellen Überschußangebotes an Ausbildungsplätzen bei einigen Berufen in Westdeutschland bietet es sich für eine Übergangsfrist an, durch staatliche Mobilitätsbeihilfen ostdeutsche Bewerber auf Ausbildungsplätze in Westdeutschland zu vermitteln. Dies ist im Einzelfall nicht frei von Problemen und erfordert zusätzliches Engagement auf beiden Seiten, ist jedoch der Alternative, nichts zu tun, deutlich überlegen.

Aber hier gilt ebenso: Wir müssen bei diesen Maßnahmen bei uns anfangen, eine internationale Koordinierung ist nicht erforderlich und angesichts des damit verbundenen Aufwandes wohl eher ineffizient.

Damit komme ich zum Schluß meiner Ausführungen.
Für die Bekämpfung der Arbeitslosigkeit empfiehlt sich eine Doppelstrategie: Die Wachstumskräfte müssen gestärkt werden, und zugunsten von Problemgruppen müssen arbeitsmarktpolitische Maßnahmen ergriffen werden. Es geht nicht nur darum, bestehende Arbeitsplätze zu sichern, um die Zugänge in die Arbeitslosigkeit zu verringern, sondern vor allem auch darum, neue Arbeitsplätze zu schaffen, um die Abgänge aus der Arbeitslosigkeit in die Erwerbstätigkeit zu erhöhen. Die Schaffung neuer Arbeitsplätze wird überdies noch dringlicher, wenn in größerem Umfang vorhandene Arbeitsplätze durch den Strukturwandel und den zunehmenden internationalen Wettbewerb unrentabel und daher vernichtet werden. Darüber hinaus muß versucht werden, den hohen Sockel der bereits eingetretenen Langzeitarbeitslosigkeit abzubauen. Auch für Ostdeutschland gilt es, den etwa gleich hohen Anteil der Langzeitsarbeitslosigkeit wie in Westdeutschland zu verringern und einen weiteren Anstieg der Arbeitslosigkeit zu verhindern.
Von überzogenen Erwartungen muß indes gewarnt werden. Abgesehen von der konjunkturell bedingten Arbeitslosigkeit, die sich zu einem guten Teil bei einem nachhaltigen Konjunkturaufschwung zurückbilden dürfte, besteht wenig Aussicht, die nicht-konjunkturelle, verfestigte Arbeitslosigkeit binnen kurzer Frist zu beseitigen. Es ist außerdem unrealistisch anzunehmen, mit einigen wenigen Maßnahmen oder gar einer einzigen sei das Problem zu lösen. Es gibt zahlreiche Ursachen der Arbeitslosigkeit, das spricht dafür, daß ein ganzes Bündel von Aktivitäten erforderlich ist. In der derzeitigen schwierigen Situation auf dem Arbeitsmarkt kann auf keine Maßnahme verzichtet werden, auch wenn ihr Beitrag zur Lösung des Problems bescheiden anmuten mag. Die Forderungen nach neuen Instrumenten zur Bekämpfung der Arbeitslosigkeit gewinnen durch ständiges Wiederholen nicht an Überzeugungskraft. Einiges kann schon erreicht werden, wenn die vorhandenen Erkenntnisse umgesetzt und die Instrumente tatkräftig eingesetzt werden. Dabei ist zu bedenken, daß es kaum eine Maßnahme gibt, die ohne Nebenwirkungen eingesetzt werden kann und bei der sich gleichzeitig alle gesellschaftlichen Gruppen besser stellen. Wundermittel sind nicht in Sicht, es bedarf vielmehr eines langen Atems und vieler Schritte. Aber illusionslos sein, heißt nicht tatenlos bleiben.

Erich Staudt

Brauchen wir eine staatliche Industriepolitik?

Inhalt

1	Vom Leistungs- zum Subventionswettbewerb (am Beispiel der Technologiepolitik)	107
1.1	Die Krise als Mutter des technologiepolitischen Aktivismus	107
1.2	Ursachen des technologiepolitischen Aktivismus	109
1.3	Die Machbarkeit von naiver Industriepolitik	111
1.3.1	Planbarkeit: Diagnosen und Entscheidungen zum strukturellen Wandel	113
1.3.2	Durchsetzbarkeit: Förderungsillusionen	116
1.4	Die Eigendynamik der naiver Industriepolitik	119
1.5	Risiken des Technologietransferaktivismus	122
1.6	Innovation im Konsens ist Nonsens	124
2	Das Management von Innovationen	127
2.1	Technokratische Mißverständnisse	127
2.2	Das Management von Nichtroutineprozessen	129
2.2.1	Ausbau und Sicherung von Innovationspotentialen	129
2.2.2	Innovationsbarrieren: Pflichtenhefte für Innovationsmanagement und Politik	131
2.3	Widerstände überwinden	133

1. *Vom Leistungs- zum Subventionswettbewerb (am Beispiel der Technologiepolitik)*

1.1 *Die Krise als Mutter des technologiepolitischen Aktivismus*

Wir sind wieder so weit wie zu Beginn der 80er Jahre. Damals ging das böse Wort von der »Eurosklerose« um, heute ist es der Vorwurf der Innovationsunfähigkeit in der »Standort Deutschland«-Diskussion. Die naiv-technokratischen Reaktionsmuster der Industrie- und Strukturpolitiker lösten damals noch kritisches Nachdenken und Reflexionen über Innovationsförderung und Technologietransfer aus.[1] Doch dann folgten die Jahre des Schulterklopfens.

1 Vgl. Staudt, E. (Hrsg.): Innovationsförderung und Technologietransfer, Berlin 1980.

Die anspringende Konjunktur befreite in den 80er Jahren vom Veränderungsdruck. Die F&E-Ausgaben der Wirtschaft und das Prestige der F&E-Manager stiegen. Doch die Effektivität wurde genauso schlecht kontrolliert wie bei den öffentlichen F&E-Ausgaben. Die mangelhafte Evaluation erlaubte die Bindung von Ressourcen in Technologiefeldern von gestern und vorgestern. Ineffizienz, abgebrochene Projekte, nicht transferierbare Ergebnisse und frustriertes F&E-Personal[2] waren die Folge.[3]

Der Strukturwandel wurde durch die auflebende Konjunktur vertagt und durch die Sonderkonjunktur aufgrund der Wiedervereinigung verschoben. Erst jetzt tritt deshalb die Strukturkrise, verschärft um Probleme der Umverlagerung von Wertschöpfungsanteilen nach Osten, wieder ins Bewußtsein. Und wie zu Beginn der 80er Jahre setzt auch wieder der Gesang der Kellerkinder ein. Verängstigt durch die dunkle Krise nimmt man sich in »Strategiekreisen« an die Hand und läßt laut den Ruf nach staatlicher Ordnung im strukturellen Umbruch erschallen. Der Osten und der Westen sind zumindest in dieser Strategie vereint. Was der Staat nicht bewirkte und viele Betriebe nicht schafften: die Erneuerung wird zur gemeinsamen Aufgabe erklärt. Die Deutschland-GmbH versucht jetzt »Innovation im Konsens« nach einem fehlinterpretierten MITI-Muster, und selbst planwirtschaftliche Versatzstücke wie die Bemühungen der alten DDR um »Weltniveau« in der Forschung und Entwicklung scheinen durch.

Keine neuen Argumente also, aber doch zahlreiche neue Diskutanten. Sie reichen von Vertretern des Auswärtigen Amts über die sog. »High-Tech-Lobby« bis hin zu Firmen- und Verbandsvertretern, deren Zahl mit der Menge der krisengeschüttelten Unternehmen wächst. Geändert hat sich lediglich die Position des Kritikers, der vor 10 Jahren noch Unterstützung seitens des größeren Teils der (damals noch erfolgreichen und klardenkenden) Wirtschafts- und Verbandsvertreter hatte. Er wird heute in die Ecke gestellt. »Ordnungspolitik« wird in diesen Kreisen zum Schimpfwort; damit diskriminiert man die Bedenken und überspielt die mangelhafte Effektivität des Aktionismus.

Industriepolitik (im Osten denkt man eher an Strukturpolitik) wird zu einer verführerischen Art von Politik, weil man – so vermute ich – mit der Ankündigung langfristiger Erfolge einer kurzfristigen Erfolgskontrolle (am nächsten Wahltermin) aus dem Weg gehen kann.

Industriepolitik ist aber eine gefährliche Art von Politik, weil sie zur Eskalation von Protektionismus und Subvention verleitet und weil die Wirkungszu-

2 Vgl. Mühlemeyer, P.: Personalmanagement in der betrieblichen Forschung und Entwicklung (F&E), in: Innovation: Forschung und Management, Band 1, (Hrsg.) Staudt, E.; Bochum 1991; Kriegesmann, B.: Innovationsorientierte Anreizsysteme, in: Innovation: Forschung und Management, Band 4, (Hrsg.) Staudt, E.; Bochum 1993.

3 Vgl. Staudt, E.: Die innerbetriebliche Förderung und von Innovation. In : Personal, 41 Jg. (1989), S. 364-369.

sammenhänge technologische Aufrüstung, wirtschaftlicher Erfolg und neue Arbeitsplätze ungeprüft und unreflektiert als Glaubenssatz von den Akteuren der Szene eingebracht werden.

1.2 *Ursachen des technologiepolitischen Aktivismus*

Während Wirkungszusammenhänge und konkrete Erfolgsnachweise von Industriepolitik weitgehend im dunkeln liegen,[4] ist die Begründung jenes technologiepolitischen und strukturpolitischen Aktivismus' relativ transparent.

An erster Stelle stehen Wachstumsschwächen quantitativer und qualitativer Art. Der Verlust von Wertschöpfungsanteilen und Arbeitsplätzen an Entwicklungs- und Schwellenländer, und in der Zukunft auch noch an Osteuropa, soll durch Modernisierung aufgefangen und durch Anwerben wachstumsträchtiger Betriebe kompensiert werden. Aus der regional orientierten Industriepolitik wird dann leicht Strukturpolitik, weil mangels Phantasie mit dem Wunsch möglichst kurzfristiger Wirkungen eine Konzentration auf modische High-Tech-Gebiete, auf die als gerade besonders wachstumsträchtig geltenden Bereiche oder auf Versäumnisse der letzten Jahre erfolgt.

An zweiter Stelle erfolgt der offene oder verdeckte Vorwurf (je nach ideologischer Herkunft) des Marktversagens. Branchen oder Unternehmen, die den technologischen Anschluß verschlafen haben, und Manager mit kurzfristiger Cash-Orientierung sind beliebte Objekte dieser Kritik. Hinzu kommen »risikoscheue Banken«, und selbst erfolgreiche Großunternehmen geraten unter Rechtfertigungszwang, werden z.B. als »Sparkassen mit E-Werk bezeichnet«, obwohl sie doch zumindest in ihren Bilanzen den Nachweis erbringen, daß der nur zögernde Einstieg in neue Technikfelder zu beträchtlichen einzelwirtschaftlichen Erfolgen führt, und daß es besser ist, Zurückhaltung zu üben, wenn technologiepolitische Aktivisten bereit sind, die vermeintlich notleidenden Technikfelder zu subventionieren. Auch die kleinen und mittelständischen Unternehmen werden dabei nicht ausgenommen. Indem man versucht, ihre vermuteten kognitiven Defizite durch entsprechende Programme zu kompensieren, wird mit einer unheimlichen Arroganz der »dumme Unternehmer« zum bevorzugten Objekt dieser Technologiepolitik.

Hinzu kommt eine fast absurde Autarkiebestrebung. Sie artikuliert sich in einer demagogischen Sprachverwirrung. Ohne Legitimation gebrauchen die

4 Inzwischen kann der Verdacht, daß »die heute so oft vermißte eigenverantwortliche Innovationstätigkeit in der Wirtschaft die Antwort auf eine technokratische Bevormundung durch Innovationsförderung und Technologietransfer ist« (Staudt, E.: Der technologische Aktivismus in der Bundesrepublik. In: Wirtschaftsdienst. 65/1985, S. 464-470), als empirisch belegt gelten. Und der Mißerfolg von planwirtschaftlicher Strukturpolitik wurde zwar empirisch signifikant, wird aber in der Krise weitgehend verdrängt.

verschiedensten Vertreter das Wort »Wir«. »Wir« kennen alle den Gebrauch jenes ominösen »Wir« aus den Gebieten der Landwirtschaft, Schwerindustrie, der sog. gesicherten Energieversorgung u.ä. mehr und übertragen die gute Absicht jetzt auf Mikroelektronik, Biotechnik, Fertigungsverfahren, Lean-Management etc. In all diesen Gebieten führt die Autarkiebestrebung letztlich zu subventionierten protektionistischen Maßnahmen. Und in der Folge werden dann die an den jeweiligen Standorten aufgebauten Kapazitäten z.B. in der Luft- und Raumfahrt ähnlich wie die Kohleförderung aus Arbeitsplatzerhaltungsgründen durch weitere Subventionen gesichert. Trotz der guten Absicht, die sicher hinter diesem besorgten »Wir brauchen« steckt, besteht die Gefahr, daß durch diese ominöse Solidarisierung die jeweiligen Interessen verschleiert waren. Wenn »Wir« Mikroelektronik oder neue Fertigungstechniken als »Schlüsseltechnologien« brauchen und dann dem Forschungsminister auf die Schulter klopfen und ihn bewegen, über sog. Konsenskreise entsprechende Förderprogramme einzuleiten, bleibt unklar, ob das ein volkswirtschaftliches oder einzelwirtschaftliches Anliegen ist. Das Gerede von der regionalen und internationalen Arbeitsteilung wird dabei schnell verdrängt:

- Liquide Unternehmen transportieren auf diesem Weg ihr Interesse an Subventionen, kompensieren verpaßte Entwicklungen und greifen – wo immer es möglich ist – in öffentliche Kassen.
- Der Politiker, der von der Produktion des 21. Jahrhunderts träumt, vernachlässigt in der Solidarisierung mit den in seine Runden eingebundenen Betrieben den Rest seiner Wirtschaft.
- Wenn er zum Verkäufer einzelner Unternehmen oder zum Akquisiteur für Subsidien aus Bundestöpfen für einzelnen Branchen wird, verwischt sich die Grenze zwischen einzelwirtschaftlichem Interesse und Gemeinwohl.

Das »Wir« klingt wie der Pluralis majestatis des merkantilistischen Absolutisten, der die Sicherung von Zukunftsmärkten und die Positionierung in vermeintlichen Schlüsseltechnologiebereichen betreibt. Und wenn im Westen eine »volkseigene« deutsche Mikroelektronikfertigung zur Sicherung der deutschen Unabhängigkeit von der japanischen Arbeitsteilung ventiliert wird, wo ist dann der Unterschied zu Honeckers Spätphase, als er eine autarke Mikroelektronikfertigung für den COMECON-Bereich aufbauen wollte und dabei letztlich die volkswirtschaftliche Substanz seiner F&E-Kapazitäten verheizte.

Als vierter Grund wäre dann noch der Bereich des Prestiges zu nennen. Viele Politiker möchten über den Ausweis technologischer Sachkompetenz politisches Image bilden. Auch wenn dies streckenweise sehr dilettantisch geschieht, bewahrt es Kommunal- und Landespolitiker nicht davor, prestigewirksame »Hofstaaten« im Bereich modischer Technologien aufzubauen und zu finanzieren. Doch dabei bleibt jeweils offen, ob der ungeprüfte Zusammenhang technologische Aufrüstung – wirtschaftlicher Erfolg und Arbeitsplätze

zur Rechtfertigung dieses politischen Bemühens ausreicht und wie die mit Hilfe öffentlicher Subventionen produzierten »Kollektivgüter« letztlich verteilt werden, d. h. welche Patent- und Lizenzverwertung sich daran anknüpft, wer davon profitiert etc. Die Rechtfertigungsversuche von Prestigeprojekten wie Mondlandung, Datenverarbeitungsprogramme, Airbus u. ä. mehr nehmen dann mitunter komische Formen an, weil eben eine Teflonbratpfanne oder der versprochene Erfolg nach der übernächsten Subventionsrunde wenig glaubwürdig sind. Bei internationaler bzw. interregionaler Arbeitsteilung kann man nicht in jeder Technik der Erste sein. Die naive »first«-Strategie ist zwar ehrenhaft und aufwendig, ihre Arbeitsplatzwirksamkeit aber umstritten. Intelligente »follower« zeigten oft bessere Erfolge.
Als letzter Grund ruft die Behauptung, daß die sog. neuen Techniken aufgrund der zunehmenden Komplexität und der für die Komplexitätsbewältigung erforderlichen Kosten einzelwirtschaftliche Möglichkeiten übersteigen, Industriepolitiker aller Ebenen an die Front. Sie bemühen sich dann um regionale, nationale und internationale Konzentration, finanzieren überbetriebliche Programme und rufen letztlich doch nur ihre regionalen, nationalen, internationalen Konkurrenten auf den Plan, die sich dann nach dem beliebten Muster, weil Japan oder die USA das auch tun oder weil die Nachbarregion das auch so eingerichtet hat, in einen ruinösen Wettbewerb steigern.
Die Kausalität: Zunehmende Komplexität, daraus folgt Überschreitung der einzelwirtschaftlichen Finanzierungsgrenze, kehrt sich unter diesen Umständen um. Wenn aufgrund des hektischen Innovationswettbewerbs relativ unreife Techniken zu früh aus den Labors gezerrt und in Innovationen umgesetzt werden, dann erhöhen sich zwangsläufig die Komplikationen und Kosten für solche Innovationen. Im Ergebnis resultieren aus solchen Bemühen unabgestimmte Einzeltechniken, die ohne Anschlußtechniken (was dann in der Regel zusätzliche Subventionen erfordert) kaum vermarktbar sind und in Schweinezyklen Überkapazitäten erzeugen, wie man das in der letzten Zeit recht gut im Bereich der Halbleiterfertigung, Kernenergie oder im PC-Angebot beobachten konnte. Unter diesen hektischen Umständen ist eine Stabilisierung der Produktionsverhältnisse nicht mehr möglich, sind Forschungs- und Entwicklungskosten nicht mehr amortisierbar.

1.3. *Die Machbarkeit von naiver Industriepolitik*

Wenn – mit dieser hier sicher noch nicht ganz vollständig aufgereihten Begründung – der Ausbau industriepolitischer Aktivitäten[5] in den letzten Jahren

5 Vgl. hierzu Bräunling, G.; Harmsen, D.-M.: Die Förderprinzipien und Instrumente der Forschungs- und Technologiepolitik, Göttingen 1975.

parallel zu der immer wieder beklagten Abnahme der Innovationsfähigkeit der Wirtschaft verlief, dann kann man daraus nicht zwangsläufig folgern, daß der Förderaktivismus nur angemessene Reaktion auf das Versagen einer nicht hinreichend innovierenden Wirtschaft ist. Man muß vielmehr auch die Umkehrfrage stellen, inwieweit nämlich die heute so oft vermißte eigenverantwortliche Innovationstätigkeit in der Wirtschaft die Antwort auf jene technokratische Bevormundung durch Innovationsförderung und Technologietransfer ist.[6]

Bei näherem Hinsehen stellt sich heraus, daß beide Wirkungsrichtungen – expandierende naive Industriepolitik und wachsender Attentismus – an der Eskalation nicht nur beteiligt sind, sondern sogar die Gefahr besteht, daß sie sich gegenseitig verstärken. D.h. aber, um das Ergebnis vorwegzunehmen: Es ist nicht auszuschließen, daß zunehmender technologiepolitischer Aktivismus immer mehr Fehlentwicklungen und Innovationsmüdigkeit erzeugt.[7]

Das resultiert aus dem schizophrenen Verhalten vieler Unternehmer und Unternehmensvertreter. Ich meine damit das Schwanken zwischen der Betonung hoher Eigenständigkeit in vielen Sonntagsreden, in guten Zeiten noch verstärkt um das Imponiergehabe voller Auftragsbücher, und dem Ruf nach dem Staat, wenn es an irgendeiner Ecke kriselt, weil sich Beschaffungsmärkte ändern, Absatzmärkte verschieben, der Wettbewerb verschärft oder man mit dem selbst abgeschlossenen Tarifvertrag nicht mehr klarkommt.[8] Wo ist der Unterschied zu jenen in Florida gestrandeten deutschen Urlaubern, die die Rückreise vom Staat verlangen?

Während diese Unternehmer Erfolge gerne für sich selbst vereinnahmen, bevorzugen sie im Mißerfolgsfalle das »Schwarze-Peter-Spiel«. Sie treffen dabei auf dankbare Partner in unserer Gesellschaft, die der Meinung sind: »In Wirtschaftsbereichen, wo es die privaten Unternehmungen unterlassen, bedarfsträchtige Innovationen zu unternehmen, kann es der Staat nicht unterlassen, Innovationsförderung zum Zwecke der Bedarfsdeckung zu unternehmen«.[9] Sie verstärken den Modetrend vieler Wissenschaftler, Politiker, Verbandsvertreter und Gewerkschafter – wohlmeinend, vordergründig auch sachkundig, aber doch unverbindlich – in die Rolle des Unternehmers zu schlüpfen.

6 Vgl. Staudt, E.: Innovationsförderung und Technologietransfer. Einsatz und Bewältigung technologischer Instrumente in der betrieblichen Praxis, Berlin 1980.

7 Vgl. auch Röpke, J.: Staatsversagen als Ursache der Innovationsschwäche in westlichen Industrieländern, in: A. Schüller/H. Leipold/H. Hamel (Hrsg.), Innovationsprobleme in Ost und West, Stuttgart 1983, S. 91-114; E. Kaufer/H. Hinze/E. Hoppmann, Innovationspolitik und Wirtschaftsordnung, Köln/Berlin/Bonn/München 1979.

8 Vgl. Walter, N.: Wettbewerbspolitik – eine Aufgabe von gestern?, in: ders. (Hrsg.), Was würde Erhard heute tun?, Bonn 1986, S. 47-68.

9 Vgl. Mensch, G.: Gemischtwirtschaftliche Innovationspraxis, Alternative Organisationsformen der staatlichen Forschungs- und Technologiepolitik, Göttingen 1976, S. 45.

Möchtegernunternehmer und Besserwisser verkünden im nachhinein, was z.B. die deutsche Uhrenindustrie falsch gemacht, warum die Photoindustrie verschlafen hat oder wie Konsumgüterelektronikhersteller ihre Wettbewerbsfähigkeit verloren haben. Und weil sie glauben, genau zu wissen, was man hätte anders tun sollen, leiten sie daraus einen staatlichen Handlungsbedarf ab. Was so überzeugend als notwendiges Soll herausgearbeitet wird, bedarf dann keiner weiteren Überprüfung mehr. Da man sich vorwiegend damit beschäftigt, was Technologiepolitik soll und regelmäßig vernachlässigt, was Technologiepolitik eigentlich kann, wird mit einer erheblichen Naivität an die Behandlung konkreter innovatorischer Wandlungsprozesse herangegangen[10] und die »Kann-Frage«[11] durch scholastische Diskussionen um

- die besten Förderungsinstrumente,
- die richtigen Technikfelder,
- die optimale Verteilung der Förderungsinstitutionen oder
- die Aufgabenverteilung zwischen EG, Bund, Land und Kommunen

etc. überspielt.

Die technokratische Illusion einer naiv-dirigistischen Industriepolitik beruht dann auf Fehleinschätzungen über

- die Planbarkeit und
- die Durchsetzbarkeit des strukturellen Wandels.

Zu einer technokratischen Planung des strukturellen Wandels sind nämlich in erheblichem Umfang diagnostische, prognostische und Entscheidungsprobleme zu lösen.

1.3.1 *Planbarkeit: Diagnosen und Entscheidungen zum strukturellen Wandel*

Während zur Diagnose des Wandels das übliche statistische Instrumentarium – wenn auch in Grenzen und äußerst aufwendig – empirisch abgesicherte Informationen über die Vergangenheit liefert, tut man sich mit der Zukunft schwer. Schon bei der Interpretation des Materials solcher Berichterstattungen entstehen Probleme. Die historischen Analysen reichen für eine Erklärung, geschweige denn für eine erfolgreiche Einflußnahme auf konkrete innovatorische Wandlungsprozesse, nicht aus. Solche Bedenken hatte man in den ehemaligen Planwirtschaften nicht. »Nachfolger« gibt es allerdings im Westen. So findet man im »Nationalen Entwicklungsplan Bundesrepublik Deutschland«, vorgelegt vom Deutschen Industrie- und Handelstag und dem Zentralverband des Deutschen Handwerks zur »Anpassung der Arbeitnehmer

10 Vgl. Staudt, E.: Mißverständnisse über das Innovieren. In: Die Betriebswirtschaft, 43. Jg. (1983), S. 341-356.
11 Vgl. Staudt, E.: Planung als »Stückwerktechnologie«, Göttingen 1979.

an den strukturellen Wandel . . .« am 5.11.1993 auf Seite 38 den Satz: »Die Umfrage der Kammerorganisationen haben in Verbindung mit der Auswertung neuester Wirtschafts- und Technologiestudien genügend Einsichten gebracht. Sie können verzugslos in handlungsorientierte Konzeptionen und daran anschließend konkrete Umsetzungen überführt werden.«
Um so schwieriger ist es, angesichts dieser Defizite auf der Basis solcher Diagnosen den Strukturwandel zu managen, denn trotz oder wegen der Analysedefizite kommt man nicht umhin, über den Wandlungsprozeß selbst Annahmen zu machen, die bei näherer Betrachtung nicht frei von Widersprüchen und Zirkelschlüssen sind. Geradezu fatal wird es, wenn man dann aus dem Blick in die Vergangenheit einen Handlungsbedarf für die Zukunft ableitet und Aussagen kreiert, »was« »man« machen müßte – zwei Aussagen, eine über das »was« und eine über das »man«, die dann doch einer genaueren Überprüfung bedürfen.
»Was« man machen müßte, impliziert neben Lerneffekten aus vergangenen Fehlern eine Orientierung an diagnostizierten Lücken und schließlich an Aussagen über neue Entwicklungen, Innovationen, neue Techniken etc.
Als Resultat dieses Unvermögens bleibt bei den Entwürfen, »was« man machen müßte, das »was« sehr unscharf. Gute Absicht und wohlmeinender Aktivismus rücken oft anstelle dessen, »was« man kann. Bevorzugt wird die Flucht in vermutete sog. Querschnitts- oder Schlüsseltechnologien. Eine daran ausgerichtete Technologie- oder Bildungspolitik impliziert aber durch die Konzentration auf gerade modische Gebiete die Gefahr einer Verödung anderer Wissenschafts- und Technikbereiche[12] und damit zugleich eine potentielle Vernachlässigung der »morgen« relevanten neuen Techniken.
Das »man« dagegen, die zweite Komponente in dem, »was« man tun müßte, ist sehr konkret: In Allianz mit jenen schizophrenen Unternehmern, die den Erfolg für sich verbuchen, den Mißerfolg aber lieber sozialisieren, erheischt man, flankiert durch Wirkungsforscher und Prognoseinstitute, immer neue Förderungs- und Protektionismusprogramme vom Staat. Das »man« manifestiert sich dann in Politikern und ihrem Apparat, der durch ausgelagerte Funktionen wie Projektträgerschaften, Fördereinrichtungen, Konsenskreise etc. unkontrolliert wächst, weil diese ausufernde Bürokratie Verwaltungszwischenebenen einzieht, die sich auf Kosten der Fördermittel gegenseitig beschäftigen und Verantwortung verwischen. In der Pose des Retters der Wirtschaft, von Arbeitsplätzen oder Unternehmen stellt diese Politbürokratie bereitwillig Ersatzprogramme für notleidende Funktionen bereit und schafft damit einen neuen Typ Staatsvertreter, der mit der »Spendierhose« herumläuft,

12 Vgl. Rupp, H. H.: Rechts- und Organisationsfragen der außeruniversitären »staatlichen« Forschung. In: WissR, Band 17 (1984), S. 1-16.

um den »dummen Unternehmern« oder »unfähigen Existenzgründern« unter die Arme zu greifen.
Sicher lassen sich zur Begründung derartiger dirigistischer Eingriffe technologische Lücken und zukunftsweisende technische Entwicklungslinien erkennen und aufzeigen. Es besteht dann allerdings eine Identität zwischen den Projektionen von MITI, BMFT, EG, den USA oder zahlreichen regionalen und kommunalen Wirtschaftsförderern. Bei Entscheidungen in diesen »Schlüssel«-Bereichen scheint der Konsens vordergründig sehr einfach. Die Arroganz großer Apparate und Stäbe gaukelt die Kenntnis der richtigen Schlüsseltechniken vor, die zu pushen sind, und impliziert angesichts der damit verbundenen wirtschaftlichen Erwartungen natürlich auch die Kenntnis der richtigen zukünftigen Märkte.
Die der Förderungsentscheidung zugrundeliegenden Prognosen – oder sollte man besser sagen: Visionen –, die z.B. zu dem Bild von der Informationsgesellschaft führen, haben aber die gleiche logische Qualität wie z.B. die alte Behauptung über die Schlüsselrolle der Schwerindustrie, die zur weltweiten Überkapazität in der Stahlproduktion führte, oder der Energiewachstumsprognosen der 60er Jahre, die nicht nur die Väter von zuviel Kapazität waren, sondern auch erhebliche gesellschaftliche Konflikte heraufbeschworen.
Das der Entscheidung zugrundeliegende Argumentationsmuster ist stets das gleiche: Bei Verdrängung des Geredes von der »interregionalen und internationalen Arbeitsteilung« wird unter Rekurs auf merkantilistische und Autonomiebestrebungen eine sogenannte Schlüsseltechnik in den Vordergrund gerückt.
Wo die privatwirtschaftlichen Kräfte nicht ausreichen, aber auch dort, wo es privatwirtschaftlich nicht sinnvoll erscheint, die Entwicklungshürden zu nehmen, werden Subventionen und Protektionen vorgesehen, um die Wettbewerbsfähigkeit einzelner Unternehmen, Regionen oder Branchen auszubauen. Diese Interventionen sind wegen begrenzter Mittel notwendigerweise selektiv. Reicht nun zur Begründung der Leidensdruck oder die Überzeugung aufgrund krisenhafter Zustände oder prognostischer Vorarbeiten nicht aus, wird
- entweder an den gesellschaftlichen Konsens oder die fiktive Solidarität für arbeitsplatzgefährdete Branchen, Regionen oder das »Unternehmen Bundesrepublik« appelliert,
- oder zumindest eine Majorisierung durch Einbeziehung ganzer Branchen, Verbände oder Regionen versucht,
- oder aber es werden weitere Programme bzw. Programmbestandteile zum Ausgleich oligopolistischer und lokaler Interessen kreiert.

Das System der öffentlichen Innovations- und Technologieförderung in der Bundesrepublik zeichnet sich als Folge davon durch eine Vielfalt aus, die aufgrund von Pluralismus und Föderalismus nicht frei von Widersprüchlichkeiten ist. Auf Bundesebene konkurrieren Ministerien um die Gunst der Förde-

rungsempfänger, und auf jeder Landesebene existiert wiederum ein vielfältiges Eigenleben an Förderungseinrichtungen, das durch eine bunte Palette kommunal geprägter Förderungspraktiken ergänzt, mitunter auch konterkariert wird.
Es ist also nicht nur mehr der Wettbewerb der Regionen oder Bundesländer untereinander, der zur Vielfalt an naiv-industriepolitischen Aktivismen führt, sondern es ist auch der Versuch, mit eigenständiger Technologiepolitik oder -struktur gegen die echten oder vermeintlichen Fehlleistungen der jeweils anderen Ebene zu intervenieren. Unreflektiert werden Argumente aus der Diskussion um die internationale Wettbewerbsfähigkeit auch auf Regionen übertragen, ohne zu beachten, daß hier gar nicht wie zwischen selbständigen Staaten entsprechende Hindernisse im Warenverkehr und in der Faktorwanderung bestehen.[13] Indem Ziele verfolgt werden, wie »die Verwirklichung einer optimalen Wirtschaftsstruktur« oder die »Schaffung einheitlicher Lebensverhältnisse im Raum«, wird es unter diesen Umständen gleichzeitig möglich, die Umverteilungsabsichten der einen Ebene auf der anderen Ebene mit den gleichen öffentlichen Mitteln zu kompensieren.
Zwar gibt es Bemühungen zur Ressortkoordinierung, zur Verbesserung der Bund-Länder-Zusammenarbeit, und es existieren regionale und überregionale Planungsansätze; doch, das zeigt die technologiepolitische Praxis, kann hierdurch parallele, konkurrierende und auch einseitige Förderung nicht vermieden werden. In der Praxis finden sich daher viele Widersprüche und Lücken und Konflikte, die bis hin zu innerparteilichen Auseinandersetzungen führen, aber auch Chancen für findige Unternehmer, Eigenkapital durch Bundes-, Landes- und kommunale Zuschüsse zu ersetzen. Diese Praxis wiederum »drängt auf eine Perfektionierung der Lenkungs- und Kontrollkapazität der Rahmenpläne und Programme, ohne zu bedenken, daß schon die bisherigen Aktivitäten die Probleme verschärft, wenn nicht gar erst geschaffen haben, die wir andernfalls nicht hätten«.[14]

1.3.2 *Durchsetzbarkeit: Förderungsillusionen*

Durch den Förderaktivismus wird der Schumpetersche innovierende Unternehmer durch Subventionsmentalität und Floriansprinzip aufgeweicht und in der technokratischen Vorstellung der Förderungsprogramme ersetzt. Glaubte Schumpeter noch, es sei Sache des Unternehmers, neue Produkte und Verfahren zu entwickeln und durchzusetzen, so wurde dies entsprechend dem neuen

13 Vgl. Besters, H.: Ordnungspolitische Implikationen der regionalen Strukturpolitik. In: Nordrhein-Westfalen in der Krise – Krise in Nordrhein-Westfalen? Tagungsband vom RWI-Symposium vom 24./25.10.1984, Berlin 1985, S. 141-156, S. 148 ff.
14 Vgl. ebenda, S. 156.

Selbstverständnis im »Förderstaat« in den letzten Jahren mehr und mehr zur Sache der öffentlichen Hand. Ihr Mäzenatentum für die Grundlagenforschung ist längst dem Engagement für die angewandte Forschung gewichen. In ehrlicher Sorge um die deutsche Wirtschaft wurden die Förderungsprogramme auf allen politischen Ebenen immer marktnäher. Als sich zeigte, daß die Produktinnovation allein noch keinen Erfolg garantiert, kamen Programme für Fertigungs- und Verfahrenstechniken hinzu.

Mit zunehmender Krise geriet man unter immer kurzfristigeren Erfolgsdruck. Wachsende Verunsicherung in der Wirtschaft korreliert mit der Übernahme weiterer Führungsfunktionen durch den Staat bzw. entsprechende Beratungseinrichtungen. Der mangelnde Niederschlag von Technologieförderungen in wirtschaftlichen Erfolgen wurde schließlich mit Managementversagen begründet. Weitere Unternehmensführungs- und Managementfunktionen waren zu ersetzen bzw. vermutete Defizite durch exzessiven Ausbau der Beratungsförderung zu kompensieren.[15]

Damit ist aber die stückweise Demontage des Unternehmers noch nicht am Ende. In der Vergangenheit war es üblich, das Unternehmensrisiko durch Kapitaleinsatz zu absorbieren. Heute fühlen sich Politiker durch die bei mangelnder Innovationsfähigkeit so beliebte Ausrede vom fehlenden Risikokapital veranlaßt, auch hier aktiv zu werden. Sie übersehen dabei, daß sich im Prinzip alle betrieblichen Probleme des Innovierens in ihren Kosten als Risikokapitalmangel abbilden lassen[16] und mit der Finanzierung noch kein einziges Sachproblem gelöst ist. Daher ist die Wagnisfinanzierung zu einem Modethema geworden und alle Welt, kompetent oder inkompetent, beschäftigt sich mit der Beschaffung von Risikokapital.[17] Die Banken werden bedrängt, und man sponsert nicht mehr nur Produkt- und Verfahrensinnovationen, Forschungs-, Entwicklungs-, Produktions-, Marketing- und Managementberatung, sondern auch die Finanzierung.

Damit ist der aus Förderungsprogrammen synthetisierte Unternehmerersatz komplett. Und man kann sich daran machen, diesen Homunkulus durch Existenzgründungsprogramme in der staatlichen Retorte mit etwa folgendem Rezept zu züchten:

– Ein bißchen Grundstück von der Gemeinde,

15 Vgl. z.B. den Abschnitt »3. Managementhilfe/Beratung«. In: Förderfibel, Informationen über die Förderung von Forschung, Entwicklung und Innovationen in der Bundesrepublik Deutschland, (Hrsg.) Bundesminister für Forschung und Technologie, 4. Aufl., Bonn 1980.

16 Vgl. Staudt, E.: Innovationsbarrieren und ihre Überwindung. Thesen aus einzelwirtschaftlicher Sicht. In: Giersch, H. (Hrsg.), Probleme und Perspektiven der weltwirtschaftlichen Entwicklung, Berlin 1985, S. 349-366.

17 Vgl. z.B. Venture Capital für junge Technologieunternehmen. Workshop '83, Veranstalter: Bundesminister für Forschung und Technologie und Senator für Wirtschaft und Verkehr, Berlin 09./10. Juni 1983.

- ein wenig Technik von der benachbarten Hochschule,
- eine Prise mit BAT-Stellen zugekaufter Management- und Marketingkapazität und
- eine kleine lokale Volksbanken- und Sparkasseninitiative zur Risikofinanzierung.

Der Traum vom Silicon Valley ist komplett – mittlerweile mehr als hundertmal in der Bundesrepublik.[18] Der »Unternehmer« aus der Retorte Technologiepark wurde damit provinzielle Wirklichkeit. Die Perversion der Marktwirtschaft durch Innovationsförderung und Technologietransfer ist damit vollständig. Im Zusammenspiel von protektionismusgeneigter Politik, Verwaltung und Gewerkschaft und subventionsanfälligen Unternehmen und Verbänden haben technokratische Verwalter die Innovation übernommen. Ministerialbeamte auf Bundes- und Landesebene, Projektträger, Wirtschaftsförderer der Regionen und Kommunen, Gutachter, Wissenschaftler, »Venture-Kapitalisten«, Innovationsberater, Technologietransferagenturen und ähnliche bilden eine Neuerungsbewegung ohne das Manko, ein persönlich zu verantwortendes Risiko zu tragen – ein Manko, das dem alten Unternehmer anhaftete.

Da der Erfolg von Förderungsprogrammen aus staatlicher Sicht maßgeblich davon abhängt, inwieweit es gelingt, die Adressaten der Förderungspolitik wirklich zu erreichen, Informationshindernisse, bürokratische Hemmnisse der Antragstellung und -abwicklung, aber auch ökonomische und Managementschwierigkeiten zu überwinden, lag es nahe, die erkannten Lücken durch ein Netz entsprechender Beratungsstellen zu überbrücken, um die »müden Unternehmer« wie einen Hund zum Jagen zu tragen. So förderte man die Bemühungen der privatwirtschaftlichen Träger und funktionierte Technologie- und Forschungseinrichtungen für solche Zwecke um.[19]

Die Vielfalt der Programme multipliziert sich nun mit der Vielfalt der Beratungs- und Hilfsangebote. Man befindet sich schon auf der zweiten Parkinsonschen Ebene. Nach Subventionswegweisern und Einrichtung von Beratungsstellen wird eine Beratung über Beratung erforderlich. Beratung und Transfer werden zur letzten Wachstumsbranche unserer Wirtschaft, und auch die Gralshüter der Marktwirtschaft in den Kammern sind sich nicht zu schade oder fühlen sich angesichts des Angebotsdrucks gezwungen, als Subventionsbewirtschaftungshelfer zu fungieren. Angesichts der teilweisen Überlappung

18 Vgl. z.B. Clapham, R./Scholz-Bappert, D.E.: Technologieparks – Ziele, Instrumente und Wirkungen – Diskussionsbeiträge zur Ökonomie des technischen Fortschritts, Nr. 5, Siegen 1986.

19 Vgl. Staudt, E.: Die Rolle der Wissenschaft im Innovationsgeschehen. In: ders. (Hrsg.), Das Management von Innovationen, Frankfurt 1986, S. 240-256.

partikularer oder regionaler Interessen werden ordnungspolitische Bedenken verdrängt und Subventionsangebote gemeinsam bewirtschaftet.[20/21]

1.4 *Die Eigendynamik der naiven Industriepolitik*

Die technokratische Illusion führt nicht nur zum vermeintlichen Ersatz des Schumpeterschen innovierenden Unternehmers durch einen staatlich gesponserten synthetisierten Ersatzunternehmer, sonder ist m.E. zugleich ein wichtiger Erklärungsbeitrag dafür, daß entsprechende Subventionen kaum noch abbaubar sind.

Dies nicht etwa deshalb, weil Innovationsförderung und Technologietransfer funktionieren[22] – der geweckte Erwartungshorizont der Wirtschaftspraxis ist aufgrund der begrenzt verfügbaren technischen Potentiale, dem Defizit geeigneter Berater und den Limits der vorgesehenen Subventionsvolumina der öffentlichen Haushalte nicht zu decken –, sondern vor allem, weil durch den Rummel um diese Programme, den extensiven Innovationsförderungs- und Transferaktivismus eine Mentalität gefördert wird, in der das Risiko der schöpferischen Innovation kaum mehr eingegangen, Kreativität durch Gutachten und komplizierte Abstimmungsprozesse ersetzt wird und eine Innovationsförderung genannte Verhinderungsbürokratie entstanden ist, die mit hoher Zeitkonstante die schöpferische Vielfalt beschneidet.

Belohnt wird hier nicht der Erfolg. Nur der Mißerfolg (in größerem Ausmaß natürlich) schafft öffentliches Interesse und entsprechende Förderungsprogramme. Die Inflation der Hilfsprogramme konserviert die Innovationsunfähigen, der Angebotsdruck korrumpiert durch Mitnahmeeffekte, die weiter zunehmen, wenn Förderungsgeber – mittlerweile auch erfahrener geworden – mit Förderungsprogrammen auf »fahrende Züge« aufspringen, um sich im Glanz erfolgreicher Trends zu sonnen. Gute Absicht und wohlmeinender Aktivismus bewirken schließlich das Gegenteil. Der regionale Wirtschaftsförderer feiert es schließlich als Erfolg, wenn sein Gebiet in die Regionalförderung der EG aufgenommen wird und damit Sizilien gleichgestellt wird. Und da die

20 Vgl. Staudt, E.; Bock, J.; Linné, H.: Die F&E – Politik der Gemeinschaft: »Evaluierung des zweiten und dritten F&E – Rahmenprogramms und Orientierungen für die zukünftige F&E – Politik«, herausgegeben vom Europäischen Parlament, Generaldirektion Wissenschaft, Abteilung Binnenmarkt als Arbeitsdokument der Reihe Energie und Forschung, Luxemburg 1993.

21 Denn z.B. durch «kammereigene» Bildungsstätten werden nicht nur Satzungsaufgaben erfüllt, sondern erhält man zugleich das regionale Monopol, Bildungsgänge zu planen und zu zertifizieren um auch noch die europäischen Subventionen zu kassieren.

22 Vgl. Staudt, E., Bock, J., Mühlemeyer, P.: Die Rolle von Technologietransferstellen zwischen dem Wissenschaftssystem und der mittelständischen Industrie – Makler oder Kompetenzzentren. In: Staudt, E. (Hrsg.): Berichte aus der angewandten Innovationsforschung No 98, Bochum 1991.

Subsidien schließlich zu Faktoreinkommen werden, bestärken sie die Empfängermentalität und konservieren die dazugehörigen Strukturen. Die Strohfeuer, die hier abgefackelt werden, verdecken und verschieben Probleme und entlasten die Politik von konkretem Veränderungsdruck.
Opportunitätsüberlegungen und -verhalten führen zur Vernachlässigung ungeförderter Bereiche. Durch inhaltlich gerichtete Programme, aber auch durch ungerichtete Programme, führen bei Mittelengpaß die Auswahlprozedur und die Prädeterminiertheit von Beratern und Förderungsinstitutionen zu einer Homogenisierung von Tätigkeitsfeldern, mitunter gar zur Aufgabe von Entwicklungsanstrengungen in ungeförderten Bereichen.
In den gepushten Bereichen entsteht ein hektischer Innovationswettbewerb. Zweifellos gibt es hier schon aufgrund des enormen Mitteleinsatzes bewundernswerte Fortschritte, phantastische technische Produkt- und Produktionsleistungen und auch einige sehr erfolgreiche Unternehmen und einige sehr aufwendig geschaffene neue Arbeitsplätze. Die Grenze einer derartigen Arbeitsplatzbeschaffung wird jedoch sehr schnell deutlich, wenn man die an einigen Stellen angefallenen Kosten von ca. 500 000 DM mit der Zahl der erforderlichen Ersatzarbeitsplätze multipliziert. Es gibt aber auch zahlreiche Mißerfolge, denn viele Unternehmen können in diesem Innovationswettbewerb nicht mithalten. Die im Ghetto gehaltenen Neugründungen vertragen nicht den scharfen Wind des Marktes. Die Richtung und Geschwindigkeit der meist weniger durch echte Nachfrage als durch Zukunftsvisionen, Prognosen, Förderungsprogramme und staatlich gepushten Wettbewerbsdruck forcierten technischen Entwicklung gerät streckenweise außer ökonomische Kontrolle. Das heißt,

- die Amortisation der Forschungs- und Entwicklungsaufwendungen ist nicht mehr gesichert und
- die Lebenszyklen sind zu kurz und erlauben keinen Übergang in stabile Produktionsverhältnisse.

Angesichts der Höhe des für Forschung und Entwicklung und kurzfristig wechselnde Produktionsanlagen erforderlichen Kapitals führen derartige Phänomene normalerweise zu einer ökonomischen Abbremsung und Korrektur von Geschwindigkeit und Richtung der technischen Entwicklung. Diese Bremswirkungen und Korrekturen werden allerdings in Teilbereichen dadurch geschwächt, daß nach Überschreitung der eigenen Finanzierungsgrenzen der hier engagierten Unternehmen immer häufiger der Ruf nach dem Staat zusätzliche, mikroökonomisch nicht gerechtfertigte Forschungs- und Entwicklungs- oder Subventionsmittel erschließt, was schließlich weitere, nicht hinreichend abgestimmte singuläre technische Entwicklungen erzeugt.
Durch dieses Reaktionsmuster auf staatlichen Innovationsberatungs- und Technologietransferaktivismus entsteht ein einzelwirtschaftliches Risiko: die Lenkung der Unternehmensentwicklung auf überbesetzte Marktfelder. Es ist

schon eine Tragikomödie, wenn die in der Förderszene präventierten Modellunternehmen nach zwei Jahren wieder verschwinden. Gesamtwirtschaftlich besteht das Risiko also nicht so sehr in einer Verschwendung von Steuergeldern für die Subvention innovationsunfähiger Unternehmen und in Mitnahmeeffekten, sondern in der Schaffung einer Unterlassungsmentalität in ungeförderten Innovationsbereichen.

Wenn dann noch durch offenen oder verdeckten Protektionismus ausländische oder branchenfremde Konkurrenten »herausgehalten werden« und durch Verödung der Forschungslandschaft und den gezielten Einsatz von Forschungspersonal andere Entwicklungsmöglichkeiten aufgrund der begrenzten Forschungspersonalressourcen verbaut werden, dann besteht das Risiko einer Kumulation von Fehlentwicklungen – wie in den alten Industriebereichen mit ihren Monostrukturen heute –, nur daß dann gegen das Jahr 2000[23] anstelle von Kohle und Stahl z.B. Informationstechnik und Automobil- oder Luftfahrt- und Rüstungsindustrie die Krise begründen.

Die Apologeten dieser Programme sind eigentlich nur dadurch zu entschuldigen, daß sie nicht wissen, was sie tun. Ihre unreflektierte Philosophie, gerade die »dummen Unternehmer« und »unfähigen Existenzgründer« zu Objekten öffentlicher Förderung zu machen, verkennt, daß die Installation des Unternehmens in marktwirtschaftlichen Ordnungen nicht einen Naturschutzpark für irgendwelche unternehmerischen Existenzen darstellt, sondern die Risikostreuung zur Erschließung der »ökonomischen Kraft des intelligenten Egoismus«, wie Adam Smith das nannte, dient. Wenn nun aber die Funktion mit der Person verwechselt wird und das humane Prinzip, dem Schwächeren zu helfen, unreflektiert auf eine solche Funktion übertragen wird, dann hat das die fatale Folge, daß Leute zu Unternehmern verleitet oder als solche erhalten werden, die gar nicht über diesen »intelligenten Egoismus« verfügen, der ihre Existenz in marktwirtschaftlichen Ordnungen begründet. Eine derartige Orientierung führt nicht zu mehr dynamischem Unternehmertum, sondern lediglich zu einer Sozialisierung der anfallenden Verluste und zu einer Eigendynamik beim weiteren Ausbau der Förderprogramme.

Da also der »dumme Unternehmer«, »notleidende Entwicklungsabteilungen« und »unfähige Existenzgründer« besondere Zielobjekte derartiger naiver Industriepolitik sind, besteht die Gefahr, daß gerade unternehmerisch unfähige Unternehmen gefördert werden. Mißerfolge solcher Förderungsprogramme gibt es dann nicht. Es gibt lediglich Programme, die nicht ausreichend sind und deren Unzulänglichkeiten durch neue ergänzende, flankierende, weitere unternehmerische Funktionen substituierende Programme abgeholfen werden. Und dieser Trend wird weiter anhalten, solange die Auswertung und

23 Hier müssen wir unsere Aussage von 1980 korrigieren. – Wir hatten nicht erwartet, daß diese Krise schon zu Beginn der 90er Jahre einsetzt.

Kontrolle der Programme den Initiatoren und durchzuführenden Institutionen selbst überlassen bleibt und die Akteure Kommunen, Regionen und die verschiedenen Förderungsebenen gegeneinander ausspielen bzw. hochreizen können.
Solange der Overhead derartiger Technologiezentren, Projektträger, Konsenskreise etc. einseitig von Politik und Apparat bestellt wird und sich in einer unheimlichen Arroganz auf dem jeweiligen Gebiet selbst für alleine kompetent erklären kann, die wirtschaftliche Entwicklung voranzutreiben, kreieren die Förderer ihr eigenes Monopol, sperren sie sich gleichzeitig gegen eine echte Evaluation und Erfolgskontrolle.
Politik wird dann durch den Apparat erpreßbar, weil nach gigantischem Einstieg mit illusionären Erwartungen beim Umschwung in vage Optionen kaum mehr der politische Mut zum Abbruch aufgebracht wird, weil dann plötzlich Bürgschaften sich in Zuschüsse verwandeln und himmelstürmende Technologiepläne nur noch der Versorgung regionaler Kapazitäten dienen.

1.5 *Risiken des Technologietransferaktivismus*

Viele Betriebe haben parallel zu ihrem vergangenen Wachstum und zur Vermarktung ihrer eigenen Produktionstechnik mit dem Ausbau ihres Forschungs- und Entwicklungsbereichs nicht Schritt gehalten. Die Forschungs- und Entwicklungsausgaben der Wirtschaft sind zwar gewachsen, aber dagegen steht,

- daß große Teile der Forschungs- und Entwicklungsaufwendungen der Industrie zur rein defensiven Forschung und Entwicklung eingesetzt werden (die Schätzungen gehen bis zu 50%), zur Erhaltung alter Märkte, alter Produktionsprogramme;
- daß viele Forschungskapazitäten in ihrer personellen und sachlichen Ausstattung auf Alttechnologiebereiche ausgerichtet sind und in ihrer Organisation erhebliche Effizienzmängel aufweisen,
- und daß sich viele Betriebe mit der Kompatibilität und Aufnahmefähigkeit bei neuen Techniken sehr schwer tun.

Wenn man dies berücksichtigt, dann ist die Entlastungsdiskussion im »Schwarzen-Peter-Spiel«, dem Wissenschaftssystem gleichsam als Bringschuld fertige Innovationsergebnisse abzuverlangen, doch eine recht schäbige Diskussion, die der Wissenschaft von Teilen der Industrie der Bundesrepublik aufgezwungen wird.[24] Gleichzeitig belegen Unternehmen und Branchen, daß ihr Forschungs- und Entwicklungsaufwand qualitativ nicht ausreicht, aber

24 Vgl. Staudt, E.: Die Rolle der Wissenschaft im Innovationsgeschehen. In: ders. (Hrsg.), Das Management von Innovationen, Frankfurt 1986, S. 240-256.

eben dadurch, daß sie bei der Begründung ihrer Subventionsforderung und ihres Technologietransferverlangens auf den Vorsprung ihrer Konkurrenten in Japan oder USA, neuerdings auch Korea, hinweisen. Um diese Lücke zu schließen, entdeckt man die Hochschulen neu, die nach der Diskussion um die Bildungskatastrophe in gigantische Massenlehranstalten umgewandelt wurden. In dem Nebel des Humboldt'schen Ideals der Einheit von Forschung und Lehre glaubt man nun, die Substanz dieses Hochschulsystems gleichzeitig für die Berufsausbildung (aus der sich die Wirtschaft durch Verminderung des Anteils dualer Ausbildung immer stärker zurückzieht) verzehren und für die kurzfristigen Forschungsbedarfe notleidender Branchen aussaugen zu können. Die Kuh wird also gleichzeitig geschlachtet und gemolken. Hier Technologiehalden zu vermuten, wo neben Discountbesetzungen in der Ausbauphase, Sachmittelkürzungen, Stellensperrungen und »Zerwaltung« Forschung nur schwer aufkommen kann, wo wissenschaftliche Nebentätigkeit diskriminiert wird und der drittmittelakquirierende Forscher für seine Aktivitäten bestraft wird, das signalisiert entweder Blauäugigkeit oder doch ein gerütteltes Maß an Ratlosigkeit bei Politikern und notleidenden Unternehmen und Branchen.

Was in den 70er Jahren mißlang, die Ausrichtung der unter diesen Umständen noch möglichen Forschung auf gesellschaftliche Bedürfnisse, das haben nun die »Macher« oder die, die sich gerne als solche definieren, im Griff. Anstatt sich dorthin zu bequemen, zu kooperieren, zu investieren, zu imitieren oder auch zu »klauen«, wo Technologien von morgen entstehen, funktionalisiert ein Teil von ihnen das Wissenschaftssystem zur Auffüllung der Versäumnisse von gestern und zur Schließung ihrer technologischen Lücke von heute.

Ein Teil der Politiker und notleidender Unternehmen – den Eindruck wird man wirklich in vielen Diskussionen nicht mehr los – bildet gemeinsam eine Art Technologietransferlobby, um die Aktivitäten von solchen Forschungseinrichtungen auf die aktuellen Bedürfnisse, unter Mißachtung des für eine Reifung von Technologien erforderlichen zeitlichen Abstandes zwischen Forschungsbemühung und Anwendung, in dem heute vielgepriesenen Kurzschlußtransfer zwischen Wissenschaftssystem und Praxis auszurichten. Dabei kommt es zu möglichen Fehlentwicklungen in zwei Richtungen:

- kurzfristiger Art, wenn Anwender mit technisch unreifen Ideen, die zu früh aus den Labors transferiert werden und damit noch gar nicht kompatibel sein können, befaßt sind;
- langfristiger Art, wenn die Arbeit von Forschungseinrichtungen an den kurzfristigen Erfordernissen der Praxis ausgerichtet wird. Denn wer betreibt dann eigentlich noch mittel- und langfristig wirksame Forschungen in Deutschland?

Wenn dann die Spitzenvertreter der Wissenschaftseinrichtungen glauben, sich prostituieren zu müssen, um verlorene Mittel und Stellen wiederzugewinnen, dann ist das unter den restriktiven Bedingungen, unter denen das Wissenschaftssystem in der Bundesrepublik leidet, verständlich, aber doch sehr gefährlich. Wenn Grundlagenforschungsmittel offen und verdeckt umfunktionalisiert werden für angewandte Forschung, wenn der Grundlagenforschung gewidmete Institute durch immer mehr Marktnähe und immer kurzfristigere Orientierung, weil nur diese Themen politisch interessant sind, um mehr Anerkennung und Forschungsmittel buhlen, wenn Überlastquoten in der Lehre Hochschullehrer kaum mehr zur Forschung kommen lassen, Eigeninitiative bestraft und Forschungskapazität in Verwaltung verschlissen wird, dann ist eben mittelfristig nichts zum Transferieren vorhanden, wird die Transferakrobatik zum absurden Theater.

Unterstellt man im Mittel eine Reifezeit zwischen Forschungsinitiative und konkreter Innovation von 10 bis 15 Jahren – das ist ein realistisches Maß, nicht nur in der Bundesrepublik, sondern auch nach amerikanischen Untersuchungen – dann sind die heute sichtbar werdenden Lücken nicht das Resultat eines nicht vorhandenen oder funktionierenden Technologietransfers, sondern das Ergebnis fehlender Forschungsaktivitäten, die in den 70er und 80er Jahren hätten eingeleitet werden müssen.

Der Versuch, die restlichen mittel- und langfristig angelegten Reserven nun kurzfristig umzuprogrammieren und die Übergangszone durch Technologietransfer zu instrumentalisieren, hat mit langfristig angelegter Forschungs-, Technologie- oder Industriepolitik wenig zu tun, hat eher die Charakteristik eines kurzatmigen Krisenmanagements, lenkt vom eigenen Unvermögen ab, ersetzt eigenes Engagement, Investment in Forschung und Entwicklung durch Forderungen an das Wissenschaftssystem.

Die Übergangszone, die dann in sog. Technologieparks gipfelt und neuerdings von Überlegungen zu einem zweiten Arbeitsmarkt in Form von Beschäftigungsgesellschaften ergänzt wird, wird unter negativen Umständen bestenfalls zum Naturschutzgebiet für nicht-marktreife Technik und zur Wärmehalle für Absolventen, die von der Wirtschaft nicht aufgenommen wurden.

1.6 *Innovation im Konsens ist Nonsens*

Wer wirklich eine entwicklungsoffene Gesellschaft und neue Arbeitsplätze sichern will, braucht eine höhere Differenzierung in inhaltlicher und zeitlicher Hinsicht. Das spricht gegen eine dirigistische Vorsteuerung, wie sie die Kellerkinder immer in Krisenzeiten anstreben, gegen eine reine Orientierung an der Praxis und ihren Problemen von heute. Für die Praxisnähe von übermorgen ist die sog. Praxisferne von heute eine notwendige Bedingung. Das widerspricht auch nicht einer Praxisrelevanz der Ergebnisse, wenn der Übergang durch eine entsprechende räumliche, zeitliche und personelle Infrastruktur ge-

sichert wird. Dafür reicht aber eine naive Industriepolitik, die – wie in der Vergangenheit – darauf reduziert ist, Geld auszugeben, nicht aus. Und ohne Lerneffekt wiederholen sich diese Fehler nun bei dem Förderprogramm »Ost«. Die Vermischung von Arbeitsmarkt- und Sozialpolitik und die Fixierung auf Altstrukturen behindert die Entwicklung.[25] Für die Erneuerung muß man sich um die Rahmenbedingungen kümmern und eine wesentlich intelligentere Infrastruktur als den vielgepriesenen Kurzschlußtransfer schaffen.
Die Symbiose von protektionismusgeneigter Politik und Subventionsbewirtschaftern stellt also kaum eine Chance dar, kompetent ins 21. Jahrhundert zu kommen, sondern vor allem ein Risiko zu gewaltigen Fehlallokationen.[26] Sicher kann man, um die Zurechenbarkeit des Risikos nicht zu groß werden zu lassen, Abstimmung betreiben, große Unternehmen oder ganze Branchen ins Bündnis der Technologiepolitik einbeziehen und/oder in weiteren Gesprächskreisen oder Delphi-Prognosen möglichst viel Sachkompetenz aktivieren, doch sollte man dabei tunlichst beachten, daß bei allen Delphi-Prognosen der Vergangenheit mehr als 50 % der Ergebnisse falsch waren. Der wohlgemeinte Aktivismus verwischt die Verantwortung für eine verführerische Art von Politik, die eine kurzfristige Kontrolle ausschließt und weite Teile der Wirtschaft zur Unterlassung erzieht, denn warum soll dann der Unternehmer noch innovieren, wenn der Staat jeweils in die Bresche springt?
Die Überzeugung von der Notwendigkeit und wohlmeinender Aktivismus reichen zur Begründung dieser Mittel- und Verantwortungsumverteilungsmaschinerie nicht aus. Zu respektieren ist zwar die gute Absicht, die hinter all dem steckt, doch reflektiert an der Kann-Frage zeigt sich, daß weniger naive Industriepolitik mehr wäre. Die Alternative zu diesem Aktivismus kann also nicht »keine Industriepolitik« (Strukturpolitik) sein, denn keine ist auch eine, und Industriepolitik (Strukturpolitik) hat es, wenn auch unter anderem Namen, immer gegeben, sei es als Rüstungsforschung, Mondlandeunternehmen oder als Beschaffungspolitik der öffentlichen Hand.
Weniger naive Industriepolitik heißt deshalb vor allem: weniger dilettantischer Förderungsaktivismus der verselbständigten Szenerie, weniger Strohfeuer für Politiker und weniger Subventionsangebote, die dann zu bewirtschaften sind. Um die »Scheinrationalität« des aufgeklärten Absolutisten aufzudecken, ist zu hinterfragen:

- welche Alternativen möglich wären,
- welche Folgen und Nebenwirkungen diese naive Industriepolitik (Strukturpolitik) hat,

25 Vgl. Staudt, E.: Weiterbildung zwischen Sozial- und Arbeitsmarktpolitik. In: Staudt, E. (Hrsg.): Berichte aus der angewandten Innovationsforschung No 114, Bochum 1993.

26 Vgl. Staudt, E.: Mißverständnisse über das Innovieren. In: Die Betriebswirtschaft, 43. Jg. (1983), S. 341-356

- welche offenen und verdeckten Kriterien, Wertungen und Prognosen, Zukunftserwartungen und Gestaltungsabsichten hier eingehen,
- ob die Kompetenzillusion (auch oft verstärkt durch Wissenschaftler, Gutachter, Praktiker, Gesprächskreise) wirklich trägt,
- ob die Rahmenbedingungen für Innovationen und den Marktzugang in allen Regionen stimmen und
- ob in der Bereinigungskrise der deutschen Wirtschaft wirklich Raum für Innovationen entsteht oder jene industriepolitischen Allianzen nicht doch nur das Pendant zur auf Besitzstandswahrung erpichten Arbeitnehmerpolitik ist.

Nicht die Großorganisationen und Allianzen schaffen Innovationen, sondern die Newcomer, die kleinen und mittleren Betriebe und die »Außenseiter« in den Großbetrieben helfen im Strukturwandel. Die Schrumpfung der einen ist Voraussetzung für das Wachstum der anderen. Es gibt keinen Konsens zwischen diesen beiden Seiten!

Das gut planende Unternehmen mit seinem Hang zur Risikovermeidung hat angesichts der hohen Komplexität der Innovationsbarrieren in seinem angestammten Nischenbereich zwar hohe Durchsetzungserfolge. Der Preis für diesen Erfolg besteht jedoch einerseits in einem erheblichen Innovationsverzicht, weil riskante Versuchs- und Irrtumsprozesse vermieden werden, und andererseits in erhöhtem Wettbewerbsdruck, weil nur solche Innovationsprozesse angegangen werden, die aufgrund der Homogenität »rationaler« bzw. »geplanter« Innovationsvorgänge sehr viele ähnliche Betriebe auf gleiche Betätigungsfelder führt und eine Art Lemminge-Effekt zur Folge hat. Dieser Widerspruch ist das eigentlich interessante innovatorische Problem, das eben nicht im Konsens auflösbar ist.

Im Strukturwandel wirken nicht die großen Strategen und die intelligenten Planungsstäbe, sondern der sich sehr geschickt durchwurstelnde Unternehmer, der den Hindernislauf über die zahlreichen inner- und außerbetrieblichen Innovationsbarrieren erfolgreich bewältigen kann. Doch der ist im Osten Mangelware und in jenen Entscheidungsgremien der Großorganisationen und Konsenskreisen der Politiker nicht vertreten. Die Dominanz der »klugen« Altstrukturvertreter führt dann zu Programmen zur Auffüllung der Versäumnisse von gestern, aber kaum zu echten Innovationen.

Hier wirkt nun aber die Stärke von schlecht planenden Klein- und Mittelunternehmen, aber auch Existenzgründern, die in ihrer Summe weit mehr »Versuche und Irrtümer« produzieren, als Großbetriebe oder staatlich-dirigistische Lösungsformen zulassen würden. Sie forcieren damit entsprechende Anpassungsprozesse. Dadurch werden Routinen, d.h. ausgetretene und wissenschaftlich scheinbar abgesicherte Pfade verlassen. Sie betreten oft »planlos« Neuland, das bei extremer Risikovermeidungsstrategie großer Apparate gar nicht mehr entdeckt werden kann.

2. *Das Management von Innovationen*

2.1 *Technokratische Mißverständnisse*

In der Unternehmungsführung hat man in den letzten 10 Jahren eingesehen, daß das, was sich in stabilen Wachstumsphasen bewährte, bei zunehmendem Wettbewerbsdruck auf nationalen und internationalen Märkten nicht mehr ausreicht. Dort waren es technische Innovationen und die damit einhergehende Änderung wirtschaftlicher und sozialer Strukturen, die nicht nur Konsumenten und Arbeitnehmer, sondern auch Führungskräfte verunsicherten. Unternehmensführer und Führungsmethoden, die sich in stabilen Wachstumsphasen bewährt hatten, versagten unter diesen Umständen, nicht weil sie schlechter geworden sind, sondern weil dynamische Prozesse andere Eigenschaften und Instrumente verlangen.

Wie in innovationsunfähigen Unternehmen wird zur Zeit auch in den Ländern des ehemaligen Ostblocks das Schulden- und Krisenmanagement immer kurzatmiger, und die theoretischen Versatzstücke der Reform führen schließlich ins Chaos.

Das Chaos ist zwar eine notwendige Voraussetzung für Strukturwandel und Marktwirtschaft, aber nicht hinreichend. Nicht hinreichend ist es auch, über Rahmenbedingungen zu räsonieren und noch nicht einmal sie zu etablieren. Das zeigt das Beispiel der ehemaligen DDR, wo über Nacht eine konvertible Währung eingeführt und bewährte Rahmenbedingungen übergestülpt wurden. Daraus resultierte noch lange keine funktionierende Wirtschaft, sondern sehr schnell wurden neue Defizite sichtbar.

Schon beim Übergang der DDR wurde deutlich, daß zur Marktwirtschaft neben den Rahmenbedingungen eine funktionierende Administration unabdingbar ist und daß in der Wirtschaft ein Führungskräftevakuum aufzufüllen ist, weil gegenüber vergleichbaren westlichen Strukturen ein 90%iges Defizit an selbständig Handelnden besteht.[27] Die Marktkräfte, die der Theoretiker immer wieder beschwört und die der Politiker vom Himmel fallen sieht, sind also ähnlich wie in verkrusteten Großorganisationen weder in den fünf neuen Bundesländern noch in der GUS vorhanden. Ihr Fehlen stellt das eigentliche Entwicklungshindernis dar. Solange man das nicht einsieht, werden auch Reform- und Hilfsprogramme falsch ausgerichtet.

Bei Unternehmen in Entwicklungskrisen haben wir in der Innovationsforschung die Erfahrung gemacht, daß angesichts zunehmender bedrohlicher

27 Vgl. Staudt, E., Böhm, I.: Führungs- und Fachkräftedefizit in Ostdeutschland: Ursachen, Lösungskonzepte, Maßnahmen, dreiteilige Artikelserie im Handelsblatt: Nr. 233 vom 04.12. 1990, Nr. 238 vom 11.12.1990, Nr. 243 vom 18.12.1990.

Dynamik die Suche nach Fixpunkten zur Begründung und als Leitbild der eigenen Reaktion ganz natürlich ist. Die Erfahrungen im technischen Innovationsbereich zeigten, daß sich immer wieder als Leitbilder zukunftsweisende technologische Entwicklungstrends erkennen lassen und als sogenannte Schlüsseltechnologien ausweisbar sind, wobei dann im Ergebnis allerdings die bereits erwähnte Identität zwischen den Projektionen von MITI, BMFT, den USA und zahlreichen Großunternehmen bestand. Ihre Technologieportfolios waren ziemlich phantasielos und eng begrenzt. Die Ausrichtung der Neuerungspolitik an derartigen Entwicklungslinien lockte ganze Branchen im Gleichtakt mit Japan, den USA oder auch die ehemalige DDR auf überbesetzte Marktfelder.[28]

Diese »Möchtegernunternehmer« finden dann ihr Pendant in »exzellenten« Händlern von Strategiekonzepten, die konfektionierte Unternehmensstrategien aus der Retrospektive entwerfen. Besonderer Beliebtheit erfreute sich dabei in den 80er Jahren die Mystifizierung erfolgreicher amerikanischer oder auch japanischer Unternehmen. Die Rezeptur ist furchtbar einfach und entspricht dem Simplifikationsbedarf vieler betrieblicher Top-Manager und naiv empirisch arbeitender Großbürokratien. Man analysiert in der Vergangenheit erfolgreiche Unternehmen wie IBM, führt deren Erfolg auf einige typische Merkmale zurück und macht dann nicht nur glauben, daß derartige Merkmale beliebig reproduzierbar seien, sondern daß auch immer dann, wenn dies gelänge, ein ähnlicher Erfolg wieder eintrete.[29]

Das erinnert fatal an viele Wirtschaftsminister und Präsidentenberater in den Nachfolgestaaten des Ostblocks. Sie ventilieren westliche Erfolgsstories, ahmen Versatzstücke nach und theoretisieren über Marktwirtschaft, ohne daß es ihnen gelingt, das innovatorische Potential, das auch in ihren Ländern ruht, freizusetzen. Die Fixierung auf die alten Industriekerne der ehemaligen DDR und die Arbeitsteilung im Ostblock haben dieses Muster. Die konfektionierten Verbesserungsvorschläge aus westlichen Vorbildern sind wenig kreativ. Sie erscheinen zwar aus der Sicht der alten Strukturen innovativ, führen aber letztlich nur auf schon von westlichen Konkurrenten überbesetzte Marktfelder.

Der Rückgriff auf derartige konfektionierte oder imitierende Strategien und Konzepte ist keine Lösung für Innovationsprobleme. Der Rekurs auf historische Erfolge oder Mißerfolge oder das Know-how großer Stäbe, Förderer oder Berater, reicht zur Erringung neuer Wettbewerbspositionen am Weltmarkt durch Produkt-, Verfahrens- und Materialinnovation nicht aus.

28 Vgl. Staudt, E.: Technologiepolitischer Aktivismus: Die negative Eigendynamik der Förderprogramme, in: Staudt, E. (Hrsg.): Das Management von Innovationen, Frankfurt/M 1986, S. 195-209.

29 Vgl. Staudt, E.: Innovationsmanagement, in: Pieper, R./Richter, K. (Hrsg.): Management: Bedingungen, Erfahrungen, Perspektiven, Wiesbaden/Berlin 1990, S. 194-215.

Die ewigen Besserwisser mit ihrem Höhenflug aus Defiziten von gestern und geborgten Ideen und Konzepten beschreiben aus der Vogelperspektive eine ideale Landschaft. Sie verkennen aus dieser Vogelperspektive die Probleme des Maulwurfs, die Perspektive des einzelnen Innovators also, der jene Landschaft in Kleinarbeit zu formieren hat, und damit vor allem die Rolle des echten Unternehmers und Selbständigen, der sich nicht phantasielos an der Konkurrenz orientiert, sondern danach fragt, was kann ich unternehmen, das nicht schon ein anderer unternommen hat? Und diese »Maulwürfe« sind nicht nur im Osten Mangelware. In den alten Großorganisationen des Westens sind sie in der »inneren Emigration«, im Osten sind sie geflohen oder ausgewandert, und wenn sie auftauchen, werden sie oft diskriminiert.
Verläßt man also die unverbindliche Vogelperspektive und wendet sich den Problemen des innovatorisch aktiven Maulwurfs zu, dann wird deutlich: Management-Routinen reichen zur Erringung von neuen Wettbewerbspositionen nicht aus. Die Bewältigung von regionaler, von technischer, unternehmerischer, organisatorischer und Personalentwicklung ist letztlich nicht regelbar und damit auch nicht routinisierbar. Management von Innovation, das ist unsere Erfahrung in der angewandten Innovationsforschung, ist Management von Nichtroutineprozessen. Und das ist nur sehr hoch personifiziert vorstellbar und zu ergänzen um eine neue Orientierung der Führungsaufgaben.

2.2 *Das Management von Nichtroutineprozessen*

2.2.1 *Ausbau und Sicherung von Innovationspotentialen*

Die Ergebnisse der angewandten Innovationsforschung bei hoher technischer Entwicklungsdynamik führten immer wieder zu der Forderung an Betriebe, sich nicht, wie in der Vergangenheit oft üblich, dem Sachzwang recht unvollkommener Techniken zu beugen, d.h. mit einem mißverstandenen innerbetrieblichen Innovationsmanagement die Akzeptanzprobleme von Veränderungen, wie neue Produkt- und Verfahrenstechniken, zu lösen. Statt dessen muß vor der eigentlichen Innovation zunächst das Innovationspotential im technischen, personellen und organisatorischen Bereich ausgebaut werden.
Unsere Erfahrung zeigt: Stabsabteilungen und externe Berater können dies nicht leisten. An erster Stelle hat sich das Management zur Nutzung neuer Techniken selbst kompetent zu machen, um dem innovatorischen Potential der eigenen Belegschaft zur Entfaltung zu verhelfen, ansonsten kommt es nicht zur Innovation. D.h. aber auch, der Übergang im Kolonialstil, wie er mehr oder weniger von Beratern z.Zt. betrieben wird, ist von vornherein zum Scheitern verurteilt. Erst die Kompetenz eines neuen lokalen Managements,

das die personellen, technischen und organisatorischen Ressourcen aktiviert, verhilft zum Ausbruch aus der Abwärtsspirale.

Veraltete Strukturen bremsen also die Entwicklung:

- Sie verschieben und vertagen Innovationen.
- Änderungen werden erst durch Krisen erzwungen.

Leider ist das sachzwanghafte Reagieren auf Krisen anstelle einer schöpferischen Zerstörung durch Neuerung immer noch der Normalfall. Erst Wettbewerbsdruck und Krisen lösen Reformen aus. Innovationsmanagement wird dann als Krisenmanagement mißverstanden, das zu spät, zu aufwendig, mit erheblichen Friktionsverlusten und oft erst in hoffnungsloser Position tätig wird. Man kann das nachvollziehen: vom Krisenmanagement in Kohle und Stahl im Ruhrgebiet über die Erfahrungen der Treuhandanstalt in den fünf neuen Bundesländern bis hin zur obskuren Konversionsdiskussion in den Nachfolgestaaten der Sowjetunion und der Neuorientierung von High-Tech-Rüstungskonzernen im Westen. Potentialentwicklung wird durch Besitzstandswahrung verhindert und von der Politik übersehen.

Die nur ›reagierenden‹ Betriebe im Westen leiden nach unserer Erfahrung darunter, daß sie in der Vergangenheit durch eine verwissenschaftlichte, optimierende und rationalisierende Betriebsführung und durch eine Dominanz von Verwaltung und technokratischen Allüren ihr eigenes innovatorisches Potential zerwaltet haben. Ihr zentrales Innovationsproblem ist der Mangel an geeignet qualifiziertem Personal, von der gewerblich-technischen Ebene bis hin in die Führungsspitze.[30] Ihr Forschungs- und Entwicklungspotential ist auf alte Technologien ausgerichtet, Felder, in denen der Aufwand steigt und die Erträge sinken. Ähnliches gilt jetzt auch für die Betriebe des ehemaligen Ostblocks mit ihren Fehlbindungen im F&E-Bereich. Sie operieren aus der Defensive und halten die Nischen besetzt, aus denen das Führungspersonal stammt. Tauscht man die Spitzen aus, stellt sich heraus, daß auch die mittlere Führungsebene verkrustet ist, weil hier die höchste Sachkompetenz auf obsolet werdenden Feldern gebunden ist. Der Traum des Wirtschaftsministers von anhaltendem Rußlandgeschäft bestätigt letztlich diese erstarrten Strukturen, und seine Bemühungen zur Fortschreibung wirken letztlich strukturkonservierend.

Aus solchen Bahnen auszubrechen erfordert Mut oder neue Köpfe. Beim Aufbau und zur Sicherung des Innovationspotentials spielen also ›Ermutigung‹ und ›Qualifikation‹ zu Neuem eine Schlüsselrolle.[31] Bei den Weiterbildungsaktivitäten ist aber die Reihenfolge der zu qualifizierenden Personengruppen entscheidend. Vorrang hat nicht die Massenqualifikation (eventuell in Form

30 Vgl. Staudt, E. (Hrsg.): Personalentwicklung für die neue Fabrik, Opladen 1993.

31 Vgl. Staudt, E.; Rehbein, M.: Innovation durch Qualifikation – Personalentwicklung und neue Technik, Frankfurt 1988.

von Beschäftigungsgesellschaften), sondern eine schnelle Beseitigung der Qualifikationslücken bei jenen Personengruppen, die für die Wandlungsprozesse in den Unternehmen und Regionen Schlüsselpositionen einnehmen. Das sind insbesondere die Führungs- und Fachkräfte.

Wir haben als Resultat dieser Überlegungen am 18.12.1990 im Handelsblatt publiziert: »Erst die Aktivierung des Qualifikationspotentials der Führungs- und Fachkräfte wird in den neuen Bundesländern eine Lokomotivfunktion ausüben und der Masse der Arbeitslosen Beschäftigungs- und Weiterbildungsmöglichkeiten eröffnen.« Der Bundeskanzler hat daraufhin geantwortet: »Die Weiterbildung der Führungskräfte, das wird die Wirtschaft schon regeln.« Das ist eines der traurigen Mißverständnisse über die Selbstheilungskräfte eines nicht existierenden Marktes. Aus der Vermischung von »Beschäftigung und Weiterbildung« resultieren Entwicklungshemmnisse im Osten. Die Trennung von Arbeitsmarkt- und Sozialpolitik ist bis heute nicht gelungen.[32] Innovatorisches Potential wird im Osten in Beschäftigungsgesellschaften gebunden, weil diese eher der sozialen Entlastung des Arbeitsmarktes als der Ermutigung und Qualifikation zu Neuem dienen, und im Westen durch ein rigides »Kostenmanagement« verdrängt.

Beim Innovieren wie beim Übergang von der Plan- zur Marktwirtschaft muß man also nicht nur die Währungen konvertibel machen und die Preise realistischer am Markt gestalten, sondern auch Veränderungen im Denken vollziehen und eine neue Führungskultur etablieren. Ohne diese neue Führungskultur werden weder Kostenmanagement und Preisreformen noch Währungsanpassungen helfen, und ohne dieses neue Denken können Wettbewerb und Marktöffnungen nicht funktionieren.

Neues Denken heißt aber vor allem auch, man muß den Glauben an den Plan und die Planbarkeit der Gesellschaft und die wirtschaftlichen Verhältnisse ersetzen durch das Vertrauen auf Demokratie, den mündigen Bürger, den innovationsaktiven Unternehmer, den kreativen Arbeitnehmer, den Markt und die Marktkräfte. Unternehmens- und Regionalentwicklung beginnt deshalb mit der Potentialanalyse und -förderung der innovativen Kräfte.

2.2.2 *Innovationsbarrieren: Pflichtenhefte für Innovationsmanagement und Politik*

Wenn man also ernsthaft innovieren will, ist es auf Dauer – sowohl auf Unternehmensebene als auch im Übergang Plan/Markt – wenig sinnvoll, die Umsetzung nach den heute noch verbreiteten technokratischen Mustern des

32 Vgl. Staudt, E.: Weiterbildung zwischen Sozial- und Arbeitsmarktpolitik, in: Staudt, E. (Hrsg.): Berichte aus der angewandten Innovationsforschung, Bochum 1993.

Routinemanagements zu betreiben. Für zukunftsoffene Entwicklungen kann man lediglich Lernprozesse installieren und systematisieren. Man muß sich also mit den Problemen beschäftigen, die im Rahmen des Entstehungszyklus von Neuerungen auftreten und viele Innovationen be- oder verhindern.[33]
Eine Innovation im Unternehmen, und erst recht im Übergang von Gesellschaftssystemen, gleicht nämlich angesichts der hohen Komplexität einem Hindernislauf, und wenn man die Aufgaben eines sinnvollen Innovationsmanagements erfassen will, muß man entsprechend in die Problematik der jeweiligen Umsetzungs- und Diffusionsprozesse eindringen. Die Beschäftigung mit Innovationsbarrieren wird so zum Pflichtenheft. Insofern ist nicht die Frage, welches sind die richtigen Techniken, die idealen Vorbilder, die erfolgreichen oder exzellenten Unternehmen, die richtigen Regionalstrukturen und die besten Weltmärkte, von Relevanz für die Um- und Durchsetzung von Neuerungen, sondern vor allem die Frage, »was behindert eigentlich meine Innovation bzw. meinen Übergang?« wird von zentraler Bedeutung für operationale Ansätze eines Innovationsmanagements im unternehmerischen und politischen Bereich.
Dies setzt aber die differenzierte Kenntnis von praktisch wirksamen Innovationsbarrieren voraus. Wir sind in der angewandten Innovationsforschung in der Vergangenheit immer wieder davon ausgegangen, daß die erfolgreiche Umsetzung einer Neuerung im wesentlichen abhängt

1. vom Ausgangszustand des zu erneuernden Systems, also z.B. von dem die Unternehmung umgebenden Sozialsystem, der regionalen Infrastruktur, des Arbeitnehmerschaft etc., und wie die Aktivitäten und Fähigkeiten dieses Aufnahmesystems beschaffen sind,
2. vom Zustand, der Art und dem Ausmaß der jeweiligen Innovationsakteure und ihrer Fähigkeit, das potentielle Umfeld zu überzeugen und zu aktivieren und
3. von den spezifischen Eigenschaften der Neuerungen.

Neben den spezifischen Merkmalen der Neuerungen sind also zusätzlich die Kommunikations- und Distributionssituationen zu analysieren und darüber hinaus auch die Aktivitäten der im Umfeld Tätigen einzubeziehen. Die Analyse dieser Beziehungen ist dann noch zu ergänzen um die Einflüsse aus den Umsystemen – das sind die rechtlichen, sozialen, technischen und institutionellen Tatbestände, die im einzelbetrieblichen Fall den Umsetzungsvorgang beeinflussen – und den Verknüpfungen zu den vor- und nachgelagerten Beschaffungs- und Absatzmärkten.
Nachdem wir derartige Analysen von Innovationsbarrieren für Unternehmen, Technologien oder regionale Entwicklungen in der Vergangenheit recht er-

33 Vgl. Staudt, E.: Mißverständnisse über das Innovieren, a.a.O., 1983.

folgreich in Anregungen für Innovationsmanagement umgesetzt haben,[34] wenden wir dieses Konzept seit einigen Jahren auch auf die Entwicklung im Übergang von der Plan- zur Marktwirtschaft an.
Diese Innovationsbarrieren werden nicht aufgezählt, um Verhältnisse zu beklagen oder Akteure anzuklagen, sondern diese Innovationsbarrieren stellen aus der Sicht von Innovationsmanagement und Politik letztlich die Probleme dar, mit denen sich der Innovator zu beschäftigen hat und sind Entscheidungsgrundlage für Auswahl und Timing.[35] Diese Innovationsbarrieren stellen das Aufgabenbündel für ein Innovationsmanagement dar, um die Neuerungsprozesse auch inner- und außerorganisatorisch durchzusetzen.
Eine derartige systematische Evaluation der Förderansätze und Entwicklungsprobleme wird aber bisher durch blinden Aktionismus ersetzt, und damit wird die Chance vertan, in einem formativen Prozeß aus den Fehlern zu lernen.

2.3 *Widerstände überwinden*

Der Wandel alter Industrieregionen im Westen ist prototypisch für den Übergang von der Plan- zur Marktwirtschaft. Monostrukturen zerfallen und werden keineswegs durch Konversionen oder Transformationen einfach abgelöst, sondern zerbröseln ohne hinreichenden Ersatz an Arbeitsplätzen und Wirtschaftskraft. Trotz gigantischer Mittel, die in solche Regionen gepumpt wurden, schrumpfen die Monostrukturen, und es findet letztlich die Erneuerung durch Klein- und Mittelbetriebe, die aus- oder neugegründet werden oder in die Region eindringen, statt. Es sind also nicht die geplante Transformation, die naive Industriepolitik, die Ausrichtung auf das richtige High-Tech-Feld oder die großen Weltmärkte von morgen, die die erfolgreiche Erneuerung bestimmen, sondern die Eigeninitiative des regionalen innovatorischen Potentials bestimmt letztlich den Erfolg. Im Gegensatz dazu stand z.B. im Großraum Stuttgart oder München in der Vergangenheit eine auf High-Tech, Technologiekonzerne, Informationstechnik, Luftfahrt und Rüstung ausgerichtete, ver-

34 Vgl. z.B. Staudt, E.: Innovations-Patt im Ruhrgebiet – Studie gegen ein perspektivenloses Krisenmanagement, in: Gesellschaft der Freunde der Niederrheinischen Universität Duisburg e.V. (Hrsg.): Jahrbuch 1981 der Universität Duisburg, Duisburg 1982, S. 91-115; Staudt, E.: Mißverständnisse über das Innovieren, a.a.O.; Staudt, E.: Die innerbetriebliche Förderung von Innovation, in: Personal, Heft 9/89, S. 364-369; Staudt, E.: Die Bedeutung der mikroökonomischen Analyse zur Beurteilung und Durchsetzung neuer Arbeitszeitstrukturen, in: Mitteilungen aus der Arbeitsmarkt- und Berufsforschung, Stuttgart, Berlin, Köln, Mainz 1990.

35 Staudt, E.; Hafkesbrink, J.; Barthel, R.: Neue Techniken im Spannungsfeld alter Systeme – Entscheidungshilfen bei der Einführung von CIM, in: Milling, P. (Hrsg.): Systemmanagement und Managementsysteme, Festschrift für G. v. Kortzfleisch, Berlin 1991, S. 125-155; Staudt, E. et al.: Kooperationshandbuch: Ein Leitfaden für die Unternehmenspraxis, Stuttgart 1992.

meintlich erfolgreiche Regionalpolitik. Sie bewirkte jedoch eine Verödung der Wirtschaftsstruktur. Der Anteil der kleinen und mittleren Unternehmen ging zurück. Wenn heute im Großraum Stuttgart Mercedes und IBM gemeinsam einen Schnupfen haben, ist die Krise größer als im Ruhrgebiet, das sicher noch nicht alle seine Probleme gelöst hat, aber eine entgegengesetzte Entwicklung durchlaufen hat.

Ein weiterer Fehler ist der Versuch, derartige Übergänge – wie man das so gerne nennt – »sozialverträglich« zu gestalten. Das verlängert den Leidensprozeß. Das zeigt z.B. der Vergleich mit japanischen Strukturen, die weniger durch ihre industriepolitische Ausrichtung als durch den Mut zum schnellen Abbau obsoleter Wirtschaftsstrukturen zu charakterisieren sind. Die soziale Abfederung führt regional in ein Zweiklassensystem von Arbeitslosigkeit. Während z.B. in NRW auch die Textilindustrie ähnlich schrumpfte wie die Monostrukturen von Kohle und Stahl, verlief der Prozeß in der Textilindustrie ruhig und leise, während bei Kohle und Stahl recht gut organisierte Kreise bis heute um Besitzstände ringen, die sie auf Kosten des Umgebungssystems erhalten und Milliardenbeträge letztlich binden, die für offensive innovative Entwicklungen fehlen. Man bräuchte also nur einmal zu überlegen, wie NRW heute aussehen könnte, wenn die mehr als 100 Mrd. oder jährlich immer noch 10 Mrd. für den Kohle-/ Stahlbereich in offensive Strukturen gesteckt worden wären. Das ist letztlich verschüttete Milch. Darüber zu räsonieren erbringt keinen Lernprozeß.

Wenn man jedoch diese Verhältnisse nunmehr auf die fünf neuen Bundesländer, die Luft- und Raumfahrtindustrie, den Maschinenbau etc. zu übertragen versucht, dann wird sehr schnell deutlich, wie wenig sinnvoll eine derartige Vorgehensweise ist. Angesichts der Größe der Probleme, die hier anfallen, ist ein Reparaturbetrieb mit sozialer Abfederung, wie er im Ruhrgebiet stattgefunden hat, überhaupt nicht machbar. Selbst bei 150 Mrd. DM Transfer pro Jahr ist das Ende einer solchen Abwärtsspirale nicht abzusehen, so daß sehr schnell deutlich wird, daß der Prozeß in den neuen Bundesländern sehr viel stärker eben nicht einem sozial abgefederten Reparaturprozeß mit geplanten Übergängen, sondern einem Innovationsprozeß zu gleichen hat, in dem der Staat nicht in einer planenden, ordnenden Funktion, sondern in einer moderierenden Funktion als Impulsgeber und Wegbereiter für Neues seine geeignete Rolle findet. Zum Schlüssel wird es in der Tat, dann innovatorische Entwicklungspotentiale zu aktivieren, da die »Marktkräfte« eben nicht vom Himmel fallen.

Es geht also beim Strukturwandel im Westen und beim Übergang von der Plan- zur Marktwirtschaft im Osten nicht um eine Reparatur oder Reformation, sondern um ein Auferstehen aus Ruinen. Reparaturen sind dann nicht mehr möglich. Es wird ein Neubau sein, und wenn dann trotz eines Überangebotes an hochqualifizierten Arbeitskräften eine Management- und Qualifikationslücke entsteht, dann ist der nächste Schritt auch nicht durch Reparatur und Besitzstände zu schaffen, sondern nur wiederum durch Freisetzung von Innovationspotentialen. Dazu braucht man nicht nur Geld, sondern vor allem Überzeugung und innovationsbereite Menschen. Ohne eine Personifizierung über neue Selbständigkeit in und durch Unternehmen wird der Strukturwandel nicht möglich sein. Auf diese kleinen Keimzellen von wirklich innovativen Lösungen auf dem Weg zur Marktwirtschaft kann man weder in alten Industriegebieten noch in den ehemaligen Ostblockstaaten zur Schaffung neuer Arbeitsplätze verzichten.

Klaus-Peter Möller

Wie weit können wir die Deindustrialisierung Deutschlands treiben?

1. *Der wirtschaftliche Strukturwandel im letzten Vierteljahrhundert*

Die klassische Einteilung der Wirtschaft in drei Sektoren kann auch heute noch viele Erklärungsansätze für den derzeitigen Strukturwandel bieten. Folgende drei Sektoren werden unterschieden:

- Der *primäre Sektor,* der die Bereiche Landwirtschaft, Fischerei und Bergbau umfaßt,
- der *sekundäre Sektor* mit dem gesamten verarbeitenden Gewerbe sowie zusätzlich der Bauwirtschaft und
- der *tertiäre Sektor* mit allen Dienstleistungsbereichen, dem Staat sowie den Organisationen ohne Erwerbscharakter.

Der Strukturwandel der im vergangenen Jahrhundert vor allem durch die Verschiebung der wirtschaftlichen Aktivitäten vom primären zum sekundären Sektor gekennzeichnet war, ist keine neue Erfahrung. Derzeit schrumpft auch der sekundäre Sektor und die wirtschaftlichen Aktivitäten konzentrieren sich zunehmend im tertiären Sektor. Durch eine ständige Erosion der Arbeitsplatzzahlen im verarbeitenden Gewerbe wird derzeit in Deutschland die Frage diskutiert, wie weit sich die deutsche Wirtschaft deindustrialisieren kann, ohne Schaden an der Höhe der Pro-Kopf-Einkommen der Bevölkerung zu nehmen.

1.1. *Der primäre Sektor: Landwirtschaft und Bergbau*

Nahrungsmittel und Rohstoffe sind die unmittelbarsten aller Güter. Ohne Nahrungsmittel ist ein Überleben der Bevölkerung nicht möglich. Konsequenterweise ist daher in den Romanen des 18. Jahrhunderts wirtschaftliche Notlage immer mit der Gefahr des Verhungerns gleichgesetzt worden. Noch 1860 beschäftigte die Landwirtschaft weit über 40 % der gesamten Erwerbstätigen. Der Einsatz von Düngemitteln, die Erfindung des Traktors und der Pflanzenschutzmittel beschleunigten dann die Produktivität bei der Erzeugung von Nahrungsmitteln so nachhaltig, daß seit Beginn unseres Jahrhunderts immer weniger Personen für die Nahrungsmittelproduktion gebraucht wurden. Inzwischen ist in den alten Bundesländern die Beschäftigung im primären Sektor auf 0,8 Mio. Personen, das sind noch 2,8 % der Gesamtarbeitsplätze, geschrumpft. Auf einen Arbeitsplatz in der Landwirtschaft kommen heute über 70 Konsumenten. Der primäre Sektor ist zwar von der Zahl der Arbeitsplätze her geschrumpft, die Landwirtschaft in Deutschland hat sich jedoch als Wirtschaftssektor durchaus nicht verabschiedet.

1.2. *Der sekundäre Sektor: Das verarbeitende Gewerbe und die Bauwirtschaft*

Im sekundären Sektor werden alle Branchen zusammengefaßt, die Waren produzieren, d. h. Stoffe verändern und zu neuen Produkten formen. Innerhalb dieses sekundären Sektors ist die *»Industrie«* zu finden, aber auch das Handwerk.

Seit 1970 hat sich die Zahl der Arbeitsplätze im sekundären Sektor in den alten Bundesländern *von 12,3 Mio. auf 10,2 Mio.* zurückentwickelt.

In den neuen Bundesländern hatte unter den wirtschaftlichen Rahmenbedingungen des Sozialismus der produzierende Sektor einen wesentlich größeren Anteil an den Gesamtarbeitsplätzen als im Westen. Hier bestanden zum Zeitpunkt der Wiedervereinigung 1989 noch rd. 4,1 Mio. Arbeitsplätze in diesem Bereich, die inzwischen bis auf 2,3 Mio. geschrumpft sind. Die letztgenannte Zahl ist vermutlich noch zu hoch, weil in ihr viele Arbeitsplätze enthalten sind, die im Grunde nur noch auf dem Papier stehen und in den nächsten Jahren verschwinden werden. Im Osten hat also der wirtschaftliche Strukturwandel in nur fünf Jahren relativ mehr Arbeitsplätze in der Produktion abgebaut, als in einem Vierteljahrhundert in den alten Bundesländern.

Die eingangs gestellte Hauptfrage *»Wie weit kann sich Deutschland deindustrialisieren?«* wird im folgenden jedoch immer nur auf die alten Bundesländer bezogen, weil nur hier der Prozeß des Strukturwandels aufgrund marktwirtschaftlicher Rahmenbedingungen zu beobachten war.

Die folgende *Tabelle* zeigt die Rückentwicklung der Arbeitsplätze im sekundären Sektor Westdeutschlands zwischen 1970 und 1995.

Tabelle 1: Arbeitsplatzentwicklung der Branchen im sekundären Sektor Westdeutschlands zwischen 1970 und 1995

Branche	1970	1995
	Arbeitsplätze in 1.000	
Energieversorgung (Öl, Strom, Gas, Wasser)	289	312
Chemie	657	585
Kunststoff u. Gummiverarbeitung	326	415
Glas u. Keramik	172	105

Eisen u. NE-Metall-Erzeugung	473	223
Stahlbau und Stahlverformung	305	272
Maschinenbau	1.410	1.210
Büromaschinen u. EDV	106	114
Automobilindustrie	880	780
Werften	76	29
Flugzeugbau u. Raumfahrt	41	72
Elektrotechnik u. Optik	1.516	1.426
Eisenkleinteile-Industrie	513	425
Holzbearbeitung	474	405
Papier und Druck	525	437
Leder/Textil und Bekleidung	1.355	570
Nahrungsmittelindustrie	965	840
Baugewerbe	2.190	1.932
insgesamt:	12.302	10.152

1.3. *Der tertiäre Sektor: Dienstleistungen und Staat*

Der dritte große Sektor, welcher alle Dienstleistungen der Wirtschaft und den Staat umfaßt, wird in der wirtschaftspolitischen Diskussion oft als Rettungsanker des Arbeitsmarktes bewertet. In der Tat hat er den Arbeitsplatzverlust des verarbeitenden Gewerbes mehr als auffangen können. Zwischen 1970 und 1995 ist hier die Zahl der Arbeitsplätze *von 11,6 Mio. auf 17,2 Mio. angestiegen.* Mit 5,6 Mio. neuen Arbeitsplätzen ist hier der Rückgang im verarbeitenden Gewerbe und im primären Sektor mehr als aufgefangen worden. Tatsächlich hat sich also zwischen 1970 und 1995 die Gesamtzahl der Arbeitsplätze in Westdeutschland nicht etwa verringert, sondern erhöht.
Besonders stark zugenommen hat die Zahl der Arbeitsplätze in den vier Teilbereichen *Banken und Versicherungen, Hotels und Gaststätten, Kultur und Wissenschaftsbetriebe sowie dem Gesundheitswesen.* In diesen vier Bereichen hat sich die Zahl der Arbeitsplätze zwischen 1970 und 1995 allein um 1,7 Mio. erhöht. Hierbei ist im Gesundheitswesen ausschließlich der nichtstaatliche Bereich angesprochen.
Aber auch der *Staat* hat in den letzten 25 Jahren die Zahl der Arbeitsplätze erheblich ausgeweitet. Die Beschäftigung stieg seit 1970 um mehr als 40 % *von knapp 3 Mio. auf 4,3 Mio. Arbeitsplätze im laufenden Jahr an.*

1.4. *Schlußfolgerungen aus dem erkennbaren Strukturwandel*

Wenn die Zahl der Arbeitsplätze im Dienstleistungsbereich schneller steigt, als die Zahl der Arbeitsplätze in der Produktion, könnte im Grunde der Strukturwandel für den Arbeitsmarkt in den alten Bundesländern kein Problem darstellen. In der gegenwärtigen wirtschaftspolitischen Diskussion wird jedoch immer wieder argumentiert, daß *»Arbeitsplätze im verarbeitenden Gewerbe mehr Wert seien, als Arbeitsplätze im Dienstleistungsbereich«!* Wenn also der produzierende Sektor laufend schrumpft, soll als Folge ein Wohlstandsverlust der Deutschen vor allem im Vergleich mit dem Ausland eintreten. Bevor wir uns schließlich dieser grundsätzlichen Fragestellung zuwenden, soll im nächsten Kapitel zunächst untersucht werden, ob dieser Strukturwandel auf Deutschland isoliert ist oder auch andere Industriestaaten der Welt unter diesem Phänomen leiden.

2. *Ist die deutsche Wirtschaft Vorreiter beim Strukturwandel?*

Alle sog. Industrieländer der Welt weisen einen ständig sinkenden Anteil des verarbeitenden Gewerbes am erwirtschafteten Sozialprodukt aus. Deutschland markiert durchaus nicht die Spitze der Entwicklung zur Dienstleistungsökonomie. Andere Nationen sind erheblich weiter fortgeschritten auf dem Weg zur Dienstleistungsgesellschaft. Folgende Verminderung der Anteile von Arbeitsplätzen im produzierenden Sektor der Volkswirtschaft ist in einzelnen ausgesuchten Ländern eingetreten:

Tabelle 2: Anteile der Arbeitsplätze im verarbeitenden Gewerbe ausgewählter Industrieländer

Land	1970	1995
	in %	
Italien	39,5	32,1
Frankreich	39,3	28,9
Spanien	35,5	32,5
Großbritannien	44,7	26,5
Deutschland (West)	48,9	35,2
Japan	35,7	33,2
USA	33,9	24,6

Quelle: United Nations Macroeconomic Databank

Bis auf Japan haben alle in der *Tabelle* genannten Länder im letzten Vierteljahrhundert Arbeitsplätze im verarbeitenden Gewerbe abgebaut. Am radikalsten hat sich Großbritannien deindustrialisiert. Hier sind die Arbeitsplätze im produzierenden Gewerbe um nicht weniger als 18 Prozentpunkte gesunken, d. h. die Anzahl der Arbeitsplätze ist hier in diesem Bereich um rd. 40 % zurückgegangen.
Eine ähnlich radikale Entwicklung hat in den USA stattgefunden. Diese markieren gleichzeitig mit einem Anteil von 24,6 % den niedrigsten Wert aller OECD-Staaten.
Deutschland ist mit einem Anteil von 35,2 % überraschenderweise das *am höchsten industrialisierte Land der Welt*. Es ist sogar höher industrialisiert als Japan. Von allen etwa 100 marktwirtschaftlich orientierten Ländern, die in der ökonomischen Datenbank der UN erfaßt sind, hat Deutschland damit den höchsten Anteil an Arbeitsplätzen im verarbeitenden Gewerbe überhaupt. Lediglich in einigen Ländern mit sozialistischer Wirtschaftsstruktur liegen diese Anteile noch geringfügig höher.
Nun muß allerdings eingeräumt werden, daß nicht die Zahl der Arbeitsplätze, sondern die im produzierenden Gewerbe erreichte Produktivität, also der Anteil dieses Sektors am gesamten Bruttosozialprodukt, die wesentliche Größe ist. Hier fällt nun Deutschland mit rd. 39,5 % gegenüber Japan mit 41 % leicht zurück. Die wesentliche Frage ist aber, ob der radikale wirtschaftliche Strukturwandel vor allem in Großbritannien und den USA diesen Ländern wirtschaftlich geschadet hat, oder ob deren Wohlstandsniveau durch den Abbau der Arbeitsplätze im produzierenden Gewerbe sich positiver entwickelt hat? Großbritannien und die USA werden in der internationalen Hitliste der Nationalökonomen eher schlecht beurteilt. Deutschland und Japan dagegen, die mit hohen Wertschöpfungsanteilen im verarbeitenden Gewerbe dem Strukturwandel hinterherhinken, nehmen dagegen eher Spitzenpositionen bei der Beurteilung ihrer nationalen Wirtschaftskraft ein. Ist diese Notenverteilung durch die Nationalökonomen aber richtig? Eine klare Aussage über die negativen Folgen eines zu hohen Anteils des produzierenden Gewerbes an den Arbeitsplätzen läßt sich im Grunde eher treffen, als das Gegenteil beweisen.
Das Hauptproblem eines hohen Anteils von Arbeitsplätzen im Produktionssektor ist die inzwischen erreichte hohe Produktivität der Industrie. *Übersteigt der Anteil des produzierenden Gewerbes heute einen Wert von einem Drittel der Arbeitsplätze, kann eine nationale Bevölkerung den Strom der hergestellten Güter gar nicht mehr absorbieren.* Aus diesem Grunde herrscht in den hochindustrialisierten Ländern ein ständiger Überdruck an Hartwaren, der über das Exportventil abfließen muß. Die Folge ist eine chronisch positive Handelsbilanz und damit ein ständiger Aufwertungsdruck, der wiederum negativ auf die Konkurrenzfähigkeit des verarbeitenden Gewerbes einwirkt. Ein zu hoher Anteil der Produktion wird damit durch die Mechanismen der Welt-

wirtschaft korrigiert. Je größer der Anteil des produzierenden Gewerbes, desto stärker der Druck durch die internationalen Märkte und desto schneller der Abbau an Arbeitsplätzen in diesem Sektor. Japan hat in den letzten drei Jahren diese Erfahrung ebenfalls machen müssen, nachdem es den Strukturwandel in den 25 Jahren seit 1970 zu ignorieren schien.

3. *Sind Arbeitsplätze im Dienstleistungsbereich weniger wert?*

Das ständige öffentliche Beklagen von Arbeitsplatzverlusten in der Produktion verdeckt die stillen Erfolge bei der Schaffung neuer *Arbeitsplätze im Dienstleistungssektor. Arbeitsplätze im Dienstleistungssektor haben in der Regel eine höhere Arbeitsqualität,* weil sie weniger Belastungen durch schwere körperliche Arbeit, Lärm und andere Emissionen mit sich bringen. Auch bei rein ökonomischer Betrachtung sind die Probleme des produzierenden Gewerbes gegenüber dem Dienstleistungssektor erheblich. Im sekundären Sektor herrscht durch die Überproduktion von Hartwaren ein ständiger Druck auf die Preise und damit auch auf die Einkommen der dort Beschäftigten.

Auch im Dienstleistungssektor unterliegen die Arbeitsplätze selbstverständlich dem Wettbewerb. Im Gegensatz zum Hartwarenbereich ist hier jedoch die Nachfrage der Konsumenten nahezu unendlich groß. Die Konsumstrukturen der privaten Haushalte verschieben sich laufend weiter in Richtung auf den Dienstleistungsbereich. Hierzu trägt vor allem der relative Preisverfall bei Hartwaren bei. Diese Tendenz ist aber sowohl im Sinne der Konsumenten als auch der Beschäftigten durchaus zu begrüßen. Bei ausreichender, besonders bei einer Überversorgung mit Hartwaren, kann der Wunsch der Verbraucher nach mehr Dienstleistungen innerhalb des privaten Konsumspektrums sehr viel leichter erfüllt werden. Daher haben es die Anbieter im Dienstleistungsbereich leichter, Preissteigerungen für ihre Produkte durchsetzen zu können. Hierbei ist zu beachten, daß in vielen Bereichen des Dienstleistungssektors Produktivitätssteigerungen praktisch gar nicht möglich sind. Dienstleistungen wie Massagen, Haarschnitte, persönliche Beratungen oder Hilfe und Pflege sind nicht durch technische Hilfsmittel zu beschleunigen, sondern müssen unmittelbar vor Ort geleistet werden. Dadurch unterliegen die meisten personenbezogenen Dienstleistungen auch nicht dem Preisdruck des billigeren Auslandes.

Arbeitsplätze im Dienstleistungsbereich sind also mitnichten weniger wert, als Arbeitsplätze in der Produktion. Im Gegenteil: *In fast allen Fällen ist die Arbeitsqualität im Dienstleistungsbereich erheblich höher als in der Produktion.*

4. *Wie weit kann der Prozeß der Deindustrialisierung noch fortgeführt werden?*

Ähnlich wie bei der Landwirtschaft hat sich trotz der starken Rückgänge bei den Arbeitsplätzen im produzierenden Bereich die Industrie *durchaus nicht aus Deutschland verabschiedet.* Die eigentliche Produktion, d. h. die Menge der in Deutschland hergestellten Güter in Gewichtseinheiten gemessen, ist erstaunlicherweise in den letzten 25 Jahren in den meisten Branchen eher gestiegen als gesunken. Während überall die Zahl der Arbeitsplätze sank, stieg der Produktionsausstoß im sekundären Sektor weiter an. Es gibt nur wenige Branchen im Bereich der Textil- und Bekleidungsindustrie, in Teilen der Feinmechanik (Fotoapparate, Unterhaltungselektronik), deren Produktmenge durch Verlagerung in das Ausland abgesunken ist. Oft hat hier das Ausland auch lediglich Nischen besetzt, wie z. B. im Bereich der Zweiradindustrie, welche vorher von der einheimischen Wirtschaft frei gemacht worden sind. Die folgende *Tabelle 3* zeigt aber, daß in den meisten Branchen die Produktionsmenge seit 1970 erheblich angestiegen ist.

Tabelle 3: Produktion ausgewählter Produkte im Investitionsgüter- und Halbzeugbereich in den alten Bundesländern zwischen 1970 und 1994 in 1.000 t Produktgewicht

Produkt	1970	1994
Stahlbauprodukte	1600	2.832
Metallbearbeitungsmaschinen	360	388
Landmaschinen	311	223
Textilmaschinen	151	252
Armaturen	316	428
Elektromotoren	357	470
Kunststoffe	7.311	9.816
Pappe	1.490	1.955
Papier	6.409	10.839
Folien	1.010	1.598
Baumwollgewebe	228	105
Mehl	2.904	2.753
Autoreifen	532	454
Mauerziegel[1]	11.422	12.551
Zement	35.659	36.659
Dachziegel[2]	356	671

Anmerkung 1: in 1.000 m^3. Anmerkung 2: in Mio. Stück

Aus den Werten in der obigen Tabelle kann die Feststellung abgeleitet werden, daß die Arbeitsplatzverluste im sekundären Sektor zu über 70 % auf innere Rationalisierung und zu höchstens einem Drittel auf eine Produktionsverlagerung ins Ausland zurückzuführen sind. Die Industrie hat sich also gar nicht aus Deutschland verabschiedet; sie produziert bei kleinerer Zahl an Arbeitsplätzen in den meisten Branchen erheblich mehr als vor 25 Jahren.
Den ständig ablaufenden Prozeß der Rationalisierung zu beklagen hieße, die »Arbeit an sich« zum Fetisch zu erheben, für deren Erhalt die abenteuerlichsten Anstrengungen unternommen werden. Der Sinn des Wirtschaftens besteht nicht darin, zu arbeiten, sondern eine nationale Bevölkerung mit Gütern und Dienstleistungen zu versorgen. Je weniger Arbeit hierfür eingesetzt wird, um so besser. Niemand würde heute mehr den Rückgang der Arbeitsplatzzahlen in der Landwirtschaft in den letzten 100 Jahren beklagen. Vielleicht wäre dem Arbeitsmarkt, sicher aber nicht der nationalen Wohlfahrt, geholfen, wenn heute nicht 1 %, sondern über 30 % der Beschäftigten für die tägliche Nahrung sorgen müßten, wie im Jahre 1840.
Bis zu welchem Minimum an Arbeitsplätzen kann der Prozeß des Arbeitsplatzabbaus der Produktion geführt werden? Die untere Grenze der Deindustrialisierung wird offensichtlich durch Produkte bestimmt, deren Verhältnis von Gewicht und Wertschöpfung so ungünstig ist, daß sie auch dann noch in Deutschland hergestellt werden, wenn das Verhältnis zu den Lohnstückkosten des Auslands noch ungünstiger werden sollte als derzeit. Das extreme Beispiel ist der Sack Zement, der pro Gewichtseinheit so wenig Wertschöpfung transportiert, daß seine Herstellung in Deutschland sogar nur regional sinnvoll ist. Weltmarktfähige Produkte beginnen erst bei Verbraucherpreisen von über DM 20 pro Kilogramm. Die Masse der von den Deutschen verbrauchten Produkte hat aber niedrigere Preis-Gewichts-Relationen. Der Anteil dieser Produkte am Verbrauch wird eine untere Grenze des Arbeitsplatzanteils in der Hartwarenproduktion ziehen. Der Anteil dieser Produkte würde eine untere Grenze von derzeit 20-24 % der Arbeitsplätze erreichbar machen. *Die weiter fortschreitende interne Rationalisierung und die internationale Arbeitsteilung macht jedoch auch Anteile von nur noch 16-18 % in weiterer Zukunft plausibel.*

5. *Resümee*

Der Arbeitsplatzabbau in der Produktion in Deutschland ist kein Prozeß, der unsere Volkswirtschaft allein betrifft. Deutschland hat sich diesem Prozeß bisher widerstrebend entgegengestemmt und ist damit zum höchstindustrialisierten Staat der Welt geworden. Der übergroße Anteil der Arbeitsplätze im verarbeitenden Gewerbe verursacht die derzeitigen großen Probleme am Arbeitsmarkt. Durch diesen hohen Anteil ist auch eine hohe Exportleistung notwendig, die in einem zweigeteilten Deutschland (mit nur geringem Export in den neuen Bundesländern) noch für positive Handelsbilanzen sorgt. Berücksichtigt man, daß die neuen Bundesländer derzeit erheblich mehr konsumieren, als produzieren und damit auch erheblich mehr aus dem Ausland beziehen, als dorthin liefern, so ist die Exportleistung der westdeutschen Industrie um so beeindruckender. Der hohe Handelsbilanzüberschuß läßt wiederum den Außenwert der DM steigen, und dies schafft innere Wettbewerbsprobleme. Viele Schwierigkeiten am Arbeitsmarkt rühren im wesentlichen daher, daß die unvermeidlichen Friktionen beim Strukturwandel von der Produktion zur Dienstleistung zu schwer bewältigt werden. Die Flexibilität der Arbeitgeber, aber auch der Arbeitnehmer, läßt erheblich zu wünschen übrig, und die Politik erleichtert den Übergang nicht, sondern bremst zusätzlich.

In der heutigen Schrumpfung des sekundären Sektors wiederholt sich das Schicksal der landwirtschaftlichen Arbeitsplätze in der Zeit vor hundert Jahren. 1995 würde es niemandem einfallen, einen Arbeitsplatz in der Landwirtschaft als ökonomisch höherwertig gegenüber einem Arbeitsplatz in der Industrie zu bezeichnen. Aus der Sicht der Industrie wird gegenüber dem Servicesektor jedoch immer noch gewertet, *»daß nur im Windschatten einer leistungsfähigen Industrie ein Servicesektor entstehen kann«*. Dies ist im Grundsatz zwar richtig, berücksichtigt jedoch nicht, daß durch den internen Rationalisierungsprozeß der Industrie die Zahl der Arbeitsplätze trotz eines tendenziellen Überdrucks bei Warenversorgung immer geringer werden wird.

Thomas Lange

Active Labour Market Policies: Lessons from International Experiences

Abstract

High levels of unemployment experienced in Europe in the last few years, coupled with a loss of faith in Keynesianism, have led to a surge of interest in active labour market policies (ALMP). In this paper the author gives a brief account of the theoretical and empirical literature on policies of this type. His conclusion is that, although these schemes have grown in popularity, the promotion of ALMP owes more to the political pressures which lead governments to pursue them, than to their intrinsic merits.

1. *Introduction*

Active labour market policies are in fashion. Thirteen out of twenty-two OECD countries were spending a larger proportion of their Gross Domestic Product on such policies in 1990 than in 1985. By today, in many cases the proportion has risen even further. In contrast to the conventional wisdom, however, I will take a rather sceptical look at the alleged effectiveness of these measures and try to highlight potential dangers and disadvantages associated with ALM policies from an international perspective.

The context in which ALM policies should be seen is that of the very high rates of unemployment experienced in developed countries in the last fifteen years or so. This situation is a standing reproach to governments and the economists who advise them. There is of course no dearth of theories which attempt to explain the rise in unemployment since the 1970s, and its persistence at levels which many experts would have thought impossible in the 1950s and 1960s. The simple-minded Keynesian view, that unemployment is in large measure the consequence of aggregate demand deficiency, was seemingly discredited by the simultaneous increases in unemployment and inflation in the 1970s. At the theoretical level, the development of the expectations-augmented Phillips curve analysis, and (later) the popularisation of rational expectations by New Classical economists, seemed to suggest that an economy could only temporarily be disturbed from its natural rate of unemployment (NAIRU) by shifts in nominal aggregate demand. If the unemployment rate

was perceived too high, this was because of *rigidities* in the labour market, resulting from such factors as excessive government regulation, over-powerful trade unions (see UK policies during the 1980s, though without much obvious impact on macroeconomic performance), and the incentive pattern generated by the tax and social security systems. The cure for excessive unemployment involved appropriate *supply side* remedies targeted on these problems rather than the use of fiscal or monetary policies to stimulate aggregate demand.
By the late 1980s, there was something of a retreat by economists from the position that ›demand doesn't matter‹. This has continued into the 1990s as the result of the requirements of the Maastricht Treaty. Experience of recession on a scale unprecedented since the 1930s suggested that sharp cutbacks in aggregate demand can indeed have a lasting effect on unemployment – the *hysteresis* effect – although there is certainly no consensus for returning to laxer fiscal or monetary policy. However, *New Keynesian* theorists have demonstrated that the wage (and price) rigidity associated with continuing unemployment can have a vareity of alternative explanations to those proposed by the *New Classicals*. These explanations have suggested once again that unemployment may be intrinsic to developed market economies, rather than the consequence of interference with markets, and provided a rationale for renewed policy activism – amongst other things for active labour market policies.

2. *Concepts and definitions*

What exactly are active labour market policies ? The OECD describes them as embracing those measures which

> *»improve access to the labour market and jobs; develop job-related skills; and promote more efficient labour markets« (OECD 1994).*

The term is used in contradistinction to *passive* policies, those providing income support for those out of work. However, this may be a difficult line to draw; many welfare benefits are conditional rather than absolute entitlements, as the UK's imminent renaming of unemployment benefit as *jobseeker's allowance* indicates. Apart from the difficulties of distinguishing *active* from *passive* policies, it is also difficult to see where to draw the line between active *labour market* policies and other active supply-side measures. For example, direct employment subsidies are counted as ALM policies, while subsidies to nationalised industries are not. Measures to encourage unemployed workers to compete more effectively for jobs are again in the ALM category, while changes in trade union law or competition policy are not.

Although the OECD distinguished five main types of ALM policies (subsidised employment, direct job creation, labour market training, public employment services and youth measures) I prefer to concentrate on the three most common categories of training, work creation and counselling/placement services. It is accordingly this categorisation on which I now focus.

3. *Training, work creation and counselling – dangers and disadvantages*

3.1. *Training*

The theoretical case for government-supported training as a means of reducing unemployment is not always spelt out in official publications; it tends to be taken as self-evident. In a trivial sense, of course, a government scheme will temporarily reduce the numbers of unemployed for the duration of the scheme. Governments with a (necessarily?) short term horizon, as I will argue later, find this an advantage in itself. However, it is normally assumed that on completion of such training people are more likely to find jobs (or find better-paid jobs than they otherwise would[1]), and less likely to reenter unemployment. It is argued that employers may see the unemployed (especially the long-term jobless) as being insufficiently prepared to meet the challenges of ongoing technological change. Human capital will have depreciated, as individuals will no longer be receiving the continuing training necessary to maintain their productivity.
However, it cannot be taken for granted that the primary result of training schemes is to augment or renew the human capital stock. From another perspective their effects are best understood by concentrating on training's signalling function. General training schemes for the unemployed are unlikely to provide the mix of specific skills required by employers, but achievement on training schemes may be taken as a proxy for inherent abilties, diligence and other not-easily-observable personal characteristics which help determine the employability of workers. Thus training has a sorting (or screening) function for employers faced with an excess of applicants. In such a context little, if any, extra employment may arise; it is simply that successful trainees move a few places up the queue for future jobs. Even this modest benefit may not be forthcoming in the sort of world of imperfect information portrayed by screening theorists. In such a world employers may know little of the content and standard of government training schemes, and indeed in extreme cases

1 However, see Georgellis and Lange (1995) for some counterarguments based on empirical results drawn from the German Socio-Economic Panel.

may stigmatise participants in such schemes, however good, as failures; their chances of employment may be reduced as a consequence (OECD 1993).
Given these theoretical difficulties with training evaluations[2] it is unsurprising that empirical results often appear to contradict each other. Gritz (1988) reports that some participation in public training schemes increase the rate of transition from employment to non-employment. Private programs, on the other hand, produce the opposite effect. Furthermore, he claims that training is of particular benefit for women. Ridder (1986), on the other hand, found decreased transition rates out of employment for women, youth and minorities who previously participated in public training. Having examined a range of training programmes Sehlstedt and Schröder (1989) report significant effects for some programmes and no significant effects at all for others. British evidence by Dolten et al (1992) suggests that ex-trainees obtain jobs at a slower rate than non-trainees even when the time on the training scheme is excluded. Insofar as there is any general conclusion from the evaluation literature, it is that training programmes

> *»have had their greatest impact and largest social returns for those who have had the least previous labour market experience and are most disadvantaged« (Bjorklund 1991).*

In other words, there is a tendency for training programmes implemented as an entitlement for all unemployed to have little or zero impact. Although there are examples of successful schemes, they tend to be highly targeted – while many training programmes remain broad and unfocussed (such as Youth Training in the UK).

3.2. *Work creation*

The second broad category of active labour market policy is work creation. Most schemes of this kind are usually targeted at the hard-to-place long-term unemployed. However, it is argued by critics that these jobs for the long-term jobless can only be created at the expense of potential jobs for young workers entering the labour market and the short-term unemployed (Scharpf 1987, Lange 1993).
Certainly all such schemes – and certain types of training schemes for that matter – suffer from substitution, deadweight loss or displacement effects; put simply: reductions in employment of one group of workers when employment is made available to others. The principle involved can be demonstrated by reference to Figure 1.

2 In more applied terms, there are of course further difficulties such as *simultaneity, unobserved heterogeneity, etc.* but economies of space prohibit a detailed analysis of these issues.

Suppose a scheme is instituted to give 100,000 otherwise unemployed individuals a one-year subsidised job with an employer. Of the 100,000 scheme participants (areas A+B+C+D), however, a proportion (C) would have been recruited anyway; firms now simply get their costs subsidised. This is known in the literature as *deadweight loss*. Another proportion (B) will take the place of other people who would have been employed in the absence of the subsidy. This is know as the *substitution effect*. Finally, the effect of publicly financed employment may actually lead employers to shed labour if those employers who do not qualify for the subsidy seek means of retaining competitiveness: *the displacement effect* (D). The net success of subsidised work is therefore only (A). Indeed it may be even less than this. For one has to bear in mind that the evidence relies in the main on employers reporting what they would have done in the absence of the subsidy, and it is clearly not in their interest to disclose every deadweight and substitution.

Figure 1: *Substitution, deadweight loss and displacement*

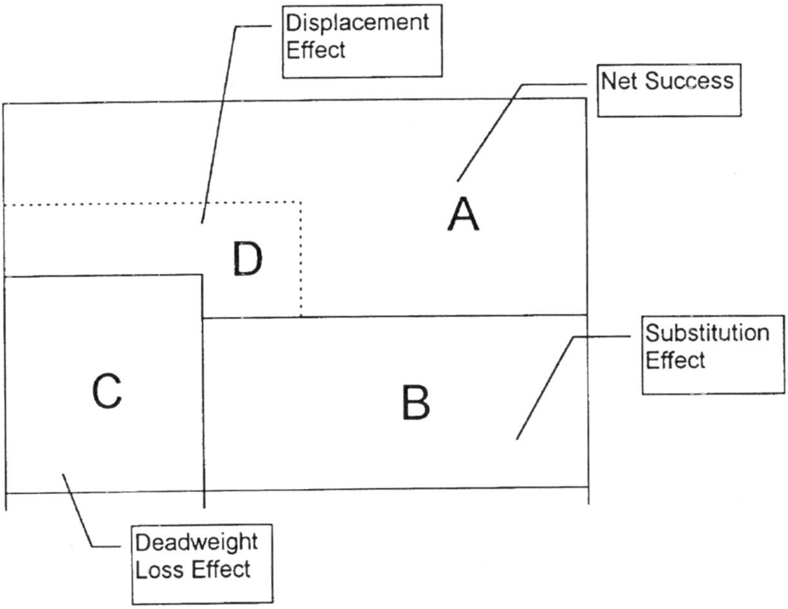

It thus comes as no surprise that the real success of measures of this sort is often exaggerated by concentrating on superficial and misleading indicators. In a recent paper by Mortensen (1995), for example, it is claimed that when possible displacement effects are ignored training, recruitment and wage subsidiy schemes could play an important quantitative role in reducing the equilibrium unemployment rate and improving economic efficiency, although the specifics do depend rather critically on the properties of the wage contract governing employment relations. Such indicators include the »cost per job«, by which employment subsidies can be made to appear attractive compared with »passive« policies of income support. Mortensen reports that

> *»if a common wage prevails over the tenure of any employment relationship, a combined subsidy to both recruiting and training equal to roughly 40% of average quartely earnings per job-worker match fomed would have lowered the UK unemployment rate from 9.2% of the labour force experienced during the 1983-1992 period to about 6.5% and increased aggregate net income per labour force participant by almost 2%.«*[3]

However, Stern (1988) examines five different »cost per job« measures, and points out how taking into account the wider impact of job subsidies can seriously reduce their attractiveness.

For there is no doubt that substitution, deadweight loss and displacement effects of employment subsidies are very considerable. The OECD has reviewed a number of studies; they include one of Ireland's »Employment Incentive« scheme showing a cumulative deadweight and substitution effect of 95%; Australian »Jobstart« schemes with deadweight losses alone of between 67 and 79%; Dutch recruitment subsidies with the sum of deadweight and substitution effects of between 76 and 89% (OECD 1993). Subsidies to self-employment suffer from similar, if not greater effects to those associated with other work creation schemes. Deadweight loss alone from such schemes have been estimated at over 70% in the UK, around 60% in Ireland and 40% in Australia (OECD 1989).

The OECD's conclusion (1993) is that job subsidies with broad targeting (*eg* all jobless) are difficult to defend, but that schemes focused on particular problem groups may be acceptable if the policy objective is to redistribute opportunities. One has to note, however, that few if any schemes have ever been presented to the public as a means of spreading misery around more equitably (even if it could be regarded as particularly equitable to benefit the long-term unemployed at the expense of the short-term unemployed; since both groups are very heterogenous it remains unclear whether welfare transfers between such broad groups are necessarily optimal).

3 However, he also notes that this would require a net increase in government outlay of 3.5% of net income per labour force participant.

3.3. *Counselling and placement services*

Finally, a brief word on counselling and placement services. These schemes have gained in prominence amongst policy recommendations as other ALM policies have increasingly been criticised on grounds of inadequate targeting. Not unlike work creation, measures of this kind are used on the main to bring the long-term unemployed back to work. These activities are believed to improve the matching between the unemployed and vacancies. However, direct exit from *genuine* long-term unemployment as a result of counselling is unusual, and advocates of counselling tend to stress the way in which counselling assists in targeting other ALM schemes. In addition, these schemes still involve problems such as substitution. For instance, while the UK's Restart scheme probably increased the likelihood of job placement for the long-term unemployed, the impact may have been achieved in part at the expense of non-targeted persons. For the latter group flows out of unemplyoment appeared to fall when Restart was introduced (OECD 1993).

4. *Towards a political theory of active labour market policies*

The overall picture I have painted is one where ALM policies appear to be of limited effectiveness in reducing unemployment unless deadweight loss, substitution and displacement effects can be avoided (firmer legislation or expanded monitoring comes to mind). Without being unduly sceptical, it seems reasonable to conclude that given the current scenario a large proportion of the substantial sums of money spent on ALM policies is wasted, in that the schemes do not produce the outcomes which the public are by and large led to expect from them. Why is it then that despite weak empirical results ALM policies have grown in popularity. With pubic choice analysis, though not universally accepted, help is at hand.

Certainly, many interest groups stand to gain from government funding of training schemes (particularly those leading to formal qualifications), work creation and other active measures. Unions, for example, are strongly in favour of increased formal training provision (Chapman 1993). Regulation and insistence on formal qualifications can be used to reduce competition in the labour market. Historically European and American unions have defended trained labour against *dilution* by the unskilled. Wherever possible they tend to press for higher entry qualifications for jobs, a policy enhancing *rents* to existing workers. However, it is not just unions, the betes noirs of the New Right. Employers also hope to gain from government intervention in training and the implementation of job subsidy schemes. As we have seen, public funding, necessarily rather undiscriminating despite attempts to restrict it by considerations of additionality, often substitutes for training which firms would otherwise finance themselves. Then there is the growing body of professional trainers and counsellors – private and public sector organisations and individuals drawing their incomes from implementing active labour market policies. Finally, the attractiveness of ALM policies to politicians in power should be reemphasised – particularly in recent years when higher unemployment has coincided with loss of faith in both demand management and *New Classical* supply side policies. The need to be seen to be *doing something* which can be presented as improving long-term competitiveness as well as alleviating short-term problems is a powerful one, even if the evidence awkwardly refuses to validate politicians' schemes. It is a need which unites left and right.

Of course where these various interest groups are strongest, we might expect to find a greater emphasis on ALM policies. A long-running debate in the political science literature concerns the concept of *corporatism* – a political environment where policies are strongly influenced by key interest groups representing the organised employers and workers. Calmfors and Driffill (1988) attempted to rank countries in terms of one measure of corporatism, the degree of cenralisation of collective bargaining. They claim to find a significant relation between this indicator and various indices of macroeconomic performance. Although their work has been criticised, notably by Soskice (1990), it has been very influential. With this in mind I examined the relationship between Calmfors and Driffill's ranking of several OECD countries and their ranking in terms of expenditure on ALM policies as a percentage of GDP (see figure 2). I found a rank correlation coefficient of nearly 0.6, significant at the 95 per cent level of confidence. Although this may be just a straw in the wind, it does tend to support the view that ALM policies are influenced as much by political economy as by objective consideration of their merits.

5. *Concluding remarks*

In this short paper I have tried to survey and comment on the growth of interest in active labour market policies. Having studied the international empirical and theoretical literature my conclusion is that, although some schemes do produce tangible benefits, a very large proportion of expenditures on ALMPs produced rather trivial returns for individual workers and society as a whole. I can see the pressures which lead governments to support such schemes and share to some extent the wishful thinking that leads analysts to spread their nets ever wider to seek evidence in support of these measures. However, waking up to reality I cannot believe that it is in the long-run interest of anybody to raise expectations of ALM policies which they cannot meet. Active labour market policies work only in interaction with more effective legislation

Figure 2: *Centralization of wage bargaining and ALMP spending*

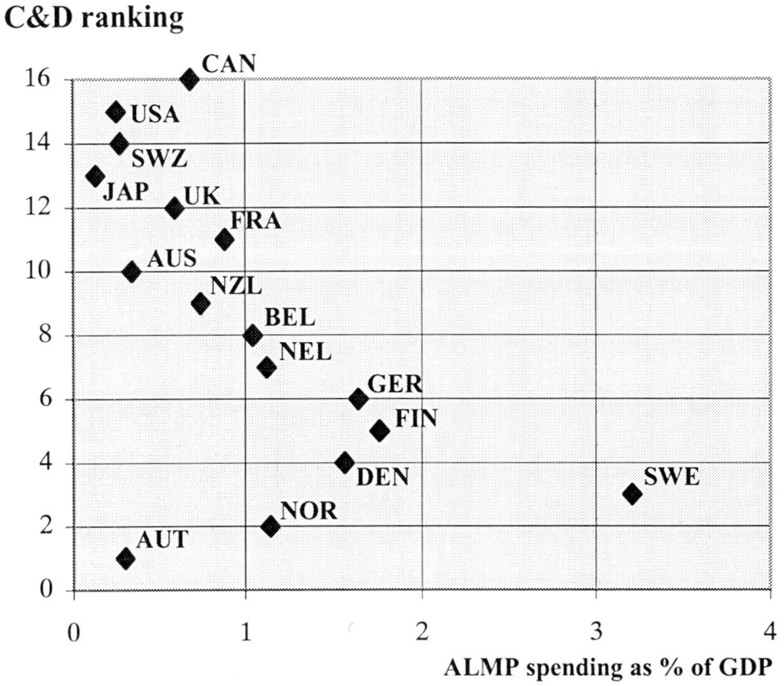

and an expanded monitoring exercise of long-run results of schemes. Furthermore, it seems self-evident that unless targeted programmes take the place of broad and unfocussed measures active labour market policies will fail to produce an improved match of participants and vacancies. Until such an environment is created economists and policy makers in Germany, Europe and beyond who understand the issues involved have a responsibility to be less mealy-mouthed on this topic.

Bibliography

Bjorklund, A. (1991), *Labour Market Policy and Unemployment Insurance*, Clarendon, Oxford.

Calmfors, L. and J. Driffill (1988), »Bargaining Structure, corporatism and macroeconomic performance«, *Economic Policy* 6.

Chapman, P. (1993), *The Economics of Training*, Hemel Hempstaed: Harvester Wheatsheaf.

Dolten, P. et al (1992), »The Youth Training Scheme and the School-to-Work Transition«, *Labour Economics Unit Working Paper* 92/3, University of Hull.

Georgellis, Y. and T. Lange (1995), »Further Training and Wage Growth in West Germany 1984-1992«, *Staffordshire University Working Paper*, Economics Division, August.

Gritz, R.M. (1988), *The Impact of Training on the Frequency and Duration of Employment*, Department of Economics, University of Washington, mimeo.

Lange, T. (1993), »Training for Economic Transformation«, *British Review of Economic Issues, October.*

Mortensen, D. (1995), »Beschäftigungs- und Wohlstandseffekte einer aktiven Arbeitsmarktpolitik: Ein Vergleich zwischen den USA und Großbritannien«, paper delivered at the X. Malenter Symposium, 12-14 June, Lübeck.

OECD (1989), *Self-Employment Schemes for the Unemployed,* ILE Notebook 10, Paris.

OECD (1993), *Employment Outlook*, Paris

OECD (1994), *The OECD Jobs Study*, Paris.

Ridder, G. (1986), »An Event History Approach to the Evaluation of Training, Recruitment and Employment Programmes«, *Journal of Applied Econometrics.*

Scharpf, F.W. (1987), *Sozialdemokratische Krisenpolitik in Europa*, Frankfurt.

Sehlstedt, K. and L. Schröder (1989), *Sprangbada till arbete ? En utvardering av beredskapsarbete, rekryteringstod och ungdomsarbete*, document prepared for the Ministry of Labour, EFA, Stockholm.

Soskice, D. (1990), »Wage determination: the changing role of institutions in advanced industrial countries«, *Oxford Review of Economic Policy.*

Stern, J. (1988), »Methods of Analysis of Public Expenditure Programmes with Employment Objectives«, *Government Economic Service Working Paper 103*, HM Treasury.

Dale T. Mortensen

The Unemployment and Income Effects of Active Labor Market Policy: A U.S.-U.K. Comparison

Abstract

This paper provides estimates of the extent to which the distortionary effects of existing labor market policy and of wage formation institutions on unemployment and aggregate income might be offset by active labor market policies in the specific case of the United Kingdom. For this purpose, computational experiments are performed using a version of the equilibrium unemployment model developed by Mortensen and Pissarides (1994). Three forms of active labor market policy are studied and compared: a training subsidy, a recruiting subsidy, and a wage subsidy. The results support the view that active labor market policy can play an important quantitative role in reducing the equilibrium unemployment rate and improving economic efficiency.

1. *Introduction*

Active labor market policies are those designed explicitly to improve outcomes in the labor market. They include investments in education, training, and other forms of skill enhancement, programs that improve the efficiency of the process of matching workers to jobs, and measures intended to stimulate employment. According to Katz (1994), active labor market policy has two objectives: First, the reduction of so-called natural forms of frictional and structural unemployment and, second, the enhancement of earnings. In contrast, passive policy has other goals, e.g., the maintenance of income when unemployed and the collection of revenue to finance a broad range of social security expenditures.

Layard, Nickell and Jackman (1991) argue that active policy is justified to offset inefficiencies in the operation of the labor market as well as to promote income equity and stability. Specifically, existing unemployment, minimum wage, and other income maintenance systems induce unemployment beyond that which is the necessary consequence of market friction and labor reallocation. However, because appropriate private insurance markets are missing, the provision of a social substitute is justified on both efficiency and equity grounds in spite of the distortions attributable to it. Layard *et al* and others also suggest that wages are set too high in part because of existing income support programs and Grout (1994) points out that most wage formation institutions fail to provide correct incentives for investment in recruiting and training. These forms of market failure contribute further to excessive levels of unemployment. According to Martin (1994), the OECD encourages the reallocation of government expenditure from passive income support programs to more active policy interventions for all of these reasons. Finally, Katz (1994) argues that active policy is needed to help cope with the consequence of skill bias in the demand for labor; both to offset unemployment among low skilled workers attributable to income maintenance programs and wage formation institutions in Europe and to promote more earnings equity than otherwise would be the case is the more flexible North American labor markets.

This paper provides evidence on qualitative directions and the quantitative magnitudes of the distortionary effects of existing labor market policy and of wage formation institutions on unemployment and aggregate income and estimates of the extent to which these might be offset by active labor market policies in the specific case of the United Kingdom. For this purpose, comparative static analysis is conducted and computational experiments are performed using a version of the equilibrium unemployment model developed by Mortensen and Pissarides (1994). This model is particularly well suited for the purpose because it explicitly incorporates the roles of the flows into and out of unemployment in the process of labor reallocation made necessary by continual shocks to taste and technology.

Within the context of this framework, three forms of active labor market policy are studied and compared: a training subsidy, a recruiting subsidy, and a wage subsidy. A training subsidy is a payment made contingent on the formation of a new job match, which can be viewed as an offset to the costs of hiring and training a new worker. As such, it is an investment in match specific human capital. A subsidy to recruiting is any payment make to offset the marginal cost of posting and advertising vacancies and of interviewing and processing prospective candidates. Operationally, it is a payment or rebate, possibly in the form of a tax credit, based on demonstrated recruiting expenses and or efforts. The intent of the subsidy is to reduce the time required and cost of matching worker and job. Finally, a wage subsidy is a rebate to the employer of some fraction of the wage paid to a worker once employed. A general wage subsidy of this form, formally equivalent to a reduction in the part of the payroll tax rate paid by an employer, stimulates job creation.

In the paper, computational experiments are conducted that generate estimates of the quantitative effects of these different subsidies on unemployment measures, the average duration and incidence of unemployment as well as the unemployment rate, on aggregate net output per labor force participant, an ex ante measure of overall economic welfare, and on government outlay. This methodology, still somewhat novel in policy studies, has two important advantages relative to the usual purely theoretical or purely empirical approaches. First, a purely theoretical approach typically yields few insights into the »second best« problems of design that realistic policy recommendations attempt to address. In particular, crisp qualitative results are generally not available in any realistic setting because they depend on functional forms assumed, parameter values used, and the policy context explored. The computational approach provides a way of isolating crucial structural specification assumptions and parameter values allowing one to use informed judgement in assessing not only the direction but the likely magnitudes of effects under study. Second, reduced form empirical estimation provides little useful information about how the behavior of individual agents can be expected to respond to the changes in the environment induced by the policy proposal under study. In short, this approach to policy analysis fails the so-called Lucas critique. Finally, the computational approach provides a way of blending good theory and available evidence by using the former to construct the model and the latter to check on its empirical relevance.

The theoretical basis for the computational experiments conducted in the paper is the Mortensen and Pissarides (1994) model extended to incorporate existing and proposed labor market policies.[1] The model focuses on the two principal determinants of the unemployment rate, the duration of the typical unemployment spell experienced by a worker seeking employment and the incidence or frequency of job loss once employed. Existing labor market policies incorporated in the model include unemployment compensation, payroll tax, and severance pay. Given these policies, unemployment duration and incidence are respectively determined by competitive employer decisions, made contingent on the wage faced, to create vacancies on the one hand and to destroy jobs on the other. The wage reflects existing policy, worker bargaining power, and the ability of employers and workers to make and enforce contracts.

Although the focus of the experiments is on the quantitative effects of different active labor market policies in the United Kingdom, the analysis is based on a calibration of the model that uses information about recruiting and training costs and other technology parameters available for the United States but not for the United Kingdom. Under the maintained assumption that these parameter values are the same in the U.K., observable differences in U.S. and U.K. unemployment duration and incidence are then attributed to known differences in existing labor market policy and wage determination institutions.

1 This paper is closely related to both Mortensen (1994) and Millard and Mortensen (1995). Using the same general approach as that adoped here, the effects of reforming existing labor market policies are studied in the context of the U.S. in the former paper and in the context of the U.K. in the latter. These papers also focus on a somewhat different wage determination rules.

Specifically, given U.K. rather than U.S. unemployment compensation parameters and payroll tax rates, parameters reflecting worker bargaining power and the magnitude of severance pay are set so that the models implications regarding average unemployment incidence and frequency match recent U.K. experience. Two different forms of the wage contract are considered. In the first, workers precommit to share the cost as well as the return of investment match specific training. Grout (1984) argues that wage contracts of this form, which are ex ante efficient, are feasible and likely in the context of U.S. labor law and industrial relations institutions but not in the U.K. The alternative that he suggests for the U.K. is a contract in which employers bear the full cost of match specific investment costs but must share the return with workers. Following Grout's observation, the calibration of the model is based on the assumption that training investment is shared in the U.S. but not in the U.K.

The results support the view that active labor market policy can play an important quantitative role in reducing the equilibrium unemployment rate and improving economic efficiency. For example, a combined subsidy to both recruiting and training equal to roughly 40 % of average quarterly earnings per job-worker match formed would have lowered the unemployment rate from the 9.2 % of the labor force experienced during the 1983-92 period to about 6.5 % and increased aggregate net income per labor force participant by almost 2 % according to the model but would require a net increase in government outlay of 3.5 %. A wage subsidy equal to 6 % of the earnings of all those employed, which has about the same net impact on total government outlay, would have decreased the unemployment rate to 7.4 % and increased net income by 0.7 %. However, the latter magnitudes are robust to variation in critical parameter values while the sizes of the former are sensitive to a measure of worker bargaining power.

The remainder of the paper is presented in four major section. The model is introduced in some detail in Section 2. The policy oriented reader less interested in the mathematics of the model may find it sufficient to read the first and last subsections. Section 3 reviews the comparative static implications of the model for the effects on unemployment duration and incidence of both passive and active labor market policy. The results of the specific computation experiments conducted are reported in Section 4. The final section reviews the principal results.

2. *Job creation and job destruction: the model*

In Mortensen and Pissarides (1994) equilibrium framework, job creation is the outcome of a two sided matching process in which workers and employers engage in search and recruiting activity. An essential implication of the existence of these frictions in the job-worker matching process is that the wage is determined by some form of bargaining in which the outside option of being unemployed plays the role of determining the sensitivity of the wage to outside »supply and demand« conditions. The particular bargaining outcome together with forward looking job creation and job destruction decisions determine the equilibrium rate of unemployment.

In the model, job creation is viewed as a decision by an employer to seek a new worker for the purpose of engaging in productive activity that can be expected to generate future profit. Job destruction is reflected in a separate decision to terminate an existing employment relationship because the expected profitability of productive activity no longer justifies its continuation. Because the model permits heterogeneity in job-worker match productivity, job creation and job destruction take place at the same time in the aggregate as documented by the recent empirical work of Davis and Haltiwanger (1990, 1992). Furthermore, unemployment in the model reflects the process of reallocating labor from less to more productive economic activities. Mortensen (1994b) has shown that this model contains propagation mechanisms capable of capturing the salient features of worker and job flow responses to movements in the value of labor product over the business cycle. Mortensen (1994a) and Millard and Mortensen (1995) extend the model by explicitly incorporating policy effects and apply it to determine the extent to which passive labor market policies might contribute to unemployment and adversely affect economic welfare in the U.S. in the first paper and in the U.K. in the second. In this paper, a similar model is used to study the effects of various active labor market policies that take the form of either a recruiting subsidy, a hiring subsidy, or a wage subsidy.

2.1 *The equilibrium unemployment rate*

Productive activity is the purpose of job-worker matches, which are formally indistinguishable from an establishment or a firm in the model. Although all workers are identical, the relative value of the product of a specific match changes from time to time without warning, an assumption which reflects the unforeseen nature of shocks to taste and technology that affect the competitiveness of any existing producing firm. When new matches form, the best current information about which activities are most likely to be profitable in the future is used to determine what will be produced. These assumptions generally imply that new matches are more productive than old but that every job will eventually become unprofitable. Formally, the idiosyncratic shock to productivity implicit in this specification is modelled by supposing that new values arrive at frequency λ and are distributed according to the cumulative distribution function $F(x)$, i.e., idiosyncratic match productivity is a Markov jump process. Hence, the rate at which existing employment relationships are destroyed, equivalently unemployment incidence or frequency, is $Inc = \delta + \lambda F(R)$ where R represents the reservation productivity of a marginal match and δ is a reflects other exogenous reasons for job-worker separation. The reservation productivity is the endogenous value of match productivity below which expected future profitability no longer justifies continuation of the employment relationship.

An employer's intention to form a match is signaled by posting a job vacancy. The total cost of recruiting new workers is proportional to the number of vacancies posted. The rate at which vacancies are filled depends on the number of vacancies and the number of workers seeking employment through a relation which has become known as the *matching function*. Analogous to a production function, a matching function is a relationship between the search and recruiting inputs provided by workers and employers respectively and a resulting flow of new job-worker matches, the output. Under familiar regularity conditions and a constant returns to scale assumption, the rate at which unemployed workers are matched with vacant jobs, the unemployment hazard, is an increasing and concave function of vacancy to searching worker ratio, denoted as $m(\theta)$. The endogenous ratio θ is a measure of market tightness and $Dur = 1/m(\theta)$, a decreasing function of θ, is the average duration of a completed unemployment spell. In the model, market tightness is determined by a free entry condition which requires that the expected present value of future profits attributable to filling the marginal vacancy equal the cost of recruiting and training a worker.

Unemployment in the model outlined above, although a consequence of the transaction friction embodied in the matching function, reflects a continual process by which workers are reallocated from less to more productive activity. The reallocation is induced by job loss on the one hand and by the creation of new productive jobs on the other. The dynamics of unemployment are easily expressed in terms of the notation introduced above. Letting the unit interval represent the available labor force, the flow into unemployment is the product of the employment hazard and the fraction employed, i.e. $(\delta + F(R))(1-Un)$ where Un is the fraction unemployed. The flow out of unemployment is the product of the unemployment hazard and the fraction unemployed, i.e., $m(\theta)Un$. Hence, the steady state unemployment rate, that which equates the two flows, is approximately equal to the product of the incidence of unemployment and the duration of an unemployment spell. Formally,

$$\frac{Un}{1-Un} = \frac{\delta + F(R)}{m(\theta)} = Dur \times Inc. \tag{2.1}$$

As a first approximation, the relationship above states that a 3 quarters average duration of an unemployment spell and a 3 % per quarter chance of job loss implies a 9 % unemployment rate. Of course, other combinations of duration and incidence are also consistent with the same unemployment rate. The equation clearly illustrates the fact that unemployment is the product of two conceptually distinguishable factors in the reallocation process, job creation and job destruction.

2.2 *Reservation productivity*

At a point in time, an existing match is of productivity indexed by $x \in [0,1]$. Let J(x) denote the expected present value of the future profit stream given current productivity. As this asset value of the match to the employer must yield a rate of return equal to interest rate r, the value function J(x) solves

$$rJ(x) = x - (1+\tau)w - \delta J(x) + \lambda \int (\max(J(z), -\phi) - J(x))\, dF(z) \qquad (2.2)$$

where w represents the wage paid, τ denotes the employer's payroll tax rate, and ϕ is the lump sum severance transfer that an employer is required to pay the worker when the job is destroyed.[2] Of course, the right side of (2.2) is the sum of current cash flow plus the expected gain or loss associated with exogenous separation and with the arrival of a shock to productivity respectively. In the latter case, the expression reflects the fact that the employer can expect a future profit stream of value $J(z)$ when match productivity changes to z if the match continues but must pay the severance ϕ is the match is destroyed. Hence, continuation is optimal if and only if $J(x) \geq -\phi$. In other words, the critical level of productivity below which match separation occurs, the reservation productivity R, is the solution to

$$J(R) + \phi = 0. \qquad (2.3)$$

Because $J(x)$ is linear, indeed $J'(x) = 1/(r + \delta + \lambda)$, the solution to (2.2) can be written in the form

$$J(x) = \frac{x - R}{r + \delta + \lambda} - \phi \qquad (2.4)$$

by virtue of equation (2.3) where by equations (2.2) and (2.4) the reservation productivity solves

2 Although both worker an employer contribute equally to the payroll tax in both the U.S. and the U.K., here the employer pays it in its entirety for simplicity.

$$R+\frac{\lambda}{r+\delta+\lambda}\int_R^1[x-R]dF(x)=(1+\tau)w-(r+\delta)\phi. \tag{2.5}$$

In short, the reservation wage plus a term that accounts for the option value of continuing the match is equal to the wage less the amortized cost of the severance pay not paid if the match continues. Since the left side of equation (2.5) is strictly increasing in R, the reservation productivity and consequently the endogenous component of job destruction, $\lambda F(R)$, increase with the wage and payroll tax and decrease with the size of the required severance given the wage.

2.3 *Market tightness*

When created, a new job-worker match is designed to provide a specific product or service and the initial investment made in its formation is irreversible. Given this view of reality, the match specific productivity process is intended to reflect the fact that the changes is taste and technology induce changes in the value of the product or service provided by a given job-worker match. It is natural to suppose, then, that new matches will be created of the greatest current value, at least in expectation. This argument supports the assumption that the productivity of a new vacancy is at the maximum, i.e., $x = 1$. Hence, the expected present value of the future profit flow that an employer can expect once the vacancy is filled is $J(1)$.

Let k denote the cost of training a worker plus any other required match specific investment and let φ represent the fraction of this cost rebated to the employer as a hiring or training subsidy. In the model, both are paid when a vacant job is filled. Hence, the net capital gain associated with filling a vacancy is $J(1) - (1 - \varphi)k$. Filling a vacant job requires time. As already specified, the market rate at which vacancies and unemployed worker are matched is given by the flow $m(\theta)u$ where market tightness, $\theta = v/u$, is the ratio of vacancies to unemployment and the unemployment hazard $m(\theta)$ is an increasing concave function of market tightness. Under the assumption of random matching, the expected rate at which a given vacancy is filled is $m(\theta)u/v = m(\theta)/\theta$, a decreasing function of market tightness. Consequently, the expected return to holding a job vacant, the product of the matching rate per vacancy and the capital gain attributable to holding a job vacant, is also decreasing in market tightness.

Market tightness is determined by a free entry condition that reflects the fact that employers have an incentive to create vacancies up to the point where the return to holding one equals the recruiting cost per period associated with advertising and applicant processing. Given that c is the cost of posting a vacancy per period and σ is the fraction of this cost rebated to the employer in the form of a recruiting subsidy, the free entry condition is

$$(1-\sigma)c = \frac{m(\theta)}{\theta}\left[J(1)-(1-\varphi)k\right] = \frac{m(\theta)}{\theta}\left[\frac{1-R}{r+\delta+\lambda}-\phi-(1-\varphi)k\right] \qquad (2.6)$$

where the second equality holds by substitution from (2.4). As the return is decreasing in market tightness, the equilibrium value of the ratio of vacancies to unemployment decreases with reservation productivity, any required severance pay, the net cost of training, and the net cost of recruiting.

2.4 *Wage bargaining*

Because neither worker nor employer can instantaneously find an alternative match partner in the market modeled, a match surplus exists. Formally, the surplus is the difference between the capital value of the match to both parties, less the expected present values of their future incomes were they to remain separate. In this context, wage determination is a bilateral bargaining problem which determines how the surplus is divided between employer and worker. A particular solution to the bargaining problem is not specified in the Mortensen and Pissarides model simply because wage determination institutions vary so much across countries and industries. One can expect the extent and use of worker market power to differ across these alternative institutional settings. In the formal model, the workers' share of match surplus, denoted by β, is regarded as a parameter with value reflecting the extent and use of worker bargaining power.[3]

In order to characterize particular plausible outcomes of the bargaining process, one needs to specify the capital value of unemployed search and of employment to the typical worker. The imputed return on the capital value of unemployed search is equal to the sum of the income equivalent of any leisure forgone when employed, represented as the parameter b, and the unemployment compensation or insurance benefit received by an unemployed worker plus the expected capital gain attributable to the possibility of finding employment. The unemployment benefit can generally be characterized as the product of the earning replacement ratio, ρ, and the wage, w. As the typical unemployed worker is matched with a job at rate $m(\theta)$ and realizes a capital gain

3 Here, the wage is assumed set when the match forms and it not renegotiated in response to changes in productivity. Although it is well known that inefficint separations occur in this case, Hall (1995) argues that it is empirically relevant. Asymmetric information about match specific productivity is a plausible reason for lack of contingency. The effects of labor market policy in the case of a contingent wage in which separations are efficient are studied in Millard and Mortensen (1995).

equal to the difference between the present value of future earnings when employed, denoted as W, and the present value income given unemployment, U, it follows that

$$rU = b + \rho w + m(\theta)\,(W - U).$$

When employed, the worker earns the wage w but can anticipate transitions to unemployment with frequency $\delta + \lambda F(R)$. However, because the worker receives severance when the match is destroyed

$$rW = w + \delta\,(U - W) + \lambda F(R)\,(U - W + \phi).$$

These two equation imply that the surplus value of a match to a worker is

$$W - U = \frac{w + \lambda F(R)\phi - b - \rho w}{r + m(\theta) + \delta + \lambda F(R)}. \tag{2.7}$$

Because the capital value of a vacant job is bid down to zero by virtue of the free entry condition, equation (2.6), but the employer must make an investment in the worker's training before the match is productive, the surplus value of a match to the employer is $J(1) - (1 - \varphi)k$. A match forms only if the surplus value is positive for both. As the value of unemployed search is the threat or status quo value for the worker while the employer must be compensated for the cost of match formation, a solution to the generalized Nash bargaining problem is a division of the total surplus between the two where β in (0,1) represents the worker's share, i.e.

$$W - U = \beta[W - U + J(1) - (1 - \varphi)k]. \tag{2.8}$$

The wage required to support this bargaining outcome is

$$(1-\rho)w = b - \lambda F(R)\phi + \frac{\beta}{1-\beta}(r + m(\theta) + \delta + \lambda F(R))\,[J(1) - (1-\varphi)k] \tag{2.9}$$

which follows by substitution from equation (2.7) into (2.8). Notice that the worker accepts a lower wage in anticipation of severance. This bargaining outcome implies that worker and employer implicitly share both the return and the cost of match specific investment in the same proportions. As a consequence, the employer has the appropriate incentive to choose the size of the investment to maximize total match surplus in the interest of both parties.
Grout (1984) has pointed out that efficient investment requires that both parties have the ability to commit to the wage contract characterized by equation

(2.9) for the duration of the relationship. However, if there is no precommitment technology, any worker with bargaining power will want to renegotiate later after training has been completed. Indeed, because the initial match formation investment is sunk ex post, the renegotiated bargaining outcome would be

$$W - U = \beta\,[W - U + J(1)] \tag{2.10}$$

because the employer's threat point is now zero. In this case, the supporting wage is determined by

$$(1-\rho)w = b - \lambda F(R)\phi + \frac{\beta}{1-\beta}\left(r + m(\theta) + \delta + \lambda F(R)\right) J(1), \tag{2.11}$$

one for which the worker does not share in the cost of match specific training. Of course, a rational employer will anticipate this contract and choose investment in training suboptimally. Furthermore, the incentives of potential employers to create vacancies are adversely affected. In the analysis that follows, we study both wage contracts.

2.5 *Labor market equilibrium*

A labor market equilibrium is a triple composed of reservation productivity, R, market tightness, θ, and the wage, w, that simultaneously solves the reservation productivity condition (2.3), the free entry condition (2.6), and a wage contract equation, either (2.9) which obtains in the case of precommitment or (2.11) which does not. In equilibrium, the average duration of a spell of unemployment is the inverse of the unemployment hazard, $Dur = 1/m(\theta)$, which is a decreasing function of market tightness. Unemployment incidence or frequency, $Inc = \delta + \lambda F(R)$, is an increasing function of reservation productivity. Steady state unemployment is essentially the product of these two component.

In the case of precommittment, equations (2.6) and (2.9) imply that the wage is determined by

$$\begin{aligned}(1-\rho)w &= b - \lambda F(R)\phi \\ &+ \frac{\beta}{1-\beta}\left[\frac{\theta(1-\sigma)c}{m(\theta)}\right]\left(r + m(\theta) + \delta + \lambda F(R)\right)\end{aligned} \tag{2.12}$$

while with no precommittment the wage is

$$(1-\rho)w = b - \lambda F(R)\phi$$
$$+\frac{\beta}{1-\beta}\left[\frac{\theta(1-\sigma)c}{m(\theta)} + (1-\varphi)k\right](r + m(\theta) + \delta + \lambda F(R)) \tag{2.13}$$

by equations (2.6) and (2.11). A review of notation is in order. The parameters b, c, and k represent the value of leisure when employed, the cost of posting a vacancy per quarter, and the cost training a worker respectively. The parameter β reflects the relative market power of workers. The policy parameters ρ, τ, ϕ, σ, φ represent the unemployment compensation replacement ratio, the payroll tax, required severance pay, the recruiting cost subsidy fraction and the training cost subsidy fraction. Finally, r is the interest rate used in present value calculations.

Note that the wage increases with market tightness as measured by the ratio of vacancies to unemployment where the sensitivity of the wage to this measure of demand in the labor market is increasing in the worker's share of market surplus. Of course, the wage is higher given no precommittment than it would be under precommittment for every level of market tightness because worker's do not share in the cost of match specific investment. By substituting from either of the wage equations into equation (2.5), which we restate here

$$R + \frac{\lambda}{r+\delta+\lambda}\int_R^1 [x - R]dF(x) = (1+\tau)w - (r+\delta)\phi, \tag{2.14}$$

one obtains the algebraic relationship between the reservation productivity and market tightness defined by the job destruction condition. Since an increase in market tightness increases the wage in either equation (2.12) or (2.13) which in its turn increases reservation productivity by virtue of equation (2.14), the relationship, illustrated as the curve DD in Fig 1, is upward sloping. The intersection of this curve with the downward sloping relationship implied by the free entry condition

$$(1-\sigma)c\frac{\theta}{m(\theta)} = \frac{1-R}{r+\delta+\lambda} - \phi - (1-\varphi)k, \tag{2.15}$$

represented as CC in Fig 1, determine the equilibrium pair, designed (R^*, θ^*) in the figure.

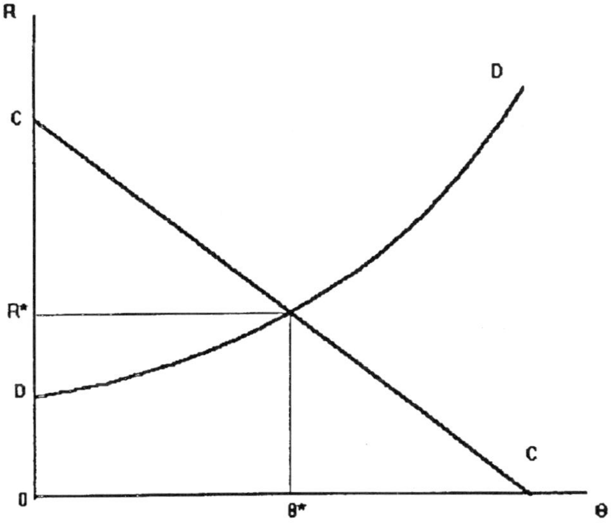

Figure 2.1: *Labor market equilibrium*

Effects other than those on unemployment are also of interest to analysts and policy makers. Indeed, a better measure of overall economic welfare than unemployment is the level of equilibrium total output net of recruiting and training costs.[4] The appropriate definition of net output includes the value of forgone leisure when employed as well as the output of matched worker and employer pairs. To compute this measure, one needs the steady state distribution of matches over the match specific productivity. As the flow of new matches of productivity x or less is equal to the rate at which existing jobs change from whatever might have been current productivity to an $R \leq x < 1$, which is $\lambda\,[F(x) - F(R)](1 - Un)$ where $1 - Un$ is the measure of occupied jobs, and the outflow rate is the sum of the exogenous rate of job destruction plus the rate at which productivity changes, $\delta + \lambda$, the steady state distribution of employment over productivity is

4 Because time is required to adjust from one steady state to another, permanent net income, the imputed interest on the present value of future net income, is a more appropriate welfare measure. However, the rate at which unemployment adjusts to its steady state value is fast relative to the discount rate for reasonable calibrations of the model so that the differences in computed effects on steady state and permanent net income are trivial.

$$N(x) = \frac{\lambda}{\delta + \lambda}[F(x) - F(R)](1 - Un) \; \forall \; R \leq x < 1 \qquad (2.16)$$

where, of course, 1 – *Un* is total employment by definition. Given the mass point at *x* = 1 implied by this fact and (2.16), aggregate net income per participant in the labor force is

$$\begin{aligned} Y &= bUn + \int_R^1 x dN(x) + 1 - Un - N(1) - [c\theta + m(\theta)k]Un \\ &= [b - c\theta - m(\theta)k]Un + \left[1 + \frac{\lambda}{\delta + \lambda}\int_R^1 (x-1)dF(x)\right](1 - Un). \end{aligned} \qquad (2.17)$$

Provided that average match productivity, the coefficient of (1 – *Un*) on the right side of (2.17), exceed the forgone value of leisure less the cost of recruiting and training per unemployed worker, the coefficient of *Un*, net income falls with the unemployment rate. However, a lower unemployment rate requires either a larger vacancy to unemployment ratio or a lower reservation productivity *R*. As *Y* is decreasing in θ because the recruiting and training costs increase with market in market tightness and increasing in *R* because average match productivity increases with the reservation productivity given unemployment, the values that maximize net output imply positive unemployment. In short, some unemployment is optimal as a consequence of the return to the reallocation of workers from less to more productive jobs. This fact implies that knowing that a given policy reduces unemployment is not sufficient to judge its welfare benefit since it is possible that net output falls as well. For example, the model implies that a wage subsidy increases market tightness and reduces the reservation productivity resulting in a drop in unemployment as we have already noted. Net output also increases only if the output effect of the increase in employment more than offsets the additional recruiting and hiring costs and the reduction in average match product.

In a simple version of this model, one in which there is no policy intervention, Hosios (1990) demonstrates that the net output is maximum if and only if match specific investments are shared, (2.12) obtains, and the employers' share of match surplus is equal to the elasticity of the matching function with respect to vacancies, i.e., $1 - \beta = \theta m'(\theta)/\theta$. If worker's share exceeds (is less than) this value, the unemployment is too high (low) even without payroll taxes and unemployment compensation because the private return to match specific investment is below (above) the social return. This fact informs us that whether a particular policy is welfare improving in sense that both unemployment falls and net output increases depends critically on the model's parameter values.

The effect of a particular policy experiment on net government outlay is also relevant. In the remainder of the paper, it is assumed that any change in the difference between government outlays for programs and subsidies over the payroll tax collected is either financed by or rebated to the working households as a lump sum consumption tax or transfer. Total government outlay net of the payroll tax is

$$G = \rho wUn + \sigma c\theta Un + \varphi m(\theta)kUn - \tau w(1 - Un) \tag{2.18}$$

where the terms in order represent total unemployment compensation payments, recruiting subsidy payments, and hiring subsidy payments less payroll tax receipts. Given these two definitions, one can compare gains in net income per pound of subsidy by computing the relative rates at which each affects both net output and government outlay. Namely, between two alternative proposals that yield similar reductions in unemployment, the one that adds more to net income per pound of additional government outlay require to finance it as reflected in the induced rate of change dY / dG is preferred simply because the dead weight loss of any non-lump sum tax required to finance it will be less.

3. *Quantitative effects of labor market policies*

Although a wage subsidy can be expected to reduce both unemployment duration and incidence, subsidies to recruiting or training reduce the former but increase the latter. Which of these two effects on unemployment dominates is an empirical question. The approach to a quantitative analysis taken in this section is somewhat new and controversial. Namely, a parametric version of the formal model with parameter values chosen to be consistent with broad empirical facts is used to compute the magnitudes of the effects of specific policy reforms.

3.1 *Calibration*

Although the principal focus is on the possible effects of active policies for the United Kingdom, data availability requires that we choose taste and technology parameters of the model using information for the United States. Unfortunately even for the U.S., direct evidence on some parameters is simply not available. To compensate for the lack of data availability, the following whimsical approach is pursued. First, following Grout (1984), workers and employers are assumed to share match specific investments in training as well as return in the U.S. case (wage contract I prevails) but not in the U.K. (where wage contract II obtains). Given other parameter values chosen in part to match U.S. average unemployment spell duration and average unemployment incidence during the 1983-1992 period, the calibrated model attributes about 2.5 % of the 6.5 % unemployment rate experienced in the U.S. during the ten year 1983-1992 period to the Unemployment Insurance system and to the payroll tax.[5] The implied 4 % »natural rate« seems reasonable. Second, given the other baseline parameters, those reported in Table 1 and the assumption that the wage is determined by equation (2.13), the worker's share parameter β and the severance payment parameter ϕ are set so that the model matches the average unemployment duration and incidence experienced in the U.K. during the 1983-1992 time period. Implicitly, the procedure supposes that differences between U.S. and U.K. unemployment duration and incidence are attributed to some combinations of the differences between U.S. and U.K. labor market policy, wage contract forms, and worker bargaining power.

Table 1: *Base line parameter values*

Interest rate: $r = 0.01$ per quarter	Replacement ratio: $\rho = 0.26$
Separation rate: $\delta = 0.016$ per quarter	Payroll tax rate: $\tau = 0.18$
Recruiting cost: $c = 0.31$ per quarter	Hire subsidy: $\varphi = 0$
Training cost: $k = 0.26$	Recruiting subsidy: $\sigma = 0$
Value of leisure: $b = 0.47$ per quarter	
Matching elasticity: $\eta = 0.6$	
Shock frequency: $\lambda = 0.1$ per quarter	Worker's share: $\beta = 0.44$
Min productivity: $\gamma = 0.82$ per quarter	Severance pay: $\phi = 0.77$

In this implementation, the matching function is assumed log linear with elasticity $\theta m'(\theta)/m(\theta) = \eta$ and the distribution of productivity shocks is uniform over the interval $[\gamma, 1]$. The real risk free interest rate of 1 % per quarter assigned in Table 1 is consistent with long run U.S. experience. An exogenous separation rate of 1.6 % per quarter accounts for retirements and other forms of voluntary exit to non-employment. The elasticity of the matching function η is set equal to 0.6, the estimate reported for the United States by Blanchard and Diamond (1989). The output of a new job is normalize at unity per quarter. The equilibrium wage is the model is 0.78, 78 % of the output of the most productive job. The fact that average earnings plus benefits in the U.S. in 1990

5 For the more details, see Mortensen (1994).

was \$31,200 (*Statistical Abstract of the United States, 1993,* Table No. 666) implies that average maximal output per worker was approximately \$10,000 per quarter. Survey information reported by Hamermesh (1993) suggests that \$3100 and \$2600 in 1990 represent reasonable estimates of the costs of recruiting and training a worker respectively. Hence, these facts and the fact that the average duration of an unemployment spell in the U.S. was roughly one quarter over the period imply the ratios of the costs of recruiting c and training k to maximal output assigned in Table 1. The parameter values $\beta = 0.3$ is based on results reported by Abowd and Lemieux (1993) and $\lambda = 0.1$ is justified in Mortensen (1994a). Given all of the other parameter values, the assumption that the wage is determined by (2.12), and U.S. policy as modelled in Mortensen (1994a), the value of leisure b and the lower support of the productivity distribution γ are set to match the U.S. average unemployment duration (1 quarter) and incidence (7 % per quarter) experienced over the 1983-92 time period.
Under the assumption that match specific investments are not shared, i.e., that wage equation (2.13) holds, and U.K. policy parameters values, $\rho = 0.26$ and $\tau = 0.18$, the worker's share of match surplus β and severance pay ϕ are set to match the average unemployment duration (9 months) and unemployment incidence (3.4 % per quarter) experienced in the U.K. during the 1983-1992. The difference in the durations of unemployment in the U.S. and U.K. are explained primarily by the different wage contracts assumed to prevail in each country and by the higher value of the workers' bargaining power parameter in the U.K. The severance pay obtained in the calibration exercise, 0.77, is virtually identical to the equilibrium quarterly wage in the model. This inference is consistent with estimates of average severance and redundancy cost for the U.K. reported by Bentolila and Bertola (1990). Finally, the fact that the model attributes a substantial amount of the much longer duration of unemployment in the U.K. to worker bargaining power and inefficient bargaining outcomes is roughly consistent with many less formal arguments to that effect in the literature, including those of Layard, Nickell, and Jackman (1991).

3.2 *Existing labor market policies*

Table 2 displays the computed contributions of three passive labor market policies to the duration of unemployment, unemployment incidence, the unemployment rate, net income per labor force participant and government outlay. As noted, duration is expressed in months, incidence as percent of the employment per quarter, and the unemployment rate as percent of the labor force. The income and government outlay effects are represented in terms of the percent of income. Each row represents the changes induced by eliminating the policy named except the last row which reports the results of eliminated both unemployment compensation and the payroll tax.

Table 2: *The effects of eliminating existing policies*

	Un *Dur*	Un *Inc*	*Un* Rate	Δ*Y*/*Y*	Δ*G*/*Y*
Policy:	(months)	(% per qrt)	(%)	(%)	(%)
Un compensation	-4.97	-0.74	-5.78	1.96	-1.91
Payroll tax	-3.62	-0.43	-4.17	1.57	13.8
Severancy	0.63	5.40	12.8	-4.49	4.60
Un and tax	-5.94	-1.10	-6.93	2.07	13.2

There are numerous observations of interest in Table 2. First, the computations based on the model suggest that both unemployment compensation and the payroll tax are individually and collectively responsible for a large fraction of the unemployment experienced in the United Kingdom. Second, the larger unemployment rate attributable to both policies is primarily the consequence of the longer duration of spells that they induced. Indeed, 6 of the 9 month average spell duration experience by the unemployed is a consequence of policy according to the model. Finally, the cost in terms of forgone net output of either of these two policies is of the order of 1.5 to 2 percent of net output. However, note that if both are eliminated together, the unemployment rate only drops by an additional 1 % and the additional gain in income is trivial relative to the elimination of unemployment compensation alone. Although unemployment compensation may be justified as a substitute for missing insurance markets, the magnitudes of the effects associated with this income supplement suggests the need for reform as proposed by Layard et al (1991). Of course, a reduction in the payroll tax, recommended by Phelps (1995), would also improve performance. Since such a reduction is equivalent to a wage subsidy, there is more to be said in the next section which compares alternative forms of active labor market policy with this one.

In contrast to the results regarding the effects of unemployment compensation and the payroll tax, these computational experiments suggest the severance pay requirement plays important employment protection and efficiency roles in the United Kingdom. Indeed, the results imply that the unemployment rate would be 13 percentage points higher were the severance pay requirement eliminated and that net output would be 4.5 % lower, magnitudes that quite frankly are hard to take totally seriously. As already noted, Millard and Mortensen (1995) find that severance pay increases rather than decreases unemployment in a similar model. The difference is that they assume that the wage bargain takes account of the role that severance might play in the status quo position of worker an employer. In that formulation, a higher severance increases the wage that workers can demand. As a consequence, high severance reduces the incentive to create jobs. Which formulation in the more realistic is an important topic for future research. Still, notice that the implied increase in unemployment incidence attributed to eliminating severance, 5.4 % per quarter, when added to that actually experienced in the U.K., 3.4 %, equal 8.8 %. This number is not that much larger than the 7 % per quarter experienced by the U.S. in the comparable time period. In short, the assumptions made here about wage formation are not grossly inconsistent with these data.

The last column provides a measure of the fiscal impact of eliminating one or more of the policies. A positive entry indicates that a balanced budget requires a net income tax increase equal to that number while a negative number indicates a tax rebate of the specified amount. As indicated in Table 2, the elimination of unemployment compensation would permit a small reduction in the income tax while the elimination of the payroll tax, other things equal, would require a substantial increase.

3.3 *Labor market subsidies*

In this section, the simulated results attributable to different active labor market policies that might be adopted in the U.K. are reported. These include single subsidies to recruiting, training, and wages respectively, the last in the form of a reduction in the payroll tax, and combinations of two or more. The computed changes of each program on unemployment measures, income, and government outlay are listed in Table 3, in a format analogous to that of Table 2. Again the parameters underlying the calculations are those listed in Table 1. To form a realistic view of magnitudes, a 50 % subsidy is assumed in both the recruiting and training cases. Given baseline parameters reflecting these costs, each subsidy corresponds to between 20 % and 25 % of one quarter of average earnings, in U.S. terms about $1300 to $1500 in 1990 per worker hired. The wage subsidy considered corresponds to a 6 % general reduction in the payroll tax, from 18 % to 12 %. Again in U.S. terms, this would amount to about $500 per quarter per employed worker. Obviously, the government outlay required, reported as a percentage of net income in the last column of Table 3, is much larger for this general wage subsidy than it is for either the recruiting or the training subsidy.

All three forms of labor market subsidy have the desired effect of lowering unemployment and increasing efficiency as measure by change in net income. Although both the training and the recruiting subsidies add to unemployment incidence as the qualitative analysis predicted, the large reduction induced in unemployment duration is more than sufficient to offset this effect in both cases. A wage subsidy decreases both average duration and incidence. The magnitudes of the individual effects of subsidies of this magnitude are substantial, of the order of 1 to 2 points of unemployment and 3/4 to 1 % of net income. Furthermore, the net revenue requirements are quite modest in the case of the training and recruiting subsidies, less than 2 and 1 percent of income per labor force respectively. However, to obtain effects of similar magnitudes with a wage subsidy requires an increase in the net income tax of well over 3 %.

Table 3: *Effects of labor market subsidies*

Policy:	ΔDur (m'ths)	ΔInc (%/qrt)	ΔUn (%)	ΔY/Y (%)	ΔG/Y (%)
Training: $\Delta\,\varphi = 0.5$	-2.59	0.65	-1.28	1.05	1.81
Recruiting: $\Delta\,\sigma = 0.5$	-1.79	0.44	-0.80	0.70	0.94
Wage: $\Delta\,\tau = -0.06$	-1.57	-0.14	-1.79	0.73	3.88
Train and wage	-3.53	0.50	-2.60	1.55	5.81
Recruit and wage	-3.09	0.35	-2.36	1.35	5.06
Recruit and train	-4.35	1.14	-2.65	1.92	3.48
All three	-5.04	1.05	-3.68	2.28	7.84

As even a consumption tax can be expected to have some dead weight loss, one way to compare the fiscal efficiency of the various subsidies is by computing the income gain per subsidy pound sterling as indicated by the ratio of the entries is the last two columns of Table 3. These measures, the value of Δ Y/ Δ G, are 1.05/1.81 = 0.58, 0.94/0.7 = 0.74, and 0.73/3.88 = 0.19 respectively. In other words, on average a one pound subsidy yields 58 pence of addition income if invested in training, 74 pence if invested in recruiting and only 19 pence if used to offset wage costs. Since the negative of the gain attributable to a wage subsidy is the dead weight loss attributable to an increase in the payroll tax, training and recruiting subsidies of the magnitudes considered would add substantially to income *even if they were financed by an increase in the payroll tax*.

The last four rows of Table 3 reveal the effects of policy combinations. The results suggest that additivity roughly holds, i.e., the combined effect of any two is approximately equal to the sums of individual effects. Hence, any one of the combinations would reduce the unemployment from the 9.2 percentage point baseline to 5.5 or less, and would induce increases in income between 1

and 2 %. However, the combined training and recruiting subsidy dominates either involving a wage subsidy in terms of all three criteria; unemployment reduction, efficiency improvement, and additional government outlay.
Added net government outlays required by combined subsidies are between 3.5 % and 6 % of income per member of the labor force. For comparison, Martin (1994) reports that OECD countries on average spent roughly 8/10th of 1 per cent of GDP on active labor market policies in 1985 and that the largest pursuer of active labor market policy, Sweden spent 2 %. Even assuming that labor income in roughly 2/3 of total GDP and that gross expenditure equals net, the comparable figures to those in the last column of Table 3 are only 1.2 % for the OECD average and 3 % for Sweden respectively. Hence, the results reported in Table 3 suggest that the size of the program required to a reduction in the unemployment rate of 2 percentage point or more is considerable. Indeed, a comparison with the results in Table 2 suggests that reform of the unemployment compensation system may also be need to reduce unemployment significantly.

4. *Concluding remarks*

The quantitative magnitudes of the likely contributions of existing labor market distortions to unemployment and economic inefficiency in the United Kingdom and the extent to which these effects might be offset by active labor market policies are reported in the paper. These estimates are generated by computational experiments based on the Mortensen and Pissarides model of equilibrium unemployment. The three policies considered are a subsidy designed to offset training costs, another designed to compensate employers for a portion of their recruiting costs, and a wage subsidy in the form of a reduction in the payroll tax.
The model used has two economic margins of interest, characterized as the job creation and job destruction decisions, that determine the two components of unemployment, the average duration of an unemployment spell and the frequency with which employed workers experience unemployment. Both unemployment compensation and the payroll tax drive up the gross cost of employing workers which discourages job creation and increases the chance of job destruction. Worker market power has similar effects and also tends to magnify those of policy. Theoretically, a wage subsidy should both reduce unemployment and increase efficiency by offsetting the distortions attributable to existing policy and worker market power. From a purely theoretical point of view, the net effect of subsidizing either recruiting costs or training costs on unemployment is unclear because duration and incidence are affected in opposite directions. Because either subsidy encourages job creation, labor mar-

kets tighten and wages increase in response which makes job destruction more likely. Still, these subsidies are expected to improve economic efficiency by offsetting distortions that reduce the perceived private returns to these investments.

The results of the computational experiments conducted in the paper imply that existing labor market interventions, specifically, unemployment compensation and the payroll tax, contribute significantly to unemployment and economic inefficiency. Given a reasonable parameterization of the Mortensen and Pissarides model with parameter values chosen to be consistent with available microeconomic evidence and U.K. unemployment experience, the calculations suggest that unemployment compensation was responsible for almost 5 points of the average 9.2 percentage point unemployment rate which characterized the 1983-1992 time period in the United Kingdom and reduced aggregate income per participant by almost 2 % below what it might otherwise have been. Similarly, the model attributes a dead weight loss of over 1.5 % of aggregate income per labor force participant and over 3.5 points of unemployment to the 18 % payroll tax paid. The model also suggests that these effects would be much larger were there no severance pay requirement in the U.K.

The computational experiments performed do support the view that active labor market policy can play an important role in reducing the equilibrium unemployment rate and in improving economic efficiency. At base line parameter values, the model implies that a training subsidy equal to 20 % of one quarter's earnings per worker hired would decrease the U.K. unemployment rate by 1.3 points by shortening the average duration of a typical unemployment spell from 9 to 7.5 months and would induce a 1 % increase in aggregate income. Although a recruiting subsidy of about equal magnitude would have a somewhat smaller effects, a 8/10th of one point reduction in the unemployment rate and a 7/10 of 1 % increase in income, the combination of both subsidies would achieve a 2.7 percentage point reduction in unemployment and 1.9 % increase in net income. By comparison, a wage subsidy in the form of a reduction in the payroll tax from 18 % to 12 %, which has about the same net impact on government outlay as the combined subsidy, lowers unemployment by 1.8 points and increases aggregate income per participant by 7/10 of 1 %. Finally, the projected magnitudes of a wage subsidy hold for large variations in critical parameters, namely recruiting and training cost parameters and a measure of worker bargaining power, while those for both the training and the recruiting subsidy fall as costs increase and worker bargaining power decrease.

There are many caveats to be mentioned of course. The method applied here is based on assumptions about model specification and parameter values that are subject to question. Although some sensitivity analysis was performed in this and related papers that suggest that the qualitative results at least are robust to parameter values, more research is needed to establish this fact. Indeed, the fact, pointed out in the body of the paper, that reasonable alternative assumptions about the nature of the wage bargain have qualitatively different implications about the effects of employment protection policy is a warning against placing to much reliance on the particular model under study.

The macroeconomic nature of the model will also bother many. In particular, there is no account taken of the vast heterogeneity of the worker force with respect to differences in skills, labor force attachment, and need that is potentially important. As a consequence, the question of which groups might best be targeted and the issue of possible displacement effects that arise when one group is targeted and another can't be addressed. Finally, the problems of program design, particularly questions of how subsidy abuse might be avoided, is not addressed. A consideration of all of these issues need to be brought into the framework.

References

Abowd, John A. and Thomas Lemieux (1993) »The Effects of Product Market Competition on Collective Bargaining Agreements: The Case of Foreign Competition in Canada«, *Quarterly Journal of Economics*, 108, no. 4.

Bentolila Samuel and Giuseppe Bertola (1990) »Firing Costs and Labour Demand: – How bad is Eurosclerosis?«, *Review of Economic Studies*, 57, 381 – 402

Blanchard, Olivier J. and Peter A. Diamond (1989) »The Beveridge Curve,« *Brookings Papers on Economic Activity*, no. 1, 1-60.

Burda, Michael C. (1992) »A Note on Firing Costs and Severance Benefits in Equilibrium Unemployment,« *Scandinavian Journal of Economics*, *94*(3): 479-489.

Davis, Steven J. and John Haltiwanger (1990) »Gross Job Creation and Destruction: – Microeconomic Evidence and Macroeconomic Implications«, *National Bureau of Economic Research Macroeconomics Annual.*

Davis, Steven J. and John Haltiwanger (1992) »Gross Job Creation, Gross Job Destruction and Employment Reallocation«, *Quarterly Journal of Economics*, *107*, no. 3.

Hall, Robert E. (1995) »Lost Jobs«, forthcoming in *Brookings Papers on Economic Activity.*

Hamermesh Daniel S. (1993) *Labor Demand*, Princeton University Press

Grout, Paul H. (1984) »Investment and Wages in th Agsence of Binding Contracts: A Nash Bargaining Approach«, *Econometrica*, *52*, 449-460.

Hosios, Arthur J. (1990) »On the Efficiency of Matching and Related Models of Search and Unemployment«, *Review of Economic Studies*, *57*, 279-298.

Katz, Lawrence F. (1994) »Active Labor Market Policies to Expand Employment Opportunities« in *Reducing Unemployment: Current Issues and Policy Options*, Federal Reserve Bank of Kansas City Symposium, 239-290.

Layard, Richard, Stephen Nickell and Richard Jackman (1991) Unemployment: Macroeconomic Performance and the Labour Market, Oxford University Press.

Martin, John P. (1994) »The Extent of High Unemployment in OECD Countries« in *Reducing Unemployment: Current Issues and Policy Options*, Federal Reserve Bank of Kansas City Symposium, 5-40.

Millard, Stephen P., and Dale T. Mortensen (1995) »The Unemployment and Welfare Effects of Labour Market Policy: A Comparison of the U.S. and the U.K.« in Dennis Snower and Guillermo de la Dehesa (eds.), *Unemployment Policy: How Should Governments Respond to Unemployment*, CEPR Symposium, forthcoming.

Mortensen, Dale T. (1994a) »Reducing Supply-Side Disincentives to Job Creation« in *Reducing Unemployment: Current Issues and Policy Options*, Federal Reserve Bank of Kansas City Symposium, 189-220.

Mortensen, Dale T. (1994b) »The Cyclical Behavior of Job and Worker Flows«, *Journal of Economic Dynamics and Control*, *18*, 1121-1142.

Mortensen, Dale T., and Christopher A. Pissarides (1994) »Job Creation and Job Destruction in the Theory of Unemployment«, *Review of Economic Studies*, *61*, 397-415.

Phelps, Edmund S. (1994) »Wage Subsidy Programs: Alternative Designs« in Dennis Snower and Guillermo de la Dehesa (eds.), *Unemployment Policy: How Should Governments Respond to Unemployment*, CEPR Symposium, forthcoming.

Pissarides, Christopher A. (1990) *Equilibrium Unemployment Theory*, Blackwell

Snower, Dennis J. (1994) »The Simple Economics of Benefit Transfers« in Dennis Snower and Guillermo de la Dehesa (eds.), *Unemployment Policy: How Should Governments Respond to Unemployment*, CEPR Symposium, forthcoming.

Richard Medley

A Tale of Four Worlds: America's Emerging Class Crisis

The United States has had three years of strong economic growth, with capacity utilization at near record levels. For most of that period growth has been well above the theoretic path of sustainable, non-inflationary growth, but price increases are still running at around 2.5 percent per year, according to official figures. Even this low inflation rate is thought to be overstated by Federal Reserve Board Chairman Alan Greenspan who sees inflation running 0.5-1.5 percentage points below the official level. How is it that a developed western economy can be in the late stages of above-trend growth with inflation perhaps as low as one percent? A significant part of any answer to this question is found in America's ongoing transformation of its economic and class structure; a transformation that has effectively suppressed wage inflation in the core manufacturing and mass service sectors of the economy.

Looking at this same period from the vantage of political science, rather than from neo-classical economics, we are also left some distance from theoretically predicted outcomes. One of the bedrock truths in American political science research is that boom times produce landslides for the White House incumbent. Since President Clinton's election, our economy has produced more than 5 million jobs while growing at an average annual rate of 3.4, in real terms. Despite this, US voters threw out the ruling party in Congress last year and look set to toss out the President next year.

At times such as these the President should have approval ratings in the 60-70 percent range, yet Bill Clinton cannot sustain his approval ratings for long above the mid-40s. Again, this gap between theoretic predictions and empirical results is explained in large part by America's wrenching transformation into a post-industrial class structure; a transformation that left many Americans believing the recovery they read about in newspapers had passed them by entirely.

The new class and income structure emerging in the United States is driven in part by domestic factors, and in part by the broader and deeper transformation underway in global labor and capital markets. America is in transit from a largely middle class society to one that is striated into four distinct classes that are affected in increasingly differentiated ways by macro-economic trends. The bottom half of the US population – made up of the »shrinking middle class« first noted by Barry Bluestone[1], and the inner-city »underclass«, which William Julius Wilson[2] and Ken Auletta[3] first brought to national attention –, have been distinct losers in this class reorganization. On the other hand, the top half of the US population – made up of a superstratum of international capitalists and a broader cadre of the »international knowledge elite« – have gained both absolutely and proportionately from these changes. As the rewards of class affiliation have changed over the past two decades, so too have the educational, psychological and social resources available to Americans in these four classes. This widening gulf will increasingly determine our political and economic future.[4]

1. *The international capitalist class*

At the top is a small group of international capitalists. There is much to be said about this group, but they are not the focus of this paper. In large part it is because the current American super elite is far removed from the cohesive, conspiratorial robber barons and »trust« builders seen in earlier phases of American history. To a greater extent than ever before, the capital owned by this stratum is controlled by members of the international knowledge class. It is this group who work as the managers, investment advisors and gurus that direct capital flows, and it is this group whose technological innovations push out the frontiers of physical capital mobility and technological replacement that is driving the steady erosion of working class and underclass wages.

This is not to say that the international capitalist class is unimportant. However their influence is of a far different character than we have seen in previous manifestations of international capitalists. They are not the entrenched, moneyed aristocracy of days past, rather they are a relatively fluid group of entrepreneurs, real estate moguls, speculators and Euro-Asian expatriates whose make-up changes depending upon sectorspecific economic booms and troughs.

Members of this class are viewed by most Americans as »celebrities« to be alternatively fawned over and hissed at as they live in a materialist heaven Americans do not take as seriously as Europeans would like to believe. This is

1 For one of the mentions of this phenomenon, see Barry Bluestone, »Lower Income Workers and Marginal Industries,« in Louis A. Ferman, Jovce L. Kombluh and Alan Haber, eds. *Poverty in America,* University of Michigan Press (Ann Arbor: 1969).

2 William's classic work is *The Truly Disadvantaged: The Inner City, Poverty and Public Policy,* The University of Chicago Press (Chicago: 1987).

3 Ken Auletta was one of the first to use this explicitly in his book entitled *The Underclass,* Vintage Books (New York: 1983).

4 For a »three-tier« ordering of American society that draws on some of these same themes see, Scott Lash and John Urry, *Economies of Signs and Space* (1994) p.146.

important, because the resentment and class discord that is building in America is not focused primarily at this super-rich segment of society, but at the knowledge elite.

2. *The advanced services sector*

The second highest traunche of America's new class structure is the relatively broad group US Labor Secretary Reich and others have called the »knowledge elite«. Their *individual* (not family) incomes begin at around $50,000, and rise well into low seven digits. These people are the *knights exemplar* of Calvinist America's firm belief in the indelible link between education and materialist rewards.

In previous times many of these people would have been considered part of the upper-middle class, but because they increasingly have little or no contact with the middle-middle and lower-middle classes (who form the third and broadest tier of American society), they are no longer part of the same class, and the distinction between them is of growing political and economic importance.

Despite the almost complete lack of discussion on this point in the national media and among political leaders the American people themselves are well aware of this growing gap. An important survey by the National Opinion Research Center in 1993 showed that the four class structure we are proposing is imbedded in American selfperception. When asked to describe themselves, 3.1 percent said they were upper class, 6.7 percent said they were lower class and 45.3 percent said they were middle class. However, 44.9 % of the respondents chose to describe themselves as »working class« rather than »middle class.«[5] Since the psychological leap to considering oneself part of the working class in America requires a level of differentiation virtually unknown in modern American politics, the strong plurality having made that leap is of fundamental importance for the future of American politics.

It is certainly the case that members of the knowledge elite are not tempted to view themselves as working class. They constitute a technical, scientific and cultural cohort that is in great demand wherever they may reside, and they come to late twentieth century world markets well equipped to demand comfortable pay. Here we will depart from the established tradition of calling them the knowledge elite, because this focuses us too narrowly on the technical and scientific side of this class, and could lead us to ignore the widespread type of jobs in which we find this international upper stratum.

5 National Opinion Research Center survey 1993.

Instead, we will follow Lash and Urry who call this group the »advanced services sector,« because it more fully captures the range of people who populate America's second economic tier. Lash and Urry write:

> . . . ›advanced services‹ seem to play a centrally important role in this polarization process between rich and poor. These include software, personal finance, education and health, business services, the culture industries and parts of the hotel, catering and retail services. The advanced services . . . involve specialized products, constant innovation, products whose content is primarily symbolic and which are protected (if at all) by copyright rather than by patents.[6]

The social and income separation between the capitalist class and the advanced services sector (which form the upper half of the American class structure) and the global labor and under classes (which form the lower half of the American class structure) is defined by the skills people have and the jobs they do, and not by where they work. International capitalists and advanced service sector members work in mid-western manufacturing plants, just as the global labor class sweeps the floors and makes photocopies at computer companies and movie sound stages.
The advanced services sector is composed of people for whom demand is high and supply (for reasons of knowledge, personal taste or location) is still restricted, They also have the resources and orientation to accept and adapt to changing technology, work habits, lifestyles and locations that are part of maintaining this favorable imbalance between supply and demand. It is below this class that the problems in America's work force begin.

3. *The global labor class – the upper levels*

The gap between the lower edge of the advanced service sector, and the upper edge of the global labor class is a social and psychological gap of great significance. It is, roughly, the gap between having job and economic security, doing better than one's parents, feeling at home in the late twentieth century and having none of this. Although the edges of the advanced industrial and global labor classes are not sharply drawn in all cases (something we will see is true for the gap between the global labor class and the underclass as well), they are growing ever clearer as differences along all these dimensions mount. The inability of global labor class members to feel secure – either in their economic status or in their »place« in the late twentieth century – goes far toward explaining our experience of low inflation during high growth periods, and the seemingly insatiable restlessness of middle class American voters.

6 See, Lash and Urry, op cit. p. 163.

The upper edge of this group – in terms of income – is occupied by two distinct groups. First are the 15 million American workers still employed in manufacturing (down from nearly 21 million two decades ago, even as manufacturing holds essentially steady at nearly 30 percent of US GDP).[7] In fact, older manufacturing workers with seniority and job protection represent what is left of the mid-century American dream. Unfortunately, they will be the last workers to have full union protection until this cycle has run its course.

More junior workers, even in manufacturing jobs, face a set of realities that is far more bleak. At best, they know they are on the underside of a two-tier wage structure that protects high wage jobs for more senior workers. The golden days of $20.00 an hour-jobs are gone forever, at least within their skill levels. At worst, they fear they will be part of the next wave of workers shed as US manufacturing productivity continues to grow. Two thirds of those who have been fired from manufacturing jobs during the last decade were of »prime working age,«[8] and there is no reason to believe the transition is over. For a thirty- to forty-year old American worker this is a devastating set of options to face.

We can see the bleak pay scene facing American line workers in the manufacturing sector if we look at a sample of their wages below.

Hourly and yearly wage fitzures
for US manufacturers

Job description	*Hourly wage*	*Annual income*
Textile	$9.30	$18,600
Logging	9.94	19,880
Food Products	10.88	21,760
Printing	12.27	24,540
Paper	14.04	28,080
Steel	14.42	28,840
Chemicals	15.61	31,220
Tires	17.07	34,140
Cars	17.30	34,600
Petroleum	19.73	39,460
Tobacco	19.78	39,560
Computers	20.52	41,040

7 Daniel Patrick Walsh and Hal Dillon, »Where The Workers Are,« in *Occupational Outlook Quarterly,* Bureau of Labor Statistics, Washington DC, Fall 1994, p. 11.

8 C. Emory Burton, *The Poverty Debate: Politics and the Poor in America,* Praeger Press (Westport, CT: 1992) p. 45.

Even these relatively modest average wage levels are more than younger workers can expect since they include wages paid to well-protected workers on the top side of two-tier contracts. In addition, we should note both that the one manufacturing industry dominated by women, textiles, is the lowest paid on the list at only $9.30 per hour ($18,600 per year),[9] while the two most well-paying manufacturing jobs are in two of the most heavily polluting industries in America: petroleum and tobacco. Finally, we have to believe it is no accident that the manufacturing job which does pay an average wage above twenty dollars per hour is in computers.[10]

In addition to those at work in the manufacturing sector, the upper level of the global labor class is also populated by what is left of middle management in large corporations. As we well know, this is a group of workers hit particularly hard by both technological advances and by the cult of hyper-efficiency that has captured American employers. The bleak future for those shed from this level is well documented by the fact that less than 25 percent of those laid off from such jobs manage to find new work at other large companies paying equal or higher wages, This is in sharp contrast to the experience of middle managers fifteen years ago when nearly 90 percent were rehired.[11]

Both the manufacturing and middle management workers at the top of the global labor pool share one critical problem with all those below them on the economic scale. Few of them have the skills, knowledge, or opportunity to put themselves in the demand/supply position their more fortunate cousins in the advanced services sector now command. The days of learning skills in high school and college that stay with workers as they build value through sheer experience are disappearing as fast as bank tellers.

Staying in demand requires not just a higher original base of knowledge, but also the ability and opportunity for frequent mid-career upgrades. Of course, as pay and employment gaps between the upper two levels and the lower two levels open ever wider, so does the gap in resources each can group can use to keep up with the changes. This is obviously both an iterative and compounding problem.

As American businesses and governments at all levels rush to adopt technological advances, the available jobs fall more frequently into one of two categories: those requiring high skills and which pay well, and those requiring low or no skills and which pay badly, Certainly we will always need plumbers, carpenters and so on, but even in this area, as union control weakens, the days of pre-fab houses and easily installed component parts for plumbing and electri-

9 Calculated at 40 hours a week, 50 weeks per year; work at more than forty hours per week could increase this rate at more than a unitary rate due to overtime pay provisions.

10 *Monthly Labor Report,* Bureau of Labor Statistics, Washington, DC April 1995.

11 Armine Yalnizyan, T. Ran Ide and Arthur J. Cordell, *Shifting Time,* Between the Lines Press (Ontario: 1994), p. 115.

city are not far off. Indeed, gas station attendants are a curiosity (with obvious knock-on effects for thieves) and telephone technicians are almost a thing of the past. Yalnizyan reports one particular result of this development:

> New residents in the state of Washington can obtain telephone service in a self-serve way. They plug a touch-tone phone into a jack and press 811. A computer asks questions that the customers can answer by pressing more digits. With the system a phone is operating in less than twenty minutes, compared to the usual two day wait until a technician arrives.[12]

4. *The global labor class – the lower levels*

Once we drop below the upper levels of the global labor class, the picture gets worse quickly, because as American workers fall down the income and skills ladder, they find that the pressure on both wages and job security multiply quickly. In the first instance, pressure comes from capital mobility. This is true both for financial capital which now moves around an exchange control free world in search of higher returns. It is also, of course, true for physical capital where the ongoing revolution in technology, communications, transportation, and construction methods allow large and upper middlesize companies to shop around the world for unskilled, and semiskilled labor. The massive overcapacity built up in Japan and east Asia by Japanese companies further increases the options available for capital shifting. This creates an obvious, and welldiscussed, downward pressure on wages, especially in Anglo-Saxon countries such as the US.

It might seem that many workers, particularly in the United States, work in manufacturing and service sectors that are protected the vissitudes of capital mobility. After all, small companies cannot move to Calcutta and then back to Canton just to take advantage of local labor cost differentials, and it doesn't really matter to a New York taxi driver that the streets of Bangkok are flooded with too many drivers for hire. Unfortunately, even these workers are directly affected by international capital mobility as higher skilled workers are shed and competitions for these lower paying jobs increase from above.

In fact, life near the semi-skilled boarder in America is lived with the constant threat of people falling on top of them from both the lower levels of the advanced services sector (think of all the translators being dumped as spectacular computer-assisted translation programs arrive) and the upper reaches of the global labor class (where do skilled laborers and middle management go when they are laid off?). The result is that smaller companies that cannot relocate

12 Ibid., p. 111.

abroad, and those that serve a uniquely US market, have a broader range and a bigger supply of available workers from which to choose. Many of these people would have been out of reach for such companies a decade earlier, and they easily out-compete their lesser skilled competition, thus they have a direct effect on the fate of everyone below them in the labor food chain. This being America – and not Europe – the competition for jobs simply grows more fierce.

As if the fall-out from restructuring was not enough to worry about, the global labor class also has to worry about »rationalization« at the lower levels, as productivity continues to surge in both manufacturing and services. Finally, they must worry about whole categories of jobs that simply disappear (couriers, receptionists, bank tellers and soon videostore clerks, and – not soon enough – coffee bar attendants). At least one California county has shown itself willing to meet this technology led job loss with an Orwellian sense of humor. According to Yalnizyan, »Merced County has automated its welfare and social services eligibility system and is able to review a matrix of six thousand government regulations to determine in seventy two hours – versus as long as three months – if an applicant qualifies for benefits . . . The county welfare agency has been able to cut its staff by 28 per cent and still serve the same client caseload.«[13]

Clearly then, the global labor class is impacted directly by international competition through capital mobility, technological shifts and corporate downsizing. But that is not their only experience to international competition. This group (as with the underclass) has been severely impacted by the surge of legal and illegal immigration into the United States began with passage of major immigration reform in 1965.[14] This bill increased quotas and established a bias toward those with families already in the United States. The result was a surge of Asian and Latino immigration that took the total foreign born population of the United States from under 2 % in 1960 to 7 % in 1991.[15] This immigrant base competes directly for entry-level manufacturing and service sector jobs. It seems that for United States workers in the global labor class, if the jobs don't go to foreigners, then the foreigners will come for the jobs.

The advent of competition from immigrants was reinforced by the movement of married women into the labor force in large numbers. Most of these women were supplementing income from their husbands. They needed less money to get by, and they got it. The combined competition by laid-off workers from better jobs, immigrants and married women shattered the salary base that had underpinned the economic scene in post-war America. That has meant a

13 Ibid., p. 112.
14 See, Lash and Urry, op cit. for a full discussion of the Hart-Cellar Act of 1965, p. 172.
15 Ibid.

steady and deep decline in wages for individual workers. To take a few typical examples, in April 1995, the average hourly salary for restaurant workers of all categories was $5.52 ($11,040 per year); for video tape rental clerks it was $5.92 ($11,840 per year); for gas station attendants it was $6.89 ($13,780 per year) and for department store employees it was $7.49 ($14,980 per year). It must be remembered that these are averages for all employees in these categories; the numbers at the entry level are obviously much worse.

Figures showing median fly income steady or growing slightly in real terms over the last two decades are obviously misleading because they hide the phenomenon of one-earner families becoming two earner faimilies. Quite obviously if median family income is constant as more earners pile into the equation, then individual median income was declining.

The actual numbers for individual earners tell that story quite clearly. As of April 1995, for all men over 16 the median income was $27,820, less than two thirds of the recorded median family income. However, for men aged 16-24 the median income was only $15,704 – in other words half of the employed young American men were below or barely at, the level of poverty. For women the situation was more bleak as the median income for young women was $14,612. For those manning minimum wage jobs the situation was almost unthinkable as full-time work at those wages brought in only $8,840 per year before taxes – nearly $7,000 below the poverty line.[16]

Lash and Urry point out that from 1963-1973 nine-tenths of all new jobs were created in the middle income range (roughly $ 33,000-99,000 per year in 1995 terms), but by 1986 this was down to only half of all jobs created.[17] By the first years of this decade 21 percent of all workers who had graduated with a high school degree were in »low-wage« jobs; that is those paying $6.10 per hour or less. That means these full time employees, who had a high school degree, earned roughly $14,000 per year before taxes, putting them at the poverty fine. With these figures in mind it should be clear why only 15 percent of the families had the husband as the sole worker in 1992, compared to the 42 percent of relies where the husband alone worked in 1960.[18]

Of course, even these depressing numbers are for full-time work, which brings not just money, but some minimal job security and at least a chance for health benefits in its wake. Unfortunately, regular full-time work is now an increasingly scarce commodity for the global labor force in the United States. According to Yalnizyan and Ide, »nonstandard jobs account for nearly half of all new jobs, and now represent nearly 30 percent of total employment.«[19]

16 The US minimum wage, currently at $4.25 per hour, is only $3.92 in constant 1989 dollars, compared to the 1967 minimum wage of $4.67 per hour in the same denomination.

17 Lash and Urry, op cit., p. 160.

18 Burton, op cit. p. 41.

19 Yalnizyan, et al, op cit., p. 114

Although these numbers are for Canada, we can rest assured the US numbers are as bad, and most likely far worse.

Indeed, a look at the poverty statistics for the United States makes it clear what impact the continual pressure on wages is having on American employees in the global labor class. By 1987, full- and part-time workers made up fully 29 percent of those officially classified as poor by the United States. Only the elderly and disabled made up a larger fraction, coming in at 33 percent.[20]

It may be hard for non-Americans to imagine that a mother and father can both work full-time, and still barely come in above the official government poverty level before taxes. However, this is a daily reality of contemporary life for the lower levels of the global labor class. In relation to the expectations most Americans grew up holding for their own lives, this is of course disappointing. They are understandably even more bitter when they compare their lives to the consumption patterns they see around them from the advanced service sector denizens (who are not shy about consumption). This has led to a palpable and emergent strain of populist rebellion and religious fervor sweeping American have one thing to be thankful for in this disturbing situation it is only that the lowest economic class in society does not vote.

5. *The underclass*

> If American conservatives are right that a real taste of poverty is what is needed to get people motivated to look for work, then American ghetto blacks should be among the most motivated people in the industrialized world.
>
> – Anon. 1995

As we have seen, the upper three levels in America are both directly and indirectly affected in great part by global economic changes, but for that part of American society that has come to be known as the underclass, the effects have been even more devastating. When we speak of the underclass it is important to get a relatively clear picture of this amorphous term. At base to be part of the underclass is to face the problem of persistent, grinding poverty in geographically isolated sections of American cities.

The underclass, as it is understood in American social science, is primarily a condition affecting blacks and Hispanics. While the majority of poor Americans are white[21], the majority of those who fit the classic definition of under-

20 James Jennings, *Understanding the Nature of poverty in Urban America,* Praeger Press (Westport, CT: 1994), p. 62.

21 According to US Census Bureau statistics, in 1991 there were 17.7 million whites in poverty, 10.2 million blacks and 6.3 million Latinos. *Statistical Abstracts of the United States*. US Census Bureau, (Washington DC: 1992)

class are black, with a sizable Latino minority. William Julius Wilson, who refocussed America's attention on this problem in 1987, argues that a few critical elements define membership in the underclass. Among the most important such characteristics are: 1) geographic isolation in highly concentrated areas of poverty; 2) lack of training and skills; 3) long-term unemployment; 4) female-headed households; 5) welfare, and thus, poverty spells which are enduring; and 6) a tendency to street crime.[22]

This definition largely excludes American whites who are subject to persistent poverty, both because they tend to live in rural areas that have a mixture of pockets of poverty with low- and moderate-income families; (only 6 percent of whites live in area considered to be »extreme poverty« districts) and because their relative isolation tends to keep them out of the clutches of the police. By contrast, 85 percent of blacks live in areas designated by the US Census Bureau as »poverty areas« and 40 percent live in »extreme poverty« districts.[23] Looked at through another lens, 65 percent of the inner city poor are black and another 22 percent are Hispanic.[24]

Of course, the underclass do not just live in impoverished areas. Just as importantly, they are persistently poor. This is, unfortunately, also a phenomenon largely concentrated among blacks. As Levitan and Shapiro note, »Whites and two parent families experience primarily transitory poverty, but blacks and children born into poor families often face lengthy destitution . . . while childhood deprivation is widespread . . . long term poverty is highly concentrated among blacks.«[25] In fact, according to Burton, »the average black child in the United States can expect to spend more than five years in poverty, a white child about nine months.«[26]

Most researchers believe the link between black-Americans and poverty runs directly through the fact that a far larger extent of black families live in female-headed households than is the case of whites. 42 percent of black households are headed by a woman, as opposed to 13 percent of white households.[27] Add to this disparity the fact that being a female-headed house-

22 See Wilson op cit. and Lois Wocquaint and William Julius Wilson, »The Cost of Racial and Class Exclusion in the Inner City,« *The Annals* 1989 (501: 8-25) and William Julius Wilson, Robert Aponte, Joleen Kirscheman and Lois, J. O. Wocquaint, »The Ghetto Underclass and the Changing Structure of Urban Poverty,« in Fred Harris and Roger Wilkins, eds., *Quiet Riots: Race and Poverty in the United States,* Pantheon Books (New York: 1988).

23 The Census Bureau defines poverty areas as an area where more than 20 percent of the residents are poor, while an extreme poverty area has more than 40 percent of the residents classified as poor. See Ronald L. Taylor, ed., *African American Youth: Their Social Status in the United States,* Praeger Press (Westport, CT: 1995) for more information.

24 Burton, op cit., p. 50.

25 Sar A. Levitan and Issac Shapiro, *Working But Poor: America's Contradiction* Johns Hopkins University Press (Baltimore: 1987), pp. 9 and 21.

26 Burton, op cit., p. 52. This number, of course, is arrived at simply by dividing the time and extent of long term poverty by the number of people in each race, so it is static analysis at its worst, but it does get the general picture across.

27 Lash and Urry, op cit., p. 149.

hold more certainly condemns black mothers and children to poverty than it does white mothers and children. Whereas women in general earn less than 65 percent of men in the United States, the story for black women who head households is even more depressing. They earn only 54 percent of what their white female peers earn, and only 25 percent of what two-income black families earn.[28]

Despite this dismal pay-off – and against the expectations of white conservative politicians – most black women who head households work at least part-time. In fact, according to the Census Bureau »black women who have children under five years of age worked more hours (37.3) per week than any other category of female householders.[29]

That the face of the underclass in the United States tends to be overwhelmingly black should not be confused with the obverse statement. Blacks are not overwhelmingly underclass, although a majority of blacks will spend some limited amount of time officially designated as poor. We must remember that being poor is not the same thing as being in the underclass. The underclass is marked by a persistent state of joblessness and reliance on welfare. According to the US Census Bureau, more than 60 percent of all poor families reported at least one person working in the family, and even the conservative commentator Christopher Jencks says that »only 6.7 % of all poor families should work, but do not, and are poor as a result.«[30] More than 75 percent of America's welfare recipients are on and off the dole in less than two years.[31]

6. *Global economic competition and the underclass*

The underclass in America suffered from the same capital shifting and immigrant surge that affected the global labor class, but with even more devastating results since their foothold on economic security was even more tenuous, and their ability to adapt even more restricted. Capital mobility hit inner cities as factories left the union-rich, taxengorged north and eastern United States in the 60s and 70s. This is only the latest stage in the history of black-Americans and industrialization; a history rich with racial suppression and bad timing.

When industrialization was first burgeoning in the United States and workers were in great demand, African-Americans were still largely confined to hand

28 Jennings, op cit., p. 70 and Taylor, op cit., p. 9.
29 Burton, op cit., p. 35.
30 Ibid., p. 35.
31 Sanford Schram, »Welfare Spending and Poverty: Cutting Back Produces More Poverty, Not Less,« *The American Journal of economics and Sociology,* 50:2 (1991), pp. 129-141, and Burton, op cit.

agriculture work in the south. The landowners stationed thugs at train stations and offered a reward for those who brought back other runaways because they needed cheap labor to tend the crops. During that time, as Charles Hamilton has noted, European immigrants were arriving in America to find that »periodic depressions notwithstanding, there was a continually growing private-sector economy that could accommodate, indeed welcomed growing masses of unskilled labor. The labor came . . . The need was mutual and the relationship mutually beneficial.«[32]

Mechanization came slowly to the American agricultural south, but when it did in the 50s and early 60s, landowners did everything, including paying for railroad and bus tickets north, to encourage blacks to move. Unfortunately, by that time, the plants which had hired boatloads of European immigrants in the early parts of the century were growing old. Some were being relocated in the union-free tax-havens of the American south and west. It is a fine bit of irony that some of these factories relocated to the very farmland African-Americans had left only a few years before in search of good wages from northern factories. Other factories went south and west to Latin America and Asia.

The job losses that resulted for major American cities during the 60s and 70s were astounding. Between 1959-1986 Baltimore lost 101,000 jobs and Philadelphia 222,000 jobs requiring *less* than 12 years of education. Jobs requiring *only* high school diplomas also dropped; shrinking by 11 percent in Philadelphia and 29 percent in Detroit during the 1970s alone. In fact, St. Louis lost almost half its total job base in this period.[33] The manufacturing shift out of the north and east, and the technological changes that have altered job skill demands has left one American critic arguing, »the poorest blacks have been made functionally unnecessary for U.S. econonmic development . . . the growth and existence of this sector is (now) a matter of how the government will exert control over the black underclass.«[34]

Those numbers are large, but even they understate the reality for inner city blacks, since much of the loss could only be calculated as the opportunity costs imposed when companies decided not to put newly needed factories in the cities where they had been routinely built throughout the nineteenth and early twentieth centuries.

The economic damage rocked the economic core of central cities just as foreign competition helped shatter the wage base of America's middle class. Although there is some political controversy over making this point, the sudden

32 Charles V. Hamilton, »Political Access, Minority Participation, and the New Normaley,« in Leslie W. Dunbar, ed., *Minority Report: What Has Happened to Blacks, Hispanics, American Indians, and Other Minorities in the Eighties,* Pantheon Books (New York: 1984) p. 8.

33 Lash and Urry, op cit., p. 154.

34 James Jennings, op cit., citing Sidney Wilhelm in an intriguing article, see Sidney M. Wilhelm, *Black in a White America,* Schenkman Press (Cambridge, MA: 1983).

loss of jobs destroyed a black ghetto life in America that had come, at least in part, to resemble traditional European ghettos. If we consider classic ghettos to be geographically descrete areas where excluded ethnic groups re-create the essential social structures of the culture from which they are excluded, then many areas in northern and eastern inner cities in the 40s-60s could arguably fit that definition.[35] I must hasten to add that we are not envisioning halcyon days of wine and roses here, but a reality where pockets of intense poverty existed in close proximity to pockets of working class and middle class African-Americans. The combination helped establish at least a minimal economic and social structure for the very poor.

The loss of inner city jobs changed all that. As jobs disappeared so did white store owners, then, more gradually, the black middle class pulled out to its own largely black suburbs. What was left was left for inner cities was little in the way of either an economic or a social structure, and any similarity that Black American ghettos might have had with their European forebears disappeared completely. Wilson and Hughes have made a strong case that this geographic and social isolation – what Hughes calls »these continents of contiguous census tracts,«[36] – are a major part of the story in creating the American underclass.

The second wave of global economic adjustment that impacted the underclass occurred shortly after the northern and eastern ghettos were emptied of jobs. It was then, as we have seen above, that immigration patterns changed and competition for entry level service jobs with recently arrived immigrants heated up on two fronts. The first, and most important front was wages. Immigrants bid down the effective wage for entry level jobs to the point where they became unacceptable (and often below legal minimum wage) to African-Americans (and to white Americans, it might be added).

The other front where immigration impacted African-Americans in particular was more racially charged as Asian refugees arrived in America and established a primitive and expensive service sector of corner stores, cash-checking outlets and take-out food in American ghettos. These new store owners used family and other Asian ethnic cohorts for labor in their stores, thus blocking African-Americans in impacted ghettos from the few entry level jobs that existed in their neighborhoods.[37]

The question naturally arises of what happened to the black middle class, and why there was no surge of investment in service sector jobs in their own communities. The answer to that goes far beyond the scope of this paper into the realm of individual psychology, although the raw discrimination to which

35 See Lash and Urry, op cit.

36 Cited in Lash and Urry, op cit., M. A. Hughes, »Formation of the Impacted Ghetto: Evidence From Large Metropolitan Areas, 1970-1980,« *Urban Geography,* 1994, 11:265-284.

37 See Lash and Urry, op cit.

especially poor blacks are subject in America, and the desire to escape from the impact of that discrimination, play a significant part in this explanation. It should be noted that part of the effort to unravel the underclass problem lies in the effort to re-invest and re-engage with inner city neighborhoods now beginning in the middle class African-American community.

7. *The vicious circle of the underclass*

The impact of these two forms of global economic competition – capital shifting and immigration – is only part of the devastation that swept over the American underclass in the 70s and 80s. Barry Schiller has noted that there are manifold reasons that help explain the persistence of poverty in late twentieth century America, but that in the end every reason comes down to one of two explanations: »restricted opportunity« or »flawed character«.[38] This is true, but the even more important understanding comes from seeing that restricted opportunity led to even more restricted opportunity as the underclass lost both the resources and the base of stability needed to compete in the increasingly bifurcated US labor market.

Grossly restricted opportunity, in turn, leads to the development of behavior which appears in the dominant culture as flawed character or as outright unlawful activity. That, in turn, leads to even more restricted opportunity. The combinatorial effect threatens to take the underclass ever further away from the economic opportunities in the United States unless this circle is broken.[39]

As a way of understanding the essential elements of the vicious circle we must see that the process of creating and perpetuating the urban underclass in America involves (at least) the following set of conditions:

I) Disappearance of inner city jobs
   A) Manufacturing[40]
   B) Service sector[41]

38 Cited in Jennings, op cit., p. 80, See, Barry R. Schiller, *The Economics of Poverty and Discrimination,* Prentice Hall, (Englewood Cliffs, NJ: 1976), p. 100, and Jay R. Mandel, *The Roots of Black Poverty: The Southern Plantation Economy After the Civil War,* Duke University Press (Durham, NC: 1978).

39 The tendency of social scientists to want one explanation for every effect is completely frustrated by the nature of the underclass in America, and though many trees have been sacrificed to these uni-causal pursuits, this tendency is finally breaking down. See in particular Leonard Beeghley *Living Poorly in America,* Praeger Publishers (New York: 1983), and Robert Haverman *Starting Even: An Equal Opportunity Program to Combat the Nation's New Poverty,* Simon and Schuster (New York: 1988).

40 On this see Wilson, op cit. (1987); Lash and Urry, op cit.; Norman Fainstein, »The Underclass/Mismatch Hypothesis as an Explanation for Black Economic Deprivation,« *Politics and Society,* 15:4 (1986-7), p. 403; Wilhelm, op cit.

41 On this see again Wilson, op cit., (1987) and Lash and Urry op cit.

II) Competition from immigration and second-earner women
  A) Immigrants[42]
  B) Second-earner, and gender-discriminated women
III) Discrimination[43]
  A) Institutionalized
    i) Residential segregation
    ii) Education – school funding and teacher attitude[44]
    iii) Earnings differential for equal work and education levels[45]
    iv) Two-tier juvenile system[46]
  B) Personal
    i) Reticence employers to hire black-Americans[47]
    ii) Treatment by pedestrians, store clerks, taxi drivers, etc.[48]

42 On immigration and effect on inner-city poverty, see E. Razin, »Entrepreneurship Among Foreign Immigrants in the Los Angeles and San Francisco Metropolitan Regions,« *Urban Geography,* 9: 283-301 (1991); John Grove and Jiping Wu »Who Benefited from the Gains of Asian-Americans, 1940-1980,« *Racism and the Underclass: State Policy and Discrimination Against Minorities,* George W. Shepard and David Penna, eds., Greenwood Press (New York: 1991), pp. 99-117, and Hamilton, op cit.

43 Although the focus of this part of the equation is on discrimination against all blacks, there is a serious interconnectivity between discrimination against women and maintenance of the underclass since femalehead of household poverty is one of the determinants of underclass status. See in particular, Barbara Ehrenreich, *Poverty and the American Dream: Women and Children First,* South End Press (Boston: 1983).

44 On the massive differences in schooling available to white and black Americans – including the fact that poor black schools receive on average only one-quarter of the funding per pupil as do wealthier school districts – see the extensive literature beginning with Wilson (1987) op cit., and Burton, op cit. For important contributions see S. Fordham and J. U. Ogbu, »Black Students and School Success: Coping with the Burden of Acting White,« *Urban Review* (1986) 18: 176-206; M. E. Matute-Bianchi, »Ethnic Identity Patterns of School Success and Failures Among Mexican Descendants and Japanese-American Students In California High School,« *American Journal of Education,* 95: 233-55 (1986); on negative treatment of African-Americans in ghetto schools see Taylor (1995); J. Ogbu »Minority Status and Literacy in Comparative Perspective,« *Daedulus,* 119, (1990) pp. 141-68; and Jacqueline Jordan Irvine & Russell W. Irvine, »Black Youth in School: Individual Achievement and Institutional/Cultural Perspectives,« in Taylor, ed (1995), op cit.

45 On this point see Burton, op cit. 1992; David Riemer, *The Prisoners of Welfare: Liberating Ametica's Poor from Unemployment and Low Wages,* Praeger (New York: 1988); Lash and Urry, op cit. and Frances Moore Lappe, *RediscoveringAmerica's Values,* Ballantine Books (New York: 1989).

46 On this point see, Jewelle Taylor Gibbs, »Health and Mental Health of Black Adolescents,« in Taylor, op cit.; Richard Dembo, »Delinquency Among Black Male Youth,« in J. Gibbs, ed., *Young, Black and Male in America: An Endangered Species,* Auburn House (Dover, MA: 1988) and J. Tolmach., »There Ain't Anybody on My Side: A New Day Treatment Program for Black Urban Youth,« *Journal of Clinical Child Psychology,* 14, pp. 214-19, (1985).

47 There is substantial evidence that inner city store owners, white mid-level businesses and even domestic services to hire Black-Americans when other labor, including recent immigrants (even Black-African and Caribbean) are available. On employer's reluctance to hire »underclass« citizens see Joleen Kirschemnan and Kathryn Neckerman., »We'd Love to Hire Them, But . . . : The Meaning of Race for Employers,« pp. 203-232 in Christopher Jencks and Paul E. Peterson eds. *The Urban Underclass,* The Brookings Institution (Washington DC: 1991); George Gilder, *Wealth and Poverty,* Basic Books (New York: 1981) and Burton, op cit.; on immigrant owner preference for hiring see Lash and Urry, op cit., p. 175.

48 Some researchers have argued that the psychological damage done to black Americans by individualbased discrimination is even worse than from more generalized discrimination. When »disrespect is communicated at the individual (rather than institutional) level, (it lea-

IV Experience of devastating and prolonged poverty combined with physical insecurity[49]

A) Poverty in America is widespread compared to all other industrialized countries.[50]

B) Persistent poverty is directly related to the rise of female head-of-household families, as demonstrated above.[51]

C) Poverty in these areas has not simply been persistent,[52] but has grown devastatingly deep.[53]

D) Cuts in government income support, education and social benefits have deepened poverty further.

D) Poverty, crime and early death are ever-present forces in US inner cities.[54]

V. Geographic segregation and the rise of »continents of poverty«[55]

ves) no support from a shared group experience.« L. W. Chestang, »Character Development in a Hostile Environment,« *Occasional Paper No. 3,* University of Chicago Press (Chicago: 1972), p. 103. See also Wilson (1987), op cit.

49 See Wacquaint and Wilson, op cit., on this issue.

50 As Robert Greenstein wrote, »No matter what measure of poverty is used, the poverty rate has risen sharply since 1989 . . . it is now high by historic standards in the US and (it is) well above that of other western, industrialized nations.« Still poverty is largely a temporary situation. 60 percent of the poor are out of poverty within two years; 88 percent within five years. It is the 12 percent »persistently poor« we are concerned with. They make up most of the underclass See Levitan and Shapiro (1987) op cit.

51 Best estimates are that bout 25 percent of women who received public assistance become welfare dependent. This is true despite the fact that nowhere in America can mothers with one or two children even approach the poverty line through cash benefits. See, in addition, Geraid D. Jaynes and Robin M. Williams, Jr., *A Common Destiny: Blacks and American Society,* National Academy Press (Washington, DC: 1988); Taylor (1995), op cit., and Center for Study of Social Policy, which makes the important point that the rise of black female households is directly related to the unavailability of black men »half of the black male population aged 16-64 is either unemployed out of the labor force, in prisons or their labor status cannot be determined, compared to 23 percent of white men in the same age group.« »The Flip Side of Female-Headed Families: Black Adult Men,« Center for the Study of Social Policy, (Washington, DC: 1985), p i.

52 Burton, op cit., p. 8. On the »welfare dependency« argument, which has the same causality problems as does the conservative culture of poverty literature, and is just as clouded by ideological fervor as it is clarified by facts, see Furstenburg (1988); Burton (1994); Schram (1991), op cit.; Schiller (1984), op cit. Robert B Hill, »Breaking the Cycle of Disadvantage: Towards a Comprehensive National Policy for Social Intervention,« in Taylor, ed., (1995) op cit.

53 In 1989, 38 percent of the poor had incomes that were less than half of the official poverty line, and over 30 percent of black families had total incomes under $10,000 per year.

54 Young black men account for half of all arrests for violent crimes in the US during 1990 (they are 16 percent of the youth population). But young black males are not just perpetrators, but victims of crime – they are five times more likely to be homicide victims than are white males. In part, as a result, mortality rates for black youth 15-24 was twice that of white males in 1991 and the causes of death were (in order): homicide, suicide, and accidents See Taylor (1995), op cit., p. 13-20; Jaynes and Williams (1991), op cit. and Hill (1995), op cit.

55 Wilson's phrase (1987), op cit: This development is, in part (but only in part), due to »high levels of residential segregation . . . and low levels of suburbanization resulting from discrimination in housing . . . jobs and opportunities are moving to the suburbs« Joe T. Darden, »The Status of Urban Blacks 25 Years After the Civil Rights Act of 1964,« *Sociology and Social Research,* 73:4 (1989), pp. 160-173. See also, Fainstein (1986-7), op cit.; and Taylor (1995) op cit. The discrimination patterns continue in Black suburbs exist where 27 percent of black children lived in 1990 Taylor (1994), op cit., p. 8. As evidence of how hard dis-

A) Travel to where jobs is long and expensive, making entry level, low wage jobs even more unattractive.
B) Creation of continents of poverty where social and economic structure along models that reconstruct the dominant culture all but cease to exist.[56]
C) There is little demand elasticity in inner-cities, thus demand drops from unemployment have a disproportionate effect in these areas.[57]
D) American informal network of job availability does not reach impacted inner city, further restricting opportunity.[58]

VI. Social and economic isolation and the rise of a »culture of poverty«[59]

crimination hits, low-income blacks who move to suburbs are 50 % more likely to find jobs than those who remain in the inner-city, cited in James E. Rosenbaum and Susan J. Popkin, »Employment and Earnings of Low-Income Blacks Who Move to Middle-Class Suburbs,« in Jencks and Peterson, ed., *The Urban Underclass,* Brookings Institution (Washington DC: 1991), pp. 342-356.

56 The continents of poverty, combined with negative treatment of poor black Americans by authorities of nearly all kind result in a classic depression, disassociation reaction that has come to be called the Culture of Poverty, more below.

57 Inside these impacted ghettos each new case of unemployment has an exaggerated effect on other underclass residents as – relative to total existing demand for goods and services – this drop in demand is more important than in less impacted zones where the social and economic fabric has some elasticity. As Jennings writes, »a rise in black poverty produces a dramatic loss in potential demand for services in the ghetto. Jennings, op cit., p. 91.
On the interactive effect of impacted ghettos and employment see Marta Tienda and Maya Stier, »Joblessness and Shiftlessness: Labor Force Activity in Chicago's Inner City,« pp. 135-154 in Jencks and Peterson, eds. (1991), op cit. Tienda and Stier show that impacts on labor force participation rates begin to show startling increases in areas where 30 percent or more of the occupants are poor. Below this level there is little or no geographic correlation with poverty. See also Lisbeth Schorr, *Within Our Reach: Breaking the Cycle of Disadvantage,* Doubleday (New York: 1988).

58 In the United States much hiring, especially in entry level jobs from middle sector employers occurs through casual networks of acquaintances. »Even persons free of prejudice or animosity may engage in discriminatory patterns of behavior. The process of networking – using friends or relatives to help one get a job – tends to exclude minorities« Burton, (1992), op cit., p. 51) On this imbalance see also David Riemer, *The Prisoners of Welfare: Liberating America's Poor from Unemployment and Low Wages,* Praeger Press (New York: 1988) and Rosenbaum and Popkin (1991), op cit.

59 This concept derived from Oscar Lewis's brilliant work with Mexican citizens in *La Vida,* Random House, (New York: 1965) which built on Robert Merton's theory of »blocked opportunity« in *Social Theory and Social Structure,* Free Press (New York: 1957). See Burton's discussion of this in Burton, op cit., pp. 21-22. Merton and Lewis both understood that lack of opportunity creates psychological shifts in people which can eventually create an extreme sense of relative material deprivation y make them maladapted to engaging in common workforce experiences. Unfortunately, American conservatives picked up the idea, and reversed the causality so that a »bad attitude« among African-Americans is the primal mover that leads directly to no work (the classics are: Daniel Patrick Moynihan, *The Negro Family: The Case for National Action,* US Department of Labor, (Washington, DC: 1965) *&.Maximum Feasible Misunderstanding: Community Action in the War on* Poverty, Free Press (New York 1970); Edward C. Banfield *The Unheavenly City: The Nature and Future of our Urban Crisis,* Little, Brown and Company (Boston: 1968); Henry Hazlitt, *The Conquest of Poverty,* Arlington House Press (New Rochelle, NY: 1973); George Gilder 1981, op cit., and in »The Nature of Poverty,« in *Social Welfare Policy: Perspectives, Patterns and Insights,* I. C. Colby, ed., Dorsey Press (Chicago: 1989); James Q. Wilson, *Thinking About Crime,* Vintage Press (New York: 1983); Murray 1984, op cit.,; Jencks 1991, op cit., and Mead 1992, op cit. That has led some American liberals to stake out a completely ridiculous position that no pattern of behavior exists that would make it harder for black-Americans to get work Manning

A) Blocked opportunity amidst a dominant materialist culture.[60]
B) Continents of poverty give few positive counter-examples of success in dominant culture.[61]
C) Mis-treatment by school and other social authorities reinforces belief that success is impossible in the dominant culture.[62] Reaction generally falls into one of two camps:
  - Adopt what Merton calls a retreatist stance and drop-out of school . . .[63]
  - Adopt what Merton would call the »rebellious« or what Ogbu calls the »protective« styles of behavior.[64]

Marable, »The Contradictory Contours of Black Political Culture,« in *The Year Left 2,* Mike Davis, Sprinker and Marable, eds., Verso Press (London: 1987); Cornell West, »Race and Social Theory: Towards a Genealogical Materialist Analysis,« in Davis, et al. (1987) op cit., and Bette Woody *Black Women in the Workplace: Impacts of Structural Change in the Economy,* Greenwood Press (Westport, CT: 1989). This is an unfortunate and completely incorrect side-track. The key is to understand the interactivity of lost opportunity and behavior, to open the opportunity, and thus to mitigate the behavior. Denying the reality will not help. See Herbert Gans *More Equality* Pantheon Books (New York: 1973); Mark R. Rank, »Racial Differences in Length of Welfare Use,« *Social Forces,* 66:4 (1988), pp. 1080-1011; and Wilson (1987), op cit., on this point.

60 Here, as in the case of East Germans and Eastern Europeans watching German television in the late 1980s, the sense of missing out completely on the good life is crushing for young Black-Americans. See: Burton (1992) op cit., p. 47., and Cynthia Duncan and Ann R. Tickmayer, »Poverty Research and Policy for Rural America,« *The American Sociologist,* 19:3 (1988), pp. 243-259.

61 Merton wrote that blocked opportunity leads to one of three adaptations: innovation, retreatism or rebellion. Innovation is where the poor accept the goals of the dominant society but adopt alternative means of achieving these goals. The crack economy is clearly an example of innovative response by impacted communities. See Merton (1957); Terry M. Williams and William Komblum, *Growing Up Poor*, Lexington Books (Lexington, MA: 1985) and Reimer (1988), op cit., on this point.

62 Most of the literature agrees that African-American children experience teachers who rely primarily »on negative reinforcement, punishment and sanctions, negative feedback . . .« Taylor, op cit., p. 113; In addition, as mentioned above (fn. 45), Gibbs has studied patterns that indicate delinquent white youth tend to be shuttled into the mental health institutions, whereas delinquent black youth tend to be shuttled into juvenile justice facilities, jail etc. Jewelle T. Gibbs, »Personality Patterns of Delinquent Females: Ethnic and Sociocultural Variations, *Journal of Clinical Psychology,* 38, (1982), pp. 198-206. Also see, Jeffrey Reiman, *The Rich Get Richer and the Poor Get Prison,* John Wiley and Sons (New York: 1979).

63 Most estimates say drop-out rates in inner-cities are 50 percent or over for black children; this despite a national drop out rate for blacks that was only 13.6 % by 1991. This is even starker evidence of the devastating division between impacted economic zones and non impacted zones. Taylor (1995), op cit., p. 8; Irvine and Irvine (1995), op cit., add the point that from a cultural standpoint the conflict of Afrocentric culture and dominant American culture is profoundly present in schools. We would add that it is just as profoundly present in the workplace. See also Hill (1995), op cit.

64 Inner city culture has come to stigmatize »acting white« as inappropriate and unrewarded behavior, with all the consequences for employment and education in the dominant culture we can imagine. Fordham and Ogbu posit »Afrocultural« expressions as culturally acceptable in inner cities, while »acting white« is not. Included among »acting white« behavior is: speaking standard English; spending a lot of time in the library studying; working hard to get good grades, etc. Fordham and Ogbu 1986) The impact on employers of encountering young Black males (against whom there may already be a predisposition) who have come to believe »acting white« is a bad thing can be easily imagined. See also Taylor(1995); Beeghley (1983); Boykin and Elhson (1995)

VII) Feedback mechanism develops and propagates continued poverty
The initial conditions of »restricted opportunity« through racism, poverty, physical insecurity, lack of opportunity and social and economic isolation helps foster what Schiller calls »flawed character«. The result is a feedback loop that pushes some young black-Americans further away from the opportunities in the dominant culture, which will further encourage the development of »protective« styles of behavior and thus the cycle begins again.

There are almost certainly more elements to this cycle of causes and consequences, but these are surely the most important components. What is clear from this list is that many of these causes are well beyond the ability of underclass citizens to control by themselves, and that they are even beyond the reach of politically feasible government support programs. This surprising and important result brings into focus a conclusive response to the conservative attack on government programs that blames deeper and more persistent poverty on the programs themselves. Anecdotes aside, the meat of such arguments has been a passive correlation between the increase in govermnent spending on social programs (usually beefed up by counting some or all middle class programs as »social spending«) during the 1960s and 70s and the increase in poverty that occurred at the same time.
Correlations of this sort have an obvious appeal to conservatives, but they are counter-intuitive in the extreme. Now, we can see clearly that to make such an argument of causality derived from the correlations cited by Murray and Gilder among others, is to ignore the far more powerful domestic and international private sector forces that have helped drive the underclass further and deeper into poverty. Eighteenth century economic writers these authors admire, such as David Hume, clearly warned that »correlation is not causality.« If modern day conservatives will not respect the facts, they might at least respect their intellectual forebears.
This is not to deny that the forces at work in inner-cities have led to severely maladapted behavior. In fact this causality is one of the most important ways the underclass has contributed to their own continued impoverishment. It is most likely even possible to find some underclass citizens who prefer living in crime-ridden, vermin-infested, dilapidated and crowded apartments so that they can not work and stay home to listen as their children cry themselves to sleep at night. But it is hard to ignore the obvious counter-intuitive sound of such a result. As usual with counter-intuitive arguments such as these, they overlook the wider and deeper causes underlying America's poverty problem in search of a politically gratifying conclusion.
We must add that our analysis is not just bad news for the conservative argument. It is also bad news for the pallid liberalism that believes government support alone can ease the conditions of impacted poverty. It should be clear

from the cyclical theory we have elucidated that no government support program that can reasonably be expected to pass in the United States has a chance of doing more than providing a small cushion for the troubles affecting African-American farmilies. That does not mean these programs should be withdrawn, but it does mean that they cannot be looked upon as anything more than a temporary and necessary cushion. The more important task of breaking the cycle of poverty requires the active support of private sector investment and middle class involvement, as we shall see below.

8. *Potential solutions*

The problems of the global labor class and those of the underclass are linked in more ways than simply the impact on each of international competition. They are also linked through the raw political fact that to ease the underclass problem it is necessary to ease the insecurities that plague the global labor class in America. Let us, then, consider the global labor class problems first. Despite some recent simplistic counter-trend arguments[65] attempting to show that international labor forces have little or no impact on working class citizens there is no doubt that the phenomenon – both in its domestic and international manifestation – is clearly real and critical to the future of the United States.

It may be, as some have posited, that new barriers to capital and financial movements will be erected by governments or multi-national bodies such as NAFTA and the EC in an attempt to freeze competition from this global pool. Calls for trade barriers are heard with increasing frequency. The US-Japan dust-up on auto imports is the first true bit of open trade war in the last sixty years. There have even been some muted suggestions of capital controls by junior German govermnent officials of late. Such blockades may interrupt global labor competition, and could even delay the final stages of this process for years. After all, as Braudel has shown, a combination of moral outrage and »Leveler« action kept the first steam engine from commercial use for almost sixty years.[66] However, as this example also shows, attempts to stem the tide of history are doomed to ultimate failure.

We are at the early stages of adapting to an economy where people will become as unimportant for the making of things as they have become for the

65 See, in particular, this month's *Daedelus* which attempts to knock down the global labor argument by looking solely at immigration patterns. Although immigration is part of the problem, as we have seen it is only one part of the problem. Looking at how labor moves to capital completely ignores how capital is moving to labor and the cascading effect for lower classes of the global dislocation at the upper and middle skill levels.

66 Fernand Braudel *The Structure of Everyday Life, Volume 1: The Wheels of Commerce,* (New York: 1979).

making of food. Left to market forces alone it is true that business, government and US workers in the global labor pool will find a rough equilibrium between supply and demand at all skill levels, although what the income distribution would look like by that time is a bit frightening to consider. Even worse from a political perspective, such an equilibrium process will take decades to accomplish and – in the meantime – the pressure on wages will continue to make it hard if not impossible for working couples to provide their families with a minimally acceptable standard of living.

This is where the ever-widening income inequality in the US can be put to good – and morally important – use. It is exactly this wide gap that provides the initial conditions under which redistributive and skill acquisition policies make sense for the United States global labor class. The US should institute a negative income tax for its *working* poor, including access to health benefits, retraining and food stamps. These global, income and work-linked policies are specificafly designed to be top-down and universally applied to working people who need some »topping up« of their incomes.

The policies do not target specific jobs or industries, nor do they attempt to save or promote any particular sector, thus they favor no kind of work or business over any other. What they do provide is some measure of stability and security for American members of the global labor class without being market distorting in the process. They help assure that the US business will continue to maximize its ability to adapt to the global structural shifts underway, while still allowing the society to remain firmly middle class. This is a fundamental requirement for stable democracies.

Solutions for the underclass problem in the United States are not amenable to redistributive policies, both because the disjunction is too deep and because the political support for programs that give money to non-working rallies is not present in America. Therefore, we must look to programs that stimulate an emergent private sector economy in impacted ghettos. These programs can rely only in part on the government. Whatever American liberals think, there is no chance of galvanizing political support for expensive redistributive policies aimed at the poorest sections of the American economy while the global labor class is under economic siege. On the other hand, it is just as true that the United States, from a moral and political standpoint cannot continue to stand by idly while its inner city population sinks further into misery.

As a first step we need to reject the notion that members of the underclass are lacking in drive and ambition. Every survey of the underclass shows that, »work is as fundamental to poor people as it is to the rest of us . . . their desire for work, money and success is dominant.«[67] The rise of the crack economy in US inner cities is strong evidence that even when poor black Americans are

67 See Williams and Komblum (1985) and Beeghley (1983).

completely abandoned by their society, an aggressive – if perverse – version of the dominant US culture will emerge.

What the political system can help to provide is the necessary involvement and seed capital necessary to begin the transition of impacted inner cities toward developing service economies that provide the core of opportunity and stability underclass families need if they are ever to adopt mainstream methods to reach their already well-developed mainstream desires.

A critical part of this process is substantial involvement by the African-American business and leadership community. The flight of the black middle class from inner cities to suburbia is already slowing, and even reversing. Nothing could be more important than to have African-American role models, investment and commitment to turning around these impacted areas. In fact, most scholars believe nothing will work without the determination of the African-American community to help.[68]

However, no amount of commitment, determination and good will can help these impacted inner cities without re-investment in the communities. This is where state, local and federal governments need to work with the African-American leadership. Former Congressman and HUD Secretary Jack Kemp has been championing what he calls »Enterprise Zones« for years, and it is to this idea the United States should turn with a massive commitment.

The United States should stand ready with loans, grants and expertise (including the discarded middle managers and clerical workers with strong business and accounting skills) to help rebuild wasted city blocks, and to build businesses that can actually grow in these communities. In addition, the federal government should build on President Clinton's anti-crime measure of last year to provide aggressive, federally sponsored police that will work with citizens to take control of the streets in these inner cities as the investment programs begin.

Both the federal and local governments must work closely with African-American religious and political leaders to let them help direct investment in ways that will sustain and foster community growth. A black-American owned and operated service economy will follow, and will deepen the roots of positive adaptation to the mainstream ideal.

This program will not work overnight. There may even be a generation or two lost to the streets, although evidence is mounting that the children and grandchildren of crack mothers and fathers have turned away from drugs with a vengeance. For the first time in American history, Black-Americans have a chance to live a version of the standard immigrant dream in America. The children of parents who went to the suburbs in search of a better life are coming back to work with the children of »crack parents.« With the help of

68 See Hill (1995).

sustained and substantial federal investment incentives, there is a chance to build a stable community.

As we mentioned above, the danger is that this opportunity will be lost because of the dislocation, insecurity and anger that afflicts the broader and politically more powerful global labor class. That is why US political leaders must understand that these two classes are far more linked than current political dogma would allows. In many ways, these two classes are obviously pitted against each other, and unless we stabilize the more powerful global labor class, the less powerful underclass do not have a chance.

If we abandon both of these groups to the vissitudes of market forces, then our society will continue to drift off into the two completely separate worlds that have begun to emerge in America. The early results of that development are already evident in the populist revolts and third party Presidential candidates that have rocked the US political scene. The rise of a radical right-wing social agenda and the emergence of far right terrorism against the US government is the next step in this progression.

In its current approach, the US is drifting toward an explosion of populist fundamentalism of the sort that last emerged in the final decades of the nineteenth century. If members of the advanced service sector – for all their worldly knowledge – refuse to understand this dilemma and to support a more aggressive policy of countering the insecurity through government involvement, then they will reap a country they will not like. It will then be only a minor comfort that Paris apartment prices are still depressed.

Ronald Schettkat

Zusammenfassung der Ergebnisse des Arbeitskreises I

Nicht Keynes, sondern Schumpeter

so kann die Diskussion im Arbeitskreis I zusammengefaßt werden. Die konjunkturelle Komponente der gegenwärtigen Arbeitslosigkeit, die mit expansiver Wirtschaftspolitik zu beseitigen wäre, wurde nicht als dominanter Teil der Arbeitslosigkeit angesehen. Nicht die kurzfristigen (konjunkturpolitischen), sondern die langfristigen Beschäftigungsprobleme standen im Vordergrund der Diskussion. Skeptisch wurde angesichts der hohen Haushaltsdefizite und dem erreichten Grad der Offenheit der deutschen Volkswirtschaft die beschäftigungspolitische Wirksamkeit expansiver Wirtschaftspolitik gesehen.
Die Diskussion des Arbeitskreises kann in zwei Bereiche gruppiert werden:
1. Wie lassen sich neue Beschäftigungsfelder erschließen?
2. Wie läßt sich die Funktionsfähigkeit der Arbeitsmärkte verbessern?

zu 1. *Wie lassen sich neue Beschäftigungsfelder erschließen?*

Produktinnovationen sind notwendig zur Schaffung neuer Märkte und Prozeßinnovationen sind die Voraussetzung zur Erschließung von Märkten. Sie sind auch die Voraussetzung zur Sicherung der Wettbewerbsposition der Bundesrepublik und sie sind Voraussetzung für die Sicherung des Lohnniveaus und der erreichten sozialen Standards. Dabei ist die Kombination von Produkt- und Prozeßinnovation entscheidend für die Beschäftigungswirkung.
Der Wettbewerb wird als Katalysator für die Innovationsaktivität gesehen, aber Wettbewerb erzeugt auch Veränderungen, die zu Friktionen führen. Wirtschaftlicher Wandel produziert Gewinner und Verlierer, und die letzteren werden natürlicherweise Widerstand gegen Veränderungen leisten. Dieser Widerstand findet sich bei Arbeitnehmern wie bei Arbeitgebern, aber diese Partialinteressen müssen zu Gunsten des gesamtwirtschaftlichen Interesses zurückgedrängt werden. Die Forderung nach Abschottung vom weltwirtschaftlichen Wettbewerb und die Forderung nach Erhaltungssubventionen sind Ausdruck dieser widerstreitenden Interessen. Erhaltungssubventionen können zwar die Anpassungsprozesse strecken und damit erleichtern, aber sie müssen zeitlich befristet werden. Reale Anpassungsprozesse in einer dynami-

schen Wirtschaft können nicht mit idealtypischen Modellen verglichen werden, sondern sie müssen zu anderen konfliktreichen Systemen in Beziehung gesetzt werden.

Wo soll innoviert werden und wie soll innoviert werden? Soll sich der Staat zur Förderung von Innovationen engagieren? Hier wurde auf die hohen positiven externen Effekte von Innovationen hingewiesen, wie sie in der neuen Wachstumstheorie thematisiert werden. Die gesellschaftlichen Gewinne von Innovationen sind höher als die privatwirtschaftlichen, was zu suboptimaler Innovationsaktivität führt, wenn diese alleine dem privatwirtschaftlichen Kalkül überlassen wird.

Dieses rechtfertigt ein staatliches Engagement. Allerdings besteht die Gefahr, daß staatliche Fördertöpfe lediglich Mitnahmeeffekte bedienen.

Die staatliche Förderung kann auch zu Fehlleitungen von Innovationen führen, wenn die neuen Technologiefelder nicht spezifiziert werden können. Hier wurde einerseits angeregt, die Unsicherheit durch die Produktion von »Visionen« zu reduzieren, aber es wurde auch darauf hingewiesen, daß der Markt als Koordinierungsprozeß allen anderen Steuerungselementen überlegen ist. Hier geht es jedoch um die Frage, ob Marktprozesse für sich genommen ausreichend sind, um neue Märkte zu schaffen.

Problematisiert wurde auch die Transformation von Bedürfnissen in kaufkräftige Nachfrage. In diesem Zusammenhang wurde die durch Steuern und Abgaben entstehende Differenz zwischen Nettolohn der Beschäftigten und dem Preis der Dienstleistungen (der Produkte) problematisiert. Die Preiselastizität der Nachfrage ist immer dann hoch und entsprechend zu berücksichtigen, wenn Ausweichmöglichkeiten in »do-it-yourself« oder ein Ausweichen in abgabenfreie Tätigkeiten (Schwarzarbeit) besteht. Die soziale Absicherung etwa durch Familienzusammenhänge wie in der Kranken- und Rentenversicherung vermindert das Interesse an sozialversicherungspflichtiger Beschäftigung auf seiten der Arbeitnehmer und kann insofern als Subvention von Tätigkeiten in diesem »Graubereich« gesehen werden. Zu überlegen wären deshalb auch im Hinblick auf die Förderung einer höheren Frauenerwerbstätigkeit, ob bestimmte Haushaltsdienstleistungen nicht als Aufwendungen für Erwerbstätigkeit (Werbungskosten) zu bewerten sind.

zu 2. *Funktionsfähigkeit von Arbeitsmärkten*

Die Besteuerung des Faktors Arbeit und seine Belastung mit versicherungsfremden Leistungen haben die Arbeit relativ verteuert. Eine Entlastung der Arbeit von diesen Abgaben kann zwar die volkswirtschaftlichen Gesamtlasten nicht verändern, sie beeinflußt aber sehr wohl die relativen Faktorpreise und kann so die Faktoreinsatzverhältnisse zu Gunsten der Arbeit beeinflussen.

In diesem Zusammenhang wurde auf die stärkere Belastung natürlicher Ressourcen (Ökosteuer) hingewiesen.
Langzeitarbeitslosigkeit führt zur Entwertung von Humankapital und langandauernde Arbeitslosigkeit wird selbst zum Vermittlungshemmnis. Darin liegt die Begründung für aktive Arbeitsmarktpolitik, die geeignet ist, die relative Position von geförderten Personen zu verbessern. Aus der Mikroperspektive ist die Effizienz der aktiven Arbeitsmarktpolitik deshalb unbestritten. Aber aktive Arbeitsmarktpolitik kann kaum zusätzliche Arbeitsplätze schaffen. Aus der Makroperspektive sind Verdrängungseffekte zu berücksichtigen. Es ist die Frage zu stellen, ob der Einsatz öffentlicher Mittel für aktive Arbeitsmarktpolitik im Vergleich zu anderen Verwendungen effizient ist. Lohnt es sich, aktive Arbeitsmarktpolitik zu betreiben? Abstrakt ist diese Frage zu bejahen, wenn der marginale Nutzen dieser Politik höher ist als die marginalen Kosten, aber wie diese Relation konkret zu bewerten ist, ist nur schwer zu bestimmen und umstritten.
Fortbildung und Umschulung (F&U) kann negative Effekte auf die Erstausbildung haben. Wenn die Kosten der letzteren von den Betrieben getragen werden, aber Fortbildung und Umschulung subventioniert sind, werden Betriebe auf die Rekrutierung von F&U-Teilnehmern ausweichen, statt Erstausbildung zu betreiben.
Festgestellt wurde auch ein Bedarf an Arbeitsplätzen, die geringere Qualifikationsanforderungen stellen. In diesem Segment des Arbeitsmarktes ist zu überlegen, ob im Interesse einer Anbindung an den Arbeitsmarkt Arbeitseinkommen nur partiell auf Sozialhilfebezüge anzurechnen sind. Gegenwärtig setzt schon sehr früh eine einhundertprozentige Besteuerung des Arbeitseinkommens bei Sozialhilfeempfängern ein, was den Anreiz zur Aufnahme offizieller Beschäftigung gegen Null tendieren läßt.

Wohin soll qualifiziert werden?

Der Zukunftsbedarf an Qualifikationen ist nebulös, man kennt die Richtung, aber man weiß wenig über die spezifischen Qualifikationen. Deshalb ist eine breite, flexible Qualifizierung günstiger zu beurteilen, als sehr spezifische Qualifikationen. Bei sinkender Halbwertzeit beruflicher Qualifikationen nimmt die Bedeutung von Flexibilität zur Anpassung an sich laufend verändernde Rahmenbedingungen zu.
In Anlehnung an die Debatten um »sustainable growth« kann man von »sustainable education« sprechen.
Die Erodierung sozialer Standards und ein nach unten ungebremster Lohnwettbewerb können hohe gesellschaftliche Folgekosten verursachen, was im Arbeitskreis eindrucksvoll am Beispiel der USA geschildert wurde. Der

Arbeitskreis war einig, daß verstärkte Innovationen und eine erhöhte Akzeptanz der Veränderungen infolge einer dynamischen Wirtschaftsentwicklung Voraussetzung dafür sind, daß die Bundesrepublik als Land mit hohen Löhnen und hoher sozialer Sicherung im internationalen Wettbewerb bestehen kann. Aktive Strategien zur Erschließung neuer Produktions- und Beschäftigungsfelder sind passiven Strategien zur Erhaltung von Strukturen vorzuziehen, wobei die Rahmenbedingungen für die gesellschaftliche Akzeptanz dieser Veränderungsprozesse erhalten und verbessert werden muß.

Karl Heinrich Oppenländer

Abschließende Bemerkungen zum Arbeitskreis I

Lassen Sie mich anknüpfen an die Zusammenfassung der Ergebnisse aus dem Arbeitskreis I, die Herrn Schettkat in hervorragender Weise gelungen ist.
Da ist zunächst über die griffige Bemerkung *»nicht Keynes, sondern Schumpeter«* zu reden. Wir sollten hier keine Alternativen aufbauen, da die Geisteswissenschaften sowieso keine allgemeingültigen Gesetze anbieten können. Es gibt in der Ökonomie bei unterschiedlichen Situationen unterschiedliche Theorien, was darauf zurückzuführen ist, daß ökonomische Theorien nicht unabhängig von Zeit und Raum sind; sie werden deshalb auch als Quasi-Theorien bezeichnet. Angewendet auf die »griffige« Bemerkung bedeutet das: Sicherlich ist Schumpeter heute eher »anzuwenden«; Keynes ist aber nicht »tot«.
Dann ist eine weitere Feststellung zu treffen. Unsere Argumentation ist doch oft von Täglichkeiten geleitet. Immer wieder war zu hören, die *konjunkturelle Situation* wäre im Augenblick nicht geeignet, bestimmte Maßnahmen in Angriff zu nehmen oder gar durchzusetzen. Ich möchte behaupten, daß wir hier einer Ausrede aufsitzen. Sind Notwendigkeiten als prinzipiell erkannt, so müssen sie angegangen werden, wobei die »augenblickliche« konjunkturelle Situation in den Hintergrund zu treten hat. Sie kann allenfalls dem Politiker als Parameter dienen, der sich fragt, ob er eine bestimmte Zielvorstellung wie z. B. eine Mehrwertsteuererhöhung bei dieser ganz spezifisch konjunkturellen Sicht durchsetzen kann oder nicht. Ich schlage also vor, daß wir diese Ebene endgültig verlassen und uns klar machen, daß wir bestimmte Dinge konjunkturunabhängig durchsetzen müssen, wenn wir weiterkommen wollen.
Lassen Sie mich nunmehr drei Komplexe herausgreifen, die im Arbeitskreis I diskutiert wurden:

- Wirkungen von Auslandsinvestitionen deutscher Unternehmen auf Arbeitsplätze im Inland
- Zusammenwirken von Unternehmen und Gewerkschaften bei der Bekämpfung der Arbeitslosigkeit
- Rolle des Staates.

Zu Auslandsinvestitionen: Die früher allgemein gültige Version in der Beurteilung der Auslandsinvestitionen in bezug auf inländische Arbeitsplätze ist immer positiv ausgefallen. Wir haben damals gesagt, daß die Zahl der Arbeitsplätze im Inland vermehrt wird, wenn die deutschen Unternehmen mit ihren Investitionen ins Ausland gehen. Dies deshalb, weil wir aufgrund unseres hohen technologischen Standards in der Lage waren, diese Firmen, die im Ausland produzieren, mit Ersatzteilen, mit Halbwaren usw. zu beliefern. Es hat also bis vor kurzem Einigkeit darüber bestanden, daß diese Auslandsinvestitionen nicht arbeitsplatzvernichtend waren. Hier hat sich offensichtlich – in der Beurteilung – etwas geändert. Die Öffnung nach außen hat sich verstärkt, auch deutsche Unternehmen sind zu Global Players geworden. Die Unternehmen sind in einen internationalen, intensiveren Wettbewerb geraten, der dazu zwingt, nach Überlebensstrategien Ausschau zu halten. Kostensenkungen und Produktivitätssteigerungen sind zum ersten Erfordernis geworden, kostengünstige Produktionen im Ausland, auch die Verlagerung von Forschung und Entwicklung ins Ausland sind die Folge. Die Äußerung von vielen Firmen, sie wollten in Deutschland bleiben, sollte man entgegennehmen, sollte aber auch dann gleich dazusagen, daß das nur möglich ist, wenn sich die Standortfaktoren hier ändern. Darüber haben wir in diesen beiden Tagen verschiedentlich gesprochen.

Wir müssen uns mit diesen veränderten Bedingungen abfinden, wir müssen uns anpassen. In einer offenen Wirtschaft ist das konsequent.

Damit zusammen hängt die Frage, ob wir den Standort Deutschland nicht dadurch festigen können, daß »verläßliche« Perspektiven für die inländische Entwicklung mindestens in mittlerer Frist aufgezeigt werden können. Denn offensichtlich wissen viele nicht mehr, »wie es weitergehen soll, weitergehen kann«. Ich habe vorhin gehört, daß die Produktionen heruntergefahren werden sollen, Beschäftigte werden weiter entlassen. Genannt wurden Zahlen von 30 und 40%. Wo bleiben Visionen, die auch Leitlinien abgeben könnten für inländische Investitionen und Produktionen? Im Augenblick, so scheint es, denken viele nicht über das Jahr 1998, das nächste Wahljahr, hinaus. Investitionen werden aber für mittelfristige und langfristige Renditeüberlegungen getätigt. Wo bleiben die Visionen über das Jahr 2000 hinaus? Sie könnten eine gewisse Sicherheit mit sich bringen, den Global Player auch ermutigen, im Inland zu bleiben.

Zum Zusammenwirken von Unternehmen und Gewerkschaften: Auch die Wachstumstheoretiker sind inzwischen zu der Erkenntnis gelangt, daß das Humankapital (neben dem Realkapital) ein incentive für weltwirtschaftliches Wachstum darstellt. Neben die Kapitalakkumulation als Erklärungsfaktor tritt die Humankapitalakkumulation. Dieser Hinweis der neuen Wachstumstheorie sollte stärker werden. Wir sollten genau diesen Zweig der Wachstumstheorie besser ausbauen, schärfer artikulieren, auch in bezug auf Staatsbeteiligung und Privatbeteiligung. All das, was hier gesagt worden ist über Lernen, über Qualität, über Eigenleistung, möchte ich voll unterstreichen. Wir müssen endlich aber auch die Institutionen anpassen, wir müssen die Instrumente anpas-

sen an diese Sicht. Da gibt es auch zwischen den Gewerkschaften und den Unternehmen, glaube ich, keine Differenzen.
Was in diesem Feld, wenn man sich schon über das Grundsätzliche einig ist, aber fehlt, ist die hier immer wieder erwähnte vertrauensvolle Zusammenarbeit zwischen den beiden »Lagern«. Lassen Sie mich in diesem Zusammenhang eine Äußerung von Herrn Eekhoff aufgreifen, die er ganz am Anfang unseres Arbeitskreises zur Frage, wie können wir aus der Arbeitslosigkeit herauskommen, angeboten hat. Er sagte: Das ist ein Diskussions- und Überzeugungsprozeß. Es gibt keine Befehle, sondern es kann nur immer wieder über Diskussionen und Hinweise dazu kommen, daß die Arbeitslosigkeit langsam aber sicher abgebaut wird. Dahin paßt der Hinweis auf das Konjunkturmodell von Goodwin, der als Erklärungsfaktor den Verteilungsprozeß zwischen Lohn und Profit in den Vordergrund stellte. Im beginnenden Konjunkturaufschwung nehmen die Gewinne stark zu, während die Löhne erst allmählich nachfolgen (Lohn-lag). Deshalb werden Lohnforderungen erst im späten Boom oder im beginnenden Abschwung ausgetragen. Kurzfristig gesehen überwiegt also die Konfrontation: Der Produktivitätszuwachs muß zu Teilen auch auf die Löhne übertragen werden. Aber, und auch das geht auf Goodwin zurück, mittelfristig ist eher eine Kooperation zwischen den Lagern anzubieten: Die Unternehmer investieren ihre Gewinne und bieten damit Arbeitsplätze an. Und genau das ist der Punkt, daß man mittelfristig eine Kooperation anstrebt und nicht eine Konfrontation, und daß man insofern vertrauensvoll zusammenarbeitet. Dieser interessante Aspekt wurde immer wieder im Arbeitskreis I angeboten.
Zur Rolle des Staates: In der Diskussion im Arbeitskreis I wurde immer wieder die Wirtschaftsordnung angesprochen, ihre positiven, aber auch negativen Aspekte. Es ist wohl so, daß dies üblich geworden ist. Wir sollten diese Diskussion doch schnell wieder vergessen: Es gibt überhaupt keine Frage, daß wir in einer Wirtschaftsordnung »soziale Marktwirtschaft« gut leben können. Sowohl Unternehmer als auch der Staat haben beide ihre Existenzberechtigung in dieser Wirtschaftsordnung, beide tragen zum »Wohlbefinden« der Bevölkerung bei. Nun ist nach den Aufgaben beider Akteure zu fragen. Einerseits wird davon ausgegangen, daß der Markt es schon richten werde, der Staat also sich gefälligst zurückhalten solle; hier wurde insbesondere die Innovationsförderung kritisch durchleuchtet. Andererseits gibt es aber doch einige Imponderabilien, etwa die Warteschlangen auf dem Arbeitsmarkt (Arbeitslosigkeit). Da der Staat verpflichtet ist, gesamtwirtschaftliche Ziele zu verfolgen, oder, besser ausgedrückt, sich verantwortlich fühlen muß, daß solche Ziele (hier: hohe Beschäftigung) erreicht werden, ist er sehr wohl aufgerufen, auch zu agieren. Stichworte sind Wettbewerbsförderungspolitik, Existenzgründungshilfen, Wettbewerbsschutzpolitik. Die Frage lautet letztlich, ob der Unternehmer zuweilen im Suchprozeß überfordert ist, ob ihm vielleicht

auch zu viele Steine in den Weg gelegt werden (»Ausdünnung der Innovationsrechte«). Da ist einmal die Frage nach dem Risikokapitalmangel. Dieser ist vor allem für kleine und mittlere Unternehmen offensichtlich ein Problem, das bis heute nicht gelöst ist. Es ist zweitens zu fragen nach der Herausbildung eines allgemeinen vertrauensbildenden Innovationsklimas. Ich habe schon darüber gesprochen. Und es geht drittens aber auch um das, was man landläufig als Nachfrageschub bezeichnen könnte. Es gibt immer wieder Großinvestitionen, die als Infrastrukturdarbietung anzusehen sind, die also vom einzelnen Unternehmer gar nicht bewältigt werden können.

Denken Sie an Vorhaben wie Elektrifizierung, Kernenergieausbau und andere. Im Augenblick ist der Ausbau der transeuropäischen Netze im Gespräch, der Ausbau der Telekommunikation, und zwar in privater Richtung. Auch das erwarten wir vom Staat, daß er hier Zeichen setzt, und daß davon auch Unternehmer und Arbeitnehmer profitieren können. Auch hier fehlen Visionen.

Arbeitskreis II
Working Group II

Leiter/Chairman: *Gottlieb Förster*
Rapporteur: *Wolfgang Scheremet*

Deregulierung und Flexibilisierung des Arbeitsmarktes – Können sozialstaatliche, kollektive und individuelle Interessen zum Ausgleich gebracht werden?

Deregulation and Flexibilization of Labor Markets – Can Social State, Collective and Individual Interests be Balanced?

Hubertus Schmoldt
Definition der Rahmenbedingungen für partizipative Konfliktlösungsmodelle auf dem deutschen Arbeitsmarkt

Rüdiger Soltwedel
Hat die Tarifautonomie in Deutschland noch eine Zukunft?

Gilles Saint-Paul
Reforming Europe's Labor Market: Political Issues

David Foden
Europe's Employment Crisis: Is Deregulation the Answer?

Ramana Ramaswamy/Robert Rowthorn
Dezentralizing Wage Bargaining: Macro versus Micro Flexibility. Experiences from Sweden

Matthew J. Slaughter
American Wage Inequality and Its Impact on Overall Economic Growth

Wolfgang Scheremet
Zusammenfassung der Ergebnisse des Arbeitskreises II

Gottlieb Förster
Abschließende Bemerkungen zum Arbeitskreis II

Hubertus Schmoldt

Definition der Rahmenbedingungen für partizipative Konfliktlösungsmodelle auf dem deutschen Arbeitsmarkt

Ich möchte mich diesem Thema mit Hilfe von vier Fragestellungen nähern.

1. Welche zentralen Arbeitsmarktkonflikte bestehen?
2. Warum empfiehlt sich eine »partizipative« Konfliktlösung?
3. Vor welchem Hintergrund handeln die gesellschaftlichen Akteure?
4. Worin bestehen Möglichkeiten und Grenzen gemeinsamen Handelns?

1. *Arbeitsmarktkonflikte*

Eine kurze Vorbemerkung:
Die menschliche Arbeitskraft ist keine Ware und daher ist der *Arbeitsmarkt* nicht ein Markt wie jeder andere.
Arbeitseinkommen im Sozialstaat Deutschland sind nicht der Preis der Arbeitskraft, der sich bei freiem Wettbewerb aller Beteiligten aus Angebot und Nachfrage ergibt. Arbeitseinkommen sind das zeitlich befristete Verhandlungsergebnis der mit der Wahrnehmung von Interessen beauftragten Tarifvertragsparteien. Es sind ökonomische und sozialpolitische Bedingungen, die den Rahmen für die Festsetzung der tarifvertraglichen Entgelte bilden.
Der Vorteil des Verfahrens ist der, daß auf der Grundlage von Planbarkeit und Sicherheit ökonomische Erfolge *und* sozialer Fortschritt erst ermöglicht werden.
Die weitere Besonderheit des »Arbeitsmarktes« besteht darin, daß es hier nicht um »Marktmechanismen« geht, sondern vielmehr darum, inwieweit die *Kompetenzen und Fähigkeiten der gesellschaftlichen Individuen* zugunsten persönlicher Lebensziele und zugunsten gesellschaftlichen Wohlstandes zusammen wirken können.
Schließlich steht das Wort »Arbeitsmarkt« als Hinweis dafür, daß *Erwerbsarbeit* in unserer Gesellschaft eine ganz herausragende Bedeutung hat. Sie ist nicht nur die Voraussetzung für materielle Existenz. Vielmehr wird der *Stellenwert des Einzelnen in der Gesellschaft,* seine soziale Anerkennung und Lebenszufriedenheit letztlich durch seine Teilnahme an der Erwerbsarbeit, be-

ziehungsweise durch die Gründe, die zu einer Verhinderung einer Teilnahme an Erwerbsarbeit führen, definiert.
Wenn wir also über *Arbeitsmarktkonflikte* reden, dann scheint mir die massive *Verletzung des Ziels der Vollbeschäftigung* der zentrale und aktuelle Arbeitsmarktkonflikt zu sein.
Die millionenfache Arbeitslosigkeit in Deutschland macht in erster Linie wegen der persönlichen Situation derjenigen betroffen, denen der Zugang zur Erwerbsarbeit verweigert ist und damit auch die Entfaltung ihrer Kreativität und ihres Arbeitsvermögens.
Darüber hinaus ist Massenarbeitslosigkeit eine permanente Gefährdung des sozialen und demokratischen Gemeinwesens, sowie eine unakzeptable Verschwendung menschlicher Leistungsfähigkeit.
In ihrer *Diskussionsgrundlage »Zur wirtschaftlichen und sozialen Lage in Deutschland«* schreiben die evangelische und katholische Kirche: »Die hohe Arbeitslosigkeit markiert einen tiefen Riß in unserer Gesellschaft, durch den viele Menschen von der Teilhabe am gesellschaftlichen Wohlstand ausgeschlossen werden und der die gesellschaftlichen Beziehungen belastet. . . . Hunderttausende fühlen sich nicht mehr gefragt, vereinsamen, bekommen Selbstwertprobleme, erfahren gesellschaftliche Diskriminierungen, ziehen sich aus Scham zurück, empfinden Zorn und Wut, fragen nach Schuldigen. Arbeitslose, die über längere Zeit keine Arbeit finden, werden schließlich unfähig, Arbeit zu suchen und werden zu Menschen ohne Hoffnungen und Erwartungen. Viele werden für Feindbild- und Sündenbockparolen empfänglich. Arbeitslose werden allmählich zu Erwartungslosen.«
Weitere Arbeitsmarktkonflikte sind häufig genau durch diese schwerwiegende Beschäftigungskrise verursacht oder zumindest mitverursacht.
Dies gilt zum Beispiel für die kontrovers diskutierte Frage, ob nicht mit einer Belastung von annähernd 40 % des Bruttoeinkommens für die *soziale Sicherung*, als Summe der Beiträge zu Renten-, Kranken-, Pflege- und Arbeitslosenversicherung, die *Grenze des Machbaren* erreicht oder bereits weit überschritten ist. Natürlich stellt sich eine solche Frage verschärft dann, wenn steigende Arbeitslosigkeit die Kassen von Renten- und Arbeitslosenversicherung ganz besonders belastet. Sie stellt sich besonders zu der Zeit, wo die gesellschaftlich zu finanzierenden Kosten der deutschen Einheit vor allem den Beitragszahlern der Sozialversicherung aufgebürdet werden.
»Arbeitsmarktkonflikte« sehe ich schließlich in allen Diskussionen über das *Einkommensniveau*, die vor dem Hintergrund von technologischem Wandel, Freizügigkeit in Europa, Öffnung der Grenzen nach Osteuropa und internationalen Wanderungen eine neue Qualität erfahren haben.
Dabei darf es aus gewerkschaftlicher Sicht keine Entkoppelung von Produktivitätsfortschritten und Einkommenszuwächsen geben. Verstärkt stellt sich allerdings für viele Arbeitnehmer die Frage, inwieweit denn auch nichtmate-

rielle Faktoren zur Steigerung ihrer Lebens- und Arbeitszufriedenheit beitragen können.
Zu den zentralen Arbeitsmarktkonflikten zähle ich ebenfalls die Frage, ob Regulierung oder Deregulierung der erfolgversprechendere Weg für die Zukunftsfähigkeit unseres Wirtschafts- und Lebensstandortes Deutschland ist. Dabei kann Deregulierung durchaus begrüßenswert sein, nämlich zum Beispiel dann, wenn verkrustete Strukturen aufgebrochen werden und Fortschritt durch erweiterte Beteiligungsmöglichkeiten erreicht wird. Regulierung ist dann vorteilhaft, wenn auf der Basis begrenzter Risiken und Unwägbarkeiten, sich Veränderungen und Innovationen um so leichter verwirklichen lassen.

Warum bedarf es überhaupt einer Konfliktlösung?

Sind es nicht gerade bestehende Konflikte, Ungleichheiten und gegebenenfalls auch gesellschaftliche Polarisierungen, die erst den nötigen Druck in Richtung Erneuerung und Verbesserung ermöglichen?
Um es gleich zu sagen: Wir meinen, daß Entsolidarisierung, Intoleranz, rigoroser Egoismus, der intensive Gebrauch von Ellenbogen und der Weg in eine »Rette-sich-wer-kann-Gesellschaft« nicht das Modell für eine erstrebenswerte Zukunft sein kann.
Fast 5 Jahrzehnte leben wir nun in einem demokratischen System, in dem unterschiedliche Interessen nebeneinander und auch in Konkurrenz zueinander bestehen und dennoch eine *gesellschaftliche Orientierung auf wirtschaftliche, soziale und neuerdings auch ökologische Ziele in der Bilanz erfolgreich* ist. Dies gilt auch, obwohl der nun erreichte Zustand verbesserungswürdig und verbesserungsnotwendig ist.
Eine soziale und ökologischen Zielen verpflichtete Marktwirtschaft hat sich als überzeugendes und vorteilhaftes gesellschaftliches System entwickelt und etabliert. Ihr konstitutiver Bestandteil ist die Fähigkeit zum Ausgleich unterschiedlicher Interessen. Ohne Interessenausgleich drohen soziale Destabilisierung, ökonomische Krise und ökologischer Rückschritt.
Wer über die Fähigkeit verfügt, einen gesellschaftlichen Interessenausgleich mitzugestalten, der trägt zugleich auch Verantwortung für Zustand und Entwicklung der Gesellschaft.

Konfliktlösung heißt dann:
* Eigene Vorstellungen zum Abbau der Massenarbeitslosigkeit einbringen,
* einen Beitrag für Chancengleichheit, soziale Gerechtigkeit und gesellschaftliches Miteinander leisten,
* zur Zukunft des Wirtschafts- und Lebensstandortes Deutschland beitragen,

* die schrittweise Angleichung der Lebensverhältnisse in dem einen Deutschland begünstigen,
* die ökologische Modernisierung der Industriegesellschaft fördern, sowie
* Orientierung, Sicherheit und Planbarkeit an die Stelle von Perspektivlosigkeit, Verunsicherung und Zufälligkeiten setzen.

Gemeinsame Ansatzpunkte zur Lösung zentraler gesellschaftlicher Probleme und Konflikte sind der wesentliche Prüfstein dafür, ob es gelingen kann, die bestehenden Gestaltungschancen zugunsten aller gesellschaftlichen Akteure zu nutzen.

2. *Partizipative Konfliktlösungsmodelle*

Es hat einiger Erfahrungen und grundlegender Veränderungen der sozialen Verhältnisse bedurft, um aus dem »Grundwiderspruch zwischen Kapital und Arbeit« eine *Entwicklung der Gewerkschaften hin zu modernen und beweglichen Mitgestaltern der sozialen Wirklichkeit* zu ermöglichen. Auch einige Arbeitgeber und ihre Verbände zeigen neuen Mut, um mit den Gegnern von einst eine vorteilhafte Zukunftsgestaltung in Angriff zu nehmen.

Für die IG Chemie-Papier-Keramik kann ich jedenfalls sagen, daß neben den unverzichtbaren Forderungen an die Adresse anderer immer mehr auch die Frage nach notwendigen internen Diskussionen gestellt wird. Dabei geht es vor allem neben der Frage gesellschaftlicher Solidarität um die aktuelle Bedeutung gewerkschaftlicher Solidarität vor dem Hintergrund der Beschäftigungskrise und die Gestaltungschancen einer modernen Gewerkschaft in einer sich wandelnden Gesellschaft.

Nicht mehr nur die gerechte Verteilung des Erwirtschafteten und die konkreten Bedingungen der Erwerbsarbeit stehen im Vordergrund, sondern vielmehr auch die *Qualität und die Perspektiven des Wirtschafts- und Lebensstandortes Deutschland.*

Das heißt aus unserer Sicht: Konstruktive Beiträge leisten, um für möglichst viele der Beteiligten eine attraktive Lebensperspektive zu schaffen.

Wir wollen keine »soziale Hängematte« und nicht die Förderung einer »Vollkasko-Mentalität«, aber es geht uns sehr wohl um ein *solides Fundament,* das menschenwürdige und sozial gesicherte Bedingungen garantiert, und *auf dessen Grundlage eine vorteilhafte Ausgestaltung der Arbeits- und Lebensbedingungen sowie die Verwirklichung persönlicher Lebensziele erfolgen kann.*

Mit anderen Worten: Aus einer mehr beobachtenden Rolle, wo es insbesondere darauf ankam, zur rechten Zeit ein großes Stück des Kuchens zu ergattern, bewegen wir uns heraus, um Mitverantwortung zugunsten des Standortes Deutschland zu übernehmen.

Wir wissen sehr genau, daß erst der wirtschaftliche Erfolg die soziale Gestaltung und die ökologische Modernisierung unserer Lebensverhältnisse ermöglicht. Wir wollen aber auch nicht gering schätzen, daß die *erreichten sozialen Standards,* die soziale Stabilität, die Kooperations- und Konfliktfähigkeit der großen gesellschaftlichen Gruppen, ökonomische Erfolge zumindest erheblich vereinfacht haben.
Es sind in erster Linie die gewählten politischen Repräsentanten und die mächtigen Interessengruppen, die ganz *wesentlich Verantwortung für den Zustand der Gesellschaft tragen.*

- Wer, wenn nicht sie, soll denn in der Lage sein, die zentralen gesellschaftspolitischen Herausforderungen zu bewältigen?
- Wie, wenn nicht miteinander, sollen denn bestmögliche Ergebnisse erzielt werden?

Unterschiedliche und häufig auch gegensätzliche Interessen sind zentraler Bestandteil des marktwirtschaftlichen Gesellschaftsmodells. Sie werden es auch bleiben, und es bedarf keiner Harmonisierung um jeden Preis.
Die aktuelle Entwicklung ist jedoch gekennzeichnet durch strukturellen Wandel, Beschäftigungskrise und soziale Destabilisierung, aber auch durch bisher nicht gekannte *Gestaltungsoptionen und Handlungserfordernisse.* Diese Entwicklung führt uns zu der Frage, ob es nicht über gutbegründete Einzelinteressen hinaus möglich ist, miteinander übergeordnete Zielsetzungen zu verfolgen, die letztlich den Beteiligten insgesamt zugute kommen.

Solche *»Konsensziele«* können sein:

- ein hoher Beschäftigungsstand als sozialpolitischer Auftrag und zugunsten ökonomischer Leistungsfähigkeit,
- bedürfnisorientierte Arbeitszeitsysteme, die im Idealfall den Arbeitszeitinteressen der Arbeitnehmer und den konkreten betrieblichen Anforderungen gerecht werden,
- die ökologische Modernisierung der Industriegesellschaft, die durch Produkt- und Verfahrensinnovationen Wettbewerbsvorsprünge ermöglicht, Beschäftigung sichert und die Lebensumwelt verbessert,
- eine Qualifizierungspolitik, die es nicht bei der betrieblichen oder schulischen Erstausbildung bewenden läßt, sondern die Forderung nach lebenslangem Lernen ernst nimmt und auf diese Weise dem Bildungsinteresse der Arbeitnehmer und dem Arbeitgeberinteresse an Innovation und qualitativ hochwertiger Arbeit entgegenkommt,
- die gezielte Förderung der Arbeitnehmerbeteiligung und ihrer Interessenvertretung in bezug auf Arbeitsabläufe, Arbeitsbedingungen und Arbeitsergebnisse, um sowohl zu einem besseren Betriebsergebnis beizutragen als auch ein höheres Maß an Arbeitzufriedenheit zu erreichen, und schließlich

- gemeinsame Anstrengungen, um soziale Stabilität zu erhalten und die Akzeptanz industrieller Forschung und Produktion zu erhöhen.

3. *Definition der Rahmenbedingungen*

Ein Ergebnis der tiefgreifenden wirtschaftlichen Veränderungen, vor allem bedingt durch zunehmenden internationalen Wettbewerbsdruck und rasanten technologischen Wandel, ist die Neuentdeckung der *Arbeitnehmerinnen und Arbeitnehmer als Kenntnis-, Kompetenz- und Innovationsträger.* Sie sind es, die notwendige Veränderungen der Produktionsabläufe erst ermöglichen.
Die hohen Leistungsanforderungen an die Mitarbeiter werden um so eher zu zufriedenstellenden Ergebnissen führen, je mehr die Arbeitnehmerinnen und Arbeitnehmer auf der Grundlage sozialer Sicherheiten handeln können und je umfassender sie an der Entwicklung von Betriebszielen beteiligt werden.
Die IG Chemie-Papier-Keramik ist nicht nur bereit, diesen Beteiligungsprozeß konstruktiv zu unterstützen, sondern sie fordert die Arbeitgeber unseres Organisationsbereiches ausdrücklich auf, den Sachverstand und das große Engagement der Kolleginnen und Kollegen zu nutzen, um ökonomische Vorteile, verbesserte Arbeitsbedingungen und Arbeitsplatzsicherheit zu erreichen.
Verantwortung für gesellschaftliche Entwicklungen zu übernehmen, bedeutet aktuell in erster Linie, auf eine spürbare Verbesserung des Beschäftigungsstandes hinzuwirken.
Es gibt eine *Vielzahl von gewerkschaftlichen Initiativen, um zur Lösung von Arbeitsmarktproblemen beizutragen.*
Beispielhaft erwähnen möchte ich die Tarifabschlüsse im Steinkohlenbergbau, wo zur Sicherung der Arbeitsplätze zusätzliche Freischichten statt Einkommenserhöhungen vereinbart wurden.
Bundesweit bekannt wurde die »VW-Lösung« vor allem durch die Herabsetzung der Wochenarbeitszeit auf 28,8 Stunden bei gleichzeitigen Einkommensreduzierungen. Hier zeigt sich eine neue gewerkschaftliche Beweglichkeit, mit der auch gesellschaftspolitische Verantwortung übernommen wird.
Die *IG Chemie-Papier-Keramik* hat in ihrem Tarifvertrag für die chemische Industrie Westdeutschlands einen Arbeitszeitkorridor zwischen 35 und 40 Wochenstunden geschaffen. Sie hat in diesem Jahr mit dem Arbeitgeberverband eine Anhebung der Zahl der Ausbildungsplätze um 10 % vereinbaren können und fördert mit den sogenannten »Einstelltarifen« die Übernahme von Auszubildenden, bzw. die Neueinstellung von externen Berufsanfängern und Langzeitarbeitslosen.
Diese Ergebnisse stehen in der Tradition unserer auch auf qualitative Ziele ausgerichteten Gewerkschaftsarbeit. Sie hat es ermöglicht, daß mit der Arbeit-

geberseite eine Vielzahl von arbeitsmarktpolitisch relevanten Fragen angegangen werden konnte. Beispielhaft und schlaglichtartig verweise ich auf Tarifverträge für Jugendliche ohne Hauptschulabschluß, für Teilzeitbeschäftigte, für Vorruheständler, den gemeinsamen Entgelttarifvertrag für Arbeiter und Angestellte, auf Grundsatzvereinbarungen zur betrieblichen Frauenförderung und auf unsere gemeinsame Stiftung zur Förderung der Weiterbildung.

Die *Bundesregierung* hat, neben massiven und nicht akzeptablen Leistungsverschlechterungen, durchaus die Fähigkeit zu innovativem Handeln in ihrer Arbeitsmarktpolitik unter Beweis gestellt. Zum Beispiel hat sie ermöglicht, Arbeitslosengelder nicht als passive Unterstützungsleistung, sondern als Lohnkostenzuschüsse für Maßnahmen der Umweltsanierung zu verwenden. Bemerkenswert ist auch, daß das böse Wort vom »Freizeitpark Deutschland« der Überlegung gewichen ist, durch nachhaltige Arbeitszeitverkürzungen positive Beschäftigungseffekte zu ermöglichen. Dies findet sich in der von der Bundesregierung angeregten »Teilzeitinitiative« genauso wieder, wie in der vom Bundesarbeitsminister neuerdings geforderten Mobilzeitarbeit.

Die auch von der IG Chemie angestrebte *Kanzlerrunde zur Beschäftigungspolitik,* hat zu Hilfen in Höhe von 3 Milliarden DM für Langzeitarbeitslose geführt und einen »Branchendialog« unter Leitung des Bundeswirtschaftsministers bewerkstelligt, den wir als wichtigen Beitrag für die Zukunftsfähigkeit des Chemiestandortes betrachten.

Zusammenfassend möchte ich sagen: Die Beschäftigungskrise und der Strukturwandel eröffnen *neue Chancen für gemeinsame Problemlösungen.* Es kommt aber entscheidend darauf an, inwieweit alle beteiligten Gruppen ihrer gesamtwirtschaftlichen und beschäftigungspolitischen Verantwortung, auch über kurzfristige betriebswirtschaftliche und organisationspolitische Interessen hinaus, gerecht werden können und wollen.

4. *Möglichkeiten und Grenzen gemeinsamen Handelns*

Einkommens- und Arbeitsplatzinteressen einerseits und Gewinninteressen andererseits werden im Konflikt der verschiedenen Zielsetzungen nicht immer zu zufriedenstellenden Ergebnissen führen.

Sozialpartnerschaft, so wie wir sie verstehen, wird sich aber dadurch auszeichnen, daß zunächst einmal die Ursachen für die voneinander abweichenden Interessenlagen im Umgang miteinander berücksichtigt werden.

Mächtige Interessenverbände auf Arbeitnehmer- und Arbeitgeberseite, ihre Fähigkeit zu Konflikt und Kooperation sind die Voraussetzung dafür, daß ein Ausgleich der Interessen möglich wird, der für beide Seiten vor dem Hinter-

grund der sozialen und ökonomischen Bedingungen tragbar ist und auch für die Zukunft zur Konsenssuche ermutigt.
Sozialpartnerschaft kann definiert werden als der Versuch, die Partikularinteressen der beteiligten Gruppen mit übergeordneten, gemeinsamen Zielen in Einklang zu bringen.
Diese Form des Interessenausgleiches ist nicht einfach zu bewerkstelligen. Häufig überwiegen die divergierenden Interessen und vielfach sind auch die Erwartungen an die handelnden Personen deutlich größer als das erzielbare Ergebnis.
Eine partizipative Konfliktlösung bedarf auch nicht so sehr zusätzlicher Institutionen oder Kommissionen, sondern notwendig ist vielmehr das Streben nach tragfähigen Kompromissen und die Möglichkeit einer positiven Bewertung der so erzielten Ergebnisse.
Grenzen gemeinsamen Handelns werden immer dann erreicht, wenn die Interessenlage des Gegenübers unberücksichtigt bleibt und mit aller Kraft dem Einzelinteresse zum Durchbruch verholfen werden soll.
50 Jahre nach Kriegsende haben wir durch ergebnisorientiertes Handeln einen gesellschaftlichen Stand geschaffen, der hohe wirtschaftliche Leistung und hohe soziale Standards zugleich ermöglicht. Nicht die Vernachlässigung sozialer Ziele war erforderlich, um eine beachtliche ökonomische Leistungsfähigkeit zu erreichen, sondern ganz im Gegenteil hat sich die Erkenntnis, daß *wirtschaftlicher Erfolg und Lebensqualität* eng miteinander zusammenhängen, außerordentlich vorteilhaft für den Wirtschafts- und Lebensstandort Deutschland ausgewirkt.
Das ist kein Grund, die Hände in den Schoß zu legen, aber die Anmerkung ist erlaubt, daß wir zufrieden auf unsere Erfolge verweisen können.
Die Bilanz ist positiv und die Zukunft ist vorteilhaft gestaltbar. Dies setzt voraus, daß wir die unterschiedlichen Interessenlagen achten, den sozialen und ökologischen Handlungsbedarf nicht unterschätzen und unter Berücksichtigung übergeordneter gesellschaftlicher Zielsetzungen nach Möglichkeiten suchen, Sozialstaat und Marktwirtschaft weiter zu entwickeln.

Rüdiger Soltwedel

Hat die Tarifautonomie in Deutschland noch eine Zukunft?

1. *Zur Relevanz des Themas*

Die Konferenz-Dramaturgie könnte kaum besser, die Aktualität der mir gestellten Frage kaum brennender sein, machen doch die Schlagzeilen in der Wirtschaftspresse der letzten Tage eine dramatische Krise des bisherigen Tarifvertragssystems überdeutlich:

- »Gesamtmetall verspricht eine Reform des Flächentarifs (FAZ vom 26. Mai und 10. Juni).«
- »Chemiearbeitgeber verteidigen den Flächentarif« /FAZ vom 29. Mai).«
- »Aufstand der Verbände – Industrieverbände erwägen eigenständige Tarifpolitik« (FAZ vom 31. Mai).
- »Der Flächentarifvertrag ist hochgradig gefährdet« (Handelsblatt vom 9./10. Juni)
- »Verteidigungslinie für den Flächentarif« (Handelsblatt vom 12. Juni).

Damit ist offensichtlich geworden, daß die Tarifautonomie nicht nur in dem Sinne in der Krise ist, daß das Tarifkartell nicht in der Lage gewesen ist, Bedingungen zu realisieren, die den Arbeitslosen mehr Chancen auf eine Re-Integration in das Arbeitsleben erleichtern. Der Korporativismus in Deutschland ist auch insofern in der Krise, als das Kartell am Arbeitsmarkt immer weniger in der Lage ist, seine Mitglieder darauf einzuschwören, die vertraglichen Vereinbarungen so unabdingbar zu befolgen, wie es das Tarifvertragsgesetz befiehlt. Das Kartell droht auseinanderzubrechen, weil das Befolgen der Tarifverträge viele Mitglieder der Arbeitgeberverbände in eine existenzielle Krise gebracht hat bzw. bringen wird. So verweist Jan Kleinewefers, Präsident des Verbandes Deutscher- Maschinen- und Anlagenbauer (VDMA), für den nach eigenem Bekunden das Tarifritual »aus der Steinzeit« stammt, darauf, daß ohnehin 30 % der 3000 VDMA-Mitglieder nicht oder nicht mehr dem Arbeitgeberverband angehören und weitere 30 % vom Tarifvertrag abweichende Regelungen träfen; mithin hätten sich rund 60 % der Mitglieder faktisch vom Flächentarifvertrag gelöst. Ernst Georg Stöckl, Präsident des Zentralverbandes der deutschen Elektrotechnik- und Elektronikindustrie betont, daß eine Mehrheit der Unternehmen nicht mehr tariftreu sei.

Nach Erhebungen des Instituts für Weltwirtschaft, des DIW in Berlin und des Instituts für Wirtschaftsforschung in Halle zahlten rd. 35 % der Unternehmen im Verarbeitenden Gewerbe Löhne unter Tarif, zwei Fünftel der Unternehmen sind nicht einem tariffähigen Arbeitgeberverband angeschlossen bzw. denken an einen Austritt.

2. *Eine historische Parallele zur gegenwärtigen Krise*

Diese sich in ausbreitender Tarifflucht der Unternehmen manifestierende Krise des Korporativismus steht in einem sehr engen inneren Zusammenhang mit ähnlich dramatischen Ereignissen vor gut 25 Jahren, als wilde Streiks ausgangs der sechziger Jahre stattfanden und den Gewerkschaften die Mitglieder wegzulaufen drohten Die Gewerkschaften sahen sich nicht mehr in der Lage, ihrer Friedenspflicht nachzukommen und ihre Mitglieder zur Tarifvertragstreue zu verpflichten. Damals hatten die Gewerkschaften nach dem Schock der ersten Nachkriegsrezession 1968 und auch noch 1969 Lohnerhöhungen vereinbart, die angesichts der gesamtwirtschaftlichen Nachfrageexplosion selbst vom Sachverständigenrat (zum ersten und meines Wissens auch einzigen Mal) als definitiv zu moderat eingestuft worden waren. Im Jahr 1969 standen die Fähigkeiten der Gewerkschaften zur kollektiven Meinungsbildung, Verhandlungs- Durchsetzungsfähigkeit auf dem Spiel – »wozu brauchen wir euch eigentlich noch?« wurde von den Streikenden damals oft gefragt. Dieses traumatische Ereignis hatte die Gewerkschaften bis ins Mark getroffen. Nach dieser Erfahrung praktizierten sie eine Tariflohnpolitik, die sehr viel stärker als zuvor darauf gerichtet war zu verhindern , daß die Effektivlöhne den Tariflöhnen davoneilen könnten. Es fand also ein strategischer Wandel von dem Setzen von Mindestbedingungen hin zur Vereinbarung von faktischen Löhnen statt.
Die diesjährige Lohnrunde – nach sehr hoffnungsvollen Ansätzen einer neuen tarifpolitischen Beweglichkeit im Jahr 1994 – hat mit dem Abschluß in der Metallindustrie dieses Muster von Tarifvertragsvereinbarungen an seine Sollbruchstelle geführt: Die Mitglieder verweigern sich, weil sie befürchten müssen, daß das Befolgen des Vertrags ihnen den Garaus machen würde. Die existentielle Bedrohung vieler Unternehmen hat nunmehr bewirkt, was selbst das dramatische Ansteigen der Langzeitarbeitslosigkeit nicht geschafft hat: die Bereitschaft sowohl der Verbände als auch der Gewerkschaften, das Tarifvertragssystem zu reformieren, um dem dramatisch angestiegenen Bedürfnis der Unternehmen nach flexiblen Anpassungsmöglichkeiten wenigstens schrittweise entgegenzukommen.

3. *Die Herausforderung: Steigender Anpassungsdruck durch die Globalisierung der Märkte*

Lassen Sie mich kurz eingehen auf die Herausforderung, die den Anpassungsdruck für die Unternehmen so nachhaltig verschärft hat. Das Tempo der internationalen Arbeitsteilung hat sich erheblich beschleunigt. Das Schlagwort von der »Globalisierung« macht deutlich, daß sich die Weltmärkte immer stärker verzahnen. Im Ergebnis schlägt sich dieses beschleunigte Tempo der internationalen Arbeitsteilung in einem nachhaltig verschärften Wettbewerbsdruck nieder. Die Globalisierung wird in Europa – und das gilt in besonderem Maße für die Bundesrepublik – nicht zuletzt deshalb als schmerzhaft empfunden, weil sie mehr Flexibilität auf den besonders geschützten Arbeitsmärkten erfordert. Da auf die Globalisierung von der Lohnpolitik nicht mit einer stärkeren Spreizung der Lohnstrukturen reagiert wurde, war ein Anstieg der Arbeitslosigkeit für weniger qualifizierte Arbeitskräfte die unausweichliche Folge.

Die Globalisierung macht schlaglichtartig deutlich, daß wir – wie Tyll Necker es kürzlich auf einer Konferenz über »Trends in Führungsphilosophie und Unternehmensorganisation« in der Bertelsmann Stiftung formulierte – nicht auf einer »Insel der Seligen« leben, die ihre weithin akzeptierten Institutionen und Rituale unbeeindruckt von der Brandung um sich herum weiterhin unverändert pflegen könne.

4. *Paradigmenwechsel in der Unternehmensführung und Unternehmensorganisation*

Auf der eben erwähnten Konferenz in Gütersloh hat das Kieler Institut die Ergebnisse einer Führungskräftebefragung unter dem Titel »Paradigmenwechsel in der Unternehmensführung« zur Diskussion gestellt. Weltweit stehen Unternehmen in einem Prozeß des fundamentalen Wandels, einer »Revolution« der Unternehmensorganisation. Das bisher dominierende Paradigma der zentralen, hierarchischen Führung von Unternehmen paßte in ein Umfeld, in dem Größenvorteile und tayloristisch reduzierte Arbeitsprozesse von entscheidendem Vorteil im Wettbewerb waren.

Das immer schnellere Tempo des technischen Fortschritts und dramatisch veränderte Marktbedingungen (verschärfter Wettbewerb, Globalisierung wirtschaftlicher Aktivitäten, zunehmende Präferenz der Verbraucher für bessere, differenziertere und neue Produkte) führten jedoch zu einer zunehmenden Komplexität und Instabilität des Unternehmensumfeldes und einem drastischen Absinken der Halbwertszeit des Wissens. All dies verlangt von den Unternehmen ein höheres Maß an Schnelligkeit und Komplexitätsbewältigung. Nicht nur in den großen Unternehmen der seriellen Massenfertigung (z.B. in der Automobilproduktion), sondern quer durch alle Branchen und Größenklassen bemühen sich die Unternehmen um effiziente Informationsbeschaffung und -verarbeitung, um kontinuierliche Lern- und schnellere Entscheidungsprozesse.

Das Kapital in den Köpfen – das intellektuelle Potential und die Kreativität – aller Mitarbeiter wird von den Führungskräften als der auf lange Sicht entscheidende Wettbewerbsfaktor angesehen. Um dieses Kapital dauerhaft für das Unternehmen mobilisieren und ein Rückkoppelungssystem für kontinuierliche Anpassung und Verbesserung schaffen zu können, bedarf es angemessener Strukturen und einer entsprechenden Unternehmenskultur: Das Organisationskapital, als Kürzel für Führungsstruktur, -philosophie und alltägliches miteinander Umgehen, muß also in vielen Unternehmen von Grund auf erneuert werden. Diese Notwendigkeit wird durch ein verändertes Selbstverständnis der Mitarbeiter akzentuiert; sie wollen ernstgenommen, einbezogen und anerkannt werden und erwarten verstärkt Chancen, sich selbst und ihr ganzes Persönlichkeitspotential einbringen zu können.

Unternehmensführung und Unternehmensorganisation sind mithin in allen Bereichen zu Experimentierfeldern geworden:

Auf dem *Experimentierfeld Entscheidungs- und Koordinationsprozesse* wird deutlich, daß Entscheidungen zunehmend dezentral auf der Basis lokaler Informationen von sich selbst regulierenden Arbeitsgruppen getroffen und verantwortet werden. Dabei gewinnen der horizontale Informationsaustausch und die horizontale Koordination in den Arbeitsgruppen auf allen Ebenen der Hierarchie an Bedeutung. Zentrale Bereiche wie Planung, Qualitätskontrolle und andere Managementaufgaben werden zunehmend in den Produktionsprozeß zurückverlagert. Die Arbeitsaufgaben der einzelnen Mitarbeiter werden weniger eng abgegrenzt und insgesamt anspruchsvoller. An die Stelle der statischen (ex ante) Optimierung der Produktionsabläufe gleichsam von oben herab tritt der Versuch, Produktionsabläufe und Qualität »vor Ort« kontinuierlich zu verbessern.

Auf dem *Experimentierfeld Anreizsysteme und Unternehmenskultur* werden die Entlohnungssysteme leistungsorientierter gestaltet und die Unternehmenskultur wird in Richtung stärkerer Kooperation und Beteiligung der Mitarbeiter weiterentwickelt. Durch die stärkere Delegation von Verantwortung und Entscheidungskompetenzen bis in die unteren Hierarchieebenen und in die Werkhallen hinein kommt der Einsatzbereitschaft der Mitarbeiter auf allen Unternehmensebenen eine herausragende Bedeutung für den Gesamterfolg des Unternehmens zu. Die an den einzelnen Mitarbeiter gestellten Leistungsanforderungen werden dabei erheblich komplexer, Interdependenzen innerhalb von Teams und zwischen ihnen gewinnen an Bedeutung. Einerseits wird eine leistungs- und erfolgsbezogene Entlohnung als wesentliches Instrument zur Motivation der Mitarbeiter immer wichtiger, andererseits wird die effiziente Gestaltung und die Einführung von explizit vereinbarten und auf objektiv meßbaren individuellen Leistungsindikatoren basierenden Entlohnungssystemen jedoch auch zunehmend schwieriger. Sehr viel mehr wird in Form »impliziter« Verträge vereinbart werden müssen. Das Zustandekommen und die Abwicklung solcher Verträge verlangt einen umfassenden Dialog (in Form von Beteiligungs- und Zielgesprächen) zwischen Vorgesetztem und Mitarbeiter und ein Klima des Vertrauens und der Kooperation. Dialog und Vertrauen werden so zur grundlegenden Voraussetzung für die Möglichkeit individuell leistungsbezogener Entlohnung.

5. *Neue partizipative und kooperative Führungsphilosophie und Tarifautonomie*

Welche ökonomischen Vorteile können vor dem Hintergrund dieser »Revolution« in der Unternehmensführung in zentralen, kollektiven Tarifverhandlungen liegen? Vom Grundsatz her können kollektive Verhandlungen dazu beitragen, Transaktionskosten einzusparen. Transaktionskosten lassen sich vor allem dann einsparen, wenn es um das Aushandeln von Regeln für Standardsituationen geht. Es liegt jedoch auf der Hand, daß es für die Umsetzung der Änderungen in der Unternehmensorganisation und der Führungsphilosophie keine Patentrezepte geben kann. Die strukturelle »Revolution«, die in vielen Unternehmen stattfindet, ist noch längst nicht abgeschlossen. Daraus folgt, daß sich Standardsituationen, die für viele Arbeitsverhältnisse gleich oder zumindest sehr ähnlich sind, noch nicht herausgebildet haben.

Die Unternehmensleitungen und Belegschaften werden im gegenseitigen Dialog Anreizsysteme und Arbeitsbeschreibungen erst definieren und ausprobieren müssen, die wohl im Einzelfall sehr unterschiedlich sein werden.

Angesichts der komplexen Experimentierprozesse in den Unternehmen sollten es die Verbände und die Gewerkschaften als ihre Pflicht ansehen – gleichsam als Korrelat zu dem Recht der Tarifvertragsautonomie –, diesen Prozeß so wenig wie möglich zu stören. Sie sollten erst einmal auf das Kodifizieren von Standardlösungen verzichten und sich stärker als bisher auf das Setzen eines Rahmens beschränken, innerhalb dessen dann auf der Unternehmensebene konsensfähige Lösungen erarbeitet werden können. Tarifvertragsparteien sollten nicht krampfhaft auf überkommenem klassenorientierten Konfrontationsdenken beharren. Sie sollten nicht versuchen, ihr eigenes Organisationsinteresse mit den Argumenten aus der vorindustriellen Zeit und der Zeit der tayloristisch dominierten Massenproduktion zu begründen. Der Paradigmenwechsel in der Unternehmensführung sollte begleitet werden von einem Paradigmenwechsel auch bei den Tarifpartnern. Hierzu gehört in erster Linie ein ausgewogeneres Verhältnis an den Schnittstellen zwischen Tarifvertrag und Betriebsvereinbarung. Darüber hinaus wäre es hilfreich, auf der makroökonomischen Ebene beispielsweise eine Art Friedensabkommen nach dem Schweizer Muster abzuschließen oder über andere Instrumente der friedlichen Konfliktlösung nachzudenken. Hierzu gehört gegenseitiges Vertrauen. Daran müssen die Verbände und Gewerkschaften arbeiten, jeder für sich und beide gemeinsam. Vor allem die Unternehmensverbände müssen deutlich machen, daß ihnen und den durch sie vertretenen Unternehmen kooperative Beziehungen zu ihren Mitarbeitern tatsächlich wichtig sind und nicht nur als ein Instrument zur kurzfristigen Gewinnsteigerung; sie müssen von sich aus durch Selbstbindung opportunistisches Verhalten ausschließen.

6. *Säkularer Strukturwandel und Tarifautonomie*

Die Prozesse der Neuorientierung der Unternehmensorganisation vollziehen sich vor dem Hintergrund eines säkularen Trends weg von der Industriegesellschaft hin zur Dienstleistungsgesellschaft. Und es gibt ernstzunehmende Stimmen, die die überkommene Rolle des Korporativismus in Deutschland sehr stark an das Aufkommen und die Blüte der Industrie knüpfen.
Mit dem Trend zur Dienstleistungsgesellschaft stehen die Kollektivorganisationen mithin vor der großen Aufgabe, ihre eigene Rolle zu überdenken und neu zu formulieren. Je mehr sie sich auf die Rituale des Umverteilungskampfes traditionellen Stils versteifen, um so schneller werden sie sich ins Museum, Abteilung »Industriegeschichte«, verabschieden, freilich nicht, ohne nachhaltigen Schaden für die Gesamtwirtschaft und Gesellschaft angerichtet zu haben. Die Tarifvertragsparteien können nicht auf angestammte Verfassungsrechte pochen, sondern müssen ihre Bedeutung und Funktion ökonomisch und sozial neu begründen.

7. *Ordnungs- und Schutzfunktion der Tarifautonomie in Gefahr?*

Die bisherige Argumentation legt nahe, daß die Tarifautonomie traditionellen Stils, so wie sie grosso modo während der vergangenen fünfundzwanzig Jahre praktiziert wurde, nicht weitergeführt werden kann. Die Stichworte für eine Reform sind »Rahmenregeln, Korridore, Mindestbedingungen, Öffnungsklauseln«. Dies könnte freilich alles innerhalb des bestehenden Rechtsrahmens von den Vertragsparteien bei gutem Willen vereinbart werden. Daß davon aber – abgesehen von sehr wenigen Ausnahmen – so wenig Gebrauch gemacht wird, stimmt nachdenklich. Um den Druck auf die Tarifvertragsparteien zu erhöhen, sich schneller und weiter in Richtung marktgerechten Verhaltens zu bewegen, sollte der Gesetzgeber das Günstigkeitsprinzip im Tarifvertragsgesetz in der Weise eerweitern, daß nicht nur die Entlohnung betrachtet wird, sondern auch die Chancen, die Beschäftigung zu sichern. Darüber hinaus sollte der Gesetzgeber sich mit der Allgemeinverbindlicherklärung von Tarifverträgen (noch) sehr viel stärker zurückhalten als bislang, wenn nicht sogar gänzlich darauf verzichten; auf jeden Fall ist das »öffentliche Interesse«, das ja hinter einer solchen Erklärung stehen muß, sehr intensiv zu begründen.

Doch spätestens an dieser Stelle erheben jene lautstark Einspruch, die schon immer hinter Re-engineering und hinter der Forderung nach der Beschränkung auf Mindestbedingungen das Aushebeln der Interessenvertretung der Arbeitnehmer gewittert haben. Dies gefährde den Flächentarif, der in seiner Ordnungs- und Schutzfunktion die tragende Säule der Tarifautonomie und damit der Sozialstaatlichkeit in Deutschland und überhaupt des Erfolgs der Sozialen Marktwirtschaft darstelle.

Es nimmt nicht wunder, daß sowohl Arbeitgeberverbände als auch Gewerkschaften nahezu unisono dieses Warnsignal ausstoßen, sind sie doch existenziell aufeinander angewiesen so wie Pat und Patachon oder Scylla und Charybdis.

Eines der sehr ernstzunehmenden Argumente in diesem Zusammenhang lautet: tragt das Kampfgetümmel des Verteilungsstreits nicht in die Betriebe, laßt es vor den Toren der Stadt, wahrt den inneren Frieden. Dieses Argument soll und kann nicht mit leichter Hand weggewischt werden. Allerdings meine ich, daß es zu kurz greift und jene Handlungszwänge ausblendet, die in den Unternehmen zu bewältigen sind, wenn Existenznot es unmöglich macht, dem Verdikt des Friedens, der außerhalb des Betriebs gefunden wurde, zu gehorchen. Denn schließlich sind es die Unternehmen, die mit den Kostenerhöhungen zurechtkommen müssen oder sich unter Umständen – oft sogar mit Billigung des Betriebsrates – völlig aus den Regelungen eines Tarifvertrags zurückziehen müssen, weil sie sonst nicht überleben können. Und es war nicht selten, daß man früher in Diskussionen die etwas zynische Bemerkung hörte, das sei dann eben der Prozeß der Auslese, der Preis, der für die Sicherung des Ordnungsrahmens, das Vermeiden von »Lohndrückerei« und »Schmutzkonkurrenz« zu zahlen sei. Außerdem würde sonst ja auch der Strukturwandel behindert. Dieser Ansicht hat sich sogar die Deutsche Bundesbank angeschlossen, die ansonsten ja durchaus kritisch mit den Ergebnissen der Tarifautonomie umgeht: »Eine zu starke Auffächerung der Löhne entsprechend dem Produktivitätsgefälle ist nicht ohne Probleme. Prosperierende Branchen würden mit hohen Lohnkostensteigerungen in ihrer Expansion gebremst« (Geschäftsbericht 1994, S. 45). Mir erscheint dieses Argument wenig überzeugend: Prosperierende Branchen, jene also, die über Vorteile im Wettbewerb verfügen, wissen in der Regel sehr wohl, daß dies zu einem sehr wesentlichen Teil auf

ihr Humankapital und ihr Organisationskapital zurückgeht. Wenn irgendetwas an der Effizienzlohnhypothese dran ist, so die Einsicht, daß Prosperität hohe Löhne rechtfertigt und nicht durch sie zunichte gemacht wird.
Wenig nahm eine Position, die auf die Marktordnungsfunktion der Flächentarife abstellt, Rücksicht auf die Autonomie der Arbeitnehmer in den betroffenen Unternehmen, die durchaus bereit waren, im Einklang mit der Unternehmensleitung Einschnitte in das Einkommen hinzunehmen, wenn wenigstens der Versuch gemacht wurde, aus eigener Anstrengung heraus zu überleben.
Ich glaube, daß die auf das Tarifvertragsrecht gestützte Dominanz der kollektiven Regelungsgewalt schon in sich angreifbar ist. Wichtiger ist in diesem Zusammenhang aber, daß sie nicht dem Paradigmenwechsel in der Unternehmensführung Rechnung trägt, den ich aus diesem Grunde etwas ausführlicher dargestellt habe. Ich glaube, diese X. Malenter Gespräche sind der geeignete Ort, um auf das Münchhausen-Erlebnis der Draeger-Werke in den Jahren 1991 bis 1993 hinzuweisen. Die Kultur des Vertrauens, der Information, der Kommunikation, des Dialogs machten ein Überleben aus eigener Kraft möglich, wie es eindrucksvoll in einer Veröffentlichung der Bertelsmann Stiftung und der Hans Böckler Stiftung »Unternehmenskultur in der Praxis. Aspekte und Beispiele einer Neuorientierung« geschildert worden ist. Schutz und Ordnung kann letztlich nur auf diese Weise durch die unmittelbar Agierenden auf Unternehmensebene gesichert werden. Ein weiteres Beispiel für sehr gut funktionierende, nicht-korporativistisch gestaltete Arbeitsverträge liefert die Bertelsmann AG. An solchen Orientierungsmarken entlang könnte ein neuer Weg in der Regelung der Arbeitsbeziehungen beschritten werden.

8. *Arbeitsrecht und partizipative-kooperative Unternehmensführung*

Natürlich würde es allein nicht ausreichen, im Tarifvertragsrecht das Günstigkeitsprinzip neu zu fassen und das Recht der Arbeitslosen auf Marktzutritt zu Löhnen, die sie bereit sind zu akzeptieren zu ermöglichen. Es ist deutlich geworden in meinen bisherigen Ausführungen, daß es nötig ist, das gesamte kollektive Arbeitsrecht daraufhin zu überprüfen, ob es einer Fortentwicklung der Unternehmenskultur in Richtung Partizipation und Kooperation im Wege steht, eine solche Entwicklung zuläßt oder sogar bewußt fördert. Wichtig ist zu erkennen, daß dem Betriebsrat in diesem Zusammenhang eine größere Bedeutung zugewachsen ist, die er de lege lata nicht wird wahrnehmen können, ohne daß ein Pedant oder auch nur jemand, der ganz einfach unsicher ist, Sand oder gar Kies in das Räderwerk der Organisation schütten kann. Sachverhalte wie Gruppenarbeit, Projektteams und Profitcenter haben keine klare rechtliche Grundlage im bestehenden Betriebsverfassungsgesetz. Das Betriebsverfassungsgesetz ist zwar durchaus vom Konsensprinzip durchzogen und damit offen für das neue Paradigma der Führungsphilosophie und Unternehmensorganisation; es beruht aber gleichwohl eher auf der Vorstellung hierarchisch strukturierter Unternehmen. Hier ist durchaus Anpassungsbedarf vorhanden.

9. *Schlußbetrachtung*

Die Antwort auf die mir gestellte Frage ist natürlich ein unbedingtes »Ja« zur Tarifautonomie, soweit damit die Freiheit von staatlichen Eingriffen in die Preisbildung und weitgehend auch in die Arbeitsbedingungen am Arbeitsmarkt gemeint ist. Es ist nur zu begrüßen, daß der Gesetzgeber noch nie tätig geworden ist, um auf der Grundlage des Gesetzes über die Festsetzung von Mindestarbeitsbedingungen tätig geworden ist. Er sollte es auch nicht tun, um ein mögliches Scheitern der Entsenderichtlinie auf europäischer Ebene bzw. der Allgemeinverbindlicherklärung von Tarifverträgen in der Bauwirtschaft zu kompensieren.
Was aber die Rechtsetzungsmacht der bilateralen Monopole am Arbeitsmarkt anlangt, so kann die Antwort nur ein sehr bedingtes »Ja« sein: Nur dann, wenn es den Tarifvertragsparteien gelingt, eine größere Gestaltungsfreiheit von Belegschaft und Unternehmensführung zu ermöglichen, haben die kollektiven Tarifvertragspartner noch eine Chance – und ich möchte hinzusetzen: – eine Berechtigung.

10. *Epilog – Das erfolgreiche Beispiel Neuseelands*

Gestatten Sie mir zum Abschluß meiner Ausführungen, Ihren Blick auf das erfolgreiche Beispiel einer Individualisierung des Arbeitsrechts zu lenken: Neuseeland war bis weit in die achtziger Jahre hinein die wohl am stärksten regulierte Volkswirtschaft der OECD; mittlerweile gilt sie als die liberalste. Im Jahr 1991 wurde mit dem Employment Contracts Act die bisherige Vorherrschaft kollektiver Regelungsmacht gebrochen und das Recht auf individuelle Vertragsgestaltung etabliert. Es verwandelte ein zentralistisches korporativistisches System der industrial relations in einen dezentralisierten Arbeitsmarkt mit Vertragsfreiheit. Der Wechsel des Policy regime in Neuseeland hat es ermöglicht, daß die Arbeitslosigkeit von über 11 % im Jahr 1991 auf 6,6 % zur Jahresmitte 1995 gefallen ist. »Jobless growth«, die Angstvokabel in Europa und vor allem in Deutschland, ist dort, auch wenn's englisch ist, ein Fremdwort.

Gilles Saint-Paul

Reforming Europe's Labor Market: Political Issues

1. *Introduction*

While there are many reform proposals to reduce European unemployment, little attention is devoted to the political feasibility of these reforms and their impact on different social groups. In this paper we discuss these issues. We first argue that the role played by labor market rigidities in Europe is best understood as political, in the sense that they help build consensus within the »core« of society, at the expense of a »periphery« of politically and economically excluded individuals. We then go on and examine why it is politically difficult to enforce reforms of the labor market. We conclude by suggesting various strategies that may be taken advantage of to implement labor market reform.

2. *The role of rigidities*

2.1. *Do rigidities enhance economic efficiency?*

In a world of imperfections, a case can be made in favor of some rigidities. The distortions they create may be useful in curing other types of market failures such as externalities and imperfect competition. However, the rigidities that we have in European institutions are certainly not meant to offset such market failures, and in many cases they would be a pretty far fetched instrument to achieve this goal. For example, it is often argued that firing costs, by reducing turnover, increase economic efficiency because they induce workers to invest more in on-the-job training and firm-specific human capital. It is true that in a world of imperfect labor markets, imposing firing costs may indeed have this effect. But, if we believe that there is not enough training provided and that an important component of it is on the job training, directly subsidizing it is certainly a much more appropriate instrument than increasing firing costs. Furthermore, the argument equally applies to voluntary quits, and nobody ever advocated to impose a tax on workers who quit their jobs. It is thus quite clear that while firing costs may have desirable side-effects, they were never meant to or designed so as to increase economic efficiency. Firing costs prevents job destruction in declining sectors; the value of training in these sectors is presumably very small. In many European countries, firing restrictions, minimum wage provisions and generous unemployment benefits were imposed by the unions so as to increase their bargaining power, often at the expense of outsiders. These outcomes were achieved either at times when unions were quite strong (such as the sixties), or when insiders wanted to protect themselves from redundancies and underbidding after the initial boost in unemployment triggered by the first oil shock.

2.2. *Do they fulfill redistributive roles?*

Another common argument about rigidities is that they fulfill desirable redistributive functions. The minimum wage, for example, increases the welfare of the poorest workers. This raises two questions. First, do they indeed perform such roles? Second, are they the most efficient instrument in doing so? We believe the answer to both questions is no.[1] First, to the extent that rigidities exclude people from employment, they actually lower, not increase, the welfare of the poorest. Minimum wage regulations redistribute income not only from high-wage earners and capital to low wage earners, but also from the unemployed to the employed. Firing costs reduce both job creation and job destruction, thus reducing the unemployed's probability of finding a job and considerably increasing the duration of unemployment. It is hard to understand why a society that cares about equity and redistribution would support such institutions. Second, even assuming that rigidities perform such redistributive role, they are probably not the most adequate instrument for that. Rigidities magnify distortions by making employment much more reactive to taxes. For example, in a world without a minimum wage, a payroll tax (such as social security contributions) would be partly offset by a fall in after-tax wages. This fall would limit the rise in the total cost of labor and therefore dampen the adverse consequences of the tax. A minimum wage would prevent post-tax wages from falling, thus increasing the distortionary impact of the tax on employment. The same mechanism is at work with any institution which puts a floor on the workers' alternative options, such as unemployment benefits. It is more efficient to redistribute income via standard taxes and transfers without preventing the economy from attaining full employment.

2.3. *So why have them?*

So are rigidities just the outcome of blindness and selfishness? The answer is not so simple. We believe rigidities in European labor markets do fulfill an

1 See Saint-Paul (1994), for a formal argument.

important role, which is similar to a redistributive role, but is motivated by political considerations, rather than normative ones. Rigidities are in fact a way of alleviating conflict by homogenizing a politically important »core« at the expense of an ill-organized »periphery«. The employed are part of the core, while the unemployed are part of the periphery. In a heterogenous society – say a society with wide income inequalities – sharp distributive conflicts tend to arise. These conflicts may have adverse effects on the economy by leading, at the political level, to highly distortionary tax rates, populist and demagogic practices. Also collective violence such as riots, strikes and lockouts, and corruption may arise. Such conflicts and the associated outcomes are illustrated by the traditional experience of Latin America and the more recent one of Russia. By artificially creating diverging interests among identical people, rigidities paradoxically reduce conflicts. In a society where many poor try to expropriate a few rich, making some of the poor richer and the other poorer creates a convergence of interests between the former and the rich. If the poor who is made richer is the politically decisive group, then there will be less redistributive conflict. This is exactly what an institution such as the minimum wage achieves: it increases the income of those unskilled workers lucky enough to get a job, while reducing the income of those who end up unemployed. Collective decision is then shaped by diverging interests *within the »core« of employed workers.* These interests are less divergent than in the absence of rigidities. Society is therefore more homogenous from a political point of view. The problem, of course, is the existence of a periphery which is excluded both from the market, and, because it is an ill-organized minority, from the political system. Indeed, lack of political influence in the periphery is a prerequisite for rigidities to reduce polarization. This lack of political influence is achieved because the unemployed are a poorly organized minority which is quite heterogenous.[2]

The rationale for the »European model« has therefore little to do with equity, but has a lot to do with political stability. Note that the »core« is allowed to be

2 It is interesting to try to understand why this interpretation of rigidities does not apply to the United States. The American society is a pretty heterogenous one, yet it has not engaged in the sort of institutions which prevail in Europe. Why is that so? There are three possible interpretations. One is that the U.S. is too heterogeneous, so that the periphery would be too large. If this was the only one, however, we would observe large distributive conflicts in the U.S., which is not the case. The second interpretation is that consensus is in fact achieved through mobility, meaning that society is in fact more homogenous than it looks like from a cross-sectional distribution of income. The third one, is that exclusion of the periphery is achieved politically but not economically; that is, measures are taken which prevent those political platforms which would suit the periphery from being available; for example, the communist party is illegal. This argument is consistent with the robust empirical evidence that the poor participate much less in elections than the rich. Since the ultimate goal is precisely such political exclusion, there is no need to introduce distortions in the labor market since it is achieved directly.

larger when society is more homogenous. When exogenous forces such as technical change or international competition tend to widen income differentials, there is some social pressure to increase rigidities in order to preserve the core's homogeneity. The problem is that this reduces the size of the core, and that the periphery cannot be allowed to grow above some bounds without threatening the viability of the model. It is this concern, of course, which has suggested that another model could be tried and that labor market flexibility should be increased.

3. *The difficulty of implementing reform*

There are several reasons why, despite the frequent calls for liberalizing European labour markets, reform may be politically difficult to implement. First, there may be more losers than winners. Second, a large minority of winners may be easily identified, with the rest of the gains being much more diffuse in the remaining majority.

3.1. *The employed are politically more powerful than the unemployed*

Unemployment is usually thought of as a burning political issue. Yet when we look at the long run, we see that in most European countries, unemployment has steadily risen without causing major social or political disruptions. The reason is that even if unemployment is a painful experience for a large number of people, these people are a poorly organized minority and therefore are unlikely to influence political outcomes. The majority of the people are actually employed, so that they will be in favor of policies to fight unemployment only if their exposure to unemployment is large enough and/or if these policies are designed so as to favor their interests. Evidence from election results suggests that a sharp increase in unemployment is much more likely to lead to an adverse outcome for the incumbent government than a high, but stable level of unemployment. This is consistent with the view that unemployment is an issue not when it is simply high, but when large job destruction makes the employed more exposed to it. Similarly, the more the employed are sheltered, the more they would favor policies that protect their jobs and increase their bargaining power even if those policies introduce distortions that lead to higher unemployment.

So any attempt to reduce unemployment must face the reality that policy is actually determined by the interests of the employed, not the unemployed. In particular, many rigidities that are thought – although this is open to debate – to be responsible for European unemployment, such as minimum wages, unemployment benefits, firing costs and union wage setting, actually benefit (some of) the employed and are therefore difficult to remove.[3]

This logic explains why policies that are generally advocated as reducing unemployment are not implemented in practice. For example, social security contributions are often blamed as increasing the cost of labor and creating unemployment. But if firing costs prevent the employed from being fired, an increase in social security contributions will have little impact on them because they will not bear the burden of the induced reduction in labor demand. Those who lose are the unemployed and new entrants into the labor market, as firms reduce new hires due to the expected increase in labor costs. So raising payroll taxes is a politically efficient way of generating revenue.

Similarly, the proposal of reducing payroll taxes for the least skilled workers may run into the problem that it is a redistribution of income from a majority to a minority. The same issue arises with the idea of shifting from welfare to workfare, for example by using the unemployment insurance budget to fund millions of relief jobs for the long-term unemployed. The majority of the employed, for whom unemployment benefits is an insurance device, not a redistribution device, would lose from it because they are not prepared to take these jobs and their contributions would pay for them instead of their own income maintenance during unemployment spells.

3.2. *Uncertainty about outcomes*

Another reason why labor market reform may be blocked is that the gains from the reform may be unevenly distributed. First, they can be concentrated in the hands of a minority – for example skilled workers; in that case, however, there is scope for building consensus by redistributing income away from the minority of winners to the majority of losers. We return to that possibility below. Second, it may be the case that while the majority is expected to gain, people do not know whether they will actually be part of that majority (This argument is due to Fernandez and Rodrik, 1992).

Let us consider the following simple example: assume there are three groups in society, A, B, and C, each equally sized. Consider a reform such that group A loses 5 from the reform, group B gains 4 and group C gains 10. The aggregate gain from the reform is 10 + 4 – 5 = 9, so that efficiency requires that the reform be implemented. If everybody was certain about the group he will belong to after the reform, then those who anticipate to end up in groups B and C would support it, so that it will pass with a majority of two thirds. Consider

3 For unemployment insurance that may seem paradoxical but realise that almost everywhere one has to have worked to be eligible, that the long-term unemployed and the new entrants have no benefits, so that the benefits are best fit for those with little exposure; furthermore, they also allow the employed to raise equilibrium wages.

now the case where people do not know which group they will belong to after the reform. More specifically, assume that members of group C know for sure they will remain in group C after the reform, while members of group A and B expect to end up in the other group with a 50 % probability. Then the expected gain from reform for both groups is $0.5 \times 4 + 0.5 \times (-5) = -0.5$. We see that reform is now repelled because groups A and B now lose from it on average.

We see that uncertainty then leads to a bias in favor of the status-quo when there is a well identified core of winners and a lot of mobility within the rest of society, which makes the remaining gains very diffuse and eventually lower than the losses.

This argument may be particularly relevant in the case of European labor markets: a large minority – skilled workers and the unemployed – know for sure that they will gain from a reform: the unemployed will find a job and, to the extent that there is some complementarity in production between skilled and unskilled labor, the skilled will enjoy higher wages and standards of living due to the increase in the number of unskilled workers who will be employed. The unskilled, however, are much less certain to gain because their wages might fall and they might be forced to relocate to other sectors. If all the unskilled knew whether they would gain or not from the reform, those who gain could form a coalition with the skilled and the unemployed in favor of the reform. But uncertainty may make the gains too diffuse to the unskilled, so that they might end up opposing reform.

Looking at the pattern of mobility across income groups confirms that argument: there is more mobility at the bottom of income distribution than at the top (See Quah, 1994), and we expect the top to be winners and the bottom to be losers. The richest are thus practically sure they will gain from the reform, while the rest of society will have much lower and uncertain gains.[4]

3.3. *Extreme coalitions and multiple issues*

The last reason why labor market reform is difficult to implement is that it is likely to benefit a very heterogenous coalition of capitalists, skilled workers, small entrepreneurs and unemployed workers. It is an »extreme coalition« which includes both the richest and the poorest people. These people have a common interest in increasing flexibility but diverging interests on almost all other issues including redistributive taxation, social policies and security po-

4 Note, however, that the support for labor market flexibility among lower income groups will be enhanced by exposure to unemployment and the induced reduction in the tax rate needed to finance unemployment compensation.

licy. Because one votes on a package of policies rather than a single issue at a time, it is unlikely that these people will support the same political platform.

4. *Strategies to implement labor market reform*

Let us discuss some strategies to increase flexibility in the labor market in a »politically viable« way.

4.1. *Side transfers*

Since flexibility probably increases the efficiency of the economic system, there must exist a system of lump-sum transfers which, associated with liberalization, will make everybody better-off. This is of course at best a theoretical possibility. First these transfers are difficult to compute; second there will be considerable uncertainty about the appropriate level of these transfers(this uncertainty about the distribution of the gains from reform may lead to reform being ex-ante repelled, as we have seen above); third, and most importantly, the transfers that will prevail in equilibrium are themselves determined as the outcome of the political system. It is impossible for the government to commit over the future pace of taxes and transfers following reform, if anything because it is not certain to remain in power. So the people who lose from flexibility (meaning the price of the factors of production they supply will fall) may not get sufficient compensation through the political system, if they are weak. Or, more perversely, those who gained may fear to be taxed at too high a rate and find that rigidities are a less risky way to redistribute income. Take for example the case of the minimum wage. In a world where there are two types of labor, skilled and unskilled, the minimum wage can raise the unskilled wage while creating unskilled unemployment. At the same time the skilled wage falls because, to the extent that skilled and unskilled labor are complements, the marginal product of skilled labor falls since there are less unskilled employed. So the minimum wage redistributes income from skilled to unskilled labor, at the cost of creating unemployment. In the absence of taxes and transfers, eliminating the minimum wage would be favored by the skilled and the unemployed, and opposed by the unskilled employed. If taxes and transfers could be set in advance as part of a policy package, it would be possible to make everybody better-off by eliminating the minimum wage. But the most interesting case is when taxes and transfers are politically determined, through (say) majority voting. In that case it is reasonable to assume that in those three groups, the median voter will be unskilled employed. The tax rate will thus depend positively on the gap between the skilled and the unskilled wage. As a result, lifting the minimum wage regulation will automatically be compensated by an increase in redistributive taxation. This is somewhat a desirable outcome, because it tends to compensate the unskilled employed for the drop in their income, and thus contributes to building support in favor of reform among them.

However, the equilibrium tax rate may end up being so high that the *skilled* are actually those who suffer from the reform. This example illustrates the above argument that labor market rigidities may promote political stability by homogenizing the »core« of society (here the employed) at the expense of a politically unimportant »periphery« (the unemployed).

We have seen that by bringing back the unemployed into employment, labor market flexibility may make society more redistributive as a reaction to the implied widened income differences. Depending on how unemployment is distributed among income groups, however, one may also have a *drop* in the tax rate when the economy shifts to flexibility. This will be the case if unemployment is relatively evenly distributed across income groups, and if unemployment benefits are low. In that case rigidities drive the median voter's income down relative to the mean, so that the rigid economy is less conservative than the flexible one. This case is however less relevant to Europe than the other one, because unemployment benefits are relatively generous and unemployment is concentrated among the poorest.

To summarize, three cases may be distinguished:

1. Taxation may be insufficient so that not enough income is redistributed from winners to losers, implying reform may be blocked.
2. Taxation redistributes enough income to generate a wide enough consensus over the reform.
3. Taxation is overredistributive, so that a coalition of winners will actually block the reform.

4.2. *Timing*

Political viability may be achieved through an appropriate timing of the reforms. As we have discussed above, an important determinant of the political support for the reforms is the employed's exposure to unemployment. This exposure has more to do with the flow of job destruction than the level of unemployment. This suggests that reforming the labor market should be easier at times of large job destruction, that is to say during massive structural change or at the beginning of a sharp recession.[5] The optimal timing, however, hea-

5 The latter strategy is probably more problematic than the former, since a recession only lasts for a couple of years, and voters anticipate that job destruction will be low again in a delay which is short compared to the duration of the change. Furthermore, for the reform to get support it must be the case that voters expect it to have a substantial positive impact on job creation, which is unlikely in recessions.

vily depends on which reform is considered; reducing firing costs through a two-tier system which maintains the incumbents' job security is more viable at times of large job destruction, but this is not true of an across-the-board reduction in firing costs (see the next sub-section).

Thus, it is when the economy undergoes large structural change, with both high job creation and high job destruction, that labor market flexibility is most likely to get political support. This »virtue of bad times« seems to have been exploited in Spain, where labor market reform was introduced in 1984 when Spain was in the middle of a period of massive job reallocation due to the inadequate production structure inherited from the Franco era.

4.3. *Two-tier systems*

An alternative strategy for making reform politically viable is to liberalize at the margin, for example by liberalizing new labor contracts while leaving existing ones untouched. Two tier systems have been used in many European countries to reduce firing costs. While the terms of existing contracts were left unaffected, it has been possible for firms to hire new people under socalled »determined duration contracts«. These contracts are typically associated with a lower firing cost.

This strategy of creating a two-tier system has both advantages and drawbacks. The advantages are as follows. On the economic side, the two tier system is almost as efficient, as far as raising labor demand is concerned, as a complete liberalization of the labor market. This is because in all firms who actually employ workers with flexible contracts, labor demand is determined by the »marginal cost of labor«, that is to say the cost of the next worker to be hired or fired. It can be shown that this »marginal« worker is typically a worker under a flexible contract, so that the marginal cost of labor is the one associated with flexible contracts. Therefore with the exception of those firms which do not employ »flexible workers« labor demand is the same as if the whole of the labor market had been liberalized. On the political side, the two-tier system is much more likely to be supported by the employed than a one-tier liberalization. This is because they will enjoy the same degree of protection while benefitting from the higher rate of job creation in case they end up being unemployed.

Let us now turn to the drawbacks of two-tier systems.[6] First, if not properly designed, they can have perverse effects on wage formation; Bentolila and Dolado (1994) have studied the impact of temporary contracts on wage formation in Spain and shown that by increasing the permanent worker's job security, temporary contracts tended to have adverse effects on wages. This

6 The following argument is analytically developed in Saint-Paul (1993).

would not have mattered so much if the temporary wage was split from the permanent one, but the system was designed in such a way that temporary wages were linked to permanent wages, so that all wages increased. Second, it may be quite difficult, under these marginal schemes, to avoid crowding out, meaning that a large fraction of the jobs that are subsidized would have been offered by employers anyway. Similarly, employers might use temporary contracts for jobs they would have offered under permanent contracts if temporary contracts had not been available. Third, the two-tier system may intensify distributive conflicts within the workforce, thus increasing other forms of inefficiencies. For example »secondary workers« will be tempted to partly expropriate »primary« workers through redistributive taxation. This might particularly be a problem if temporary workers had little perspective to get a permanent job. Fourth, the two-tier system gradually affects the balance of power in society. As the stock of workers under temporary contracts develops, these workers will be more powerful politically and can be used by the government as political support for further reforms of the labor market. This is fine, but the incumbents and their unions will ex-ante recognize that their political influence will gradually be undermined by the increasing number of temporary workers, and for that reason oppose the change. That may lead to the reform being blocked, or to a different reform being passed. For example, in many European countries, the government managed to liberalize the use of temporary contracts only to a limited extent, since unions agreed to it provided restrictions were put to the use of these contracts. Such restrictions were designed so as to prevent the stock of these contracts from growing beyond a point were the political influence of the insiders would be threatened.

The Spanish experience, in that respect, is revealing (but similar issues arose in France, too). The government managed to liberalize the use of determined duration contracts in 1984, when the economy had experienced an unprecedented period of massive job destructions. In order to prevent the use of these contracts to be too widespread, the unions managed to restrict their renewal to two times, after which they had to be converted to rigid contracts. Nevertheless as much as 95 % of new hires were under flexible contracts, and the proportion of the workforce under DDC's quickly rose to 30 % in the early nineties. Meanwhile, the unions exerted repeated pressure to eliminate these contracts. But at the beginning of the nineties the government was in a situation where it could use these workers and the unemployment as a coalition to back further increases in labor market flexibility – even if consensus had to be reached to avoid a social explosion, it could strike a deal with the unions to trade the removal of temporary contracts against increases in flexibility. This is actually what happened as a reform of the labor market was engineered in 1994, but the reform turned out to be very timid, presumably because of the electoral fragility of the González government at that time. Although temporary contracts were maintained for a while, their phasing out was agreed. The government has therefore lost an opportunity which may not be regained in the future.

4.4. *Redistribution of property rights*

We have seen above that nothing guarantees that a proper set of transfers will be implemented after the reform, and that this may lead to the reform being blocked. One way to get rid of this dilemma is to change the ownership structure of the economy so as to actually build these transfers in property rights prior to the reform. A simple example is when reform redistributes income from labor to capital (this issue may also arise with trade reform, or transition in Eastern Europe). Then a possible commitment device to ensure that appropriate transfers will actually be implemented is to redistribute capital so as to make its ownership more even. This may lead to the gains from reform being better shared and may therefore create a consensus over it. Schemes such as profit sharing should therefore be seriously considered as a means to increase the political feasibility of labor market flexibility, and more generally to build a consensus over free markets and the economic institutions of capitalism. This may sound like a very radical proposal, but we should remember that economic theory predicts that free markets make everybody better-off only if they are associated with appropriate transfers. In the absence of such transfers, large minorities or even the majority might lose, and there will be political opposition to capitalism.

Such redistribution of property rights is much more difficult to implement when flexibility is associated with transfers within the workforce, for example when it reduces wages for the unskilled and increases them for the skilled. One way to do it is to increase the educational level of the unskilled, a policy which is itself associated with many design problems and shortcomings.

5. *Conclusion*

The present paper suggests that properly taking into account political constraints considerably reduces the scope for labor market reform in Western Europe. High unemployment may therefore be something we'll have to live with for a long time. It makes it more important to carefully identify the margin of manoeuver for reform and to clearly spell out the society choices that lie behind this challenge.

References

Fernandez, R. and D.Rodrik, »Resistance to reform: status quo biasin the presence of uncertainty«, *American Economic Review*

Quah, D. (1994) »One business cycle and one trend from many (many) disaggregates«, *European Economic Review*

Saint-Paul, Gilles (1993), »On the Political Economy of labor market flexibility«, *NBER\ Macroeconomics Annual*

------------------------ (1994), »Searching for the virtues of the European Model«, *IMF Staff papers*

David Foden

Europe's Employment Crisis: Is Deregulation the Answer?

Deregulation has become the magic solution to Europe's ills. This contribution will first examine why this has come about, before questioning assumptions implicit in the advocacy of deregulation as the answer to Europe's labour market problems. It is written from a perspective holding that regulation has both social and economic functions, and that the latter are often ignored. It will review development concerning some of the key deregulatory policies affecting the labour market. Finally, it will examine the record of deregulation in the UK, where the policy has been pursued with the greatest enthusiasm.

1. *Why deregulation?*

The reasoning which leads to the policy of deregulation runs along the following lines:

– The unemployment crisis in Europe is not cyclical, deeper forces are at work (see OECD jobs study; EU white paper on growth, competitiveness and employment etc), much of the problem is structural;

– structural unemployment is the result of excessive regulation which renders the labour market rigid or »sclerotic«;

– the answer to sclerosis is deregulation which will free markets to allocate resources, including labour, efficiently.

This reasoning is flawed in two ways. Firstly in exaggerating the degree to which »sclerosis« is responsible for unemployment, and secondly proposing deregulation as the necessary and sufficient cure.

2. *Causes of unemployment*

It is clear that unemployment is not only cyclical, but there are numerous contributory causes in addition to »sclerosis«. If these contributory causes are ignored in the diagnosis it is unlikely that the appropriate »cure« will be found.

The first explanation is *demand deficiency.* As we emerge from recession the »cyclical« part of unemployment is diminishing. But without analysing in detail the causes of the recession of the early 1990s, it is clear that policy makers accorded priority to restraining inflation and pursued tight monetary policies in reaction to the rapid demand growth of the late 1980s. Unemployment rose sharply in response to this deliberately restrictive demand management policy. (Incidentally, it should not be forgotten that the unsustainable growth of demand in the late 1980s in a number of countries – the UK and the Nordic area providing prime examples – was fuelled by the deregulation of the financial markets).

It can be argued that persistent demand deficiency over several cycles has produced, through queuing effects, an unemployment phenomenon which, because it is »structured«, misleadingly resembles structural unemployment. The concentration of unemployment upon those with relatively low levels of skill is due not to these »personal« characteristics, but to the intense competition at every level of the labour market induced by inadequate demand. Some of the most highly qualified workers secure jobs at the highest level, but others are forced to compete with less well qualified workers for jobs lower in the hierarchy. In turn there is a further surplus competing for the next lowest rung of jobs, and so on until the final stage of a pool of predominantly poorly qualified unemployed.

To argue that demand deficiency has caused unemployment is not, however, to prove that increasing demand alone will resolve the problem. The European Commission in particular argues that the proportion of unemployment that can be dealt with by a simple continuation of the growth process is rather limited. This is because there is also *»classical« unemployment,* i.e. unemployment due to a shortage of physical workplaces. The destruction of capacity during the recession, and indeed a wider problem of a medium term pattern of economic growth based insufficiently on investment, has left Europe in a situation where demand growth will fairly rapidly run up against capacity constraints, leaving the majority of the unemployed still seeking work, even though a large proportion of them have the necessary personal qualifications to be employed.

In addition to unemployment due to inadequate overall demand and to shortage of physical capital must be added *structural unemployment.* This includes particularly those with inadequate education and training or whose skills are obsolete. For this group to find work it is necessary not only for demand conditions to be right and for adequate investment in capacity to have taken place, active labour market policies are also needed.

Clearly there are interrelations with the other explanations on offer. One would expect an accumulation of problems of structural unemployment to arise when cyclical unemployment is not quickly reversed. The skills and confidence of those who have lost their jobs may deteriorate, and certainly the perception of them (in the eyes of employers) as potential employees may do so.

The term structural unemployment has, however, also been given a much wider connotation in the policy debate, and one which relates to the argument that European labour markets are incapable of responding adequately to the pressures of either global competition or technological advance. The thesis is that labour markets suffer from *sclerosis* (are insufficiently flexible) and *skedasticity* (variations in wages, especially downwards, are less than variations in earning power – thus pricing those with low earning power out of the market).

3. *Is deregulation the answer?*

To the extent that unemployment is due to demand deficiency, capital shortage and inadequate skills I would suggest that the deregulation agenda is either completely irrelevant or positively dangerous to employment creation. To the extent that unemployment is caused by labour market sclerosis and/or skedasticity, however, it must be admitted that deregulation might have a part to play. Before looking in more detail at whether minimum wages, centralised pay bargaining, employment protection and unemployment benefits are, in fact, quite so destructive of employment as the deregulators allege, we should recall the functions of regulation.

The logic of deregulation is that the advantages to society of labour market rules are outweighed by the economic costs. *But* regulations have both a »social« or »societal« function *and* an economic one.

– They provide the framework within which competition takes place, and (for example by setting minimum wages, and limits to the flexibility with which employers may call on workers time, by establishing standards for health and safety, for training and for participation) cut off cheap labour options for achieving commercial success.

– They encourage the long-term commitment of the employer to the workforce without which it is not worthwhile to invest in workers.

– They therefore encourage pursuit of economic and social development based on skills, innovation and investment in technology, where labour is a resource to be husbanded rather than exploited.

– Taken together, they provide the security for workers which makes change and adaptation acceptable.

Regulation of the labour market and the pursuit of high social and labour standards through legal and negotiated means therefore provide a valid approach to securing change in the face of the pressures of global competition and technological advance.

This, it will be argued by the deregulators, is far too rosy a picture. This may be all very well in theory, but the reality is of resistance to change and workers being priced out of jobs. Or is it? Let us look in more detail at four areas of labour market regulation which are alleged to destroy jobs. All four are given a high priority by the OECD, both in the Jobs study (OECD, 1994) itself, and especially in the proposals to follow up the study.

4. *The international agenda*

4.1 *Minimum wages*

The empirical support for a policy of cutting minimum wages to boost employment is very weak. Some economists like to view the labour market in the same way as commodity markets – if the price is held up »artificially« demand falls. They argue that poverty should be addressed through social security transfers, not minimum wages. However, far from providing a solution to the low pay connundrum, cutting minimum wage levels would exacerbate it. Reliance on social security transfers to low-paid workers would be a direct subsidy from taxpayers to bad employers who would be free-riding on the backs of good employers. This would be an incentive to drive down further already low wage levels and reduce investment in human and physical capital. Moreover, delinking minimum wage systems from average wage levels, with the shortfall being made up by social security payments, would simply add to public debt. Evidence on the consequences of weakening or in some cases abolishing minimum wage systems shows that negative wage effects overwhelm the positive employment effects.

During the 1980s, as unemployment across the OECD rose from around 20 million to the present level of 35 million, the trend has been for cuts in both the levels and coverage of minimum wages. In 1993 the OECD Employment Outlook noted a reduction in minimum wages relative to average earnings in Canada, France (after 1985), the Netherlands (after 1982), Portugal, Spain and the United States (until 1991). The 1994 OECD Employment Outlook further noted the weakening of indexation clauses and the creation or extension of sub-minimum wages for certain groups of workers, especially young workers, in many countries. In the UK, the Wages Councils which covered about 10 per cent of the labour force were considerably weakened during the 1980s and abolished in 1993. The background report prepared for the OECD Jobs Study charts the fall over time of minimum wages in the US, Canada, the Netherlands and Spain; in France the minimum wage has remained relatively stable but with an apparent fall towards the end of the 1980s.

4.2 *Decentralisation of pay bargaining*

Decentralisation of pay bargaining, it is argued, would allow management to regain control over wages and so employ more people for any given output. Performance-related pay schemes and the use of individualised remuneration packages would assist this. The essence of the OECD argument is that wages must fall to stimulate employment creation, with bargaining decentralisation being the delivery vehicle. Trade unions do not dispute that forcing down wages to absurdly low levels could create employment. However, it would result in massive social instability. It would also produce a downward competitive spiral of wage undercutting, leading to a low-quality, low-skill, low-productivity work environment at a time when governments are being advised that the future lies in a technological and skills revolution.
Moreover, OECD research suggests that centralised or sectoral pay bargaining systems generally result in a *better* trade-off between wage increases and employment. A background paper for the Jobs Study shows that Sweden and Finland have had an »outstanding strong real wage response« to unemployment; that Japan and Australia have had »comparatively strong responses«; that »lower albeit significant wage reactions« have occurred in the major continental European countries and Canada; but that »relatively low wage responses« have been registered in the US and the UK.
Other evidence casts doubt on the supposed gains from decentralisation per se. Researchers at the London School of Economics (Blanchflower et al, 1994), who looked at wage-fixing systems in 15 countries, found that European centralised and sectoral wage bargaining systems are just as flexible as the deregulated systems of the United States and Asia.

4.3 *The reduction of employment protection*

The OECD Jobs Study accepts that employment protection can encourage firms to retain and retrain workers instead of laying them off in downturns. Nevertheless, it places greater emphasis on the role of employment protection as a barrier to hiring by firms. Accordingly, firms are thought to be averse to hiring workers if they feel employment protection provisions would bar them from freely laying them off. Government are therefore urged to:

- Sanction dismissals on economic grounds whilst retaining provisions against unfair or discriminatory dismissal;
- ensure that commitments to override »economic« dismissals are negotiable at firm level, rather than imposed on all firms by a sectoral agreement;

- loosen mandatory restrictions on dismissals where they seriously hinder economic restructuring;
- allow (though not artificially encourage) fixed-term contracts.

The OECD's own work lends little support to the claim that deregulating employment protection leads to anything other than small employment gains. The July 1993 Employment Outlook analysed the extent to which countries have made greater use of fixed-term contracts and studied the relationship between employment protection and unemployment. Fixed-term contract work was found to be fairly widespread across member countries, with little scope for extending it. Further, the OECD could find »no discernible relationship between the share of workers under temporary contracts and the average incidence of long-term unemployment«. France and Spain were exceptions, which may be explained by the fact that financial incentives have been offered to employers in these countries to take on fixed-term labour. The costs of such a system were, most notably, the emergence of dual labour markets in which workers could be faced with repeated spells of unemployment and rapid job turnover, with the added threat of being trapped in temporary dead-end jobs. This is likely to adversely affect job training and retraining since employers have no incentive to upgrade skills.

Turning to the effect of employment protection on unemployment it was found that proving unfair dismissal by workers was already practically impossible in many countries. The report also found that where changes had been made to employment protection during the 1980s the trend was to weaken it. Examples of such changes included reductions in the amount of severance pay/notice period, increases in the minimum service period required to qualify for severance pay or salary threshold above which notice of dismissals must be given, and making the grounds for »just cause« harder to prove for workers. France and Portugal, in addition, abolished the requirement for employers to seek prior approval from the labour authorities before dismissals could occur. In many countries provisions have also been introduced to allow short-time working in periods of economic slack.

4.4 *The reform of unemployment and welfare benefits*

The Jobs Study argues that unemployment and welfare benefits have become »quasi-permanent income in many countries, lowering work incentives«. To increase the work incentive governments are urged to provide »moderate« benefit levels, tighten up checks on eligibility, and move from passive systems towards active labour market programmes. Tax/benefit systems should be reformed so as workers are not caught in a poverty trap, alongside reforms of benefit financing and control systems. More specifically, governments are urged to:

- Restrict the period of benefit entitlements in countries where they are long to the period of active job search at the same time as reducing replacement ratios and making eligibility dependent on a longer employment history. Restrictive conditions should apply to those claiming benefits of indefinite duration;
- reform tax/benefit systems to make low-paid work attractive and increase incentives for »spouses« to take on part-time work, while making long-term benefits conditional on participation in active labour market programmes; and
- improve information for public employment service staff on the history of claimants, and make employers share the costs of lay-offs. Assistance benefits should be partfinanced locally to encourage the implementation of benefit reduction criteria and tighter eligibility controls; mechanisms to detect benefit fraud should be introduced.

The 1993 Employment Outlook noted that in the 1960s benefit systems were more generous, especially in most European countries. During that decade OECD unemployment averaged around 10 million. Since then, while unemployment has soared inexorably, governments have been tightening eligibility criteria and reducing the level and maximum duration of benefits. In the UK public employment service staff have been set targets for the number of benefit recipients to have their benefits withdrawn, with the target doubled for 1995. The Outlook notes how, »in the majority of member countries, replacement rates have tended to fall«. The evidence from those countries which have sought to force the unemployed into work indicates that, in general, the jobless are not moving into employment but are dropping out of the labour force or moving onto other benefit programmes.

The reform of tax/benefit systems to minimise the poverty trap faced by the unemployed, and certain other measures, would, if adequately resourced, meet with the approval of the trade union movement. Implementing cuts in benefits levels – with claimants regarded as »cheating« the system – would, however, presuppose that the unemployed are substituting leisure for work. These measures, if implemented, would merely shift the burden of adjustment onto the weakest and most defenceless, further marginalising them in society. Unemployment benefits have become »quasi-permanent income« in many countries precisely because governments have abandoned full employment as a policy goal. Trade unions would not be averse to entering into a dialogue with government over moves to implement active labour market programmes to replace passive programmes. This does not mean penalising the jobless.

5. *The British experience*

The British Government have been the most enthusiastic proponents of deregulation in Europe. The following section examines the results of the policies adopted in pursuit of this ideology.

5.1 *Fewer long-term unemployed*

One claim made by the Government is that deregulation has helped to reduce the problem of long-term unemployment. Consistent data are available from the Labour Force Survey. This show that longterm unemployment (ILO definitions) as a share of total unemployment peaked in 1985 at 48 per cent of long-term unemployed, compared with 45 per cent in 1994 (see figure). Again, the ILO unemployment level in 1985 was 3.0 million, compared with 2.5 million today (Great Britain, unadjusted), so it is hardly surprising the share of long-term unemployed is a little lower.

5.2 *Youth unemployment*

For those aged under 20, the ILO unemployment rate in spring 1984 was 22 per cent and in spring 1994 was 18.8 per cent. But this compares with the average unemployment rate of 11.7 per cent in 1984 and 9.6 per cent in 1994. The ratio between the unemployment rate for under 20s and older workers has worsened.

Yet if the deregulation strategy was correct, young people are the one group in the labour market which should have improved its relative position. Under 18s have lost entitlement to unemployment benefit (replaced with a guarantee of a training place which has never been fully met); relative wages have fallen, following the removal of statutory controls; and unionisation remains relatively low.

5.3 *More people in work*

The claim that more people participate in the UK than in the EU is correct but hardly new. The same was true in the 1970s and the 1960s. Moreover, comparisons with other industrialised states do not suggest a superior job performance. Estimates based on OECD figures show that between 1980 and 1996, (including OECD forecasts) the average growth rate for the UK was below the average for the EC, and well behind the OECD as a whole. When the growth rates in employment for the years 1981 to 1996 are averaged (1994 to 1996 are estimated and projected) for the EC and the UK, the UK lags behind (0.22 % per year compared to 0.24 %)

5.4 *Flexible employment*

The two forms of flexible employment which are associated with the »flexible« labour markets of the 1980s and 1990s are temporary employment and self-employment. But the evidence does not support a radical change in the overall structure of the labour market:

- The proportion of temporary workers has hardly changed in a decade (5.5 per cent in 1984 and 6.5 per cent in 1994);
- the number of temporary workers has declined from the peak of 1.5 million in spring 1994 (both figures UK);
- the UK has one of the lowest shares of temporary employment in the EU12;
- self-employment has expanded, but even self-employment and temporary work combined has increased little as a percentage of all those in work (16 per cent in spring 1984 to 18 per cent in spring 1994);
- these changes are mainly associated with male employment, yet male unemployment rates have worsened against the national average.

5.5 *Part-time work*

Part time work has increased in the 1980s but this cannot be associated with UK deregulation policies.

- Part-time work increased as fast in the 1970s as in the 1980s, a conclusion also reached by recent Department of Employment (DE) research (DE Gazette, December 1994);
- part-time work increased faster in the 1980s in many EC countries than the UK, a conclusion also reached by the DE research;
- part-time work levels are also very high in countries such as Sweden, Norway, Denmark and the Netherlands;
- most part-time jobs are permanent, while the recent growth in temporary jobs has been for full-time jobs.

5.6 *More insecurity*

But if »flexible« employment has not radically changed the labour market as some have suggested it is undeniable that many people still feel insecure. The reasons for this include:

- High unemployment and continued loss of jobs in »household« names, which makes people fearful of losing jobs: even jobs labelled as permanent and full-time can be insecure;
- the decline in trade union coverage and membership, so that today half the workforce are in workplaces without union recognition: yet labour

turnover is lower in recognised workplaces and training is more widespread;

- those who are new entrants to the labour market or those seeking work after being made redundant often face low pay, poor quality of temporary employment;
- wage inequality has vastly increased, forcing more people into jobs which do not pay enough to provide a decent income and increasing reliance on state benefits to subsidise low pay work.

6. *Conclusion*

On the basis of the evidence surveyed here it is difficult to believe that the principle cause of high unemployment is excessive labour market regulation or that deregulation will improve labour market performance. There is a very real risk, however, of damage to the eonomic and social fabric if the deregulation agenda is pursued.

References

Blanchflower, D. and Oswald A. (1994): »The wage curve«. Research monograph, *Journal of Economic Perspectives,* Autumn 1994.

EU (1993): *Growth, Competitiveness and Employment – The challenges and ways forward into the 21st Century,* White Paper of the Commission of the European Communities, Luxembourg, Office for Official Publications of the European Communities.

OECD (1993): *Employment Outlook,* Paris, OECD.

OECD (1994(a)): *The OECD Jobs Study,* Paris, OECD.

OECD (1994(b)): *Employment Outlook, Paris,* OECD.

TUAC (1995): *Adaptability versus flexibility,* Paris, TUAC.

TUC (1995): *Has deregulation delivered the jobs?.* TUC evidence to the ILO experts committee, London, TUC.

Ramana Ramaswamy/Robert Rowthorn

Decentralizing Wage Bargaining: Macro versus Micro Flexibility. Experiences from Sweden[1]

Abstract

The main focus of the »wage bargaining« literature has been on the factors promoting real wage flexibility at the macro level. This paper, in contrast, examines the microeconomic issues of wage bargaining. More specifically, this paper appraises the following questions: (a) what are the conditions under which a firm prefers decentralized to centralized bargaining? (b) what are the characteristic features of firms which prefer decentralized to centralized bargaining? and (c) has the proportion of firms which prefer decentralized bargaining increased over time? These questions are examined in an efficiency wage model with insider-outsider features. This paper provides useful theoretical insights for understanding the issues involved in shifting from centralized to decentralized wage bargaining.

1. *Introduction*

The Swedish economy went through its worst post-war recession in 1990-93. This brought to the fore some of the underlying problems of the Swedish economy, such as the slowdown of its long-term productivity performance. A number of suggestions have recently been put forward for tackling Sweden's structural problems. These proposals have ranged from changing the length of the electoral cycle to instituting radical changes in the system of welfare benefits.[2] In particular, one proposal that has been repeatedly put forward in the Swedish context, is to shift from centralized to decentralized wage bargaining for enhancing the flexibility of the labor market. This paper examines some of the tradeoffs involved in shifting from centralized to decentralized wage bargaining from a theoretical point of view.

1 The views expressed in this paper are not necessarily those of the International Monetary Fund.

2 See the Lindbeck Commission (1994) for a comprehensive discussion of the proposals for reforming the welfare state.

There is by now a large body of theoretical literature on the implications of different types of wage bargaining systems for economic performance. Some of the well-known studies are, Schott (1984), Bruno and Sachs (1985), Calmfors and Horn (1985 and 1986), Driffill (1985), Söderström (1985), Calmfors and Driffill (1988), Soskice (1990), and Hoel (1991). The primary focus of this literature has been on *macroeconomic* outcomes. More specifically, the main issue addressed in this literature is the relationship between the level of wage bargaining and the level of employment in the economy. This has naturally led to a comparative analysis of the factors which determine the real wage rate under centralized and decentralized bargaining.

Does centralized wage bargaining promote relatively higher levels of employment? The answer turns out, not surprisingly, to be dependent on the assumptions underlying the models used in this literature. Nevertheless, the broad picture which emerges indicates that centralized bargaining is in general more conducive for achieving real wage moderation.

Let us provide a brief overview of the essential results in this literature. Bruno and Sachs' well known work looked for an explanation for the better employment record of the corporatist countries in the post-oil shock period. They argued that centralized bargaining was informationally better placed for responding to macroeconomic shocks with real wage moderation. The later literature focused on how externalities influence wage determination under different institutional settings (Calmfors and Driffill (1988) and Hoel (1991)). The main argument of this strand of the literature was that centralized bargaining was more conducive for wage moderation as it internalized both the price and fiscal externalities of decentralized bargaining.

That is, the exclusive concern of the wage bargaining literature has been with the issue of *macro-flexibility*. The question which is constantly posed in this literature is, »under what conditions is the average real wage sufficiently flexible to guarantee high levels of employment in the economy«? This question, while no doubt important, ignores many of the micro-level issues. The micro-level problem in wage bargaining is concerned with the following set of questions: (a) under what condition is centralized wage bargaining more profitable than decentralized bargaining for an individual firm? (b) what are the characteristic features of firms which prefer centralized to decentralized bargaining? and (c) has the proportion of firms which prefer centralized to decentralized bargaining been increasing or decreasing over time? The main aim of this paper is to provide answers to all these questions. Finding the right answers to these questions is especially important when institutional changes, such as shifting from centralized to decentralized bargaining are currently being contemplated.

The Swedish experience with solidaristic bargaining (centralized bargaining plus wage equalization) provides a particularly useful context for analysing these microeconomic issues.[3] Centralized bargaining of the Swedish variety (henceforth referred to simply as centralized bargaining) provides the ideal theoretical contrast to decentralized bargaining: flexibility for individual firms is at a minimum under centralized bargaining of this typ.[4] The Swedish case is a useful anchor point for our analysis for yet another reason. While there is very little theoretical work which addresses the micro-aspects of centralized bargaining, the Swedish Employers' Confederation (SAF) has attempted to come to grips with some of these problems. The SAF commissioned two economists, Jonsson and Siven (1986), to study the problems which individual firms face under centralized bargaining. Jonsson and Siven's arguments on this issue are based on intuitive rather than theoretical reasoning. Their main point is that centralized bargaining is unprofitable and inefficient for individual firms. It is argued that centralized bargaining precludes individual firms from using the wage rate as an incentive device for motivating workers to achieve higher levels of productivity. Centralized bargaining also hinders the proper matching of jobs and workers. Firms in high technology sectors are prevented from offering higher wages to attract the more skilled workers. Jonsson and Siven therefore conclude that centralized bargaining is a major source of inefficiency for individual firms. Their policy recommendation is to increase wage differentials by decentralizing wage bargaining.

Jonsson and Siven's case seems to make intuitive sense. However, both empirical studies on wage differentials and recent developments in efficiency wage theory suggest that the relationship between wage differentials and efficiency is far more complex than portrayed in Jonsson and Siven's study.[5] The actual wage differentials generated under decentralized wage determination can be conceptually separated into two components. The first component is the compensation paid for differences in skill, ability and intensity of work. This cor-

3 See Freeman (1988) and Rowthorn (1992) for a discussion of the relationship between centralized bargaining and wage dispersion. Rowthorn's paper extends the Calmfors-Driffill model to include wage dispersion. The focus of this paper is, however, again on macroeconomic outcomes. The impact of efficiency wage considerations for individual firms under solidaristic bargaining is not taken up for analysis.

4 In practice, of course, individual firms do have some flexibility in the Swedish system due to »wage drift«. However, we abstract from this factor for the purpose of the theoretical analysis.

5 Some of the important papers dealing with wage differentials are: Dickens and Katz (1987), Krueger and Summers (1987 and 1988), Murphy and Topel (1987), Gibbons and Katz (1989), and Brown and Medoff (1989). These studies indicate that there are large differences in wages for seemingly similar workers. Such differences are pervasive at all levels – companies, firms and industries – even after controlling for human capital variables and a variety of job characteristics. While most of these studies are primarily concerned with American data, these results also hold for many other countries as well. However, Sweden is somewhat of an exception to the rule. »Industry« and »establishment« effects are minimal in Sweden and most of the wage differences can be accounted for by differences in the quality of labour and working conditions (See Edin and Zetterberg (1989)). For a theoretical treatment of the relationship between wage differentials and effort, see Ramaswamy and Rowthorn (1991).

responds closely to Jonsson and Siven's conception of wage differentials – it has a functional role. However, the second component of wage differentials has no functional justification. It arises simply as a consequence of some form of »insider-power« and manifests itself as pure »industry« or pure »establishment« effects under all types of decentralized wage determination.[6] It is well known that such wage differentials are not only inefficient, but also welfare-reducing (See Stiglitz (1985)).

We now have a paradoxical situation to contend with. Decentralized bargaining generates wage differentials which are functionally necessary. However, it also generates non-functional wage differentials in the form of »firm« and »industry« effects. Centralized bargaining, in contrast, overcomes »insider power« in particular activities and may drastically reduce »firm« and »industry« effects.[7] But centralized bargaining may simultaneously preclude the emergence of functionally necessary wage differentials. Therefore, the preference between centralized and decentralized bargaining for the individual firm will depend upon the relative importance of these two components of wage differentials. Intuitively, it is obvious that those firms which find it profitable to pay high wages to motivate their workers should prefer decentralized bargaining. However, firms which are subject mainly to non-functional »insider-effects« should be better off with centralized bargaining. This intuition, however, needs to be developed in a more precise way. We tackle this problem in an efficiency wage framework which incorporates some of the features of the insider-outsider theory. This latter feature enables us to bring unions formally into the efficiency wage setting.

The efficiency wage framework complicates certain conventional beliefs about centralized bargaining. In particular, the Rehn-Meidner argument that centralized bargaining benefits high technology firms at the expense of the low technology firms need not necessarily hold any more. For instance, because of efficiency wage considerations, some high technology firms may find it optimal to pay considerably more than the average wage so as to elicit above average effort from their workers. Consequently, such firms may be better off under decentralized bargaining. The question of what type of firms will actually be better off under decentralized bargaining will depend upon the exact nature of the effort-wage relationship. The model developed in this paper helps to provide a precise answer to this complex question. The formal part of this paper is organized as follows. We use the results of the efficiency wage model set out in Ramaswamy and Rowthorn (1991) to derive the equation of the firm's iso-profit contours and obtain the profit maximizing condi-

6 »Insider-power« is not strictly dependent on the existence of unions; however, firm or industry level unions may well enhance »insider-power« see Lindbeck and Snower (1988).

7 This follows automatically from our earlier definition of centralized bargaining. See Edin and Zetterberg (1989) for the empirical evidence.

tion under perfect competition. We then show how the equilibrium condition is altered by the explicit introduction of unions into this picture. Our formal framework provides precise answers to the microeconomic issues of wage bargaining set out earlier.

2. *The basic model*

Our formal model is based on the efficiency wage framework set out in Ramaswamy and Rowthorn (1991). We assume that all workers are identical, though the amount of effort they perform may vary. The production function for any given firm is as follows:

$$Y = F(E^{1/\lambda} L) \qquad F, F' > 0; \quad F'' < 0 \tag{1}$$

where Y, E, L denote output, effort, and labor respectively.[8] The parameter λ denotes the »damage potential« of workers in the firm concerned, the lower the value of λ, the greater is the damage that workers may cause by reducing effort. The value of λ may vary across firms, but is assumed to be constant for any given firm. Profits are given by

$$\Pi = Y - WL \frac{\partial \Pi}{\partial L} = 0. \tag{2}$$

For given E and W, profits are maximized when $\frac{\partial \Pi}{\partial L} = 0$. That is,

$$W = \frac{\partial Y}{\partial L} = E^{1/\lambda} F' (E^{1/\lambda}) \tag{3}$$

Rearranging (3) and taking the inverse, we obtain

$$E^{1/\lambda} L = (F')^{-1} (WE^{-1/\lambda}) \tag{4}$$

Define the following:

$$e \equiv \log E \tag{5}$$
$$w \equiv \log W \tag{6}$$
$$v \equiv e - \lambda w \tag{7}$$

8 In our original paper we assumed a production function of the form $y = f(E L^{\lambda})$. This is mathematically equivalent to the function shown in equation (1).

Then, from the above definitions, we obtain,

$$\exp\left(\frac{-v}{\lambda}\right) = WE^{-1/\lambda} \tag{8}$$

Substituting (8) in (4), we obtain

$$E^{1/\lambda}L = (F')^{-1}\left[\exp\left(\frac{-v}{\lambda}\right)\right] \tag{9}$$

Denote the right hand side of this equation by $H_\lambda(v)$. Then,

$$E^{1/\lambda}L = H_\lambda(v) \tag{10}$$

We can now express output and profits as a function of v. Substituting (9) and (10) in (1) and (2), we get,

$$Y = F\,[H_\lambda\,(v)] \tag{11}$$

and

$$\Pi = F\,[H_\lambda\,(v)] - \exp\left(\frac{-v}{\lambda}\right)\; H_\lambda(v) \tag{12}$$

It is easy to show that $H'_\lambda\,(v) > 0$, $\frac{\partial Y}{\partial v}$ and $\frac{\partial \Pi}{\partial v} > 0$. (See Appendix for proofs).

It is clear from equations (11) and (12) that the iso-product and iso-profit curves are defined by

$$v = \text{constant}$$

which can be written as,

$$e = \text{constant} + \lambda w \tag{13}$$

Let us now take up the workers' side of the problem. Workers are assumed to be identical. The utility of employed workers is a function, $u(E, W)$, of the effort they perform and the wage rate. All unemployed workers receive social security benefit and enjoy utility equal to u_0. This benefit is financed by a lump-sum tax on profits.

Consider a perfectly competitive system in which no insider power at all is exercised. All wage differentials are then in compensation for differences in effort. All employed workers must have the same utility as each other and also as the unemployed, i.e.

$$u(E, W) = u_0$$

For any given u_0, this defines a functional relationship between E and W. Without loss of generality we can write this relationship in logarithmic form: That is,

$$\log E = g(\log W)$$
$$e = g(w); \qquad (14)$$

We shall assume that $g, g' > 0; g'' < 0$.
It is now easy to determine the optimum wage. Consider a firm with a production function given by equation (1) and an effort function given by (14). The firm maximizes profits at the point where the relevant iso-profit curve is tangent to the effort curve, as shown in Figure 1.

Figure 1

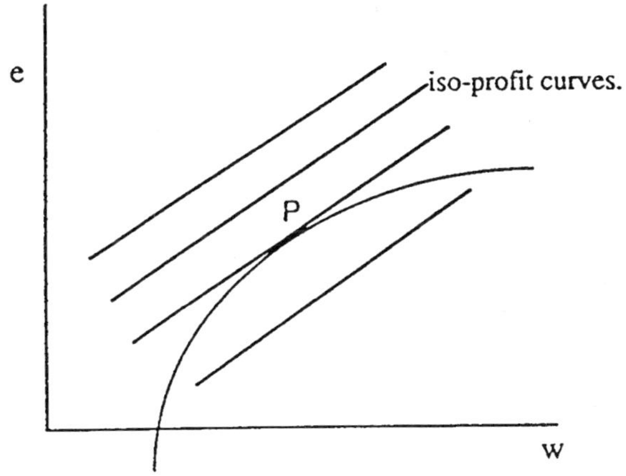

Note that logarithmic scales are used in Figure 1. Hence, the isoprofit curves are linear with slope λ. The firm maximizes profit at the tangency point P and the optimum wage for the firm is given by inverting the equation $g'(w) = \lambda$.

3. *Unions and insider-power*

Insider rents may arise from a variety of causes. Even in the absence of trade unions the existence of hiring, firing and training costs may give »insiders« an advantage over outsiders. With the result that employed workers enjoy higher utility than the unemployed. The effect of trade unions on insider rents is complex. Under decentralized bargaining, industry or firm-level unions may exploit their advantage to increase insider rents still higher than the level arising naturally from transactions costs and the like. Under centralized bargaining, however, the »encompassing« central union, for reasons outlined earlier, may act in just the opposite way and hold wages down, thereby reducing insider rents.

To illustrate the contrast between these two situations we shall make the following assumptions. For any given level of effort, under decentralized bargaining all workers receive a constant proportionate markup over the perfectly competitive wage rate. Mathematically, this can be expressed by an effort function of the form:

$$e = g(w - \delta) \tag{15}$$

Note that e and w are the log effort and log wage respectively. Equation (15) implies that, for any given amount of effort, insider-power provides the workers with approximately δ per cent extra in wages as compared to the perfectly competitive wage rate.[9] Thus, δ measures the level of insider-rent. We assume that δ corresponds to the relative and absolute profitability constraints outlined in Lindbeck and Snower (1988).

We have argued that, under centralized bargaining, the encompassing union may act so as to reduce insider rents. To highlight this effect, we shall assume that insider-rents are eliminated completely under centralized bargaining. This is an extreme assumption, but it substantially simplifies the exposition without sacrificing anything fundamentals.[10] In the present model, where labor is homogeneous, the assumption of zero insiderrents implies that all employed workers have the same utility as each other and as the unemployed. Hence, for each worker, the relationship between effort and wages under centralized bargaining satisfies equation (14), which is derived on the assumption of zero insider-rents.

We shall also assume that the centre sets a uniform wage across the entire economy such that log wage = w_c Since insider rents are zero, all employed workers must enjoy the same utility, and hence they must all perform the same amount of effort in return for their uniform wage. Denote the log of this uniform effort by e_c. Then from equation (14) it follows that:

9 Equation (15) implies that under decentralized bargaining insiders receive a proportionate mark-up over the competitive wage equal to $exp(\delta)$-1. For plausible values of the mark-up, this expression is approximately equal to δ.

10 In this paper we do not investigate the precise conditions under which insider-rents are zero under centralized bargaining. This will certainly be the case if, for example, firms are permitted to hire and fire workers at will and there are no transactions costs in doing so.

$$e_c = g(w_c) \tag{16}$$

In the present model, the attraction of centralized bargaining to employers is its ability to reduce the level of insider-rents. Hence, for any given effort level, the wage rate will be lower than under decentralized bargaining. However, this benefit is bought at a cost. Firms can no longer choose their own wage rate in accordance with their individual circumstances and cannot vary wages to elicit an optimal supply of effort.

4. *Comparing the two bargaining systems*

Let us now compare how individual firms, defined by given values of the parameter λ, fare under the two bargaining systems. Our aim is to provide a precise answer to our first question: »under what condition is centralized bargaining more profitable than decentralized bargaining for an individual firm?«.

Consider the case of centralized bargaining. Equation (7) now taken the form,

$$v_c(w_c, \lambda) = g(w_c) - \lambda wc \tag{17}$$

Substituting (17) in (12) gives the expression for profits under centralized bargaining:

$$\Pi_c(w_c, \lambda) = F[H\lambda\{v_c(w_c, \lambda)\}] - \exp\left(\frac{-v_c(w_c,\lambda)}{\lambda}\right) H_\lambda(v_c(w_c, \lambda)) \tag{18}$$

Under decentralized bargaining, equation (7) takes the form,

$$v_d(w, \lambda) = g(w - \delta) - \lambda w \tag{19}$$

Profits are given by:

$$\Pi_d(w, \lambda) = F[H_\lambda\{v_d(w, \lambda)\}] - \exp\left(\frac{-v_d(w,\lambda)}{\lambda}\right) H\lambda\{v_c(w_c, \lambda)\} \tag{20}$$

To maximize profits under decentralized bargaining, a firm with parameter λ sets w equal to $w_d(\lambda)$, where

$$w_d(\lambda) - \arg_w \max \Pi_d(w, \lambda) \tag{21}$$

The firm obtains higher profits under centralized bargaining if

$$\Pi_c(w_c, \lambda) > \Pi_d[w_d(\lambda), \lambda] \tag{22}$$

Whether this inequality is satisfied depends on the value of λ. The precise conditions for this to be so are illustrated in Figure 2.

Figure 2

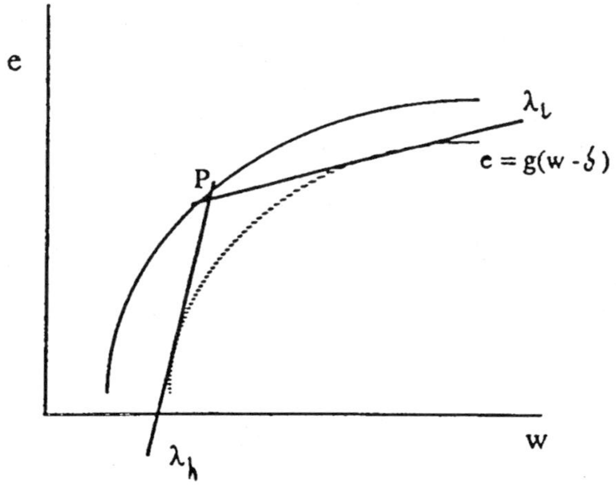

The broken line in Figure 2 indicates the position of the effort curve under decentralized bargaining when insider-power operates. With centralized bargaining, every firm is at the point $P = (w_c , e_c)$. From this point, there will normally be two tangents to the curve $e = g(w - \delta)$.[11] We shall denote their slopes by λ_1 and λ_h , where $\lambda_1 < \lambda_h$.
We can now answer our first question. Consider a firm with parameter λ. The iso-profit curve through P will have slope λ. Suppose $\lambda_l < \lambda < \lambda_h$. Under these conditions, the iso-profit curve through P will fail to intersect the insider-effort curve indicated by the broken line in Figure 2. This implies that the profits available at P will be greater than at any point on the insider-effort curve, and hence greater than under decentralized bargaining. The intuition for this result is straightforward. Centralized bargaining is preferred by those firms for which the gain from eliminating insider rents outweighs the loss of flexibility involved in centralized wage setting. Conversely, a firm will obtain higher profits under decentralized bargaining if $\lambda < \lambda_l$ or $\lambda > \lambda_h$.

11 If δ is sufficiently small there will always be two tangents since the curve g(•) is strictly concave. If δ is large and g(•) flattens out rapidly to the right of P_l then the right hand tangent may not exist. Even in this case, however, the analysis in the rest of the paper remains valid with $\lambda_l = 0$.

Firms which prefer decentralized bargaining fall into two groups: those with very low or very high values of λ. Consider a firm with $\lambda < \lambda_l$. Firms in this category are highly sensitive to variations in effort from their workers. Such firms prefer decentralized bargaining because it allows them to pay considerably higher than average wages to obtain a greater than average supply of effort. It is, of course, true that part of the additional wages will be absorbed by insider rents, but this loss will be more than offset by the extra effort supplied – which is crucial fur firms with a low λ. At the other end of the spectrum, there may be firms with $\lambda > \lambda_h$. Firms in this category prefer decentralized bargaining so they can set a very low wage. This will obviously reduce the supply of effort. But this does not matter very much because firms in this category can easily compensate for low effort by employing more workers. The lower wage more than offsets any resulting fall in effort. Finally, centralized bargaining is more profitable for firms with intermediate values of λ. For firms in this category, the lack of freedom to set their own wage is of less importance than the reduction of insider-rent which centralized wage-fixing provides. There are obvious parallels where with the »rules« versus »discretion« debate. In terms of our analysis, one group of firms is better off when it has the discretion to devise its own wage policy. The other group, in contrast, gains when there are »rules«. This »rule«, which is given by the exogenously determined centralized wage, provides the firm with the »credibility« to ward off insider-power.

5. *The political economy of transition*

It is clear from the above discussion that in economies with centralized wage bargaining institutions, the pressure to decentralize wage bargaining will come from firms at both ends of the spectrum. Firms which are highly sensitive to effort variations will prefer a shift to decentralized bargaining. These firms will wish to set very high wages. The same is also true of firms which are highly insensitive to effort variations. These firms will want to shift over to decentralized bargaining so that they have the freedom to set very low wages. An interesting question that crops up at this stage is whether the proportion of firms which want to shift from centralized to decentralized bargaining has increased over time. An answer to this question is important for gauging the »objective« factors at work in the pressures for decentralization evidenced recently in countries such as Sweden.

Our analysis of this particular problem is theoretical rather than empirical. We have just shown formally that when there is a diversity of firms, some will gain from centralized bargaining, but that others will lose. The proportion of firms in each category depends on the statistical distribution of λ's and on the boundaries λ_l and λ_h. The latter, in turn, depend on δ which indicates the amount of insider-rent eliminated by centralized bargaining. Suppose the distribution of λ's is given by the density function $\phi(\lambda)$, where

$$\int_0^{\infty} \phi(\lambda)\, d\lambda = 1 \tag{23}$$

The proportion of firms which obtain relatively higher profits under centralized bargaining is given by the integral CEN, where,

$$\text{CEN} = \int_{\lambda_l}^{\lambda^h} \phi(\lambda)\, d\lambda \tag{24}$$

For any given w_c, the parameter λ_l (λ_h) is a decreasing (increasing) function of δ. Hence, the larger is δ, the greater is the integral CEN and the larger the proportion of firms which benefit from centralized bargaining. In contrast, the greater is the dispersion of λs, the smaller is the integral CEN for any given λ_l, λ_h. Other things being equal, the greater is the *diversity* of firms, the smaller is the proportion of firms which prefer centralized bargaining.

In spite of the highly abstract nature of our model, it is interesting to see the implications of recent developments in work organization for the behavior of CEN through time. A number of recent studies have suggested that new developments in production technology and work organization have led to an increasing diversity in the motivational requirements of firms. This is associated with the transition from so-called »Fordist« to »post-Fordist« methods of production. In the present model, such developments would have the effect of reducing CEN. Let us examine this point in some detail. »Fordism« refers to a highly integrated corporate structure, producing standardized products with dedicated machinery. »Fordist« methods of production are characterized by relatively similar effort requirements across different sectors. »Post-Fordism«, in contrast, is said to be characterized by a more supple organizational structure, using variable equipment, which can be switched quite easily from the production of one model to another. This form of organization is said to have become increasingly important since the middle of the 1970s.[12]

One of the distinctive features of »post-Fordist« methods of production is the much greater diversity between firms. This is manifested, for instance, in terms of the diversity in the effort requirements of different firms. Under post-

12 See Piore and Sabel (1984), Aoki (1986), Piore (1986), and Milgrom and Roberts (1990). See Elliasson *et. al* (1990) for some evidence of such a transition in Sweden.

Fordism the levels of initiative and motivation expected from workers varies a lot between firms. Consequently, firms require a much greater degree of flexibility and individuality in devising their own wage and incentive schemes. Within the framework of our model, such a development would imply a higher dispersion of λ's and, hence, a reduction in CEN. Thus, the proportion of firms which find centralized bargaining more profitable is likely to decrease with the growing importance of »post-Fordist« activities. This argument suggests there may be an »objective« basis for the pressure to decentralize wage bargaining evidenced recently in countries such as Sweden.

6. *Simulations*

We shall now present the results of some simulations which both illustrate and reinforce the theoretical arguments presented above. These simulations are based on the following assumptions.

Effort: The supply of effort under perfect competition is given by

$$e = a + b \log w \qquad \text{(i)}$$

where, $e = \log E$, $w = \log W$ and $a, b > 0$.

Production: Output for any given firm is given by the production function

$$Y = c\,(E^{1/\lambda}\,\mathrm{L})^{\theta} \qquad \text{(ii)}$$

where, $0 < \theta < 1$ and $c > 0$. Note that c is assumed to be the same for all firms.

Diversity of Firms: The diversity of firms is specified by the statistical distribution of λ. It is assumed that log λ has an uniform distribution with mean zero and standard deviation δ. This implies that λ has a median equal to 1.

Normalization: The parameter c is chosen to ensure that total employment with a perfectly competitive labor market is equal to 1. This is defined as »full employment«.

Centralized Bargaining: Under centralized bargaining there is a uniform wage rate w_c. The resulting supply of effort is given by equation (i) and hence $e_c = a + b \log w_c$. It is assumed that w_c is set so as to make total employment $= 1$.

Decentralized Bargaining: Under decentralized bargaining firms set their own wage rate. The supply of effort is given by:

$$e = a + b \log (w - \delta) \qquad \text{(iii)}$$

where, δ specifies the level of insider-rent under this type of bargaining.

Parameter Values: Within the constraints specified above, the simulation results reported below are independent of the values of a and θ. The simulations assume that $b = 1$ and examine the effects of varying σ and δ.
Table 1 reports the values of λ_l and λ_h for various values of δ, given that $\sigma =$ 30 %. It also shows the percentage of firms with $\lambda < \lambda_l$, $\lambda > \lambda_h$ and $\lambda_l < \lambda < \lambda_h$. Firms in the first two categories get higher profits under decentralized bargaining, whilst firms in the last category secure higher profits under centralized bargaining. As δ is increased, the percentage of firms which prefer centralized bargaining rises. With $\delta = 2.0$ %, only 37.7 % of the firms gain from centralized bargaining. But with $\delta = 10.0$ %, some 86.3 % prefer centralized bargaining. As expected, the simulation shows that centralized bargaining is preferred by a greater number of firms when insider-power is higher.

Table 1. *Upper and Lower Limits for Centralized Bargaining*

δ	λ_l	λ_h	% of firms with $\lambda < \lambda_l$	% of firms with $\lambda > \lambda_h$	% of firms with $\lambda_l \le \lambda \le \lambda_h$
0.0	0.95	0.95	45.0	55.0	0.0
2.0	0.79	1.17	27.4	35.0	37.7
4.0	0.74	1.29	20.7	25.7	53.6
6.0	0.70	1.39	15.8	18.2	66.1
8.0	0.67	1.49	11.7	11.6	76.7
10.0	0.65	1.59	8.2	5.4	86.3
12.0	0.63	1.69	5.0	0.1	94.9
14.0	0.61	1.79	2.4	0.1	97.5

Note: σ measures the dispersion of firms' effort requirements. δ measures the level of insider-rent under decentralized bargaining. Both parameters are measured in percent.

Table 2 shows the percentage of firms which prefer centralized bargaining when both δ and σ are varied. The picture is again straightforward. Higher values of δ make centralized bargaining more attractive for any given firm. This is reflected in the higher values of the entries as we move to the right of the matrix in Table 2. On the other hand, as σ is increased, the diversity of firms increases and the percentage of firms preferring flexibility becomes greater. This is reflected in the declining values of the entries as we move down Table 2.

Table 2. *Percentage of Firms which Prefer Centralized Wage-Fixing*

δ / σ	0.0	2.0	4.0	6.0	8.0	10.0	12.0
0.0	0.0	100.0	100.0	100.0	100.0	100.0	100.0
10.0	0.0	100.0	100.0	100.0	100.0	100.0	100.0
20.0	0.0	57.0	82.0	97.0	100.0	100.0	100.0
30.0	0.0	38.0	54.0	66.0	77.0	86.0	95.0
40.0	0.0	27.0	39.0	48.0	56.0	63.0	69.0
50.0	0.0	21.0	30.0	37.0	43.0	48.0	53.0

Note: σ measures the dispersion of firms' effort requirements. δ measures the level of insider-rent under decentralized bargaining. Both parameters are measured in percent.

Figure 3 plots the combinations of δ and σ for which exactly half the firms prefer centralized bargaining. Points in the South-East of this diagram are characterized by a high σ and a low δ. Such combinations correspond to »post-Fordism« and ensure that a substantial majority of firms prefer decentralized bargaining. Points in the North-West of the diagram are characterized by a low σ and a high δ. Such combinations correspond to »Fordism« and ensure that most firms prefer centralized bargaining. In this diagram, a shift from the North-West to the South-East represents a shift from »Fordism« to »post-Fordism«. The simulations show that this increases the percentage of firms which prefer decentralized bargaining.

Figure 3
Threshold for Centralized Bargaining Majority

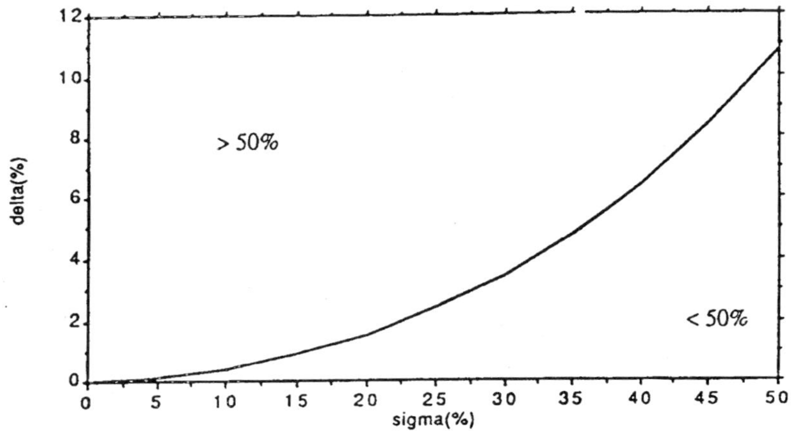

7. *Conclusion*

This paper has examined an issue which has received scant attention in the theoretical labor economics literature, namely, how do individual firms fare under different wage bargaining institutions. Previous attempts to come to grips with this problem have lacked an adequate theoretical foundation. For instance, the Rehn-Meidner argument that centralized bargaining of the Swedish variety benefits the high productivity firms at the expense of the low productivity ones may not necessarily hold once efficiency wage considerations are invoked. Likewise, Jonsson and Siven's argument that centralized bargaining is definitionally inefficient for all types of firms is also unsatisfactory. It ignores the fact that decentralized bargaining can give rise too substantial insider-rents which are not functionally justifiable. This paper has provided a formal framework, combining the efficiency wage and insider-outsider models, for coming to grips with these complex microeconomic issues of wage bargaining.

We have shown that when firms are heterogenous, some will find centralized bargaining more profitable, while others obtain higher profits under decentralized bargaining. How any particular firm fares under different wage bargaining institutions depends on the parameter λ, where λ denotes the degree of damage potential. Our paper shows that a firm will prefer decentralized bargaining if λ is either very low or very high. When λ is low, the firm's output is highly sensitive to variations in effort. Firms in this category will prefer decentralized bargaining because it gives them the flexibility to pay wages well above the average. At the opposite end of the spectrum, when λ is high, the firm's output is insensitive to variations in effort. Firms in this category will prefer decentralized bargaining because it allows them to set a very low wage. It is the firms with intermediate values of λ which find centralized bargaining more profitable. For these firms, the lack of freedom to set their own wage is more than offset by the reduction of insider-rents which centralized wage-fixing may offer. There are obvious parallels here with the »rules« versus »discretion« argument. Some firms do well under »discretion«, while others are better off with »rules«.

Finally, this paper has helped to illuminate the issues involved in shifting from centralized to decentralized bargaining. We have argued that new developments in production technology and work organization – the socalled transition from »Fordism« to »post-Fordism« – may increase the proportion of firms which find decentralized bargaining relatively more profitable. »Post-Fordist« firms require a much greater degree of individuality and flexibility in devising their own wage schemes. This development may be a significant factor behind the pressure to decentralize wage bargaining evident recently in countries such as Sweden.

Appendix

Proof that $H'_\lambda(v) > 0$, $\partial Y/\partial v > 0$, and $\partial \Pi/\partial v > 0$

(i) $H'_\lambda(v) > 0$

$$H_\lambda(v) = (F')^{-1}\left[\exp\left(\frac{-v}{\lambda}\right)\right]$$

Thus,

$$F'(H_\lambda(v)) = \exp\left(\frac{-v}{\lambda}\right)$$

Differentiating w.r.t. v:

$$F'' \cdot H'_\lambda = \frac{-1}{\lambda}\exp\left(\frac{-v}{\lambda}\right)$$

$$\therefore \quad H'_\lambda = -\frac{\frac{1}{\lambda}\exp\left(\frac{-v}{\lambda}\right)}{F''}$$

Since $F'' < 0$ it follows that $H'_\lambda > 0$. Q.E.D.

(ii) $\partial Y/\partial v > 0$

$$Y = F\,[H_\lambda\,(v)]$$

$$\frac{\partial \mathrm{Y}}{\partial \mathrm{v}} = F' \bullet H'_\lambda$$

Since F', $H'_\lambda > 0$ it follows that $\partial Y/\partial v > 0$. Q.E.D.

(iii) $\partial \Pi/\partial v > 0$

$$\Pi = Y - WL$$

$$= F\,(E^{\frac{1}{\lambda}}\;L) - E^{\frac{1}{\lambda}}\;LF'\,(E^{\frac{1}{\lambda}}\;L)$$

$$= F\,(H_\lambda\,(v)) - H_\lambda\,(v)\,F'\,(H_\lambda\,(v))$$

Differentiating w.r.t. v:

$$\frac{\partial \Pi}{\partial \mathrm{v}} = F'\,H'_\lambda - H'_\lambda \bullet F' - H_\lambda \bullet F''\,H'_\lambda$$

$$= - H_\lambda\,F''\,H'_\lambda$$

Now $H_\lambda = E^{\frac{1}{\lambda}}\;L > 0$, $F'' < 0$ and $H'_\lambda > 0$. Hence $\frac{\partial \Pi}{\partial \mathrm{v}} > 0$. Q.E.D.

References

Aoki, M. (1986), Horizontal Versus Vertical Information Structure of the Firm, *The American Review,* December, Vol. 76, No. 5, pp. 971-83.

Brown, C. and Medoff, J. (1989), The Employer Size-Wage Effect, *Journal of Political Economy,* Vol. 97, No. 5, pp. 1027-59.

Bruno, M. and Sachs, J.D. (1985), *The Economics of Worldwide Stagflation,* Basil Blackwell.

Calmfors, L. and Driffill, J. (1988), Bargaining Structure, Corporatism and Macroeconomic Performance, *Economic Policy,* April, No. 6, pp. 14-61.

Dickens, W.T. and Katz, L.H. (1987), Inter-Industry Wage Differences and Theories of Wage Determination, *Harvard Institute of Economic Research,* Discussion Paper No. 1324.

Edin, P.A. and Zetterberg, J. (1989), Inter-Industry Wage Differentials: Evidence from Sweden and a Comparison with the United States, *Trade Union Institute for Economic Research,* Stockholm, September, Working Paper No. 71.

Eliasson, G. *et. al.,* (1990), *The Knowledge Based Information Economy,* The Industrial Institute for Economic and Social Research, Stockholm.

Freeman, R.B., (1988), Labour Market Institutions and Economic Performance, *Economic Policy,* April, pp. 64-80.

Gibbons, R. and Katz, L. (1989), Does Unmeasured Ability Explain Inter-Industry Wage Dispersion, *Massachussets Institute of Technology,* Working Paper No. 543.

Hoel, M. (1991), Union Wage Policy: The Importance of Labour Mobility and the Degree of Centralization, *Economica* May, Vol. 58, pp. 139-54.

Jonsson, L. and Siven, C.H., (1986), *Why Wage Differentials?* Swedish Employers' Confederation, Norstedt.

Krueger, A.B. and Summers, L.H. (1987), Reflections on the Inter-Industry Wage Structure in Lang, K. and Leonard, J.S. (ed.), *Unemployment and the Structure of Labour Markets,* Basil Blackwell.

Kreuger, A.B. and Summers, L.H., (1988), Efficiency Wages and the Inter-Industry Wage Structure, *Econometrica*, March, Vol. 56, No. 2, pp. 259-93.

Lindbeck, Assar and others, *Turning Sweden Around* (MIT Press, 1994).

Lindbeck, A. and Snower, D.J. (1988), *The Insider-Outsider Theory of Employment and Unemployment* MIT Press.

Milgrom, P. and Roberts, J., (1990), The Economics of Modern Manufacturing: Technology, Strategy and Organization, *The American Economic Review,* June, Vol. 80, No. 3, pp. 511-28.

Murphy, K.M. and Topel, R.H. (1987), Unemployment, Risk and Earnings: Testing for Equalizing Wage Differences in the Labour Market, in Lang, K. and Leonard, J.S. (ed.), *Unemployment and the Structure of Labour Markets,* Basil Blackwell.

Piore, M.J., (1986), Perspectives on Labour Market Flexibility, *Industrial Relations,* pp. 146-66.

Piore, M.J. and Sabel, C.F. (1984), *The Second Industrial Divide,* Basic Books Inc. New York.

Ramaswamy, R. and Rowthorn, R.E. (1991), Efficiency Wages and Wage Dispersion, *Economica*, November, Vol. 58, pp. 501-14.

Rowthorn, R.E., (1992), Centralization, Employment and Wage Dispersion, *The Economic Journal,* May, Vol. 1, No. 102, pp. 506-23.

Schott, K. (1984), *Policy, Power and Order,* New Haven.

Söderström, H.T. (1985), Union Militancy, External Shocks and the Accommodation Dilemma, *Scandinavian Journal of Economics,* Vol. 87, No. 2, pp. 335-51.

Soskice, D. (1990), Wage Determination: The Changing Role of Institutions in Advanced Industrialized Countries, *Oxford Review of Economic Policy,* Winter, Vol. 6, pp. 36-61.

Stiglitz, J. (1985), Equilibrium Wage Distributions, *Economic Journal,* September, Vol. 95, pp. 595-618.

Matthew J. Slaughter

American Wage Inequality and Its Impact on Overall Economic Growth

1. *Introduction*

In this essay I will argue two main points. The first is that the rise in American wage inequality remains poorly understood: several possible explanations – especially »international« forces such as international trade and multinational outsourcing – are not strongly supported by the empirical evidence. The second point is that increased inequality may be slowing American output growth by slowing the rate of human-capital accumulation. The role for policy in these matters seems limited: it can be difficult to direct policy at unexplained problems, and human-capital formation mostly involves activities which Americans intensely regard as outside the public sphere.

2. *The causes of wage inequality*

In the United States in the 1980s the wages of more-skilled workers rose sharply relative to those of less-skilled workers. Documented across several measures of skill such as education, job experience, and job classification, this rise in inequality reversed decades of trending towards greater equality. Combined with sluggish growth in average real wages, this rising inequality meant that real wages for the less skilled actually declined. A consensus has emerged that the primary cause of this wage divergence was a within-industry shift in relative labor demand away from the less-skilled and toward the more-skilled. Other countries appear to have had a similar shift in labor demand, manifested either in higher inequality for countries with more-flexible labor markets (like the U.S.) or in higher unemployment for countries with less-flexible labor markets.

However, a consensus about the causes of this demand shift has yet to emerge. In particular, »international« forces such as international trade and outsourcing (or »delocalization«) by multinational corporations both seem to have contributed very little, if anything, to the rise in wage inequality.

In a recent paper (Lawrence and Slaughter (1993)), Robert Z. Lawrence and I demonstrate that trade through the Stolper-Samuelson process did not affect relative wages. One of the basic ideas of international-trade theory, the Stolper-Samuelson theorem states that international trade redistributes income in a country by changing the international prices of goods facing it. A shock to the terms of trade feeds through to factor prices by shifting the relative demand for these factors as profit-maximizing producers shift resources out of industries whose relative price has declined and towards industries whose relative price has risen. It is not the trade of goods *per se* which matters: it is the change in price of these traded goods. For trade through the Stolper-Samuelson process to have contributed to America's income inequality, the prices of skilled-labor-intensive products would had to have risen relative to those of less-skilled-labor-intensive products. But the data on America's terms of trade over the 1980s indicate that the opposite happened. The relative price of skilled-labor-intensive products actually *fell.* Thus, international trade through the Stolper-Samuelson process actually moved relative wages towards greater equality. Others who have arrived at similar conclusions include Bhagwati (1995).

As for outsourcing, American multinationals were not aggressively relocating unskilled-labor-intensive activities to foreign countries. Paul Krugman (1994) points out that in 1993, the peak year for emerging-market investment thus far, $100 billion flowed from northern countries to southern countries. But total northern investment that year was $3.5 trillion, so this record capital flow diverted only 3% of investment from northern uses. Krugman calculates that since 1990, total north investment in south has reduced the north's capital stock by only 0.5 percent of what it otherwise would have been had that investment stayed in north. Similarly, in recent work (Slaughter (1995)) I have found that U.S. multinationals in the 1980's seem not to have outsourced heavily, i.e., to have relocated massive numbers of less-skilled jobs from the U.S. to foreign affiliates. There is a lot of anecdotal evidence that outsourcing mattered: *The Wall Street Journal* and other business publications continually report on plants being closed in the U.S. and moved overseas. These anecdotes make good stories, but the stylized facts indicate that they are not representative of the economy overall. For example, between 1977 and 1989 the number of production workers employed in majority owned affiliates *fell*, not rose, by nearly a half million workers – from about 2.3 million to about 1.8 million. Similarly, over that period the share of production-worker employment in total employment *fell*, not rose, in 26 of 32 manufacturing industries. Like their parents in the U.S., affiliates were employing fewer less-skilled workers in both absolute and relative terms. These facts are supported by econometric work as well. In estimating the pattern of factor demands for these multinationals, I find that parent and affiliate unskilled labor are not strong price substitutes: when affiliate wages fall in foreign countries, multinationals do not slash demand for parent labor in the U.S. At best, these factors are weak price substitutes and very likely are price complements. This means that lower foreign wages tend to *increase* demand for less-skilled workers in the U.S. as well as abroad.

The most commonly proposed cause of rising wage inequality is skill-biased technological change. But the empirical evidence for this is mixed, at best. Again, there is anecdotal evidence to support this story. The creation and proliferation of personal computers is most often cited, and Kruger (1993) has found that all else equal, people who use a computer at their job earn more than those who do not. But as Mishel and Bernstein (1994) point out, broad evidence of this skill-biased technological change within the majority of industries has not been produced. Overall, then, much more is known about the fact of rising income inequality than about its causes and possible solutions.

3. *The effects of wage inequality on growth*

This lack of understanding is worrisome. Equally worrisome, however, is the possibility that this income inequality might slow the rate of growth of the American economy. On the surface there appears to be no adverse link between inequality and growth: along with rising wage inequality, the 1980s saw the longest peacetime economic expansion in U.S. history. But the potential link is more subtle than this. The relevant measure is not between rising inequality and observed growth in absolute terms, but rather relative to the growth that would have occurred had inequality not risen.

To look for a link between inequality and growth, one can frame the issue in a framework of aggregate demand and aggregate supply. Did increased income inequality either slow down aggregate demand or slow down the accumulation of factors of production which produce aggregate supply? The answer seems to be no.

On the demand side, one might think that increased income inequality dragged down consumption demand as people with slumping incomes cut back on expenditures. In fact, this does not appear to have happened. According to the *1993 Economic Report to the President*, between 1979 and 1989, real consumption demand in the U.S. grew at a rate of 2.8 percent per year. This was slightly faster than the growth rate of real output at 2.4 percent per year.

On the supply side, accumulation of capital, labor, and technology throughout the decade seem not to have fallen because of rising inequality.

Savings and investment rates did decline sharply during the decade, but if anything inequality was tending to raise these rates. From 1945 until 1980, the U.S. net savings rate as a share of GDP averaged about 8 percent. By 1990 that rate had fallen to 2 percent. Increased net foreign savings in the form of a larger current-account deficit helped offset some of this decline, but not all of it.

As a result, net national investment fell as well: from an average of nearly 8 percent of GDP before 1990 to about 4 percent by 1990. The source of this precipitous decline in U.S. savings was about evenly split between public savings and private (corporate plus household) savings. Did increased wage inequality contribute to these falls? Probably not. The fall in public savings – i.e., the record rise in federal budget deficits – was not caused by increased expenditure on the less-skilled. The same is true for corporate savings. As for household savings, increased income inequality tended to raise, not lower, the overall amount. One might think that increased inequality lowers savings because the less-well-off must now save less to consume some set amount. This may be true, but it ignores the fact that nearly all household saving is undertaken by high-income, high-wealth households. Indeed, some estimates are that the top 10% richest households save 90% of the overall household total. Given this, widening income inequality should tend to raise, not lower, the total level of household savings as the effects on the rich offset any effects on the poor. This idea is not new: Keynes, Kuznets, and others have argued that increases in inequality foster growth by building the stock of savings and capital.

Labor-force participation actually rose for most demographic groups, including those whose relative wages were declining. One might think that if less-skilled workers become sufficiently discouraged by income losses then they might withdraw from the labor force and thereby slow overall growth. The numbers do not support this story, however. The overall civilian labor-force participation rate rose from 63.7 percent in 1979 to 66.5 percent in 1989. This rise was spread across virtually all major demographic groups (with the exception of white males, whose participation rate fell slightly from 78.6 percent to 77.1 percent).

And measured by productivity growth, technology accumulation slipped somewhat for services but accelerated in manufacturing.

The accumulation of human capital, however, is the one channel through which rising inequality may have slowed growth. Growth of human capital is less-well understood than growth of labor and physical capital. Nevertheless, in recent years several macroeconomists (such as Benabou (1993) and Galor and Ziera (1989)) have developed models which show how increased inequality can slow human-capital formation for the less well-off. The basic idea of these models is that greater income inequality *isolates* the less-well-off from the institutions of human-capital accumulation. Thus, inequality can aggravate existing capital-market imperfections and slow private investment in education; it can shift voters' preferences away from funding public education and other forms of public infrastructure; and it can segment the population across jobs and residences in ways which limit externalities gained from mixing. Isolated financially, geographically, intellectually, and otherwise, the less-well-off do not have the resources needed to invest in themselves. They lose the property-tax base to fund strong schools, they lose geographic access to high-wage jobs located outside the city, and they lose strong role models to inspire their children. Their human-capital growth suffers as a result, with economy-wide effects that may make even the more-skilled worse off as well.

There is some empirical evidence to support these models. At the country level, Kravis and others have shown that income is more equally distributed in wealthier countries. At the city level, one study has found that in the 1980's metropolitan-area employment growth was higher the more equal was income distribution. In 13 metropolitan areas with relatively equal distributions, employment on average grew by 41 percent, versus only 14 percent in 13 metropolitan areas with relatively unequal distributions. And some studies find that even the well-off are harmed by widening income inequality. One study has estimated that suburbanites forgo $ 690 in annual income for every $ 1000 gap between their average earnings and the average earnings in the city.

So there is some evidence that increased inequality may be slowing overall output growth by slowing the rate of human-capital accumulation. More empirical work is needed on this issue, both to study the exact channels through which human capital is built up and the extent to which income inequality inhibits these channels. For an America which is increasingly characterized as an »information-based« economy, slow human-capital growth is especially worrisome. America's service sector contains several human-capital-intensive industries, and it now accounts for two-thirds of all output and four-fifths of all employment. And even within manufacturing, the shift toward more flexible production techniques is increasing this sector's reliance on human capital.

4. *Policy implications*

Policies to boost human-capital accumulation might prove difficult to devise. Attacking the problem by reversing income inequality will be hard because no one knows exactly where to attack. And attacking the problem by aiding human-capital formation will be hard because it will involve activities which Americans intensely regard as outside the public sphere. Deciding where one should live and how one should educate one's children are among the most private activities Americans undertake. Introducing a larger government role into these areas – especially given the current political climate – will be tremendously difficult. It will be easier if evidence indicates that sluggish human-capital growth harms both the more-skilled as well as the less-skilled. Short of such evidence, however, policy will have to appeal to non-market rationales such as notions of fairness and civic duty. These non-market criteria are entirely legitimate, but unfortunately they are rarely mentioned in current American political discourse.

Finally, it is worth noting that these concerns about inadequate human-capital growth are not unique to the United States. Just as increased wage inequality can isolate the less-skilled, so too can increased unemployment. All countries seeking the grail of »good jobs at good wages« need to think more about the requisite human capital.

References

Benabou, Roland, »Workings of a City: Location, Education, and Production,« *The Quarterly Journal of Economics*, 108, August 1993, 619-652.

Bhagwati, Jagdish, »Trade and Wages: Alternative Theoretical Approaches,« mimeograph presented at Brookings Conference on Trade and Wages, February 1995.

Galor, Oded, and Joseph Ziera, »Income Distribution and Macroeconomics,« 1989, mimeograph.

Krueger, Alan B. »How Computers Have Changed the Wage Structure: Evidence from Microdata, 1984-89,« *Quarterly Journal of Economics*, 108, February 1993, 33-60.

Krugman, Paul »Does Third World Growth Hurt First World Prosperity?« *Harvard Business Review,* 1994 July-August: 113-121.

Lawrence, Robert Z. and Matthew J. Slaughter, »International Trade and American Wages in the 1980's: Giant Sucking Sound or Small Hiccup?« *Brookings Papers on Economic Activity: Microeconomics 2, 1993*, 161-211.

Mishel, Lawrence and Jared Bernstein, »Is the Technology Black Box Empty?: An Empirical Examination of the Impact of Technology on Wage Inequality and the Employment Structure,« mimeo, April 1994.

Slaughter, Matthew J., »Multinational Corporations, Outsourcing, and American Wage Divergence«, NBER Working Paper, No. 52 53, 1995.

1993 Economic Report to the President

Wolfgang Scheremet

Zusammenfassung der Ergebnisse des Arbeitskreises II

Das Thema Deregulierung und Flexibilisierung des Arbeitsmarktes umfaßt eine breite Palette von Fragestellungen. Die überwiegende Mehrzahl der Vorträge im Arbeitskreis II beschäftigte sich jedoch mit dem Themenkomplex: Deregulierung und Flexibilisierung des Lohnfindungsprozesses in der Bundesrepublik Deutschland. Die Definition des Lohnfindungsprozesses war dabei eher weit gefaßt. Beteiligte am Lohnfindungsprozess sind demnach nicht nur die Tarifparteien, sondern auch der Staat, indem er einerseits über Sozialabgaben die Lohnhöhe mitbeeinflußt und andererseits die institutionelle Ausgestaltung des Arbeitsmarktes durch gesetzliche Regelungen bestimmt. Zwei der Vorträge behandelten den Themenbereich Flexibilisierung und Deregulierung umfassender und zogen Fragen des Kündigungsschutzes, der Minimallöhne und des Systems der sozialen Sicherung mit in die Betrachtung ein.

Der Lohnfindungsprozeß ist eine der wesentlichen institutionellen Regelungen am Arbeitsmarkt. In diesem Prozeß wird der Konflikt zwischen Arbeitnehmern und Arbeitgebern über den »richtigen« Lohn ausgetragen. Das Auftreten von gegensätzlichen Interessen ist allerdings eines der zentralen Bestandteile einer marktwirtschaftlichen Ordnung. Das Ziel von Deregulierung und Flexibilisierung kann also nicht die Abschaffung der Interessengegensätze sein. Deregulierung und Flexibilisierung können aber dazu beitragen, die Lösung des Konfliktes spannungsfreier und effizienter zu gestalten. Eine der zentralen Voraussetzungen dafür ist aber eine vertrauensvolle Zusammenarbeit aller beteiligten Gruppen.

Der Arbeitsmarkt ist kein Markt wie jeder andere. Er unterscheidet sich von anderen Märkten durch seine besonderen institutionellen Rahmenbedingungen und durch die starke Interdependenz mit den Gütermärkten. Der Arbeitsmarkt ist damit zwar ein besonderer Markt, dennoch ist die Beschäftigungsentwicklung nicht unabhängig von den Angebots- und Nachfrageverhältnissen. Die Frage von Effizienz und Effektivität hat auch hier ihre Gültigkeit. In diesem Zusammenhang wurde umfassend diskutiert, ob das Modell der Lohnbildung in der Bundesrepublik Deutschland noch geeignet ist, die Probleme von Angebot und Nachfrage, Effizienz und Effektivität zu lösen. Der Arbeitskreis kam aber in diesem Punkt zu keiner einheitlichen Bewertung.

Die deutsche Tarifpolitik habe sich jedoch – so die Mehrzahl der Arbeitskreisteilnehmer – im großen und ganzen bewährt. Lange Phasen eines kooperati-

ven Verhaltens wurden aber immer wieder durch konfliktträchtige Phasen unterbrochen. Von beiden Tarifparteien, aber auch vom Staat, wurde eine Reihe von Fehlern gemacht. Nach und nach wurde eine Vielzahl von Regulierungen in die Tarifverträge aufgenommen. Der Staat hat durch gesetzliche Eingriffe, ebenso wie die Rechtsprechung, die Regulierung vielfach verschärft. Jede dieser veränderten Regelungen würde für sich genommen kein Problem darstellen. Die Kumulierung all dieser Regelungen führte jedoch dazu, daß die derzeitige institutionelle Ausgestaltung des Lohnfindungsprozesses den Herausforderungen einer sich stetig wandelnden Welt bzw. einer sich mit zunehmender Geschwindigkeit wandelnden Welt und den Herausforderungen durch die Globalisierung der Arbeitsmärkte nicht mehr gewachsen ist. Letztendlich habe die Kumulierung der regulativen Eingriffe auch zu einer zunehmenden Abwanderung von ökonomischer Aktivität in die Schattenwirtschaft geführt. Dies vor allem durch die stetige Erhöhung der gesetzlichen Lohnnebenkosten, die zu einer immer größer werdenden Kluft zwischen den gesamten Lohnkosten und den bei den Arbeitnehmern verbleibenden Nettolöhnen führte.
Es bestehe daher Handlungsbedarf. Er wird vor allem in einer Senkung der Lohnnebenkosten und einer stärkeren Spreizung der Lohnstrukturen gesehen. Dabei wird das Problem weniger in dem ungenügenden Ausmaß der Lohndifferenzierung gesehen, sondern vielmehr in der unzureichenden Anpassungsfähigkeit der Lohnstruktur auf veränderte Rahmenbedingungen des Arbeitsmarktes, insbesondere im Gefolge von Rezessionen. Um die Probleme zu überwinden, ist folglich eine Änderung der institutionellen Ausgestaltung des Arbeitsmarktes notwendig. Durch die Komplexität der Zusammenhänge sind einfache Lösungsvorschläge allerdings nicht möglich. Die wirtschaftspolitischen Schlußfolgerungen der Arbeitskreisteilnehmer waren deshalb auch nicht einheitlich.
Auf der einen Seite des Spektrums fand sich der Vorschlag, den gegenwärtigen Lohnfindungsprozeß weitgehend abzuschaffen und die Lohnbildung auf die betriebliche Ebene zu verlagern, um so eine stärkere Spreizung der Lohnstruktur zu ermöglichen und individuelle Charakteristika, sowohl von Arbeitskräften als auch von Unternehmen, stärker zu berücksichtigen.
Bei der Spreizung der Lohnstruktur sei allerdings zu bedenken, so der Tenor eines Vortrages, daß eine zunehmende Lohndifferenzierung auch negative Wachstumseffekte haben kann. Dies wird allerdings nicht durch das relative Zurückbleiben der unteren Einkommensgruppen selbst ausgelöst, sondern durch die damit verbundenen möglichen negativen Nebeneffekte. Eine stärkere Einkommenspreizung kann zu einer Segmentierung gesellschaftlicher Gruppen führen bzw. sie verschärfen. Wenn sich dadurch die Bildungschancen der unteren Einkommensgruppen verschlechtern, ist ein Absinken des durchschnittlichen Bildungsniveaus möglich. Geringere Investitionen in das Humankapital einer Volkswirtschaft dürften aber das Wachstumspotential

einer Wirtschaft nicht unbeeinflußt lassen. Empirische Evidenz für diese Hypothese liegt allerdings auf der makroökonomischen Ebene noch nicht vor. Regionalökonomische Studien aus den USA weisen jedoch auf einen Zusammenhang zwischen einer sehr starken Lohnspreizung, durch das relative Zurückbleiben der unteren Einkommensgruppen, und einer geringeren wirtschaftlichen Aktivität der entsprechenden Region hin.

Die Wirkung des Zentralisierungsgrades des Lohnfindungsprozesses – also von zentralen oder dezentralen Verhandlungen – auf Beschäftigung und Produktivität wird insgesamt nicht einheitlich gesehen. Theoretische Überlegungen eines der Vortragenden zeigen, daß – bei bestimmten Rahmenbedingungen bzw. bestimmten Annahmen an das theoretische Modell – eine Abkehr vom System gleichsam zentralisierter Lohnverhandlungen positive Effekte auf Produktivität, Beschäftigung und Wachstum haben kann.

Ein Alternativvorschlag zur Reform des Arbeitsmarktes sah vor, den Lohnfindungsprozeß in Kernelementen weitgehend zu erhalten. Der branchenweite Flächentarifvertrag habe prinzipiell Vorteile für Arbeitgeber und Arbeitnehmer und solle deshalb nicht zur Disposition gestellt werden. Er müsse jedoch von überflüssigem Ballast befreit werden, damit sich die Lohnpolitik flexibler an die geänderten Rahmenbedingungen anpassen kann. Erste Ansätze zur Reform der Tarifpolitik deuteten sich in den Lohnrunden der Jahre 1993 und 1994 an. Dieser Prozeß erlebte jedoch beispielsweise im Metallbereich bereits im laufenden Jahr 1995 wieder einen Rückschlag. Dies sei allerdings auch auf die Verhandlungsführung der Metallarbeitgeber zurückzuführen. Weitergehende Bemühungen, die institutionellen Ausgestaltungen des Arbeitsmarktes zu reformieren, scheinen daher nach wie vor notwendig.

Die Frage von Flexibilisierung und Deregulierung sollte sich aber nicht auf den Arbeitsmarkt beschränken. Arbeits- und Gütermärkte bilden ein hoch interdependentes System. Die Analyse der Entwicklung von Beschäftigung und Arbeitslosigkeit dürfe daher nicht beim Arbeitsmarkt enden, sondern müsse die Gütermärkte einschließen. Die Frage von Flexibilisierung und Deregulierung müsse daher auch die Gütermärkte umfassen, um die Umsetzung von Innovationen zu erleichtern und so durch mehr Wettbewerb und Marktflexibilität das allgemeine Wirtschaftswachstum beschäftigungsintensiver zu gestalten. Die Durchführung von Deregulierung sowohl auf dem Arbeitsmarkt als auch auf dem Gütermarkt sei allerdings schwierig. Interessen von wirtschaftlichen oder gesellschaftlichen Gruppen, die von Deregulierung und Flexibilisierung negativ tangiert werden, ständen Deregulierungsbemühungen oftmals entgegen. Der Staat muß diese Widerstände berücksichtigen und versuchen, sie zu umgehen, um Deregulierung und Flexibilisierung durchsetzen zu können.

Eine dritte Alternativposition ging allerdings davon aus, daß sich die institutionellen Regelungen am Arbeitsmarkt der Bundesrepublik Deutschland in

den vergangenen Dekaden durchaus bewährt haben. Gleichwohl müssen gesetzliche und tarifliche Regelungen jederzeit bezüglich ihrer Wirkung auf Effizienz und Effektivität geprüft werden. Es bestehe jedoch die Gefahr, so einer der Teilnehmer, daß sich die Forderungen nach Flexibilisierung und Deregulierung des Arbeitsmarktes zu sehr von der aktuellen wirtschaftlichen Situation leiten lassen und daher die Deregulierungsbemühungen so weit vorangetrieben werden. Institutionelle Regelungen und Mechanismen, die sich in der Vergangenheit prinzipiell bewährt haben, sollten nicht angesichts der derzeit immer noch unbefriedigenden konjunkturellen Lage in Frage gestellt werden. Zudem wurden von einem der Vortragenden große Beschäftigungseffekte von Deregulierung und Flexibilisierung angezweifelt. Als Beispiel wurde Großbritannien herangezogen. Dort hätten sich zwar parallel zu den Flexibilisierungs- und Deregulierungsmaßnahmen in den 80er Jahren auch kräftige Beschäftigungsgewinne ergeben. Diese seien jedoch wesentlich mehr auf die günstige gesamtwirtschaftliche Entwicklung und weniger auf den Umbau des Beschäftigungssystems zurückzuführen gewesen.
Als Fazit läßt sich zusammenfassen, daß weitgehend Einigkeit über den Handlungsbedarf der institutionellen Ausgestaltung des Arbeitsmarktes bestand. Die Frage jedoch, inwieweit Ansätze dazu schon vorhanden sind, bzw. inwieweit der Prozeß noch weitergeführt werden muß, wurde durchaus kontrovers diskutiert.

Gottlieb Förster

Abschließende Bemerkungen zum Arbeitskreis II

Ich möchte das Thema Deregulierung und Flexibilisierung gern noch etwas differenzierter angehen. Einer der »roten Fäden«, die sich durch diese 2 ½ Tage und auch durch unseren Arbeitskreis hindurchgezogen haben, betraf den Themenkomplex Deregulierung und Flexibilisierung. Dabei verwundert es vermutlich – oder natürlich – nicht, wenn ich als Gewerkschafter nicht allen Deregulierungs- und Flexibilisierungsvorschlägen das Wort Rede. Im Arbeitskreis II hatten wir nach meiner Auffassung ein weites Spannungsfeld. Es reichte von der Darstellung einer dramatischen Krise des Tarifvertragssystems in Deutschland bis zu der Auffassung, daß die Tarifautonomie als integrales System oder Element der Marktwirtschaft zu bezeichnen sei; und dazwischen fanden sich natürlich auch viele Zwischentöne wieder.
Ich will durchaus auch als Gewerkschafter hier auf dem Podium zugestehen, daß wir als Tarifvertragsparteien nicht alles richtig machen. Nur sind die Fehler sehr problematisch zu definieren, und Lob und Tadel liegen auch in der Tarifpolitik manchmal sehr eng beieinander. Nun erhält die IG Chemie für ihre Tarifpolitik eigentlich sehr häufig Lob. Dafür bin ich ein Stück mitverantwortlich. Aber ich fahre heute von hier aus direkt nach Ostdeutschland, um dort morgen für die ostdeutsche chemische Industrie die Tarifverträge mitzuverhandeln, und ich weiß, daß fast alles, was wir dort machen, eigentlich falsch ist. Nur haben wir das schon von Anfang an auch gesagt. Wir haben als eine der wenigen Gewerkschaften ganz zu Beginn dieses Prozesses gesagt, daß ein sehr schneller Angleichungsprozeß nicht möglich ist.
Auf der anderen Seite sehen wir uns aber, insbesondere aus der Politik und aus dem öffentlichen Dienst heraus – wenn ich an Biedenkopf denke oder auch an den regierenden Bürgermeister von Berlin, Diepgen – der Forderung gegenüber, daß die Staatsbediensteten sehr schnell auf 100 % der Westeinkommen gebracht werden sollten. Und von daher ist es natürlich schwierig, Menschen in anderen, d.h. nichtstaatlichen Industriebereichen in Ostdeutschland klar zu machen, warum denn die, die – wie sie meinen – mit ihren Steuerzahlungen finanziert werden, 100 % der Westeinkommen erhalten sollen, während sie selbst, die in der Industrie arbeiten, unter Umständen bei 50 %, 60 % oder 70 % stehenbleiben. Ich bin davon überzeugt, daß wir hier noch eine Menge Probleme haben werden.

Ein weiteres Problem, das nicht nur bezogen auf Ostdeutschland besteht, ist das »Geleitzugdenken« in der Tarifpolitik. Wir sind diesem Denken immer noch zu stark verhaftet. Wenn eine der großen Industriebranchen einen Tarifabschluß tätigt, meinen alle, daß dieser dann volkswirtschaftlich für alle anderen Branchen übernommen werden muß, ohne daß die notwendigen branchenspezifischen Differenzierungen dann noch eine Rolle spielen. Nun spreche ich für eine Branche, die in Westdeutschland, zumindestens was die momentane wirtschaftliche Situation betrifft, kaum Probleme hat.
Insoweit haben wir in dieser Branche auch mit dem Tarifabschluß 1995 weniger Probleme als andere Branchen. Die chemische Industrie wird 1995 das beste Jahr der Nachkriegsgeschichte haben. Wir werden in der Großchemie Gewinne erwirtschaften, die es in der Geschichte dieser Branche noch nicht gegeben hat, und trotzdem werden wir auch in dieser Branche in Westdeutschland Arbeitsplätze abbauen. Das scheint widersprüchlich.
Aber: auf der anderen Seite wird immer wieder betont, daß unsere Chancen an diesem Industriestandort darin bestehen, daß wir High-Tech-Produkte fertigen. Und wenn wir High-Tech-Produkte fertigen wollen, bedeutet dieses natürlich auch, daß wir hochqualifizierte Facharbeiter und Angestellte benötigen. Diese Qualifikation wiederum wird sich dann auch in den Löhnen oder Entgelten niederschlagen. Von daher muß man natürlich aufpassen, wenn man über unterschiedliche Lohnhöhen in verschiedenen Branchen redet, daß man nicht Äpfel mit Birnen vergleicht, da die Rahmenbedingungen nicht miteinander vergleichbar sind. Die andere Seite der Problematik besteht darin, daß eine Verlagerung von Produktionen ins angeblich billigere Ausland stattfindet. Ich behaupte hier, daß die Investitionen, die wir ja auch in der chemischen Industrie im Moment im Ausland tätigen, bestimmten Märkten folgen, und dabei ist es nicht immer nur die Lohn- oder Einkommenshöhe, die letztendlich für einen Standort entscheidend ist. Insoweit bin ich der Auffassung, daß wir nicht unser System als solches in Frage stellen müssen, daß wir aber die Instrumente dieses Systems natürlich an die sich verändernden Anforderungen anpassen müssen. Die Tarifvertragsparteien haben in den letzten Jahren eine Menge geleistet, was sich zum Beispiel in der tarifvertraglichen Flexibilisierung der Arbeitszeit widerspiegelt. Eine Jahresarbeitszeit zum Beispiel ist für die chemische Industrie überhaupt kein Problem, sondern vor dem Hintergrund des tarifvertraglichen Rahmens seit Jahren möglich. Daß die auch in anderen Tarifvertägen geregelten Flexibilisierungsmöglichkeiten in der betrieblichen Praxis leider nach wie vor nicht besonders häufig genutzt werden, wird auch von den Tarifvertragsparteien nicht positiv bewertet.
Mein Fazit ist folgendes: Werner Tegtmeier sagte im Verlauf der gestrigen Arbeitskreisdiskussion: »Wir müssen voneinander lernen«. Ich hoffe, und nehme dieses auch mit, daß sich die unterschiedlichen Verantwortungsberei-

che, d.h. die Leute, die auf den unterschiedlichen Feldern dann auch Verantwortung tragen, sich häufiger treffen, sich häufiger zusammensetzen und miteinander reden. Wenn dies geschieht, bin ich überzeugt, daß wir viele Probleme gemeinsam vernünftig lösen können.

Arbeitskreis III
Working Group III

Leiter/Chairman: *Ulrich van Suntum*
Rapporteur: *Stefan Huckemann*

Aktuelle beschäftigungspolitische Konzepte – Innovation oder Sackgasse?

Current Employment Policy Concepts – Innovation or Blind Alley?

Martin Ahbe
Aktuelle beschäftigungspolitische Konzepte:
Das Weißbuch der Europäischen Kommission

Gerhard Bosch
Beschäftigungspolitische Ansätze in der Bundesrepublik Deutschland und ihre kritische Würdigung

Achim Trube
Der zweite Arbeitsmarkt – Trumpfkarte oder Fehlfarbe in der Beschäftigungskrise?

Daniel Gros
International Experiences in (Un)employment Policies

Hans-Peter Klös
Die Umsetzbarkeit konkreter beschäftigungspolitischer Vorschläge in die praktische Politik – Realisierungschancen und Hindernisse

Stefan Huckemann
Zusammenfassung der Ergebnisse des Arbeitskreises III

Ulrich van Suntum
Abschließende Bemerkungen zum Arbeitskreis III

Martin Ahbe

Aktuelle beschäftigungspolitische Konzepte: Das Weißbuch der Europäischen Kommission

1. *Einleitung*

Arbeitslosigkeit in den westlichen Industrieländern besteht in erheblichem, wenn auch durchaus unterschiedlichem Ausmaß seit mindestens zwei Jahrzehnten, insbesondere seit den beiden sogenannten Ölpreisschocks von 1973 und 1980. Von besonderer Bedeutung für den zeitlichen Entwicklungspfad der Arbeitslosigkeit ist, daß sich nach jedem Konjunkturzyklus ein höherer Sockel von Arbeitslosigkeit eingestellt hat. Diese beginnt wegen ihrer hohen ökonomischen und sozialen Kosten, das wirtschaftliche und soziale System der westlichen Gesellschaften in erheblichem Maß zu bedrohen.

Die Diskussion über mögliche Politikansätze zur Bekämpfung von Arbeitslosigkeit war lange Zeit von der Hoffnung auf höhere Wachstumsraten geprägt, von denen man sich in ausreichendem Umfang neue Arbeitsplätze versprach. Erst mit der sich auf breiter Front durchsetzenden Erkenntnis, daß selbst auf längere Frist das erwartete Wachstum in keinem Fall ausreichen würde, um Arbeitslosigkeit entscheidend zu senken, hat sich die Diskussion in jüngerer Zeit deutlich belebt. Vor diesem Hintergrund konnte es nicht verwundern, daß die Staats- und Regierungschefs der Europäischen Union im Jahre 1993 der Europäischen Kommission ein Mandat zur Erstellung eines Weißbuchs (»Wachstum, Wettbewerbsfähigkeit, Beschäftigung. Herausforderungen der Gegenwart und Wege ins 21. Jahrhundert«) über die Bekämpfung der Arbeitslosigkeit erteilt haben.

Der vorliegende Diskussionsbeitrag will weder die beschäftigungspolitische Problemlage in der Europäischen Union im einzelnen darstellen noch eine detaillierte Beschreibung des Inhalts des Weißbuchs liefern. Er will vielmehr einen Beitrag zur Systematisierung der Diskussion unter besonderer Berücksichtigung des genannten Weißbuchs leisten. Zu diesem Zweck sollen zunächst einige allgemeine Überlegungen zum Begriff des »beschäftigungspolitischen Konzepts« angestellt und soll das Weißbuch der Europäischen Kommission als ein solches beschäftigungspolitisches Konzept dargestellt werden. Ferner werden der Follow-up-Prozeß zum Weißbuch kurz skizziert und einige Schlußfolgerungen daraus abgeleitet.

2. *Einige Überlegungen zum Begriff »beschäftigungspolitisches Konzept«*

Ein beschäftigungspolitisches Konzept sollte in konsistenter Form einen Zusammenhang von Zielen, Maßnahmen und Handlungsrahmen für den Bereich der Beschäftigungspolitik angeben. Unterschiedliche Interpretationen sind möglich in bezug auf alle begriffsbestimmenden Komponenten. So können beschäftigungspolitische Ziele durchaus verschieden sein, sich zum Beispiel auf bestimmte Regionen, bestimmte Gruppen, oder auch auf unterschiedliche Zeithorizonte beziehen. Während in bezug auf die meisten Ziele relativer Konsens in Europa besteht, so unterscheiden sich gegenwärtige beschäftigungspolitische Konzepte doch recht deutlich in Hinblick auf ihren Zeithorizont und ihren Handlungsrahmen. Während »traditionelle« Beschäftigungspolitik eher auf die kurze bis mittlere Frist abzielt und nur arbeitsmarktpolitische Maßnahmen im engeren Sinne des Begriffs umfaßt, werden heute vielfach auch umfassendere und längerfristige Konzeptionen diskutiert. Der Untertitel des zu diskutierenden Weißbuchs über Wachstum, Wettbewerbsfähigkeit und Beschäftigung (»Herausforderungen der Gegenwart und Wege ins 21. Jahrhundert«) zielt in dieser Hinsicht eindeutig auf die längere Frist.
Die Vorstellungen der OECD zum Gegenstand sind hingegen vor dem Hintergrund des deutlich weiteren geographischen Rahmens der Mitgliedsländer (einschließlich USA, Japan etc.) und der damit verbundenen wesentlich größeren ökonomischen und sozialen Heterogenität sowie auch ihrer unterschiedlich definierten wirtschaftspolitischen Rolle zu sehen. So zielt die OECD eindeutig eher auf die kürzere Frist und stützt sich sehr stark auf den Begriff der »Anpassungsfähigkeit« im Sinne einer kontinuierlichen Reform im Rahmen eines gegebenen Systems. Die Europäische Kommission hingegen erachtet wesentlich umfassendere Umgestaltungen des Gesamtbereichs Beschäftigung im Sinne der oben erwähnten Vorbereitung auf das nächste Jahrhundert für erforderlich.

3. *Das Weißbuch der Europäischen Kommission als beschäftigungspolitischer Ansatz*

Das Weißbuch der Europäischen Kommission entwickelt einen komplexen Gesamtrahmen zur Lösung der gegenwärtigen Beschäftigungsprobleme in der Europäischen Union und distanziert sich von eindimensionalen Lösungsansätzen, die isoliert zum Beispiel auf Lohnflexibilität, auf Wachstum oder etwa auf demographische Veränderungen setzen. Der Titel des Weißbuchs indiziert vielmehr, daß der komplexe Gesamtrahmen aus den Bereichen einer auf Wachstum zielenden makroökonomischen Politik, einer auf die Verbesse-

rung der europäischen Wettbewerbsfähigkeit zielenden Industriepolitik (einschließlich u. a. der Bereiche Forschung und Entwicklung, transeuropäische Infrastrukturen sowie neue Technologien) sowie schließlich aus strukturellen Maßnahmen im Bereich der Beschäftigungspolitik (einschließlich Bildung und Ausbildung sowie auch Überlegungen zur Abgabenbelastung der Arbeit) bestehen soll.
Dieser weiter gefaßte Ansatz reflektiert ein gewandeltes Verständnis von Beschäftigungspolitik insofern, als er sich von einer (neoklassisch inspirierten) Vorstellung des Arbeitsmarktes löst und vielmehr den Begriff des »Beschäftigungssystems« (»employment system«, »système d'emploi«) in den Vordergrund der Betrachtung rückt. Dieser Begriff, der zweifellos nicht den Vorzug sonderlich beeindruckender Trennschärfe hat, verweist auf das weitere Beschäftigungsumfeld bestehend aus den Bereichen Besteuerung, Wohlfahrt, Aus- und Fortbildung, Arbeitsrecht und Tarifverhandlungen.

4. *Das Follow-up zum Weißbuch*

Die Europäische Kommission hat das Weißbuch dem Europäischen Rat von Brüssel im Dezember 1993 vorgelegt, der die Vorschläge des Weißbuchs erstmals eingehend diskutiert und einen Follow-up-Prozeß bestehend aus einzelnen weiteren Arbeitsschritten mit bestimmten Terminvorgaben definiert hat. Einen erheblichen Durchbruch gab es auf dem Europäischen Rat von Essen im Dezember 1994, als die europäischen Staats- und Regierungschefs Fortschritte in zweifacher Hinsicht erzielten: Sie haben zum einen fünf Hauptaktionsbereiche definiert (Verbesserung der Beschäftigungsmöglichkeiten durch Investition in berufliche Bildung, Steigerung der Beschäftigungsintensität des Wachstums, Senkung der Lohnnebenkosten, Verbesserung der Effizienz der Arbeitsmarktpolitik sowie Verbesserung der Unterstützung für spezifische Gruppen, wie Jugendliche, Langzeitarbeitslose, Frauen, ältere Arbeitnehmer etc.) Zudem haben sie ein Implementationsverfahren vereinbart, mit dessen Hilfe diese fünf zentralen Aktionsbereiche über beschäftigungspolitische Mehrjahresprogramme in die Politiken der Mitgliedstaaten integriert werden sollen. Darüber hinaus ersuchte der Europäische Rat die zuständigen (Minister-) Räte »Wirtschafts- und Finanzfragen« sowie »Beschäftigungs- und Sozialfragen« und die Kommission, die Beschäftigungsentwicklungen und auch die entsprechenden Politiken der Mitgliedstaaten zu beobachten und dem Europäischen Rat jährlich zu berichten (zum ersten Mal im Dezember 1995 auf dem Europäischen Rat von Madrid).

5. *Schlußfolgerung: Das Weißbuch als beschäftigungspolitisches Konzept – Innovation oder Sackgasse?*

Das Weißbuch hat zweifelsohne trotz mancher Unschärfe im Detail zwei Dinge erreicht: Es hat zum einen die Grundlage für einen europaweiten Konsens über den Gesamtrahmen zur Lösung des europäischen Beschäftigungsproblems geliefert und zum andern hat es die europäische Dimension des Problems aufgezeigt, indem es auf die vielen Gemeinsamkeiten der Mitgliedstaaten in diesem Bereich verwies. Es hat darüber hinaus das Betrachtungsfeld auch auf politischer Ebene durch Einführung des Begriffs des »Beschäftigungssystems« erheblich erweitert.

Als Teil des Follow-up-Prozesses zum Weißbuch wurde schließlich, wie beschrieben, auf dem Europäischen Gipfel von Essen in einem Akt der Selbstverpflichtung ein Implementationsverfahren vereinbart, über den die von den Mitgliedstaaten gemeinsam definierten Hauptaktionsbereiche in die nationalen Beschäftigungspolitiken umgesetzt werden sollen. Diese Umsetzung setzt sich trotz erheblicher Schwierigkeiten in einzelnen Fällen, unter anderem bedingt durch die Aufteilung der für Beschäftigungspolitik erforderlichen wirtschaftspolitischen Kompetenzen auf mehrere Ressorts, in den meisten Mitgliedstaaten zur Zeit fort.

Problematisch am gegenwärtigen durch das Weißbuch induzierten Prozeß ist, daß dessen Implementation überwiegend (anders als zum Beispiel beim Weißbuch zur Vollendung des Gemeinsamen Binnenmarktes von 1985) von den einzelnen Mitgliedstaaten und deren Bereitschaft zur politischen Reform abhängt. Die gegenwärtige Gefahr ist hier weniger, daß die Mitgliedstaaten nichts, sondern vielmehr, daß sie nicht schnell genug handeln, und zwar unter anderem deshalb, weil sie sich der Illusion einer Verbesserung der Lage im Zuge des gegenwärtigen wirtschaftlichen Aufschwungs hingeben.

Nach dem neuerlichen Bekenntnis der europäischen Staats- und Regierungschefs auf dem Europäischen Gipfel von Cannes im Juni 1995 zum Weißbuch-Ansatz und seiner Implementierung darf man gespannt sein, inwiefern der Europäische Rat von Madrid im Dezember 1995 die Fortschritte in diesem Bereich beurteilen wird.

Referenzen

Europäische Kommission, Wachstum, Wettbewerbsfähigkeit, Beschäftigung. Herausforderungen der Gegenwart und Wege ins 21. Jahrhundert. Weißbuch, Luxemburg 1994

OECD, The OECD Jobs Study, Part I: Labour Market Trends and Underlying Forces of Change; Part II: The Adjustment Potential of the Labour Market, Paris 1994

Gerhard Bosch

Beschäftigungspolitische Ansätze in der Bundesrepublik Deutschland und ihre kritische Würdigung

1. *Arbeitslosigkeit ist nicht Folge zu hoher Löhne*

Es wird häufig behauptet, daß die gegenwärtige Arbeitslosigkeit vor allem Folge zu hoher, nicht markträumender Löhne sei. Die Höhe der Realzinsen, Probleme mit der Innovationsfähigkeit von Unternehmen u.a. Faktoren, die das Wirtschaftsgeschehen entscheidend bestimmen, werden in solchen Auffassungen bagatellisiert. Würde die Politik sich an solch vereinfachten Thesen ausrichten, geriete sie in Gefahr, in wesentliche Bereiche, wie etwa die Technologiepolitik, zu vernachlässigen. Darüberhinaus sind folgende Argumente bedenkenswert:

1.1. In der Lohnpolitik genügt es, daß die Veränderungen der Lohnstückkosten in nationaler Währung nicht die Veränderungsrate beim Durchschnitt der Handelspartner überschreiten. Die westdeutsche Lohn-Politik hat in den letzten 25 Jahren nur zweimal diese Regel verletzt (1992 und 1971). Ansonsten stiegen die Lohnstückkosten, in die ja auch die Arbeitszeiten und Lohnnebenkosten eingehen, geringer als die der Haupthandelspartner (Schaubild 1). Daß unsere Lohnkosten in anderen Währungen ausgedrückt sehr hoch sind und wir damit ein Kostenproblem haben, liegt nicht alleine an den hohen Zinssätzen, sondern auch an den deutschen Exporterfolgen. Die bundesdeutsche Wirtschaft wurde für diese Erfolge durch eine Höherbewertung der DM vom Weltmarkt sozusagen »abgemahnt«.

1.2. Die branchenweite deutsche Lohnpolitik gehört zu den Pluspunkten des Standortes Deutschlands. Die Gewerkschaften übernehmen beschäftigungspolitische Verantwortung und reagieren auf die gesamtwirtschaftliche Problemsituation mit Lohnzurückhaltung. Eine Dezentralisierung der Lohnpolitik kann – wie das englische Beispiel zeigt – zu »unverantwortlichem Handeln« vieler einzelner führen, mit der Folge, daß die Lohnstückkosten überdurchschnittlich steigen.

1.3. Ohne Zweifel sind in der Bundesrepublik der Lohndifferenzen zwischen Qualifizierten und unqualifizierten Beschäftigten geringer als etwa in

Schaubild 1: Lohnstückkosten in Westdeutschland im internationalen Vergleich in Landeswährung

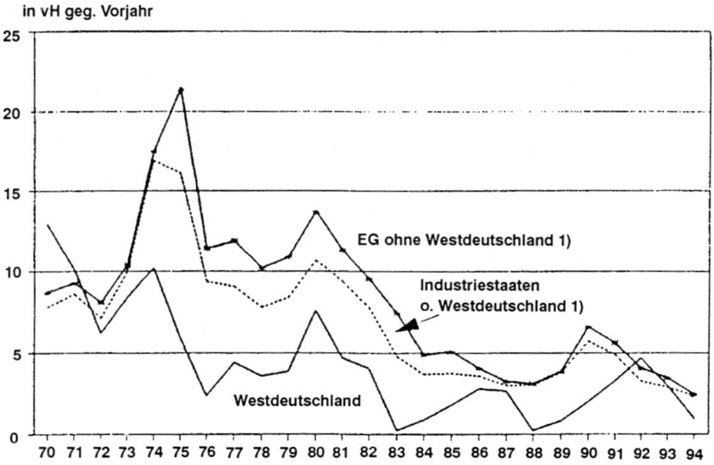

1) gewichtet nach Exportanteilen 1991, wie sie – mit Ausnahme der USA – der Berechnung der SZR zugrunde liegen

Quelle: Flassbeck, H., Löhne, Lohnnebenkosten und Arbeitslosigkeit. In: List Forum 1994-4:302

der US.[1] Hierauf wird oft die besonders hohe Arbeitslosigkeit der Unqualifizierten zurückgeführt. In den USA sind jedoch trotz starker Lohndifferenzierungen die Differenzen in der Arbeitslosenquote zwischen Qualifizierten und Unqualifizierten weitaus höher als in der Bundesrepublik. Höhere Lohndifferenzen führen also keineswegs zu der in Lehrbüchern schön abgeleiteten Verminderung der Arbeitslosigkeit weniger Qualifizierter Beschäftigter.

1.4. Eine der Stärken der deutschen Gesellschaft war bisher die gesellschaftliche Homogenität. Sie verringerte soziale Spannungen, an denen die Weimarer Republik zugrunde gegangen ist, verringerte aber auch Mobilitätsbarrieren zwischen Betrieben und Sektoren und ist Voraussetzung für Vertrauen und Teamarbeit im Unternehmen. In den USA müssen sich die Reichen mittler-

1 Vgl. OECD, The OECD Jobs Study, Paris 1995

weile vor den working and non-working poor schützen, so daß die Zahl der privaten Sicherheitskräfte die der öffentlichen Polizisten übertrifft. In der Beschäftigungspolitik werden also implizit immer Gesellschaftsmodelle mitverhandelt.

1.5. Zweifellos gibt es Strukturprobleme, wenn Lohnhöhe und Produktivität nicht übereinstimmen. In einem Hochlohnland wie der Bundesrepublik muß der beschäftigungspolitische Schwerpunkt bei der Bekämpfung dieser Probleme wie bisher in einer aktiven Qualifizierungspolitik sowohl der Betriebe als auch der öffentlichen Arbeitsmarktpolitik liegen. Für benachteiligte Arbeitskräfte sollten für Einarbeitungszeiten auch weiterhin Lohnkostenzuschüsse gezahlt werden, bis ihre Produktivität durch ein on-the-job-training gestiegen ist.

2. *Wachstumsdynamik unterstützen*

Die Wachstumsraten in der Bundesrepublik Deutschland lagen in den letzten 20 Jahren etwas unter den us-amerikanischen (Schaubild 2). Daraus läßt sich allerdings nicht auf eine zu geringe Wachstumsdynamik schließen. In den USA nahm die Bevölkerung wesentlich stärker zu. Pro Kopf gerechnet, verzeichnet die Bundesrepublik ein sehr viel stärkeres Wachstum (Schaubild 3). Pro Beschäftigten gerechnet, sind die Unterschiede zu den USA noch viel deutlicher, da dort die Erwerbstätigenquote ebenfalls sehr viel stärker angestiegen ist (Schaubild 4). Diese stärkere Wachstumsdynamik pro Kopf ermöglichte in Deutschland in den letzten Jahrzehnten, eine starke Verbesserung der Realeinkommen der Beschäftigten während in den USA der durchschnittliche Lebensstandard nur durch eine Steigerung des Arbeitsangebots pro Haushalt (Mehrfachverdiener) substantiell erhöht werden konnte.[2] Die Wachstumsbilanz in Deutschland ist also positiv.
Zwischen 1982 und 1992 sind rund drei Millionen zusätzliche Arbeitsplätze entstanden. Neue beschäftigungsintensive Sektoren haben sich entwickelt, wie die Umweltindustrie, der Pflegebereich und der Telekommunikationssektor. Beschäftigungspolitik ist bei der Entwicklung neuer Arbeitsplätze in vielfältiger Weise Geburtshelfer. Am Beispiel des Strukturwandels des Ruhrgebiets lassen sich wichtige Ansatzpunkte einer solchen aktiven Rolle erkennen: Im Vergleich zu anderen ähnlichen Regionen in anderen Ländern der Welt ist hier der Wandel vergleichsweise rasch vorangeschritten, weil die Kaufkraft der Region über das bundesdeutsche System des Finanzausgleichs und die

2 Stephen J.Rose, On shaky ground: Rising fears about incomes and earnings, National Commission for Employment Policy Washington 1995.

Umverteilung über die Arbeitsmarktpolitik stabilisiert wurde, die Altbranchen modernisiert wurden und sich somit auch ihr Umfeld (Zulieferer, Bildungszentren etc.) modernisieren mußte, weil ab Mitte der 70er Jahre die Monopolstellung der Altindustrien bei Arbeitskräften Kapital und Boden aufgelockert, Ansiedlungschancen für neue Betriebe geschaffen und der Region über die neuen Universitäten und Forschungseinrichtungen Innovationsimpulse gegeben wurden.

Schaubild 2: Gross domestic product (1985 prices) 1970 = 100

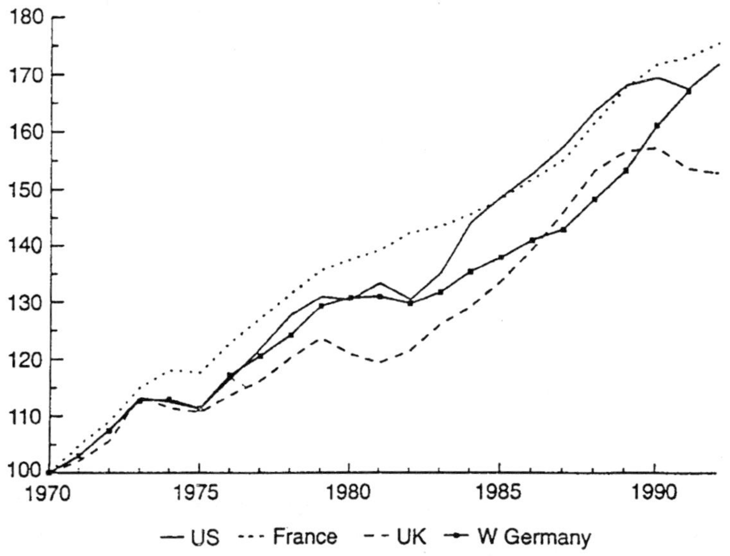

Quelle: Deakin, S./Wilkinson, F., Right vs Efficiency. In: Industrial Law Journal, 1994-23: 299

3. *Arbeitsumverteilung erfolgreich*

Rund 1 Mio der zusätzlichen Arbeitsplätze (zwischen 1982 – 1992) sind durch Arbeitszeitverkürzungen (tarifvertragliche, Abbau von Überstunden und Teilzeitarbeit entstanden). Es gibt keinen Gegensatz zwischen offensiven Wachstumsstrategien und »defensiven« Umverteilungsstrategien. Wachstum allein reicht nicht aus, um alle in Brot und Arbeit zu bringen. Auch in den

Schaubild 3: Gross domestic product per head (1985 prices) 1970 = 100

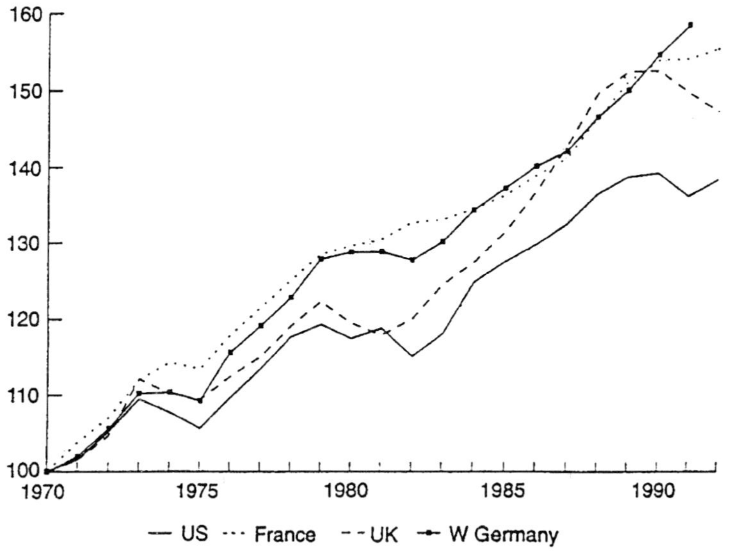

Quelle: Deakin, S./Wilkinson, F., Right vs Efficiency. In: Industrial Law Journal, 1994-23: 300

nächsten Jahren muß die Arbeitszeit weiter verkürzt werden. Hier bieten sich viele Wege an: Ausgleich von Überstunden durch Freizeit, mehr Teilzeitarbeit (mit Rückkehrrechten in Vollzeit), Elternurlaubsregelungen, Umwandlung von Nacht- und Wochenendzuschlägen in Freizeit, kollektive Arbeitszeitverkürzungen.

Für die Wettbewerbsfähigkeit der europäischen Industrie ist eine intensive Nutzung ihres Kapitalstocks unverzichtbar.[3] Durch das neue Arbeitszeitgesetz und die Flexibilisierungsbestimmungen in den Tarifverträgen der letzten Jahre wurden hierzu Voraussetzungen geschaffen. Kurze Arbeitszeiten sind kein Hindernis für lange Betriebszeiten. In vielen Betrieben der europäischen Automobilindustrie konnte beispielsweise die Betriebszeit durch die Einführung neuer Schichtsysteme über das japanische Niveau angehoben werden

3 Vgl. G. Bosch (1995), Flexibilität und Arbeitsorganisation, in: Soziales Europa, Beiheft 1.

Schaubild 4: Gross domestic product per person employed (1985 prices) 1970 = 100

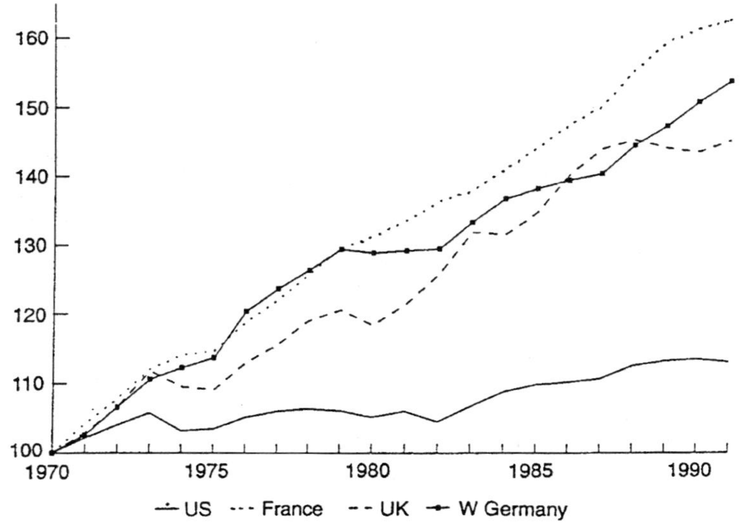

Quelle: Deakin, S./Wilkinson, F., Right vs Efficiency. In: Industrial Law Journal, 1994-23: 299

(Schaubild 5). Bedauerlich ist, daß das Arbeitszeitgesetz keinerlei beschäftigungspolitische Komponente, wie etwa die Begrenzung von Überstunden, enthält.

Unternehmen, die im beschäftigungsintensiven europäischen Modell der Arbeitszeit (Schaubild 6) nur selten auf Überstunden zurückgreifen können, verfügen über geringe Flexibilitätsreserven in Krisenzeiten. Sie laufen Gefahr, qualifizierte Arbeitnehmer entlassen zu müssen, die sie bei einem Konjunkturaufschwung dringend wieder benötigen. Gefordert sind Instrumente einer Flexibilität nach unten. Hier haben die Tarifpartner in der letzten Konjunkturkrise mit den Regelungen zu temporären Arbeitszeitverkürzungen (wie z.B. bei Volkswagen) kreative Lösungen gefunden,[4] wozu die Politik nicht imstande gewesen wäre; diese Ansätze sollten ausgebaut werden.

4 Rosdücher, J./ Seifert, H., Temporäre Arbeitszeitverkürzungen zur Beschäftigungssicherung – ein neuer beschäftigungspolitischer Ansatz , WSI-Mitteilungen 1994/12, S. 744-751.

Schaubild 5: *Jährliche Betriebszeiten und Anzahl der Schichten in europäischen und japanischen Unternehmen (1990)*

WERK	LAND	BETRIEBS-STUNDEN	SCHICHT-GRUPPEN
General Motors Zaragoza	E	5434	3
Volkswagen Bruxelles	B	5267	3
Opel Bochum	D	5220	3
Fiat Cassino	I	5175	3
General Motors Antwerpen	B	5140	3 *
Ford Genk (ab 1993)	B	5086	3
Mitsubishi	J	4946	2
Mazda	J	4912	2
Renault Flins (ab 1993)	F	4874	3
Nissan	J	4858	2
Toyota	J	4850	2
Rover Longbridge	GB	4765	3
BMW Regensburg	D	4608	3 *
Peugeot Poissy	F	4389	2 *
Honda	J	4144	2
Mercedes Sindelfingen	D	4032	2
BMW München	D	4000	2 *
Volkswagen Wolfsburg	D	3964	2 + z.T. »verdünnte« Nachtschicht
Nissan Sunderland	GB	3931 (in 1991)	2
SEAT Zona Franca	E	3672	2
Ford Dagenham	GB	3666	2
Peugeot Sochaux	F	3603	2
Vauxhall Luton	GB	3565	2
Ford Valencia	E	3503	2
Fiat Mirafiori	I	3480	2
Opel Rüsselsheim	D	3467	2
Ford Köln	D	3405	2

* Zweischichtsysteme mit Schichten zwischen 8,5 und 10 Stunden und drei "Manschaften" Mehrfachbesetzung

Quelle: Lehndorff, S./Bosch, G., Autos bauen zu jeder Zeit? Sigma 1993:270

Schaubild 6: Neue industrielle Zeitarrangements

Japanisches Modell	Europäische lean production	Innovative Arbeitszeitarrangements
Lange Arbeitszeit mit hohem Überstundenniveau	Kurze Arbeitszeit mit hohem Überstundenniveau	Kurze Arbeitszeit
Zugriff auf bezahlte Mehrarbeit *und* unbezahlte Arbeit	Zugriff auf bezahlte Mehrarbeit	Begrenzte Möglichkeit von Mehrarbeit
Modifizierter Taylorismus, hohe Fremdkontrolle	Modifizierter Taylorismus, hohe Fremdkontrolle	Teilweise Gruppenarbeit, Kombination von Fremd- und Selbstkontrolle
Hohe Arbeitsintensität	Hohe Arbeitsintensität	Hohe Arbeitsintensität
Koppelung von Arbeitszeit und Betriebszeit	Koppelung von Arbeitszeit und Betriebszeit	Entkoppelung von Arbeitszeit und Betriebszeit
Geringe Beschäftigungseffekte bei Betriebszeitverlängerungen	Geringe Beschäftigungseffekte bei Betriebszeitverlängerungen	Hohe Beschäftigungseffekte bei Betriebszeitverlängerungen
Unternehmensgewerkschaften	Marginalisierung der Gewerkschaften und Schaffung betrieblicher Vertretungsstrukturen	Unabhängige Branchengewerkschaften, Verzahnung mit betrieblichen Vertretungsstrukturen

Quelle: Bosch, G./ Lehndorff, S., Die Japanische Herausforderung in der Arbeitszeitpolitik und die Suche nach einer europäischen Antwort. In: Heiduk, G./Pascha, W., Japans Wirtschaft in Europa, Nomos 1995:172

4. *Standortvorteil Qualifikation in Gefahr*

Die Qualität des Wirtschaftsstandortes Deutschland wird ganz wesentlich durch die hohe Qualifikation seiner Arbeitskräfte geprägt. In keinem anderen europäischen Land ist der Anteil der un- und niedrigqualifizierten Beschäftigten so niedrig wie in Deutschland (Schaubild 8). In den achtziger Jahren wurde nach der Selbstverpflichtung der deutschen Wirtschaft, jedem Jugendlichen eine Lehrstelle anzubieten, über den kurzfristigen Bedarf hinaus ausgebildet. Dies erwies sich langfristig als Glücksfall, da im langanhaltenden Boom keine Fachkräfteengpässe auftraten. Trotz starker Arbeitszeitverkürzungen und trotz eines langandauernden Konjunkturaufschwungs konnte die Zahl der Überstunden verringert werden. Arbeitszeitverkürzungen und Wachstum entfalteten deshalb gleichermaßen ihr Beschäftigungspotential. Ganz anders verläuft die Entwicklung in Großbritannien und den USA. Durch den geringen Anteil von Facharbeitern kommt es hier zu Engpässen auf dem Arbeitsmarkt und zu einem enormen Anstieg der Überstunden bei den Facharbeitern. In den amerikanischen Automobilbetrieben arbeiten Facharbeiter zwischen 500 und 1000 Überstunden im Jahr, das ist mehr als in Japan.

Das deutsche Modell der dualen Ausbildung ermöglicht die rasche Integration Jugendlicher ins Erwerbsleben und ist rein schulischen Systemen der Ausbildung vorzuziehen. In keinem anderen entwickelten Industrie-Land (außer Japan) ist die Arbeitslosenquote Jugendlicher im Verhältnis zur allgemeinen Arbeitslosenquote so niedrig wie in Deutschland (Schaubild 7). Damit ist auch ein ständiger Zustrom neuen Wissens und moderner Qualifikationen in die Unternehmen gewährleistet. Im Moment sind wir dabei, dieses Kapital zu verspielen. In den letzten Jahren gingen über 100 000 Ausbildungsplätze verloren. In den Unternehmen wird langfristige Planung durch kurzfristiges Kostendenken abgelöst und die Ausbildung zurückgefahren. Es bedarf einer Kraftanstrengung wie Anfang der 80er Jahre dieses Problem zu lösen. Dabei kann es nicht Aufgabe des Staates sein, die Lücke auszufüllen. Über neue Finanzierungsmodelle ist nachzudenken. Wir benötigen ein Bündel von Maßnahmen. Hierzu gehören: Eine Selbstverpflichtung der Unternehmen, mehr auszubilden, die Förderung von Ausbildungsverbünden, um Ausbildung für Klein- und Mittelbetriebe zu erleichtern, tarifvertragliche Vereinbarungen, wie in der chemischen Industrie, mehr Ausbildungsplätze bereitzustellen, flexible Modelle der Übernahme Jugendlicher nach der Ausbildung, die Förderung überbetrieblicher Ausbildungsstätten, die im Verbund mit Betrieben wirken, die Förderung der Ausbildung benachteiligter Jugendlicher. Im vorletzten »Berufsbildungsbericht« heißt es: »Lean-production« ist mit »small qualifications« kaum organisierbar«. Dieser Schlußfolgerung kann ich mich nur anschließen.

*Schaubild 7: Quote der Jugendarbeitslosigkeit (Alter 15-29) im Verhältnis zur allgemeinen Arbeitslosigkeit**

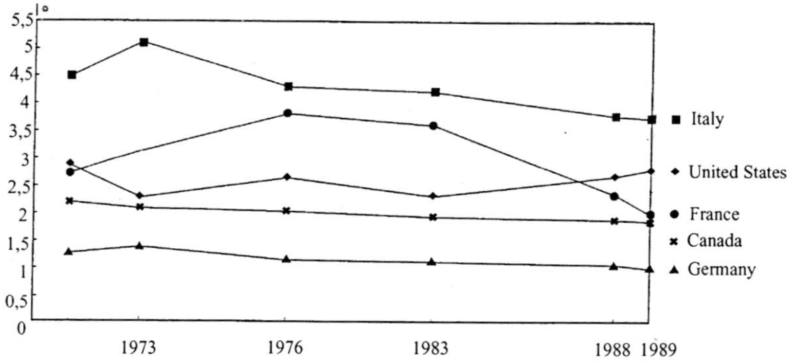

$$* \quad 1 = \frac{\text{Quote der Jugendarbeitslosigkeit}}{\text{Arbeitslosenquote}}$$

Quelle: Bosch, G., Vocational training and changes in patterns of labour relations in Germany. In: Université Laval-Québec, Vocational training, La Flamme 1993:226

Schaubild 8: Bildungsgrad europäischer Arbeitnehmer (insgesamt) 1991

Land	Bildungsstand				Wechsel in % des Beschäftigungsanteils im Zeitraum 1988-1991	
	unqualifiziert[1] %	niedrig-qualif.[2] %	höher-qualifiziert[3] %	hoch qualif.[4] %	höher-qualifizierte Arbeitn.	hoch-qualif. Arbeitn.
Belgien	15.3	28.7	30.0	26.0	3.5	2.6
Deutschland	2.1	14.1	55.9	18.8	11.5	2.6
Dänemark		27.6	49.7	20.4	-0.1	1.3
Griechenland	42.9	8.9	23.7	18.5	4.5	1.1
Spanien	48.2	21.7	17.6	12.5	3.3	1.5
Frankreich						
Irland	19.8	27.0	31.4	21.1	0.1	2.6
Luxemburg	37.2	38.6	13.3	9.7	2.8	-4.2
Niederlande	11.1	25.6	41.8	21.3		
Portugal	72.5	12.2	7.1	7.8	2.4	1.5
Vereinigtes Königreich	0.1	60.5	20.0	16.0	1.1	-0.1
Europäische Union	15.1	29.6	33.9	17.1	6.4	1.7

1) ISCED 0/1; 2) ISCED 2; 3) ISCED 3; 4) ISCED 5-7
ISCED = Internationale Standardklassifikation für das Bildungswesen
0 Vorschulbildung
1 Primärschulbildung
2 Sekundarschulbildung Stufe 1
3 Sekundarschulbildung Stufe 2
5 Tertiärbildung Stufe 1, Abschluß unterhalb Hochschulniveau
6 Tertiärbildung Stufe 2, Hochschulabschluß oder gleichwertiger Abschluß
7 Tertiärbildung Stufe 3, "postgraduate" - oder gleichwertiger Abschluß

Quelle: Bosch, G., Flexibilität und Arbeitsorganisation. In: Europäische Kommission, Soziales Europa, 1995-1: 21

Achim Trube

Der Zweite Arbeitsmarkt – Trumpfkarte oder Fehlfarbe in der Beschäftigungskrise ?

Vorbemerkung

Die zur Diskussion stehende Fragestellung, ob denn der Zweite Arbeitsmarkt eine Trumpfkarte oder aber eine Fehlfarbe in der Beschäftigungskrise sei, liegt in ihrer Grundsätzlichkeit quer zwischen den Disziplinen der Ökonomie, der Sozialwissenschaft und vielleicht sogar auch der Sozialarbeit. Die Allgemeinheit dieser Frage, so wie sie sich im Alltag und vor allen Dingen auch durch die Politik oft stellt, provoziert zudem sehr allgemeine Antworten – um nicht zu sagen tendenziell pauschale Urteile. Im Bewußtsein dieser Gefahr der Verallgemeinerung sollen gleichwohl substantielle Aussagen zum Thema nicht verweigert werden. Vielmehr wird im folgenden versucht, in zwölf – wenn auch holzschnittartig groben – Thesen eine dezidierte Stellungnahme zu der Ausgangsfrage zu entwickeln, wobei sich diese überpointiert und pauschal auf die Bundesrepublik und ihre Verhältnisse beschränken muß. Hierzu wird es dann erforderlich, einen hemmungslosen Wechsel von der Makro- auf die Mikroebene und zurück auf die Makroebene vorzunehmen, um wenigstens anzudeuten, daß die Behauptungen über Sinn und Unsinn des Zweiten Arbeitsmarktes nicht nur aus der dünnen Luft allgemeiner Überlegungen gegriffen sind. Insbesondere auf der Mikroebene wird im folgenden dann anhand einer exemplarischen Studie auch empirisch argumentiert, wobei der Empirie dabei jedoch allenfalls heuristischer Charakter zukommt.

1. *Massenarbeitslosigkeit als »Markenzeichen« sozialer Marktwirtschaft*

Massenarbeitslosigkeit ist ein »Markenzeichen« der sozialen Marktwirtschaft in der Bundessrepublik Deutschland geworden. Zwanzig Jahre Arbeitslosigkeit in Millionengröße lassen die Deutung einer nur zeitweilig »aus dem Tritt geratenen« – ansonsten aber funktionsfähigen – Marktwirtschaft des Sozialstaates nicht mehr zu. Eine Auflösung des Problems, d. h. die Wiederherstellung von Vollbeschäftigung ist auf absehbare Zeit kaum zu erwarten; das Prognos-Institut kalkuliert vielmehr die Arbeitsplatzlücke bis zum Jahr 2000 mit einem Defizit von 6,0 Mill. bzw. bis zum Jahr 2010 noch mit einem Minus von 3,5 Mill.[1] Es liegt die Vermutung nahe, daß es sich bei der Massenarbeitslosigkeit insofern um ein Problem nicht kurzfristig konjunkturellen, sondern langfristig systemstrukturellen Charakters handelt.

2. *Entkopplung von Wirtschaftsentwicklung und Vollbeschäftigung*

Während der letzten zehn Jahre (1983 – 1992) hat es eine – wenn auch mäßige – so doch ständig steigende Entwicklung des Bruttoinlandsprodukts gegeben; dieser Zyklus ist in seiner Länge – abgesehen von den Nachkriegsjahren – einzigartig in der Wirtschaftsgeschichte der Republik. Epochal neu und anders als in den 60er Jahren ist die Erfahrung, daß ein volkswirtschaftliches Wachstum nicht identisch ist mit der Lösung von Arbeitsmarktproblemen in der Arbeitsgesellschaft.[2] Trotz des Netto-Zugewinns von Arbeitsplätzen in Millionengröße – die Anzahl der sozialversicherungpflichtig Beschäftigten stieg von 1984 – 1993 um ca. 3 Mill. auf 23,2 Mill. – verharrt die Arbeitslosigkeit auf annähernd gleich hohem Niveau; sie betrug 1984 ebenso wie 1993 2,3 Mill. (alte Länder).

3. *Marktversagen: Der Hysteresis-Effekt der Arbeitslosigkeit*

Charakteristisch ist im Megatrend für die letzten zweieinhalb Jahrzehnte, daß die Arbeitslosigkeit bei guter Konjunktur sich mäßig absenkt, wobei letztlich ein Sockel in Millionengröße jedoch verbleibt; auf diesen baut sich in Zeiten schlechter Konjunktur dann Arbeitslosigkeit zusätzlich auf, und insbesondere die in diesem Zuge sich ergebende Langzeitarbeitslosigkeit wirkt hysteretisch.[3] Das heißt, sie selbst wird im Verlauf zu einem Faktor, der auch in Zeiten wirtschaftlichen Wachstums eo ipso Arbeitslosigkeit verstärkt (verfestigt) und damit langfristig auch »vermehrt«. Dieser Umstand läßt sich gut an der folgenden idealtypischen Gegenüberstellung des klassischen – im Sinne von »naiven« – Modells einerseits und des Hysteresis-Modells der Langzeit-arbeitslosigkeit auf der anderen Seite darstellen.
Wenn im Hysteresis-Modell wie im klassischen Modell (t0) von einem ausgeglichenen Verhältnis zwischen Wirtschaftsentwicklung (WE) und Arbeits-

1 Vgl.: Michael Schlesinger: Wachstum und Arbeitslosigkeit werden steigen; in: Socialmanagement – Magazin für Organisation und Innovation, 3. Jhg., Heft 4 1993, S. 6 ff.

2 Vgl. hierzu u. zum Folgenden: Achim Trube: Strukturprobleme des Ersten und Zweiten Arbeitsmarktes – Analysen und Reformvorschläge; in: Arbeit und Sozialpolitik, 47. Jhg., Heft 3/4, 1993, S. 33 ff.

3 Zum Hysteresiseffekt vgl. ausführlicher: Robert Grassinger: Verfestigte Arbeitslosigkeit – Das Hysteresis-Phänomen unter besonderer Berücksichtigung des Humankapitalansatzes (Beiträge zur Arbeitsmarkt- u. Berufsforschung – BeitrAB –, Bd. 174) Nürnberg (Bundesanstalt für Arbeit – BA) 1993.

Verhältnis »Wirtschaftsentwicklung (WE) / Arbeitsmarktentwicklung (AE)«

Klass. Modell

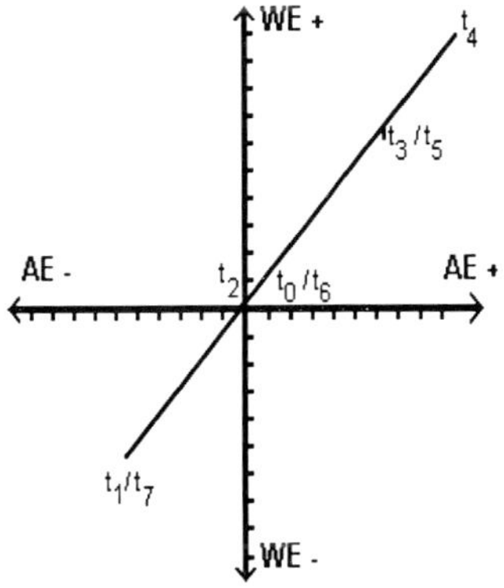

Hysteresis Modell

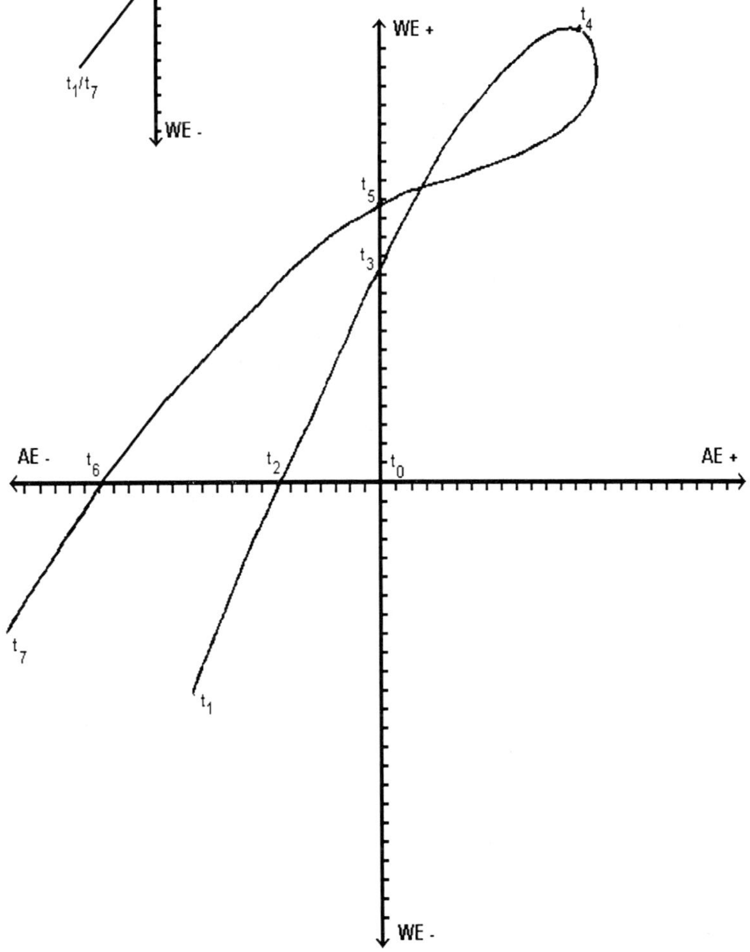

marktentwicklung (AE) ausgegangen wird, ergibt sich in der Rezession (t1) ein bestimmtes Maß an Arbeitslosigkeit. Das Hysteresis-Modell ist nun dadurch gekennzeichnet, daß es später (t3) dann eines deutlichen »Mehrs« an Wirtschaftswachstums bedarf als früher (t0), um den alten Arbeitsmarktzustand wiederherzustellen. Mit beginnendem Abschwung (t5) wirkt die Hysteresis so, daß das Wachstum immer noch größer sein muß als früher (t3), um das vorherige Arbeitsmarktniveau zu halten. Schließlich (t7) stellt sich aufgrund der Hysteresis-Effekte heraus, daß bei demselben Ausmaß der Rezession wie ehedem (t1) die Arbeitsmarktprobleme erheblich größer sind, als dies zuvor der Fall war. Die Gründe für diesen Hysteresis-Effekt können sehr unterschiedlich sein: So kann man z.B. aus dem Human-Resources-Ansatz heraus von einer vermuteten oder tatsächlichen Entwertung des Humankapitals ausgehen. Oder angebotstheoretisch könnte angenommen werden, daß nach einer Vernichtung von eher unrentablen Arbeitsplätzen in der Rezession mit konjunktureller Aufwärtsentwicklung tendenziell produktivere, das heißt weniger arbeitsintensive Arbeitsplätze geschaffen werden.
Die schlagwortartige Schlußfolgerung aus dieser Arbeitsmarktbetrachtung lautet: Der Bereich also, der nach ökonomischem Verständnis grundsätzlich für Arbeit und Beschäftigung verantwortlich ist, d. h. der Markt, erfüllt seit über zwei Jahrzehnten die ihm zugeschriebene Funktion nicht mehr befriedigend; insuffizient ist er insbesondere dort, wo es um Sockel- und um Langzeitarbeitslosigkeit geht. Verkürzend auf den Begriff gebracht, wird dies im folgenden als »Marktversagen« bezeichnet.

4. *Staatsversagen: Grenzerfahrungen der Wirtschaftspolitik*

Ob nun primär nachfrageseitig ausgerichtet oder angebotsorientiert, mußte die Wirtschaftspolitik der Bundesrepublik in den letzten zwanzig Jahren die Erfahrung machen, daß die selbstdefinierten Standards des Erfolgs, d.h. ein hoher Beschäftigungsstand (§ 1 Stabilitätsgesetz 1967 – entspr. nach Kommentar Möller 0,8 % ALQ),[4] ebenso wie die gleichlautende Zielsetzung des Arbeitsförderungsgesetzes von 1969[5] nie mehr erreichbar waren. Weder der frühe keynesianische Optimismus (». . . that mankind is solving its economic problem«)[6] noch der späte mikroökonomisch-monetaristische Zynismus (». . . that a great deal of cyclical unemployment is voluntary in every rea-

4 Vgl.: Alex Möller: Kommentar zum Gesetz zur Förderung der Stabilität und des Wachstums der Wirtschaft, 2. Aufl., Hannover (Verlag f. Literatur und Zeitgeschehen) 1969, S. 63.
5 § 1 Arbeitsförderungsgesetz (AFG) v. 25.6.1969 (BGBl I S. 582) i.d. Fassung v. 21.12.1993.
6 John Maynard Keynes: Essays in Persuasion (Collected Writings, Vol IX), London (Macmillan) 1972, S. 325

sonable sense of term . . .«)[7] können über die Grenzerfahrung der Wirtschaftspolitik hinwegtäuschen, daß es seit Jahrzehnten nicht gelingt, durch Wirtschaftswachstum ein ausreichendes Maß an Beschäftigung zu induzieren. Arbeitsgesellschaft und Wirtschaftspolitik leisten sich nunmehr über Jahre hinweg bei verfestigter Arbeitslosigkeit, daß große Teile der Bevölkerung von der Ressource »Erwerbsarbeit« z. T. irreversibel ausgegrenzt werden, d. h. von der Quelle materieller, sozialer und individueller Wohlfahrt, über die Wohlstand, existentielle Sicherung, Teilhabe am Sozialversicherungssystem, Prestige und subjektive Wertigkeit verteilt werden. Arbeitslosigkeit entwikkelt sich so zunehmend von einer Frage der Wirtschaftspolitik zu einer der Sozialpolitik. Die gesamtfiskalischen Kosten dieses Scheiterns sind enorm; sie liegen bei ca. 116 Mrd. DM (1993) – so das Institut für Arbeitsmarkt- und Berufsforschung der Bundesanstalt für Arbeit.[8] Das Stichwort lautet hier verkürzend »Staatsversagen«.

5. *Der Zweite Arbeitsmarkt als Ausfallbürge*

Ausdruck von Markt- und Staatsversagen ist u. a. auch der Trend, Arbeitslosigkeit in einen dritten Sektor »abzuschieben«, der eher jenseits von den Teilsystemen »Markt« und »Staat« angesiedelt ist. Intendiert ist eine Ausfallbürgschaft, die das Problem der Arbeitslosigkeit zumindest in Teilen auffangen – oder vielleicht auch unauffällig »versickern« lassen soll. Typisch für diesen dritten Sektor sind Non-Profit-Organisationen, wie Beschäftigungsgesellschaften, Wohlfahrtsverbände, gemeinnützige Projekte und Betriebe, d.h. fast das gesamte Spektrum der Maßnahmeträger im Zweiten Arbeitsmarkt. Die temporären Entlastungseffekte durch arbeitsmarktliche Maßnahmen und soziale Beschäftigungsverhältnisse liegen (1993) bei weit über einer Million.[9] Der Non-Profit-Beschäftigungssektor sieht sich dabei in seiner Funktion vor dem Hintergrund von Markt- und Staatsversagen vor eine unerledigte Aufgabe gestellt, die als Zielsystem zumindest drei Erfolgskriterien vorgibt.[10] Das »magische« Dreieck heißt: Marktintegration, Sozialintegration und fiskalischer Ertrag. Das heißt, an Projekte und Maßnahmen des Zweiten Arbeitsmarktes richten sich Erwartungen, daß

7 Edmund Phelps: Inflation Policy and Unemployment Theory – The Cost-Benefit-Approach to Monetary Planning, London (Macmillan) 1972, S. 10.

8 Hans-Uwe Bach, Eugen Spitznagel: Gesamtfiskalische Kosten der Arbeitslosigkeit im Jahr 1993 auf 116 Mrd. DM gestiegen; in IAB Kurzbericht, 19. Jhg., Nr. 6 v. 11.3.1994.

9 Vgl.: Alfons Barth, Wolfgang Klauder: Konjunkturschwäche oder Strukturkrise? Aktuelle Prognose zur Arbeitsmarktentwicklung; in: Arbeit und Sozialpolitik, 48. Jhg., Heft 5/6 1994, S 7 f.

10 Vgl. hierzu und zum Folgenden: Achim Trube: Marktversagen, Staatsversagen und die Funktion des Dritten Sektors in der Massenarbeitslosigkeit; in: Theorie und Praxis der sozialen Arbeit; 45. Jhg., Heft 9 1994, S. 342 ff.

– zum einen aus dem (Ersten) Arbeitsmarkt Ausgegrenzte wieder in Arbeit eingegliedert werden sollen: *Marktintegration,*
– zum anderen die aus der Arbeitsgesellschaft Ausgegrenzten wieder in soziale Zusammenhänge integriert und stabilisiert werden sollen: *Sozialintegration,*
– und daß zum dritten die Marktintegration und Sozialintegration auch noch so betrieben werden sollen, daß damit ein *fiskalischer Ertrag* – sprich: eine (Teil-) Kompensation gesamtfiskalischer Kosten der Arbeitslosigkeit verbunden ist.

6. *Strukturprobleme des Zweiten Arbeitsmarktes*

Die dreifache Zielfunktion des Non-Profit-Beschäftigungssektors ist »magisch«, da aufgrund von typischen Strukturproblemen des Zweiten Arbeitsmarktes die gleichzeitige Umsetzung dieser Erfolgsgrößen nicht effizient im Sinne des betrieblichen Kalküls realisierbar ist.[11] Die Probleme sind gravierend, weil sie systemisch durch die konstitutiven Charakteristika der Projekte und Maßnahmen begründet sind sowie in den regelmäßig vorgegebenen Randbedingungen für die Arbeit dieses Sektors liegen. Schlagwortartig seien hier nur sieben Punkte aufgezählt:
– *Randgruppen- statt Kerngruppen-Orientierung:* Projekte des Zweiten Arbeitsmarktes richten sich bewußt und ganz gezielt an sog. Randgruppen des Ersten Arbeitsmarktes, die geringe Profitabilität versprechen.
– *Non-Profit-Overhead-Bereich:* Konstitutiv leisten sich Angebote des Zweiten Arbeitsmarktes einen großen Non-Profit-Overhead-Bereich aus betrieblicher Sozialarbeit, Sozialbetreuung., Schuldnerberatung, Kinderversorgung usw., der fixe und betrieblich nicht amortisierbare Kosten verursacht.
– *Extensivierung statt Intensivierung der Arbeit:* Die betriebliche Logik der Projekte des Zweiten Arbeitsmarktes ist es, den »kostentreibenden« Produktionsfaktor »Arbeit« extensiv zu vermehren, anstatt ihn durch Rationalisierung / Technisierung intensiv zu reduzieren.
– *Integration statt Relegation:* Erfolgskriterium der Projekte der Beschäftigungsförderung ist typischerweise, daß sie Menschen integrieren, d.h. auch bei erheblichen individuellen Fehlanpassungen (Unpünktlichkeiten, Unzuverlässigkeiten usw.) eher zur Strategie der Einbindung tendieren, als sie zu relegieren, d.h. die Unangepaßten freizusetzen.
– *Konkurrenz- und Marktverbot:* Die Rahmenbedingungen, die die Akteure des Ersten Arbeitsmarktes durch Lobbyismus und die Akteure des politisch-administrativen Systems durch Recht und Gesetz für den Non-Profit-Sektor

11 Vgl. hierzu und zum Folgenden: Trube, Strukturprobleme . . ., a.a.O.

setzen, verdammen durch Konkurrenz- (Zusätzlichkeit) und Marktverbot (Gemeinnützigkeit) zu systematisch unwirtschaftlichem Verhalten.

– *Ertragsverbot:* Selbst wenn es in Teilen und Ausnahmesituationen gelingen sollte, in einer Nische sich wirtschaftlich zu etablieren, kommt ein De-Fakto-Ertragsverbot des Förderrechts zum Tragen, indem die Erträge mit den Zuwendungen zu verrechnen sind (ABM), d.h. ertragsorientiertes Arbeiten zum ökonomischen Nullsummenspiel degeneriert.

– *Personal- und Funktionsgebot:* Das Nullsummenspiel ist zudem zu spielen mit den bürokratisch verordneten Personen (z. B. nur mit Langzeitarbeitslosen oder Schwervermittelbaren, nur mit Jugendlichen oder nur mit Älteren usw.), und auch die Funktion ist festgelegt, etwa daß – je nach Bescheid – nur zu qualifizieren, aber nicht zu beschäftigen, oder aber nur zu beschäftigen, aber dann nicht zu qualifizieren ist, etc.

7. *Effektivitäts- und Effizienz-Konflikte:*

Konsequenz dieser Restriktionen und identitätsstiftenden Prinzipien für den Non-Profit-Beschäftigungssektor ist ein systemisch vorgegebener Konflikt zwischen Effizienz der Arbeit, d.h. dem Grad ihrer Wirtschaftlichkeit, und der Effektivität der Arbeit, also dem Grad ihrer Zielerreichung – dies sowohl was die Marktintegration als auch besonders was die Sozialintegration betrifft. Diese Dilettantismus-Annahme schlägt sich im Alltag z.B. im »Käseglocken-Vorwurf« (die soziale Realität in den Maßnahmen entspricht nicht der betrieblichen Realität im Unternehmenssektor) oder etwa auch im »Faß ohne Boden-Vorwurf« (im Vergleich zur alimentierenden Sozialpolitik stehen den immer höheren Aufwendungen für Beschäftigung ständig abnehmende Erträge gegenüber) nieder.

8. *Versuche der Erfolgsmessung*

Die Dilettantismus-Hypothese ist empirisch überprüfbar. In Kosten-Nutzen-Analysen kann analog Punkt 5 gefragt werden, ob und inwieweit in den Projekten aus dem Zweiten Arbeitsmarkt sich Marktintegrationen, Sozialintegrationen und auch Erträge ergeben, und zwar hier nicht betriebswirtschaftlich, sondern fiskalisch untersucht. Die Effizienz ist in Fiskal-Bilanzen, die Effektivität dann in Sozial-Bilanzen darstellbar.[12]

12 Zu diesem Forschungsansatz und den Ergebnissen einer so angelegten Kosten-Nutzen-Analyse vgl. im Detail: Achim Trube: Fiskalische und soziale Kosten-Nutzen-Analyse örtlicher Beschäftigungsförderung – Eine exemplarische Untersuchung (Beitr.AB, Bd. 189), Nürnberg (BA) 1995.

9. *Fiskal-Bilanzen*

In einer feinanalytischen Untersuchung exemplarischer Projekte des Zweiten Arbeitsmarktes in einer westdeutschen Großstadt 1993 ermittelte die Kosten-Nutzen-Analyse dieser örtlichen Beschäftigungsförderung im fiskalischen Bereich einen positiven Sachverhalt.[13] Dem kommunalen Aufwand für die Durchführung der Projekte (Zuwendungen) standen fokussiert für diese Stadt Erträge gegenüber, die sich wie folgt zusammensetzten:

- *Einsparungseffekt:* Eingesparte Sozialleistungen (z.B. Sozialhilfe) der Stadt
- *Einnahmeeffekte:* Kommunale Anteile an der Lohn- und Einkommenssteuer bei steuerpflichtiger Beschäftigung
- *Multiplikationseffekte:* Einwerbung nicht-kommunaler Mittel zur Beschäftigungsförderung durch kommunale Initialfinanzierung
- *Wertschöpfungseffekte:* Geldwerter Zugewinn für die Gemeinde durch die Arbeit der Projekte
- *Konsumeffekte* (indirekt): Gewerbesteuermehreinnahmen für die Stadt durch Nachfragezuwachs bei bezahlter Arbeit
- *Stabilisierungseffekte* (indirekt): Eingesparte ambulante Sozialberatungskapazitäten durch Betriebssozialarbeit in den Projekten

Diese Nutzeneffekte sind mit den Gesamtkosten der untersuchten Projekte gegenzurechnen, wie dies die nachfolgend aufgeführte Fiskalbilanz zeigt:

Jahres-Fiskal-Bilanz: Gesamtbetrachtung		
Kosten-Konto	Nutzen-Konto	Kommmunales Salden-Konto
Gesamtkosten der untersuchten Projekte - 8.899.100,00 DM	Eingeworbene nicht-kommunale Mittel (Multiplikationseffekte) → + 5.390.300,00 DM	- 3.508.800,00 DM
Kosten-Vortrag - 3.508.800,00 DM	Einnahmen über Lohn-/ Einkommenssteuer (Einnahmeeffekte) + 111.100,00 DM	- 3.397.700,00 DM
Kosten-Vortrag - 3.397.700,00 DM	Eingesparte Sozialleistungen (Einsparungseffekte) → + 1.009.600,00 DM	- 2.388.100,00 DM

13 Vgl.: Ebd., S. 27 ff.

Wertschöpfungseffekte (Varianten I – III)		
Kosten-Konto	Nutzen-Konto	Kommunales Salden-Konto
Kosten-Vortrag - 2.388.100,00 DM	Wertschöpfungen als kommunaler Zugewinn (Variante I) + 203.100,00 DM	Saldo (A) - 2.185.000,00 DM
Kosten-Vortrag - 2.388.100,00 DM	Wertschöpfungen als kommunaler Zugewinn (Variante II) + 835.000,00 DM	Saldo (B) - 1.553.100,00 DM
Kosten-Vortrag - 2.388.100,00 DM	Wertschöpfungen als kommunaler Zugewinn (Variante III) → + 2.141.000,00 DM	Saldo (C) - 247.100,00 DM
Konsumtive Ausstrahlungseffekte (Modelle I-III)		
Kosten-Vortrag (A) - 2.185.100,00 DM	Steuermehraufkommen indirekt induziert durch konsumtive Zuwächse (Modell I) + 700,00 DM	Saldo (A) - 2.184.300,00 DM
Kosten-Vortrag (B) - 1.553.100,00 DM	Steuermehraufkommen indirekt induziert durch konsumtive Zuwächse (Modell II) + 3.400,00 DM	Saldo (B) - 1.549.700,00 DM
Kosten-Vortrag (C) - 247.100,00 DM	Steuermehraufkommen indirekt induziert durch konsumtive Zuwächse (Modell III) + 11.700,00 DM	Saldo (C) - 235.400,00 DM
Stabilisierungseffekte		
Kosten-Vorträge (A) – 2.184.300,00 DM (B) – 1.549.700,00 DM (C) – 235.400,00 DM	Verminderter Sozialberatungsaufwand + 81.300,00 DM	**Salden** **(A) – 2.103.000,00 DM** **(B) – 1.468.400,00 DM** **(C) – 154.100,00 DM**

Zusammenfassend läßt sich feststellen, daß in der Jahresbetrachtung für die kommunale Ebene noch »rote Zahlen« geschrieben werden. Aber schon in diesem Zeitraum sind »Amortisationen« der eingesetzten kommunalen Mittel zu beobachten, die in bezug auf den städtischen Erstaufwand von 3,5 Millionen DM selbst im restriktivsten Falle bei 40% (Saldo A) bzw. 58% (Saldo B) und durch Optimierungen sogar bei 96% (Saldo C) liegen.
Entscheidend für die Fiskal-Bilanzen ist der Grad der Einmündung in den regulären Arbeitsmarkt, das heißt die *Marktintegration* der Maßnahmen. So wurde ein halbes Jahr nach Beendigung der Maßnahmen und Projekte der Verbleib der Teilnehmer untersucht. Hierbei war nicht nur zwischen Arbeit und Arbeitslosigkeit zu differenzieren, sondern auch nach dem Verbleib in anderen Maßnahmen oder Transferleistungen zu fragen, um die Nachhaltigkeit der Nutzeneffekte für die Fiskal-Bilanz der Kommune jeweils ermitteln zu können. Die in der folgend aufgeführten Tabelle dargestellten Verbleibquoten sind demnach auch als *Arbeitsmarkt-Bilanz* der hier untersuchten Projekte zu verstehen:

Verbleib der Projekt-Teilnehmer	Einmündung in					
	Soz-H	Alg	Maß. *ohne* kom. Beitrag	Maß. *mit* kom. Beitrag	Arbeit	Sonstiges
Anteile an den Einmündungen in %	14	18	13	14	37	4

Der harte Indikator des Erfolges ist, daß über ein Drittel aller Teilnehmer aus dem Zweiten Arbeitsmarkt eine dauerhafte Beschäftigung als Eintritt in den Ersten Arbeitsmarkt verzeichnen konnten. Der weichere ist – insbesondere aus kommunaler Sicht –, daß 86% der kommunal geförderten Personen nach Beendigung der Maßnahmen und Projekte nicht mehr auf Sozialhilfe angewiesen waren.
Je nach Art der Einmündungen wurde die Jahres-Fiskal-Bilanz entsprechend fortgeschrieben. So ergaben sich etwa bei der Einmündung in Arbeitslosengeld für die folgenden Jahre auf dem kommunalen Nutzen-Konto zwar keine Wertschöpfungen und auch keine Einnahmen, allerdings waren Einsparungseffekte nachhaltig zu verzeichnen. Bei der Einmündung in Arbeit konnten – um ein anderes Beispiel aufzugreifen – zwar auch keine Wertschöpfungen für die Kommune selbst, jedoch Einnahmen und Einsparungseffekte nachhaltig beziffert werden. Diese so ermittelte Mehr-Jahres-Fiskal-Bilanz zeigt die folgende Tabelle:

Mehr-Jahres-Fiskal-Bilanz: 2. Projektfolgejahr		
Vortrags-Konto	Nutzen-Konto	Kommunales Salden-Konto
Vortrag aus dem Vorjahr (A) – 1.672.962,00 DM (B) – 1.037.363,00 DM (C) + 281.008,00 DM	Einnahmeeffekte + 41.107,00 DM Einsparungeffekte + 827.872,00 DM Konsumeffekte (Mod. II) +1.258,00 DM Stabilisierungseffekte <u>+ 52.032,00 DM</u> Nutzeneffekte 3. Jahr Σ + 922.269,00 DM	Salden 3. Jahr **(A) – 750.693,00 DM** **(B) – 115.094,00 DM** **(C) + 1.203.277,00 DM**
3. Projektfolgejahr		
Vortrag aus dem Vorjahr (A) – 750.693,00 DM (B) – 115.094,00 DM (C) + 1.203.277,00 DM	Einnahmeeffekte + 41.107,00 DM Einsparungeffekte + 827.872,00 DM Konsumeffekte (Mod. II) + 1.258,00 DM Stabilisierungseffekte <u>+ 52.032,00 DM</u> Nutzeneffekte 4. Jahr Σ + 922.269,00 DM	Salden 4. Jahr **(A) + 171.576,00 DM** **(B) + 807.175,00 DM** **(C) + 2.125.546,00 DM**

Aus den Berechnungen ergibt sich, daß spätestens im dritten Projektfolgejahr für die Kommune »schwarze Zahlen« einer Politik des Zweiten Arbeitsmarktes zu verzeichnen sind. Dies gilt selbst im restriktivsten Falle (Saldo A). Die optimale Variante (Saldo C) ist im dritten Projektfolgejahr für die Kommune so erfolgreich, daß bei einer Ertragsquote von über 61 % (Bezugsgröße: 3,5 Millionen DM Anfangsinvestition) 109 Arbeitsplätze nach dem bisher städtisch finanzierten Standard eingerichtet werden könnten. Der positive Saldo – der fiskalische Gesamtertrag – ergab sich demnach unter anderem durch die Vermeidung opportuner Kosten bei der Entscheidung für Beschäftigung anstelle von sozialen Leistungen zum Lebensunterhalt bei Fortdauer der Arbeitslosigkeit.

10. *Sozial-Bilanz*

Die Sozial-Bilanz der untersuchten Projekte aus dem Zweiten Arbeitsmarkt war ebenfalls weitgehend positiv.[14] In einer standardisierten Panelanalyse wurden neben den fiskalischen Untersuchungen die prospektiven Projektteilnehmer zuerst als Arbeitslose und später dann auch als Beschäftigte befragt. Insbesondere in den folgenden Aspekten psycho-sozialer Kosten von Arbeitslosigkeit[15] ergaben sich durch die Angebote der Beschäftigung signifikante Entlastungen von bemerkenswertem Ausmaß:

- *Psycho-soziale Entlastungen:* z.B. bei Problemen mit Sozialkontakten, Überflüssigkeitsgefühlen, Niedergeschlagenheit etc.
- *Psycho-ökonomische Entlastungen:* z.B. bei seelisch-körperlichen Folgewirkungen der materiellen Situation, bei subjektiven Belastungswahrnehmungen aufgrund von reduzierten Konsumspielräumen etc.
- *Psycho-somatische Entlastungen:* z.B. bei der subjektiven Perzeption von Krankheiten.

Das folgende Polaritätsprofil zeigt die Be- und Entlastungseffekte durch Arbeitslosigkeit bzw. Beschäftigungsförderung im Zweiten Arbeitsmarkt:
Die weitgestrichelte und durchgängig im rechten Bereich der Grafik laufende Linie zeigt die in allen Dimensionen stärkere Belastung der befragten Arbeitslosen in der Experimentalgruppe (EX); davon hebt sich deutlich ab die Linienführung der Befragten aus den Projekten des Zweiten Arbeitsmarktes (PG), die deutlich geringere Belastungen z.B. durch soziale Isolation, seelische Probleme, durch psycho-ökonomische und psycho-somatische Deprivationen indiziert. Die ermittelten Prozentsatzdifferenzen bei der Vorher-Nachher-Messung lagen in allen o.g. Aspekten wenigstens bei 10 %, wobei sich alle diese Werte zumindestens mit 90 % als signifikant erwiesen. Die querlaufenden Linien zwischen den beiden Polaritätsprofilen sind quasi die Strecke des Erfolgs

14 Vgl. : Ebd., S. 109 ff.

15 Vgl. zu den psycho-sozialen Kosten der Arbeitslosigkeit auch: Christian Brinkmann, Eberhard Wiedemann: Zu den psycho-sozialen Folgen der Arbeitslosigkeit in den neuen Bundesländern; in: Aus Politik und Zeitgeschichte (Beilage zur Wochenzeitung Das Parlament B16/94) v. 22.4.94, S. 16 ff.

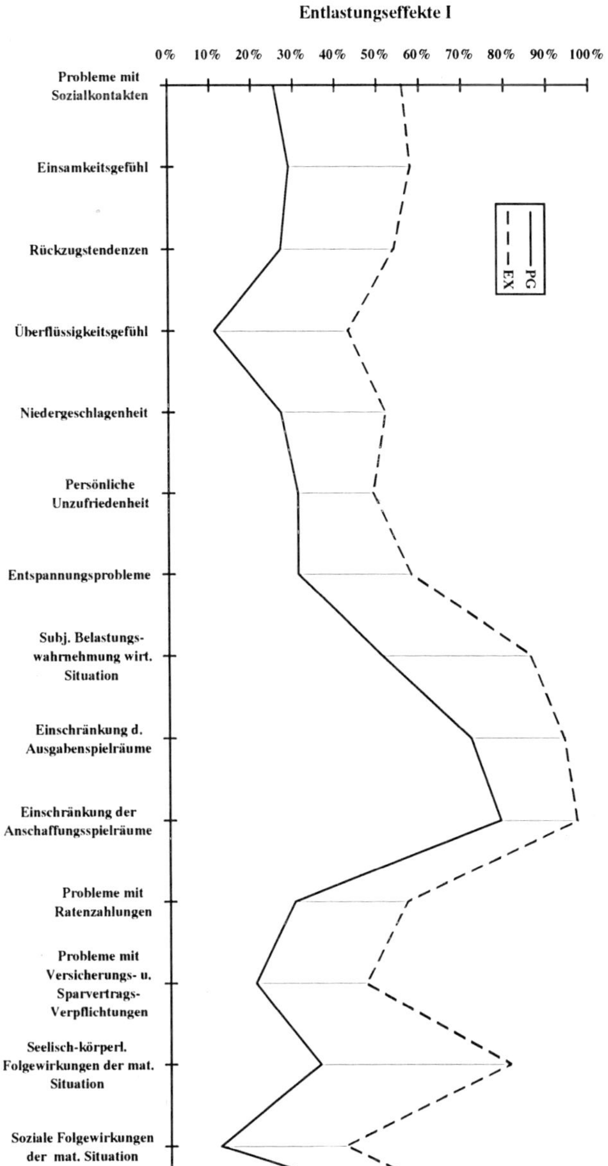
Entlastungseffekte I
0%
10%
20%
30%
40%
50%
60%
70%
80%
90%
100%
Probleme mit Sozialkontakten
Einsamkeitsgefühl
Rückzugstendenzen
Überflüssigkeitsgefühl
Niedergeschlagenheit
Persönliche Unzufriedenheit
Entspannungsprobleme
Subj. Belastungswahrnehmung wirt. Situation
Einschränkung d. Ausgabenspielräume
Einschränkung der Anschaffungsspielräume
Probleme mit Ratenzahlungen
Probleme mit Versicherungs- u. Sparvertrags-Verpflichtungen
Seelisch-körperl. Folgewirkungen der mat. Situation
Soziale Folgewirkungen der mat. Situation
Perzeption von Krankheiten
PG
EX

im Zielsystem *»Sozialintegration«*. Sie weisen darauf hin, inwieweit die flankierende Sozialarbeit im Zweiten Arbeitsmarkt in der Lage ist, kompensatorisch in bezug auf die individuellen Kosten der Langzeitarbeitslosigkeit zu wirken. Allerdings ließen sich andere Vermutungen, wie zum Beispiel eine gesellschaftspolitische Integrationswirkung der Maßnahmen nach den o.g. Differenz- und Signifikanzkriterien der Untersuchung empirisch nicht belegen.

11. *Zweiter Arbeitsmarkt: Zukunftsinvestitionen im dreifachen Sinne*

Die Ergebnisse dieser Studie zusammenfassend, lautet die 11. These: Immanent gesehen, d.h. aus der Perspektive der dargestellten Untersuchungen von Projekten mit einem Finanzvolumen von ca. 9 Millionen DM und einer Befragung von ca. 200 Arbeitslosen bzw. Projekt-Beschäftigten, erscheint der Einsatz von Mitteln in den Zweiten Arbeitsmarkt als eine Zukunftsinvestition, und zwar im dreifachen Sinne:

– sie entlastet erstens auf Sicht die örtliche Ebene *fiskalisch*, die ansonsten als Trägerin der Sozialhilfe durch die Auszehrung der vorgelagerten Sicherungssysteme bei Arbeitslosigkeit derzeit ständig und zunehmend belastet wird;
– sie ermöglicht zweitens eine sinnhafte *Verbindung von Struktur- und Sozialpolitik,* d.h. vor Ort gesellschaftlich sinnvolle und unerledigte Aufgaben mit der Beschäftigung ansonsten arbeitsmarktlich Ausgegrenzter systematisch zu verknüpfen;
– und sie erlaubt zum Dritten die *konkrete Erlebbarkeit praktischer Sozialstaatlichkeit*, das heißt Sozialstaatlichkeit, die persönlich stabilisiert, Selbstvertrauen verleiht, Kontakte schafft – wie die Sozialbilanz zeigte –, und dies war noch nie so wertvoll wie heute.

12. *Zweiter Arbeitsmarkt: Neue Grundzüge sozialorientierten Wirtschaftens*

Die zwölfte und letzte These versucht ein mehr grundsätzliches Resümee zur Ausgangsfrage von »Fehlfarbe oder Trumpfkarte« auf der Makroebene zu ziehen: Sicherlich ist der Zweite Arbeitsmarkt nicht *der* Königsweg aus der Beschäftigungskrise. Er bietet jedoch – so ist die theoretische Vermutung – Chancen in drei verschiedenen Aspekten:

– Erstens: Da der Non-Profit-Beschäftigungssektor nicht wie die konventionelle Wirtschaftspolitik auf eine positive Korrelation zwischen induziertem Wirtschaftswachstum und dadurch evtl. erzeugter Folgebeschäftigung hofft, sondern direkt Arbeit schafft, bietet er auch für diejenigen eine Chance, an denen der mögliche Konnex von Wirtschaftswachstum und Beschäftigung regelmäßig spurlos vorbeigeht.

– Zweitens sind Projekte und Initiativen der Beschäftigungsförderung zumeist in Marktsegmenten positioniert, in denen ein privater Erwerb von Gütern und Dienstleistungen – so wie im Ersten Sektor üblich – die Ausnahme ist. Die Leistungen des Zweiten Arbeitsmarktes (z.B. Umweltschutz, Betreuung usw.) bieten somit vielleicht einen Ausblick auf nicht-kommerzialisierbare Bedarfe in einer hochentwickelten Konsumgesellschaft, auf die der reguläre Markt keine Antwort und demgemäß auch dafür keine Arbeit geben kann.

– Drittens und endgültig letztens heißt das Resümee: Der Non-Profit-Beschäftigungssektor verbindet – im Sinne von Max Weber – Muster der Zweckrationalität, so wie sie im ersten Sektor als ökonomisches Prinzip üblich sind, mit Mustern der Normrationalität, so wie sie im zweiten Sektor – dem Staat – verbindlich zu gelten haben. Der in dieser Kombination ständig lauernden Gefahr des doppelten Dilettantismus wohnt womöglich aber auch ein verdeckter Hinweis inne, der auf neue Formen sozialorientierten Wirtschaftens zeigt, die rational mit rationell nicht mehr bereit sind zu verwechseln.

Daniel Gros

International Experiences in (Un)employment Policies

My remarks will come in two parts: 1. Diagnosis and 2. Prescription

1. *Diagnosis*

The first point one has to take into account is that the nature of unemployment differs across countries. This can be shown by using a number of simple indicators such as: the share of long term unemployed, youth unemployment, employment and regional distribution. A few examples should suffice to illustrate this proposition: in Italy unemployment is a regional problem since there is full employment in the north, but close to 20 % unemployment in the south. France, Spain and (again) Italy have very high unemployment rates among the young, ranging from 20 % to almost 50 % in some regions! This suggests that serious distortions impede the entrance of young people in the labour market. Similarly the unemployment rates of women are also much higher than that of men; and differ considerably from country to country. Employment rates (or labour force participation rates) also show great variations between Spain (about 45 %) and Denmark (almost 80 %).

There is, however, one similarity: unemployment rates among »*prime age*« males (men between 25 and 50) are actually rather similar across OECD countries. All this indicates that, in contrast to the US, high wage rates and a low degree of wage dispersion have excluded weaker parts of the labour market (the young, regions with old industries, or without any industry). However, which part of the population is excluded from the labour market differs from country to country.

A second major point to keep in mind is that unemployment is persistent in Europe. It does not go up and down with the business cycle as in the US. This is another indication that it is structural. But different structural rigidities and/or market imperfections are at work in different countries as can be seen from the differences mentioned above. Hence there is no European or global »*Patentrezept*« that could cure the unemployment problem everywhere.

2. *Prescription*

My main point here is: Liberalization helps. But it should not be limited: Partial liberalization of the labour market might make things worse. My second point is liberalization should not be limited to the labour market. The housing market, for example, is also an important element.

The experience of Spain illustrates the first proposition: After the introduction of fixed term contracts (a partial liberalization) about one third of all new jobs took this form. This created an incentive for additional turnover and strengthened the position of »insiders«, i.e. those already employed. Moreover, the government footed the bill for the turnover in the labour market. General equilibrium effects of this type make it difficult to ensure the effectiveness of isolated measures.

The importance of the housing market in allowing for regional labour mobility is not widely appreciated. In recent research I have found that the structure of the housing market (especially the market for rentals) is closely related to the distribution of regional unemployment. In countries with rent controls (e.g. Italy until recently, to some extent Spain) the rental market has almost disappeared and workers face extremely high costs if they want to move where the jobs are. This is one of the main reasons why there are such extraordinarily high differences in the unemployment rates across regions in these countries. With a more flexible housing market people could move to where the jobs are. This would certainly lower the average unemployment rate.

My second point ist that macroeconomic policies have little discernable impact on unemployment; certainly not in the short run, but sometimes not even in the long run. The massive devaluations in Italy and Spain are an example for this. While exports have grown rapidly and the current account is now in surplus, employment has continued to fall because a loss of confidence has led to a fall in domestic demand. Given the precarious situation of public finances in general, expansionary policy is also no longer a useful instrument. The experience of the last decade confirms this: Deficits and debts have increased in all countries, but this has not created demand and jobs. In highly indebted countries any increase in the deficit can have such a negative impact on confidence that it might actually depress demand (and hence employment). Generating demand to create jobs is thus not something the government can do by pushing a button.

The calls to ›Increasing the job content of growth‹ also pursue a blind alley. Saying that one wants to increase the job content of growth is equivalent to saying that one wants to reduce the growth of productivity! Luckily this cannot be done quickly. Any success along this line would only price labour even more out of the market.

The key to success then consists in a broad set of measures to increase labour market flexibility in all aspects, to reduce the reservation wage relatively to income from work, net of taxes. One has to acknowledge, however, that implementing the labour market measures suggested here is easier said (by economists) than done (by politicians). The problem is that liberalization of the labour market is likely to lead to more wage dispersion. If one wants to limit income inequalities in this process one is trying to square a circle. This is impossible, hence compromises between these goals are inevitable.

The concern about income distribution explains why there is so much political resistance to radical measures. A good example of the political controversy surrounding a not so radical measure was the opposition to the attempt by the French government to facilitate the employment of young workers by allowing firms to pay them below the minimum salary (SMIC). Experiences like these have led, at least in the European political class, to apathy concerning the unemployment problem in general. It also explains why governments talk a lot about the fight against unemployment, but in reality do very little.

The title assigned to my contribution suggests that many countries have actively adopted policies to combat unemployment. This does not correspond to reality. Wide ranging measures to reform the entire labour market cannot be detected in almost any European country. All that has been done so far throughout Europe represents tinkering at the margin. The Spanish example with fixed term contacts mentioned above can again serve as an example. The explicit aim was to make the labour market more flexible. However, the regulations concerning ›normal‹ contracts with unlimited terms were not changed. The ›insiders‹, i.e. workers that already have a job, have the same negotiating power as before and have therefore continued to keep their wages high. The increased mobility of workers that results from this measure is additional burden on public finances that underwrite the time between fixed term jobs through a generous unemployment insurance system.

The only country where really profound changes in the labour market took place over the last two decades is the UK. However, this was not undertaken to combat unemployment, but more for political reasons, i.e. to reduce the powers of the trade unions. The morale of the story is thus pretty clear: Governments do what is politically convenient, not what is economically sound. They will probably continue along this route for some time, since generous benefits have so far taken the immediate social explosiveness from unemployment. However, as the pressure of budgets mounts, this might change soon. The time will then come to re-think social and labour market policies in order to attack the unemployment problem at its roots.

Hans-Peter Klös

Die Umsetzbarkeit konkreter beschäftigungspolitischer Vorschläge in die praktische Politik – Realisierungschancen und Hindernisse

1. Problemstellung

Zwei Jahre nach Beginn eines neuerlichen Aderlasses bei der Beschäftigung in Westdeutschland und nach vier Jahren gravierender Beschäftigungsprobleme in Ostdeutschland sind die Wunden am Arbeitsmarkt noch nicht vernarbt. Noch sitzt allen Beobachtern der Schock in den Knochen, daß der rapide Beschäftigungsverlust anders als früher auch hochqualifizierte Mitarbeiter, Angestellte, Teile des Managements und zunehmend auch Akademiker erfaßt hat. Die totale Umkrempelung der Organisations- und Produktionsstrukturen gefährdet dabei auch weiterhin Arbeitsplätze, die bisher noch als sicher galten. Viele befürchten zudem eine Entindustrialisierung und Aushöhlung der Wohlstandsbasis, weil industrielle Arbeitsplätze auf Dauer verlorengegangen sind und mittlerweile auch die unternehmensbezogenen Dienstleister massiv Personal abbauen. Die Entwicklung des Arbeitsmarktes bleibt daher ganz oben auf der wirtschaftspolitischen Sorgenliste.
In der seither vergangenen Zeit ist bereits eine Vielzahl von Vorschlägen zur Therapie des Beschäftigungsproblems vorgelegt worden. Nahezu jede nationale wie internationale Institution von Gewicht (Sachverständigenrat, Monopolkommission, Deregulierungskommission, OECD, IMF, EU-Kommission) hat inzwischen Handlungskataloge vorgelegt, wie dem Beschäftigungsproblem beizukommen sei. Naturgemäß sind die empfohlenen Reformansätze von jeweils unterschiedlichem Grundsatzgehalt und daher nur zum geringeren Teil konkret. Im folgenden soll daher ein Destillat jener aktuellen Ansätze vorgestellt werden, die bereits zur »zweiten Generation« von beschäftigungspolitischen Reformen gehören und über das Standardrepertoire der organisierten Interessen hinausgehen. Einige dieser Ansätze haben bereits ein Stadium der Konkretisierung erreicht, das schon erste praktische Erfahrungen zuläßt.
Der Begriff der Beschäftigungspolitik wird dabei deutlich weiter gefaßt als Arbeitsmarktpolitik im engeren Sinn. Um aber zu halbwegs gesicherten Vermutungen über die Wirkung auf das Beschäftigungsziel zu gelangen, soll der beschäftigungspolitische Rahmen im folgenden auf die Tarif-, Finanz-, So-

zial- und Arbeitsmarktpolitik beschränkt werden. Hinsichtlich des Beschäftigungsziels wird dabei von einer klaren Vorrangstellung der Tarifpolitik gegenüber den staatlichen Politiken ausgegangen. Nur eine diesbezügliche Reform verspricht eine wirkliche Ursachentherapie des Arbeitsmarktes. Unter den hier diskutierten öffentlichen Einzelpolitiken wird ferner von einer Nachrangstellung der Arbeitsmarktpolitik ausgegangen. Dies kontrastiert zwar deutlich mit der Beobachtung, daß es gerade in der Arbeitsmarktpolitik die meisten institutionellen Veränderungen gegeben hat. Dennoch behält sie in einer Marktwirtschaft mehr oder weniger die Funktion einer beschäftigungspolitischen »Nachhut« gegenüber anderen Politikbereichen, vermag also grundsätzlich die Fehler der tarif- und wirtschaftspolitischen Vorderleute nicht auszugleichen.

2. *Tarifpolitik*

2.1 *Einstiegstarife*

Beschäftigungspolitik fängt bei der Aushandlung von Arbeits- und Entgeltbedingungen an. Dabei wird in der Lohnpolitik noch immer die Produktivität als Lohnleitlinie herangezogen, wenn der Verteilungsspielraum abgesteckt werden soll, dessen Ausschöpfung gerade stückkostenneutral ist und damit eine arbeitskostenbedingte Entstehung von Arbeitslosigkeit verhindert. Die Produktivitätsregel liefert jedoch auch Empfehlungen, wenn es um die Wiederbeschäftigung von Arbeitslosen geht. Angesichts einer mittleren Wiederbeschäftigungswahrscheinlichkeit von nur noch 30 Prozent innerhalb eines Jahres und einer scheinbar unaufhaltsam steigenden Sockelarbeitslosigkeit scheint gerade die Wiederbeschäftigung der einmal Entlassenen das zentrale Problem aller europäischen Arbeitsmärkte zu sein.

Eine daraus abzuleitende Reformoption sind sogenannte Einstiegstarife. Dies sind befristete Tarifabsenkungen für bestimmte Gruppen von Arbeitsuchenden, die ein Beschäftigungsverhältnis beginnen wollen. Dazu zählen Jugendliche, Ältere oder auch längerfristig Arbeitslose, denen ein (Wieder-)Einstieg in den Arbeitsmarkt aufgrund marktzutrittsverhindernder Produktivitäts- und Lohnniveaus nicht gelingt. Ökonomisch lassen sie sich immer dann rechtfertigen, wenn die Produktivität der Arbeitsuchenden unterhalb jener der bereits Beschäftigten liegt. Damit wird in der Regel nach längerer Arbeitslosigkeit, infolge eines Berufswechsels oder beim Übergang von der Ausbildung in den Beruf zu rechnen sein.

In der Chemieindustrie wurde bereits im Januar 1994 ein Tarifvertrag vereinbart, nach dem die Einstellbezüge von Langzeitarbeitslosen auf 90 Prozent des Tarifentgelts abgesenkt werden konnten. Von den Neueinstellungen in den ersten acht Monaten nach Inkrafttreten des neuen Tarifvertrages entfielen ca. 5,5 Prozent auf Langzeitarbeitslose (Bundesarbeitgeberverband Chemie,1994). Diese Quote scheint auf den ersten Blick bescheiden zu sein. Würde man sie allerdings auf die Gesamtzahl der pro Jahr neu begonnenen sozialversicherungspflichtigen Beschäftigungsverhältnisse hochrechnen, so käme man auf ein Einstellungsvolumen für Langzeitarbeitslose von über 300.000. Dies ist deutlich mehr als der gesamte Eingliederungserfolg des Sonderprogramms der Bundesregierung gegen Langzeitarbeitslosigkeit seit Juli 1989. So gesehen erscheint der Einstiegstarif ein taugliches beschäftigungspolitisches Instrument zu sein.

Allerdings gibt es erstens keinerlei Gewähr dafür, daß die Einstellungen nicht auch zum vollen Tariflohn stattgefunden hätten. In diesem Fall würden Mitnahmeeffekte auftreten. Zum zweiten ist nicht auszuschließen, daß es zu einem Karussellgeschäft dergestalt kommen kann, daß tarifentlohnte leistungsschwächere Mitarbeiter durch tarifabgesenkte Arbeitsuchende ersetzt werden (Substitutionseffekt). Beides ist empirisch noch nicht überprüfbar. Fraglich ist indessen, ob diese Einwände nicht noch mehr gegen das neue Langzeitarbeitslosigkeitsprogramm der Bundesregierung geltend gemacht werden können, das den in der Chemieindustrie von den Arbeitnehmern aufgebrachten Lohndiskont durch einen staatlichen Lohnkostenzuschuß ersetzt. Mitnahme- und Substitutionseffekt sind grundsätzlich bei jeder Form von Lohnsubventionen zu bedenken. Sie sprechen daher in ihrer ordnungspolitischen Substanz eher für die tarifvertragliche Absenkung der Einstellbezüge als für staatliche Lohnkostenzuschüsse.

Wiedereinstiegstarife kommen überdies der von Kritikern der kollektiven Tarifpolitik seit langem vorgebrachten Forderung nach einer Neuinterpretation des tarifvertraglichen Günstigkeitsprinzips nach: Günstiger dürfe nicht nur sein, was Arbeitnehmer materiell besser stelle, sondern auch, was bestehende Arbeitsplätze sichert oder neue schafft. Einstiegstarife tragen diesem Gedanken Rechnung und reihen sich insofern in die verschiedenen beschäftigungssichernden Maßnahmen ein, die in der Tarifrunde des Jahres 1994 vereinbart worden sind (Arbeitszeitkorridore, Ausgleichszeiträume, Öffnungsklauseln). Während aber zum Beispiel Öffnungsklauseln der Entstehung von Arbeitslosigkeit vorbeugen sollen, können Einstiegstarife einen Weg aus Arbeitslosigkeit zurück in Beschäftigung bahnen.

2.2 *Umwidmung von Trennungskosten*

Eine zweite im Bereich der Tarifpolitik angesiedelte wiederbeschäftigungsfördernde Option ist die alternative Verwendung von Trennungskosten. Der Beschäftigungsabbau in der Industrie offenbarte eine überaus kostspielige Trennungspraxis – sowohl für die bei Aufhebungsverträgen abfindungs- und sozialplanpflichtigen Betriebe wie auch für die öffentlichen Kassen, wenn es um Vorruhestandsmaßnahmen geht. Aus ökonomischer Sicht gilt aber, daß der Marktaustritt den Markteintritt regiert. Je höher folglich die Marktaustrittskosten sind, um so unwahrscheinlicher ist der zukünftige Markteintritt und damit die Wiederbeschäftigung von einmal Entlassenen.

Die beschäftigungspolitische first best-Lösung eines Abbaus von beschäftigungsfixen Trennungskosten läßt sich unter den herrschenden arbeitsrechtlichen und tarifvertraglichen Bedingungen offensichtlich nicht kurzfristig verwirklichen. Wenn mithin die Marktaustrittskosten durch kollektiv- und individualrechtliche Fixierungen nicht gesenkt werden können, so sollte als second best-Lösung immerhin erwogen werden, wie die derzeit überwiegend passiv und konsumtiv verwendeten Trennungsgelder in die Wiederbeschäftigung zu lenken und damit gleichsam beschäftigungspolitisch zu »aktivieren« sind. Dieses Umdenken bei der Verwendung von bestandsschützenden Abfindungs- und Sozialplanleistungen ist durch einige spektakuläre Fälle ausgelöst worden, in denen durchschnittliche Abfindungen etwa in Höhe der Kapitalausstattung eines industriellen Arbeitsplatzes gezahlt wurden.

Die arbeitsmarktpolitische Crux der konventionellen Abfindungs- und Sozialplanpraxis ist, daß der Anreiz zur qualifikatorischen, sektoralen oder regionalen Mobilität im Falle einer Entlassung um so geringer ist, je größer der Anteil der einkommenssichernden Abfindungsbestandteile am gesamten Abfindungsbetrag ist. Die Abfindungspraxis wirkt damit oft in eine den Intentionen der sonstigen Arbeitsmarktpolitik direkt zuwiderlaufende Richtung: Indem sie betriebliche Ressourcen in eine passive Verwendungsrichtung zwingt, vergibt sie auch Chancen zur Förderung des externen Strukturwandel der Volkswirtschaft im Wege der Re-Allokation des Arbeitskräfteinsatzes.

Erste praktische Beispiele einer alternativen Verwendung von Abfindungen und Sozialplanmitteln (Ditec, München; Thyssen, Düsseldorf; Burkhardt+ Weber, Reutlingen) zeigen aber, daß es auch abfindungsfinanzierte Maßnahmen gibt, mit denen neue Beschäftigungsverhältnisse angebahnt werden können. Die Palette der möglichen Alternativen reicht von Ausgründungen aus dem abfindenden Unternehmen und Existenzgründungshilfen über Qualifizierungen in einstellungsbereiten Unternehmen und Arbeitnehmerüberlassungen bis zu Outplacementhilfen und vermittlungsfördernden Maßnahmen (Klös,1995). Eine wiederbeschäftigungsfördernde Variante der Abfindungsverwendung stellt zum Beispiel die Einrichtung von sogenannten Einsatzbetrieben dar. Seit Herbst 1993 werden in der praktischen Arbeitsmarktpolitik Nordrhein-Westfalens in der Montanindustrie entlassene Mitarbeiter in Einsatzbetrieben zusammengefaßt und an Handwerks- oder sonstige Betriebe, die offene Stellen melden, ausgeliehen und dort qualifiziert (Schröder,1994).

Die dabei praktizierte Verknüpfung von öffentlichen und Sozialplanmitteln erfüllt gleich in mehrfacher Hinsicht die Anforderungen an eine wiederbe-

schäftigungsfördernde Politik: 1) Statt der passiven Alimentierung ausgefallener Arbeitszeit wird Qualifizierung unter betrieblichen Bedingungen gefördert. Die Qualifizierung erfolgt mithin nicht am grünen Tisch, sondern in Betrieben mit konkretem Arbeitskräfte- und Qualifikationsbedarf. 2) Mit der Qualifizierung ist nicht nur ein Arbeitgeberwechsel, sondern unter Umständen auch ein Berufs- oder gar Branchenwechsel verbunden. Der qualifikatorische Strukturwandel kommt voran. 3) Im Kern verbirgt sich hinter dem Training on the job sowohl eine Arbeitnehmerüberlassung als auch eine Beschäftigung zur Probe – bisher ausnahmslos Tabuthemen für die öffentliche Arbeitsmarktpolitik.
Bei der Ausgliederung der Ditec aus der Digital Equipment wurde ansatzweise auch der Vorschlag umgesetzt, die Abfindungen als Lohnkostenzuschuß auszugestalten, der von entlassenen Mitarbeitern mitgenommen und bei einer Neueinstellung in einem anderen Unternehmen dazu verwendet werden kann, einen anfänglichen Produktivitätsnachteil oder auch einen Lohnabschlag gegenüber der bisherigen Beschäftigung auszugleichen. Dies scheint insbesondere für ältere Arbeitnehmer ein Weg zu sein, um die für sie besonders hohen Wiederbeschäftigungshürden überwinden zu helfen. Bei ihnen tritt nämlich zu den Schwierigkeiten eines nur mit größerem Aufwand zu erneuernden Humankapitals das Problem einer zum Teil senioritäts-, also alters- und betriebszugehörigkeitsabhängigen direkten Entlohnung wie auch sonstiger betrieblicher Leistungen. Die »Mitnahme« eines Teils der Abfindungen und der betrieblichen Pensionsansprüche zu anderen Arbeitgebern könnte die Wiederbeschäftigung fördern, die relative Überrepräsentanz älterer Arbeitnehmer unter den Langzeitarbeitslosen abschwächen und den sozialpolitisch wie ökonomisch bedenklichen Trend zur Frühverrentung mildern (Bogai et al., 1994).

2.3 *Arbeiten und Lernen*

Tarifvertragliche Weiterbildungsregelungen gibt es im Rahmen von Rationalisierungsschutzabkommen zwar schon seit den 60er Jahren, sie scheinen aber darüber hinaus in der tarifpolitischen Praxis bisher nicht angewandt worden zu sein. Etwas mehr Bewegung gibt es dagegen inzwischen bei der tarifvertraglichen Vereinbarung von Jahresarbeitszeiten und der Einrichtung von Zeitkonten. Beide Bausteine lassen sich nun zum Vorschlag verbinden, Zeitblöcke aus dem Jahresarbeitszeitvolumen herauszuschneiden und während dieser Zeit Arbeitnehmer zu qualifizieren. Ein solcher Vorschlag wurde unter dem Stichwort »Kurz-Sabbatical« unterbreitet (Hoff/Weidinger, 1994).
Eine tarifvertraglich vereinbarte Qualifizierung, die aus dem Verteilungsspielraum heraus dotiert werden muß, erlaubte wegen der Umwidmung von Arbeitszeit in Qualifizierungszeit eine Arbeitszeitverkürzung ohne gleichzei-

tige Ausdehnung der Freizeit. Die Qualifizierung kann dabei betriebsnah und vor allem zielgruppenorientiert stattfinden und würde damit einige grundsätzliche Einwände gegen Qualifizierungsmaßnahmen entkräften. Insbesondere für ältere Arbeitnehmer, deren Qualifizierung hohe Anforderungen an das Weiterbildungsmanagement stellt, wird eine betriebsnahe Weiterbildung angesichts der Technologieschübe von besonderem Interesse sein.
Möglicherweise ließe sich dieser Ansatz auch mit einem stärker gleitenden Übergang in den Ruhestand verbinden, wie er in den Plädoyers für eine Wiederbelebung des Altersteilzeitgesetzes zum Ausdruck kommt. Insgesamt wäre eine tarifvertragliche, zielgruppenbezogene Weiterbildungslösung eine Wendung der Arbeitszeitdebatte, die insbesondere mit Blick auf zukünftige Qualifizierungsbedarfe über die Frage nach reinen Flexibilisierungsmöglichkeiten bei Arbeits- und Betriebszeiten hinausweist, die mittlerweile schon zum etablierten Reformkanon gehört. Vielleicht erweist sich die Rahmenvereinbarung der chemischen Industrie über die Einrichtung einer gemeinsamen Stiftung zur Förderung der berufsbezogenen Weiterbildung in diesem Sinn einmal als wegweisend.
Einen anderen Weg zur Qualifizierung von Arbeitnehmern gehen Schweden und Dänemark. Die dort praktizierten Stellvertreterregelungen sehen eine Rotation zwischen Beschäftigten und Arbeitsuchenden vor (Höcker,1994 und 1995). Für die Beschäftigten wird die Bereitschaft zu einem vorübergehenden Ausstieg aus der Erwerbstätigkeit durch staatlich finanzierten Bildungs- oder Elternurlaub sowie Sabbaticals attraktiv gemacht. Im Gegenzug erhalten Arbeitsuchende eine Beschäftigungsgelegenheit am freigewordenen Arbeitsplatz. Der erhoffte arbeitsmarktentlastende Effekt besteht in einem Ringtausch zwischen Beschäftigten und Arbeitslosen bei einer gleichzeitigen Realisierung von Bildungserträgen für Vertretene wie Vertreter. Der Idee nach soll also – bei gesamtwirtschaftlicher Kostenneutralität – finanziell alimentierte Leerzeit der Arbeitslosen in Beschäftigungszeit und bei Arbeitnehmern Beschäftigungs- in Qualifizierungszeit umgewidmet werden.
Diese Umbuchung kann allerdings nur dann kostenneutral sein, wenn erstens die Qualifizierung zu höheren Erträgen als Kosten führt und zweitens nicht nur Freizeit aus dem Steueraufkommen finanziert wird. Beide Bedingungen werden in den skandinavischen Modellen nicht in jedem Fall erfüllt. Auch die Beschäftigungswirkungen sind unsicher, weil es bei zwei der drei dänischen Stellvertreterregelungen keine Stellvertretungspflicht mehr gibt. Fehlende zusätzliche Lohnkostenzuschüsse, die die Rüstkosten eines Stellvertreter-Beschäftigungsverhältnisses (Anlernen, Einarbeiten etc.) decken könnten, der bei einer Stellvertretungspflicht wegfallende Arbeitszeitpuffer und die einzuräumende Rückkehrgarantie hatten nämlich insbesondere die Akzeptanz der privaten Arbeitgeber für die Vorgänger-Stellvertretungsregelung gering aus-

fallen lassen. Daher wurde die Rotationspflicht mit der Neuregelung zum Jahr 1994 ganz fallengelassen.
Die von der Rotation erhoffte direkte Arbeitsmarktentlastung steht damit einstweilen nur auf dem Papier. Zu einer Arbeitsmarktentlastung – wohlgemerkt: nicht zu einer Mehrbeschäftigung – wird es unter diesen Umständen nur bei einer freiwilligen Stellvertretung kommen. Diese ist von der konjunkturellen Situation und der Einstellungsbereitschaft der Betriebe abhängig. Besteht aber ein solcher Beschäftigungsbedarf, so wäre ohnehin Personal eingestellt worden. Die direkte Arbeitsmarktentlastung ist also bei einer fehlenden Stellvertreterpflicht per saldo völlig ungewiß. Die Stellvertretung hat daher beschäftigungspolitisch nur mit einem gesamtwirtschaftlich kostenträchtigen finanziellen Urlaubsanreiz gewisse Erfolgsaussichten.

3. *Finanzpolitik*

Wenn es in der Vergangenheit in der Tarifpolitik häufiger zu Abweichungen von der Produktivitätsregel und zu stärker verteilungsorientierten Abschlüssen gekommen ist, so ist dies zu einem nicht unerheblichen Teil Folge der öffentlichen Finanzpolitik. Zum einen haben der Staat und die Sozialversicherungen durch Steuern und Abgaben einen ständig zunehmenden Keil zwischen Brutto- und Nettoeinkommen getrieben (tax wedge). Insbesondere in den unteren Einkommensklassen ergeben sich hohe Grenzbelastungen des Einkommens. Zwar gibt es weder international (OECD,1995) noch im Längsschnitt für Westdeutschland einen signifikanten Zusammenhang zwischen der Abgaben- und der Arbeitslosenquote. Doch bedeutet eine steigende Abgabenquote eine arbeitsplatzgefährdende Hypothek für eine realeinkommensorientierte Lohnpolitik, die eine reale Ressourcenverlagerung von Arbeitnehmern zum Staat verhindern will.
Zum anderen gibt es auf der Aufkommensseite der staatlichen Finanzen im internationalen Vergleich eklatante Unterschiede in den relativen Finanzierungsanteilen von direkten und indirekten Steuern einerseits und Sozialversicherungsbeiträgen andererseits. Die Bundesrepublik weist im internationalen Vergleich nach Frankreich den zweithöchsten Finanzierungsanteil durch Sozialversicherungsbeiträge auf. Eine unmittelbare Folge ist, daß hierzulande zwei Drittel des gesamten Sozialbudgets über Arbeitgeber- und Arbeitnehmerbeiträge zur Sozialversicherung finanziert werden. Diese wirken dabei teilweise wie eine Lohnsummensteuer. Da die Personalzusatzkosten weitaus schneller gestiegen sind als die Direktentgelte, hat dies zu einer Verschiebung der relativen Faktorpreise zwischen Arbeit und Kapital zu Lasten des Arbeitseinsatzes beigetragen. Schätzungen beziffern die dadurch aus-

gelöste relative Verteuerung des Faktors Arbeit seit 1970 auf 60 Prozent (Institut für Mittelstandsforschung Mannheim, 1993).

3.1 *Verringerung der Abgabenschere*

Aus beiden Beobachtungen werden beschäftigungspolitische Reformvorschläge abgeleitet. Zur Verringerung der tax wedge und zur Stimulierung der Arbeitsnachfrage wird eine Senkung von Sozialversicherungsbeiträgen für bestimmte Personengruppen vorgeschlagen. Dies geschieht insbesondere mit Blick auf den Bereich der unteren Einkommensklassen, um dem Problem der Mindestlohnarbeitslosigkeit zu begegnen. In Belgien wird dieser Weg von Abgabenentlastungen bereits seit Mitte 1993 für arbeitslose Jugendliche und seit Anfang 1995 auch für Arbeitslose insgesamt beschritten. Dort werden beitragspflichtigen Arbeitgebern, die Langzeit- oder unqualifizierte Arbeitslose einstellen, die Sozialversicherungsbeiträge in den ersten vier Quartalen um 75 Prozent und in den nächsten vier Quartalen um 50 Prozent nachgelassen (Europäische Kommission,1995).
Diese Entlastung bei den Sozialversicherungsbeiträgen wirkt für das Einstellungsverhalten der Unternehmen wie ein steuerfinanzierter befristeter Lohnkostenzuschuß. Auf der Finanzierungsseite können sich aber deswegen unterschiedliche Belastungswirkungen zwischen beiden Instrumenten ergeben, weil auch Belgien einen vergleichsweise hohen Anteil beitragsfinanzierter Staatseinnahmen aufweist. Über die bisherigen Erfolge mit diesem sog. »Einstellungsplan für Arbeitslose« ist noch nichts bekannt, so daß eine vergleichende Würdigung etwa von direkten Lohnsubventionen wie beim neuen Bundesprogramm gegen Langzeitarbeitslosigkeit und von Steuervergünstigungen wie im belgischen Fall nicht möglich ist. Zu bedenken ist aber bei beiden an der Arbeitsnachfrage der Unternehmen ansetzenden Varianten die potentielle Karussellwirkung, bei der eventuell nicht-bezuschußte Arbeitskräfte durch kostenentlastete Beschäftigte ersetzt werden. Dieses Argument spricht prinzipiell für Lösungen, die beim Arbeitsangebot ansetzen und das erzielbare Markteinkommen von Erwerbstätigen aufstocken.

3.2 *Steuer- statt Abgabenfinanzierung*

Auf die Struktur der Staatseinnahmen zielen die derzeit diskutierten Vorschläge, die Sozialversicherungen von beitragsfremden Leistungen zu entlasten und die Einnahmenausfälle durch Steuerfinanzierung auszugleichen. Dies folgt der Überlegung, daß im Bereich der Kranken-, Renten- und Arbeitslosenversicherung zusammengenommen netto mehr als 120 Mrd. DM für eigentlich versicherungsuntypische Leistungen ausgegeben werden, die finanzsystematisch eigentlich vom allgemeinen Staatshaushalt zu tragen wären. Hinzu tritt mit der neuen Pflegesozialversicherung das Problem, daß hier eine Risikovorsorge am Faktor Arbeit angebunden wird, ohne zwingend etwas mit dem Arbeitsverhältnis zu tun zu haben. Zu dieser Finanzierungsform hätte es mit einem Kapitaldeckungsverfahren, das bis zum Erreichen der Deckungsfähigkeit durch eine Steuerfinanzierung ergänzt worden wäre, eine tragfähige steuerfinanzierte Alternative gegeben.

Auf einer bisher noch abstrakten Ebene wird die Sozialabgabenlastigkeit der Staatseinnahmen zum Anlaß genommen, für eine ökologische Umsteuerung der Staatseinnahmen durch die Einführung von Ökosteuern bei gleichzeitiger Senkung der Sozialabgaben zu plädieren. Im Bereich der Arbeitslosenversicherung sind die Überlegungen schon konkreter: Dort sollen mit der nächsten AFG-Reform die Fortbildungs- und Umschulungsmaßnahmen aus dem allgemeinen Steueraufkommen finanziert und im Gegenzug die Beitragssätze zur Arbeitslosenversicherung gesenkt werden. Man erhofft sich davon Beitragssatzsenkungen von etwa 2,5 Punkten.

Für die Gegenfinanzierung gibt es verschiedene Vorschläge, die von einem Zuschlag zur ESt- oder KSt-Schuld über MwSt-Erhöhungen bis zur Mineralölsteueranhebung reichen. Erste empirische Überprüfungen lassen den Schluß zu, daß eine Gegenfinanzierung über eine MwSt-Erhöhung positive Beschäftigungseffekte entfalten könnte (Buttler,1994). Diese Gegenfinanzierung im Bereich der Arbeitsmarktpolitik ist sowohl mit Blick auf die zur Disposition stehende Größenordnung wie auch finanzsystematisch gut zu rechtfertigen, denn die Zunahme der Sozialversicherungsbeiträge um rund 10 Punkte seit 1975 ist zur Hälfte auf den Anstieg der Arbeitsmarktbeiträge zurückzuführen.

Die auf einen neuen Finanzierungsmodus abzielenden Reformvorschläge greifen aber dann zu kurz, wenn sie nicht auch Anreize zur Ausgabensenkung entfalten. Überdies ist eine stärkere Steuerfinanzierung auch – so sehr sie unter Beschäftigungsaspekten angeraten ist – mit einigen Problemen verbunden. Dazu zählen der sogenannte innere Zusammenhang zwischen aktiven und passiven arbeitsmarktpolitischen Maßnahmen, eine möglicherweise geringere Ausgabendisziplin bei einer Steuer- gegenüber einer parafiskalischen Lösung sowie eine ungesicherte Inzidenz verschiedener Steuerlösungen. Eine wichtige Randbedingung ist daher vor allem, inwieweit ein bestimmter Finanzierungsmodus auch zur Verstetigung der Arbeitsmarktpolitik und zu einem möglichst hohen Anteil der aktiven an den Gesamtausgaben beitragen kann.

4. *Sozialpolitik*

4.1 *Absenkung von Sicherungsniveaus*

Die Überprüfung einzelner sozialpolitischer Errungenschaften gehört ohne Zweifel auf die beschäftigungspolitische Reformagenda. Bei einer realistischen Einschätzung gibt es vor allem einen in seiner Dringlichkeit abgestuften Handlungsbedarf im Bereich der Kranken- und Rentenversicherung. Die Zahl der in den letzten Jahren unterbreiteten Reformvorschläge ist beachtlich (stellvertretend Deutsche Bundesbank,1995; BDA,1994; Frankfurter Institut für wirtschaftspolitische Forschung,1992). Für den Bereich der Rentenversicherung werden zum Beispiel die Verlängerung der Beitragszeit, die vorgezogene Einführung und Ausdehnung versicherungsmathematischer Abschläge bei vorzeitigem Rentenzugang, die Neuordnung der Erwerbsminderungsrenten, eine Überprüfung der Hinterbliebenenrenten, die Verringerung versicherungsfremder Leistungen und die Förderung der Eigenvorsorge angemahnt. Zur Weiterentwicklung der Krankenversicherung werden unter anderem eine verstärkte Eigenbeteiligung, die Einführung von Wahltarifen mit unterschiedlichem Leistungsumfang, die Einführung einer Kassenwahlfreiheit (»Kassenzwang ohne Zwangskasse«) zur Belebung des Wettbewerbs und die Auszahlung von Arbeitgeber- und -nehmerbeiträgen mit dem Lohn zur Erhöhung der Kostentransparenz vorgeschlagen.

Beschäftigungspolitisch am gewichtigsten scheint jedoch die Überprüfung der Einkommenssicherung im Krankheitsfall zu sein. Mehrere Eigenheiten machen die in der Bundesrepublik gewählte Lösung schon seit langem zum Gegenstand von Reformvorschlägen: Zum einen ist das deutsche Sicherungsniveau im internationalen Vergleich hoch und die Absicherung umfassender und lückenloser. Zum zweiten gibt es eine systematische Unverträglichkeit einer 100-prozentigen Lohnfortzahlung mit den deutlich abgesenkten Unterstützungssätzen im Bereich von Arbeitslosengeld und -hilfe, Arbeitsförderung und Sozialhilfe. Drittens schließlich gibt es deutliche Schwankungen des Krankenstandes je nach konjunktureller Situation, im Verlauf eines Jahres und in der zeitlichen Verteilung der Krankenstände innerhalb der Arbeitswoche (Schnabel,1991). Die diesbezüglichen statistischen Befunde deuten auf die Möglichkeit einer mißbräuchlichen Inanspruchnahme der Entgeltfortzahlung hin.

Die genannten Besonderheiten sind Anlaß für verschiedene Reformvorschläge. Im wesentlichen lassen sich – gestuft nach ihrer Reformintensität – vier Ansätze zur Reduzierung des Leistungsumfangs unterscheiden: 1) International erprobt wurde das Instrument der Einführung fortzahlungsfreier Tage zu Beginn oder im Verlauf einer Krankmeldung (Karenztage). 2) Analog der Diskussion um die Höhe und die Dauer des Arbeitslosengeldbezuges wird die Absenkung und/oder Degression der Lohnersatzrate mit zunehmender Dauer der Krankenzeiten vorgeschlagen und in Schweden seit 1991 praktiziert. 3) Auf die Einschränkung des Adressatenkreises der Entgeltfortzahlung zielt der Vorschlag, für kurzzeitig Beschäftigte Wartezeiten einzuführen, bevor sie Anspruch auf Entgeltfortzahlung haben. 4) Auf eine kompensatorische Kostenentlastung hebt der Vorschlag ab, den tariflichen Urlaubsanspruch anteilig um die Zahl der krankheitsbedingt ausgefallenen Arbeitstage zu kürzen.

Erfahrungen mit einer Reduzierung der Lohnfortzahlung liegen bisher für die skandinavischen Länder vor. Für nicht tauglich befunden wurde in Dänemark das Instrument der Karenztage. In einem solchen Regime ist die Verlängerung der Krankenzeiten rational, um die ausgefallene Entgeltfortzahlung wieder »hereinzuholen«. Dies war auch der Grund für die Aufgabe des Experiments nach einem anfänglichen Sinken der Krankenstände. Positiv sind dagegen die schwedischen Erfahrungen mit der Absenkung der Fortzahlung auf 75 Prozent in den ersten drei Krankheitstagen und einer Wiederaufstockung auf 90 Prozent in den folgenden Tagen: Die Krankmeldungen gingen nach der Absenkung um 20 Prozent zurück. Dies spricht für die Übertragbarkeit des Modells.

Auch die Einschränkung der Lohnfortzahlung für geringfügig Beschäftigte sollte mit Blick auf die Absicherung des überwiegenden Teils der Beschäftigten durch Familiensicherung oder andere Nicht-Arbeitseinkommen nicht generell verworfen werden. Am wenigsten problematisch schließlich scheint die anteilige Urlaubskürzung im Falle krankheitsbedingt nicht geleisteter Arbeit zu sein. Es ist nicht einzusehen, daß zum Beispiel bei einer sechswöchigen krankheitsbedingten Abwesenheit der Urlausbsanspruch genauso hoch ist wie beim vollen Jahresarbeitszeitpensum. Diese Maßnahme könnte gleichsam als »Einstiegsmodell« in eine Überprüfung der Entgeltfortzahung dienen und zur Grundlage einer systematischen Wirkungsforschung gemacht werden.

4.2 *Reform der Sozialhilfe und negative Einkommensteuer*

Das beherrschende Thema einer beschäftigungsorientierten Reform der Sozialpolitik ist derzeit ohne Zweifel die Weiterentwicklung der Sozialhilfe. Die gegenwärtige Sozialhilfepraxis steht aus mehreren Gründen seit längerem in der öffentlichen Kritik. Den breitesten Konsens gibt es beim Verweis auf die negativen Arbeitsanreize des gegenwärtigen Systems: Sowohl theoretisch (Weeber,1992) wie auch empirisch (Boss,1994) kann eine nahezu konfiskatorische Besteuerung der Arbeitseinkommen im Fall der Erwerbstätigkeit von Hilfeempfängern nachgewiesen werden. Aufgrund der geltenden Anrechnung aller den anrechnungsfrei bleibenden Betrag von 260 DM übersteigenden Erwerbseinkommen auf die Sozialhilfe kommt es in bestimmten Einkommens-

klassen zu Marginalbelastungen des Arbeitseinkommens von bis zu hundert Prozent.
Die Aufnahme einer Erwerbstätigkeit lohnt sich unter diesen Bedingungen – gerade in den unteren Einkommensgruppen – nicht. Die (Re-)Integration der Sozialhilfeempfänger in den Arbeitsmarkt wird damit erheblich erschwert. Arbeits- und Transfermarkt haben aufgrund der Anrechnung kein Scharnier. Sozialhilfeempfänger geraten gleichsam in die Armutsfalle (Scharpf,1993; OECD,1994). Damit verpaßt die Sozialhilfe nahezu zwingend das ihr eigentlich gesteckte Ziel, den Hilfsempfänger zur Unabhängigkeit von der weiteren Hilfegewährung zu befähigen (Schulte,1991).
Der zweite Kritikpunkt, bei dem von einem Konsens aber keinesfalls gesprochen werden kann, bezieht sich auf die mögliche Verletzung des Abstandsgebotes nach § 22, Abs. 3 Bundessozialhilfegesetz. Dort wird statuiert, daß die Sozialhilfeleistungen (Regelsätze zuzüglich Kosten für Unterkunft und Heizung) in einer bis zu fünf Personen umfassenden Haushaltsgemeinschaft unter den durchschnittlichen Nettoarbeitsentgelten unterer Lohn- und Gehaltsgruppen bleiben müssen. Doch die empirischen Befunde zur Einhaltung dieses sozialpolitischen Grundsatzes sind sehr widersprüchlich (stellvertretend Bäker/Hanesch,1994; Siebert,1994). Als kleinster gemeinsamer Nenner dieser keineswegs abgeschlossenen Debatte kann inzwischen gelten, daß von einer generellen Verletzung des Abstandsgebots nicht gesprochen werden kann, wohl aber die »Verletzungsgefahr« mit steigender Haushaltsgröße stark zunimmt, in Ostdeutschland wegen der Verdienstunterschiede systematisch größer als in Westdeutschland und bei einer Individualbetrachtung weitaus größer als bei einer Durchschnittsbetrachtung ist.
Drittens schließlich wird mit Blick auf die vom Verfassungsgericht vorgegebene Erhöhung des Existenzminimums kritisiert, daß die durchschnittlichen Sozialhilfeleistungen in der Vergangenheit in der Regel das Doppelte des Grundfreibetrages in der Einkommensteuer betragen haben. Pointiert formuliert wird eingewendet, daß das Steuersystem bei jahrelang unveränderten Freibeträgen wegen einer faktischen Indexierung der Sozialhilfe an die Preissteigerungen gleichsam Sozialhilfeempfänger produziere (Bohnet-Joschko, 1994). Dieses Problem bleibt im Grundsatz auch bei der jetzt in der Koalition beschlossenene Erhöhung des Grundfreibetrages bestehen. So gesehen wird mit der jetzt vorgesehenen Regelung zum Jahressteuergesetz erneut die Chance zu einer grundlegenden Reform verpaßt.
Das jetzt vorgelegte Eckwertepapier und der Referentenentwurf im Gesundheitsministerium folgen zu guten Teilen dieser Kritik. Ziel der jetzt eingeleiteten Reform ist eine Verbesserung der Arbeitsanreize für Sozialhilfeempfänger. Die Eckpunkte der noch für dieses Jahr geplanten Reform sind (Bundesgesundheitsministerium,1995):

1) Die Arbeitsaufnahme von schwer vermittelbaren Sozialhilfeempfängern soll künftig durch befristete Lohnkosten- und Einarbeitungszuschüsse an Arbeitgeber, durch Leiharbeit, berufliche Qualifizierung und die Teilnahme an Arbeitsförderungsmaßnahmen unterstützt werden. Die Maßnahmen kann der Sozialhilfeträger selbst organisieren oder damit das Arbeitsamt beauftragen. 2) Der Arbeitsanreiz für schwer vermittelbare Sozialhilfeempfänger soll durch höhere Freibeträge verbessert werden. Diese Freibeträge sollen auf 6 Monate befristet und degressiv gestaltet werden. Darüber hinaus sollen anrechnungsfreie Zuschüsse zu einer Saisonbeschäftigung geleistet werden können. 3) Die Hilfe zum Lebensunterhalt soll künftig um 15 Prozent unter den Nettoarbeitsentgelten bzw. verfügbaren Einkommen unterer Lohn- und Gehaltsgruppen liegen. 4) Bei Verweigerung zumutbarer Arbeit soll künftig verbindlich eine Kürzung des Regelsatzes um 25 Prozent vorgesehen werden.

Nach überschlägigen Berechnungen kommen für eine Arbeitsaufnahme derzeit rund eine halbe Million arbeitsfähige Sozialhilfeempfänger infrage. Unter dem Gesichtspunkt der beschäftigungspolitischen Wirksamkeit ist die Stoßrichtung der Sozialhilfereform grundsätzlich zu begrüßen. Möglich sind etwa pragmatische Lösungen der Art, den Absetzbetrag ganz abzuschaffen und ausgehend von einem neuen Existenzminimum von 12.000 DM einen Hinzuverdienst von höchstens weiteren 12.000 DM zuzulassen. Bei einem Anrechnungssatz von 50 Prozent ergäbe dies ein verfügbares monatliches Nettoeinkommen von 1.500 DM gegenüber einem Status Quo von nur 1.130 DM (Spermann,1994). Ein solcher Modus könnte die ergänzende Sozialhilfe und auch die artverwandte Arbeitslosenhilfe zur Gänze ablösen und den Weg für eine erwerbsorientierte Verwendung von Sozialtransfers bereiten.

Allerdings steht und fällt eine solche erwerbsorientierte Sozialhilfereform mit dem Angebot von Arbeitsplätzen durch einstellungsbereite Arbeitgeber. Genau diesen Punkt nimmt die Diskussion um die negative Einkommensteuer auf. Dabei hat sich aus der Großlösung eines integrierten Steuer-Transfer-Tarifs inzwischen als beschäftigungspolitische Grundüberlegung entwickelt, die Arbeitseinkommen von Erwerbstätigen mit individuellen Qualifikations- oder Produktivitätsdefiziten solange durch Lohnsubventionen aufzustocken, bis ein gesellschaftlich definiertes Mindesteinkommen erreicht wird. Eine solche im Sinne der Negativsteuer integrierte Einkommenshilfe würde den Tarifparteien die Möglichkeit eröffnen, die faktische Mindestlohnpolitik der Nichtbesetzung unterer Einkommensklassen durch eine Lohnspreizung im Bereich der qualifikationsschwächeren Arbeitnehmer und die Wiedereinführung von Leichtlohngruppen abzulösen und damit deren Heraustarifierung aus dem Arbeitsmarkt ein Stück zu korrigieren.

Diese arbeitsmarktorientierte kleine Lösung weist theoretisch zahlreiche Vorzüge auf: Sowohl die im Zuge der Qualifikationskaskade – der Verdrängung

geringer- durch höherqualifizierte Arbeitnehmer – zu beobachtende Konzentration der Arbeitslosigkeitsrisiken auf Unqualifizierte wie auch deren dauerhafte Aussteuerung aus dem Arbeitsmarkt und die daraufhin einsetzende Kommunalisierung der Arbeitslosigkeit im Wege der Sozialhilfe könnten durch die Aufnahme von Beschäftigungen zu Marktbedingungen gelindert werden. Arbeits- und Transfermarkt, die gegenwärtig hermetisch voneinander abgeschottet sind, erhielten wieder ein Scharnier. Dies ist um so wichtiger, als es durchaus vertikale Mobilität im Arbeitsmarkt gibt, wenn erst einmal wieder Tuchfühlung aufgenommen wurde und die Hysteresis der Arbeitslosigkeit überwunden werden konnte.
Zweitens würde der Anreiz zur regulären Erwerbsarbeit gestärkt und jener zur Schwarzarbeit geschwächt. Erwerbstätigkeit würde ins Marktsystem zurückverlagert. Drittens mindert die Anknüpfung der Lohnsubvention an das verfügbare Einkommen der Transferempfänger statt an den Unternehmen die Gefahr von Karussellgeschäften. Schließlich stellt viertens die in Abhängigkeit vom erzielten Arbeitseinkommen degressive Gestaltung einer Subvention eine grundsätzliche Alternative zu einem selbst bei einer Tarifabsenkung ordnungspolitisch umstrittenen »Zweiten Arbeitsmarkt« dar.
Anders als in zahlreichen Berechnungen für die Großlösung Bürgergeld unterstellt, könnte die kleine Lösung aufgrund verbesserter Arbeitsanreizbedingungen und dem bei Aufnahme einer Erwerbstätigkeit erhofften Ausscheiden aus dem Transferbezug auch fiskalisch zumindest ausgabenneutral sein. Zwar nimmt die finanzielle Belastung mit der Höhe der anrechnungsfreien Zuverdienste zweifelsohne zu, doch sind die bisher vorgelegten Schätzungen über die erwarteten Steuerausfälle von 65 bis 173 Mrd. DM (DIW,1994) aus mindestens zwei Gründen unrealistisch hoch:
Zum einen wird einer veränderten Anrechnung zu Unrecht gleichzeitig auch die vom Verfassungsgericht angemahnte Erhöhung des Grundfreibetrags von derzeit 5.616 DM auf 12.000 DM angelastet. Die DIW-Berechnung vergleicht damit irreführenderweise die differentiellen Aufkommenswirkungen der auf dem neuen Freibetrag beruhenden Negativsteuervarianten mit dem Aufkommen beim alten Freibetrag. Überschlägig ergäbe sich damit bei einem korrekten Vergleich auf der Basis des alten Freibetrages ein Einnahmenausfall von nur rund 35 statt der angegebenen 75 Mrd. DM. Zum anderen müssen den Berechnungen über die fiskalischen Wirkungen veränderter Anrechnungen zumindest die potentiellen Einsparungen und Mehreinnahmen gegenübergestellt werden, die bei der Aufnahme einer Erwerbstätigkeit und dem Ausscheiden von Sozialhilfeempfängern aus dem Transferbezug realisiert werden können.
Diese Gegenbuchung ist der Größenordnung nach zwar völlig unsicher und hängt von einem entsprechenden Arbeitsplatzangebot, der Bereitschaft zur Vereinbarung neuer Lohngruppen und der Reallohnelastizität der Arbeits-

nachfrage ab. Daß es bei einer Anrechnung von 50 Prozent keine positive Arbeitsangebotseffekte der Transferempfänger gibt, kann aber nahezu sicher ausgeschlossen werden. Zwar sind daher insgesamt die Belastungen einer veränderten Anrechnung sicher, die Entlastungen dagegen unsicher, doch »ist es völlig unbegründet, wenn Negativsteuermodelle als grundsätzlich zu teuer qualifiziert werden« (Hüther,1994).

5. *Arbeitsmarktpolitik*

5.1 *Lohnkostenzuschüsse statt Transfers*

Mit einer Reform der Sozialhilfe ist man unmittelbar auch an der Schnittstelle zwischen Bundessozialhilfegesetz (BSHG) und Arbeitsförderungsgesetz (AFG), das in zahlreichen Instrumenten ebenfalls Lohnkostenzuschüsse gewährt. Sollte es einmal zu der derzeit geforderten systematischen Zusammenfassung aller Lohnkostenzuschüsse kommen, so wären auch die Möglichkeiten zur Beschäftigungsförderung nach dem BSHG einzubeziehen. Grundsätzlich gelten nämlich die Argumente gegen die jetzige Sozialhilfepraxis analog auch für die Arbeitslosenhilfe, die dem Grundsatz nach ebenfalls unbefristet gewährt wird und eher eine Sozial- als eine Arbeitsmarktleistung darstellt.
Erste Querverweise zwischen BSHG und AFG gibt es schon: Nach den neuen §§ 12b und 134, Abs. 3b AFG hat die Bundesanstalt für Arbeit mit den Sozialhilfeträgern zusammenzuwirken, damit Hilfeempfänger einer Erwerbstätigkeit nachgehen können. Dazu zählen sowohl reguläre Beschäftigungen wie auch Arbeitsbeschaffungs- und Umschulungsmaßnahmen sowie gemeinnützige und zusätzliche Arbeiten im Sinne des BSHG für Arbeitslosenhilfe-Empfänger. Letzteres knüpft an den sogenannten Gemeinschaftsarbeiten an, die nach dem Vorläufergesetz des AFG die Möglichkeit gemeinnütziger Beschäftigung vorsahen, deren Entlohnung die Höhe des Arbeitslosengeldes zuzüglich einer Entschädigung für den Mehraufwand annahm. Sie wurden als Angebot für Hilfeempfänger konzipiert, die Transferleistung durch eine Aufwandsentschädigung aufzustocken. Bei der Frage nach der Übertragbarkeit in die heutige Arbeitsmarktpolitik wird jedoch durchgängig auf ihren Sozialrechtscharakter verwiesen, der sie deutlich von den Arbeitsrechtsverhältnissen in Arbeitsbeschaffungsmaßnahmen unterscheidet und damit in die Nähe einer »zweitklassigen« Arbeit rücke.
Trotz der durchaus begründbaren Ablehnung der Gemeinschaftsarbeiten beginnt sich aber der Grundgedanke einer Umwandlung von passiven Lohnersatzleistungen in einen Zuschuß für produktive Tätigkeit durchzusetzen und erweist sich zunehmend als gemeinsame strategische Klammer aller Reform-

vorschläge für das AFG. Erstmals verwirklicht wurde dieser Ansatz mit dem § 249h AFG, der die Umwandlung des Arbeitslosengeldes in einen pauschalierten Lohnkostenzuschuß für eine tarifabgesenkte Beschäftigung im Umwelt-, Jugend- und Sozialbereich ermöglichte. Diese zunächst auf Ostdeutschland begrenzte Innovation, die mit dem Beschäftigungsförderungsgesetz auch auf den Westen ausgedehnt wurde, setzt mithin statt auf eine Sozialrechts-Konstruktion auf das Instrument der Tarifabsenkung, um die für die ordnungspolitische Verträglichkeit von staatlichen Ersatzbeschäftigungen unverzichtbaren Ausstiegsanreize zu verankern.
Andere Beispiele einer stärker aktiven und investiven Verwendung bisher überwiegend passiv und einkommensstützend eingesetzter Ressourcen im AFG stellen die Verbesserung des Überbrückungsgeldes für arbeitslose Existenzgründer nach § 55a, die Zulassung kurzfristiger Qualifizierungsmaßnahmen für Arbeitslose nach § 103b, der Bezug von strukturellem Kurzarbeitergeld während einer Qualifizierung nach § 63, Abs. 4 und die Projektförderung für schwer vermittelbare Arbeitslose in einem Arbeitsförderbetrieb nach § 62d AFG dar. Trotz heftiger Kritik hat sich daher das AFG insbesondere unter dem Einfluß der ostdeutschen Arbeitsmarktkrise alles in allem als ein durchaus reformierbares Instrumentarium erwiesen.
Dennoch muß die Umwidmungsdebatte noch grundsätzlicher geführt werden. Das AFG statuiert explizit das Nachrangprinzip für Lohnersatzleistungen. Passive Einkommenssicherung ist daher nur ultima ratio der Arbeitsmarktpolitik. Daraus resultiert aber für die herrschende ABM-Praxis trotz aller administrativen Versuche (Zusätzlichkeit, Gemeinnützigkeit, Unbedenklichkeitsbescheinigungen) das grundsätzliche Dilemma, im Falle einer effizienten Organisation reguläre Beschäftigung zu verdrängen oder bei einer ineffizienten Handhabung knappe Ressourcen suboptimal zu nutzen.
Einen Ausweg aus diesem logischen Dilemma böte die Umwandlung von ABM-Ressourcen in öffentliche Aufträge, die im Wege einer öffentlichen Ausschreibung einen wettbewerbsgesteuerten Zugriff auf öffentliche Mittel erlaubt, ohne Verdrängungseffekte zu programmieren. Dies wäre gleichbedeutend mit einem veränderten Selbstverständnis von Arbeitsämtern als regionale Akteure der Wirtschaftsförderung. Außerdem wäre dies ein Schritt in Richtung einer gegenseitigen Deckungsfähigkeit verschiedener Haushaltstitel, die nach den Grundsätzen der Bundeshaushaltsordnung bisher nicht möglich ist. Beides könnte auch dazu beitragen, daß die regionale Inkongruenz zwischen Nutzern und Zahlern der Arbeitsmarktpolitik abgemildert wird, die sich als zentrales Effizienzhindernis für die Arbeitsmarktpolitik erwiesen hat.

5.2 *Vouchers*

Andere Vorschläge zur Umwidmung von passiven in aktive Maßnahmen lassen sich unter dem Stichwort der Gutschein- oder Voucherlösung diskutieren. Danach gibt die Arbeitsverwaltung im Gegenwert ohnehin zu leistender Zahlungen Gutscheine aus, die gleichsam als individueller Lohnkostenzuschuß bei Betrieben oder Verwaltungen eingelöst werden können (Snower, 1994). Man erhofft sich davon zum einen eine Art Konditionalität, die staatliche Leistung an eine Gegenleistung zu binden, und zum anderen eine größere Marktnähe der öffentlich finanzierten Leistungen.
Diskutiert und zum Teil schon praktiziert werden zum einen sogenannte Qualifizierungsgutscheine. In Großbritannien vergibt die Arbeitsverwaltung »training credits« an Jugendliche, die von ihnen bei ausbildungsbereiten Arbeitgebern eingelöst werden können. Vom Prinzip her sind solche Vouchers in der Lage, die Qualifizierung vom grünen Tisch in den Betrieb zu holen, die Treffgenauigkeit der Qualifizierung zu erhöhen, eine Beschäftigung zur Probe zu bieten und die Übernahmewahrscheinlichkeit im Fall der Bewährung zu verbessern – allesamt ungelöste Probleme der Qualitätssicherung einer öffentlich finanzierten Weiterbildung.
Die zweite Voucher-Variante stellen Lohnkostenzuschüsse bzw. Steuervergünstigungen bei der Einstellung von Arbeitsuchenden dar. Eine erste praktische Annäherung an dieses Prinzip versuchen die in Frankreich seit Ende 1994 ausgegenen Dienstleistungsschecks (EU-Kommission, 1995). Damit können private Arbeitgeber per Gutscheinheft bestimmte kurzzeitige Beschäftigungen bezahlen. Man erhofft sich davon eine Förderung der Beschäftigung in Privathaushalten. Über die Erfahrungen ist bisher noch zu wenig bekannt. Doch erlaubt die Grundidee auch eine Anwendung auf höherqualifizierte Beschäftigungen, wenn strikt an der Umwidmung von Transferleistungen in einen Lohnkostenzuschuß festgehalten wird.
Insbesondere Langzeitarbeitslosen könnte nach einer bestimmten Arbeitslosigkeitsdauer die Möglichkeit eingeräumt werden, einen Teil der oder die gesamten Unterstützungsleistungen bei einem einstellungsbereiten Arbeitgeber einzulösen. Auf der Grundlage dieses »benefit transfer programmes« verfahren beispielsweise die British workstart pilot schemes. Mit einem solchen Ansatz ist durchaus als Fernziel auch die hierzulande immer wieder diskutierte Forderung nach einem Rechtsanspruch auf eine befristete Beschäftigung für Langzeitarbeitslose vereinbar. Dieser würde zum Beispiel die Form eines zumutbaren Beschäftigungsangebots durch den Staat nach einer bestimmten Dauer der Arbeitslosigkeit annehmen können. Im Gegenzug erfordert dies die Beendigung der Unterstützung – auch im Fall der Zurückweisung eines Arbeitsangebots. Eine solche Politik von »sticks and carrots« ist im Kern auch der Grundgedanke der jetzt angelegten Sozialhilfereform.

Literatur:

Bäcker, Gerhard/Hanesch, Walter, 1994, Sozialhilfeniveau und untere Arbeitnehmereinkommen, Expertise für das Ministerium für Arbeit, Gesundheit und Soziales des Landes Nordrhein-Westfalen, Düsseldorf.

Bogai, Dieter et al., 1994, Binnenstruktur der Langzeitarbeitslosigkeit älterer Männer und Frauen, in: Mitteilungen aus der Arbeitsmarkt- und Berufsforschung, Heft 2, S.73 – 93.

Bohnet-Joschko, Sabine, 1994, Die negative Einkommensteuer – Option für die deutsche Steuer- und Sozialpolitik?, unveröffentlichtes Manuskript, Witten-Herdecke.

Boss, Alfred, 1994, Explizite und implizite Besteuerung geringer Arbeitseinkommen in der Bundesrepublik Deutschland, in: Die Weltwirtschaft, Heft 4, S. 433 – 447.

Bundesarbeitgeberverband Chemie, 1994, Umfrage zur Umsetzung des Tarifabschlusses 1994 vom 10.11.1994

Bundesministerium für Gesundheit, 1995, Referentenentwurf eines Gesetzes zur Reform des Sozialhilferechts, Stand: 22. Mai, Bonn.

Bundesvereinigung der Deutschen Arbeitgeberverbände (BDA), 1994, Sozialstaat vor dem Umbau, Köln.

Buttler, Friedrich, 1994, Finanzierung der Arbeitsmarktpolitik, IAB-Werkstattbericht Nr. 8, Nürnberg.

Deutsche Bundesbank, 1995, Monatsbericht März, Frankfurt.

Deutsches Institut für Wirtschaftsforschung (DIW), 1994, »Bürgergeld«: Keine Zauberformel, DIW-Wochenbericht, Nr.41, S.689 – 696.

Europäische Kommission, Beschäftigungsobservatorium – Maßnahmen, lfd. Ausgaben.

Höcker, Herrad, 1994, Reorganisation der Arbeitsmarktpolitik. Weiterbildung für Arbeitslose in Dänemark, WZB-Paper Nr. 202, Berlin.

Dieselben, 1995, Stellenrotation durch Urlaubsförderung – Dänische und schwedische Erfahrungen mit Stellvertreterregelungen, unveröffentlichtes Manuskript, Berlin.

Hüther, Michael, 1994, Ansatzpunkte für einen Umbau des Sozialstaats, in: Wirtschaftsdienst, Heft III, S.127 – 134.

Institut für Mittelstandforschung Mannheim, 1993, Belastung der Produktionsfaktoren Arbeit und Kapital durch Steuern und Sozialabgaben, Mannheim.

Klös, Hans-Peter, 1995, Öffentliche Arbeitsmarktpolitik und betriebliche Personalpolitik, in: Seifert,H., (Hrsg.), Reform der Arbeitsmarktpolitik, Köln, S.132 – 156.

OECD, 1994, Jobs Study, Evidence and Explanations, Part II, Paris.

OECD, 1995, The OECD Jobs Study. Taxation, Employment and Unemployment, Paris.

Scharpf, Fritz W., 1993, Von der Finanzierung der Arbeitslosigkeit zur Subventionierung niedriger Erwerbseinkomen, in: Gewerkschaftliche Monatshefte, Heft 7, S. 433 – 443.

Schnabel, Claus, 1991, Strukturelle und konjunkturelle Determinanten des Krankenstandes, in: Sozialer Fortschritt, Heft 12, S. 298 – 304.

Schröder, Klaus, 1994, Qualifizierung und Beschäftigung statt Alterssozialpläne, in: Sozialer Fortschritt, Heft 11, S.269-274.

Schulte, Bernd, 1991, Die Entwicklung der Sozialhilfe, in: Henke, Klaus-Dirk et. al. (Hrsg.), Die Zukunft der sozialen Sicherung in Deutschland, Baden-Baden, S. 101 – 125.

Siebert, Horst, 1994, Geht den Deutschen die Arbeit aus? Wege zu mehr Beschäftigung, München.
Snower, Dennis, 1994, Converting unemployment benefits into employment subsidies, CEPR-Paper No. 930, London.
Spermann, Alexander, 1994, Die Reform der Sozialhilfe im Sinne der Bürgergeldidee, Diskussionsbeiträge des Instituts für Finanzwissenschaft der Universität Freiburg, Freiburg.
Weeber, Joachim, 1992, Vermindert die bestehende Sozialhilfe das Arbeitsangebot?, in: Konjunkturpolitik, Heft 2, S. 55 – 68.

Stefan Huckemann

Zusammenfassung der Ergebnisse des Arbeitskreises III

Der Arbeitskreis III hat sich mit aktuellen beschäftigungspolitischen Konzepten befaßt unter der Fragestellung, inwieweit sie eine Innovation darstellen oder in eine Sackgasse führen. Die Fülle der im In- und Ausland, in Politik und Wissenschaft diskutierten möglichen Ansätze läßt eine klare oder eindeutige Antwort auf die Problemstellung des Arbeitskreises nicht zu. Ziel des Arbeitskreises war es daher auch vielmehr, verschiedene Ansätze, die sich grob in Global- und Einzelansätze unterteilen lassen, kurz vorzustellen und ihre Realisierbarkeit aus wissenschaftlicher und politisch-praktischer Sicht zu beleuchten. Hierbei waren in der Diskussion besonders auch Erfahrungen und Einschätzungen aus anderen europäischen Ländern hilfreich.

1. *Das Weißbuch der EU-Kommission als Globalkonzept*

Als Gobalkonzept wurde das Weißbuch der EU-Kommission diskutiert. Hierzu wurden drei Punkte herausgestellt. Zum einen sind nicht nur das Weißbuch und seine inhaltlichen Konzepte wichtig, sondern insbesondere auch der umfassendere Weißbuchprozeß, d.h. die Erstellung, die Vorstellung, – d. h. die Präsentation -, die Reaktionen aus den Konferenzen in Brüssel und Essen und die sich daran anschließenden follow-up-Maßnahmen. Zweitens wird der Arbeitsmarkt in der EU-Konzeption nicht isoliert betrachtet; mitendscheidend ist das weitere Umfeld der Beschäftigung. Gemeint ist damit die Verzahnung von den im Titel des Weißbuchs genannten Komponenten Wachstum, Wettbewerbsfähigkeit und Beschäftigung sowie das Ineinandergreifen von Arbeits-, Finanz- und Wirtschaftspolitik. Drittens wurde herausgestellt, daß die EU-Konzeption nicht als einzelstaatliche Handlungsanweisung, sondern als Handlungs- und Diskussionsrahmen zu verstehen ist.

2. *Verschiedene Einzelansätze zur Bekämpfung der Arbeitslosigkeit*

Die vorgestellten Einzelansätze wurden in erster Linie aus deutscher Sicht diskutiert. Schwerpunktmäßig wurden die Möglichkeiten zur Arbeitsplatz-

schaffung durch Arbeitszeitverkürzung, durch Qualifikation von Arbeitskräften, durch die Einrichtung eines zweiten Arbeitsmarktes und durch die Einführung einer negativen Einkommenssteuer vorgestellt. In einem Beitrag wurde die Auffassung vertreten, daß die Entwicklung der Lohnstückkosten und Lohndifferenzen als Erklärung für die beschäftigungspolitischen Probleme geringe Relevanz haben. Größere Bedeutung für den Arbeitsmarkt wurde der Arbeitszeit beigemessen. Als wichtiger beschäftigungspolitischer Ansatz für die Bundesrepublik Deutschland wurde dementsprechend die Verkürzung der Arbeitszeiten gesehen. Es wurde die These aufgestellt, daß kurze Arbeitszeiten kein Hindernis für lange Betriebszeiten darstellen. Zwischen 1982 und 1992 seien rund 1 Mio. zusätzliche Arbeitsplätze durch tarifvertragliche Arbeitszeitverkürzungen, Abbau von Überstunden und Teilzeitarbeit geschaffen worden. Auch in Zukunft bestehen nach Ansicht des Instituts für Arbeit und Technik durch den Ausgleich von Überstunden durch Freizeit, mehr Teilzeitarbeit (mit Rückkehrrechten in Vollzeit), Elternurlaubsregelungen, Umwandlung von Nacht- und Wochenendzuschlägen in Freizeit oder kollektive Arbeitszeitverkürzungen Möglichkeiten der Arbeitsplatzschaffung. Als zweiter wichtiger Beitrag zur Arbeitsplatzsicherung wurde die Qualifizierung von Arbeitskräften genannt, da die Qualifikation der Arbeitskräfte die Qualität des Wirtschaftsstandortes Deutschland prägt.
Unter der Fragestellung Trumpfkarte oder Fehlfarbe in der Beschäftigungskrise wurde die Problematik des zweiten Arbeitsmarktes behandelt. Es wurde die These aufgestellt, daß sich der der zweite Arbeitsmarkt immer dort als Trumpfkarte zeigt, wo sich der erste Arbeitsmarkt als insuffizient erweist. Die Förderung des zweiten Arbeitsmarktes kann nach bisherigen Erfahrungen sowohl auf bestimmten Ebenen (z. B. kommunale Ebene, non-profit-Beschäftigungsbereiche) als auch für bestimmte Personenkreise (z.B. dauerhaft Ausgegrenzte) eine effiziente wie auch effektive Zukunftsinvestition sein.
Weitere Vorschläge, die im Rahmen der wissenschaftlichen und politischen Diskussion erörtert werden, wurden im Überblick vorgestellt:

a) im Rahmen der Tarifpolitik
   - Einstiegstarife (Erfahrungen hierzu wurden in der Chemieindustrie gemacht)
   - alternative Verwendung von Trennungskosten wie Abfindungen und Sozialplanmittel (für die Einarbeitung im neuen Betrieb)
   - Arbeitszeitverkürzungen nicht in Form von Freizeit, sondern in Form von Qualifizierungszeiten
b) im Rahmen der Finanzpolitik
   - Senkung von Sozialversicherungsbeiträgen
   - Entlastung der Sozialversicherung von beitragsfremden Leistungen
   - Die Einführung von Ökosteuern bei gleichzeitiger Senkung der Sozialabgaben

c) im Rahmen der Arbeitsmarktpolitik
   - Umwandlung von passiven Lohnersatzleistungen in einen Zuschuß für produktive Tätigkeiten
d) im Rahmen der Sozialpolitik:
   - Weiterentwicklung der Sozialhilfe bzw. Einführung einer negativen Einkommensteuer

Kontrovers wurde dabei u. a. die Frage der Einführung einer negativen Einkommensteuer (NES) diskutiert. Während einerseits u. a. die Chance gesehen wurde, daß eine NES z. B. unqualifizierten Beschäftigungslosen den Wiedereintritt in den Arbeitsmarkt zu Marktbedingungen erlauben könnte, wurde andererseits die Auffassung vertreten, daß ein reformiertes Sozialhilfekonzept einer negativen Einkommensteuer vorzuziehen sei. Nach letzterer Einschätzung stellt das Konzept der NES gegenüber dem bestehenden System der sozialen Sicherung keine grundsätzliche Verbesserung und Vereinfachung dar. Es wurde die These aufgestellt, daß jede Diskussion um die Einführung einer NES überflüssig wäre, würde die Finanzierung der Sozialhilfe geändert und würden den Kommunen Bundesmittel bereitgestellt werden. In der Kontroverse um die negative Einkommensteuer ging es insbesondere auch um die Anreizwirkungen und die fiskalischen Belastungen der NES im Vergleich zu einer Reform des Sozialhilfesystems. Dabei wurde letztlich allerdings deutlich, daß die Unterschiede zwischen beiden Ansätzen bei pragmatischer Ausgestaltung der NES relativ gering sind.

3. *Die Realisierbarkeit beschäftigungspolitischer Konzepte*

Die Ergebnisse hinsichtlich der Machbarkeit der diskutierten Ansätze kann in folgenden Punkten zusammengefaßt werden.

3.1 Der Machbarkeit und Wirksamkeit beschäftigungpolitischer Konzepte sind deutliche politische Grenzen gesetzt. Oft kann die Politik gar nicht handeln, da sie sich in einem Spannungsfeld verschiedener Handlungsinteressen bewegt. Im Ergebnis führt dies dazu, daß Regierungen oft viel über den Kampf gegen die Arbeitslosigkeit reden, in der Realität jedoch wenig tun oder ihr Handeln im Prinzip nur Aktionismus darstellt. Auch dürfen einzelne Konzepte nicht überbewertet werden. Als Beispiel wurde die Qualifizierungsstrategie genannt, wie sie etwa in dem von EU-Kommissar P. Flynn aufgezeigten »dritten Weg« angesprochen wurden.

3.2 Der Teufel steckt bei den Konzepten oft im Detail. So wurde für den zweiten Arbeitsmarkt festgestellt, daß ein wesentliches Problem in der Schnittstelle zwischen dem ersten und dem zweiten Arbeitsmarkt liegt, wenn es zu Verdrängungen von Arbeitskräften aus dem ersten Arbeitsmarkt kommt oder Verteilungskämpfe um Aufträge bestehen. Ein weiteres erhebliches Problem des zweiten Arbeitsmarktes stellt in der Praxis die Lohnfindung dar: So erhalten Arbeitslose, die an Qualifikationsmaßnahmen teilnehmen, bis zu 68 Prozent ihres letzten Einkommens, während Personen auf dem zweiten Arbeitsmarkt 100 Prozent erhalten. Im Arbeitskreis bestand daher hinsichtlich des zweiten Arbeitsmarktes weitestgehend Übereinstimmung, daß nicht die Frage des *ob*, sondern des *wie* entscheidend ist. In Großbritannien wurden mit dem zweiten Arbeitsmarkt schlechte Erfahrungen gemacht. Auf der britischen Insel wird die Auffassung vertreten, daß nicht die Regierung, sondern Unternehmen Arbeitsplätze schaffen. Aufgabe der Regierung ist es, die Konditionen und Rahmenbedingungen für die Schaffung von mehr Arbeitsplätzen zu gestalten. Nach britischen Erfahrungen kommt es besonders auf den Abbau von Barrieren an, die die Unternehmen daran hindern, Arbeitsplätze zu schaffen oder zu erhalten.

Die Vorträge und Diskussionen haben im wesentlichen gezeigt, daß es durchaus eine Fülle von innovativen Instrumenten und beschäftigungspolitischen Konzepten gibt. Problematisch ist hingegen in erster Linie die politische Durchsetzbarkeit.

Ulrich van Suntum

Abschließende Bemerkungen zum Arbeitskreis III

Meine Damen und Herren, nach 2 ½ Tagen Diskussion stellt sich die Frage, was diese Diskussionen gebracht haben. Ich kann natürlich auch nur Eindrücke wiedergeben, die ich aus unserem Arbeitskreis gewonnen habe, und will eigentlich nur einen Punkt in den Vordergrund stellen. Mein Eindruck ist, und das war mir vorher gar nicht so bewußt, daß viele der Konzepte, die sich in der Öffentlichkeit diametral gegenüberstehen, in Wirklichkeit überhaupt nicht so unterschiedlich sind. Das heißt es werden – vielfach auch in der Wissenschaft, das muß ich selbstkritisch sagen – plakativ Dinge vorgetragen, abgelehnt, Gegenkonzepte dargestellt, die, wenn man sie wirklich intensiv diskutiert – und das war ja in der Arbeitskreisstruktur zumindest ansatzweise möglich – gar nicht so kontrovers sind. Ich will einmal ein Beispiel nennen: Die negative Einkommenssteuer, auf die eben zu Recht schon hingewiesen wurde. Vordergründig sieht es so aus, als gäbe es Befürworter und Gegner dieses Konzeptes, die sich unversöhnlich gegenüberstehen. In der Diskussion ist aber sehr schnell folgendes klar geworden: Wenn man nicht modellhaft nach dem Lehrbuch, sondern einmal pragmatisch an die Sache herangeht und sich fragt, wie man dieses Konzept denn in der Praxis konkret realisieren könnte, dann stellt sich heraus, daß man gar nicht so weit entfernt ist von denjenigen, die zum Beispiel sagen, daß die Reform der Sozialhilfe das überlegene Konzept sei. Letztlich läuft es nämlich fast auf dasselbe hinaus.

Zweites Beispiel: Aktive Arbeitsmarktpolitik. Ist sie nun gut, oder ist sie schlecht? Auch bei dieser Diskussion ist sehr schnell deutlich geworden, daß es natürlich darauf ankommt, wie man es macht und auf welche Problemgruppen man sich dabei bezieht. Natürlich brauchen wir eine aktive Arbeitsmarktpolitik zugunsten bestimmter Problemgruppen, die sonst am Arbeitsmarkt keinen Fuß fassen können. Und genauso klar ist, daß diese aktive Arbeitsmarktpolitik oder der zweite Arbeitsmarkt kein Ersatz sein kann für den ersten Arbeitsmarkt, und daß wir dann ein Problem bekommen, wenn sich plötzlich Leute, die an sich gar keine persönlichen Probleme qualifikatorischer oder anderer Art haben, einen Arbeitsplatz im ersten Arbeitsmarkt zu finden, massenhaft im zweiten Arbeitsmarkt tummeln. In dem Fall wäre etwas schief gelaufen mit der aktiven Arbeitsmarktpolitik.

Auch da hat sich also sehr schnell gezeigt, daß die Dinge gar nicht so kontrovers sind, wenn man vernünftig darüber spricht. Ich würde dieses Phänomen sogar auf die Tarifpolitik beziehen, obwohl das nicht Hauptgegenstand unseres Arbeitskreises war, aber wenn man mit Gewerkschaftern einmal offen diskutiert – wenn auch nicht gerade öffentlich auf einem Podium –, dann ist sich jeder darüber im klaren, daß Lohnzurückhaltung natürlich im Zweifel zugunsten von mehr Arbeitsplätzen wirkt und nicht umgekehrt. Da wird zwar manchmal etwas anderes in der Öffentlichkeit erzählt, aber jeder weiß, daß das so nicht stimmt. Das heißt ja nicht, daß man jetzt die Löhne senken muß, aber daß eine zurückhaltende Lohnpolitik im Zweifel mehr Arbeitsplätze schafft, ist inzwischen eigentlich Common Sense unter den Leuten, die sich damit ernsthaft auseinandersetzen.
Mit anderen Worten, mein Eindruck aus dieser Tagung ist, daß wir eigentlich ziemlich genau wissen, was wir tun müssen, um die Arbeitslosigkeit nachhaltig zu senken. Das ist nicht eine Maßnahme, das sind auch nicht zwei Maßnahmen, sondern das ist eine ganze Palette von Maßnahmen, die hier zu treffen sind und die eigentlich als solche auch bekannt sind. Die Auseinandersetzung geht mehr um die Detailfragen. Man muß sich allerdings davor hüten, jetzt einen unkoordinierten Aktionismus zu starten, hier ein Rädchen, da ein Rädchen zu drehen, ohne den Gesamtzusammenhang zu sehen. Auch das ist deutlich geworden. Man kann zum Beispiel keine Wohnungspolitik betreiben, ohne gleichzeitige Rückwirkungen auf den Arbeitsmarkt mit in Betracht zu ziehen, wie z.B. die Frage der Mobilitätshemmnisse durch Sozialwohnungssysteme, die den einzelnen am Arbeitsplatz halten, obwohl er woanders eine besser bezahlte Beschäftigung bekommen könnte, bzw. die einen Arbeitslosen am Wohnort halten, obwohl er woanders einen Arbeitsplatz finden könnte. Aber er wird da nicht hingehen, weil er dann seine Sozialwohnung verliert und den Anspruch auf eine Sozialwohnung an einem neuen Ort nicht durchsetzen kann.
Das heißt, diese Politikbereiche sind nicht getrennt voneinander zu behandeln, sondern müssen im Gesamtzusammenhang gesehen werden. Und noch etwas habe ich gelernt: Es ist ganz wichtig, auf Eigeninitiative zu setzen. Man kann nicht alles dem Staat überantworten, das gilt auch für die Qualifizierung, das große Stichwort in vielen Diskussionen. Es ist in unserem Arbeitskreis mehrfach darauf hingewiesen worden. Wir müssen auch dafür sorgen, daß die Leute selber etwas tun für ihre Qualifikation. Es ist doch Unsinn, daß wir beispielsweise über Meisterbafög diskutieren, nachdem wir vorher alle Anreize für einen jungen Gesellen, sich zum Meister aus eigenem Antrieb fortzubilden, systematisch beseitigt haben. Hier läuft noch vieles schief. Auch hier, denke ich, darf man den Gesamtzusammenhang nicht aus den Augen verlieren.

Es ist aber auch so – dies als letzten Punkt –, daß in der Regel das Fieber zunächst noch einmal steigt, wenn man eine Krankheit bekämpfen will. Wir sind in vieler Hinsicht in einer verfahrenen Situation, und wenn wir diese korrigieren wollen, dann tut das zunächst weh. Und da beginnt die Problematik der politischen Umsetzbarkeit, d.h. der politischen Umsetzbarkeit von Lösungen, die als solche eigentlich bekannt sind. Und hier besteht eine gewisse Gefahr, sich auf Scheinlösungen zu konzentrieren, Lösungen, die scheinbar niemandem wehtun. Ich will hierzu ein Beispiel nennen, auch wenn das mehr eine persönliche Ansicht zu der Problematik darstellt; es betrifft die Senkung der Lohnnebenkosten, die auch auf dieser Konferenz in vielen Arbeitskreisen immer wieder angesprochen worden ist. Unter Senkung der Lohnnebenkosten wird in der gegenwärtigen politischen Diskussion häufig nicht etwa eine Senkung der wirklichen Ausgaben verstanden, sondern lediglich eine Verschiebung der Lohnnebenkosten, indem Beiträge durch Steuern ersetzt werden.

Aber das ist natürlich keine Senkung der Kosten. Denn hinter den Lohnnebenkosten stehen Sozialausgaben, und hinter den Sozialausgaben stehen entsprechende Ansprüche. Aber an die will man nicht rühren. Stattdessen sagt man, wir senken die Lohnnebenkosten, indem wir das, was vorher Beiträge waren, jetzt als Steuern deklarieren. Das trifft außerdem auch noch andere Personenkreise, so daß für manche politischen Kreise Steuererhöhungen opportun erscheinen, aber eine Lösung des Problems sind sie nicht. Und hierin scheint mir das generelle Problem zu liegen: In dem mangelnden politischen Mut, den Leuten zu sagen, wenn wir wirklich die Arbeitslosigkeit nachhaltig senken wollen, dann können wir nicht einfach so weitermachen wie bisher, dann tut es vielleicht manchem auch ein bißchen weh.

Arbeitskreis IV
Working Group IV

Leiter/Chairman: *Werner Then*
Rapporteur: *Ingeborg Sperling*

Flexibilisierungsstrategien im Unternehmen – Maßnahmen zur Sicherung oder auch zur Schaffung von Arbeitsplätzen

Flexibilization Strategies of Enterprises – Serving not only the Protection but also the Creation of Jobs?

Artur Wollert
Problemfelder und Ziele im Unternehmen

Hans-Jörg Bullinger/Stephan Zinser
Paradigmenwechsel: Von der erwerbswirtschaftlichen Einbahngesellschaft zur Gesellschaft der Wahlmöglichkeiten. Sind mikroökonomische und gesamtwirtschaftliche Interessen in Einklang zu bringen?

Joachim Ragnitz
Bewertung unternehmerischer Flexibilisierungsstrategien: Auswirkungen und Nebenwirkungen auf Leistungsfähigkeit und Beschäftigung

Ingeborg Sperling
Zusammenfassung der Ergebnisse des Arbeitskreises IV

Werner Then
Abschließende Bemerkungen zum Arbeitskreis IV

Artur Wollert

Problemfelder und Ziele im Unternehmen

Flexibilität ist in aller Munde. Die einen sehen sie als Wunderwaffe im Kampf um das wirtschaftliche Überleben. Die anderen sehen sie als Angriff gegen alles, was uns heilig ist. Nachfolgend sind einige Gedankensplitter zum Thema Flexibilisierung in Form von neun Thesen niedergeschrieben:

1. *Unternehmen haben viele »Gläubiger«.*

Jedes Unternehmen steht mit zahlreichen Interessengruppen im engen Wechselverhältnis. Ohne Staat, Kreditgeber, Lieferanten u.a. zu gering zu schätzen, sind doch die Stakeholder in besonderem Maße für das Wohl und Wehe des Unternehmens verantwortlich: die Kapitaleigner, das Management und die Mitarbeiter. Sie müssen das Unternehmen durch den härter werdenden Markt steuern. Der Wettbewerb zeigt sich insbesondere als Zeiten-, Kosten- und Qualitätswettbewerb. Und es ist nicht nur ein Wettbewerb der Unternehmen in ihrer Gänze, sondern jeden einzelnen Mitarbeiters: Der Arbeiter einer Maschinenfabrik in Stuttgart konkurriert mit seinem Kollegen in Prag.

2. *Flexibilität sichert Beschäftigung.*

Die Preisverteilung im Wettbewerb obliegt dem Kunden. Er ist unser eigentlicher Arbeitgeber. Er schafft die Arbeitsplätze. Allerdings muß ihn unser Angebot an Produkten und Dienstleistungen überzeugen. *Innovation* ist gefragt. Flexibilität dient dazu, seine Wünsche zu erkennen und sie schneller als der Wettbewerb zu erfüllen. Ein enttäuschter Kunde spricht mit einem Dutzend weiterer Personen, ein zufriedener vielleicht mit drei anderen. »Zufrieden sein« beim Einkaufen ist eigentlich normal; heute muß man freilich sagen: sollte normal sein.

Trotz zahlreicher Feiertagsreden denken wir zu intensiv an unsere und nicht an die Probleme des Kunden. Lesen Sie einmal aufmerksam Ihre Vorstandsprotokolle. Mit allen unseren Rationalisierungs- und Umstrukturierungsmaßnahmen wollen wir uns – nicht dem Kunden helfen. Es wird Zeit, daß wir ihn nicht nur entdecken, sondern ihm auch zu seinem Recht verhelfen: flexibel und innovativ auf seine Wünsche eingehen.

Abb. 1

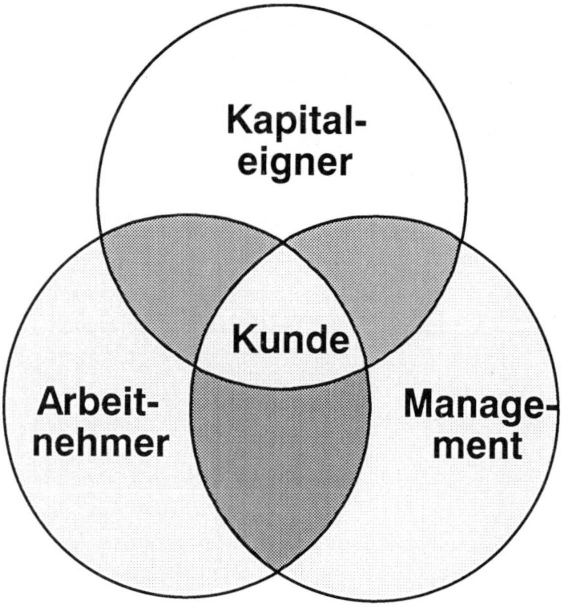

3. *Flexibilität setzt eine Kultur der Beweglichkeit voraus.*

Flexibilität ist »die Fähigkeit des Menschen, sich im Verhalten und Erleben wechselnden Situationen rasch anzupassen« (Duden). Im Privatleben sind wir ja oft schon sehr flexibel. Der Ehepartner früherer Generationen ist ersetzt durch den Lebensabschnittspartner. (Wenn man freilich liest, daß der gesetzliche Erziehungsurlaub zu 99 % von Frauen und nur zu 1% von Männern wahrgenommen wird, so scheinen die Rollenmuster bezogen auf den familiären Lastenausgleich noch immer sehr starr zu sein.)
Im Geschäftsleben: Wer erwartet da noch Kundentreue? Wie sagte neulich ein Händler: »Wenn Sie Treue erwarten, dann kaufen Sie sich einen Hund.«
Beim Staat allerdings muß Flexibilität vielfach noch eingefordert werden. Regelungsdichte und bürokratische Genehmigungsverfahren haben ihren Teil dazu beigetragen, daß der Standort BRD kein Exportschlager mehr ist.
Die Unternehmen haben erkannt, daß jeder einzelne von ihnen sich zumindest in dem Maß bewegen muß, in dem sich das Umfeld ändert. Veränderungsprozesse werden unsere ständigen Wegbegleiter sein. Je kontinuierlicher wir vorgehen, desto eher lassen sich Irritationen und Revolutionen vermeiden. Wir

müssen erkennen, daß nichts, aber auch gar nichts, endgültig abgehakt ist. Besser, als einmal verabschiedete Ziele stur und krampfhaft einhalten zu wollen, ist es, darauf zu achten, daß in unseren Unternehmen die Optionen offen gehalten bzw. sogar erweitert werden. Dies setzt ein kontinuierliches Reflektieren, Experimentieren und Verändern voraus. Gemeint sind nicht sprunghafte Kurswechsel, sondern Lernen in kleinen Schritten im Sinne einer evolutionären Veränderung.
Ob das gelingt, ist Sache der Qualität von Führungskräften und Mitarbeitern.

4. *Die Unternehmen müssen die Einstellung, nicht das Verhalten honorieren.*

Die geschilderte Kultur der Beweglichkeit setzt eine *Bewußtseinsveränderung* voraus. Andernfalls bleiben alle Flexibilisierungsstrategien Umsetzungsruinen.
Folgendes Schaubild zeigt den Zusammenhang zwischen Einstellung und Verhalten. Nur beim »Gestalter« fallen Verhalten und Einstellung in überzeugender Weise zusammen. Hier entsteht letztlich »von selbst« ein Klima, in dem von den Fertigungsverfahren, den Betriebsvereinbarungen, dem Entgelt, der Arbeitszeit alles flexibel ist, d.h. so gestaltet ist, daß Kundennutzen, Mitarbeiterzufriedenheit und unternehmerischer Ertrag optimiert werden.

Abb. 2

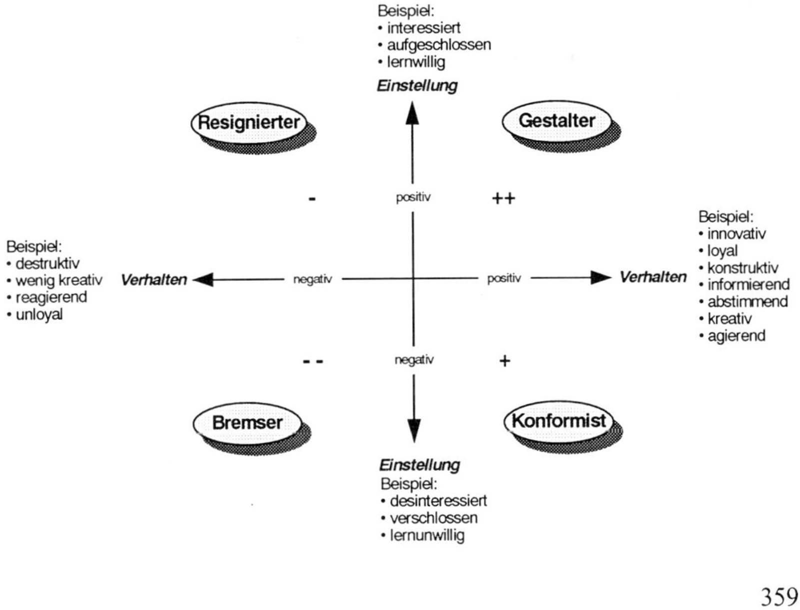

5. *Wir brauchen mehr Unternehmer.*

Wir brauchen Mitarbeiter, die Freude an der Arbeit und Stolz auf ihre Firma empfinden. Diese Mitarbeiter übernehmen auch Verantwortung.
Bei uns ist vielfach die Du-darfst-Gesellschaft noch nicht überwunden. Ihr entspricht auf Arbeitnehmerseite, daß die Mitarbeiter nur flexibel sind, wenn es um die Verbesserung ihrer persönlichen Belange geht. Viele begreifen sich als Söldner in fremden Diensten. Das Denken in eigenen Rechten und fremder Verpflichtung wirkt naturgemäß jeglichen Flexibilisierungsstrategien entgegen. Wir müssen uns von nüchternen Vertragsgesellschaften hin zu *Emotionsgemeinschaften* entwickeln. Ohne Emotionen und anhaltendes Engagement sind Höchstleistungen nicht erreichbar.
Allerdings setzt eine solche Gemeinschaft *wechselseitige Loyalität* voraus. Hier ist in den letzten Jahren sicher einiges falsch gelaufen. Nicht alle Down-Sizing-Programme konnten wir den Mitarbeitern überzeugend verkaufen. Das hinterläßt Wunden. Viele meinen, es sei in unseren Unternehmen »kalt« geworden, nicht nur in den Führungsetagen. Wer heute den einzelnen Menschen nur als Kosten- und nicht als Wertfaktor sieht, wird die Zukunft nicht gewinnen.
Freilich, aufgrund der Varietät der Beschäftigungsverhältnisse werden wir »Bindung« in bezug auf das Verhältnis Unternehmen – Mitarbeiter neu definieren müssen. Lebenslange Beschäftigung auf einem bestimmten Arbeitsplatz ist sicher »out«. Aus Mitarbeitersicht wird andererseits gerade eine hohe Bindung an das Unternehmen für hohe Aufgeschlossenheit gegenüber Flexibilisierungserfordernissen sorgen.

6. *Ein ganzheitliches Unternehmenskonzept ist erforderlich.*

Ein transparentes Unternehmenskonzept hilft den Mitarbeitern bei ihrer Orientierung. Abb. 3 zeigt die zweckmäßig erscheinenden Bausteine.

Daraus wird ersichtlich, daß sich die Flexibilisierungsmaßnahmen über alle Teile und Funktionen des Unternehmens erstrecken: Von der Entwicklung bis zur EDV, von der Arbeitszeit bis zu den Sozialleistungen. Einzelansätze kurieren nur an den Symptomen unserer Schwerfälligkeit. Wir sollten auch nicht diese oder jene Maßnahmen von einem Wettbewerber kopieren, sondern wir müssen den Grundgedanken der Flexibilisierung *kapieren* und uns dann selbst ein *maßgeschneidertes Konzept* erarbeiten. Wichtig ist, daß im Kern alle das gleiche Ziel verfolgen und den festen Glauben besitzen, die Zukunft selbst in die Hand nehmen zu können.

Abb. 3

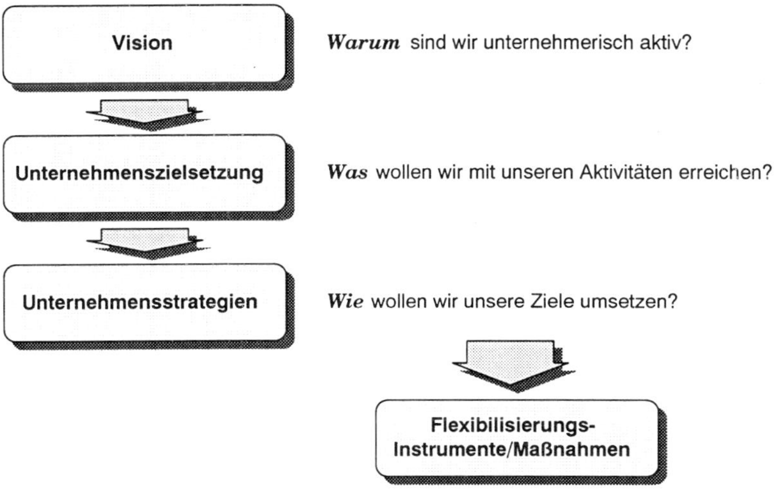

7. *Personalabbau ist keine Flexibilität.*

Aus dem bisher Dargelegten ergibt sich bereits, daß die Fähigkeit, Personal zügig abbauen zu können, allein noch kein Ausweis besonderer Flexibilität ist. Genausowenig wie sich die Deregulierungsdebatte an der Aufhebung des einheitlichen Ladenschlusses erschöpfen darf. Arbeitsbedingungen, Entlohnungsformen, Organisationsstrukturen, Fertigungsabläufe, Entwicklungsverfahren – alles muß flexibler werden. Wir müssen daher ein sehr schnell lernendes und reagierendes Unternehmen werden. Wenn keine Kunden im Geschäft sind, müssen auch keine Mitarbeiter da sein, die sie beraten. Wenn große Autos nicht verkaufbar sein sollten, brauchen auch nicht über Jahre hinweg solche entwickelt werden. Der Ausdruck vom »*atmenden Unternehmen*« weist in die richtige Richtung. Allerdings zeichnet sich richtig verstandene Flexibilität durch Risikobereitschaft zu *antizyklischem Handeln* aus. Das gilt insbesondere hinsichtlich des Personalbestandes. Sowohl Personalaufbau wie Personalabbau ist teuer und zeitraubend. Bis er abgeschlossen ist, hat sich oftmals die Situation schon wieder geändert. Es ist sinnvoller, nicht in erster Linie an der Zahl der Mitarbeiter selbst – zumindest nicht an der »Kernmannschaft« – zu manipulieren, sondern am Arbeitsvolumen, sprich an der jeweils angebotenen Arbeitszeit – sei es Wochen-, Monats- oder Jahresarbeitszeit.

Nachfolgende Kurve soll zeigen, daß die Konjunkturzyklen voraussichtlich immer kürzer werden. In der Vergangenheit haben wir z.B. in der Regel im Zeitraum D mit Abbaumaßnahmen begonnen; und sie abgeschlossen, als wir im Zeitraum A und B schon längst wieder Ressourcen benötigt hätten.

Abb. 4

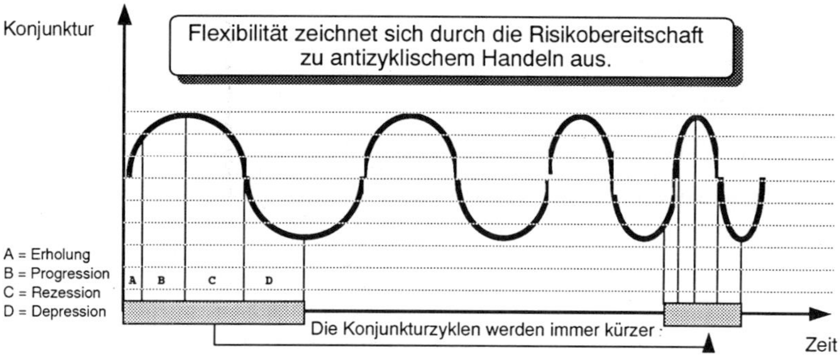

8. *Flexibilität üben.*

Flexibilität ist uns nicht in die Wiege gelegt. Wir verharren viel lieber beim Vertrauten und Gewohnten. Daher ist heute das Lernen und Üben auf allen Hierarchiestufen der strategische Erfolgsfaktor. Das gilt auch für unsere Betriebsräte, die entgegen landläufiger Meinung in den Unternehmen ja sehr stark das konservative Element vertreten.
Allen muß Gelegenheit zu Entwicklung und Wachstum gegeben werden. Der durchschnittliche Mitarbeiter setzt heute nur einen Teil seiner Fähigkeiten am Arbeitsplatz ein. Sein Potential aber ist immer unsere unternehmerische Schlüsselgröße. Der Vorgesetzte als Coach muß lernen, es zu entwickeln.
Job Rotation ist eines der wichtigsten Mittel, ganzheitlich denkende und flexible Mitarbeiter zu entwickeln. In der Arbeitsorganisation sind hier *Gruppen- und Projektarbeit* zu nennen. Bei letzterer kann auch Führungsverantwortung auf Zeit erprobt werden. Mir erscheint es sogar generell positiv, *Führungspositionen auf Zeit* zu vergeben. Wie in vielen Gebieten steht dem aber unser sehr rigides Arbeitsrecht entgegen.
Selbstverständlich dienen flache Hierarchien, einfachere Entscheidungsprozeduren und prozeßhaftes Vorgehen ebenfalls der Beweglichkeit des »Organismus Unternehmen«. Die gläsernen Wände zwischen einzelnen Abteilungen müssen durchbrochen werden, um vom Bereichsdenken zum Prozeßgedanken zu kommen.

Maßgebend ist jedoch die Einsicht, daß jede Investition in die Kompetenz unserer Mitarbeiter ein überzeugender Schritt hin zur Existenz- und Arbeitsplatzsicherung ist. Wobei diese nicht dadurch zu erreichen ist, daß man den Mitarbeiter jeweils nur auf einen bestimmten Arbeitsplatz qualifiziert, sondern indem generell seine Fähigkeiten zum persönlichen Wachstum ausgebaut werden. Je breiter das individuelle Spektrum, desto höher sind Mobilität und Flexibilität.

9. *Flexibilität braucht Grenzen.*

Flexibilität setzt einen Bewegungsspielraum voraus, innerhalb dessen man frei gestalten kann. Staat, Tarifpartner, Unternehmer und jeder einzelne müssen versuchen, diesen Freiheitsraum zu erwirken.
Unabhängig davon wissen wir, daß gerade die besonnene Bewältigung des Wandels eine ausgewogene Balance zwischen Bewährtem und Neuem erfordert. Zusammengehörigkeitsgefühl, Hilfsbereitschaft und Solidarität geben die Sicherheit und Geborgenheit, aus der heraus überdurchschnittliche Leistungen entstehen. Wir benötigen also die richtige Mischung zwischen Flexibilität und *Stabilität*. Letztere wird durch unternehmerische *Vision* und durch die Leitbilder – Ausdruck unserer indirekten Führung – erzielt, denen sich das Unternehmen verpflichtet fühlt; seine Qualität, Service, globale Kompetenz usw.
Besondere Bedeutung für unsere Flexibilisierungsstrategie erhält so die entsprechende *Unternehmenskultur*, also die Summe der er- und gelebten Werte einer Gemeinschaft. Dabei wissen wir, daß wir zu einer Unternehmenskultur, die durch Veränderungsbereitschaft und Lernfähigkeit gekennzeichnet ist, nicht durch Instruktionen und Rundschreiben kommen, sondern nur durch Einbindung aller Mitarbeiter. Die Mitarbeiter müssen Vertrauen in ihr Unternehmen, ihre Führung und in sich selbst haben, dann können sich Unternehmensführung und jede einzelne Führungskraft als Wertsetzer betätigen und versuchen, das unerläßliche *Veränderungsbewußtsein* bei allen Mitarbeitern zu schaffen. Jeder einzeln muß erkennen und innerlich akzeptieren, daß in Zukunft das einzig Beständige und der alleinige Schlüssel zum Erfolg im Wandel und seiner Bewältigung liegt.
Diese Aussage ist unumstößlich, selbst wenn wir in der Praxis nur immer wieder der Lichtenberg´schen Erkenntnis zustimmen müssen: »Ich kann freilich nicht sagen, ob es besser wird, wenn es anders wird, aber so viel kann ich sagen, es muß anders werden, wenn es gut werden soll.«

Hans-Jörg Bullinger/Stephan Zinser

Paradigmenwechsel: Von der erwerbswirtschaftlichen Einbahngesellschaft zur Gesellschaft der Wahlmöglichkeiten.

Sind mikroökonomische und gesamtwirtschaftliche Interessen in Einklang zu bringen?

1. *Struktureller Wandel – Herausforderung an die Unternehmen*

Krise und Chance, das sind nicht zwei polare Brennpunkte, sondern zwei Deutungen eines Sachverhaltes. Nur aus Krisen entstehen Chancen für Veränderungen. Der strukturelle Wandel bezieht sich zum einen darauf, daß sich die Art der Produkte gewandelt hat. Der Kunde verlangt in kurzer Zeit sein individuelles Produkt mit einem selbstverständlich dazugehörigen ›full service‹. Als Produkte werden hierbei nicht nur Waren im klassischen Sinne verstanden, sondern auch Dienstleistungen. Sowohl Käufer als auch Hersteller sehen sich dabei nicht an Länder- und Kulturgrenzen gebunden. Produkte werden weltweit eingekauft und dort hergestellt, wo die Ressourcen dazu günstig sind. Der eigentliche Produktionsprozeß selbst ist von einer Flexibilisierung gekennzeichnet, die durch eine neue, computergestützte Generation von Fertigungseinrichtungen ermöglicht wurde. Die traditionelle Massenproduktion wurde inzwischen durch die Kleinserienfertigung abgelöst. Derartige kleine Losgrößen stellen dabei von der Technik her kein Problem dar, wohl aber von der Arbeitsorganisation. Diese Art der Fertigung erfordert in ihrer gegenwärtigen Ausprägung einen hohen, teuren Koordinationsaufwand und eine polare, von sehr hoher bis hin zu eher bescheidener, Mitarbeiterqualifikation.
Nichts ist beständiger als der Wandel. So kann in knappen Worten die Situation charakterisiert werden, in der sich die deutschen Unternehmen derzeit befinden. Der vielbeschriebene Wandel vom Verkäufer- zum Käufermarkt verändert die Randbedingungen der Unternehmen. Produkte materieller und immaterieller Art werden nicht weiter für einen anonymen Massenmarkt, sondern vielmehr für Einzelkunden mit individuellen Produkt-, Liefer- und Qualitätsanforderungen angeboten.
Der zunehmende internationale Wettbewerb äußert sich in einem ständig wachsenden Verbesserungsdruck. Fakt ist: wer im internationalen Wettbe-

werb steht, ist gezwungen, neue Methoden, Denkansätze, Strukturen etc. zu entwickeln. Alte tayloristische Konzepte stoßen dabei an ihre Grenzen. In allen Branchen wird von Neustrukturierung gesprochen. Gesucht sind Organisationsstrukturen, die Markt und Technik mit dem Ziel, das langfristige Überleben und die Wettbewerbsfähigkeit des Unternehmens zu sichern, in Übereinstimmung bringen. Ausgangspunkt ist der zunehmend turbulenter werdende Markt, der ein Maximum an Flexibilität und dynamischer Entwicklungsfähigkeit fordert. Andererseits wird jeder Markt von Kreativität und Innovationskraft immens beeinflußt. Hauptkriterien für unternehmerisches Denken und Handeln werden in Zukunft flexibles, situatives strategisches Vorgehen, die Reaktionsfähigkeit auf Kundenwünsche, die Bereitschaft zum Wandel in allen Bereichen eines Unternehmens und die Fähigkeit zur Optimierung von Außenbeziehungen sein. Die Einbeziehung der Mitarbeiter durch die Schaffung eines Umfelds, das Kreativität weckt, erhält und fördert, ist einer der Schlüssel zum Erfolg. Darüber hinaus werden die Schnelligkeit der Informationsverarbeitung und der Zeitfaktor in Entwicklung, Produktion etc. zunehmend an Bedeutung gewinnen.

2. *Anforderungen an die Unternehmen*

Es gibt eine Reihe von Erfolgsfaktoren, die sich im wesentlichen auf die interne Gestaltung des Unternehmens konzentrieren. Hierzu gehören der Abbau künstlich gesetzter Schranken, wie Abteilungsgrenzen oder hierarchischer Stufen, die Delegation von Verantwortung an kompetente und selbständig agierende Mitarbeiter und Mitarbeiterinnen, die Schaffung günstiger Rahmenbedingungen, wie produktivitätsfördernde und zugleich motivierende Entgeltsysteme, Arbeitszeitflexibilisierung und Arbeitsplatzgestaltung. Die interne Kooperation der Menschen wird gestärkt durch Gruppenarbeitsorganisation mit verbesserten Informations- und Kommunikationssystemen. Partizipativ orientierte Führungsstile lösen alte hierarchische, auf Befehl und Gehorsam basierende Prinzipien ab.
Aktuell diskutierte Trends in der Unternehmensführung und Managementkonzepte wie Business Reengineering, Lean Management, Total Quality Management, Kaizen etc. sind jedoch immer vor dem jeweiligen aktuellen historischen, gesellschaftlichen, wirtschaftlichen und wissenschaftlichen Hintergrund zu sehen.
Mit drei Kernaufgaben hingegen werden die Unternehmen ständig konfrontiert sein, wenn sie die Wettbewerbsfähigkeit auch in Zukunft erhalten bzw. ausbauen wollen. Diese zentralen Aufgaben der Unternehmen sind die Entwicklung innovativer Prozesse, d.h. Geschäftsprozeßmanagement, inno-

vativer Produkte, d.h. Kundenorientierung und innovativer Strukturen, d.h. Mitarbeiterorientierung.
Insbesondere die Veränderung und Neugestaltung der Arbeits- und Organisationsstrukturen bilden die Grundlage für eine neue Qualität der Zusammenarbeit und bieten Raum für Flexibilität, Kreativität und Innovation.
Um dieser Herausforderung gerecht zu werden, wird der Geist, die Phantasie, die Kreativität und die Leistungsbereitschaft jedes einzelnen gefordert sein. Das Potential in den Köpfen der Mitarbeiter ist konsequent zu nutzen und im Wertschöpfungsprozeß einzusetzen. In der Organisation und Mobilisation dieser Kreativitätspotentiale liegt eine Managementaufgabe der nächsten Dekade. Kreativität bedeutet dabei, die Fähigkeit zu besitzen, allein oder im Team auf der Basis vorhandenen Wissens in neuen, ungewohnten Beziehungsmustern zu denken und zu handeln. Gefragt sind hierzu Motivationsinstrumente, die den Ehrgeiz aller wecken, besser zu werden als der Wettbewerber. Fortschritt verlangt Strukturen, die diesen beeinflussen und fördern. Es gilt ein verbindliches, akzeptiertes Zielsystem zu finden, das den Mitarbeitern die Motivation, aber auch den Handlungsspielraum gibt, lineare Denkstrukturen aufzubrechen und durch Kreativität den Fortschritt zu gestalten. Die Herausforderung besteht darin, mit intelligenten, pragmatischen Methoden die Bereitschaft zur Eigeninitiative zu fördern.

3. *Wahlmöglichkeiten schaffen: Flexibilisierung der Arbeitsmärkte*

Die Herausforderungen der Zukunft verlangen nach einem Verlassen eingefahrener Bahnen. Gefragt ist mehr Markt für Arbeit durch eine Flexibilisierung der Arbeitsmärkte. Dies bedeutet die Schaffung einer Vielzahl unterschiedlichster Wahlmöglichkeiten sowohl auf Unternehmensseite als auch im gesamtwirtschaftlichen Kontext. Die Flexibilisierung wird somit von zwei Seiten angegangen, auf der Seite der externen Arbeitsmärkte, d.h. dort, wo Stellenangebot und -nachfrage aufeinandertreffen, und von der internen Seite, d.h. dem unternehmenseigenen Arbeitsmarkt.
Die externe Flexibilität verbessern bedeutet, daß die Mitarbeiter die Möglichkeit erhalten, sich auf die Bedarfslage der Unternehmen einzustellen. Dazu gehört die Weiterbildung von Arbeitslosen nach dem in der beruflichen Erstausbildung erfolgreich angewandten dualen System.
Die Halbwertszeit des Fachwissens wird immer kürzer, dies macht die permanente Aktualisierung des Bildungsstandes notwendig. Die Forderung geht demnach in Richtung einer kürzeren akademischen Erstausbildung und einem System darauf aufbauender regelmäßiger Weiterbildungsmöglichkeiten. So sollte jeder Mitarbeiter die Wahlmöglichkeit besitzen, aus einem Katalog von Weiterbildungsangeboten das entsprechende Qualifikationsthema herauszu-

suchen. Brain Invest ist für die Unternehmen eine Investition in die Zukunft, ROI (Return on Investment) kann demnach zukünftig mit »Return on Intellect« übersetzt werden.
Heute herrscht eine Arbeitnehmermentalität vor, die unternehmerische Selbständigkeit als Perspektive der Karriereplanung nur selten in Betracht zieht. Derzeit sind nur noch knapp über 8 Prozent der Erwerbstätigen selbständig; während des dynamischen Wiederaufbaus Anfang der 50er Jahre waren es noch ca. 15 Prozent. Unternehmensneugründungen nach dem Typus des »Garagen-Unternehmers« wird jedoch eine Schlüsselrolle für die wirtschaftliche Entwicklung zugeschrieben. Es wird eine Stimulierung des Wettbewerbs, eine Forcierung des strukturellen Wandels, eine Steigerung des Innovationspotentials und nicht zuletzt die Schaffung neuer Arbeitsplätze erwartet. Dies ist nicht nur eine Herausforderung an Politik und Unternehmen, sondern auch eine Herausforderung an die Hochschulen. Mut und Wille zur unternehmerischen Selbständigkeit müssen besonders von Hochschulen geweckt und gefördert werden. Die akademische Ausbildung geht im Gegensatz zu den USA bei uns kaum auf das Thema Existenzgründung als Wahlmöglichkeit der Berufsplanung ein. Mangelnde Darstellung von Gründungsmotivation und -kompetenz lassen den Absolventen nur selten das Berufsbild eines Selbständigen in seine Lebensplanung mit einbeziehen.
Interne Flexibilität soll einen optimalen Einsatz der Humanressourcen im Unternehmen zu beiderseitigem Nutzen, des Unternehmens und der Mitarbeiter, gewährleisten. Dies beinhaltet auch Wahlmöglichkeiten bezüglich der Arbeitszeit. Die Verlagerung einer weitgehenden Zeitsouveränität und -autonomie trägt zur Identifikation des Mitarbeiters mit seiner Tätigkeit bei und macht ihn zum selbstverantwortlichen, flexiblen Kleinunternehmer. Die Globalisierung der Märkte, insbesondere die Schaffung des Europäischen Binnenmarktes mit freiem Verkehr von Gütern, Kapital und Personal, läßt die nationalen Arbeitsmärkte miteinander im Wettbewerb stehen. Unternehmen müssen sich schneller als bisher wechselnden Kundenanforderungen und Marktentwicklungen anpassen. Dynamische und flexible Märkte benötigen flexible Verhaltensmuster. Wahl- und Mitgestaltungsmöglichkeiten bei der Arbeitszeit tragen dazu bei, einerseits auf sich ändernde Nachfragesituationen flexibel zu reagieren und andererseits Privatleben und Freizeit der Mitarbeiter mit der Arbeit in Einklang zu bringen. Innovative Arbeitszeitmodelle sind daher kein Selbstzweck, sondern verbessern die wirtschaftliche Unternehmenssituation und stärken den Investitionsstandort Deutschland.
Die Arbeitsstrukturen in den Unternehmen selbst lassen bisher kaum Entscheidungsspielraum zu. Wahlmöglichkeiten zwischen Gruppen- und Einzelarbeit sind nur in Ausnahmefällen vorhanden. Der situationsgerechte Einsatz der individuellen Fähigkeiten der Mitarbeiter unter Berücksichtigung de-

rer spezifischer Bedürfnisse bedingt jedoch das gleichberechtigte Nebeneinander von Einzel- und Gruppenarbeit.
In diesem Zusammenhang spielt die Arbeit in einer Folge von Projekten eine wichtige Rolle und ermöglicht gleichermaßen Wahlmöglichkeiten. Jedes Projekt erfordert eine andere Kombination von Wissen, Fähigkeit und Erfahrung. Es steht die Wahlentscheidung an, mit welcher Teamkombination die erforderliche Flexibilität zu schaffen ist. Dank der Technik spielt es für den Mitarbeiter keine Rolle, wann und wo, wann alleine und wann im Team er arbeitet. Jeder arbeitet dort, wo es am sinnvollsten und bequemsten für ihn ist. IBM beispielsweise richtet in seiner Tokioter Zentrale für derzeit 5000 Beschäftigte nur noch 4000 feste Arbeitsplätze ein. Der Arbeitnehmer hat jeden Morgen die Wahl, arbeitet er zu Hause oder ist es notwendig, ins Büro zu fahren. Die morgendliche Anmeldung und Abmeldung erfolgt elektronisch. Wer ins Büro kommt, rollt einen Container mit seinen persönlichen Utensilien zum verfügbaren Schreibtisch. Wer zu Hause bleiben will, sitzt dort am PC und ist per Datenleitung mit dem Kollegen verbunden. Desk-Sharing und Telearbeit lauten die neuen Parolen. Projektarbeit läßt längere Pausen, auch über Monate hinweg, zu. Lebensabschnittsarbeit mit beträchtlichen Freiräumen für individuelle Lebensgestaltung und für oben erwähnte Weiterbildung wird bewußt gefördert. Sabbaticals, wie sie für Hochschullehrer vorgesehen sind, berücksichtigen individuelle Lebensentwürfe und sehen Zeit zum Auffrischen des rasch alternden Wissens vor. Wahlmöglichkeiten, die zu einer qualitativen und zeitlichen Ausgewogenheit von Arbeit und Freizeit führen, ermöglichen konzentrierte Leistung während der Projektarbeit.

4. *Wahlmöglichkeiten schaffen: Netzwerkähnliche Kooperationen*

Projektarbeit ist jedoch nicht nur ein Aspekt unternehmensinterner Wahlmöglichkeit. Unternehmen können wählen, mit welchen anderen Unternehmen sie auf bestimmten Gebieten in Form von Kooperationen zusammenarbeiten wollen. Derart verteilte Leistungsprozesse bieten sowohl Unternehmen als auch den Mitarbeitern eine Vielzahl von Wahlmöglichkeiten, Kundenorientierung, Prozeßorientierung und Kostenbewußtsein in aufeinander abgestimmten Strukturen in den Vordergrund zu stellen.
Kooperationen haben als marktnaher Organisationsansatz bereits Einzug in den unternehmerischen Alltag gehalten. Unternehmensübergreifende Kooperationen sind vielfältig und lassen einen großen Interpretationsspielraum zu. Sie fangen bei einfachen Zulieferbeziehungen an und reichen bis zu komplizierten Konzernverflechtungen. Allgemein sind Kooperationen Strukturen, bei denen die Zusammenarbeit über das gewohnte Maß hinausgeht. Derartige Kooperationen können sowohl vertikal als auch horizontal gestaltet sein.

Unter vertikaler Kooperation wird die überbetriebliche Zusammenarbeit zwischen Unternehmen unterschiedlicher Wirtschaftsstufen, wie die Abnehmer-Zuliefer-Kooperation, verstanden. Eine horizontale Kooperation kann als eine Zusammenarbeit zwischen Unternehmen oder Unternehmensbereichen derselben Wirtschaftsstufe, die gleichartige Produkte anbieten oder ähnliche Technologien benutzen, bezeichnet werden. Arbeitskreise, Bildungsallianzen, Einkaufsallianzen sind nur einige wenige Beispiele dafür.
Eine weitere Möglichkeit bildet das derzeit diskutierte virtuelle Unternehmen. Ein virtuelles Unternehmen ist ein Netzwerk unabhängiger Firmen, die sich temporär, d.h. kurzfristig und zeitlich begrenzt, für einen bestimmten Zweck, zusammenschließen. Wenn der Geschäftszweck, zu dem das virtuelle Unternehmen gegründet worden ist, erreicht ist, kann es wieder aufgelöst werden. Die sich ergänzenden Partner bringen ihre miteinander kombinierbaren Kernkompetenzen ein und ermöglichen sich den Zugang zu gegenseitigen Märkten. Dazu soll auf eine Aufbauorganisation und eine Hierarchie verzichtet sowie Kosten und Gewinne geteilt werden. Leistungsfähige Informations- und Kommunikationstechnologien, mit denen das Netzwerk verknüpft ist, spielen eine zentrale Rolle.
Unternehmensübergreifende Kooperationen verlangen nach einer neuen Qualität der Zusammenarbeit, die das Neuartige und Risikobehaftete zum Normalfall für alle Beteiligten werden läßt. Die beständigen Wahlmöglichkeiten sind zwar eine Herausforderung für die Unternehmen, sie bieten jedoch gleichzeitig genügend Spielraum für Flexibilität, Kreativität und Innovation.

5. *Ausblick*

Zukunftstrends, die durch sich verändernde Herausforderungen im wirtschaftlichen Umfeld der Unternehmen, d.h. Wettbewerber, Kunden, Staat etc., hervorgerufen werden, zwingen Unternehmen beständig dazu, bisherige Verhaltensweisen und Strukturen neu zu überdenken. Die fortschreitende Globalisierung, die steigende Bedeutung des Technologiewettbewerbs, die zunehmende strategische Rolle von Dienstleistungen, der deutliche Rückgang von Protektionismus und das schnelle Wachstum neuer Märkte und neuer Wettbewerber bietet eine Vielzahl unternehmensinterner und -externer Optionen auf unterschiedlichen Ebenen.
Dieser beständige Wandel läßt Wahlmöglichkeiten nicht nur zu, vielmehr fordert er Wahlmöglichkeiten. Denn die Zukunft zu meistern heißt, den Wandel zu beherrschen. Und Wandel bedeutet lernen. Lernen ist nicht die Weitergabe von Informationen, sondern das Ändern von Verhaltensweisen aufgrund von Informationen. Zusammengefaßt heißt dies: »Wer den Wandel beherrschen will, muß sich auf den Weg machen, ein Lernunternehmen zu werden«. Be-

deutende Aspekte für die Entwicklung und Wettbewerbsfähigkeit der Unternehmen werden die Auswahl von Optionen sowie die Kopplung der sich ergebenden Möglichkeiten sein.
Lernende Organisationsstrukturen in teamorientierten, dezentralen Verantwortungsbereichen mobilisieren das Kreativitätspotential der Mitarbeiter. Mitarbeiter werden immer wieder vor die Wahl gestellt, welche Optionen und Strategien sie verfolgen sollen. Veränderungsprozesse im Unternehmen können auf diese Weise initiiert, unterstützt und beschleunigt werden. Unabhängig, ob diese eine evolutionäre oder revolutionäre Charakteristik aufweisen, kann der Wandel im Unternehmen mit innovativen Unternehmensstrukturen gestaltet und gelebt werden. Dies läßt Unternehmen einen Spielraum, sich den laufend wandelnden Wettbewerbserfordernissen anzupassen.

Literatur

Bullinger, H.-J. (1995a): Unternehmensübergreifende Zusammenarbeit – Ein neuer Stern am Horizont. In: Office Management 4/1995, S. 16 f.

Bullinger, H.-J. (1995b): Arbeitsgestaltung: personalorientierte Gestaltung marktgerechter Arbeitssysteme. Teubner: Stuttgart, 1995.

Bullinger, H.-J.; Ohlhausen, P.; Stanke, A. (1995): Vom Rivalen zum Partner. In: Vom Rivalen zum Partner – durch Kooperationen neue Leistungspotentiale freisetzen. Tagungsband zum IAO-Kongreß 27.4.1995, Bullinger, H.-J. (Hrsg.), Stuttgart 1995, S. 1 - 10.

Bullinger, H.-J.; Zinser, S. (1995): Aus dem Funken muß ein Feuer werden – Fortschritt ist ohne Motivation nicht zu schaffen. In: Produktion 12/95, S. 3.

Europäische Kommission (Hrsg.) (1994): Wachstum, Wettbewerbsfähigkeit, Beschäftigung: Herausforderungen der Gegenwart und Wege ins 21. Jahrhundert – Weißbuch. Luxemburg, 1994.

Industrial Research and Development Advisory Committee of the European Communities (1994): Qualität und Relevanz – Herausforderungen an Aus- und Weiterbildung zur Entfaltung des Leistungspotentials in Europa. Brüssel, 1994.

Institut der deutschen Wirtschaft (Hrsg.) (1993): Zahlen zur wirtschaftlichen Entwicklung der Bundesrepublik Deutschland. Deutscher Instituts-Verlag: Köln, 1993.

Richert, J.; Schiller, R. (1994): Fachhochschulabsolventen als Existenzgründer. Reihe Bildung – Wissenschaft – Aktuell 11/1994: Bundesministerium für Bildung und Wissenschaft (Hrsg.). Bonn, 1994.

Riewoldt, O. (1995): Büronomaden auf der Info-Autobahn. In: mobil 2/1995, S. 16 – 19.

Joachim Ragnitz

Bewertung unternehmerischer Flexibilisierungsstrategien: Auswirkungen und Nebenwirkungen auf Leistungsfähigkeit und Beschäftigung

1. *Einleitung*

Trotz kräftigen Wachstums fehlen in Deutschland derzeit mehr als 6 Mio Arbeitsplätze, und selbst bei optimistischer Einschätzung der künftigen Wachstumsperspektiven ist nicht erkennbar, daß eine deutliche Zunahme der Beschäftigung durch fortgesetztes Wachstum allein erreicht werden könnte. Vorschläge zu einer wirksamen Bekämpfung der Arbeitslosigkeit sind deshalb ein gefragtes Gut; dies gilt umso mehr, als mittlerweile klar geworden ist, daß es angesichts der vielschichtigen Ursachen von Arbeitslosigkeit die Patentlösung nicht gibt, vielmehr ein ganzes Maßnahmenbündel zum Einsatz kommen muß.

Das Thema »Flexibilisierungsstrategien im Unternehmen« auf einer arbeitsmarktpolitischen Tagung zu diskutieren, impliziert dabei, daß man einen positiven Zusammenhang zwischen betrieblichen Flexibilisierungsstrategien und Beschäftigungsentwicklung vermutet. Auf den ersten Blick mag dies verwundern, denkt man als Volkswirt beim Thema Arbeitslosigkeit doch zunächst an zu hohe Arbeitskosten, an eine zu geringe gesamtwirtschaftliche Nachfrage, an übermäßige Regulierungen des Arbeitsmarktes oder an regionalen und qualifikatorischen mis-match von Angebot und Nachfrage am Arbeitsmarkt. Doch auch wenn betriebliche Flexibilisierungsstrategien nicht zu den naheliegendsten Ansatzpunkten zur Linderung der Arbeitsmarktprobleme zählen, kommt ihnen innerhalb eines Gesamtkonzeptes zur Bekämpfung der Arbeitslosigkeit eine wichtige Rolle zu: Auf keine Maßnahme zur Lösung des Arbeitsmarktproblems kann verzichtet werden, auch wenn ihr jeweiliger Lösungsbeitrag auf den ersten Blick bescheiden erscheinen mag.

Arbeitslosigkeit läßt sich zusammenfassend als Konsequenz von Funktionsstörungen auf den Arbeitsmärkten einerseits und als Folge von Ungleichgewichten auf den Gütermärkten andererseits interpretieren. Die in diesem Arbeitskreis diskutierten Strategien betrieblicher Flexibilisierung haben zum Ziel, die Situation der Unternehmen an den Gütermärkten zu verbessern. Die Unternehmen sollen in die Lage versetzt werden, einen größeren Teil der

Nachfrage auf sich zu lenken. Die jüngste Standortdebatte in Deutschland hat diese Zusammenhänge nochmals deutlich gemacht: Soweit Arbeitslosigkeit auf unzureichender wirtschaftlicher Dynamik beruht, kann sie durch eine Verbesserung der Wachstumsbedingungen bekämpft werden; bei zunehmendem internationalen Konkurrenzdruck gehören dazu alle Maßnahmen, die die Wettbewerbsfähigkeit deutscher Unternehmen gegenüber ausländischen Anbietern erhöhen. Den Unternehmen die Möglichkeiten flexibler Anpassung an Veränderungen der weltwirtschaftlichen Rahmenbedingungen zu geben, ist unabdingbarer Bestandteil einer auf Verbesserungen von Wettbewerbsfähigkeit und Standortqualität gerichteten Strategie.

2. *Arten von Flexibilisierungsstrategien im Unternehmen*

Die öffentliche Standortdebatte der letzten Jahre zielte insbesondere darauf, die Kostenbelastung der Unternehmen zu verringern und die institutionellen und rechtlichen Standortbedingungen in Deutschland zu verbessern. Für beides gibt es gute Gründe: Zum einen weist Deutschland im internationalen Rahmen überaus hohe Arbeitskosten auf, die einer Rechtfertigung durch ein entsprechend hohes Produktivitätsniveau bedürfen; zum andern wird die Anpassungsfähigkeit der Unternehmen in vielfältiger Weise auch durch ein dichtes Geflecht von rechtlichen und tarifvertraglichen Regulierungen behindert, deren Vereinfachung seit Jahren gefordert, jedoch nie durchgreifend vorangetrieben wurde. Insoweit richten sich Politikvorschläge zur Verbesserung des Standortes Deutschland in erster Linie an die Tarifvertragsparteien und den Gesetzgeber. Da es jedoch nicht darum gehen kann, den Herausforderungen eines sich verschärfenden internationalen Wettbewerbs allein durch stärkere Lohnzurückhaltung oder durch Abbau auch berechtigter Schutzvorschriften für Arbeitnehmer und Konsumenten zu begegnen, sind auch die Unternehmen gefordert, die sich bietenden Möglichkeiten zur Verbesserung ihrer Wettbewerbsfähigkeit auszunutzen. Die Einsicht hierzu ist zweifellos vorhanden, und die Diskussionen heute haben gezeigt, daß es hierfür eine Vielzahl möglicher Ansatzpunkte gibt. Unterscheiden lassen sich – bei grober Zusammenfassung – Strategien, die eine Verringerung der Kostenbelastung der Unternehmen bezwecken, solche, die auf die Ausnutzung von Produktivitätspotentialen gerichtet sind, und schließlich Strategien, die auf eine Modernisierung der Produktpalette durch Innovationen abzielen. Je nach Ausgestaltung können sich betriebliche Flexibilisierungsstrategien auf alle drei genannten Ansatzpunkte richten.

- Leistungsorientierte Entgeltsysteme zum Beispiel sind dadurch gekennzeichnet, daß der Arbeitnehmer für besondere Leistungen eine zusätzliche Prämie erhält, so daß ein Anreiz für Mehrleistungen entstehen. Ziel ist

hierbei vor allem eine Produktivitätssteigerung, unter Umständen auch eine Verbesserung der Innovationsfähigkeit von Unternehmen. Bei gegebenem Grundlohn entspricht die Leistungszulage zwar einer Kostenerhöhung für das Unternehmen, doch wird diese durch den entsprechenden Produktivitätsgewinn aufgewogen, so daß die Lohnstückkosten – die letztlich entscheidende Größe – unverändert bleiben können. Mögliche Kostensenkungen durch eine im Zuge dieses Produktivitätsgewinnes mögliche Personaleinsparung oder auch durch eine Senkung des Grundlohns scheinen demgegenüber eher nachrangig zu sein.
Davon zu unterscheiden sind gewinnabhängige Entlohnungssysteme. Hierbei richtet sich die Lohnhöhe nach der allgemeinen wirtschaftlichen Situation des Betriebes. Damit wird vor allem bezweckt, die Kostenbelastung der Unternehmen an veränderte Rahmenbedingungen anzupassen, um so die Überlebensfähigkeit in Zeiten schwacher Nachfrage zu erhöhen.

- Bei Strategien, die eine Flexibilisierung der Arbeitszeit beinhalten, sind Produktivitätsgewinne und Kostensenkungen gleichermaßen von Bedeutung. Leistungssteigerungen sind vor allem dann zu erwarten, wenn die Flexibilisierung der Arbeitszeiten vorrangig gemäß den Wünschen der Arbeitnehmer erfolgt, somit die Beschäftigten ihrer Arbeit mit größerer Zufriedenheit nachgehen. Das Interesse der Unternehmen hingegen dürfte vor allem darin liegen, die Arbeitszeiten an Nachfrageschwankungen anzupassen bzw. eine Verlängerung der Betriebszeiten zu erreichen. In diesem Falle steht das Ziel, Personal- oder Kapitalkosten einzusparen, im Vordergrund. Eine Vielzahl unterschiedlicher Varianten sind hierbei denkbar; vom Geschick des Managements und des Betriebsrates wird es abhängen, welche Lösungen jeweils gefunden werden.
- Produktivitätssteigerungen und Kosteneinsparungen stehen in gleicher Weise im Mittelpunkt auch bei Flexibilisierungsstrategien, die sich auf die Organisation von Produktionsprozessen richten und in der öffentlichen Diskussion meist als »lean production«-Strategien zusammengefaßt werden. Hierbei geht es im Kern darum, dem einzelnen Beschäftigten größere Identifikationsmöglichkeiten mit seiner Tätigkeit zu geben und auf diese Weise seinen Leistungswillen zu stärken. So sollen beispielsweise durch Einführung von Gruppenarbeit und Übertragung von Kompetenzen auf diese Gruppen Qualitätsverbesserungen und Leistungssteigerungen erreicht werden. Sofern dadurch ganze Hierarchieebenen überflüssig werden, kommt es gleichzeitig auch zu einer Kostenentlastung. »Lean-production« kann dabei als »Krönung« von Flexibilisierungsstrategien gelten; flexiblere Entgelt- und Arbeitszeitsysteme sind in aller Regel Bestandteil derartiger Konzepte.

3. *Bewertung von Flexibilisierungsstrategien*

Wegen der Vielzahl unterschiedlicher Erscheinungsformen, die sich in der Praxis herausgebildet haben bzw. sich in der Diskussion befinden, gestaltet sich eine Bewertung von Flexibilisierungsstrategien recht schwierig. Will man gleichwohl zu einem Urteil kommen, so sind vor allem die Konsequenzen für die Wettbewerbsfähigkeit – oder auch: Leistungsfähigkeit – der Unternehmen sowie die Auswirkungen auf die Beschäftigungssituation zu berücksichtigen. Dabei sollen hier entsprechend dem Rahmenthema dieser Tagung eher gesamtwirtschaftliche Überlegungen im Vordergrund stehen.

Grundsätzlich kann man davon ausgehen, daß eine Flexibilisierung – gleich in welcher Form – zu einer Verbesserung der Wettbewerbsfähigkeit von Unternehmen beiträgt: Sie ermöglicht Kostenentlastungen, erhöht die betriebliche Produktivität und erleichtert die Anpassung an Veränderungen der Nachfrage. Sie ist freilich aus einzelbetrieblicher Sicht schon allein deswegen unumgänglich, weil die Ansprüche potentieller Kunden an Lieferzeitpunkt, Produktgestaltung, komplementärem Leistungsangebot u.ä. mehr und mehr zunehmen und sich allenthalben Konkurrenten finden, die diese Ansprüche auch zu erfüllen bereit sind. Dies gilt insbesondere im internationalen Wettbewerb: Nicht nur in Deutschland, sondern auch anderswo wird mit flexibleren Gestaltungsformen experimentiert. So sind in den USA und auch in anderen Industrieländern Flexibilisierungsansätze bei der Arbeitszeit zu beobachten, die den in Deutschland vorgeschlagenen Wegen ähneln; hinsichtlich einer differenzierteren Lohnstruktur bestehen in anderen Ländern wegen der vielfach dezentraleren Lohnfindung ohnehin größere Flexibilisierungspotentiale, und »lean-production«-Strategien werden ebenfalls weltweit erprobt. Dies zeigt, daß an einer betrieblichen Flexibilisierung kaum ein Weg mehr vorbeigeht. Soweit Produktivitätsvorsprünge nicht durch andere Maßnahmen wie Rationalisierungen, Investitionen oder technischem Fortschritt erzielt werden können, sind deutsche Anbieter gezwungen, ähnliche oder gleiche Strategien anzuwenden wie ausländische Konkurrenten. Deshalb lautet die relevante Fragestellung nicht, ob flexiblere Systeme überhaupt nötig sind, sondern vielmehr, wie diese zu gestalten sind. Patentlösungen gibt es dafür freilich nicht, wie die Diskussionen in diesem Arbeitskreis gezeigt haben: Jedes Unternehmen wird das für seine spezifischen Anforderungen maßgeschneiderte Konzept entwickeln müssen.

Hinsichtlich der Beschäftigungswirkungen hingegen sind Flexibilisierungsstrategien ambivalent zu beurteilen. Zwar sind Maßnahmen, die der Verbesserung der Wettbewerbsfähigkeit der Unternehmen dienen, grundsätzlich positiv zu beurteilen, da sie die Sicherheit der letztlich verbleibenden Arbeitsplätze erhöhen; Produktivitätssteigerungen haben jedoch den unangenehmen Nebeneffekt, daß bei gegebener Nachfrage nicht ein größeres, sondern vielmehr ein geringeres Arbeitsvolumen erforderlich wird. Ein positiver Beschäftigungseffekt ist daher zunächst einmal nicht zu erwarten. Dieses Dilemma zeigte sich deutlich in der letzten Rezession, in der viele Unternehmen Verwaltungs- und Produktionsabläufe gestrafft und auf diese Weise erhebliche Produktivitätszuwächse erzielt haben, dabei aber Beschäftigung abgebaut haben. Zusätzliches Arbeitsvolumen würde einzelbetrieblich erst nachgefragt, wenn es den Unternehmen gelingt, zusätzliche Nachfrage auf sich zu ziehen, Produktivitätssteigerungen also in Innovationen oder Preissenkungen umgesetzt werden können. In gesamtwirtschaftlicher Sicht sollte man freilich nicht allzu pessimistisch sein, denn selbst kleine Produktionssteigerungen werden sich über den Bezug von Vorleistungen, die Ausschüttung von Einkommen und Steuerzahlungen an den Staat auch auf andere Bereiche der Wirtschaft auswirken. Auch wenn die Produktivitätssteigerung in einzelnen Unternehmen zu Beschäftigungsverlusten führt, kann an anderer Stelle deshalb zusätzliche Arbeitsnachfrage entstehen. Einzelbetriebliche Beschäftigungsverluste aufgrund von Produktivitätssteigerungen können gesamtwirtschaftlich gleichwohl mit steigender Beschäftigung verbunden sein.

Vor allem flexiblere Entgeltsysteme und lean-production-Strategien sind unter Beschäftigungsgesichtspunkten als wenig hilfreich einzuordnen, sind sie doch vor allem auf Produktivitätsgewinne angelegt. Hingegen verspricht man sich vielfach erhebliche positive Beschäftigungseffekte von der Einführung flexiblerer Arbeitszeiten, was impliziert, daß man dabei stillschweigend von einer Verkürzung der Arbeitszeit ausgeht. Tatsächlich ließe sich durch entsprechende Arbeitszeitverkürzungen das zu einem gegebenen Zeitpunkt vorhandene Arbeitsvolumen auf mehr Köpfe verteilen. Von der von Gewerkschaftsseite propagierten Strategie einer generellen Arbeitszeitverkürzung, die sämtliche Arbeitnehmer in gleicher Weise betreffen würde, differieren die Vorschläge einer stärkeren Flexibilisierung der Arbeitszeit dabei vor allem darin, daß den Beschäftigten selber ein hohes Maß an Zeitsouveränität zugewiesen wird, ein voller Lohnausgleich im allgemeinen nicht gewährt wird und eine stärkere Berücksichtigung betrieblicher Interessen erfolgt. Positiv zu werten ist dabei vor allem, daß eine solche freiwillige Arbeitszeitverkürzung, wie sie hinter dem Modell der Arbeitszeitflexibilisierung steht, auf ein Optimierungskalkül der Betroffenen zurückgeführt werden kann und schon allein deshalb alternativen Modellen der Arbeitszeitverkürzung überlegen erscheint. Bestehenden ordnungspolitischen Bedenken gegen allgemein verbindliche Arbeitszeitverkürzungen wird damit der Boden entzogen. Bei geschickter Umsetzung sollten sich hier Wege finden lassen, die allen Beteiligten entgegenkommen und überdies auch mehr Personen die Möglichkeit geben, am Arbeitsleben teilzuhaben.

Freilich wird der Effekt auf die Beschäftigung dadurch beschränkt, daß auch kürzere Arbeitszeiten in aller Regel die Produktivität erhöhen, somit von dieser Seite her ein geringeres Arbeitsvolumen erforderlich wird. Beschäftigungsgewinne erfordern zusätzlich, daß die Arbeitszeitverkürzung kostenneutral erfolgt, also die Stundenlöhne um weniger angehoben werden als es dem durch die Arbeitszeitverkürzung erreichten Produktivitätszuwachs entsprechen würde. Wird diese Grundregel mißachtet, so wird nur ein Teil des rechnerischen Beschäftigungspotentials auch zu tatsächlicher Mehrbeschäftigung ausgenutzt. Wenn Rechnungen zu den Beschäftigungseffekten vermehrter Arbeitszeitverkürzung zum Teil auf erhebliche Beschäftigungspotentiale kommen, so ist dies auch auf die darin implizit enthaltene Annahme zurückzuführen, daß der Produktivitätszuwachs nicht vollständig zur Gewährung eines Lohnausgleichs genutzt wird, die Lohnstückkosten also zurückgehen. Alles in allem scheint Optimismus über die Beschäftigungseffekte flexibler Arbeitszeiten somit nicht angebracht: Eine Arbeitszeitverkürzung schafft zwar mehr Beschäftigung, nicht aber auch mehr Arbeitsplätze. Insoweit handelt es sich um eine eher »defensiv« angelegte Strategie zur Lösung des Arbeitsmarktproblems.

Der mit Arbeitszeitverkürzungen in aller Regel verbundene Einkommensverzicht der Arbeitnehmer wirkt überdies belastend auf die Akzeptanz von Arbeitszeitverkürzungen. Dies gilt nicht allein für die laufenden Einkommen; auch Ansprüche an die Rentenversicherungsträger und die Arbeitslosenversicherung können geringer ausfallen, wenn im Zuge einer individuellen Arbeitszeitverkürzung Lohnverzichte hingenommen werden müssen. Umfrageergebnissen, die von erheblicher Zustimmung zu individuellen Arbeitszeitverkürzungen ausgehen, ist daher mit Vorsicht zu begegnen, da vielfach die Konsequenz der Einkommensminderung nicht ausdrücklich benannt wurde. Gerade in Ostdeutschland – wo angesichts der überaus hohen Erwerbsbeteiligungsquote eine Verringerung der Unterbeschäftigung in besonderem Maße eine Ausweitung der Teilzeitarbeit erfordern würde – dürfte die Bereitschaft der Beschäftigten hierzu wegen der noch niedrigen Haushaltseinkommen eher gering sein.

Zu berücksichtigen sind schließlich gesamtwirtschaftliche Auswirkungen, die bei einer einzelbetrieblichen Betrachtung unberücksichtigt bleiben und wohl auch noch nicht hinreichend erforscht sind. Käme es beispielsweise im Zuge einer Arbeitszeitverkürzung zu einer Verringerung der Lohnsumme, so würden die verfügbaren Einkommen der privaten Haushalte geschmälert. Folge wäre bei konstanter gesamtwirtschaftlicher Sparquote eine Verringerung der Konsumnachfrage. Könnte dies bei international gehandelten Gütern noch durch zusätzliche Exporte kompensiert werden, steht dieser Weg bei lokalen Waren und Dienstleistungen nicht offen. Es käme dann zu einem verschärften Strukturwandel zulasten der Anbieter von international nicht gehandelten Gütern. Soweit Binnengüter mit arbeitsintensiveren Produktionsmethoden pro-

duziert werden als international gehandelte Güter, könnte dies die erhofften Beschäftigungseffekte schnell zunichte machen.
Zu berücksichtigen wären überdies die finanziellen Auswirkungen auf die öffentlichen Haushalte. So könnten mit sinkender Lohnsumme auch die Steuereinnahmen zurückgehen, wegen der Progressionswirkungen des Steuersystems sogar überproportional. Würden deshalb Steuererhöhungen notwendig, so könnte dies den anfänglich positiven Effekt auf die Wettbewerbsfähigkeit der Unternehmen und die Beschäftigung wieder zunichte machen. Gleiches gilt im übrigen auch für die Sozialversicherungssysteme, so vor allem für die Rentenversicherung.
Ob schließlich betriebliche Flexibilisierung auch den Problemgruppen am Arbeitsmarkt zugute kommt, ist ebenfalls fraglich: Hierzu zählen insbesondere Personen mit gesundheitlichen Einschränkungen, Arbeitslose mit geringer Qualifikation und Langzeitarbeitslose. Zwar dürfte eine allgemein verbesserte Beschäftigungslage auch die Arbeitsmarktchancen dieser Gruppen erhöhen, doch steigen mit der Einführung von Flexibilisierungsmaßnahmen in der Tendenz auch die Anforderungen an Anpassungsfähigkeit und Qualifikation der Beschäftigten. Dies gilt in besonderem Maße bei lean-production-Modellen, die ja gerade darauf angelegt sind, durch Zuweisung von Kompetenzen an die Arbeitnehmer deren Leistungswillen zu erhöhen. Nimmt man hinzu, daß zusätzliche Beschäftigung zu einem guten Teil auch aus der stillen Reserve gespeist wird – hierauf deuten jedenfalls Erfahrungen aus den Niederlanden hin –, so sind Flexibilisierungsmaßnahmen als Mittel zur Bekämpfung von Massenarbeitslosigkeit als eher ungeeignet anzusehen.

4. *Hemmnisse für Flexibilisierungsstrategien*

Flexibilisierungsstrategien sollten wegen ihrer Wirkung auf die Wettbewerbsfähigkeit im Eigeninteresse der Unternehmen liegen, so daß zu fragen ist, weshalb sie bislang nicht in dem Maße genutzt werden, wie dies prinzipiell möglich wäre. Zweierlei ist denkbar, nämlich zum einen, daß die mit der Flexibilisierung verbundenen Kosten ihren Ertrag übersteigen, zum anderen, daß weitreichendere Flexibilisierungsstrategien aufgrund rechtlicher oder tarifvertraglicher Restriktionen nicht im erwünschten Ausmaß durchgesetzt werden können.
Flexibilisierungskosten können einmalig anfallen, aber auch laufend entstehen. Zu ersteren gehören beispielsweise Kosten, die entstehen, wenn zur Durchsetzung neuer Produktions- und Organisationsformen Investitionen erforderlich werden. Solange die vorhandenen Anlagen nicht voll abgeschrieben sind, wird es in diesem Falle nur zu einer zögerlichen Umsetzung von neuen Organisationskonzepten kommen, da die erzielbaren Renditesteigerun-

gen durch Flexibilisierung in diesem Falle auch die Verschrottungskosten der Altanlagen kompensieren müssen. Dies mag ein Grund dafür sein, daß grundlegende Umstellungen der Produktionsstruktur im Sinne eines lean-production-Konzeptes in Deutschland bisher nur in Ausnahmefällen vorgenommen wurden. Allerdings verwundert in diesem Zusammenhang, daß selbst in Ostdeutschland »lean-production«-Modelle nur vereinzelt angewendet werden, vielmehr auch hier traditionelle Produktionsformen dominieren.

Darüber hinaus zu berücksichtigen sind die laufenden Kosten der beschriebenen Flexibilisierungsstrategien. Diese entstehen z.B., wenn die Flexibilisierung mit zusätzlichen Organisations- und Transaktionskosten verbunden ist, was insbesondere bei Arbeitszeitflexibilisierungsstrategien von Bedeutung zu sein scheint. Hier können durchaus signifikante Mehrkosten entstehen, wenn den Beschäftigten vermehrte Autonomie bei der Arbeitszeitgestaltung eingeräumt wird, da zusätzliche Koordinationserfordernisse auftreten. Teilweise mögen diese Kosten ein prohibitives Ausmaß annehmen und damit die Bemühungen um Flexibilisierung sogar zum Scheitern bringen. Gerade in kleinen Unternehmen dürfte dies der Fall sein, da hier das »Flexibilisierungspotential« aufgrund der kleineren Mitarbeiterzahl geringer ist. Vielfach wird aus diesen Gründen vermutet, daß nur bestimmte »standardisierte Tätigkeiten« im Dienstleistungssektor und in Montagetägigkeiten überhaupt nur einer Arbeitszeitflexibilisierung zugänglich seien; soweit dies der Fall ist, sind den Beschäftigungswirkungen von Flexibilisierungsmaßnahmen recht enge Grenzen gesetzt. Allerdings scheint manch ein Unternehmer es bislang auch an der nötigen Phantasie zur Formulierung betriebsspezifischer Flexibilisierungsstrategien hat fehlen lassen.

Von großer Bedeutung, jedoch häufig vernachlässigt, scheinen überdies eine Reihe von »immateriellen« Hemmnissen zu sein. Eine stärkere betriebliche Flexibilisierung setzt vermehrte Freiräume der beteiligten Parteien bei der Ausgestaltung von individuellen Arbeitsverhältnissen voraus. Grundlöhne und Normalarbeitszeiten ließen sich zwar weiterhin überbetrieblich durch Tarifvertrag vereinbaren; deren konkrete Umsetzung, also die Festlegung von Bedingungen für die Bemessung von Leistungszulagen wie auch die individuell zu regelnde Gestaltung der Arbeitszeiten wäre jedoch im Unternehmen vorzunehmen. Gewerkschaften und auch Arbeitgeberverbände könnten aus verbandspolitischen Gründen hiervor zurückschrecken; aber auch zahlreiche Unternehmen scheinen aus Sorge um den Betriebsfrieden und damit um die künftige Produktivitätsentwicklung einer solchen Verlagerung des Tarifkonflikts in die Betriebe hinein eher skeptisch gegenüber zu stehen. Schließlich ist auch nicht zu verkennen, daß viele Mitarbeiter aus Sorge um den eigenen Arbeitsplatz Flexibilisierungsmaßnahmen ablehnen, insbesondere dann, wenn es um organisatorische Umgestaltungen geht. Dies erklärt, weshalb

neue Konzepte in der Vergangenheit überwiegend als Maßnahme zur Vermeidung drohender Entlassungen zur Erprobung kamen.
Wichtig dürfte aber auch sein, daß im derzeitigen System rechtlicher und tarifvertraglicher Vorschriften die Möglichkeiten einer flexibleren Gestaltung von Arbeitszeiten und -entgelten vielfach beschränkt sind. Dies gilt weniger für Arbeitszeitflexibilisierungen, in hohem Maße aber für Entgeltsysteme. Zwar ist richtig, daß die Möglichkeiten hierzu in der letzten Rezession deutlich erweitert worden sind. Beispiele hierfür sind die Zulassung von Arbeitszeitkorridoren in den Tarifverträgen der westdeutschen ME-Industrie und des Groß- und Außenhandels in einigen Tarifbezirken; diese Ansätze blieben jedoch hinter dem Wünschenswerten zurück: Zum einen sind sie vorrangig auf die Vermeidung von Entlassungen hin ausgerichtet, was sich in den damit verbundenen Beschäftigungsgarantien äußert, zum anderen sind Flexibilisierungsansätze oftmals nur in Form von (befristeten) Ausnahmeregelungen vorgesehen, deren Durchführung wiederum aufwendige Abstimmungsprozeduren zwischen Unternehmensleitung, Betriebsrat und Gewerkschaft erfordern. Will man mehr, so wären die Tarifvertragsparteien gefordert, durch Einführung von entsprechenden Öffnungsklauseln auch in bestehenden Verträgen die Möglichkeiten einer Verbreitung flexiblerer Gestaltungsformen zu erweitern und nur noch einige wenige Grundtatbestände allgemein verbindlich zu regeln. Äußerungen von Gewerkschafts- und Arbeitgebervertretern deuten an, daß bisherige starre Haltungen hier einer mehr und mehr aufgeschlossenen Betrachtungsweise weichen.

5. *Ausblick*

Betriebliche Flexibilisierungsstrategien sind nach dem vorstehend Gesagten im großen und ganzen positiv zu beurteilen. Dies gilt insbesondere für deren Wirkungen auf die Wettbewerbsfähigkeit der Unternehmen. Als Maßnahme zur Verbesserung der Beschäftigungssituation in Deutschland sollte man ihre Wirksamkeit jedoch nicht überschätzen; unternehmerische Flexibilisierungsmaßnahmen sind eher als ein Teil eines umfassenden arbeitsmarktpolitischen Konzeptes anzusehen. Erst im Zusammenwirken von Wachstumspolitik, Tarifpolitik und Arbeitsmarktpolitik einerseits und unternehmerischen Anstrengungen andererseits wird es gelingen, die Voraussetzungen für die Schaffung auch zusätzlicher Arbeitsplätze zu verbessern.

Ingeborg Sperling

Zusammenfassung der Ergebnisse des Arbeitskreises IV

Thema des Arbeitskreises IV waren Flexibilisierungsstrategien im Bereich der Unternehmen. Dabei wurden diese Flexibilisierungsstrategien nicht nur hinsichtlich ihrer möglichen Auswirkungen auf die Beschäftigung, d. h. auf die Sicherung und/oder Schaffung von Arbeitsplätzen diskutiert, sondern notwendigerweise auch hinsichtlich ihrer Auswirkungen auf die Erreichung unternehmerischer Ziele und auf die Wettbewerbsfähigkeit der Unternehmen; notwendigerweise deshalb, weil nur ein wettbewerbsfähiges Unternehmen Arbeitsplätze dauerhaft erhalten oder schaffen kann. Bestandteile solcher Flexibilisierungsstrategien sind sowohl der Einsatz innovativer Arbeitszeitkonzepte als auch eine stärkere Differenzierung der Entgelte.

Die Arbeitsmarktwirkungen von Arbeitszeitflexibilisierungen werden ambivalent eingeschätzt. Arbeitszeitflexibilisierung wird im Hinblick auf die Beschäftigung aus ökonomischer Sicht als eine defensive Strategie betrachtet. Sie erscheint alles in allem als ein geeignetes Mittel, vorhandene Arbeitsplätze auf Zeit zu sichern, unter der Bedingung, daß sie kostenneutral ausgestaltet ist. Die Bekämpfung der Arbeitslosigkeit, d. h. die Schaffung von Arbeitsplätzen sollte allerdings stärker mit den Instrumenten der Wachstumspolitik, der Lohnpolitik und der Arbeitsmarktpolitik erfolgen.

Die Diskussion erstreckte sich auf zwei Fragenkreise:

1. *Welche Vorteile und auch Schwierigkeiten sind auf der Ebene der Unternehmen mit dem Einsatz von Flexibilisierungskonzepten verbunden? Können mit innovativen Arbeitszeitkonzepten neue Arbeitsplätze geschaffen werden?*

2. *Welche gesamtwirtschaftlichen Wirkungen haben Flexibilisierungskonzepte? Wie wirken sie insbesondere auf Beschäftigung und Arbeitslosigkeit?*

Zu 1. Herausforderungen für die Unternehmen aufgrund des strukturellen Wandels sind neben hoher Produktdifferenzierung eine zunehmende Kombination von traditionellen Produkten mit Serviceleistungen und eine Tendenz zur globalen Produktion, und zwar unter Berücksichtigung von Markt- und

Arbeitsmarktanforderungen. All dies macht eine Flexibilisierung erforderlich, und zwar unter Beibehaltung der Spezialisierung. Zugleich steigen die Anforderungen an die Mitarbeiter.

Die Unternehmen haben zwar Innovationen bei Produkten und Produktionsverfahren gut bewältigt, die nötige Anpassung der Organisationsstrukturen wurde aber bisher oft vernachlässigt. Es müssen Strukturen geschaffen werden, die die Anpassungsfähigkeit der Unternehmen erhöhen und das Kreativitätspotential der Mitarbeiter freisetzen. Mehr als in Deutschland wurden in anderen Ländern Schritte zur flexibleren Organisation der Produktion unternommen, sicherlich auch, weil das Ausmaß der Mitbestimmung dort geringer ist.

Als übergreifendes Konzept für Flexibilisierungsstrategien kann Lean-Production angesehen werden. Bestandteil der Strategien ist auch eine Erhöhung der Anpassungsfähigkeit der unternehmensinternen Arbeitsmärkte, etwa über die Kombination von Einzel- und Gruppenarbeit, den Einsatz innovativer Arbeitszeitkonzepte und eine Spreizung der Entgelte.

Änderungen in der Organisation von Produktionsprozessen bringen, z.B. über mehr Selbstorganisation und Selbststeuerung, eine bessere Identifikation der Mitarbeiter mit ihrer Arbeit mit sich, und sie führen auch zu mehr Verantwortung bei der Arbeit in Gruppen. Hinzu kommen Kostenentlastungen durch den Abbau von Hierarchien. Flexibilität ist nicht als eigenständiges Ziel anzusehen, sondern nur als Zwischenziel, z.B. auf dem Weg von der Tätigkeitsorientierung zur Ergebnisorientierung.

Die wichtigten Vorteile innovativer Arbeitszeitkonzepte sind eine Verbesserung der Produktivität, Senkung der Stückkosten, schnellere Anpassung der Produktion an Marktänderungen und saisonale Auftragsschwankungen, Verlängerung der Maschinenlaufzeiten bzw. Erweiterung der Produktionskapazität, Erhöhung der Mitarbeitermotivation und – unter der Bedingung der Kostenneutralität – die Sicherung von Arbeitsplätzen.

Aus der Vielzahl der Möglichkeiten zur Arbeitszeitflexibilisierung wurden Jahresarbeitszeitmodelle hervorgehoben und das Konzept der Wahlzeit-Arbeit, dieses insbesondere für mehr Beschäftigungsmöglichkeiten an vorhandenen Arbeitsplätzen und eine Verbesserung des Betriebsklimas. Auch längere tägliche Arbeitszeiten in Verbindung mit größeren Freizeit-Blöcken können zu einer Erhöhung der Produktivität und einer besseren Abstimmung zwischen den Interessen des Unternehmens und der Mitarbeiter beitragen. Ferner sollten Änderungen der Arbeitszeitwünsche im Verlauf des Erwerbslebens, etwa nach einer befristeten Teilzeittätigkeit während der Zeit der Kindererziehung oder nach Langzeiturlaub (sabbatical), stärker berücksichtigt werden.

Neuerliche befristete beschäftigungsorientierte Arbeitszeitverkürzungen, mit teilweisem Lohnausgleich (z.B. VW-Modell) oder auch ohne Lohnausgleich (z.B. Metallindustrie), können zeitweise Arbeitsplätze sichern helfen; ein Vorteil des VW-Modells wurde darin gesehen, daß trotz faktischer Teilzeittätigkeit der – höhere – Status des Vollzeitarbeitnehmers erhalten bleibt. Als Mittel zur Schaffung zusätzlicher Arbeitsplätze wurde Arbeitszeitflexibilisierung dagegen für wenig geeignet gehalten.

Ein wichtiges Hindernis für den Einsatz innovativer Arbeitszeitkonzepte bildet der damit oft verbundene hohe Organisations- und Führungsaufwand. Besonders in kleinen und mittleren Unternehmen haben die Kosten in manchen Fällen, etwa beim Einsatz eines externen Beraters, so großes Gewicht, daß sie die Einführung verhindern. Widerstände treten nicht nur im Betriebsrat, sondern häufig auch im mittleren Management auf; beide sind bestrebt, Besitzstände zu verteidigen. Innovative Arbeitszeitmodelle sind in neuen Produktionsstätten leichter durchzusetzen als in bestehenden. Für die Umsetzung in die Praxis sind Mut, Ideen und langer Atem nötig.

Bestandteil der ganzheitlichen Organisation von Produktionsprozessen ist auch eine Anpassung der Entgeltsysteme. Größere, leistungsorientierte Lohnunterschiede werden ermöglicht z.B. durch die Kombination eines tariflichen Grundentgelts mit einem im Betrieb geregelten Leistungsentgelt. Das Leistungsentgelt sollte weit gespreizt werden.

Berichtet wurde auch, daß dann, wenn Betriebe in einer schwierigen Lage sind, so wenn etwa die Verlagerung der Produktion ins Ausland droht, Regelungen mit dem Betriebsrat über Abstriche bei den Entgelten möglich sind. Als weitere Lohnkomponente wurde eine Ergebnisbeteiligung vorgeschlagen. Durch Bezahlung nach persönlicher Leistung und nach dem Gesamterfolg des Unternehmens sollte die Motivation der Mitarbeiter gestärkt werden.

Langfristig sollte eine stärkere Freigabe der Arbeitszeiten in Kombination mit der Vorgabe von Arbeitszielen und ergebnisorientierter Bezahlung angestrebt werden.

Ein Hindernis für die Einführung innovativer Arbeitszeitkonzepte können tarifvertragliche Vorschriften bilden, die hohen Abstimmungsbedarf mit sich bringen, wie z.B. in der Metallindustrie. Die Tarifparteien sollten daher weniger als bisher generelle Regelungen vornehmen und mehr Raum für betriebliche Vereinbarungen schaffen. Neben den Tarifparteien ist aber auch der Gesetzgeber gefordert, Flexibilisierungen zu fördern, beispielsweise durch Änderungen im Ladenschlußgesetz.

zu 2. Die Hauptursache für die hohe Arbeitslosigkeit bilden neben Funktionsstörungen an den Arbeitsmärkten Ungleichgewichte auf den Gütermärkten. Zur Anpassung an veränderte internationale Rahmenbedingungen sind daher Flexibilisierungsstrategien unumgänglich.

Die Wirkungen innovativer Arbeitszeitkonzepte sind davon abhängig, wie sie ausgestaltet werden. Flexibilisierungsstrategien können vor allem beitragen

zur Verbesserung der Wettbewerbsfähigkeit der Unternehmen. Die Beschäftigungswirkungen sind demgegenüber unsicher; sie werden ambivalent eingeschätzt. Letztlich wirken Maßnahmen zur Verbesserung der Wettbewerbsfähigkeit stets auch tendenziell positiv auf die Beschäftigung. Rationalisierungen hingegen führen zunächst zu Produktivitätssteigerungen und Kostensenkungen und damit zu einem geringeren Arbeitsvolumen und weniger Beschäftigung. Über gesamtwirtschaftliche Beschäftigungswirkungen liegen bisher zur Quantifizierung noch keine Modellrechnungen vor. Einzelbetrieblich ist auf diese Weise durchaus mehr Nachfrage und Produktion und auch mehr Beschäftigung erreichbar.
Mehr Beschäftigung wird auch aus einer verstärkten Einrichtung von Teilzeit-Arbeitsplätzen erhofft. Dies ginge jedoch – wie Erfahrungen in den Niederlanden zeigen – zu Lasten von Vollzeit-Arbeitsplätzen. Die Erwartung, auf diesem Wege könnte eine Million Arbeitsplätze zusätzlich geschaffen werden, erscheint als zu optimistisch.
Positive Effekte werden aus einer Flexibilisierung der Arbeitszeit im Wege einer nach Beschäftigtengruppen differenzierten Arbeitszeitverkürzung erwartet. Arbeitszeitverkürzungen ohne Lohnausgleich können jedoch gesamtwirtschaftlich auch zeitweise negativ auf die Beschäftigung wirken. Denn der Einkommensausfall führt möglicherweise zu einer Verringerung der Lohn- und Gehaltsumme, damit – falls die privaten Haushalte nicht auf Ersparnisse zurückgreifen – zu weniger Ausgaben für den privaten Verbrauch und dies wiederum zu weniger Beschäftigung. Zugleich kann er weniger Beitragseinnahmen in der Renten- und Arbeitslosenversicherung und weniger Steuereinnahmen nach sich ziehen.
Innovative Arbeitszeitkonzepte stellen im allgemeinen höhere Anforderungen an die Mitarbeiter. Diese Anforderungen können Arbeitslose, die den Problemgruppen angehören, wohl nur selten erfüllen. Bei der Aufteilung von Vollzeit-Arbeitsplätzen in Teilzeit-Arbeitsplätze werden zusätzliche Mitarbeiter – ähnlich wie in den Niederlanden – wahrscheinlich eher aus der »Stillen Reserve« als aus der Zahl der registrierten Arbeitslosen kommen. Auch dies spricht dafür, daß Arbeitszeitflexibilisierung zur Bekämpfung der Arbeitslosigkeit wohl nur begrenzt geeignet ist.

Werner Then

Abschließende Bemerkungen zum Arbeitskreis IV

Ich möchte den Versuch machen, auf meine Art ganz praktisch an die Dinge heranzugehen und im Sinne systemischen Denkens die Zusammenhänge darzustellen, wie interdisziplinär zu denken. Ich möchte dazu auffordern, beispielsweise nicht nur in technischen Innovationen zu denken, sondern jetzt und vor allem in dieser Phase des Wandels soziale und organisatorische Innovationen zu kreieren und auf den Weg zu bringen. Dies aber bedingt, wir müssen aus dem mechanistischen Denken, der Wenn-Dann-Argumentation, aus dem alten logischen wie dem linearen bzw. punktuellen Denken heraus. Nur so gewinnen wir eine betriebswirtschaftlich erfolgreiche, sowohl sinngebende als auch menschengerechte Arbeitswelt, die den Beschäftigungsgrad deutlich erhöht. Es geht also um das neue System Arbeit und die Evolution in der Arbeitswelt. Das wiederum bedeutet, das Wirkungsgefüge des Systems Arbeit ernst zu nehmen.

Hierzu sechs Punkte:

1. Soziale Innovationen beginnen für mich damit, unseren Mitarbeitern, wie deren Vertretungen, eindeutig klarzumachen, in welcher Welt der Wirtschaft wir jetzt leben. Globaler Wettbewerb – auch der Arbeitsmärkte – sei hier das Stichwort. Unsere arbeitenden Menschen müssen erkennen und wir müssen sie hierzu herausfordern, daß jeder, der in einem freien Land lebt, auch Eigenverantwortung trägt. Leider haben wir die Selbstverantwortung durch Mißachtung des Subsidiaritätsprinzips in vielen Bereichen erstickt. Mehr und mehr Detailregelungen in Tarifverträgen und Gesetzen verführten zu dem Denken »Gewerkschaften und Staat werden es für mich schon richten«. Es ist sicher nicht die Mehrheit der Arbeitnehmer in unserem Lande, die sich permanent um die eigene »Arbeitsmarktfähigkeit« müht. Das bedeutet, daß wir bei den Mitarbeitern Eigenverantwortung in dem Sinne entwickeln müssen, daß sie selbst für ihre Beschäftigungschancen – dies gilt auch für Weiterbeschäftigung – durch Weiterbildung und Beweglichkeit Sorge tragen müssen. Zu lange wähnten sie sich in der Sicherheit der Ideologie vom »sicheren Arbeitsplatz«. Man brauchte ja kaum weiter zu lernen, und nach 25 Jahren bekam man dann auch noch eine Treueprämie. Dies ergab eine gefährliche Zufriedenheit, denn jetzt gilt es, weiter zu lernen, zu akzeptieren, daß man multi-

funktional innerhalb einer Arbeitsgruppe einsetzbar sein muß - dies nicht nur wegen der Dezentralisierung und selbststeuernder Gruppenarbeit, sondern auch im Eigeninteresse. Ein in diesem Sinne »wacher« Mitarbeiter wird, wenn neue Technik oder veränderte Märkte Entlastung nötig machen, mutig und ohne Angst auf den Arbeitsmarkt treten und mit seinem breiteren Wissen, seinem Können und den Erfahrungen eher neue Beschäftigung finden.

2. Ein zweiter Punkt wird Sie vielleicht überraschen: Es wird Zeit, die Ideologie vom »sicheren Arbeitsplatz« in einem bestimmten Betrieb zu überwinden. Sie ist nicht realisierbar. Auch ist es nicht verantwortbar, sie mündigen Wirtschaftsbürgern einzureden. Das höhere und realisierbare Ziel kann doch nur »Beschäftigungssicherheitt durch einen dynamischen Arbeitsmarkt« sein. Er muß Vielfalt und Beweglichkeit bieten, so daß man nicht nur Firmen, neue Arbeits- und Beschäftigungsformen wählen, sondern sich auch für innovative Arbeitszeiten wie z. B. Wahlzeit-Arbeit entscheiden kann. Damit ist sowohl ein innerbetrieblicher Arbeitsmarkt wie ein dynamischer Gesamtarbeitsmarkt gefordert, der »entfesselt« wieder wirksam werden kann.

3. In Zukunft dürfen wir Unternehmer nicht länger einfach entlassen und »weggucken«. Die Wertschätzung unserer Mitarbeiter – sie waren ja am bisherigen Erfolg beteiligt – bedingt, daß wir sie soweit nur möglich beim Übergang in neue Berufsfelder begleiten, zumindest in dem Sinne, daß wir sie permanent auch über ihre eigene Aufgabe hinaus weiterbilden, damit sie arbeitsmarktfähig bleiben. Unternehmen tragen Mitverantwortung auch für die Beschäftigung nach der Entlassung.

4. Mein vierter Punkt ist das Stichwort »Neue Lohnsysteme«. Wir haben in unserem Arbeitskreis ausführlich darüber diskutiert, wie können wir Beweglichkeit erreichen, ohne gleich zu entlassen? Wir brauchen intelligentere Steuerungsmöglichkeiten für unsere Leistungskapazität. Eine auch zumutbare Möglichkeit liegt in einem innovativen Entlohnungssystem. Die Basis wäre ein Grundlohn, welcher das Auskommen der Familie sichern muß. Ein zweites Element des neuen Entlohnungssystems könnte im Blick auf die sich verstärkende Gruppenarbeit eine Wertschöpfungskomponente bzw. eine Gruppenprämie sein. Ergänzt würden diese beiden Komponenten dann in erfolgreichen Jahren durch eine Gewinnlohnkomponente. Wenn wir zumuten, daß die Mitarbeiter künftig ihren Bereich selbst steuern und organisieren, wir dann auch noch flexible Arbeitszeiten von ihnen erwarten, kommen wir um eine Gewinnbeteiligung keinesfalls herum. Ja, sie ist sogar notwendig, wenn wir das System ›Soziale Marktwirtschaft‹ glaubwürdig weiter entwickeln wollen.
Künftige Lohnerhöhungen müßten zu bestimmten Prozentpunkten der Gewinnlohnkomponente zugeordnet werden, die nur dann zu bezahlen ist, wenn

wirklich Gewinn anfällt. In schlechten Jahren wird dann nur der Normallohn, der nicht niedriger sein wird als jetzt, bezahlt und dafür niemand oder zumindest deutlich weniger Menschen entlassen. Ich bin überzeugt, wir können über Lohnvarietät eine ganze Menge Leistungsausgleich schaffen. Die Menschen würden dies auch verstehen und akzeptieren, wenn sie damit ihre Beschäftigung sichern. So könnten wir teure Abfindungen sparen, den know-how-Abfluß verhindern und die Arbeitslosenversicherung entlasten.
Wir sollten auch überlegen – und dies wäre meine Vision – ob wir in Zukunft überhaupt noch Arbeitszeit bezahlen oder besser die Aufgabe, die Wertschöpfung, die Verantwortung. Aufgaben- oder verantwortungs- bzw. projektorientiert zu bezahlen halte ich für die entscheidende Neuerung in der Zukunft. Heute zahlen wir Anwesenheitszeit, obwohl 76 Prozent der Innovationen von den Mitarbeitern in ihrer freien Zeit erdacht werden und nicht im Betrieb.

5. Weitere Anliegen sind für mich organisatorische Innovationen. Es ist ganz deutlich sichtbar – leider haben dies nicht einmal 10 Prozent der Unternehmen begriffen –, daß das Prinzip der Subsidiarität auch im Betrieb ein effektives und vor allem menschengerechtes Gestaltungselement ist. Dezentralität, kleine überschaubare Einheiten, die sich selbst steuern und organisieren, erweisen sich als höchst produktiv und innovativ. Wir diskutieren darüber schon sechs bis sieben Jahre und trauen uns kaum, diesen Schlüssel für Erfolg zu realisieren. Natürlich müssen wir Führenden uns dann zurücknehmen, aber der Gewinn an Kreativität und Engagement ist so enorm, daß wir in Zukunft nicht mehr mit Vorgaben bis ins Detail führen können. Mann kann einfach einem erfahrenen Facharbeiter nicht länger vorschreiben, daß er eine bestimmte Schraube in einen bestimmten Kasten legen muß. Wir müssen uns also auch innerbetrieblich entfesseln. Wieviel Geistpotential uns durch eine Führung mit Befehl, Vorgaben und Gehorsam in die Freizeitarbeitskultur der Schattenwirtschaft abgewandert ist, sollten wir lieber nicht untersuchen. Ich habe selbst mehrfach erlebt, welche Produktivitätssprünge in Unternehmen entstehen können, wenn man die Menschen frei gestalten und organisieren läßt. In einem Großunternehmen experimentierte man mit dem Versuch, eine bestimmte Abteilung ein Jahr ohne die Führung durch einen Meister zu belassen. Der Erfolg war umwerfend, die Produktivität stieg um mehr als 30 Prozent. Wir brauchen einen organisatorischen Quantensprung, denn das Arbeitssystem, das wir in den Jahren nach dem Krieg entwickelt haben, das damals auch erfolgreich war, paßt nicht mehr zu den heutigen Bedingungen. Wir müssen jetzt erkennen, daß die Menschen im Arbeitsprozeß nicht nur ihre Probleme erkennen und verstehen, sondern auch die Lösungsansätze wissen. Wir müssen ihnen mehr zutrauen, denn wir brauchen jedes Gramm an Geistespotential und Kreativität.

6. Ich möchte abschließend noch das Thema Betriebs- bzw. Arbeitszeit aufgreifen. Auch hier bedarf es sozialer und organisatorischer Innovationen, um Beschäftigungssicherheit am Arbeitsmarkt zu bieten. Der alles entscheidende Rahmen hinsichtlich der Zeit muß in Zukunft die Betriebszeit sein – die mögliche Produktions- bzw. Öffnungszeit. Die Basis für die Arbeitszeit ist ein Jahresarbeitssystem, damit wir Überstunden und Kurzarbeit, die eine Menge Geld kosten, abbauen und die Lohnfortzahlungskosten vermindern können. Jahresarbeitszeitregelungen senken Lohnnebenkosten, reduzieren Überstunden und bringen zusätzliche Beschäftigungschancen. Neben der Jahresarbeitszeit gilt es auch befristete Verträge salonfähig zu machen, weil fast der Hälfte der Mitarbeiter so die Tür zur Weiterbeschäftigung geöffnet wird.
Und letztlich bin ich der Überzeugung, wir müssen den Begriff »Teilzeit« durch einen Begriff, der dem neuen System Arbeit entspricht – Wahlzeit-Arbeit – ersetzen.[1] Die meisten Menschen sehen Teilzeitarbeit zweitrangig und denken an Halbtagsarbeit. Es geht aber darum, von den Gesamtstunden der Jahresarbeitszeit, heute ca. 1.600 Stunden, auch 1.500, 1.300 oder 1.100 wählen zu können. Das bisherige System Arbeit war ein Vollzeit-Arbeitssystem mit allen seinen Konsequenzen und Ordnungen. Jetzt geht es darum, daß unsere Menschen ihr Zeiteigentum zurückgewinnen und je nach Lebenssituation unterschiedlich, Arbeitszeit wählen können. Der Begriff »Wahlzeit-Arbeit« öffnet alte Verkrustungen und psychologische Barrieren, denn wählen ist besser als teilen und entspricht den neuen Wünschen der Menschen in der Arbeitswelt. Wenn wir innerbetrieblich dazu bereit sind, die Arbeitszeiteinteilung den einzelnen Gruppen zu überlassen und auch im Rahmen der Gesamtbetriebszeit Mehrfachbesetzungen zuließen, also flexibler zu denken und innovationsfreudiger zu handeln, könnten wir bis zu zwei Millionen Menschen zusätzlich an den vorhandenen Arbeitsplätzen beschäftigen und damit nachhaltige Beschäftigungsimpulse an einem dynamischen Arbeitsmarkt auslösen.

1 Vgl. hierzu auch: Werner Then, Die Evolution in der Arbeitswelt – Anregungen für soziale und organisatorische Innovationen in Wirtschaft und Gesellschaft, Bonn, Fribourg, Ostrava, 1994.

Arbeitskreis V
Working Group V

Leiter/Chairman: *Peter Meyer-Dohm*
Rapporteuer: *Christa-Jana Hartwig*

Wertewandel und Leistungsgesellschaft – Brauchen wir ein neues Arbeitsverständnis?

Value Changes and Performance-Oriented Society – Do We Need a New Understanding of Labor?

Hans Ruh
Der Stellenwert der Arbeit in der zukünftigen individuellen Lebensplanung

Gabriele Andretta/Martin Baethge
Wertewandel, Arbeitsorganisation und neue Arbeitsorientierungen

John Erpenbeck
Wertewandel und Selbstorganisation

Volker Heyse
Das lernende Unternehmen – Vision und Realität

Christa-Jana Hartwig
Zusammenfassung der Ergebnisse des Arbeitskreises V

Peter Meyer-Dohm
Abschließende Bemerkungen zum Arbeitskreis V

Hans Ruh

Der Stellenwert der Arbeit in der zukünftigen individuellen Lebensplanung

Die Ökonomie von heute hat sich der kulturellen Fesseln entledigt und entwickelt sich auf der Linie einer sogenannten Rationalität, die aber auf einer tiefen Irrationalität beruht, die ohne hinreichende kulturelle Steuerung ein Irrläufer geworden ist. Die These lautet *positiv*: Die Ökonomie muß kulturell neu verklammert werden, weil sie nur als integriert im individuellen und gesellschaftlichen Lebensentwurf dem Menschen wirklich dienen kann.

Die Behauptung geht also zunächst dahin, daß die Ökonomie, und zwar als Theorie und Praxis, in der heutigen Zeit schwerwiegende Defizite und Probleme aufweist, die mit ihrem Verhältnis zur kulturellen Einbettung oder eben Nichteinbettung zu tun haben.

Ich will einige dieser Defizite und Probleme konkret bezeichnen:

- die Weltarbeitslosigkeit, d.h. die Tatsache, daß in einer Welt voller ungelöster Probleme ein großer Teil der arbeitswilligen Weltbevölkerung keine Arbeit hat;
- die Zerstörung der Lebensgrundlagen, auch der Grundlagen für die Wirtschaft, durch den Wirtschaftsprozeß;
- die Produktion von Sinnlosigkeit und Gewalt;
- die Antwortlosigkeit in bezug auf die demographische Entwicklung, und zwar hinsichtlich Migration und Überalterung;
- soziale Unterschiede, Unterschichtung.

Wir können es auch so sagen: Wir – und auch die Wirtschaft – haben *keine Antwort* auf die großen Probleme und Veränderungen unserer Zeit, die da sind:

- ein rascher gesellschaftlicher und technologischer Wandel;
- Krisen, Umbrüche, Zwänge, Engpässe;
- eine tiefgreifende Korrektur der Industriegesellschaft durch steigende Bedeutung ökologischer, geistiger, kultureller und sinnorientierter Aspekte;
- die immer schärfere Akzentuierung der Ambivalenz des Fortschritts;
- Veränderungen in der Arbeitswelt;
- neue Marktformen;
- die Stellung der Frau in der Gesellschaft;
- die Notwendigkeit einer Neudefinition des Verhältnisses Mensch – Natur;
- Akzentuierung der Menschenrechte;

- demographische Probleme;
- soziale Konflikte;
- Konflikt zwischen Modernisten und Fundamentalisten.

Wir können das Problem, das uns beschäftigt, auch in der Kategorie der inneren Widersprüche darstellen: Wir Menschen haben uns in unserem Handeln in tiefgreifende Widersprüche verstrickt. So gehen wir, unter dem selbstgemachten internationalen Konkurrenzdruck, auf immer fittere Unternehmen in einer immer weniger fitten Weltgesellschaft zu. So beklagen wir die Arbeitslosigkeit als Folge der Rationalisierung, dabei war der Ersatz menschlicher Arbeit wohl das Ziel von Rationalisierung. Oder: Bei immer mehr Produktivität (producere heisst: etwas Nützliches hervorbringen) wird die Welt immer ärmer, und die ökologischen Grundlagen der Produktivität werden durch die Produktion zerstört.

Das alles kann wohl nicht vernünftig sein. Und es kann auch nicht so schwer sein, die Unvernünftigkeit einzusehen. Aber offenbar gibt es Hemmungen, Barrieren, Zwänge bei der Umsetzung von vernünftigen Strategien. Offenbar kann man nicht, was man als vernünftig ansieht, was man soll und will.

All diese Klagen werfen uns zurück auf das eigentliche Problem: nämlich, daß wir die Wirtschaft nicht mehr eingebettet haben in einen sinnvollen und vernünftigen kulturellen Lebensentwurf, sondern daß sie sich im freien Fall, nach pseudorationalen Gesetzen, in eine unbestimmte Richtung entwickelt.

Der viel beschworene *Wertewandel* ist ein Indiz dafür, daß wir wahrnehmen, daß etwas nicht mehr stimmt. Zwar ist der Begriff des Wertewandels eine schwierige Sache. Wir verstehen unter dem Wertewandel einen gesellschaftlich-kulturellen Vorgang, der darin besteht, daß sich die Prioritätsliste für Werte und Überzeugungen verändert. Ein typischer Fall von Wertewandel ist die Herabstufung von Leistung zugunsten des postmodernen Spaßes. Oder die Herabstufung des Wertes Tapferkeit zugunsten der Brüderlichkeit. Frau Noelle-Neumann versteht unter charakteristischen bürgerlichen Werten z.B. den hohen Wert von Arbeit, Leistung, Aufstieg, Wettbewerb, Sparsamkeit.

Ich sehe im Rückblick auf die letzten Jahrzehnte in bezug auf diese bürgerlichen Werte folgende gegenläufige Entwicklungen:

- psychologisch: mehr Gefühl statt Verstand;
- sozial: mehr Solidarität als Leistung;
- ökologisch: small is beautifull statt Gigantismus;
- kulturell: hedonistisch-genußorientierte Werte versus Arbeitswut.

Diesen Wertewandel gibt es tatsächlich, die Frage ist nur, was wir daraus an Folgerungen ziehen. Sicher ist, daß wir vom ethischen Standort aus nicht einfach den Wertewandel als gültige und gesicherte normative Grundlage nehmen können. Denn die Ethik wird z.B. Mühe haben mit gewissen hedonistisch-egoistischen Werthaltungen der Postmoderne, insbesondere auch mit der Individualisierung. Oder denken wir an fundamentalistische, völkische, rassistische, faschistische Werte der Gegenwart. Das alles ist auch Teil des Wertewandels. Der Wertewandel ist also zunächst ethisch indifferent und ambivalent. Werte sind zunächst einfach »Konzepte des Wünschenswerten«. Der Wertewandel muß eben auch noch ethisch bewertet werden. Das kann ich allerdings jetzt nicht tun, ich will aus dem Wertewandel nur *eine* Schlußfolgerung ziehen: Er ist sicher ein Indiz dafür, daß wir, daß unsere Gesellschaft *wahrnimmt, daß etwas nicht mehr stimmt, und daß wir nach neuen Prioritäten suchen müssen.*

Genau diese Suche nach neuen Prioritäten mache ich mir jetzt gleich zur Aufgabe. Die *These* lautet: Wir brauchen eine kulturelle Verklammerung der Ökonomie, sonst wird sie zum pseudorationalen Irrläufer. Dies haben die Menschen während Jahrhunderten immer gewußt: Die *Ideengeschichte* der Ökonomie zeigt, daß bis in die Neuzeit hinein die Ökonomie eingebettet war in ein Konzept des kulturell-ethisch-gesellschaftlichen Lebensentwurfs. Seit der Renaissance, vor allem aber in der Klassik der Ökonomie im 18. Jahrhundert, zeigt sich dann ein Abkoppelungsprozeß. Die Ökonomie befreit sich von religiösen Werten, zum Teil von ethischen Werten.

Aber sie wird von neuen Werten bestimmt, insbesondere von der Idee des Individualismus, der Freiheit und der Natur. Die Formel: Laisser-faire, laisser-aller, laisser-passer ist der Ausdruck für die physiokratische Idee, wonach man die Wirtschaft frei wirken lassen soll. Es war nur noch eine kurze Wegstrecke zur Idee von Adam Smith, wonach die Wirtschaft durch die unsichtbare Hand über den Egoismus geregelt sei. Gerade in dieser Periode – Physiokratie, Klassik, d.h. 17./18. Jahrhundert – entsteht die Sicht der Ökonomie, die uns heute zu schaffen macht: Einerseits Abkoppelung von übergeordneten Werten, also Auflösung der kulturellen Verklammerung, aber andererseits der Ersatz der alten Werte durch neue, wie Freiheit und Individualismus. Genau dieses Gemisch von angeblicher Autonomie und Sachgesetzlichkeit einerseits, Werten wie Freiheit und Individualismus andererseits schafft uns die Probleme, die wir heute haben. Ich nenne z.B. die Idee der Privatisierung, Deregulierung der Wirtschaft im Namen der Sachlogik von internationaler Konkurrenz und Rationalisierung.

Hinter der Marktidee von heute zeigt sich immer mehr die Idee der inneren Autonomie und Rationalität der Wirtschaft, aber gekoppelt mit der Idee der Freiheit des Stärkeren. Die Idee der Rationalität steht für die kulturelle Entklammerung der Ökonomie. Die Idee der Freiheit des Stärkeren steht für eine egoistische neue Kultur. In der Idee des freien Marktes sind beide aufgehoben. Diese Analyse wirft uns zurück auf die Notwendigkeit zu fragen: Welche Wirtschaft wollen wir eigentlich, wenn die Wirtschaft letztlich dem individuellen und gesellschaftlichen Lebensentwurf dienen soll? Ich gehe davon aus, daß der ökonomische Prozeß (der Prozeß der Deckung des Bedarfs an Gütern und Dienstleistungen) eingeordnet werden muß in die individuelle, menschliche, gesellschaftliche und ökologische Sinnperspektive. Die Ökonomie muß von ihrer sogenannten Eigengesetzlichkeit abgehen und muß sich verstehen als dienende Funktion für die sinnvolle Gestaltung des Lebens selbst.

Vernünftig und ethisch ist eine Ökonomie (in Theorie und Praxis) dann, wenn sie sich orientiert an dieser Zielsetzung. Ich kann das auch so ausdrücken: Wir brauchen eine neue Rationalität der Ökonomie. Diese besteht aber in einer ganzheitlichen Rationalität, welche auf die oben genannten Ziele ausgerichtet ist.

1. Wir können dabei von einer Rationalität des gelingenden Lebens sprechen: Die Ökonomie muß das sicherstellen, was ich und andere zum Gelingen des Lebens brauchen.
2. Die Ökonomie muß in ihrem Handeln die Ansprüche anderer Menschen, der Gesellschaft aufgehoben haben: Gerechtigkeit, Ausgleich, Mitsprache über Optionen für die Armen.
3. Die Ökonomie muß ökologisch rational sein, d.h. sie muß unter Beachtung der langfristigen Sicherung der Lebensgrundlagen operieren. Sie muß nachhaltig sein.
4. Zum Hochmaß der Rationalität gehört natürlich auch das, was die Ökonomen die Mittelrationalität nennen: möglichst wenig Aufwand für ein möglichst gutes Ziel, aber eben ein wirklich rationales Ziel.

Das logische Postulat läuft darauf hinaus, daß sich der wirtschaftliche Prozeß von dieser ganzheitlichen Rationalität bestimmen läßt: Rationalität des gelingenden Lebens, kommunikative Rationalität, ökologische Rationalität, Mittelrationalität. Nur auf diese Weise wird der ökonomische Prozeß zu einer Resultante sinnvoller Lebens- und Gesellschaftsentwürfe, nicht zum irrlichtigen Selbstläufer.

Aber nun, was heißt das alles konkret? Wie sieht denn eine kulturelle Wirtschaft in einer sinnvollen Gesellschaft aus? Was sind die Eckwerte einer wirklich rationalen Wirtschaft? Ich kann eine solche Wirtschaft nur ansatzweise skizzieren:

1. Der offene Zugang für alle Menschen zur eigenen Sicherung der vitalen Bedürfnisse des Lebensunterhalts.
2. Gerechte Verteilung der Chancen für die Arbeit.
3. Eine flexible Gestaltung der Zeitdimension des menschlichen Tätigkeitshaushalts.
4. Gerechte Verteilung nach Leistung, aber solidarischer Ausgleich unverschuldeter Ungleichheit.
5. Gerechtigkeit zwischen den Geschlechtern.
6. Mitsprache aller bei dem, was sie betrifft.
7. Eine bionische Technologie und Produktionsweise, d.h. die Beachtung folgender Regeln:

- Die Natur produziert nur unter Einhaltung der Regel geschlossener Stoffkreisläufe;
- die Natur verbraucht keine Rohstoffe;
- der Energieverbrauch geschieht ausschließlich in der dezentralen Nutzung von Sonnenenergie;
- alle verwendeten Materialien sind vollständig recyclierbar;
- die Natur produziert keine Abfälle;
- es gibt ein Fließgleichgewicht mit Nullwachstum;
- der Führungsstil zeichnet sich aus durch Feedback-Hierarchie mit Selbstregulation.

8. Rücksicht auf Artenschutz.
9. Bereitstellung der Mittel für die Lösung der wirklichen, nicht der künstlichen oder der Luxusprobleme.

Diese Skizze einer neuen, sinnorientierten Ökonomie ist nur durchsetzbar, wenn wir radikale, ja revolutionäre Veränderungen in der wirtschaftlichen und gesellschaftlichen Grundstruktur ins Auge fassen.

Zentrale Punkte für solche Neuansätze sind:
- eine neue Aufteilung des menschlichen Tätigkeitshaushalts in der Zeitdimension;
- eine radikale Ökologisierung der Produktions- und Lebensweise, unter Einschluß einer Technologie, welche radikal nachhaltig konzipiert ist. Nachhaltig heißt hier, daß die Lebensgrundlagen für die kommenden Generationen erhalten bleiben. Dies ist nur möglich, wenn die Technologie der Zukunft sich an einige das Überleben befähigende Grundregeln der Natur hält, so an geschlossene Stoffkreisläufe und an die fast ausschließliche Verwendung von dezentraler Sonnenenergie;
- die Gestaltung eines zweiten Arbeitsmarktes. Im Anschluß an ein neues Zeitmodell ist ein zweiter Arbeitsmarkt zu gestalten, der Leistungen erbringt, die ökologisch und sozial von hoher Bedeutung, aber über den ersten Arbeitsmarkt nicht erhältlich sind, und der den Arbeitslosen, Frühpensionierten, Behinderten, Freiwilligen, obligatorisch Sozialdienst Leistenden eine sinnvolle Arbeitsmöglichkeit gibt, vor allem im Rahmen von Sozial- und Ökoprojekten;
- ein Grundlohn, der für alle Erwachsenen ausbezahlt wird;
- eine neue regionale Industriepolitik, in der der Schwerpunkt der Wirtschaft wieder stärker regional organisiert wird. Dazu sind neue Koalitionen in der Region zu schaffen und langfristige Finanzierungsmodelle zu entwickeln;
- eine flexible Gestaltung der Pensionierung;
- eine neue Gesundheitspolitik, u.a. durch mehr alternative Medizin, aber

auch durch eine körperliche und seelische Aktivierung der älteren Menschen durch Angebote aus dem zweiten Arbeitsmarkt.

Zwei Neuansätze sollen nun noch vertieft werden:

1. Entscheidend ist die Forderung nach einer neuen *Aufteilung des Tätigkeitshaushalts,* wobei die menschlichen Tätigkeiten unter sieben Aspekten neu konzipiert werden:

- Freizeit
- monetarisierte Arbeit
- Eigenarbeit
- obligatorische Sozialzeit
- Informelle Sozialzeit (= ehrenamtliche Tätigkeit)
- Ich-Zeit
- Reproduktionszeit.

Freizeit: Darunter verstehe ich vieles von dem, was unsere Tätigkeiten im Urlaub und nach der Arbeitszeit ausmachen. Insbesondere denke ich an den Aspekt der Erholung und Kompensation.

Monetarisierte Arbeitszeit: Ich sehe für die Zukunft die Halbtagsstelle als Norm für Mann und Frau. Allerdings soll jeder Mensch soviel arbeiten können, wie er will, sofern er die entsprechende Arbeit findet, diese ökologisch und sozial nicht schädlich ist und die Grundbedürfnisse anderer dadurch nicht eingeschränkt werden.

Eigenarbeit: Möglichst viele Tätigkeiten sollten wieder in Form von Eigenarbeit ausgeführt werden können. Dies senkt die gesamtgesellschaftlichen Fixkosten, ist ökologisch verträglich, schafft Sinn, bringt Unabhängigkeit. Ich denke an Tätigkeiten für die Gesundheit, für Nahrungsbeschaffung, Haushalt, Bildung, Kultur, Mobilität (zu Fuß oder Fahrrad), Reparatur, Wohnungsbau etc.

Obligatorische Sozialzeit: Für ökologisch und sozial bedeutsame Leistungen, die über den Markt nicht möglich werden, ist ein obligatorischer Sozialdienst erforderlich.

Informelle Sozialzeit: Es soll jeder Mensch die Kraft, Bereitschaft und Möglichkeit haben, freiwillig sozial und ökologisch sinnvolle Tätigkeiten auszuführen. Ich denke da an Nachbarschaftshilfe, Privatstunden, Verwandtenbesuche.

Ich-Zeit: Jeder Mensch braucht Zeit für sich selbst, für seinen Körper, seine Seele und seinen Geist. Wendet er diese Zeit sinnvoll an, geschieht dies auch zum Nutzen der Gesellschaft. Bei der Ich-Zeit denke ich an die eigene Gesundheit, Sport, Kultur, Religion, Esoterik.

Reproduktionszeit: Darunter ist die Gesamtheit der Tätigkeiten von Mann und Frau zu verstehen für die Entwicklung, Betreuung, Erziehung und Pflege der zukünftigen Generationen.

Auch wenn die Umrisse für ein neues Modell etwas schematisch erscheinen: Die einzelnen Punkte sind natürlich als Richtpunkte gedacht, die unterschiedlich gewichtet werden können. Aber die fundamentale Störung des menschlichen Tätigkeitshaushalts läßt sich nur dann beheben, wenn wir grundlegende Veränderungen ins Auge fassen.

In der Tat haben wir hier eine kulturrevolutionale Veränderung unserer Zeiteinteilung vor uns. Es ist daran zu erinnern, daß die heutige Zweiteilung in Arbeitszeit und Freizeit historisch geworden ist, also nicht einfach eine Konstante für die menschliche Existenz sein muß. Diese historische Entwicklung verlief über die Freie Marktzeit im Mittelalter, da zum Zweck der Markttätigkeit ein erhöhter Rechtsschutz galt. Der Begriff der Freizeit kam im Pietismus zur Geltung und war dort gar nicht verstanden als Freizeit in unserem modernen Sinne, sondern als Zeit, die frei war für religiöse Belehrung und Erfahrung. Die eigentliche Freizeit ist ein Produkt des ausgehenden 19. und 20. Jahrhunderts. Warum soll man also an der Zeiteinteilung nicht etwas ändern können?

Eine weitere Bemerkung ist nötig: Diese sieben Zeiten verstehen sich nicht als voneinander hermetisch abgetrennt. Sie können sich untereinander austauschen; so z.B. die Freizeit und die Ich-Zeit. Es sind also idealtypische Größen. Dabei ist der Austausch eben gerade wesentlich: Es soll deutlich gemacht werden, daß die Grenzen zwischen Arbeitszeit und Freizeit fließend werden.

2. Insbesondere der Gedanke eines *zweiten Arbeitsmarktes* bedarf einer besonderen Beachtung. Sowohl die neue Zeiteinteilung wie auch die Grundsicherung sind Voraussetzungen für eine umfassende Neukonzipierung eines zweiten Arbeitsmarktes. Dafür gibt es vielerlei Gründe. Wie schon erwähnt, ist der Markt unter den heutigen Konkurrenzbedingungen überhaupt nicht in der Lage, bestimmte notwendige Leistungen und Steuerungsimpulse zu erbringen. Die wichtigsten Defizite sind die folgenden: Ökologische und soziale Leistungen kommen zu kurz; es gibt keine Verteilungsgerechtigkeit; auf das Phänomen der Arbeitslosigkeit hat der Markt keine Antwort; unangepaßte und behinderte Menschen werden immer mehr an den Rand gedrängt; dringende gesellschaftliche Anliegen wie die Bekämpfung der Unterschichtung und der Armut, der Wohnraumbeschaffung und der Gewaltminimierung werden nicht berücksichtigt; Sicherheit, Sinnstiftung, Kultur usw. sind nicht erhältlich; auf den Leistungswillen vieler hochqualifizierter Menschen, wie Frühpensionierte und Freiwillige, reagiert der Markt nicht.

Dies alles führt zur Überlegung, daß wir auf einen zweiten Arbeitsmarkt zugehen sollten, der sich von den folgenden Kriterien leiten läßt:

- Kommunen und gemeinnützige Gesellschaften konzipieren Projekte, welche die vom Markt nicht erbrachten Leistungen anvisieren;

- Beispiele für solche Projekte sind: Zeit haben für andere Menschen; Sport für ältere Menschen; Einsatz in einer biologischen Landwirtschaft; Förderung der Sicherheit im In- und Ausland; Betreuung von Kranken und Behinderten; Weiterbildung; Bauschuttsanierung; Landschaftspflege;
- Mitarbeiterinnen und Mitarbeiter im zweiten Arbeitsmarkt können sein: frühpensionierte Spezialisten, Arbeitslose, Behinderte, Freiwillige, Sozialdienstleistende;
- die Finanzierung kann erfolgen über: Sozialpläne, Arbeitslosenversicherung, Stiftungen, Beiträge von Kommunen;
- der zweite Arbeitsmarkt sollte die Fixkosten der Gesellschaft vermindern, z.B. Gesundheits-, Energie-, Umwelt-, soziale Kosten. Er sollte dafür sorgen, daß die vom Markt nicht erbrachten Leistungen anders realisiert werden, und daß möglichst viele Menschen dazu aktiv ihren Beitrag leisten können.

Gabriele Andretta/Martin Baethge

Wertewandel, Arbeitsorganisation und neue Arbeitsorientierungen

1. *Einleitung*

Die nachindustrielle Gesellschaft – gleichgültig ob man sie eher, den ökonomischen Wandel betonend, als *Dienstleistungsgesellschaft* oder, die individuellen und sozialen Verhaltensseiten in den Blick rückend, als *Freizeitgesellschaft* oder auch, bezogen auf die Formen des Wissens und der Kommunikation, mehr als *Informationsgesellschaft* bezeichnet – wird von der Mehrheit der Gesellschaftstheoretiker und Kulturkritiker als mit einem grundlegenden Wandel der kulturellen Wertorientierungen und Verhaltensweisen verbunden gesehen. Die Richtung dieses Wandels, dessen Träger zumeist in der Jugend gesehen wird, verläuft weg von den dominierenden Werten der Arbeitsgesellschaft wie denen der Pflichtethik, der beruflichen Karriere, der materiellen Orientierungen hin zu sogenannten postmateriellen Orientierungen, bei denen die persönliche Entfaltung, die Kommunikation, die Partizipation und das Sich-Persönlich-Ausleben im Vordergrund stehen, und/oder – in der kulturkritischen Variante von Gesellschaftsanalyse – zu hedonistischen Perspektiven der Bedürfnisbefriedigung.

Die ganze sozialwissenschaftliche Diskussion über das Ende der Arbeitsgesellschaft in den 80er Jahren ist von Vorstellungen und Annahmen gekennzeichnet, nach denen den außerhalb der Erwerbsarbeit liegenden Lebensbereichen eine zunehmende Autonomie und eine steigende Bedeutung für die Selbstdarstellung der Individuen und Verwirklichung eigener Interessen, der Gestaltung unreglementierter Kommunikation sowie dem Ausleben expressiver Bedürfnisse zukommt. Dieses als Sachverhalt zu konstatieren, ist fast trivial: Wie anders sollten sich die sich ausdehnende Freizeit und die ebenfalls sich ausweitenden Zeiten außerhalb der Arbeit in Bildungs- oder Weiterbildungseinrichtungen eigentlich auswirken, wenn nicht durch eine erhöhte Möglichkeit, sich auch in den außerhalb der Arbeit liegenden Lebensbereichen selbst entfalten und darstellen zu können. Problematisch wird die Konstatierung dieses Sachverhalts immer dann, wenn man sie mit einer grundlegenden Kritik an einem damit verbundenen Verlust von Arbeitsmoral und Leistungsbereitschaft verbindet, wie die Kulturkritik von Rechts und Links nicht müde wird, es zu tun.

Wir halten diese These nicht nur für falsch und meinen, daß wir sie in mehreren Untersuchungen hinreichend empirisch widerlegt haben. Wir denken sogar, sie verstellt das eigentliche Problem für die betriebliche und gesellschaftliche Organisation von Arbeit, indem sie einen Gegensatz zwischen Arbeits- und Privatleben konstruiert, nach dem man seine psychischen Energien im Sinne eines Nullsummenspiels entweder auf Arbeit oder auf Privatleben konzentrieren und richten könne.
Wir wollen die Gegenthese in drei Schritten vortragen:
Erstens skizzieren wir die neuen Ansprüche an und das neue Verhältnis zur Erwerbsarbeit. Zweitens werden wir zu zeigen versuchen, wie sehr globale gesellschaftsstrukturelle Veränderungen und nicht zufällige publizistische Moden hinter dem neuen Arbeitsverständnis stehen. Drittens wollen wir zeigen, daß dieses neue Arbeitsverständnis mit einer modernen Arbeitsorganisation korrespondiert, die auf eine hohe Identifikation der Beschäftigten mit ihrer Tätigkeit setzen muß, um im globalen Wettbewerb bestehen zu können.

2. *Neue Ansprüche an und neues Verhältnis zur Erwerbsarbeit*

Werfen wir zunächst einen Blick darauf, welche Bedeutung die Erwerbsarbeit heute für die Identitätsbildung hat und wie die gesellschaftsstrukturellen Wandlungsprozesse das Verhältnis der Arbeitskräfte zur Erwerbsarbeit verändert haben. Im Gegensatz zu allen Annahmen, die aus den erweiterten Handlungsmöglichkeiten in den expandierenden arbeitsentzogenen Bereichen von Bildung und Freizeit auf eine innere Abwendung der Beschäftigten von Arbeit oder eine Verkürzung auf ein rein instrumentelles Verhältnis zu ihr im Sinne des größtmöglichen materiellen Effekts für das Leben außerhalb der Arbeit bei möglichst geringem Zeit- und Energieaufwand schließen, stellen wir in all unseren Untersuchungen aus jüngster Zeit sowohl bei jugendlichen – und bei diesen in besonderem Maße – als auch bei erwachsenen Arbeitern und Angestellten auf ganz unterschiedlichen Qualifikationsstufen fest, daß die Arbeit ein zentraler Lebensbereich mit hohem Stellenwert für ihre Identitätsbildung geblieben, für viele vielleicht sogar erst in neuerer Zeit geworden ist (vgl. Baethge u.a. 1988; Dörre u.a. 1994; Baethge/Denkinger/Kadritzke 1995).
Nicht erst bei hochqualifizierten Angestellten finden wir ein stark *berufsbezogenes Arbeitsverständnis*, dieses scheint sich heute weitgehend auch im mittleren und unteren Arbeiter- und Angestelltenbereich festgesetzt zu haben. Aus unseren Untersuchungen zum Arbeitsverhalten und zu den beruflichen Orientierungen wissen wir, daß die Mehrheit der *jungen* Facharbeiter und Angestellten – selbst ein Teil derjenigen, die auf Un- oder Angelernten-Positionen arbeiten – ausgesprochen hohe Ansprüche an die Inhalte der Arbeit hat (vgl.

Baethge u.a. 1988; Dörre u.a. 1994). Das heißt, sie wollen eine Arbeit, in der sie die in Bildung und Ausbildung erworbenen Fähigkeiten anwenden können, in der sie ihre Qualifikationen auch weiterentwickeln, mit der sie sich identifizieren und in die sie sich als Person einbringen können, die ihnen ein gutes Kommunikationsklima bietet, deren Anforderungen ihre Kreativität und ihre Problemlösungskompetenz herausfordert. Es ist ein ausgesprochen individualistisches, qualifikationsbezogenes Arbeitsverständnis, das einen Großteil der Facharbeiter und Angestellten auszeichnet und das sie als Maßstab an die alltägliche Arbeit herantragen und für dessen Realisierung sie auch bereit sind, das Ihre zu tun, sich zu engagieren und sich weiterzubilden. Sofern sich ihre Ansprüche in ihrer Arbeitsumgebung nicht verwirklichen lassen, sind sie auf der anderen Seite auch schnell bereit, einen anderen Arbeitsplatz zu suchen oder den Betrieb zu wechseln oder eben auch eine völlig andere Berufsperspektive anzupeilen. Schumann u.a. haben jüngst noch einmal im »Trendreport Rationalisierung« deutlich gemacht, wie sehr die Arbeiter eine Arbeitspolitik honorieren, die auf die Verberuflichung ihrer Tätigkeiten zielt. Aus ihren Befragungen geht hervor, »welchen Bonus betriebliche Arbeitspolitik gewinnt sowie sie dem ›Berufs‹-Anspruch gerecht wird, und wieviel schwerer sie sich tut, wenn diese Schubkraft fehlt, weil die Aufgabenerweiterung nicht beim Facharbeiterprofil ankommt« (Schumann u.a. 1994, S. 656). Gerade in den Einsatzfeldern neuer Facharbeit finden wir den Wunsch nach fachlich herausfordernden Tätigkeiten, die Möglichkeiten bieten, subjektive Fähigkeiten wie problemlösendes, kreativ-gestaltendes Handeln oder die Bereitschaft, Verantwortung zu übernehmen, zu realisieren (vgl. Voskamp/Wittke 1991).

Ähnliche Ansprüche finden wir auch bei den Angestellten in den kaufmännischen und verwaltenden Dienstleistungsorganisationen. Auch hier sind es nicht nur etwa die qualifizierten Finanzdienstleister, die auf der Beruflichkeit ihrer Arbeit insistieren, sondern auch die Verkäuferinnen und Verkäufer im Einzelhandel klagen eine solche Beruflichkeit ihrer Arbeit ein, die ihnen mehr Anerkennung in einem ansonsten tristen Alltag verschafft, auch wenn sie dieses eher als das hervorheben, was ihnen fehlt. Wünsche nach inhaltlich befriedigenden Tätigkeiten, Transparenz und akzeptabler Kommunikation im Betrieb, offenen Weiterbildungs- und Aufstiegsmöglichkeiten (insbesondere von Frauen heute mit Nachdruck betont) oder auch nach Beteiligung an den betreffenden Unternehmensentscheidungen finden sich in allen Angestelltengruppen (vgl. Dörre/Baethge/Grimm/Pelull 1994, S. 254 ff.).

Um kein Mißverständnis aufkommen zu lassen, das hier skizzierte ist kein emphatisches und idealistisches Arbeitsverständnis, das gewissermaßen die Arbeit zum alleinigen Zentrum des Lebens machte. Nur stimmt die alte Gegenüberstellung von Arbeits- oder Freizeitzentrierung nicht mehr. Immer weniger Jugendliche wie auch erwachsene Arbeitskräfte lassen sich die Entge-

gensetzung von Arbeit und Freizeit als Sphären, in denen unterschiedliche Organisationsprinzipien und Selbstbestätigungsmöglichkeiten zu gelten haben, aufzwingen: Sie wollen in beiden Bereichen sich entfalten und bestätigen können.
Es versteht sich von selbst, daß die hier skizzierten subjektbezogenen Anspruchsdimensionen nicht gegen materielle Interessen und Ansprüche ausgespielt werden dürfen. Sie werden vielmehr in der Regel auf der Basis einer relativ guten und gesichert erscheinenden Einkommenssituation artikuliert. Die qualifizierten Arbeiter und Angestellten sind sich des Werts ihrer Arbeitskraft durchaus bewußt und legen Wert auf eine gute Bezahlung. Auf der anderen Seite sind sie nicht bereit, ihre expressiven Ansprüche und Erwartungen auf berufliche Entfaltungschancen für ein paar D-Mark mehr aufzugeben oder sie längerfristig verletzen zu lassen.

3. *Gesellschaftlicher Strukturwandel als Ursache für ein gewandeltes Arbeitsverständnis*

Wir werden immer wieder gefragt, ob es sich bei dem beschriebenen Arbeitsverständnis nicht vielleicht doch eher um situationsabhängige Meinungen, die in Krisenzeiten schnell aufgegeben werden, als um relativ dauerhafte Orientierungen handelt. Nicht zuletzt spricht das Faktum, daß wir sie in der Arbeitsmarktkrise quer über alle Beschäftigtengruppen wie auch unter Arbeitslosen angetroffen haben, für die relative Stabilität der Arbeitsorientierungen. Noch stärker verweisen strukturelle Ursachenzusammenhänge auf ihre situationsübergreifende Gültigkeit. Wir wollen kurz darauf eingehen:

Die Ursprünge für dieses stark individualistische, qualifikationsbezogene Arbeitsverständnis liegen außerhalb des Betriebes. Aufgrund von wohlfahrtsstaatlicher Entwicklung, gesellschaftlicher Modernisierung und Wandel der Sozialstruktur kommt es zu Veränderungen im Muster der jugendlichen Sozialisation, die vor allem aufgrund der massiven Bildungsexpansion für immer mehr Jugendliche zu einer Sozialisation außerhalb der unmittelbaren betrieblichen Arbeitssphäre wird. Das in ihr dominierende Verhaltensmuster des Lernens stärkt per se ein individualistisches Selbstbewußtsein und individualistische Handlungsorientierungen, lockert zugleich in Folge der Organisationsform des Lernens (in altershomogenen Gruppen) die inneren sozialen Bindungen an die gesellschaftlichen Herkunftsgruppen und fördert die Herausbildung von Verhaltensstilen und Orientierungen, die auf Selbständigkeit gehen und die von der Freizeit- und Konsumwelt zusätzlich gestützt werden.
In einer Welt, in der sich die traditionellen sozialen Milieus und Institutionen

immer mehr auflösen bzw. an Bindekraft verlieren und die individuelle Gestaltung der (Berufs-)Biographie zum ehernen Gesetz der sozialen Teilhabe und Selbstdarstellung geworden ist (Beck/Beck-Gernsheim 1994), wird die Berufstätigkeit vermutlich zur zentralen Instanz für die Kontinuität individueller Sinnperspektiven wie für soziale Anerkennung. Befriedigend eingelöst werden die damit gesetzten Erwartungen nur durch eine Arbeit, mit der man sich persönlich identifizieren kann.

Das hohe, kontinuierlich gestiegene Erwerbsinteresse von Frauen hat der subjektiven Bedeutung von Erwerbsarbeit einen weiteren Schub verliehen, und man kann erwarten, daß gerade durch die höhere Erwerbsbeteiligung von Frauen die expressiven und kommunikativen Ansprüche an Arbeit insgesamt eine Stabilisierung erfahren. In jüngster Zeit scheinen gerade diese Ansprüche und Orientierungsmuster zum einen durch die Modernisierung der Berufsausbildung, durch die Verstärkung von Mobilitäts-, Flexibilitäts- und anderen Schlüsselqualifikationen sowie durch verstärkte Theorieanteile, bestärkt zu werden. Zum anderen scheint dieses Arbeitsverständnis gerade bei den modernen Formen von Facharbeit und qualifizierter Sachbearbeitung eine Bestätigung zu finden, scheint mit den dort prämierten Qualifikationen und Verhaltenskompetenzen geradezu zu korrespondieren.

4. *Die Ausweitung integrationistischer Arbeitsorganisation*

Der unverkennbare Trend zur Hochqualifizierten-Gesellschaft bedeutet auf der Ebene von Tätigkeitsprofilen und Aufgabenzuschnitt von Berufen die Zunahme solcher Tätigkeiten, die nach Inhalt und Aufgabenstellung komplex sind und zu ihrer Ausübung umfassende und hohe Qualifikationen, wie gutes theoretisches Wissen, spezialisierte sensumotorische und/oder analytische Erfahrungskompetenzen, Fähigkeiten zur Selbstorganisation der Arbeit und kommunikative Sensibilität und Souveränität erfordern. Ihr Charakteristikum liegt darin, daß sie mehr innere Beteiligung und dauerhaftes persönliches Interesse fordern, auch schwerer kontrollierbar sind als einfache manuelle Tätigkeiten. In der Vergangenheit fanden wir derartige Tätigkeitsprofile und Aufgabenzuschnitte vor allem im Bereich geistiger Arbeit und in komplexen handwerklichen Tätigkeiten.

In der Langzeitentwicklung ist es dieser Tätigkeitstypus, der expandiert und bereits heute die Mehrheit der gesellschaftlichen Beschäftigungsverhältnisse insgesamt prägt.

In gewisser Weise neu ist, daß dieser Tätigkeitstypus auch im Bereich der Industriearbeit, aus der er lange Zeit verbannt zu sein schien, eine Renaissance erfährt, die über seine verbliebenen Enklaven – etwa im Bereich der Instandhaltung – hinausreicht. Damit müssen wir einen kurzen Blick auf die Verän-

derungen in der Arbeitsorganisation werfen. Was Kern/Schumann Mitte der 80er Jahre als Paradigmenwechsel in der industriellen Arbeitsorganisation mit der Abkehr vom Taylorismus vorsichtig als neue Entwicklungstendenz angedeutet haben, wird von Schumann u.a. 1994 im »Trendreport Rationalisierung« als sich durchsetzende Entwicklung zu komplexen Formen von Produktionsfacharbeit bestätigt. Was sie in dem Begriff der Systemregulierung bzw. des »Systemregulierers« zusammenfassen, zielt auf jene Produktionsfacharbeitertätigkeiten, die im Zuge des Übergangs zu programmgesteuerten automatisierten Fertigungsprozessen und in der Folge der parallel hierzu stattfindenden Umorientierung im Arbeitseinsatz entstanden sind. Ihre Funktion im weitesten Sinne besteht in der Gewährleistung des Produktionsprozesses, in der Überwachung, Aufrechterhaltung, Wiederherstellung und Optimierung der »automatischen« Abläufe. Hierbei kommt es zu einer arbeitsorganisatorischen Integration von indirekten Funktionen der Qualitätssicherung, Instandhaltung und Programmierung mit direkten Funktionen, wobei sich lediglich die Reichweite der Integration unterschiedlicher Arbeitskonzepte unterscheidet. Diesen Prozeß als Reprofessionalisierung oder Verberuflichung zu klassifizieren, erscheint deswegen gerechtfertigt, weil seine Beherrschung Qualifikationen verlangt, die von stofflichen Merkmalen hin zu solchen der Handhabung komplexer, technisch vermittelter Produktionsprozesse führt. Dieser Wandel macht sowohl ein Mehr an Selbstorganisationskapazität als auch erhöhte theoretische Kompetenz und Fähigkeit zu bereichsübergreifender Kooperation sowie das Vermögen, komplexe technische Systeme effektiv zu nutzen, erforderlich.
Selbst wenn die damit skizzierten Arbeitsformen gegenwärtig quantitativ begrenzt sind, schmälert dies ihre Bedeutung nicht, da sie die für Facharbeit strukturbestimmende Organisationsperspektive darstellen und die strategischen Belegschaftskerne im Herstellungsbereich betreffen. Die aktuelle Renaissance von Gruppenarbeit stützt ebenfalls, selbst wenn es nicht zu hohen Zugewinnen an Qualifikation kommt, die Tendenz zu mehr Selbstbewußtsein, Selbstorganisation und Identifikation in der Arbeit.
Für die Dienstleistungsbereiche schließlich gilt, daß wir qualifizierte Tätigkeiten mit komplexem Zuschnitt gerade im Zusammenhang computerunterstützter Sachbearbeitung in allen möglichen Dienstleistungsorganisationen schon seit langem haben.
Nimmt man zu den skizzierten Veränderungen im Produktions- und Dienstleistungssektor noch die allgemeine Tendenz zum Anstieg des Anteils von Hochqualifizierten-Tätigkeiten hinzu, so wird deutlich, wie sehr für Volkswirtschaften wie derjenigen der Bundesrepublik die Formen der Arbeit selbst ein neues Arbeitsverständnis hervortreiben und erforderlich machen. Je mehr Arbeit den Charakter von komplexen Tätigkeiten annimmt, desto mehr müssen die Betriebe die persönliche Identifikation ihrer Mitarbeiter mit ihrer

Tätigkeit zu erreichen versuchen, desto mehr wird ein sehr stark die Subjektivität betonendes Arbeitsverständnis sogar für modernes Wirtschaften funktional.

Das Problem, daß an dieser Stelle nach unseren Erfahrungen für viele Betriebe auftaucht, läßt sich in einem Satz zusammenfassen: Die tatsächlichen, das heißt praktizierten betrieblichen Leitbilder für die Organisation von Arbeit und Personalführung stehen in einem eklatanten Gegensatz zu diesen funktionalen Anforderungen, die sich aus der neuen Tätigkeitsstruktur ergeben, und zu den subjektiven Ansprüchen an Arbeit, die sich im Zuge der Entwicklung zur Hochqualifizierten-Gesellschaft immer weiter durchsetzen werden.

Nirgends ist uns dieser Gegensatz deutlicher geworden als im Bereich der Leistungs- und Zeitorganisation in den Betrieben, insbesondere im Bereich von hochqualifizierten Fach- und Führungskräften, die fast alle über die inflexiblen Zeitregimes der Betriebe klagten und große Probleme mit ihnen hatten. Diese lassen sich unseres Erachtens auf einen fundamentalen ungelösten Konflikt in der betrieblichen Arbeitskultur zurückführen, der für die Zukunft viel Brisanz birgt. Man kann ihn als Konflikt zwischen dem Trend zur zunehmenden Entstandardisierung und zeitlichen Unkalkulierbarkeit von Tätigkeiten auf der einen und der fortbestehenden Orientierung der betrieblichen Leistungs- und Zeitorganisation an standardisierten Arbeitsvollzügen auf der anderen Seite deuten. Die erste Tendenz ist unwiderruflich mit der säkularen Ausdehnung komplexer und wissensbasierter Tätigkeiten verbunden. Tätigkeiten dieser Art sind in ihrem Leistungsablauf schwer in zeitlich exakte Schemata zu pressen, sie sind von nicht äußerlich erzwingbarer innerer Intensität der Beschäftigten abhängig und von vielen Unwägbarkeiten. Man kann etwa bei der Durchführung von Forschungs- oder Entwicklungsprojekten oder bei der Entwicklung von Marketingstrategien ebensowenig wie bei komplexeren Beratungsgesprächen in Kreditinstituten Uhrzeitvorgaben machen. Obwohl dieser Typus von Tätigkeiten kontinuierlich zu- und der ihm entgegengesetzte Typus einfacher, kurztaktiger, standardisierter Arbeitsvorgänge kontinuierlich abnimmt, ist die gesamte betriebliche Leistungs- und Zeitorganisation an standardisierbaren Tätigkeiten orientiert, die man exakt segmentieren und in eine Ablauflogik von Vier-, Sechs-, Acht-Stunden-Tagen bringen kann. Das in gewisser Weise kontrafaktische Festhalten an diesem Typus von Zeitorganisation und der ihr entsprechenden Leistungsmessungsverfahren läßt sich vermutlich am ehesten auf die Einfachheit ihrer Handhabung und Kontrollierbarkeit zurückführen oder anders ausgedrückt: Bei ihrer Aufhebung fürchten viele Manager einen Kontrollverlust in ihrer eigenen Herrschaftsposition.

Es gehört wenig Prophetengabe dazu vorauszusagen, daß Unternehmen, die hier nicht neue Wege gehen und an den alten Organisationsformen für Zeit

und Leistungsmessung festhalten, Gefahr laufen, unversehens und ohne große Vorwarnung ihre qualifiziertesten Angestellten und Fachkräfte an solche Unternehmen zu verlieren, die sich in der Zeitorganisation flexibler zeigen und es ihren beruflich engagierten Mitarbeitern ermöglichen, ein weniger konfliktreiches Arrangement zwischen Beruf und ihren privaten Bedürfnissen bzw. ihrer sozialen Umwelt zu praktizieren.
Sie sehen: Wir haben längst ein neues Arbeitsverständnis; was wir brauchen sind betriebliche und gesellschaftliche Formen der Arbeitsteilung und -verteilung, die ihm bessere und allgemeingültige Realisierungschancen eröffnen. Denn ein Problem soll zum Abschluß nicht unterschlagen werden: Wir haben in erster Linie von den heute erkennbaren neuen Entwicklungstendenzen in der Arbeitsorganisation gesprochen. Selbst wenn man voraussetzt, daß die neuen Formen der Arbeitsorganisation sich in einer Wirtschaft wie derjenigen der Bundesrepublik Deutschland durchsetzen, weil diese auf eine hochinnovative Qualitätsproduktion und Dienstleistungsarbeit angewiesen ist, bleibt unübersehbar, daß wir sowohl in der Industrie als auch – mittlerweile quantitativ noch mehr – in den Dienstleistungsbereichen große Areale von unqualifizierten, instabilen Beschäftigungsverhältnissen haben und behalten werden. Sie haben oft den Charakter von »bad jobs«, mit denen eine persönliche Identifikation kaum möglich ist. Ihr großes Problem besteht darüber hinaus darin, daß von ihnen immer weniger ein Wechsel in die qualifizierten Tätigkeitsfelder möglich wird. Insofern drohen sie, wenn nicht andere Organisationsformen von Arbeit in diesen Bereichen gefunden werden, doppelt benachteiligt zu bleiben: In bezug auf die materiellen Sicherungsmöglichkeiten und in bezug auf die persönlichen Sinnperspektiven, die sich mit Arbeit verbinden können.

Literatur

Baethge, M.; Denkinger, J.; Kadritzke, U. (1995): Das Führungskräftedilemma – Manager und industrielle Experten zwischen Unternehmen und Lebenswelt. Frankfurt/New York.

Baethge, M.; Hantsche, B.; Pelull, W.; Voskamp, U. (1988): Jugend: Arbeit und Identität. Eine Studie des SOFI. Opladen.

Beck, U.; Beck-Gernsheim, E. (1994): Riskante Freiheiten. Frankfurt/M.

Dörre, K.; Baethge, M.; Grimm, A.; Pelull, W. (1994): Jugendliche Angestellte. Selbstbehauptung gegen Solidarität. Opladen.

Kern, H.; Schumann, M. (1984): Das Ende der Arbeitsteilung? München.

Schumann, M.; Baethge-Kinsky, V.; Kuhlmann, M.; Kurz, C.; Neumann, U. (1994): Trendreport Rationalisierung. Berlin.

Voskamp, U.; Wittke, V. (1991): Junge Facharbeiter in der Produktion – eine Herausforderung für betriebliche Arbeitspolitik. In: Siemens AG (Hrsg.): Schriftenreihe »Gestaltung der Arbeit«. München.

John Erpenbeck

Wertewandel und Selbstorganisation

Viele ökonomische, soziale und politische Abläufe werden heute als Selbstorganisationsprozesse beschrieben: Ein oft benutzter, aber zunächst scheinbar wenig sagender Allgemeinplatz. Ebenso oft hört man Klagen über den gegenwärtigen Werteverfall in der »Erlebnisgesellschaft« und den Ruf nach neuen Werten, einer neuen Arbeitsethik, einem zeitgemäßen Wertewandel: Allgemeinplätze scheinbar auch dies. Wertewandel und Selbstorganisation: lassen sich neue Ansichten zum Thema »Arbeit im Wandel« gewinnen, indem man beides zusammendenkt?

Daß der gegenwärtige Wandel der Arbeit mit fundamentalem Wertewandel einhergeht, ist verschiedentlich betont worden. Beispielsweise stellte L.Späth in seinem Plädoyer für die Informationsgesellschaft kategorisch fest: »In der Informationsgesellschaft werden die Wertekategorien des menschlichen Zusammenlebens eine sehr viel größere Rolle spielen als in der Industriegesellschaft«.[1] B. Rürup setzte die »Konsequenzen des sich wandelnden Wertesystems« an die erste Stelle jener drei Megatrends, welche die »Arbeit 2000«, die sozio-ökonomische Entwicklung der Arbeit in der gegenwärtigen Dekade, voraussichtlich prägen.[2] Im Zusammenhang mit der zukünftigen Entwicklung der Humanressourcen betonte P. Meier-Dohm: »Die Fähigkeit, Wertvorstellungen, Ideale und übergeordnete Ziele glaubhaft vertreten oder entwickeln zu können, ist von besonderer Bedeutung, weil sie eine Voraussetzung für die Sinngebung der Arbeit und des Tuns im Unternehmen bietet und zugleich geeignet ist, einen Grundkonsens herzustellen.«[3] Und die Alfred-Herrhausen-Gesellschaft ließ mit Bedacht im Einleitungsreferat ihres Jahreskolloquiums 1994 »Arbeit der Zukunft – Zukunft der Arbeit« den Moraltheologen H. Küng über »Arbeit und Lebenssinn angesichts von Wertewandel und Orientierungs-

1 Späth, L.: Wende in die Zukunft. Die Bundesrepublik auf dem Wege in die Informationsgesellschaft. Hamburg 1985, S.142.

2 Rürup, B.: Deutschland 2000. Sozio-ökonomische Perspektiven und Konsequenzen. In: Rürup, B., Steger, U.: Arbeit 2000. Soziale, ökonomische und politische Trends für Unternehmen. Frankfurt am Main, New York 1992, S.78.

3 Meyer-Dohm, P.: Entwicklung der Humanressourcen und Lernkultur des Unternehmens. In: Iwersen, A., Tuchtfeld, E.: Sozialpolitik vor neuen Aufgaben. Bern, Stuttgart, Wien 1993, S.238.

krise« meditieren.[4] Ausgespart bleiben oft Fragen nach dem *Warum* und dem *Wie* dieses Wertewandels.

Als Versuch einer Antwort sollen im folgenden zwei Gedankengänge in einem – wie ich glaube, für die Gestaltung von Erwerbs- und anderer Arbeit wichtigen – Resultat konvergieren.

Zum einen: Fassen wir Unternehmen, Gruppen und Individuen als je komplexe, selbstorganisierende Systeme auf,[5] so schreiben wir ihnen unter anderem eine fundamentale Eigenschaft zu – die Zukunft solcher Systeme ist indeterminiert, offen und damit nicht vorherberechenbar, vorhersagbar, oft nicht einmal zu erahnen. Unternehmen, Gruppen, Individuen müssen jedoch trotz der daraus resultierenden fundamentalen Unsicherheit ständig Entscheidungen für zukünftiges Handeln und Arbeiten treffen.[6] Das gilt nicht nur für den Bereich der materiellen und institutionellen, sondern auch für den Bereich der geistigen Selbstorganisation, der Wissens- und Wissenschaftsproduktion. Wirkliche Basisinnovationen sind nicht voraussehbar.[7] Voraussehbar ist nur, daß der Umfang des nicht Gewußten schneller als das zunehmende Wissen wächst. Je mehr wir wissen, desto deutlicher wird, wieviel wir nicht wissen.[8] Auch daraus resultiert fundamentale Entscheidungsunsicherheit.

Zum anderen: Entscheidungen unter solcher fundamentalen Unsicherheit – also die Mehrzahl aller politischen und wirtschaftlichen Entscheidungen! – und die ihnen entsprechenden Handlungen bedürfen damit zwangsläufig einer Basis, die nicht allein auf Kenntnissen – auf Sachwissen, Fakten, Informationen – beruhen kann. Eine solche Basis bilden die Werte, die Resultate menschlich-gesellschaftlichen Wertens. Werte enthalten Kenntnisse, sind aber keine. Kenntnisse können wir in wertfreien Sachaussagen formulieren, in denen das erkennende Subjekt nicht mehr »vorkommt«. Wertungen sind stets auf *Wertungsobjekte*, beispielsweise auf ökonomische Sachverhalte, Prozeßparameter und Zusammenhänge gerichtet. Sie beziehen sich aber immer zugleich auf die *wertenden Subjekte* – einzelne Menschen, Gruppen, Organisationen usw., verwenden traditionelle oder neue *Wertungsmaßstäbe* und

4 Küng, H.:Arbeit und Lebenssinn angesichts Wertewandel und Orientierungskrise. In: Alfred-Herrhausen-Gesellschaft für internationalen Dialog (Hrsg.): Arbeit der Zukunft – Zukunft der Arbeit. Stuttgart 1994; vgl.auch: Zwierlein, E. (Hrsg.): Arbeit und Humanität. Wege in eine humane Arbeitsgesellschaft. Idstein 1992; Hoffmann, H.v. (Hrsg.): Arbeit ohne Sinn? Sinn ohne Arbeit? Über die Zukunft der Arbeitsgesellschaft. Weinheim 1994.

5 Ich folge hier einer im weiteren durchgehaltenen Unterteilung nach dem Verhalten von Organisationen, Verhalten von Gruppen und Verhalten von Individuen wie es in Staehle, W.H.: Management. Eine verhaltenswissenschaftliche Perspektive 6.Aufl. München: Verlag Franz Vahlen, 1991 vorgeschlagen wird.

6 Probst, G.J.: Selbstorganisation. Ordnungsprozesse in sozialen Systemen aus ganzheitlicher Sicht, Berlin, Hamburg 1987.

7 Krohn, W., Küppers, G.: Die Selbstorganisation der Wissenschaft. Frankfurt am Main 1989

8 Mittelstraß, J.: Die Wissenschaft und das Neue. In: Schmitt, R., Altner, H., Burkhardt, D., (Hrsg.) Wissenschaft ohne Grenzen? Regensburg 1991.

stützen sich auf *Wertungsgrundlagen*, zu denen auch Kenntnisse gehören – aber eben nicht nur. Vielmehr enthalten diese – bereits bewährte – Erfahrungen, Vermutungen, Glaubenssätze, Mythen und auch andere Werte.[9]
Daraus folgt: *Werte sind für das Entscheiden und Handeln selbstorganisierender menschlich-gesellschaftlicher Systeme unerläßlich – selbstorganisierende menschlich-gesellschaftliche Systeme bedürfen der Werte als unerläßlichen Antrieb ihrer Selbstorganisation.* Je deutlicher Arbeitende, Abeitsgruppen, Unternehmen als selbstorganisierende Systeme aufgefaßt werden können, eine desto größere Rolle spielen folglich Werte und Wertgefüge für ihre Arbeit. Beim Unternehmen innerhalb ihrer Unternehmenskultur. Bei Gruppen in Form von Gruppennormen und Leitbildern. Bei Individuen als interiorisierte, d.h. zu Emotionen und Motivationen »verinnerlichte« Normen und Werte.
Damit ist der Gang der weiteren Überlegungen angezeigt. Ich versuche zunächst, die Rolle von Werten und Wertgefügen für die Erwerbs- und andere Formen von Arbeit zu umreißen, also das Verhältnis von *Arbeit, Wert und Wert der Arbeit* zu bedenken. In drei weiteren Abschnitten will ich dann dem Bezug von *Unternehmen*, *Gruppen* und *Individuen* zu *Selbstorganisation und Wertewandel* nachgehen.

1. *Arbeit, Wert und Wert der Arbeit*

Ich möchte, mit Schrick,[10] einen nicht-homogenen *Arbeitsbegriff* voraussetzen, der drei *Teilmomente der Arbeit* unterscheidet:

- Erstens den *Arbeitsprozeß*. Er umfaßt für die soziale Reproduktion einer konkreten Gesellschaft direkt (Produktion) oder indirekt (Dienstleistung, Bildung) notwendige Transformationen von Zuständen und Gegenständen: Im Bereich der Ökonomie (insbesondere der Erwerbsarbeit, mit dem wichtigsten Bereich der Lohnarbeit), aber auch im außerökonomischen Bereich (beispielsweise im politischen, kulturellen, sozialen, häuslich-privaten). Der Begriff richtet unsere Aufmerksamkeit also auf die *objektive* Seite der Arbeit.
- Zweitens das *Arbeitshandeln*. Es umfaßt das Teilmoment der Arbeit, welches die Position der arbeitenden *Subjekte* ausdrücklich einschließt. Hier richtet sich das Augenmerk weniger auf die objektiven Arbeitsprozesse, als auf die sozialen Orientierungen für diese Prozesse (Ideologien, institu-

9 Iwin, A.A.: Grundlagen der Logik von Wertungen, Berlin 1975.
10 Schrick, G.: Lehre von der Arbeit. Analysen und Vorschläge aus der Sicht einer sozialwissenschaftlich orientierten Arbeitswissenschaft. Frankfurt am Main, Bern, New York, Paris: Peter Lang, 1987 insbes. S.51 ff.

tionelle Vorgaben, kulturelle Handlungsbestimmungen, mediale Einflüsse, Interessen, Einstellungen). Sie bestimmen das Verhältnis der Subjekte zu den objektiven Gegebenheiten des Arbeitsprozesses, aber auch zueinander (Funktionen, Hierarchien, Segmentierungen, soziale Organisationsformen, Konfliktregulation).

- Drittens die *Arbeitstätigkeit.* Sie umfaßt das Teilmoment der Arbeit, worin die Arbeitenden als *konkrete Individuen* thematisiert werden. Hier haben arbeitswissenschaftliche und arbeitspsychologische Untersuchungen individueller Besonderheiten, von Fehlleistungen und Arbeitsversagen, aber auch von Arbeitsintensität und Kreativität ihren Platz.

Die drei Teilmomente hängen eng zusammen, lassen sich jedoch nicht aufeinander reduzieren: »Arbeit als objektiver Prozeß – Arbeitsprozeß – ist nicht auf die Position von Subjekten in und zur Arbeit – Arbeitshandeln, Arbeitstätigkeit – reduzierbar. Ebensowenig ist dies umgekehrt durchführbar . . .«[11]

Diese drei *Teilmomente der Arbeit* – Arbeitsprozeß, Arbeitshandeln und Arbeitstätigkeit – haben einen je eigenen Bezug auf Werte; entsprechend führt ein Wandel der Arbeit zu drei unterschiedlichen *Teilmomenten des Wertewandels.*

Der gegenwärtige *Wandel des Arbeitsprozesses* ist von objektiven, vielfach beschriebenen und untersuchten Tendenzen gekennzeichnet. Er wird verursacht von einer Globalisierung der Märkte, weltweitem Wettbewerbsdruck, höchsten Qualitätsansprüchen an Produkte und Dienstleistungen, raschen technologischen und gesellschaftspolitischen Veränderungen. Er manifestiert sich in der Notwendigkeit, Unternehmen als selbstorganisierende Systeme zu begreifen oder sie zu solchen umzugestalten – zu lernenden, kundenorientierten Unternehmen mit flachen Hierarchien und offener Organisation. Er führt im Bereich der Erwerbsarbeit zu einer Dualisierung des Arbeitsmarktes in Erwerbspersonen mit relativ hohen und solche mit geringem, z.T. sinkendem Reallohn, wie in den USA oder zur Dualisierung in Beschäftigte und Arbeitslose, wie in der Bundesrepublik. Das heißt, wer den wachsenden intellektuellen und psychischen Anforderungen der neuen, selbstorganisierenden Unternehmen – insbesondere im Bereich der Informations-, Bio- und Ökotechnologien – nicht gewachsen ist, wer die Forderungen nach lebenslangem Lernen, Erhöhung der externen und internen Flexibilität, nach Eigeninitiative und nach Polyvalenz der Arbeitskraft[12] nicht zu erfüllen vermag, wird in niedrigbezahlte Dienstleistungsjobs oder in die Arbeitslosigkeit abgedrängt. Das »Humankapital«, der Mensch ist zum wichtigsten strategischen Erfolgsfaktor

11 Ebenda, S.164.
12 Vgl. Bulletin der Europäischen Gemeinschaften: Wachstum, Wettbewerbsfähigkeit, Beschäftigung. Herausforderungen der Gegenwart und Wege ins 21. Jahrhundert. Weißbuch. Brüssel: Kommission der Europäischen Gemeinschaften 1993, S. 14 ff.

geworden –[13] aber immer weniger Menschen sind in diesem Sinne »Humankapital«.
Damit einher geht ein *Teilmoment des Wertewandels,* das sich auf den Wert der Arbeit selbst bezieht. Es kommt, folgerichtig, zu einer Dualisierung der Bewertung von Arbeit in hochwertige und minderwertige. Von der Abwertung sind besonders Tätigkeiten im außerökonomischen Bereich, also politische (Politikverdrossenheit!) und kulturelle sowie häuslich-private Aktivitäten betroffen. Korrekturvorschläge sind denn auch darauf gerichtet, dieser Abwertung entgegenzuwirken. Sie laufen darauf hinaus, sozial nützlichen Tätigkeiten, auch außerhalb der regulären Erwerbsbeteiligung, soziale Anerkennung zu verschaffen, selbständige und haushaltliche Eigenarbeit höher zu bewerten und auch der Nicht-Arbeit einen höheren Stellenwert zuzubilligen. Zur materiellen Stützung dieses Wertewandels wird immer wieder auf die Idee einer »Entkoppelung von Einkommen und produktiven Funktionen« zurückgegriffen.[14] Wieweit solche Überlegungen realistisch sind und zudem der tendenziell steigenden Sockelarbeitslosigkeit entgegenzuwirken vermögen, muß die Zukunft zeigen.
Der *Wandel des Arbeitshandelns* ist von einer Veränderung der Positionen der Subjekte im Arbeitsprozeß gekennzeichnet. Die Strukturen der Unternehmen bewegen sich in Richtung Offenheit, Flexibilität, Selbstorganisation. Es kommt zu einer wachsenden Orientierung an den Interessen aller sozialen Bezugsgruppen des Unternehmens. Eben dadurch flachen die Hierarchien ab, die Subjekte werden in höherem Maße gleichgeordnet, Kooperation über enge Bereichsgrenzen wird gefordert und honoriert, die Anforderungen an stabile Selbstkonzepte, an die Kreativität, an Team- und Konfliktfähigkeit wachsen. Damit gewinnen soziale Orientierungen in Form unternehmenskultureller Handlungsbestimmungen sowie ausgeprägte individuelle Kompetenzen und Motivationen zunehmende Bedeutung, während institutionelle Vorgaben und Sanktionen weniger wichtig werden. Wieweit ähnliche Tendenzen auch für Tätigkeiten im außerökonomischen Bereich gelten, soll im Folgenden nicht diskutiert werden.
Der somit gegebene Wandel sozialer Orientierungen stellt ein weiteres *Teilmoment des Wertewandels* dar. Dabei geht es nicht mehr um den Wert der Arbeit selbst, sondern um den Wert des Subjekts in der Arbeit, und die Werte des Subjekts bei der Arbeit. Arbeitsgruppen und konkrete Individuen erhalten aufgrund ihrer wachsenden Autonomie, Flexibilität und Kreativität einen hö-

13 Posth, M.: Betriebliche Bildung im Wandel. In: Meyer-Dohm, P./Schneider, P. (Hrsg.): Berufliche Bildung im lernenden Unternehmen. Neue Wege zur beruflichen Qualifizierung. Stuttgart, Dresden 1991, S.13.

14 Vgl. z.B. Offe, C.: Arbeit und Wohlstand. Gesellschaftliche und individuelle Aspekte. In: Murrmann, K. (Hrsg.): Arbeitsgesellschaft. Wandel ihrer Strukturen. Köln: Verlag J.P. Bachem 1984, S.188 ff.

heren Stellenwert, werden in der Tat zu einem »strategischen Erfolgsfaktor«. Innovationsfähigkeit, Experimentierfreude, Fehlertoleranz, die Wahrnehmung von Entwicklungsmöglichkeiten, das Hinterfragen bewährter Muster und die Akzeptanz von qualitativen Veränderungen werden höher bewertet als starre Zielstrebigkeit, Regel- und Überlieferungstreue und die Kultivierung von Permanenz.[15]

Der *Wandel der Arbeitstätigkeit* erfaßt, inwiefern und wie sich Tätigkeit und individuelle Partizipation der *konkreten Individuen* verändern, wenn diese beim Übergang der Unternehmen in Richtung Selbstorganisation ihrerseits als kreativ-selbstorganisative Systeme begriffen werden. Bloßes Sachwissen und lineare Funktionsfähigkeit im Sinne einer Rädchenmentalität werden zweitrangig, Wertwissen, Kompetenz- und Handlungsfähigkeit erhalten als die eigentlichen Voraussetzungen des Organisierens in selbstorganisierenden Systemen[16] einen übergeordneten Stellenwert.

Damit einher geht ein drittes *Teilmoment des Wertewandels,* das von Pflicht- und Akzeptanzwerten zu Selbstentfaltungswerten,[17] von Pflichterfüllung zu Kreativität, von der Fremd- zur Selbstbestimmung, also zur Selbstentfaltung statt Selbstentfremdung[18] im Bereich der Erwerbsarbeit führt. Dabei interessiert hier, welche Werte das konkrete Individuum sich persönlich aneignet und realisiert und wie der Wandel von Wertaneignung und Wertrealisation konkret vor sich geht. Insbesondere stehen dabei seine Formen des Selbstlernens im Prozeß der Arbeit und im sozialen Umfeld, sein Wert- und Kompetenzlernen im Sinne von Interiorisationsprozessen im Blickpunkt.

Wir sehen: *Ein Wandel der Arbeit ist stets mit einem Wertewandel verbunden.* Das gilt für alle drei Teilmomente: Der Wandel des Arbeitsprozesses führt zu einem Wandel des Wertes der Arbeit selbst. Der Wandel des Arbeitshandelns führt zu einem Wandel des Wertes des Subjekts in der Arbeit, und der Werte des Subjekts bei der Arbeit. Der Wandel der Arbeitstätigkeit führt zu einem Wandel von Wertaneignung und Wertrealisation des konkreten Individuums. Fassen wir Unternehmen, Gruppen und Individuen als je komplexe, selbstorganisative Systeme auf, nimmt der Wandel der Arbeit und der damit verbundene Wertewandel eine je spezifische Gestalt an. Dem möchte ich nun nachgehen.

15 Vgl. Erpenbeck, J., Weinberg, J.: Menschenbild und Menschenbildung. Bildungstheoretische Konsequenzen der unterschiedlichen Menschenbilder in der ehemaligen DDR und in der heutigen Bundesrepublik. Münster, New York: Waxmann Verlag 1993, S.129; vgl. auch: Mehr Wettbewerb, mehr Arbeit – ist Vollbeschäftigung eine Illusion? Hintergrundmaterial Dräger-Stiftung. Lübeck 1995.

16 Probst, G.J.: a.a.O.

17 Klages, H.: Wertedynamik. Über die Wandelbarkeit des Selbstverständlichen, Osnabrück, 1988.

18 Zimmerli, W.C.: Arbeit im Wandel – Selbstentfaltung statt Selbstentfremdung. In diesem Bande.

2. *Unternehmen, Selbstorganisation und Wertewandel*

Eine Vorbemerkung zunächst. Unternehmen *sind* keine selbstorganisierenden Systeme – ebensowenig wie Gruppen oder Individuen. Sie *sind* auch keine kybernetischen oder mechanischen Systeme. Vielmehr benützen wir die von Mechanik, Kybernetik oder Selbstorganisationstheorie (auch in Gestalt von Synergetik oder Autopoiesetheorie) entwickelten Methoden, um Unternehmen, Gruppen und Individuen, ihre Strukturen, Prozesse und Entwicklungen zu *beschreiben*. Die Eingangsbehauptung, man könne Unternehmen, Gruppen und Individuen als komplexe, selbstorganisierende Systeme *auffassen*, ist also keine ontologische Behauptung, sondern meint einfach: Je komplexer diese Systeme, ihre Beziehungen und Kommunikationsformen werden, oder je mehr uns diese Komplexität bewußt wird, desto erfolgreicher können wir Methoden der Selbstorganisationstheorie zu ihrer Beschreibung verwenden. Typische Eigenschaften selbstorganisierender Systeme – wie ihre bereits erwähnte Zukunftsoffenheit, ihre Irreduzibilität, Redundanz, Selbstreferentialität und Autonomie –[19] können dann mit den materiellen oder ideellen Eigenschaften der beschriebenen Systeme identifiziert werden.

Gerade moderne, hochkomplexe, innovative Unternehmen lassen sich vorteilhaft in der Sprache der Selbstorganisationstheorie beschreiben. Grob und pauschalisierend gesagt: Je höher der Komplexitätsgrad, desto besser ist der Annäherungsgrad einer solchen Beschreibung.[20] Selbstorganisationstheoretische Ansätze können zwanglos aufklären, wieso solche Unternehmen einerseits einen hohen Grad von Autonomie, Abgeschlossenheit und scheinbarem Selbstlauf – eben ihre Selbstorganisation – besitzen, andererseits extrem sensibel gegenüber kleinen Schwankungen in der Nähe von Instabilitätspunkten sind.

Für sie gilt der eingangs formulierte Zusammenhang zwischen Wertewandel und Selbstorganisation in spezifischer Weise: Wachsende Unternehmenskomplexität führt zur Zunahme des selbstorganisativen Charakters des Unternehmens selbst, seiner Beziehungen zu anderen Unternehmen und seiner Marktbeziehungen.[21] Damit werden die zu treffenden Entscheidungen auf diesen drei Ebenen kognitiv immer unsicherer. Entscheidungen unter Unsicherheit erfordern Werte. Die zunehmende Notwendigkeit von immer mehr, immer vernetzteren Werten führt zur Notwendigkeit eines das Unternehmen

19 Erpenbeck, J., Weinberg, J.: a.a.O., S.132; vgl. auch: Mehr Wettbewerb, mehr Arbeit – ist Vollbeschäftigung eine Illusion? Hintergrundmaterial Dräger-Stiftung. Lübeck 1995.

20 Vgl. Leydesdorff, L.: Evolutionary Economics and Chaos Theory. New Directions in Technology Studies. Amsterdam 1994.

21 Eine hervorragende Gesamtübersicht gibt Malik, F.: Systemisches Management, Evolution, Selbstorganisation. Grundprobleme, Funktionsmechanismen und Lösungsansätze für komplexe Systeme. Bern, Stuttgart, Wien 1993; vgl. ferner: Blaseio, H.: Das Kognos-Prinzip. Zur Dynamik sich selbst-organisierender wirtschaftlicher und sozialer Systeme. Berlin 1986; Probst, G.: a.a.O.

stabilisierenden Wertesystems.[22] Dieses findet in der *Unternehmenskultur* des Unternehmens seinen Ausdruck. Unternehmenskultur ist deshalb für das Organisieren in selbstorganisierenden ökonomischen Systemen unerläßlich – das Organisieren in selbstorganisierenden ökonomischen Systemen bedarf der Unternehmenskultur als wesentlichen Antriebsmoments.

Unternehmenskultur läßt sich »als Werte und Normengefüge der Zweckgemeinschaft Unternehmen . . . verstehen«.[23] Damit gehört nicht nur die direkte und indirekte Präsentation der Unternehmenswerte nach außen hin, sondern auch deren Aneignung durch Mitarbeiter und Management zur Unternehmenskultur. Ihr wachsen besonders dann wichtige Aufgaben zu, wenn entweder das Unternehmen seine Wertidentität ändert, ein »Management des Wandels« notwendig wird[24] – oder wenn die Arbeitnehmer und Führungskräfte in größerem Maße gezwungen sind, ihre Wertidentitäten zu ändern, sie der Zweckgemeinschaft Unternehmen neu anzupasssen. In Zeiten, da massive Prozesse politischen, ökonomischen und sozialen Wertewandels kein Unternehmen verschonen, wird es zur unumgänglichen Notwendigkeit, eine von persönlichem Einverständnis getragene individuelle Annäherung an Werte und Normen des Unternehmens zu forcieren. Jedem Unternehmen mit ausgeprägter Unternehmensidentität muß daran gelegen sein, einen freiwillig akzeptierten Wertekonsens möglichst vieler Mitarbeiter im Rahmen seiner Unternehmenskultur zu erreichen. Das haben besonders eindringlich Untersuchungen zu Wertorientierungen und zum individuellen Wertewandel von Führungskräften in Ostdeutschland gezeigt.[25] Ostdeutsche Unternehmen wa-

22 Das St.Galler Managementkonzept priorisiert das normative Management (wertgeprägte Unternehmensvision, Unternehmensverfassung, Unternehmenspolitik und Unternehmenskultur) deutlich gegenüber dem strategischen und operativen Management; vgl. Gomez, P.: Wertmanagement.Vernetzte Strategien für Unternehmen im Wandel. Düsseldorf, Wien, New York, Moskau 1993, S.47 ff. – Peters, T.: Thriving on Chaos. Handbook for a Management Revolution. New York etc. 1987 stellt über einen »set of core values« bei der notwendigen Abflachung von Hierarchien und Optimierung sich selbst managender Teams direkt der Zusammenhang von Selbstorganisation, Unternehmenskultur und Werten her. – Neuberger, O.: Personalentwicklung. Stuttgart 1991, S.82 hebt von personalwirtschaftlicher Seite aus die Bedeutung der Unternehmenskultur- und Wertdimension im selbstorganisierenden Unternehmen hervor. Auch synergetische Modellkonzepte »of collective evolutions in the society« betonen die Bedeutung von Wertvariablen für die selbstorganisative Entwicklungsdynamik sozialen Systeme und die Zusammenhänge von Selbstorganisation, Werten und Unternehmenskultur, vgl.: Weidlich, W.: Modelling Concepts of Synergetics for Dynamic Processes in the Society. In: Ebeling, W., Peschel, M., Weidlich, W. (Hrsg.): Models of Selforganisation in Complex Systems MOSES, Berlin 1991, S.9ff. – Arnold, R.: Das Verhältnis zwischen Unternehmenskultur und Lernkultur. In: Grünhagen, M.: Wertewandel in der Wirtschaft – Neue Perspektiven für die Hochschule. Bielefeld, 1994, S.59 ff beschreibt den Zusammenhang von Selbstorganisation, Wertsetzung und Sinn-Integration betrieblicher Kooperation. – Direkt auf den Wertewandel in Unternehmen geht auch sehr informativ Albach, H. (Hrsg.): Werte und Unternehmensziele im Wandel der Zeit. Wiesbaden 1994 ein.

23 Heinen, E.: Einführung in die Betriebswirtschaftslehre. Wiesbaden 1985, S.987.

24 Olins, W.: Corporate Identity. Strategie und Gestaltung, Frankfurt am Main 1990.

25 Lang, R.: Führungskräfte in Ostdeutschland. Forschungsbericht zum Projekt SOKULT 92, Chemnitz 1994.

ren oft nicht nur Zweck- sondern auch Sinngemeinschaften; hierin ist sicher mehr Erhaltenswertes zu finden als in der ökonomischen Sphäre. Der Übergang von der Zweck- zur Sinngemeinschaft ist nämlich heute für viele Unternehmen eine Zukunftvision. Durch die deutsche Vereinigung ist deutlicher denn je: *Wertewandel ist eine zentrale Aufgabe von Unternehmenskultur. Unternehmenskultur hat eine »Brückenfunktion« zwischen Selbstorganisation des Unternehmens und Wertewandel.* Der Aufstieg der Unternehmenskultur ist nicht eine »Mode der 80er Jahre«, sondern eine unumgängliche Notwendigkeit angesichts der selbstorganisativen Komplexität moderner Unternehmen!

Unternehmen sind Kultur und haben Kultur.[26] Begreift man Kultur als »Ausführungsprogramm für Sozialität auf der kognitiven, kommunikativen und sozialstrukturellen Ebene«[27] als »kognitives System der Information und Kommunikation, das Sinn- und Weltentwürfe liefert,« und »Wirklichkeitsmodelle als soziale Sinnsysteme« entwirft[28] so läßt sich diese Feststellung tiefer verstehen:

Unternehmen sind Kultur – weil sie nicht nur in den menschlichen Produktionsprozeß, sondern auch in den menschlichen Kommunikationsprozeß *hineingestellt* sind. Sie regulieren und strukturieren nicht nur ökonomische Austauschprozesse, sondern vermitteln auch auf Werte, Ziele und Maßstäbe gegründete soziale Verhaltensorientierungen. Sie sind in Sinn- und Weltentwürfe einbezogen. Ein Unternehmen, das z.B. Kraftwagen produziert, ist eben nicht nur ökonomischer, sondern auch ideeller Wertproduzent – also Teil des gesellschaftlichen Kommunikationsprozesses darüber, was nützlich, genußvoll, schön, ethisch vertretbar, politisch sinnvoll ist, welcher Grad und welche Art von Bewegungsfreiheit das Leben lebenswert und sinnvoll macht und welcher Weltentwurf sozial akzeptabel erscheint.

Unternehmen haben Kultur – weil sie in diesen Kommunikationsprozeß nicht nur hineingestellt sind, sondern eine *aktive* und *kreative* Rolle darin spielen. Sie entwickeln eigene Werte, Ziele und Maßstäbe, Sinn- und Weltentwürfe. Diese machen sie auf je unternehmensspezifische Weise für Management und Personal verbindlich – nicht indem sie Unternehmensgrundsätze predigen, sondern indem diese Grundsätze, vor allem die ihnen zugrundeliegenden Wertgefüge, über spezifische Aneignungsmethoden im Prozeß der Arbeit, in Training und Weiterbildung interiorisiert werden.

26 Neuberger, O., Compa, A.: Wir, die Firma. Der Kult um die Unternehmenskultur, Weinheim, Basel 1987.

27 Schmidt, S.J.: Kognitive Autonomie und soziale Orientierung. Konstruktivistische Bemerkungen zum Zusammenhang von Kognition, Kommunikation, Medien und Kultur. Frankfurt am Main 1994, S.243.

28 Ebenda, S.216.

Unternehmen kommunizieren Kultur – nach *außen* hin, eben indem sie in ihren Produkten Genußwerte, Nutzenswerte, ästhetische, ethische, politische Werte »mitverkaufen«. Auch, indem sie ihre Wertvorstellungen direkt, in Form von Selbstdarstellungen (Corporate Design, Corporate Identity) und via Unternehmensverhalten (Corporate Communications, Corporate Behavior) kommunizieren. Das gilt besonders für die Kommunikation ethischer und politischer Werte im Rahmen von Unternehmensethik und Unternehmenspolitik. Nach innen hin setzen moderne Unternehmen eine Vielzahl von Kommunikationsmöglichkeiten ein, um die ihre Unternehmenskultur konstituierenden Werte zum Leitfaden der Untereinheiten, zum Handlungs- und Entscheidungsantrieb der Mitarbeiter zu machen. So werden sie zu *lernenden Unternehmen.*[29]

Ein erstes *Fazit* ist damit zu ziehen: Der Wandel der Arbeit in den modernen Industriegesellschaften führt zu einer enormen Zunahme von Markt- und Unternehmenskomplexität. Diese legt eine selbstorganisationstheoretische Beschreibung von Unternehmen zwingend nahe. Damit ist die zentrale Bedeutung von Werten und Wertewandel für das Unternehmen und seine Mitarbeiter programmiert. Sie findet in der »Brückenfunktion« der Unternehmenskultur zwischen Selbstorganisation und Wertewandel der Unternehmen ihren Ausdruck. Versteht man Unternehmen als lernende Organisationen, handelt es sich folglich um Selbstlernprozesse. Fragt man danach, was Unternehmen lernen und was in ihnen gelernt wird [30] so zeigt sich, daß es ganz wesentlich auch um ein Wertlernen, einen Wertewandel auf Unternehmens- Gruppen- und Individuenebene geht. Aber das führt bereits zu dem Verhältnis von

3. *Gruppen, Selbstorganisation und Wertewandel*

Hier mögen einige Anmerkungen genügen, die dieses Verhältnis am Beispiel der zunehmenden Einführung von Gruppenarbeit illustrieren sollen.

Es liegt nahe, die gegenwärtige »dritte Welle« der Einführung von Gruppenarbeit in einigen großen Industriebranchen mit dem hier im Mittelpunkt stehenden Wandel der Arbeit, der Zunahme von Markt- und Unternehmenskomplexität in Verbindung zu bringen. Dabei geht es den Unternehmen primär gewiß nicht darum, die Arbeit zu humanisieren, sie wert- und sinnhaltiger zu gestalten, die Selbstentfaltung zu fördern. Dennoch ist gerade dies trotz aller in-

29 Meyer-Dohm, P., Schneider, P. (Hrsg.): Berufliche Bildung im lernenden Unternehmen. Neue Wege zur beruflichen Qualifizierung. Stuttgart, Dresden 1991; eine Übersicht neuerer Gedanken zum Organisationslernen generell gibt Wiesenthal, H.: Konventionelles und unkonventionelles Organisationslernen. Ein Literaturbericht. Berlin 1993.

30 Vgl. Staudt, E., Frieling, E.: Standtortsicherung durch Kompetenzentwicklung. Bochum, Kassel: Manuskript 1994, S.12 ff.

zwischen bekannt gewordener Probleme (Belegschaftsabbau, stark steigender Zeitdruck, geringere Aufstiegschancen) der Fall: »Experten sehen in der Gruppenarbeit ein organisatorisches Konzept zur Verbesserung von Effizienz und Effektivität. *Außerdem* verspricht Gruppenarbeit qualifikations- und persönlichkeitsfördernde Arbeitsformen.«[31] Der zutage tretende Widerspruch läßt sich auflösen, wenn man eine Erklärung dafür sucht, wieso sinnhafte Arbeit und Selbstentfaltung unter den modernen Komplexitätsbedingungen zu beachtlichen Produktivitätssteigerungen führen.

Dazu ist es nicht notwenig, einen Aufriß der Begriffe und Arten von Gruppen zu geben. Für die Blickrichtung auf Selbstorganisation und Wertewandel ist wichtig, daß es sich in der Regel um relativ kleine (etwa 5–15 Personen starke) und relativ langfristig bestehende Gruppen mit direkter Interaktion zwischen den Mitgliedern (face-to-face) und ohne ausgeprägte Rollen- und Statusverteilung handelt, die ein Wir-Gefühl entwickeln und gemeinsame Ziele, Werte und Normen besitzen. Es sind formelle Sekundärgruppen mit zusätzlichen informellen Beziehungen und Teamcharakter.[32]

Daß sich Gruppenarbeit erst in den letzten Jahren, insbesondere im Rahmen des »business reengeneering«, und nicht in den ersten beiden Anläufen der zwanziger und der siebziger Jahre breiter durchgesetzt hat, ist ganz offensichtlich darauf zurückzuführen, daß »mechanistisch« – tayloristische Methoden an das Ende ihrer Wirksamkeit gelangt sind – auch in ihren moderatesten Formen.[33] Bei aller schönen Rhetorik stecke nicht Menschenfreundlichkeit sondern Kalkül hinter der Welle von Gruppen- und Teamarbeit, stellt denn auch O.Neuberger fest; die Manager hätten schlicht gemerkt, daß sich die gewünschte Produktivität nicht herbeikontrollieren lasse.[34] Aber sie läßt sich offenbar herbeimotivieren. Denn die Selbstorganisationsprozesse auf der Gruppenebene führen, wie vielfach betont wird, zu einer hohen Akzeptanz der Unternehmenswerte und zu ihrer Interiorisation in Form von Emotionen und Motivationen.

Dafür lassen sich Belege zusammentragen. Solange ein Unternehmen als große *Maschine* beschreibbar ist, sind den Hierarchiestufen, Steuer- und Kontrollmechanismen im Prinzip keine Grenzen gesetzt. Die kleine Gruppe ist dann in keiner Weise *qualitativ* von den größeren, übergeordneten abgehoben. Geht man dagegen im Sinne eines *Systemischen Managements* vom Konstruktions- zum Evolutionsparadigma, vom Organisations- zum Selbstorganisationsparadgma über, so erhält die erwähnte kleine face-to-face-Gruppe mit gemeinsamen Zielen, Werten und Normen eine ausgezeichnete Stellung. Sie

31 Bickelmann, P., Braczyk, H.-J., Seltz, R. (Hrsg.): Entwicklung der Gruppenarbeit in Deutschland. Stand und Perspektiven. Frankfurt am Main, New York 1993, S.11.
32 Staehle, W.H.: ebenda, S.242 ff.
33 Vgl. Nelson, D.: A Mental Revolution. Scientific Management since Taylor. Columbus 1992.
34 Zit.nach: Lamparter, D.H.: Schöne neue Fabrik. In: Die Zeit, Nr.16 1995, S.26.

wird zur *kritischen Gruppe* (im Sinne von Y.Friedmann), zur Elementarzelle *sozialer Selbstorganisation* im Unternehmen.[35]

Tatsächlich wird die Selbstorganisation/Selbstregulation als eine der konstitutiven, grundlegenden Dimensionen zur Beschreibung von Gruppenarbeit angesehen. So erklärt D.Seitz: »Selbststeuerung (oder gar: Selbstorganisation) bedeutet in der Praxis zumeist die Verlagerung von Qualitäts- und Terminverantwortung auf die wertschöpfende Ebene ohne genaue Klärung von Entscheidungsbefugnissen und materiellen Voraussetzungen. Selbstregulation zu ermöglichen bedeutet mehr, als nur Verantwortung zu delegieren.«[36] Dieses *Mehr* besteht nun u.a. gerade darin, Gruppenwerte und -normen zu entwikkeln, die den Mitarbeitern und der Gruppe insgesamt ein Entscheiden und Handeln unter unsicheren, unscharfen Einzelentscheidungen und Zielvorgaben ermöglichen.

Daß tatsächlich nicht die neuen Organisationsformen *schlechthin*, nicht die *bloße* Verkürzung der Informationswege und die Verbesserung von Prozeßvorbereitung, -ausführung und -kontrolle die angestrebten Effektivitätsgewinne bringen, macht eine Untersuchung von M.Y.Tinar deutlich. Er untersuchte die Auswirkung des *Entscheidungsspielraums* von Arbeitnehmern in Gruppenarbeit auf Fehlzeiten, Fluktuation und Arbeitsproduktivität in Wirtschaftsorganisationen. Sein Resultat: Vorausgesetzt, die Arbeitnehmer sind physisch und psychisch in der Lage, größere Entscheidungsspielräume auch wirklich zu nutzen, steigt bei Vergrößerung der Entscheidungsspielräume die Rollenakzeptanz und Identifikation mit Werten und Zielen der Organisation, woraus ein Absinken von Fehlzeiten und Fluktuation und eine Steigerung der Arbeitsproduktivität resultiert. Das Unternehmen wird von einer »Mißtrauensorgansation« zu einer »Vertrauensorganisation«, die »möglichst viel Autonomie und Selbstinitiative den Organisationsmitgliedern zuerkennt, d.h. mit anderen Worten, daß Entscheidungsspielräume der einzelnen Organisationsmitglieder durch eine flexible Gestaltung der generellen Regelungen vergrößert werden müssen.«[37] Vergrößerung der Entscheidungsspielräume bedeutet jedoch eine Vergrößerung der *Wertinteriorisation.*

Folglich: Ein wesentlicher Gewinn bei Einführung von Gruppenarbeit ist die Erweiterung der Selbstorganisation auf Gruppenebene. Sie führt zu erweiterten Entscheidungsspielräumen. Diese ermöglichen eine höhere Wirksamkeit und den Wandel von Unternehmenswerten via Interiorisation und Kommunikation durch die Mitarbeiter. Das führt zu deutlicher Steigerung der Arbeits-

35 Malik, F.: a.a.O., S.207 ff.

36 Seitz, D.: Gruppenarbeit in der Produktion. In: Bickelmann, P., Braczyk, H.-J., Seltz, R. (Hrsg.): Entwicklung der Gruppenarbeit in Deutschland. Stand und Perspektiven. Frankfurt am Main, New York 1993, S.36 ff.

37 Tinar, M.Y.: Humanisierung der Arbeit und Produktivität. Auswirkung einer Erweiterung des Entscheidungsspielraums der Arbeitnehmer auf Fehlzeiten, Flukation und Arbeitsproduktivität in Wirtschaftsorganisationen. Frankfurt am Main, Bern, New York 1986, S.249.

produktivität. Um diesen Zusammenhang genauer zu durchleuchten, ist nun die Betrachtung des Interiorisationsprozesses selbst notwendig. Das führt mich, abschließend, zum Verhältnis von

4. *Individuen, Selbstorganisation und Wertewandel*

Betrachtet man Unternehmen und Gruppen als selbstorganisierende Systeme, ändert sich auch die Sicht auf das darin tätige Individuum. Einige Autoren sprechen von individualisierten Organisationen und fordern, mehr als bisher relevante psychophysische Eigenschaften und arbeitsbezogene Motive der einzelnen Organisationsmitglieder zu identifizieren und zu entschlüsseln.[38] Zur effektiven Individualisierung der Organisation gehören neben einer Erweiterung der Entscheidungsspielräume auch identifikationsfördernde z.B. kulturpolitische Maßnahmen (Kultursponsoring), welche die intrinsischen Motive der Mitarbeiter erhöhen.[39] Besonders wichtig sind jedoch Prozesse des wertorientierten *Selbstlernens* und entsprechender *Kompetenzerweiterung*. Diese können aus prinzipiellen Gründen, die gerade mit dem selbstorganisativen Charakter eines solchen Lernens zusammenhängen, nicht in Formen klassischer Weiterbildung, frontaler und direktiver Schulung, vollzogen werden. Für sie erlangen das *Lernen im Prozeß der Arbeit* [40] und der Einsatz von spezifizierten *Trainingsmethoden*[41] Basisbedeutung.

Werte und damit Kompetenzen werden grundsätzlich anders angeeignet als Kenntnisse und Sachwissen. Diese werden im Gedächtnis gleichsam *archiviert*, Werte und Kompetenzen dagegen *interiorisiert*. Abgespeichertes Sachwissen steht, wie eine Bibliothek, bei Bedarf unmittelbar zur Verfügung. »Bloß gelernte« Werte lassen sich zwar perfekt reproduzieren, werden aber nicht handlungswirksam. Jeder Verbrecher kennt die geltenden ethischen Werte und Normen, nur: er handelt nicht danach. Wie werden Werte *handlungswirksam?*

Zur Beschreibung des *Interiorisationsprozesses*, des *»Wie« individuellen Wertlernens und Wertewandels,* ist man unumgänglich dazu gezwungen, auf Kategorien der Emotions- und Motivationspsychologie zurückzugreifen. Aufzuklären ist, wie Werte zu freiwillig akzeptierten handlungsleitenden Emotionen und Motivationen des Einzelnen umgewandelt werden und wie die psychischen »Mechanismen« dieser Umwandlung beschaffen sind. Zusammen

38 Elias, H.J., Gottschalk, B., Staehle, W.H.: Gestaltung und Bewertung von Arbeitssystemen. Frankfurt am Main, New York 1985, S.37 ff.
39 Tinar, M.Y.: a.a.O., S.252.
40 vgl. Staut, E., Rehbein, M.: Innovation durch Qualifikation. Personalentwicklung und neue Technik. Frankfurt am Main 1988; und nochmals Meyer-Dohm, P., Schneider, P. (Hrsg.): a.a.O.
41 Heyse, V., Metzler, H.: Management der Veränderung. Münster 1995.

mit J. Weinberg habe ich versucht, diesen Vorgang detaillierter zu beschreiben.[42] Ich möchte hier nur auf ein Kernmoment eingehen, das unmittelbar mit dem *Selbstorganisationsaspekt des individuellen Wertewandels* verknüpft ist.
Es handelt sich dabei um einen als *kognitive Dissonanz*,[43] als *Labilisierung* und *Instabilität* des inneren Zustandes durch Ungewißheit, als innerer *Widerspruch*[44] beschriebenen *emotionalen Spannungszustand* des Individuums. Er entsteht aufgrund solcher individueller *Entscheidungssituationen* (der Handlungsspielräume!), die nicht rein kognitiv – »algorithmisch«, allein unter Zuhilfenahme des bereits akkumulierten Wissens, auch nicht unter Rückgriff auf bereits interiorisierte Werte als »Entscheidungsleitlinien«, gelöst werden können. Dennoch muß sich das Individuum unter *Freiheit* und *Selbstverantwortung* zu irgendeiner Entscheidung durchringen, um – instrumentell oder kommunikativ – handeln zu können. Die Labilisierung löst die Verklammerung von bereits in Form von Emotionen und Motivationen interiorisierten *alten Werten* und zugehörigem theoretischen und Handlungswissen. Es gestattet die selbstorganisative Entstehung situationsadäquater *neuer Werte* und die komplexe Abspeicherung von Wissen, Entscheidung, Handlungsergebnis, zusammen mit den neuen, zum Handlungserfolg führenden Werten. Je größer der emotionale Spannungszustand, sein »emotionales Gewicht«, desto tiefer werden die neuen Werte bei – sozial anerkanntem – Handlungserfolg später emotional verankert. Genau in diesem Fall sprechen wir von einer *Interiorisation* der Werte. Die interiorisierten Werte werden schließlich sozial kommuniziert – bis hin zur Entstehung eines »sozialen Mittelwertes« in Form *neuer Normen- und Wertesysteme,* die auf weitere Interiorisationsprozesse zurückwirken.
Es mehren sich in den letzten Jahren psychologische Ansätze, die von der psychischen *Komplexität* des Individuums, der *Ganzheit* seines *Selbst* ausgehen und die Veränderung dieser Komplexität einschließlich des Wertewandels mit dem *Instrumentarium der Selbstorganisationstheorie* beschreiben.[45]

42 Erpenbeck, J., Weinberg, J.: a.a.O., S.142 ff.
43 Festinger, L.: A Theory of Cognitive Dissonance. Stanford 1957
44 Berlyne, D.E.: Konflikt, Erregung, Neugier. Stuttgart 1974; Simonov, P.: Widerspiegelungstheorie und Psychophysiologie der Emotionen. Berlin 1975; Simonov, P.: The Emotional Brain. Physiology, Neuroanatomy, Psychology and Emotion. New York, London 1986
45 Selbstorganisation, direkt auf psychologische Prozesse bezogen, behandeln z.B.: Adams, R.N.: The Eight Day. Social Evolution As the Self-Organization of Energy. Austin 1988; Dalenoort, G.J. (Hg.): The Paradigm of Self-Organization. Current Trends in Self-Organization. New York, London,Paris . . . 1989; Heylighen, F., Rosseel, E., Demeyere, F. (Hrsg.): Self-Steering and Cognition in Complex Systems. Toward a New Cybernetics. New York, Philadelphia, London . . . 1989; Forrest, S. (Hrsg.): Emergent Computation. Self-Organizing, Collective, and Cooperative Phenomena in Natural and Artificial Computing Networks. Cambridge 1991; Tschacher, W., Schiepek, G., Brunner, E.J. (Hrsg.): Self-Organization and Clinical Psychology. Berlin, Heidelberg, New York . . . 1992; Levine, D.S., Leven, S.J. (Hrsg.): Motivation, Emotion, and Goal Direction in Neural Networks. Hillsdale 1992; Thelen, E., Smith, L.B.: A Dynamic Systems Approach to Developement of Cognition and Action. Cambridge, London 1994; Smith, L.B., Thelen, E. (Hrsg.): A Dynamic Systems Approach to Development. Applications. Cambridge, London 1993; Crick, F.: The Astonishing Hypothesis. The Scientific Search for the Soul. New York 1994.

Für die Diskussion des Zusammenhangs von Selbstorganisation und Wertewandel bleibt damit festzuhalten: Unternehmenskultureller Wertewandel und der Wertewandel auf Gruppenniveau vollziehen sich *letztlich* in Form individuellen Wertewandels, als ein Prozeß psychischer Selbstorganisation. Das lernende Unternehmen, die erfolgreiche Gruppenarbeit bleiben eine Illusion, wenn dieser Prozeß nicht beherrscht und gestaltet wird.
Nicht nur in der Physik, auch in anderen Disziplinen ist also der Theorien-Übergang »vom Sein zum Werden«[46] und mit ihm von einfacheren dynamischen Ursache-Wirkungs- zu komplexen Selbstorganisationsbeziehungen zu registrieren. Ohne diesen Übergang ist der moderne Wandel der Arbeit und der damit verbundene Wertewandel auf den Ebenen des Unternehmens, der Gruppe und des Individuums kaum zu verstehen.

46 Prigogine, I.: Vom Sein zum Werden. Zeit und Komplexität in den Naturwissenschaften 6. Aufl. München 1992

Volker Heyse

Das lernende Unternehmen – Vision und Realität

Sobald über »lernende Unternehmen« gesprochen wird, denkt man an real ablaufende Prozesse und zugleich an eine Vision dessen, was alles sein möchte, könnte, sollte und was nicht sein sollte. In vielen Betrachtungen zum lernenden Unternehmen schwingen deshalb realistische Beobachtungen, Folgerungen, Ansprüche und Utopien mit. Je nachdem, aus welcher Perspektive der Begriff »lernendes Unternehmen« gebraucht wird, verändert sich die Fragestellung. Gemeinsam aber bleibt die Betonung des Prozessualen, des Lernprozesses einer gesamten Organisation. Vereinfacht könnte gesagt werden: Das lernende Unternehmen fördert den Lernprozeß aller seiner Mitglieder auf unterschiedliche individuelle und gemeinschaftliche Weise und es verändert sich gleichzeitig selbst – als Unternehmen und als Gemeinschaft. Lernende Unternehmen – das ist einerseits Vision, andererseits jedoch alles andere als eine vorübergehende Modeerscheinung. Vielmehr sind damit die Veränderung der »Wert- und Wissensbasis im Unternehmen, die Verbesserung der Problemlösungs- und Handlungskompetenz sowie die Veränderung des gemeinsamen Bezugsrahmens von und für Mitarbeiter« innerhalb des Unternehmens verbunden (Probst/Büchel, 1994).
Die Unternehmen müssen künftig mehr denn je mit anspruchsvolleren Mitarbeitern schneller marktfähige, kundenorientierte Produkte entwickeln und im Rahmen einer kundennahen, flexiblen Produktion mit innovativen Unternehmensstrukturen umsetzen (Bullinger, 1994). Auf allen diesen Feldern ist Lernen und somit Verändern gefordert. Da Unternehmen offene Systeme sind, die auf Veränderungen der Umwelt reagieren müssen, sollten sie sich konstruktiv mit diesen Veränderungen auseinandersetzen, um angemessen handeln zu können.
Neue Strategien erfordern die Auseinandersetzung der Unternehmen mit den übergreifenden gesellschafts- und wirtschaftspolitischen Trends. Nachfolgend werden 9 Trends kurz dargestellt:

1. Der Wandel wird zum Normalfall. Neue Technologien, kürzere Innovations- und Produktlebenszyklen verringern die Halbwertzeit des Wissens noch deutlicher als bisher angenommen.
   Der selbstorganisative Charakter moderner Wirtschaftsprozesse zeigt sich auch im Übergang von der Erwerbsgesellschaft zur Dienstleistungsgesellschaft, im Übergang von einfacheren Dienstleistungen zu »Meta«-Dienst-

leistungen (Dienstleistungen für Dienstleister), im Übergang von der Anbieter- zur Kundenorientierung und zu entsprechender an Kundenwünschen orientierter Flexibilität, im Übergang von der Großserienproduktion zur Produktion kleinerer Losgrößen.

2. Moderne Technologien und flexible Arbeitsorganisation ermöglichen eine wettbewerbsstarke flexible Spezialisierung.
3. Mehr neue Technologien im Einsatz bedingen und ermöglichen neue Unternehmenschancen.
4. Vielfalt und Unberechenbarkeit potentieller Marktentwicklungen wachsen – und somit die Komplexität und Dynamik.
5. Fließende und virtuelle Organisationen setzen sich durch.
6. Mit veränderten Unternehmenszielen und -strategien sowie mit veränderten Betriebsstrukturen und Arbeitsweisen ändert sich auch das Verhalten der Führungskräfte.
7. Mit zunehmender Flexibilität erhalten die Mitarbeiter neue Gestaltungsräume.
8. Arbeitskräfte werden künftig weniger durch den Einsatz neuer Hoch- und Spitzentechnologien gefährdet, sondern vielmehr durch das Fehlen bzw. den verzögerten Einsatz solcher innovativen Technologien.
9. Krisen- und Sanierungsmanagement *und* langfristige Potentialentwicklung werden zunehmend miteinander verbunden.

Betrachtet man diese Trends unter dem Aspekt sich neu oder verstärkt herausbildender Anforderungen an die Kompetenzentwicklung – als Beschleuniger und Träger lernender Unternehmen – so begegnet man immer wieder folgenden Anforderungen (vgl. Erpenbeck/Heyse/Merk, 1995):

- Gewährleistung abteilungsübergreifender Kommunikation, Kooperation, Akzeptanz auf der Grundlage gemeinsamer (unternehmerischer) Verantwortung, was die Kompetenz zu einer *neuen Qualität von Teamwork* und gegenseitigen Dienstleistungsbeziehungen voraussetzt.
- Methodische und sozialpsychologische Vorbereitung auf das gemeinsame Lösen zukünftiger (heute noch nicht bekannter) Probleme, was die Kompetenzen *Problemlösebereitschaft und Problemoffenheit* verlangt.
- Bearbeitung erweiterter Aufgabengebiete durch einzelne Mitarbeiter, was die Kompetenz zur *Verantwortungsdelegierung auf untere Ebenen* erfordert.
- Kompetenz zur *Integration und Vernetzung* vielfältigen Wissens.
- Kompetenz zur *multinationalen (-kulturellen) Kooperation* im In- und Ausland.
- Kompetenz zur Kompetenzent*wicklung* auf individueller, kollektiver und organisatorischer Ebene mit dem Ziel der Kompetenz*führerschaft,* sowohl auf fachlicher wie auch auf Beziehungsebene, und deshalb

- Kompetenz zu *Selbstorganisation (Selbstlernen, Selbstentwicklung)* als Bestandteil der Unternehmensphilosophie.

Letzteres führt zu einer weiteren Konsequenz: Die strategische Verzahnung der Weiterbildung mit der Unternehmensplanung und ihre Integration in die davon untrennbare Personal- und Organisationsentwicklung wird unumgänglich (vgl. Dybowski/ Pütz/ Rauner, 1995).

Das alles führt uns wieder zum lernenden Unternehmen und zu zwangsläufigen zukünftigen Entwicklungen. Am Beispiel der Veränderungen auf dem Gebiet der Weiterbildung und des Wesens der Weiterbildung selbst sollen diese kurz erläutert werden.

1. *Entwicklung kundenspezifischer Problemlösungen durch die betriebliche Weiterbildung*

Verknüpfung von internen *und* externen Angeboten bei gleichzeitiger Reduzierung der Inhaltsvielfalt und *Konzentration auf den eigentlichen Bedarf.* – Dazu sind Bildungsbedarfserhebungen, Problem- und Potentialanalysen und letztlich die Integration der Weiterbildung in den Planungs- und Arbeitsprozeß notwendig. Es rücken abteilungs-, arbeitsgruppenspezifische sowie abteilungsübergreifende Problemlösungen in den Vordergrund. Weiterbildung wird zunehmend in Projekte integriert. Bildungsprogramme werden ergebnisoffen und unter Mitwirkung verschiedenster Struktureinheiten entwickelt.

2. *Dezentralisierung*

Die operativen Weiterbildungsarbeiten werden weitgehend in die dezentralen Einheiten delegiert. Führungskräfte und Mitarbeiter gestalten Weiterbildungsprozesse eigenverantwortlich. Modelle der Matrixorganisation, das Referentenmodell, die Installation von Fortbildungsbeauftragten und die zunehmende Nutzung interner Beratungsleistungen kennzeichnen genauso diesen Übergang wie das Outsourcing von Bildungsaufgaben und die verstärkte Zusammenarbeit mit externen Bildungsbetrieben bis hin zu Bildungsplanungsaufgaben.

3. *Transfersicherung*

Effizienzsteigerungsorientierte betriebliche Weiterbildung muß sowohl in der Vorbereitungs- als auch in der Durchführungs- und Abschlußphase der Weiterbildung transferunterstützende Maßnahmen erarbeiten und kontrollieren.

Weiterbildungsmaßnahmen werden im Unternehmen vor- und nachbearbeitet und zunehmend mit der Lösung realer Probleme verbunden. – Damit rückt die Verbindung von Arbeiten und Lernen sowohl in Seminaren als auch in den konkreten Arbeitssituationen auf den verschiedenen Ebenen, einschließlich der Führungsebenen, in den Vordergrund. *Zwangsläufig erhöhen sich somit die Anforderungen an Rückkopplung / Controlling der Bildungs- und Personalarbeit.*

4. *Beteiligung der Mitarbeiter*

Zunehmend werden die »Betroffenen« (Mitarbeiter, Führungskräfte) in die Veränderungsprozesse aktiv einbezogen, so auch in die eigene Weiterbildungsplanung. Damit soll die Problemerkennungs- und -lösungsfähigkeit erhöht und die Selbstorganisations- und Selbstregulierungsfähigkeit verstärkt werden.
Über die Verbesserung der individuellen Fähigkeiten hinaus sollen Lernprozesse in organisatorischen Einheiten gestaltet werden, insbesondere bei Lernzielen im kommunikativen und sozialen Bereich, die der Erhöhung von Sozial- und Handlungskompetenz dienen (vgl. Weiss, 1994). Das erfordert wiederum

5. *Modulkonzepte und maßgeschneiderte Angebote*

Die Orientierung an speziellen Zielgruppen, variablen Programmen und neu bzw. extra entwickelten Seminaren nimmt zu.
Gleichzeitig erhöhen sich die Anforderungen an die *Mitarbeiter von Weiterbildungsabteilungen* in Richtung *Prozeßberater/-moderator* bzw. »change agents«, in Richtung Prozeß- und Bedarfsanalyse ebenso wie zum Coaching, *zur Entwicklungs- und Lernberatung* (Heitger, 1994).

6. *Methodenvielfalt und wachsender Technologieeinsatz*

Deutlich verstärkt wird auf die Selbststeuerung von Lernprozessen, auf Selbstlernprozesse, auf interaktive Lernmethoden, Arbeiten an und in aktuellen Praxisbeispielen, Workshops, Planspielen, Case-Studies usw. gesetzt.
Benchmarking über die eigene Branche hinaus wird betrieben; es wird nach neuen Entwicklungen, Beispielen und Strukturen im Bereich der Weiterbildungsinhalte und -methoden und deren Verallgemeinerung gesucht. In den kommenden Jahren ist mit einem stark wachsenden Markt für Computer Ba-

sed Training (CBT), dem Einsatz von Multimediasystemen und Software aller Art zu rechnen und damit auch mit neuen Lerngewohnheiten, -orten, -zeiten (Stillstandzeiten, Freizeit, Urlaub) und -teilnehmern.

7. *Verbindung unterschiedlicher Wissensdimensionen in integrierten Lern- und Entwicklungsprozessen*

Hier ist vor allem die Verbindung dreier Grunddimensionen hervorzuheben (nach Heitger, 1994) nämlich von *Fachwissen* (i. S. von funktionalen Kenntnissen und kognitivem Spezialwissen), *Schlüsselkompetenzen* (hier besondere *Methodenkompetenz* bezüglich »General Management«, Know-how, z. B. BWL-Grundkenntnisse, Basiswissen bzgl. Führung, Personal, Organisation, Projektmanagement, Marketing sowie Sprachkenntnisse) und *Sozial- und Handlungskompetenz* (Kommunikation, Teamwork, Konfliktmanagement).

8. *Qualitätssicherung*

Im Rahmen der Zertifizierung auf der Grundlage der ISO-Normen 9000 – 9004 wird in Zukunft nicht nur nach der Produktivität sondern auch *nach der Qualität der ständigen Weiterbildung der Mitarbeiter und Teams* gefragt werden, insbesondere danach, welchen Beitrag die Weiterbildung für den Arbeitserfolg, die Produkterneuerung und Kundenzufriedenheit leistet. Somit wird Weiterbildung zu einem Zertifizierungskriterium. Zugleich wird die Zertifizierung von Bildungsträgern zur Voraussetzung, um weiter im Wettbewerb zu bestehen.
Die Unternehmen werden künftig erhöhte Anforderungen an die Qualität sowohl der eigenen Bildungsarbeit als auch der externer Anbieter stellen.

9. *Weiterbildungsmanagement*

Mit dem Übergang zu cost centers versuchen zunehmend größere Unternehmen Kostenplanung und Kostenrechnung für Weiterbildung transparenter zu machen und eine größere (interne) Kundenorientierung des Weiterbildungsbereiches durchzusetzen. Damit kommen neue Anforderungen auf diese Bereiche zu: höhere Kostenverantwortung, flexible Weiterbildungsmanagement, offensives Weiterbildungsmarketing (Jahr, 1991; Merk, 1993)
Das betriebliche Bildungswesen geht im Einklang mit der Entwicklung »lernender Unternehmen« deutlich in Richtung Service- und Consultingeinrich-

tung (Prozeßberatung, Beratung bezüglich sozialer und kommunikativer Prozesse), cost- und profitcenter.

10. *Kombinierte Lernorte*

So wie die vielfältigen Lerninhalte im Unternehmen zukünftig noch besser integriert werden müssen, wird es in Zukunft auch um eine bessere Kombination der Lernorte gehen, damit durchgeführte Interventions- und Veränderungseffekte gesichert werden. Gemeint ist die Verbindung von Lernen in der Arbeit bzw. im Unternehmen, Lernen in Weiterbildungseinrichtungen und privaten (selbstgesteuerten) Lernengagements.

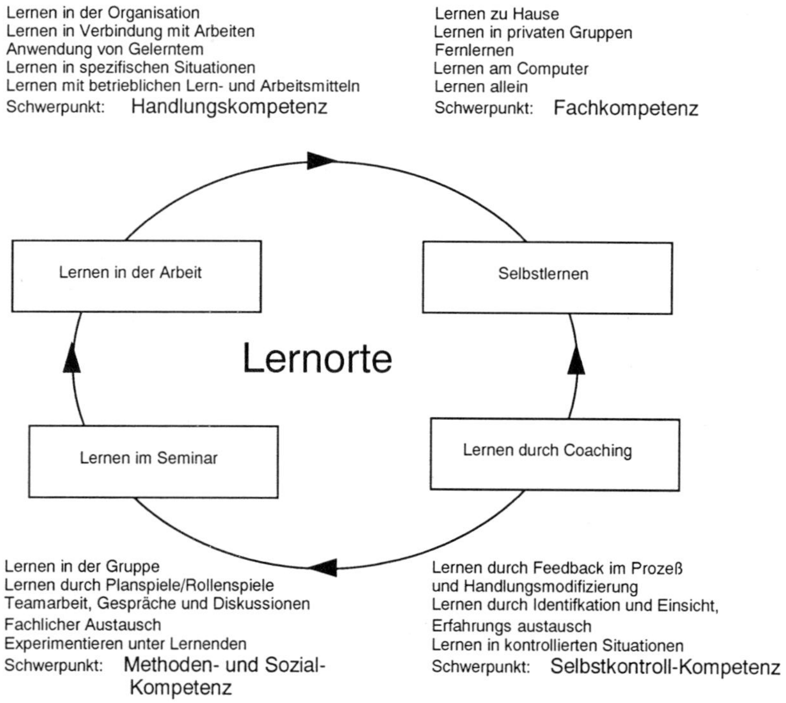

Kombinierte Lernorte (erweitert nach BULLINGER, 1994)

Das lernende Unternehmen ist nicht durch die Hervorhebung des einen oder anderen Veränderungsaspektes, sondern durch das gleichzeitige Wirken und aktive Nutzen der verschiedenen Entwicklungen gekennzeichnet. Und dadurch wird die Vision zur Wirklichkeit.

Literatur

Bullinger, H. J.; Gidion, G.: Zukunftsfaktor Weiterbildung. Neue Konzepte und Perspektiven. Stuttgart 1994.
(Frauenhofer Institut für Arbeitswirtschaft und Arbeitsorganisation)

Dybowski, G.; Pütz, H.; Rauner, F.: Berufsbildung und Organisationsentwicklung. Perspektiven, Modelle, Forschungsfragen. Bremen (Donat-Verlag) 1995

Erpenbeck, J., Heyse, V.; Merk, R.: Von der betrieblichen Weiterbildung zur Kompetenzentwicklung.
Berlin 1995 (Studie)

Heimerl-Wagner, P.: Strategische Organisations-Entwicklung: inhaltliche und methodische Konzepte zum Lernen in und von Unternehmen.
Physica-Verlag, Heidelberg 1992

Heitger, B.: Von der Weiterbildung zum Wissensmanagement: Skizzen für ein unternehmerisches Human Ressourcen Development. In: Hofmann, L. M.; Regnet, E. (Hrsg.): Innovative Weiterbildungskonzepte.
Verlag für Angewandte Psychologie, Göttingen 1994

Weiss, R.: Betriebliche Weiterbildung.
Deutscher Instituts-Verlag, Köln 1994

Christa-Jana Hartwig

Zusammenfassung der Ergebnisse des Arbeitskreises V

Im Mittelpunkt der Vorträge und Diskussionen des Arbeitskreises V standen die Wechselwirkungen zwischen den Veränderungen in den Wertorientierungen – und zwar sowohl in den individuellen Wertorientierungen als auch in den Wertorientierungen von Unternehmen – und den Veränderungen im Bereich der Arbeit, d. h. im Arbeitsverständnis der Menschen und in der Arbeitsorganisation.

Ein Schwerpunkt der Diskussionen war dabei der Zusammenhang zwischen der Entwicklung eines neuen Arbeitsverständnisses und einer fundamentalen Veränderung des menschlichen Tätigkeitshaushalts in seiner Zeitstruktur. Vorschläge für eine neue Zeiteinteilung wurden unterbreitet. Unterschiedliche, sich ergänzende Zeitkategorien sollten neben der monetarisierten Arbeitszeit auch eine freiwillige und obligatorische Sozialarbeitszeit, eine »Eigenarbeitszeit« (z. B. Haushalt, Nahrungsvorsorge), eine sogenannte Ich-Zeit für die geistige Arbeit zur persönlichen Weiterentwicklung und eine »Reproduktionszeit« für die familiäre Reproduktion beinhalten. Vorgeschlagen wurde in diesem Zusammenhang die Einführung eines Grundlohns für alle erwachsenen Mitglieder der Gesellschaft im Rahmen einer künftig notwendigen Entkopplung von Lohn und Arbeit.

Die Diskussion dieser Vorschläge und Modelle rankte sich vorrangig um Fragen der Motivation für die geforderten nicht monetarisierten Arbeiten und um Fragen des Wandels der Werte »Arbeit« und »Freizeit«.

Dabei – so wurde betont – kommt eine entscheidende Rolle in diesem Wertewandelprozeß der Veränderung des Verhältnisses der Geschlechter im Arbeitsprozeß zu. Neue Spielregeln der betrieblichen Praxis werden zunehmend von Frauen eingebracht und durchgesetzt, deren Ziel vielfach nicht »Arbeit oder Familie«, sondern »Arbeit und Familie« ist.

Die Durchsetzung solcher Regeln erfordert allerdings einen Wertewandel im Denken jedes Einzelnen und in der Gesellschaft insgesamt. Nicht im Widerspruch dazu wurde die Aussage betrachtet, daß Arbeit nach wie vor ein zentraler Lebenswert geblieben sei, wie Befragungen unter Jugendlichen ergeben haben, da dieser Wertung zugleich ein verändertes Verständnis von Arbeit zugrunde liege, ebenso wie veränderte Ansprüche an Arbeit. Wie die Befragungen zeigten, haben junge Facharbeiter ein individualistisches, qualifikationsbestimmtes Arbeitsverständnis; sie haben Ansprüche an interessante Arbeitsinhalte, Beteiligung an Unternehmensentscheidungen, offene Kommunikation, Entfaltungs- und Bestätigungsmöglichkeiten in der Arbeit bzw. durch die Arbeit.

Die Beruflichkeit der Arbeit ist den Jugendlichen zugleich Wert und Forderung. Der Wunsch nach fachlich herausfordernden Tätigkeiten, die spezialisiertes Wissen ebenso verlangen wie die Fähigkeit zu Kommunikation und Selbstorganisation, erfordert zu seiner Erfüllung allerdings eine Ausweitung integrierter Arbeitsorganisation in den Unternehmen. Gerade für die komplexeren Tätigkeiten bedarf es außerdem einer veränderten Zeitorganisation, da diese Tätigkeiten der Ablauflogik eines 6- oder 8-Stunden-Arbeitstages nicht mehr stringent folgen.

Die wachsende Komplexität von Arbeit, von Anforderungen an Individuen wie auch an Unternehmen und die Folgerungen aus dieser Komplexitätssteigerung für Selbstorganisation, Wertewandel und Selbstlernprozesse standen im Mittelpunkt der Nachmittagssitzung.

Werden Unternehmen, Gruppen und Individuen als je komplexe, selbstorganisative Systeme betrachtet, so ist eine ihrer wesentlichen Eigenschaften ihre Unberechenbarkeit, ihre Offenheit und die Unvorhersagbarkeit ihrer Zukunft. Trotz dieser Unsicherheiten, die bei größerer Komplexität noch wachsen, sind Entscheidungen für zukünftiges Handeln, zukünftiges Arbeiten notwendig. Dabei können nicht allein Fakten, Kenntnisse und Informationen Basis solcher Entscheidungen sein. Die Basis für die notwendigen Entscheidungen sind vor allem Werte. Die Vernetzung vorhandener Werte im Unternehmen und ihre Entwicklungen kulminieren dann im Begriff Unternehmenskultur. Die Umsetzung von Unternehmenskultur durch jeden einzelnen Mitarbeiter erfordert die Interiorisation der Unternehmenswerte, das Wertlernen jedes Einzelnen. Werte müssen sozial erarbeitet und nicht von Theoretikern gesetzt werden. Verwiesen wurde zugleich auf die Brückenfunktion der Unternehmenskultur zwischen Selbstorganisation und Wertewandel: Unternehmenskultureller Wertewandel vollziehe sich letztlich in Form individuellen Wertewandels, als ein Prozeß psychischer Selbstorganisation. Damit blieben das lernende Unternehmen, die erfolgreiche Gruppenarbeit eine Illusion, wenn dieser Prozeß nicht beherrscht und gestaltet würde. Es seien für die notwendigen Lern-/Selbstlernprozesse die entsprechenden Rahmenbedingungen zu schaffen.

Hieran anknüpfend wurde hervorgehoben, daß es *die* lernende Unternehmung, *das* lernende Unternehmen nicht gäbe. Je nach Entwicklungsstufe des Unternehmens sind verschiedene entwicklungsadäquate Typen des organisatorischen Lernens (wie Organisationsänderung, Organisationsentwicklung und Organisationstransformation) mit verschiedenen Wegen des Lernens (wie Anpassungslernen, Veränderungslernen und Prozeßlernen) sinnvoll.

Dies wurde in der abschließenden Diskussionsrunde mit den Podiumsmitgliedern aufgegriffen. Verschiedene Möglichkeiten, Formen und Modelle des Lernens wurden diskutiert, wie z. B. Multi-Media-Lernen, prozeßbegleitende Weiterbildung, Lernen im Prozeß der Arbeit, insbesondere der Projektarbeit zur Innovationsentwicklung, Fernlernen und Selbstlernen. Auch die Möglichkeiten und Notwendigkeiten des Lernens von anderen Nationen, wie z. B. von den Japanern, wurden andiskutiert.
Welche Empfehlungen hat nun der Arbeitskreis V zur Lösung von Problemen, die Thema dieses X. Malenter Symposiums sind?
Die Herausforderung der Zukunft heißt nach einhelliger Auffassung »mehr Lernen« und heißt zugleich »mehr Innovationen«. Dafür müssen die Rahmenbedingungen, die Ressourcen geschaffen werden, und das wiederum bedeutet mehr Investitionen. Die Investitionen in Humankapital müssen in ihren Auswirkungen bedacht werden. Es ist mehr Geld notwendig, das für das *Lernen für die Zukunft* eingesetzt wird. Arbeitsplätze zu erhalten und neue zu schaffen – darüber war sich der Arbeitskreis einig –, heißt heute mehr zu investieren in Lernen, in Weiterbildung, in Kompetenzentwicklung. Denn gerade die Entwicklung ganzheitlicher Kompetenzen, vor allem auch Sozialkompetenz, die Entwicklung der sogenannten extrafunktionalen Qualifikationen, die immer wieder apostrophiert wird, hat nicht nur Auswirkungen auf bzw. für die Erwerbsarbeit, sondern auch Auswirkungen für die Gesellschaft insgesamt.
Auch Arbeitslose verfügen über Kreativitätspotentiale. Sie benötigen nur eine Chance, sie entwickeln und nutzen zu dürfen. Wenn wir davon sprechen, Rahmenbedingungen zu verändern und zu schaffen für das notwendige Wert- und Kompetenzlernen, so heißt das auch, *Freiräume des Dürfens* zu schaffen in Unternehmen und außerhalb, damit die Menschen ihr *Wissen* auch in *Können* umsetzen *wollen.*
Die Forderung nach lebenslangem Lernen macht vor keinem halt. Die Assoziation von Schule bei dieser Forderung läßt jedoch so manchen zurückschrecken. Deshalb erscheint es unerläßlich, auch die Schule so rasch wie möglich zu verändern, wenn wir die Früchte in 10 bis 15 Jahren ernten wollen. Ohne Veränderungen in der schulischen Form von Lehren und Lernen werden die Jugendlichen von heute und morgen den komplexen Anforderungen von übermorgen nicht gewachsen sein.

Peter Meyer-Dohm

Abschließende Bemerkungen zum Arbeitskreis V

Die Diskussion, die wir jetzt auf dem Podium durchführen wollen, soll die Arbeitskreisergebnisse verknüpfen helfen. Da ja keiner von uns Gelegenheit hatte mitzuerleben, was in anderen Arbeitskreisen stattfand, ist es ganz natürlich, wenn man aus der Sicht der Ergebnisse des eigenen Arbeitskreises auf die Berichte aus den anderen schaut. In unserem Arbeitskreis V stand das Lernen im Vordergrund, und so ist mir natürlich aufgefallen, daß immer, wenn über Wettbewerb, über Innovationen, über Flexibilisierung gesprochen wurde – und das war bei jedem Rapporteur der Fall – Erziehung, Training, Lernen usw. eine bedeutsame Rolle spielten.

Der Begriff der Innovation ist soeben wiederholt auf den Bereich der Güterwirtschaft und der Dienstleistungen bezogen worden. Aber solche Innovationen setzen Investitionen in das Wissen der Menschen voraus. Ob wir nun über die Verhältnisse auf dem Arbeitsmarkt oder in den Unternehmen oder über Zukunftsmodelle und, in dem letzten Beitrag, über Osteuropa und seine Probleme gesprochen haben – überall wurde vorausgesetzt, daß Neues zu lernen, daß umzulernen, daß mehr zu lernen sei. Dabei muß man natürlich fragen, ob die Bedeutungszunahme des Lernens ein Prozeß ist, der sich gewissermaßen naturwüchsig von selbst vollzieht oder ob über das *Wie* nicht verstärkt nachgedacht werden müßte. Ich bin ein Praktiker der betrieblichen Bildungsarbeit, aber auch ein akademischer Bildungsökonom. Auf diesem Hintergrund habe ich lernen müssen, daß Wissenschaftler in der Regel die Probleme aus disziplinorientierter Sicht betrachten. Wenn also der Ökonom etwas über Bildung sagt, dann bleibt vieles außen vor, wofür der Pädagoge zuständig ist. Aber auch der kann den Bereich der Bildung und des Lernens nicht voll abdecken, denn dafür sind auch die Psychologen zuständig und, wie wir festgestellt haben, die Philosophen. Ich will damit nur andeuten, daß wir es mit einer komplexen Aufgabe zu tun haben, der entscheidende Bedeutung zukommt. Ich bin der Meinung, daß wir den Problemkreis dieser Tagung falsch einschätzen, wenn wir das, was auf dem Gebiete des Lernens und der Bildung notwendig ist, nicht näher durchdenken bzw. nicht über die dort zu tätigenden Innovationen nachdenken. Vielleicht ist es Ihnen aufgefallen, daß bei der Zusammenfassung der Ergebnisse des Arbeitskreises V erwähnt wurde, daß die Schulen verändert werden müßten. Ich weiß, das ist leicht gesagt, aber ich bitte Sie zu bedenken, daß Ergebnisse einer Schulreform erst in 10 bis 15 Jahren zu beobachten sein werden.

Bis dahin sind die Anforderungen, die das Lernen stellt, von Erwachsenen zu bewältigen, die unter anderen Bedingungen ihre Sozialisation erfahren haben. Die Problematik dieses Sachverhalts wird besonders deutlich im mittel- und osteuropäischen Transformationsprozeß. Aber auch wir, die Westeuropäer, haben unsere Schwierigkeiten mit den neuen Ideen und Konzepten. Als zum Beispiel berichtet wurde, was Herr Professor Ruh in unserem Arbeitskreis vorgetragen hat, war ein ungläubiges Schmunzeln auf vielen Gesichtern festzustellen. »Obligatorische Sozialzeit« – mein Gott, wo leben wir denn!

Meine Damen und Herren, wir leben in einer Zeit, in der eine große Zahl von Jugendlichen in ihrer »obligatorischen Sozialzeit« einerseits mit der Herstellung von Sicherheit durch den Wehrdienst beschäftigt ist und wo andererseits in diesem Lande darüber diskutiert wird, was denn geschähe, wenn der Zivildienst wegfallen würde. Und wenn man weiterdenkt, bekommt auch die »Eigenzeit«, von der Professor Ruh sprach, ihre Bedeutung: Denken Sie nur an die Do-it-Yourself-Bewegung, die sich, schon aus Kostengründen, gewaltig ausweitet. Und zur Nutzung der »Eigenzeit« gibt es, wie wir gelernt haben, in Amerika schon eine erstaunliche Vielzahl von Organisationen. Die Welt verändert sich. Wir müssen, wie Herr Professor Giarini gesagt hat, aufpassen, daß wir mit unserer Konzentration auf den im Augenblick wichtigsten Bereich, nämlich den der Erwerbsarbeit, nicht die anderen wichtigen Bereiche und deren Entwicklung vergessen. Und wir dürfen uns nicht gefangen nehmen lassen durch ganz bestimmte ökonomische Konzepte, die immer nur Lippenbekenntnisse für alles abgeben, was nicht monetisierbar ist. Es wäre hochinteressant zu erfahren, wie sich Gesellschaften entwickeln, in denen der Einzelne sich durch Überlebenspraktiken ganz anderer Art über Wasser halten muß als bei uns, wo es Arbeitslosenunterstützung gibt verbunden mit der Androhung, bestraft zu werden, wenn man in der »Schattenwirtschaft« tätig wird.

Lassen Sie mich ein Fazit ziehen. Ich fühle mich bestätigt in der Ansicht, daß die große Herausforderung durch Wettbewerb und Innovationen mit einer ebenso großen Herausforderung des Lernens verbunden ist. Im Augenblick hat das Lernen viel mit der Beseitigung von Hindernissen zu tun, die uns im Wege stehen: Hindernisse in den Unternehmen, die gern flexibler werden möchten, Hindernisse durch bürokratische Regulierungen und Verrechtlichung. Hindernisse bei der Verwirklichung neuer Erziehungs- und Bildungsmodelle im Schulwesen. Wenn wir nicht lernen, diese Hindernisse zu beseitigen und zu kreativen Lösungen zu kommen, werden wir unserer Probleme nicht Herr werden.

Arbeitskreis VI
Working Group VI

Leiter/Chairman: *Josef C. Brada*
Rapporteur: *Marvin Jackson*

Die Arbeitsmärkte Osteuropas im Aufbau – Werden die Chancen genutzt?

Labor Markets in Eastern Europe in the Process of Organization – Can the Chances be Seized?

Michal Rutkowski
Labor Market in Transition: How to Cope with Unemployment and Poverty?

Jozef van Brabant
Deregulated, Administered, and Social-Democratic Labor Markets for Postcommunist Economies in Transition (PETs)

Olaf Hübler
Beschäftigungsorientierte Qualifizierung in Ostdeutschland – Ein Modell für die Arbeitsmärkte in Osteuropa?

Zenon Wiśniewski
Polens Erfahrungen mit Maßnahmen zur beschäftigungsorientierten Qualifizierung: Kann der Westen helfen?

Klára Fóti
The Increasing Shadow Economy in Eastern Europe – Impacts on the First Labour Market and the National Budget

Marvin Jackson
Summary of the Results of Working Group VI

Josef C. Brada
Final Remarks on Working Group VI

Michal Rutkowski

Labor Market in Transition: How to cope with Unemployment and Poverty[1]?

Outline

The countries which used to be behind the iron curtain are entering a new development path based on market-led, rather than government-led, growth: The system of central planning, as the workers of Central and Eastern Europe know it, is over. An increasing number of countries are committing themselves to the rule of the market-place. Those who embraced this opportunity without reservations already enjoy real wage and employment growth. Will others follow?

The answer is not obvious since not all workers have a bad memory of past developments. Some were earning huge rents and almost all worked in an environment of virtually full job security and zero open unemployment. Although the fall in employment and wages after 1989 was precipitous, many workers and consumers, especially in the former Soviet Union, associate the fall with the transition itself, rather than with intrinsic deficiencies of the old system. This view is fundamentally wrong. However, this is the job for carefully crafted public policies supplementing the market to convert the doubtful by ensuring that the transitions lead to both efficient and socially acceptable outcomes. The West has a vast experience in designing schemes of employment and social security in a market environment. Is this experience useful?

Before tackling this question, it is important to realize barriers in opening up to the Western experience in Central and Eastern Europe. The dismal record of centrally planned economies in terms of wages and standards of living became obvious only recently. Centrally planned economies were not always lagging behind their market comparators in the rate of growth, and part of the public still remembers the period of quite good performance without realizing the costs that became apparent later. Part 1 of the paper demonstrates that workers in Eastern Europe did quite well for a time, but after the mid-1970s there was stagnation in productivity growth, wages and intersectoral employ-

1 The paper was prepared for the Malente X Conference, however, was not presented, because the author was unable to attend the symposium.

ment shifts. The slowdown was followed by a crash which brought to an end the old system characterized, *inter alia,* by tariff-based wages, relative income equality, suppressed unions and huge labor hoarding. The crash was deeply rooted in the old system which proved unsustainable. While this is accepted by most of the population in countries like Poland, Estonia, or Slovenia, will this be obvious soon for the people of Belarus, Romania or Russia?

It is a tough question because the demonstration effect is not working well yet: the transition has led to an increasing differentiation of wages, incomes and employment status. Part 2 examines these patterns, especially the emergence of open unemployment and changes in the employment structure. Even among the front runners in reforms, there has been growing labor force withdrawal, increasing unemployment, more income differentiation and poverty. There are reasons to believe that most of these effects are transitional, rather than permanent, but will the argument be plausible for those who are yet to decide whether to embrace markets?

It can be, Part 3 argues, because there is clear and positive relationship between swift macro stabilization, structural adjustment and privatization on the one hand and labor incomes on the other hand. However, the chances are higher if macroeconomic reforms are followed by reforms in labor policies with new types of labor contracts emerging, and if these reforms are supported by an appropriate mix of transfers assisting the most vulnerable and active labor market policies helping to increase effective labor supply, maintain labor force attachment or effect matches between jobs and workers, as well as by measures aimed at enhancing labor mobility between regions and occupations. The Western experience, although important, has a limited value because transition economies have lower income per capita level, lower administration capacity and higher size of the informal labor market compared to most Western economies. At the same time transition economies are experiencing much more turbulence in the labor market than the Western economies have ever experienced during the peaceful time for last 50 years. Therefore, copying Western policies and institutions would not be the right practice, especially in light of an inauspicious environment in Eastern Europe relative to the West. Instead, a selective approach is needed where the experience of market economies at the similar income per capita level is looked at, together with the experience of Western Europe. The proportions between weights given to these two comparators may differ from country to country and should be driven not only by income per capita level, but also by the degree of »informalization« in the labor market. For instance, it would be a questionable practice to give a lot of weight to the Swedish experience with active labor market policies, compared to the Spanish one, in light of the fact that the share of the informal labor market in Spain is much closer to the average for Eastern European countries.

Part 3 continues with outlining the proper role for labor market and social security policies in transition economies. The experience from inside the region is accumulating and can be potentially very useful. Some countries successfully designed and implemented social security and labor market policies, often different from those prevailing in the West, although using some elements of the Western approach (Czech Republic, Estonia). These policies have played a supplementary rather than a pivotal role in reaching a new growth path. They may, however, have been key in gaining societal acceptance for reforms. Part 3 examines details of social security and labor market policies and argues that mechanisms to reduce market risks, balanced against the erosion of the incentives to seek jobs and to perform on the job, can play a positive role in transitions, especially when combined with efficient collective bargaining and policies to reduce poverty in the interest of national cohesion.

The outlook for the future is bright for countries that lead the transition. In other countries, however, there is a high risk of a mixture of paternalism and populism that may cause them to get stuck in an increasingly demotivating and corrupt environment combining the worst of both worlds. In such a case, workers will suffer tremendously because private capital will shy away from countries lacking credible and consistent policies. It is in the best interest of workers, the paper concludes, to embrace market-based reforms accompanied by appropriate and selective labor and social security policies, with Western experience balanced against other market economies experience, especially the experience of countries at the comparable income levels who have gone through radical structural adjustment programs.

Introduction

Although all transition economies of Europe and Central Asia are in the middle of a comprehensive shift from a centrally planned to a market economy, they do not form a homogenous group. Their GNP per capita level varies from about $500 in Tajikistan to above $7,000 in Slovenia, the share of employment in agriculture varies from about 3 percent in Slovenia and 7 percent in the Czech Republic to 40 percent in Uzbekistan, and above 50 percent in Albania, and the unemployment rate is less than 5 percent in Lithuania and Turkinenistan, but above 14 percent in Bulgaria and Poland. Despite these differences, all the countries share a lot of features in common as a result of having been subjected to a very similar development strategy, based on central planning, from 45 (Central and Eastern Europe and the Baltics) to 70 (most of the former Soviet Union) years.

This report is concerned with determinants of labor market outcomes in transition economies, and with the role of public action in improving household welfare through the rapidly changing labor market. Part 1 looks at the legacy of central planning. Part 2 examines the early results of a combination of external shocks and a comprehensive switch to market-oriented and outward-looking strategies. Part 3 turns to the role of government policies in determining the fortune of workers in transition and assesses what type of policies make sense in a rapidly opening and democratizing world. Should these policies follow Western European labor market and social security systems?
There are three main messages corresponding to the three parts of the Report. The message of Part 1 is that workers did better in countries pursuing market-based strategies and that the central planning system created an unsustainable combination of excess demand for labor and widespread provision of security. The message of Part 2 is that the combination of external shocks and unraveling of planning had an immense impact on the labor market with labor force withdrawals and falling wages being a feature of almost all countries. Finally, the message of Part 3 is that a new set of social contracts between households, workers and the state needs to be developed based on market realities, where far reaching macroeconomic and structural transformation is accompanied by targeted transfers to smooth labor adjustment and to deal with risks and the vulnerable. Active labor market policies are likely to be of only selective use much more limited than in Western Europe.

1. *The legacy of old strategies*

1.1 *Labor productivity slowdown and decline*

The socialist development strategy explicitly aimed at zero upon unemployment by mobilizing all available labor resources. A massive absorption of the agricultural workforce and women previously working in the households into the industrial sector took place. Labor productivity growth, however, proved unsustainable despite massive physical capital accumulation and heavy investment in skills, and open unemployment was soon replaced by unemployment »on-the-job.« Already in the 1960s it was recognized that growth predicated on increasing inputs could not continue indefinitely. The slowdown and the fall came in the 1980s and in the 1990s when centrally planned economies did markedly worse in terms of growth in GDP per worker than before and worse then in other regions (Figure 1). Massive employment dislocation and falling standards of living had replaced the stability of earlier decades.

Figure 1 *The growth in labor productivity in centrally planned economies was not sustainable*

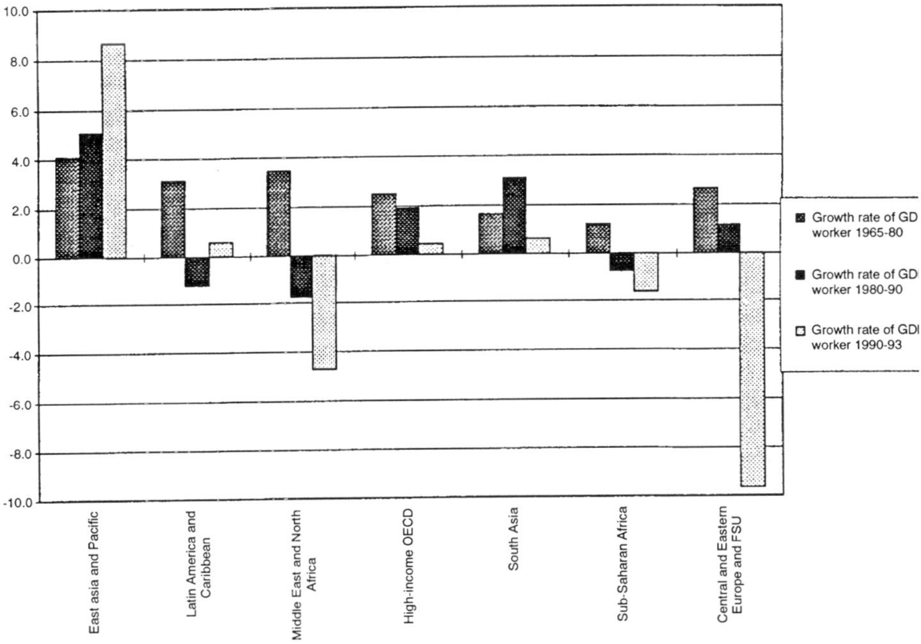

Source: World Bank data, European Bank for Reconstruction and Development 1994, and Kornai 1992.

The burden of distortions. The collapse of the centrally planned economies was due in part to development strategies that failed to generate expanding markets and to encourage productive accumulation. Industry developed quickly but at the cost of forced saving, heavy taxation of agriculture, and maintenance of an underdeveloped service sector. Attempts to transform agriculture through collectives and state farms further weakened incentives and reduced agriculture's contribution to the economy. High investment rates financed massive accumulation of physical capital (Figure 2). Average years of schooling were much higher than in developing countries and higher than in many OECD countries (Figure 3). But these investments bore low returns. Distorted prices and the dominance of the state sector over resource allocation encouraged accumulation of a narrow rather than a broad range of capital goods and skills. By simply reproducing existing capital rather than expanding the range of productive inputs, output per worker stagnated and eventually declined.

Figure 2 *Centrally planned economies had higher investment rates*

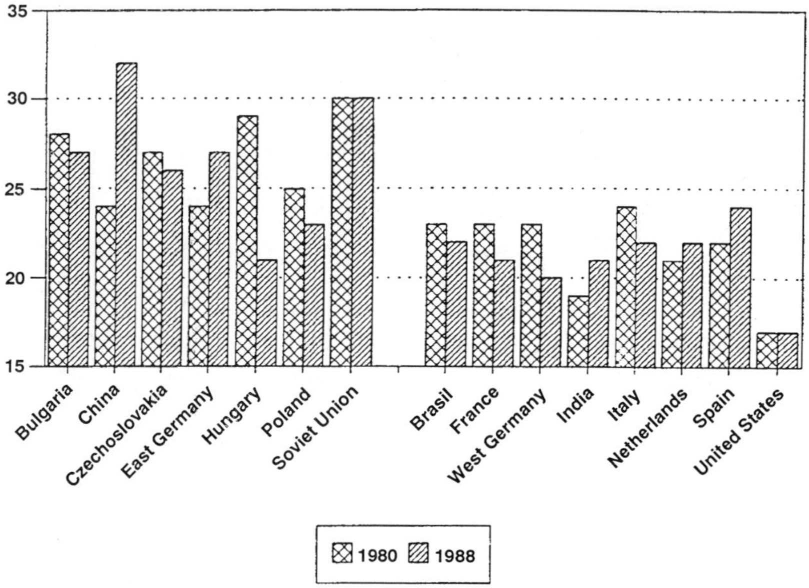

Source: Kornai 1992, p. 166.

1.2 *Real wages and standards of living*

Failure to generate real wage and consumption increases was among main factors contributing to the collapse of workers' belief in the future in centrally planned economies. Real wages grew for some time but then stagnated and collapsed. Real income per capita only for a while kept pace with West European countries, who were the major comparators for the population of centrally planned economies. Educational and health achievements were unquestionable, especially full literacy and universal health care coverage. Equally remarkable, however, were extremely poor environmental conditions and deteriorating quality of health and other social services.

A comparison between Spain and Poland nicely illustrates the reasons for public discontent in centrally planned economies and dimensions of the

Figure 3 *Centrally planned economies had high human capital investments*

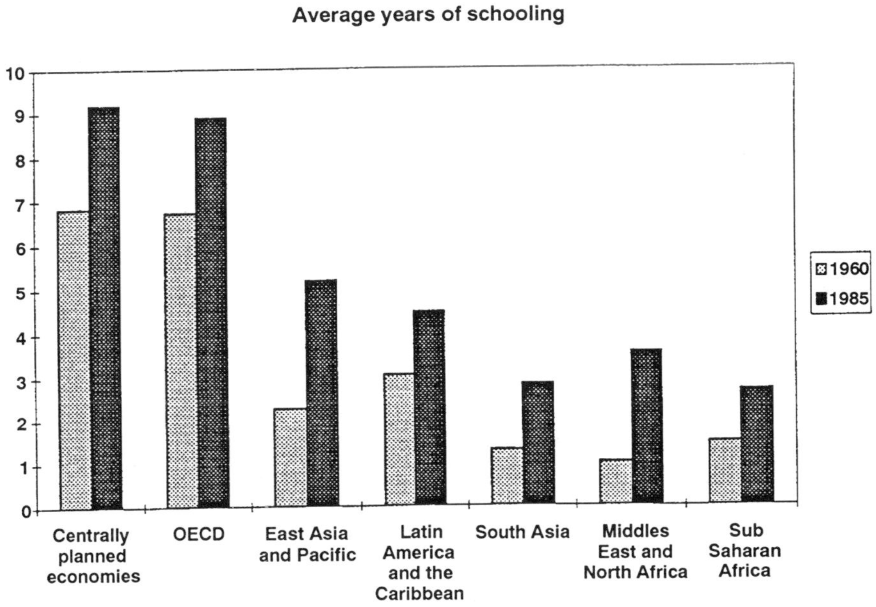

Source: Barro and Lee 1993.

failure (Sachs 1994). Starting in 1950 these two countries had very similar economic conditions. They were both largely agricultural regions of Europe, that since the nineteenth century had lagged behind much of the rest of Europe in economic and political modernization. They had about the same population in 1950 – 25 million and similar income per capita. By 1988, however, Spain's per capita income was four times that of Poland's (Figure 4).

1.3 *The socialist labor market*

The system of central planning was characterized by a combination of taut plans with soft budget constraints for enterprises (Kornai 1990). Although output plans were rarely feasible and always hard to achieve, financial constraints were seldom if ever binding. This asymmetry of pressures led to excess labor demand and widespread labor shortage. Shortage, in turn, induced firms to hoard input stocks. As a result, massive labor hoarding appeared estimated for up to 15 percent in Czechoslovakia in the late 1970s (Brada 1989) and

Figure 4 *Spain fared better than Poland 1955-1988*

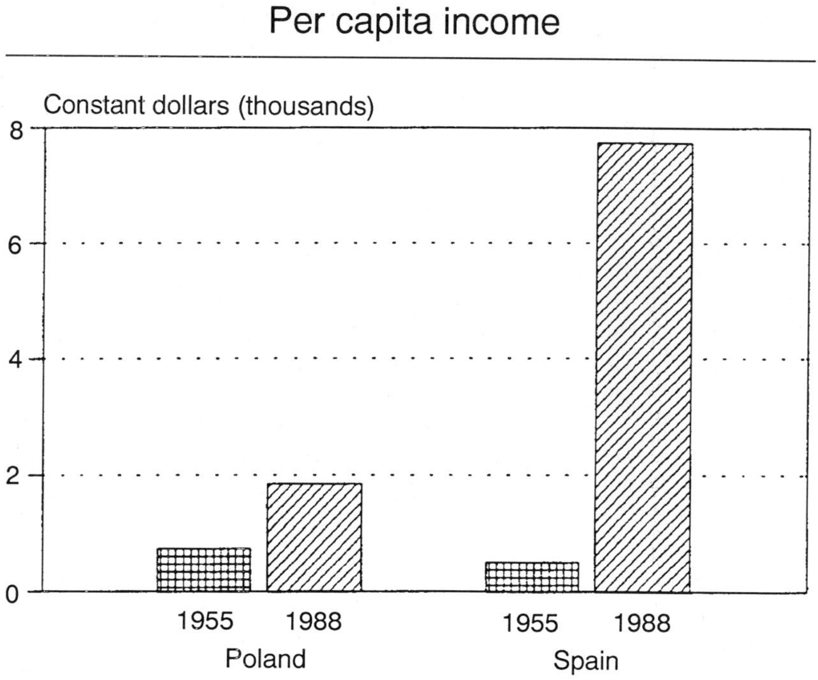

Source: World Bank staff estimates.

25 percent in Poland (Rutkowski 1990). Labor hoarding was in management's interest since few penalties were imposed as a consequence of costs overruns or failures to meet output profit targets, but the spare resources could be critical to last-minute attempts to meet plan targets. This contributed to low labor productivity.

Labor markets in centrally planned economies developed a few other distinguishable characteristic features. First, they had very high paricipation rates, especially among women: above 70 percent in Central and Eastern Europe, above 80 percent in the European part of the Soviet Union, and around 60 percent in Central Asia; in sharp contrast to Westem Europe with female participation rates about 50 percent. Second, they had large firms and the average employment per firm was about 200 workers, against 80 workers in Western Europe. Third, large collective farms dominated in agriculture, with their number rising in the Soviet Russia and Soviet Union from 1,600 in 1918 to 242,000 in 1938. Fourth, wage and income differentials were small: the income of two randomly selected workers differed by less than 45 percent in Central and Eastem Europe, while it differed by 65-75 percent in Westem Europe and more than that in the United States and most developing countries. Fifth, as indicated earlier, school enrollment was high and basic education was of high quality with literacy rates approaching 100 percent. However, secondary and higher education displayed signs of enrollment slowdown after 1965, with persistent fragmentation and isolation from a market economy. For instance, Spain lagged Poland in a number of students in 1965, but by 1987 it already had a higher proportion of the population in tertiary education.

Centrally planned economies provided an extraordinary degree of job security by the standards of market economies. Once workers had a job and had passed a probationary period, which was in most cases merely a technicality, their job was effectively guaranteed until they wished to leave. Legally it was very difficult to dismiss employees for redundancy or incompetence, and some groups (older workers, pregnant women and the handicapped) were considered vulnerable and were protected by law against dismissal. Even during downtums in output, workers continued to be paid in full, and enterprises were not permitted to fail, being supported by state subsidies (Estrin 1994).

Cash benefits were comprehensive in most centrally planned economies. In Central and Eastem Europe they included a generous system of earnings-related pensions guaranteed by the state and nominally available at retirement ages often significantly below those in industrial countries. In the Soviet Union, pensions were not generous but the retirement age was even lower than elsewhere in centrally planned economies: sixty for men and fifty five for women with many industry-level exceptions making effective retirement ages even lower. There was a generous system of sick pay and family benefits, as well as long maternity leave. Full job security allowed employed mothers to stay at home for a relatively long period (three years in most countries) without losing their claim over their job and while receiving an allowance.

Although job security and the basics of the cash benefit system did not change much labor market institutions did go through substantial changes in the socialist period. The traditional labor market was characterized by general admonitions to work, mandatory assignment of graduates, strict control of migration to urban areas, and semi-voluntary recruitment of labor to carry out special tasks. These features were substantially reformed after the mid-1950s, especially in Hungary and Poland where the labor market in the 1980s was already free of central administrative interference. In 1990 and 1991 a comprehensive liberalization of wages and employment took place in all the countries as a part of the transition to a market economy. As a result, a system of wages and employment regulated to a greater or lesser extent by the state was replaced by one in which they are in principle determined in the market by the forces of supply and demand.

Centrally planned economies exhibited relatively low levels of inequality. Measured inequality was, on average, at the low end of inequality found in industrial countries and comparable to that in Scandinavia (Milanovic 1995). Structural poverty was not large. Towards the end of the 1980s the percentage of structurally poor was in single digit numbers, with possible exceptions of less developed parts of the Soviet Union, Albania and Romania.

2. *Unemployment, wages, and participation during the transition*

The start of market-oriented reforms coincided with the major adverse shock related to energy prices increases and loss of trade. Apart from Russia and energy exporters (Kazakhstan, Turkmenistan), this shock would have had large adverse effects on the labor market irrespective of the reforms. And sectors became uncompetitive before growth in potentially expanding sectors could take hold. There was an unprecedented collapse in GDP. The structure of labor demand changed rapidly and redeployment of labor across industrial sectors accelerated (Figure 5). Employment turnover, measured by a sum of all hires and separations at the firm level significantly exceeded long term levels of about 20 percent found in industrialized countries.

2.1 *The emergence of open unemployment*

Nearly 195 million workers had to adjust to new rules of the game while job security of many of them ended. Unemployment appeared for the first time and grew sharply, and real wages fell (Table 1). Wage differentials increased: for instance in Poland wages of two randomly selected white collar workers differed by 42 percent in 1987 whereas in 1992 the difference increased to 51 percent. Regional differentials became explicit not only in large countries like Russia or Kazakhstan but also in small ones: regional unemployment in 1993 ranged from 7 to 46 percent in Hungary, and from 3 to 22 percent in small Latvia.

Although open unemployment is the most visible and the most frequently reported effect of shocks, a significant part of employment decline translated into non-participation. Employment declines were much higher than unemployment growth in most countries and ranged from 52 percent in Bulgaria to 22-23 percent in Hungary and Slovak Republic to a low of 7 percent in Russia in the period 1989-1994 (Table 2). Net withdrawals from the labor force were higher for women than for men. The relation between the change in employ-

Table 1 *Transition economies show a variety of labor market adjustment patterns*

	1989	1990	1991	1992	1993	1994
		Real wages index				
Belarus		100.0	96.0	76.0	70.5	45.3
Bulgaria	100.0	106.8	64.6	69.3	63.2	48.1
Czech Republic	100.0	93.9	69.9	76.1	77.8	80.1
Estonia		100.0	63.7	41.4	43.9	45.9
Hungary	100.0	98.7	96.6	97.9	96.8	100.5
Kazakhstan		100.0	87.2	56.4	50.9	33.3
Latvia		100.0	73.9	49.6	54.7	55.0
Poland	100.0	75.7	75.5	73.4	71.2	72.5
Russia		100.0	96.6	67.6	70.9	65.2
Ukraine		100.0	119.0	85.7	60.0	49.9
		Registered unemployment (percent)				
Albania		8.6	14.4	16.2	29.3	18.3
Belarus	0.0	0.0	0.0	0.5	1.4	2.1
Bulgaria	0.2	1.4	10.8	15.0	16.0	14.1
Croatia		9.3	11.9	13.4	12.9	12.8
Czech Republic	0.1	0.8	4.1	2.6	3.5	3.1
Estonia	0.0	0.0	0.1	2.0	2.4	3.2
F.Y.R. of Macedonia		–	24,5	26.8	28.6	
Hungary	0.4	1.6	7.5	12.3	12.1	10.9
Kazakhstan	0.0	0.0	0.1	0.5	0.6	1.0
Latvia	0.0	0.0	0.1	3.0	5.3	6.4
Lithuania	0.0	0.0	0.6	1.5	1.7	2.5
Poland	0.1	6.3	11.8	13.6	16.4	16.0
Romania		0.0	3.0	8.1	10.2	10.9
Russia	0.0	0.0	0.0	1.0	1.5	2.3
Slovak Republic	0.1	1.6	11.8	10.4	14.4	14.8
Slovenia		4.0	4.7	8.2	11.6	14.5
Ukraine	0.0	0.0	0.0	0.2	0.3	0.4
Uzbekistan		–	–	0.1	0.2	0.3
		Registered cumulative employment fall (percent)				
Bulgaria	–	6.8	18.2	25.0	47.8	52.3
Czech Republic	–	1.0	6.3	0.9	11.8	13.6
Estonia	–	–	0.5	12.5	23.8	25.0
Hungary	–	0.0	3.7	12.8	20.0	23.6
Kazakhstan	–	–	1.3	2.6	9.2	11.8
Poland	–	7.5	11.5	13.8	14.9	14.4
Russia	–	–	2.0	4.4	5.8	7.0
Slovak Republic	–	1.8	5.9	13.7	17.6	21.6
Ukraine	–	–	1.6	3.5	5.9	9.4

Real wages = 100 at start of transition
Source: World Bank data.

ment to that for unemployment also differs across countries, but in most of them the ratio is significantly below unity that indicates that much of the employment decline has translated into non-participation (Table 2).

Figure 5 *European and Central Asian transition economies experienced larger macroeconomic declines and more redeployment of labor than other reforming economies*

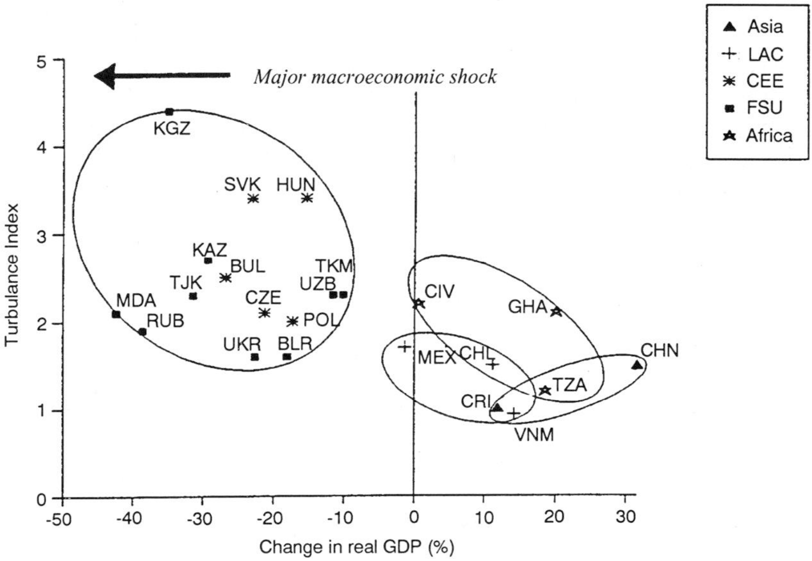

Turbulence = number of jobs which changed sectors in a year across two-digit industries

Note: The index is based on the number of jobs gained or lost by two-digit industry classification in a given year. Indexes are for three-year periods starting in 1980 (Côte d'Ivoire), 1981 (Mexico), 1982 (Chile), 1983 (Ghana), 1985 (China, Costa Rica, Tanzania, and Viet Nam), 1989 (Central and Eastern European countries), or 1990 (former Soviet republics: two-year periods for Tajikistan and Ukraine).
Source: World Bank staff estimates.

In some countries there has been a significant increase in self-employment offsetting up to 70 percent of the drop in paid employment in the case of Czech Republic (Table 2). In the countries of the former Soviet Union open unemployment is lower than in Central and Eastern Europe and drops in employment exceed unemployment growth by much more than in Central and Eastern Europe. In addition, there is widespread evidence of increased labor hording and job sharing in the former Soviet Union. Job sharing was eased by huge drops in real wages, exceeding those in Central and Eastern Europe. The average real wage drop for the former Soviet Union countries is above

40 percent, whereas it is less than 25 percent for Central and Eastern Europe (Table 1, upper part).

Table 2 *Unemployment growth and self-employment growth were lower than the employment fall*

	Unemployment growth as a share of employment fall (percent)	Self-employment growth as a share of employment fall, until 1993 (percent)
Central and Eastern Europe (1989-94)		
Bulgaria	0.27	n.a.
Czech Republic	0.23	0.69
Hungary	0.46	0.18
Poland	1.11	0.06
Slovak Repubilk	0.69	0.24
Former Soviet Union (1990-1994)		
Estonia	0.13	n.a.
Kazakhistan	0.09	n.a.
Russia	0.32	n.a.
Ukraine	0.04	n.a.

Source: World Bank staff estimates, Commander and McHale 1995.

Differences in the patterns of labor market adjustment can also be seen in labor market flows. In most of the Central and Eastern European countries, inflow rates to employment have remained small relative to OECD. The outflow rate has remained yet smaller and this is why open unemployment grew fast. The Czech Republic and the former Soviet Union countries display a different pattern: hiring rates have remained high (Table 3) and employment have not formed a stagnant pool with low probabilities of getting a job.

Official unemployment rates are sensitive to incentives to register as unemployed. In all transition countries, official rates are based upon administrative data rather than survey data. Since incentives to register as unemployed are strong to start with, but typically fall off sharply when unemployment benefits are exhausted, administrative data may start out overstating unemployment, but end up understating it. However, labor force surveys undertaken in high official unemployment countries like Hungary and Poland found only slightly higher unemployment rates as the registered ones. In low official unemploy-

Table 3 *Inflow and outflow rates to and from unemployment were low in most Central and Eastern European countries, but not in the Czech Republic and Russia*

	Inflow rate		Outflow rate	
	1992	1993	1992	1993
Bulgaria	1.2	0.9	5.8	7.5
Hungary	1.7	1.5	9.7	6.2
Poland	0.6	0.7	4.4	4.9
Romania	0.6	0.3	1.3	2.4
Slovak Republic	0.9	1.2	10.2	8.2
Czech Republic	0.6	0.7	25.1	20.3
Russia	0.3	0.3	18.2	15.2

Source: Commander and McHale 1995.

ment countries (Russia, Kazakhstan) the survey-based rates are significantly higher. For instance, in Russia in 1993 the official rate was 1.5 percent, while the survey-based one was 5.5 percent. In Kazakhstan the differential was even higher: the numbers were 0.6 and 9.3 percent accordingly.

The reasons for low open unemployment rates and other differences in labor market adjustments in the former Soviet Union countries are primarily policy and institutions related and will be examined in Part 3. The Czech Republic case, however, is different because the country stands out as the only one with a low unemployment rate and large flows in the labor market in the region of countries with roughly similar institutions and policies. Most of the countries in Central and Eastern Europe – *including* the Czech Republic – did not experience such dramatic falls in real wages and increases in labor hoarding characteristics for the former Soviet republics. The Czech unemployment rate as measured by the labor force survey is only marginally higher than the official one. This is yet another example of otherwise similar to the Central and Eastern European countries developments in the Czech Republic, in a sharp contract, however, to the former Soviet Union.

Three factors explain the small magnitude of unemployment in the Czech Republic compared to other Central and Eastern European economies: the significant decline in labor force participants (the lowest unemployment growth share in the employment fell, see Table 2), the low share of employment in agriculture, and dynamic job creation in the private sector in big cities and areas close to the German border. The decline in labor force participation was done by pushing older workers out of the labor force and by large numbers of women leaving the labor force. Forced retirement of working pensioners was a rule. Textile and clothing – female-dominated industries – were the major sectors affected by employment drops.

Unemployment in Central and Eastern Europe in rural areas is higher than in urban areas and the Czech Republic had the lowest share of employment in agriculture among Central and Eastern European countries (Table 4). As a result, although the decline of employment in agriculture has not been less pronounced than elsewhere, it has affected the overall unemployment less than in other countries. At the same time, relatively low share of employment in the service sector combined with the inflow of foreign direct investment in big cities and border areas of Bohemia and Moravia helped in dynamic job creation. The share of employment in the service sector in the Czech Republic grew faster than in Hungary and Poland (Table 5).

Table 4 *Lower share of employment in agriculture helped the Czech Republic avoid high open unemployment*

	Unemployment rate in agricultural areas [a] (1993)	Average unemployment rate (1993)	Percent of unemployed from agriculture (1993)	Percent of employment in agriculture (1990)
Czech Republic	3.6	3.0	8.2	11.8
Bulgaria	16.3	15.9	–	18.5
Hungary	16.1	12.1	15.3	16.1
Poland[b]	17.1	15.7	10.1	27.6
Romania	11.8	9.2	–	29.1
Slovak Republic	12.5	10.4	–	15.8

[a] Those regions with agricultural employment greater than the mean plus one half the standard deviation of the share of agricultural employment across regions. Data refer to December 1993.
[b] Data for third column refer to the fourth quarter of 1992.
[c] 1992 for unemployment rates and 1991 for percentage of employment in agriculture.
Source: Review of the Labour Market in the Czech Republic. OECD November 1994.

Table 5 *New jobs in the service sector grew faster in the Czech Republic (share of employment)*

	1989	1993	Difference
Czech Republic			
• agriculture	11.9	7.4	–4.5
• industry	45.3	44.0	–1.3
• service	42.8	48,6	+5.8
Hungary			
• agriculture	16.1	10.1	–6.0
• industry	32.8	35.6	–2.8
• service	51.1	54.3	+3.2
Poland			
• agriculture	25.8	26.5	+0.7
• industry	28.8	24.4	–4.4
• service	45.4	49.1	+3.7

Source: Review of the Labour Market in the Czech Republic. OECD, November 1994; World Bank data.

2.2 *Employment restructuring*

A key element in the labor market restructuring has been the growth of the private sector employment both in *de novo* private firms and in privatized enterprises. As a result, the share of private sector employment in total employment increased rapidly in some countries: for instance, Slovenia employed less than 10 percent in the private sector in 1990, while in 1994 the private sector employment share was 55 percent.

Shedding excess labor, however, began prior to privatization in transition economies. Empirical work done in Czech Republic and Poland (Basu, Estrin, and Svejnar 1994) shows that state enterprises displayed significant changes in their employment and wage behavior. Unemployment is not the route along which people move from state to private sector jobs. In the initial shake-out many people become unemployed (in Central and Eastern Europe), or sent on unpaid leaves (in former Soviet Union), but as the private sector starts to grow it draws its workers not from the pool of unemployed but from those still employed in the state sector. Even in Czech Republic and Russia, where outflows from unemployment are higher than elsewhere, job-to-job movements dominate unemployment-to-job movements.

Despite significant falls, employment has remained high relative to output. There is a persistent labor hoarding, both in high unemployment and low unemployment countries. In Russia excess labor is commonly distributed in both remaining state firms and in those either privatized or in the process of privatization (Commander, Dhar and Yemtsov 1995). In Poland, state firms are also hoarding labor, *but only a minority of privatized firms regard themselves as having excess employment* (Belka, Schaffer, Estrin, and Singh 1994). The difference in the experience of state and privatized firms in Russia and Poland is consistent with the difference between factors cited as main factors behind persistent hoarding: while in Russia expected recovery, benevolence and ethical reasons dominate, in Poland workers resistance is commonly cited as the binding factor. Since workers resistance is much weaker in privatized firms than in state ones, not surprisingly excess employment appears lower in the private firms in Poland. In Russia, the privatization process has yet to translate into larger employment adjustments, including involuntary separations. *De novo* private firms are different in this respect: neither in Russia nor in Poland they hoard labor. In Poland more than 20 percent of *de novo* private firms see current employment levels as too low.

Employment setting is almost unaffected by wages either in state firms (Basu, Estrin and Svejnar 1994) or in privatized ones (Commander, Dhar and Yemtsov 1995). The response on employment is also almost insensitive to the size of output shocks or market structure (monopolies react similarly to others). The size of the firm is also irrelevant. Hiring decisions are also not related to investment and there is no systematic difference in hiring decisions of state and private enterprises. While firms with positive investment have the largest hiring rate, it is not significantly different from that for firms where investment has collapsed.

2.3 *Poverty and inequality*

The shifts in the employment status have profound effects on household welfare. Most formal sector workers who lose their jobs or suffer steep cuts in real wages do not come from households that were poor before the changes occurred. Yet some move into poverty as a result of those changes. Where unemployment has increased significantly, it has contributed strongly to driving households below the poverty line. In 1993 Polish households with two or more unemployed members were three times more likely to fall into poverty than the average household. Similarly, in Russia 63 percent of households headed by an unemployed person were poor while 25 percent of all households were poor. The story is similar for the Kyrgyz Republic.

With the transition, the number of the working poor in the former centrally planned economies has risen across the board, especially in the countries where working hours were cut, rather than employment. In Central and Eastern Europe the stretching out of the income distribution may have contributed slightly to the rise in poverty, but most of the stretching has come from changes at the top rather than at the bottom of the wage distribution. For instance, wages and incomes at the high end of the scale have increased substantially in Poland, rejecting a buildup of the group of highly paid white-collar workers. There has been no concomitant drop in the wages of the lowest paid workers relative to the median wage. The ratio of the wages of the poorest 10 percent of workers to the median wage barely changed over the 1987-1992 period (from 64.5 percent in 1987 to 63.6 percent in 1992), and for blue-collar workers the ratio even increased (from 59.5 percent to 62.5 percent). Similar results are reported for the Czech Republic and eastern Germany. In the former Soviet Union stretching out of the distribution of labor income contributed more directly to the rise in poverty. For instance, in Russia, an increase in wage differentials was related to the growing number of employees with very low wages, often working short hours.

Women tend to fare worse than men in blue collar jobs, since skilled blue collar jobs are dominated by men. On the other hand, women are already benefiting from the expansion of services during the transition, a traditionally »feminized« sector of centrally planned economies. Studies in Slovenia and Czech Republic indicate that women do not fare worse than men in the labor market.

Although statistics on real wage decline should be read with strong qualifications (Box 1), the biggest culprit for the fall in standards of living is, indeed, aggregate macroeconomic decline, and the number of poor is likely to fall with economic growth, which has already resumed in a number of transition economies. Aggregate shocks alone can make a big difference for many households whose incomes are already close to the poverty line. The number of households that slip into poverty increases for each given decline in income – in other words, there is an increasing elasticity of poverty with respect to income. Moreover, with trade liberalization, exchange rate adjustment, and cuts in subsidies, imported goods became less expensive or available for the first time, contrary to effects of adjustment in developing countries, while prices of utilities, food, and housing increased.

Although poverty will be a transitory phenomenon for many workers, a group of hard-core poor is appearing: those who are immobile and whose education base is limited or narrow. They are likely to remain poor, unless they acquire broader skills and are able to move. As a result, the picture of poverty 5-10 years from now is likely to be very different from the one in 1995. This reflects trends in the labor market where two groups of workers can be distinguished. The first group consists of those who may suffer a temporary wage decline or unemployment but regain employment and wages when the

Box 1 *Are real wages a reliable indicator of standards of living in transitions?*

Statistical declines in real wages can overestimate drops in living standards. First, declines in non-wage incomes can be smaller than declines in wages. Second, measurement poses serious problems in economies which undergo restructuring. Third, declines in wages and incomes do not reflect changes in product variety and quality as well as changes in shortages of consumer goods at official prices. The latter two factors are of primary importance in assessing changes in standards of living in former centrally planned economies.

For instance, a 32 percent decline in real wages in Poland in 1990 is much higher than the official estimate of 14 percent decline in consumption, and the difference can be explained by the smaller decline in nonwage real incomes than in real wages. The 14 percent decline in consumption, however, is estimated on the basis of measured retail sales which undermeasures the sales of new private shops and trading outlets and relies on stateowned retail networks. Berg and Sachs (1992) using consumer expenditure data estimated the drop in consumption in Poland in 1990 at 5 percent, without taking into account the rise in product variety and quality, as well as the end of queuing which prevailed in 1989, a year of huge shortages.

Can we account for positive welfare effects of the end of shortages and queuing? A recently made attempt to estimate the effects of ending shortages in Russia and Poland suggests that the welfare gains from shortage elimination were large, indeed, and they may have even completely offset welfare losses from falling real consumption (Roberts 1995). This is a preliminary result but it calls for strong caution in interpreting real wage trends.

economy takes off. The second group is composed of those who stand to suffer permanent losses even if they will not become poor – many of these workers were earning rents in the protected sectors before reform.

3. *Policy reform and labor market conditions*

There are three kinds of policies critically affecting workers in transition. First, there are macroeconomic policies and structural reforms which have a direct impact on aggregate labor demand. Second, there are transfers and other social services linked to the labor contract which have an impact on risks faced by workers and which decisively influence the standards of living of the most vulnerable. Third, there are active labor market policies aimed at equipping workers for change. Choice of particular policies depends on the nature of a new implicit social contract developed between households, workers and the state. Within the scope of the contract, design is key for success.

3.1 *Macroeconomic reforms and credibility*

Although it is difficult to distinguish between effects of transition, and effects which would have inevitably appeared even in absence of transition due to the unsustainability of the old strategy, there are already signs that countries in which new social contracts involved strong and credible reforms embarked on a better path for labor. Workers may have initially lost more in terms of real wage and employment, but recovery came faster and the overall outcome is already better than in countries that failed to launch credible reforms without delays. In Belarus and Ukraine the social contract was not redefined, until 1994 reform was weak and workers suffered. The Czech Republic and Estonia had new social contracts allowing strong, credible reforms that brought wage recovery (Figure 6).

Why is this the case? The most important factors are increases in efficiency following macroeconomic stabilization, improvements in incentives as a result of »getting relative prices right«, as well as improvements in responses to these incentives coming from privatization and a reduced role of the state. Together these factors led to a clear sense of direction and purpose in the most successful countries. This allowed agents to predict not only the implications of each individual measure, but also to achieve synergy as a result of the agents' ability to see how each measure fits into a larger program. New social contracts were based on the widespread willingness to change, understanding that market can deliver, and that there is a clear link between individual behavior and the fortune of the country. Not surprisingly, new social contracts were easier to negotiate in the economies where the memory of market institutions lingers from 1930s. Better entrenched worker habits and business culture helped Estonia, Czechoslovakia, Hungary, Latvia, Lithuania and Poland in working out contracts with an unequivocal choice of the course and then in surviving frequent goverrnmental change in some of these countries. They also helped in channeling the private sector activities towards more long term projects rather than to arbitrage operations.

A key turning point was when the economic environment became perceived as being sufficiently stable for people to begin to risk resources in commitments by way of productive investments. A pattern of reforms among leaders in transitions in Europe and Central Asia has been characterized by credibility. Credibility, in turn, facilitated rapid private sector growth, which may lead into application, without excessively painful consequences for labor, of enterprise restructuring including bankruptcy procedures. A better path for workers decisively turns out to be one of deep structural and fiscal reform to establish credibility, coupled with foreign finance to smooth aggregate demand. Overall, *it is in the long-run interests of workers to have credible reforms that attract new investment and get economies without unnecessary delays on to new job-creating growth paths.*

Figure 6 *Where reform is more credible labor income recovers more quickly*

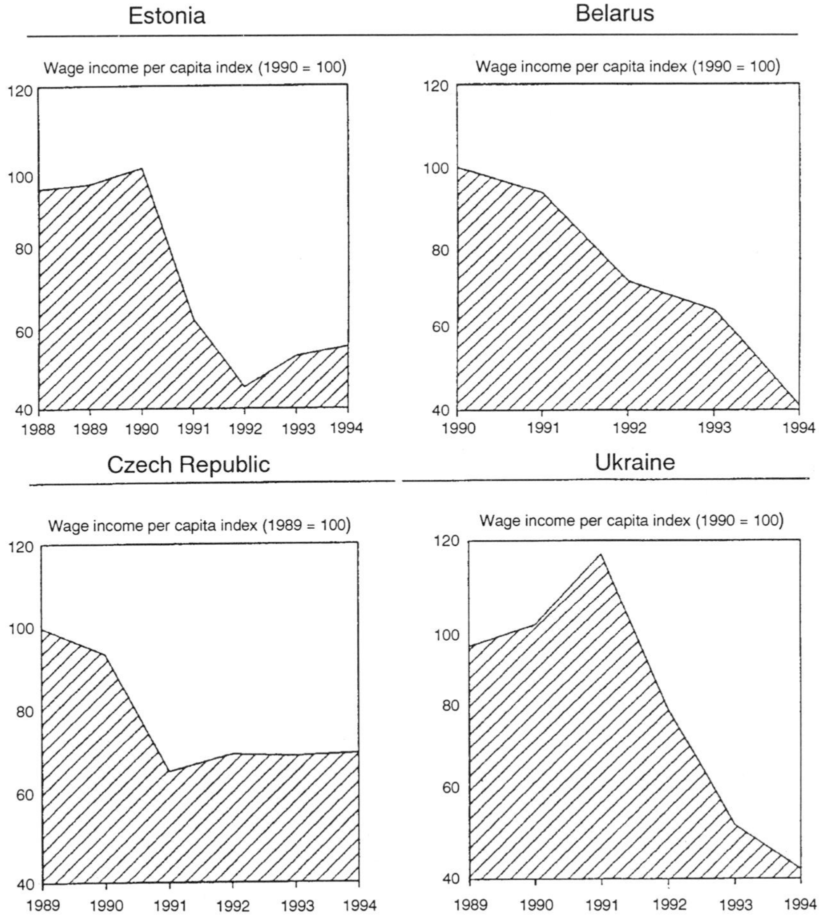

Note: Wage income per capita = (employment x average wage)/population.
Source: World Bank staff estimates.

3.2 *Structural transformation and the role of the private sector*

A key element in the process of getting workers benefiting from reforms is improved allocation of labor resources. The allocation of labor in centrally planned economies was removed from what would have likely emerged in a private-sector-based open economy. Has the increased role of the private sector influenced the fortunes of workers?

First of all, it is clear that new employment policies are promoted by *de novo* private sector with its small firms choosing labor intensive activities. *De novo* private firms offer the most desirable pattern of growth from labor perspective, that is, the one in which labor demand growth is associated with increasing labor productivity. This is productivity growth which drives further output expansion and labor demand growth, as opposed to »growthless jobs« offered by state firms in all transition economies (despite reductions) and still by many privatized firms, especially those which have not changed their corporate governance structure.

When strategically thinking, outside investors are in charge, privatized enterprises have less labor hoarding and more vacancies. They have higher potential for growth since they have a relatively modem capital stock relative to state enterprises. They also have higher capacity utilization rate (Brada and Singh 1994). A positive example of the effects of such a move can be found in the Czech Republic where after the initial phase of insider privatization the fast development of investment funds took place that led to a shift of control towards outside investors. This seem to influence positively both firing and hiring in these firms, making the Czech labor market restructuring faster.

The policy towards building a mature private sector with strategically thinking outside investors is a major institutional and developmental undertaking. When successful, labor benefits in the medium and long run. If, however, Government leaves the job half-finished, there is a risk that workers will suffer not only from lower productivity but also from the excessive growth of an informal economy. Despite problems with measurement, there is an overwhelming evidence of a rapid growth of the informal sector in transition economies. While it can play a positive role to some extent, its share of approximately 20 percent of GDP and 30 percent of employment in some Central and Eastern European countries (Dallago 1993) is high and reflects the fact that business relations between the state and private sectors are not competitively determined. Both workers and transfer recipients suffer in such circumstances.

3.3 *Labor market adaptability*

Adaptable labor markets are essential if workers are to participate fully in recovery. Labor markets in transition economies of Europe and Central Asia proved adaptable in terms of downward real wage flexibility increasing returns to human capital (Orazem and Vodopivec 1994, Chase 1994) and intersectoral movement of labor. Wage differentials increased. In Poland, the wages of two randomly selected white-collar workers differed on average by 42 percent in 1987, a gap that widened to 51 percent by 1992. Tax-based incomes policies which may have impeded adaptability in the period 1990-93 have been abolished or replaced by more flexible mechanisms, such as average wage negotiated with unions. Labor code reforms removing large-employer-bias are under way in many countries.

All these developments do not, however, point to a sufficient adaptability since transitions call not only for movements of labor across sectors but also for geographical movement of workers across different localities. Although labor turnover was not low in the socialist period, residential mobility rates were (e.g., they were 4 percent in the Soviet Union much less than 8-10 percent in Western Europe and 18 percent in North America), and the evidence suggests they still remain low. Two major factors behind it are the functioning of the housing market and provision of social benefits by enterprises.

3.3.1 *Housing market and labor mobility*

In centrally planned economies housing market was severely constrained by the small share of ownership limitations on exchanging apartments and houses and very broad tenant rights, including lifetime occupancy and near-impossibility of eviction. In addition, to this, the residence permit system (propiska) was enforced in the Soviet Union.

Although the first two factors are gone – ownership is mostly private and in principle apartments and houses can be fully traded – vestiges of the old system still remain and impede geographical labor mobility. Tenant rights are still excessively broad and reduce households' incentives to participate in a real estate market. The ability to make and enforce contracts regarding lease and sale of residential real estate is still poor. In Belarus, Russia and Ukraine residency permits are still used to regulate migration.

Effects of these constraints are consistent with the evidence on labor mobility. Intersectoral labor mobility (Figure 5) is high because most of it consists of mobility within cities, or localities which is not impeded by housing regulations or the functioning of the housing market. Labor mobility across localities is, however, much lower. According to a 1994 survey of the three Baltic

States (Rose and Maley 1994) 9 percent of employed Estonians, 7 percent of Latvians, and 8 percent of Lithuanians stated that they would likely move to work in a different city, while a much higher 31 percent, 33 percent and 42 percent, respectively, expected to change employers.

Although it is very important to increase geographical mobility, there are no quick fixes available at this stage. Abolishing the residence permit system is a priority but the major task consists of building institutions and regulations of a fully fledged housing market which will take some time to develop.

3.3.2 *Enterprise-provided services.*

Socialist enterprises historically provided a significant range of non-monetary benefits to incumbent workers, including housing and health care. They are still doing so, especially in the former Soviet Union. Expenditures on social benefits and services by Russian firms amounted to about 4.1 percent of GDP in 1992 and 3.3 percent in 1993. In Poland the magnitudes were smaller – less than 1.5 percent of GDP (Commander 1991).

Non-wage benefits are likely to hinder labor mobility, because changing jobs can mean losing access to benefits, at least temporarily. Indeed, the evidence for Russia points to a negative association between quits and the size of benefits offered by firms (Commander 1995). Among these benefits, however, housing does not appear an impediment for labor mobility because most residents of enterprise-owed apartment buildings have lifetime rights to occupy the apartments, regardless of whether they have a job at a different enterprise. Also, neither health care nor child care facilities provision seems to be, by themselves, important impediments to mobility. The evidence for Russia suggests that this is the role of *the whole benefit package,* as a non-monetary compensation free of tax on excess wage increases, which makes workers unwilling to quit enterprises providing sizable benefits. While cash wages have fallen in almost all transition economies, the market value of benefits have increased.

There is a role for government to assist in transferring enterprise-provided social services to local governments. Some assets could be privatized. Only those which enterprises choose to keep to maintain should be retained. This is likely to be the case in larger enterprises since the provision of benefits is associated with the size: large enterprises provide more benefits. The transfer of assets to local governments would make wages more transparent and remove disincentive for moving from large to small enterprises. On the other hand, such a transfer would imply local government finance reform given the fact that the transfer may have a negative revenue impact on them, if not associated with rapidly increasing cost-recovery.

3.3.3 *Persistent disparities and depressed areas.*

Even if problems arising from poorly functioning housing markets and provision of services by enterprises were solved, geographical labor mobility may still remain insufficient in view of the needs. In Central and Eastern Europe and Central Asia long lasting disguised regional disparities are accentuated by major localized shocks. This is why regional imbalances in transition economies, already marginally larger than in market econonmies, are likely to become high. Some areas – in particular, mining and heavy industry which is built on access to coal or iron are and therefore tied to particular locations – are being particularly affected (e.g., Kemerovo in Russia).

In principle, greater labor mobility is key for overcoming geographical imbalances. However, as the OECD experience shows, regional differentials persist even in absence of barriers to migration and even if migration rates are high. Moreover, sporadic attempts to assist migration by offering mobility grants to unemployed people or to workers about to be made redundant were not very helpful since people seem to move or not to move for reasons unconnected to local labor market considerations (Jackman 1995). In most OECD countries net migration flows are small relative to gross flows indicating the dominance of other than economic factors in migration.

In most industrialized countries the bulk of government involvement has taken the form of various forms of inducement to firms to locate new plant or to undertake new investment in the depressed regions. These activities, however, led to major dissatisfaction related to the fact that they encouraged firms to install highly capital intensive technology, and attracted the most capital intensive industries to the depressed regions. Thus they often ended up costing a lot of money while creating few jobs. Neither mobility grants nor regional investment policies appear to be promising for transition economies.

A possible lesson for transition economies from the experience of industrialized market economies is that it may not be cost-ineffective to pursue depressed areas recovery by means of mobility grants or regional investment subsidies. Instead, a focus on removing barriers to spontaneous mobility, and an endeavor to ensure that public expenditures on transport and infrastructure are spread evenly around the country, rather than concentrated on capital cities and prosperous regions, would be appropriate.

One-company towns pose a particular problem because of the lack of outside opportunities for workers. In the Russian coal sector a number of mines are located in isolated areas, or together with one or two other enterprises provide the bulk of employment in the area. Cities like Livani in Latvia, Sillamae in Estonia, and Ivanovo in Russia are other examples. In general, policies towards one-company towns should resemble those toward lagging regions. Governments should encourage change: migration, creation of new jobs, and new firms. But this rarely solves the problem in the short run. When the prospects for change are limited – or when adjustment is bound to be slow – temporary policies aimed at sustaining existing enterprises may make sense under certain conditions. First, if negative social or political externalities of job destruction are large, the scheme can help sustain the economic transition itself. Second, if the value of the firm's output exceeds the value of the inputs used, the scheme can be cost-saving if unemployment or social assistance benefits would otherwise have to be paid. The biggest problem in designing schemes to support enterprises in isolated areas is avoiding perverse incentives. Any industrial support scheme must be instituted for a limited period to ensure that enterprises use the support to do passive restructuring of their activities rather than to perpetuate inefficiency (as industrial policy in the West has often done).

The less developed the economy, the simpler and more transparent the mechanisms should be. Thus a special severance scheme for depressed areas, that tops up nationwide severance schemes' is better than an extension of unemployment benefits, because it is administratively simpler. To avoid introducing biases against labor demand, schemes ought not to be financed through payroll taxes. For reasons of fairness and efficiency, employees to be laid off should be offered a choice among several exit options. To reduce the danger that the best workers will leave, wage structures should tighten the link between performance and pay. Finally, rules requiring advance notice of layoffs may help workers adjust. But since advance notice can slow voluntary exit and encourage workers to wait for retrenchment packages, it may be appropriate to accompany advance notice measures with lower remuneration for workers who remain. Other components of these schemes popular in the industrial West, however, such as onsite employment services, are a function of administrative capacity. They are unlikely to be useful in most developing countries but can prove useful in some formerly centrally planned economies.

3.3.4 *Unions.*

Labor market adaptability in some transition economies, especially in Central and Eastern Europe, will have to be achieved in a heavily unionized environment and with powerful and well organized unions. Transition economies inherited heavily unionized labor markets with above 90 percent of workers belonging to unions. This was in a sharp contrast to developing countries, where a much smaller proportion of workers were unionized, as well as to European industrialized countries where unionizations levels varied from 15 percent in France to 80 percent in Denmark. The coverage of unions had already declined by 1990 (Figure 7) and has fallen further since. Although the union coverage decreased, their role in representing workers undoubtfully increased since the period when they were just a transmission belt from the government to the workers.

The key precondition for good outcomes of bargaining with unions is the existence of competitive product markets. Competitive product markets limit unions' ability to obtain higher wages for their members. Raising wages would force unionized establishments out of business unless the higher-wages could be justified by increased productivity. In less competitive environments unions will attempt to capture economic rents and will ally themselves politically with their employers and with politicians who promise to perpetuate those rents. Promoting domestic competition and openness to international markets can help curtail the negative effects of unions.

Figure 7 *Trade union membership decreased in Central and Eastern Europe*

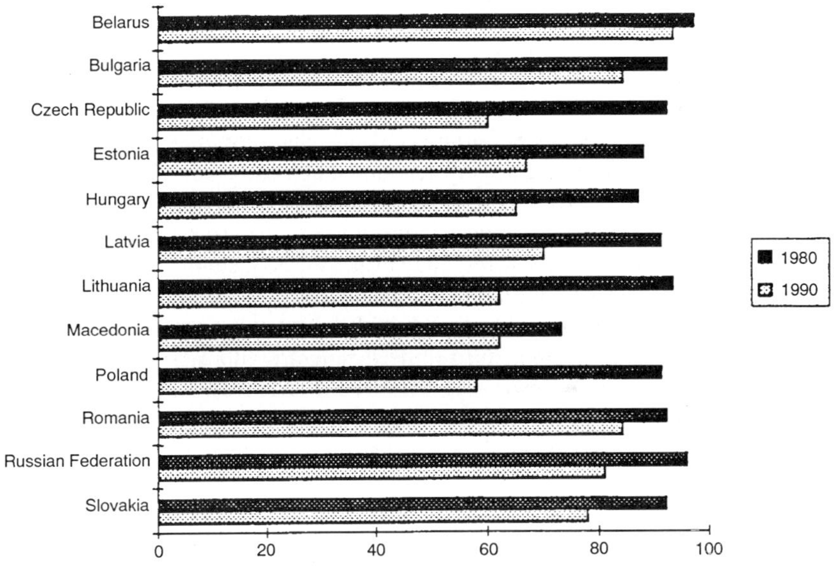

Source: Frydman, Murphy, and Rapaczynski 1994.

A key principle in industrial relations is to ensure that the parties engaged in bargaining internalize the costs of the outcome rather than shift them to third parties. This principle has many applications. In some countries, e.g. in Poland for some time in early 1990s, legislation requires that workers be paid even when they are on strike – a clear disincentive to compromise. Negotiations between unions and public enterprises show starkly how unions are able to achieve distorted outcomes when third parties bear the cost of negotiated agreements. When a public enterprise can turn to the government for subsidies or easy credit when it is in financial difficulty, the burden of high settlements falls on those who pay higher prices or higher taxes to cover the enterprise's increased costs, not on the workers or the enterprise managers who negotiated the increase. There are many anecdotal observations from transition economies on managers and unions lobbying together with governments for soft-financing enabling pay increases.

The goal of internalizing costs has implications for the structure of unions and the scope of bargaining. The experience of several countries indicates that bargaining at the enterprise level can be an appropriate framework for achieving positive economic effects. On the other hand, coordinated bargaining is common in Northern and Western Europe, in which labor negotiations take place at a national level. Although these systems have undergone substantial adaptations as Europeans grapple with rising unemployment and inflexible labor markets, they are associated with decades of positive industrial relations and good wage and employment outcomes for European workers.

Coordinated solutions can be appropriate in an inflationary environment in transitions (Rutkowski 1991) but they require that most workers be covered by union agreements. If they are not, national agreements will tend to benefit the unionized sector at the expense of the unorganized and poorer groups in society. In Europe, most cases of successful centralized bargaining are in relatively small countries. Not surprisingly, among the transition economies the best example of countrywide agreements between unions and employers can be found in the Czech Republic, a relatively small country with a corporatist tradition. As much as this may fit the Czech reality, the centralized solution may be inappropriate for other countries. For instance, centralized bargaining in Ukraine led in April 1993 to an unreasonable and damaging agreement where, among others, wages were mandatorily indexed at a level higher than the inflation level. Centralized bargaining works well if workers feel the negative effects of excessive wage growth. If, however, a shift of the burden is possible to other groups and coordination is difficult, centralized bargaining does not work.

Outcomes could be good both in cases of centralized and decentralized bargaining. The European examples of successful centralized bargaining are well known: Sweden or Austria were for years given as examples. Examples of how decentralized bargaining works and achieves good results can also be found in the OECD area – Canada and the United States. Transition countries' unions are trying to adapt these different experiences as they evolve their own approach to bargaining. It may be that a multi-layered bargaining system in which different issues are dealt with different levels will be the most practical.

3.4 *The burden and design of transfers*

When macroeconomic and structural policies enable labor to reap benefits of a market economy, a policy question shifts towards those who are likely to suffer permanent losses as a result of the transition. Macroeconomic and structural policies are likely to be insufficient for workers who are not prepared for change because of their skills, or well-entrenched habits, or simply because the speed with which skills and habits change lags that of the changing pattern of labor demand. The major policy question in this context is how much the government should get involved into welfare-enhancing activities, that is, how much the government is to collect in taxes from the population at large to use the proceeds to provide support to the poor, the vulnerable, the unemployed, and other groups believed to need help.

The choice has a number of implications for the labor market, the most visible being the open unemployment rate. Taxes (such as required employer contributions to social insurance funds) and regulations (such as minimum wages) may raise the cost to firms of offering jobs and thus reduce the wages they are willing to pay. Simultaneously, benefits such as unemployment insurance may reduce the incentive for workers to accept jobs and thus raise the wages they demand. When a policy that includes both a tax on employment and benefits to the unemployed is introduced, a wedge will be driven between the productivity of workers and their take-home pay. Workers will be discouraged from accepting employment because there will be a floor on the wages workers will accept (or the wages they are allowed to accept, if there are high minimum wages imposed either by law or by organized labor). As a result all the workers whose take-home pay is less than the floor (called the reservation wage) will become unemployed.

Is the picture a realistic approximation of the reality of transition economies? It lies that in cross-country comparisons there should be a positive relationship between unemployment and both the tax wedge (or minimum wages) and benefits to the unemployed. An examination of economies in transition suggests, indeed, that there are two different patterns of labor market adjustment. First, there is a systematic difference between payroll tax rate in Central and Eastern Europe and in the former Soviet Union. In 1992 the average tax rate for the former was about 45 percent, while the average rate for the latter was less than 35 percent (Table 6). Secondly, unemployment benefits tended to be more generous in Central and Eastern Europe with longer duration and higher replacement rates: most of the Central and Eastern European countries had one-year duration earning-related benefits, while most of the former Soviet Union countries had six-months duration flat rate benefits. Not surprisingly, open unemployment rates differed heavily in 1992, and they are still different in 1994: the average unemployment rate for the Central and Eastern

European countries in Table 1 was 11 percent in 1992 and 13 percent in 1994, while it was 1 percent in 1992 and 2.3 percent in 1994 for the former Soviet Union countries. Minimum wage did not seem to contribute to the problem: there has been a substantial drop in the minimum wage relative to the average wage across the board in transition economies (Figure 8).

The difference between the »post-Soviet« and the Central and Eastern European pattern is strikingly similar to the difference between the US and the West European labor market. In transition economies, as in the US and Western Europe there is a trade-off where jobs are concerned: if workers accept lower wages, unemployment does not need rise so high. More generous welfare states will always tend to have higher unemployment rates than nations which allow markets to function with a greater degree of freedom, a prediction which seems to accord well with the situation today. Moreover, the main factor in an increased unemployment seems to be a rise in wage inequality coming from dismantling of central planning, and an exposure to the market. An increase in inequality in all transition economies implies that the wages of low-paid workers fall relative to the average, while those of high-paid workers rise relative to the average. Unless reservation wages (benefits) fall, the effect is to raise the fraction of workers unemployed because more workers will find that available pay rates are below their reservation wage.

The reason why the former Soviet Union countries have so far experienced a milder rise in unemployment has to do not only with their lower level of benefits, but also with a remarkable buoyancy and flexibility of their labor markets. Kazakhi, Russian and Ukrainian labor markets' buoyancy is reflected in the large number of new jobs being created. Their flexibility is reflected in the fact that employees are willing to accept much lower real wages rather than loose their jobs. Even in declining sectors, firms are paying their workers less and sending them on unpaid leaves rather than sacking them.

The high wage flexibility has meant that firms can keep workers on longer, and can even hire new ones. The typical Russian employee is not »pushed« into redundancy, but can stay with a firm until he or she is »pulled« into a new job in a prosperous sector. Because unemployment benefits are so low, and social services are often attached to a factory, as indicated before, it makes sense for a worker to stay with the firm. From an employer's standpoint, keeping inexpensive workers means not having to pay them redundancy money. It can also help the firm's profits, thanks to an excess wage tax which in some countries bites if a total salary bill rises above a set level calculated as a payroll, not a pay rate. The more inexpensive workers the employer employs, the less tax he or she pays.

Table 6 *Payroll tax burden in Central and Eastern Europe and the former Soviet Union 1992*

Country	Payroll tax
Central and Eastern Europe	
Bulgaria	50.0
Czechoslovakia	49.5
Hungary	53.0
Poland	45.0
Romania	41.0
Former Soviet Union	
Estonia	20.0
Kazakhstan	38.0
Latvia	38.0
Lithuania	31.0
Russia	40.0
Uzbekistan	34.5

Source: L. Fox 1994, World Bank data

Is such a strategy better than open unemployment? The answer depends on two factors: which approach speeds up the growth of more competitive firms, and which implies the lower social costs, especially in terms of long-term unemployment. Open unemployment provides clearer evidence of restructuring, but it incurs plenty of social costs, and it is expensive for governments – particularly if a long-term dependency culture forms. Under the Russian or Ukrainian system, by contrast, the social cost is borne more directly by the workers through lower incomes.

Would this mean that the burden of transfers is essentially a matter of societal choice and that there are always sensible trade-offs involved between labor demand and welfare objectives? Not necessarily. First of all, at higher levels of taxation, especially if taxation is biased towards the tax on labor, the trade-off may become unfavorable, that is, to increase transfers marginally, a significant drop in labor demand has to be taken. Secondly, the choices are not GDP growth-neutral and more labor market flexibility and less transfers tends to be associated with better growth prospects. Thirdly, design matters: if certain mistakes in design are avoided, the trade off is more favorable.

Figure 8 *The ratio between the minimum wage and the average wage decreased in transitions*

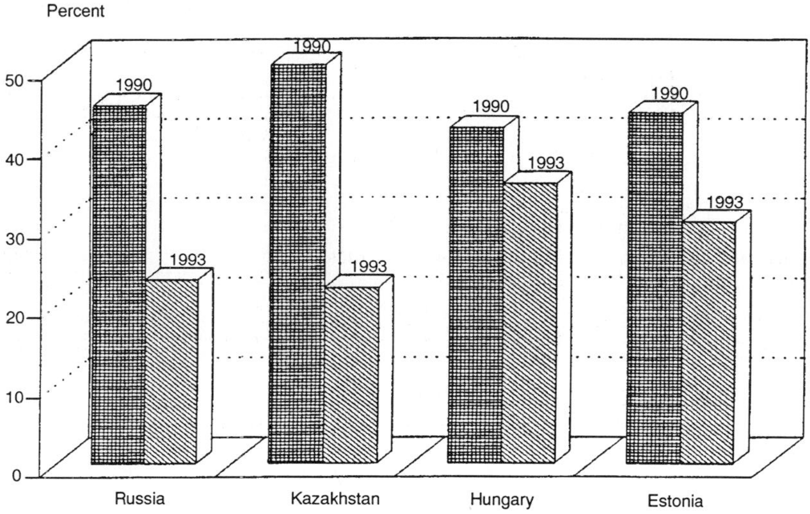

Source: World Bank estimates.

The three points indicate that there are potentially serious problems to come, especially for Central and Eastern European economies. They have high payroll tax rates, as indicated earlier. They also have high average level of all resources devoted to cash transfers: about 15 percent of GDP, as compared to 8 percent in the former Soviet Union, while relatively even high transfer Latin American countries are substantially lower, with 3 percent in Costa Rica and 4 percent in Argentina (Krumm, Milanovic, and Walton 1994), and OECD countries have practically the same level as Central and Eastern Europe despite much higher incomes. Plotting total and cash public spending against incomes, the transition economies of Europe and Central Asia appear to be clear outliers with respect to income levels (Figure 9), especially economies of Central and Eastern Europe. Recent research indicates that growth is 1-1.2 percent less for every 10 percentage points of GDP in extra spending (Krumm, Milanovic, and Walton 1994), which translates into at least 1 percent of GDP growth per year, given the fact that the share of expenditures in GDP is about 10 percentage points higher in transition economies than in middle-income market economies.

The high share of spending on transfers in Central and Eastern Europe indicates that experience of Western Europe is of a very limited value in this

Figure 9 *Transition economies in Europe and Central Asia spend more on transfers than their income level would suggest*

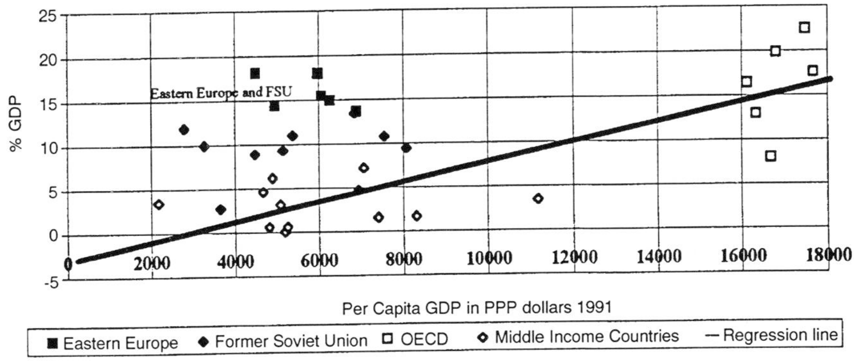

Source: Krumm, Milanovic, and Walton 1994.
Note: 1991 OECD and Middle Income Countries, 1992 for Eastern Europe and Former Soviet Union.

respect. Central and Eastern European countries spend as much on transfers as Western Europe with four times lower income per capita. This is not a sustainable pattern and will need to be changed.

In order to improve trade-offs at a given transfer burden, transition economies, especially those of Central and Eastern Europe, ought to change some design features. First, there is an obvious room to reduce payroll taxes and to shift financing of some transfers – especially of family benefits and other non-insurance-related transfers – to general revenue. This should improve employment prospects in the countries like Bulgaria or Poland where rigidities make impossible for employers to shift all the payroll tax burden to employees. Second, transition costs should be addressed by transitory mechanisms, rather than by permanent mechanisms. As much as it is important in the long run to reform social insurance schemes, the key in the short run is often just to contain pension expenditure to be able to reach the poorest and the vulnerable. In most transition economies the large families and the unemployed appear to be more adversely affected than the old people: therefore launching targeted social assistance schemes (either means-tested or categorical depending on the possibilities for categorical targeting and administrative capacity for means testing), and designing job-search enhancing severance pay and unemployment benefit schemes should be of highest importance.

A few basic principles apply for these schemes. Severance pay financing should be socialized, so that lack of liquidity does not stop enterprises from restructuring. Unemployment benefits should be simple and should avoid disincentive effects of long duration and high replacement rates. This is why in principle policies which provide long term benefits to address transition problems are bad: they reduce labor supply and are pro-inflationary. Only for older workers who accumulated a stock of highly specialized skills and often face particular difficulties in adapting to a changing environment, using retirement pensions in lieu of unemployment benefits can sometimes be justified. The older workers likely would not compete in the labor market anyway, and they are particularly difficult to get retrained and remotivated.

3.5 *Equipping workers for change*

Most of transition economies in Europe and Central Asia use active labor market policies (ALMP) to help workers to adjust to change through increasing their productivity (by retraining), improving matching (by job search assistance and retraining), maintaining their labor force attachment (by retraining and also public works) or increasing demand for labor (by creating jobs through wage subsidies, business startup schemes and public sector employment). The rationale for these policies comes straight from the experience of industrialized economies which have widely used ALMPs for the last 25 years. Unfortunately, little reliable information exists as a guide to their effectiveness: these programs have not been rigorously evaluated even in OECD countries (except the US). Since fiscal sources in transition economies are much more constrained than in industrialized countries, careful tailoring to the needs and monitoring of ALMPs is of critical importance.

There are sharply different views on the role of ALMPs ranging from an almost unconditional support for them as for measures reducing the duration of unemployment and leading to reduced expenditures on unemployment benefits to a criticism pointing to lack of evidence on their effectiveness. In practice, governments in transition economies use ALMPs on the grounds of particularly limited information for workers about future jobs due to high turbulence in the labor market (what would justify public job search assistance and counseling), credit constraints for workers (what would point to a need for state financing of ALMPs), undeveloped private providers of retraining or other ALMPs (an argument for public provision), and political reasons (an argument for Governments to be seen as active in helping workers). Some arguments point to a particularly limited possibilities for the private sector involvement, including firm-financed retraining, due to short time horizon of most firms which lead them to being willing to engage in poaching more than private firms in stable market economies.

Transition economies tend to follow closely the OECD approach as far as proportions in spending on different kinds of policies – active, as well as passive (unemployment benefits) are concerned. None of the Central European countries with a longer track record in ALMPs spend on any of the policies outside the OECD range (Table 7). The highest spender, Hungary, spend overall more or less the same share of GDP as high OECD spenders, such as Canada and Sweden. The lowest spender, the Czech Republic, spend at the levels of low OECD spenders, such as Japan and Switzerland (Table 8). Poland is a mid-case. Both Hungary and Poland have a structure of expenditures in which unemployment benefits heavily dominate ALMPs. Again, such a structure is characteristic for almost all OECD countries, except for Sweden, who had long been known for its high share of expenditure on ALMPs and modest unemployment benefits. The Swedish pattern of expenditures is mirrored by the Czech Republic which also spends more on ALMPs than on unemployment benefits. The overall level of spending is, however, so much lower (0.53 percent of GDP relative to 3.75 percent of GDP in Sweden) that comparisons of the structure would not be appropriate, and the argument that the structure of expenditures on labor market policies was one of the factors helping to contain unemployment growth in the Czech Republic is not plausible.

Table 7 *Percentage shares of GDP devoted by the OECD countries to different labor market policy measures compared with Central and Eastern European countries (Czech Republic, Hungary, Poland)*

Classification	OECD	CEE
Public employment services	0.02-0.22	0.11-0.16
Retraining	0.20-0.81	0.01-0.24
Youth measures	0.00-0.69	0.05 CZE
Vocational rehabilitation	0.00-0.23	
Wage subsidies to private firms	0.00-0.12	0.02-0.12
Self-employment	0.00-0.21	0.01-0.05
Public sector employment	0.00-0.58	0.03-0.14
Work for disabled	0.00-0.68	0.01 CZE
Unemployment compensation	0.00-3.48	0.20-2.14
Early retirement	0.00-1.24	0. 11 HUN

Source: OECD, *Employment Outlook*, Paris 1992; H. Lehmann WDR 1995 background paper.

High share of spending on ALMPs in total spending on labor market policies is not only peculiarity of the Czech Republic. The two others are: high share of spending on wage subsidies in the private sector (Czech Republic spends almost as much as Poland and Hungary on wage subsidies, while it spends four times less than Poland and six times less than Hungary on all the ALMPs as a share of GDP), and a very low share of spending on retraining, relative to Hungary and Poland. Moreover, while expenditures on retraining are modest, the number of participants in retraining is not. In effect, the Czech Republic spends exceptionally little money per every participant in retraining. The ratio of participant inflows (as a percentage of the labor force) over expenditure on retraining (as a percentage of GDP) was 34 in the Czech Republic in 1992 and 20 in 1993, compared to 6 in Hungary in both years, and 12 and 15 in Poland. The typical OECD ratios are between 7 and 12. This means that Hungary made an effort to increase the depth of training and reduced the coefficient almost to the level of Sweden (4.5), while the Czech Republic tried to maximize the number of people treated by retraining without increases in expenditures per participant.

Is the idiosyncratic pattern of expenditure in the Czech Republic part of a different labor market policy strategy? The combination of low expenditure on unemployment benefits, relatively high expenditure on wage subsidies and low expenditure per participant in retraining suggests that the Czech government is both afraid of long term unemployment and dependency culture associated with it, and skeptical about efficiency of active measures, especially retraining. This is why incentives to remain unemployed are reduced (low benefits), active measures dominate in the expenditure package, and among them relatively little is spent on expensive and administratively intensive schemes, such as retraining. Instead, the Czech government tries to spend more on private sector employment support and focus wage subsidies on new entrants, so that dependency culture is not built up. It also puts many unemployed through retraining schemes acknowledging that they play an important social role by signaling that the government cares about unemployment. In sum, social considerations appear to dominate economic ones in the case of Czech ALMPs.

Do ALMPs work? Can the relatively rich experience of the Czech Republic Hungary and Poland be useful for other transition economies of Europe and Central Asia? The answer is difficult because there were almost no evaluations, especially there were no classically designed experiments that require selection of both the »control« and »treatment« groups – those who receive the assistance and those who do not, respectively – prior to the intervention.

In Hungary, there has been a quasi-experimental evaluation of retraining and public sector employment schemes, where the treatment and control groups were selected after the intervention and various techniques for adjusting for

Table 8 *Shares of GDP devoted by eight OECD countries to different labor market policy measures compared with Czech Republic, Hungary, Poland, 1992 (1 percent of GDP = 100 in the table)*

	Austria	Canada	Germany	Japan	Sweden	Switzerland	U.S.	Czech Rep.	Hungary	Poland
• Pub. employment services	11	22	22	2	21	7	8	10	16	11
• Retraining	12	36	47	3	80	2	9	1	24	6
• Youth measures	1	2	5	–	12	–	3	5	–	–
• Vocational rehabilitation	3	–	13	1	10	11	5	–	–	–
• Wage subsidies to private firms	1	–	4	6	3	–	–	10	11	12
• Self-employment	–	–	–	–	1	–	–	3	5	4
• Public sector employment	4	2	20	–	11	–	1	3	14	7
• Work for disabled	2	–	9	–	68	5	–	1	–	–
• Unemployment compensation	100	225	152	32	160	37	59	20	214	161
• Early retirement	9	–	1	–	8	–	–	–	11	–
TOTAL	144	287	273	44	375	61	84	53	295	201

Note: The total and the sum of different elements do not always agree due to round errors.
Source: OECD, *Employment Outlook*, 1992; H. Lehmann WDR 1995 background paper.

differences in observable attributes (e.g., sex, education, age, region) and unobservable characteristics (e.g., motivation, family connections) were used (O'Leary 1994). The result shows that when observable characteristics of treatment and control groups are taken into account, *training is only marginally successful in increasing the probability offending employment.* Controls for unobservable attributes lead to ambiguous results. Training is not at all successful in raising earnings. Public sector employment programs do not raise either re-employment probabilities or earnings. Further attempts using different quasi-experimental techniques – matched pairs, regression-adjusted, and selectivity-corrected – continue to yield pessimistic results for training and especially for public sector employment.

In Poland, there has been an evaluation based on the flow analysis of administrative macro data to establish the overall effect of a measure on outflows from unemployment. The idea was that a measure which was administered on a large scale could be considered effective if there was a statistically significant positive correlation between such a measure and outflows from unemployment. Retraining was not found effective in this attempt, however, the small number of participants in retraining may have been partly responsible for the results. Other evaluations for Poland found retraining of unemployed rather ineffective, while retraining of employed, prior to unemployment, turned to be more effective (Góra, Socha, and Sztanderska 1994).

Extremely limited number of rather ambiguous results underscores the need to develop monitoring and evaluations of ALMPs using easily interpretable and feasible techniques. Otherwise, there is a danger of wastage of money. Results for Hungary show that training acts as a substitute for attributes that lead to higher reemployment probabilities in the absence of any intervention (e.g., education, being younger, being female, and being from certain regions). This highlights the importance of netting out the effects of observable attributes in determining program effects, especially when equity considerations are important (e.g., encouraging the targeting of workers in worst-affected regions or most disadvantaged groups). In the case of Hungary, since public sector employment programs are not effective, cost considerations are not relevant. For training, however, bringing together costs (approximately $2300 per trainee) and effectiveness results reveal that at an 8 percent discount rate, it would take over 30 years to recover program costs (Gill 1995). Although this reflects ratios between private benefits and social costs, an important conclusion comes straight: given the marginal effectiveness of retraining in increasing reemployment probability, the saving in unemployment benefits – with eligibility duration of one year – would be insignificant (less than $100). Retraining therefore, at least in Hungary, *cannot be justified by a popular argument of reducing expenditures on unemployment benefits.* If continued, it needs to be justified on some other criteria, perhaps on sociopolitical criteria which seems to dominate the rationale in the Czech Republic.

Very preliminary evidence from Russia indicates that these are not aberrant results – the effectiveness of active labor programs is low (Lehmann 1995). OECD studies for retraining (e.g., in Sweden, UK, and USA) generally show disappointing results under better overall labor market conditions. There is also a risk of distortive effects of ALMPs which are common in Western Europe: unemployed undergoing retraining are locked-in and do not search for job, wage subsidies lead to substituting subsidized employment for a non-subsidized one or just to employing those who would be employed anyway, business startup schemes may cause other, non-assisted business to be driven out of business, public sector employment just redistributes employment between groups without additionality, and job search efforts are reduced in presence of these schemes and unemployment benefits. Some of these effects are less likely to appear in transition economies: for instance, underdeveloped private service sector reduces a chance of displacing other businesses, and, indeed, the preliminary assessment of such schemes in Poland is quite encouraging, there are, however, effects which are more likely to appear, especially substitution effects in subsidization schemes.

Given these risks and findings, the question whether ALMPs should be given a high priority is pertinent, especially in countries where such expenditures divert attention and resources from other critical social expenditures. Additionally, it can be argued that if the problem is caused by falling labor demand, supply-side interventions such as retraining will not result in either sustainable employment creation or higher wages. Demand-side interventions such as public sector employment and wage subsidies will also only lead to temporary relief, but may have other labor-related benefits such as preventing decay of work habits during the long unemployment spells that would otherwise result.

There is a temptation to use ALMPs only on political grounds, because governments must be »seen to be doing something«. Such an approach, however, may not even buy much time for Governments if these programs are not effective. Therefore, developing careful monitoring and evaluation is critical: results may be different in every country and in each country there is the matter of relative cost-effectiveness of labor programs. On these grounds alone, transition economies of Europe and Central Asia should be persuaded of the value of rigorous evaluations in deciding which programs are best used and where.

Lack of evaluations and mixed evidence in cases of existing evaluations makes any generalizations on possible effectiveness of various policies very risky (Table 9). Two general recommendations stand out. First, it is important to resist the temptation to offer a wide menu of ALMPs. Instead it is better to concentrate on one or two policies which are likely to be effective and to evaluate them carefully. Some policies do not make sense at all in certain cases. For instance, with continuous widespread labor hoarding in most former Soviet Union countries, wage subsidy programs seem pointless. Second, a combination of focusing programs on disadvantaged groups with careful vetting of potential participants for flexibility and intrinsic ability can be a viable option in countries with weaker administrative constraints and higher staff/client ratios in employment services. Overall, even under the best circumstances, ALMPs can only play a marginal role in equipping workers for change and bringing down the unemployment rate. Since at the same time, these policies can be very expensive, there is no escape from the need for careful monitoring and evaluations.

It is true that a number of careful evaluations of ALMP in Western Europe is very limited. Nevertheless, this cannot be an example for Central and East European economies since an opportunity cost for use of public resources on

ALMP can be extremely high in transitions. In general, in the field of labor policies, the Western experience, although important, has a limited value, not only because of lower per capita income than transition economics, but also because of their lower administration capacity and higher size of the informal labor market. At the same time, transition economies are experiencing much more turbulence in the labor market than Western economies have ever experienced during the peaceful time for the last 50 years. Therefore, copying Western policies and institutions would not be the right practice, especially in light of an inauspicious environment in Eastern Europe relative to the West.

Table 9 *Policies equipping workers for change*

Policy	Effectiveness and recommendations
Retraining	Limited number of robust evaluations, even in industrial countries. State financing desirable in some cases, for those hurt by changes, at least on welfare and political grounds. Need to develop private provision.
Job search assistance	Inexpensive and often effective in industrial countries in increasing job placements, although relevant only for a fraction of job-seekers. Important for long-term unemployed. Need to allow private job exchanges to operate.
Employment subsidies	Only minor net effects in industrial countries. Can undermine commitment to reforms. May make sense if tightly targeted, in one-company towns.
Allowances (grants, loans, or prepayment of benefits) to support business start-ups	Net employment effects rarely properly evaluated. Positive effects in terms of business durability and loan repayment in some transition economies. Only apply to a small minority of workers even in industrial countries.
Public employment programs and public support of apprenticeship	Mixed results, rarely properly evaluated. Some positives effects of programs carefully targeted on dropout minorities and disadvantaged groups like longterm unemployed when mixed with on-the-job training. Administratively intensive and difficult to implement outside industrial countries.

4. *The outlook*

How will workers in Central and Eastern Europe and Central Asia fare in the medium-term future? For Central and Eastern Europe and the Baltics external conditions are favorable. Recently acquired preferential access to the European Union provides both new opportunities and a credible anchor for macroeconomic-policies and reforms. The inflow of complementary capital will be important in generating growth, allowing the twin process of job creation and job destruction to proceed smoothly, and retraining existing human capital. Most of the former Soviet Union countries do not, however, enjoy these advantages and have a smaller margin for error in domestic economic policies.

The development path of the past has left the region a rich stock of human capital and a developed (but aging) infrastructure. The key to renewed growth is a successful reorganization of labor out of the public sector and into higher productivity activities. This involves mass privatization, falling trade protection, and a more workable financial system. The implied structural change will hurt some workers, either temporarily when reallocations are involved, or permanently when labor productivity is below the old wage. The main challenge is to allow the transformation to a private economy while minimizing transitional costs.

Labor markets have exhibited a fair degree of downward flexibility, especially in the former Soviet Union; the challenge is to increase geographical mobility. Non-wage labor costs are high and should be reduced in the context of a comprehensive reform of social insurance schemes. New wage bargaining schemes need to be created.

There is, however, a serious risk of a stalled or incomplete transition if the structural reforms are incomplete or social tensions are not addressed. The main risks are of slow overall engagement in the international economy, led by difficulties in internal structural reforms; of rising macroeconomic imbalances, associated with rising poverty; and of the creation of a new underclass of up to 20 percent of the population, hurt by passage through long-term unemployment and widening regional disparities. Managing the social dimension of the transition, keeping up the quality of social services, creating the conditions for rapid job creation, and avoiding the creation of new poverty are all key goals, but they must be balanced with fiscal probity to ensure both social and macroeconomic stability. Success is likely to breed success by attracting foreign capital. But failure to jointly address the economic and social concerns risks prolonging the transition, at a high cost in human terms and in lost opportunities.

Bibliography

Aghion, P., and O. J. Blanchard. 1993. »On the Speed of Transition in Central Europe.« EBRD, Working Paper No. 6, July.

Barr, N. (ed.) 1994. *Labor Markets and Social Policy in Central and Eastern Europe. The Transition and Beyond.* Oxford University Press for the World Bank and the London School of Economics and Political Science, Oxford.

Barro, R. J., and J-W. Lee. 1993. »International Comparison of Educational Attainment.« *Journal of Monetary Economics,* 32:3:363-394.

Basu, S, Estrin, S, and J. Svejnar. 1994. »Employment and Wage Behavior of Enterprises in Transition,« Workshop on Enterprise Adjustment in Eastern Europe, The World Bank, September 22-23.

Belka, M., Schaffer, M., Estrin, S, and I. J. Singh. 1994. »Evidence from a Survey of State-Owned, Privatized and Emerging Private Firms,« Workshop on Enterprise Adjustment in Eastern Europe, The World Bank, September 22-23.

Berg, A., and J. Sachs. 1992. »Trade Reform and Adjustment in Eastern Europe: The Case of Poland,« *Economic Policy*, 14.

Bogetic, Z., and A. L. Hillman. 1995. »Privatizing Profits of Bulgaria's State Enterprises,« *Transition 6, 3: 4-5.*

Brada, J. C. 1989. »Technological Progress and Factor Utilization in Eastern European Economic Growth,« *Economica* 56, *224: 433-448.*

Brada, J., and I. J. Singh. 1994. »Transformation and Labor Productivity in Central and Eastern Europe«. Workshop on Enterprise Adjustment in Eastern Europe, The World Bank, September 22-23.

Burda, M. 1993. »Unemployment, Labour Markets and Structural Change in Eastern Europe,« *Economic Policy, 16: 101-137.*

Calmfors, L. 1994. »Active Labour Market Policies and Unemployment – A Framework for the Analysis of Crucial Design Features,« *OECD Economic Studies, No. 22,* Spring.

Commander, S., Dhar, S, and R. Yemtsov. 1995. »How Russian Firms Make Their Wage and Employment Decisions,« The World Bank, mimeo, May 11.

Commander, S., Lee, U., and A. Tolstopiatenko. 1995. »Social Benefits and Russian Industrial Firm,« The World Bank, mimeo, May 9.

Commander, S., and J. McHale. 1995. »Labor Markets in the Transition in East Europe and Russia: A Review of Experience«. Background Paper for World Development Report 1995, The World Bank.

Commander, S., and R. Yemtsov. 1994. »Russian Unemployment: Its Magnitude, Characteristics and Regional Dimensions,« The World Bank, mimeo, August 18.

Dallago, B. 1993. »Measurement of the Irregular Economy: Approach and Scope,« paper presented at the International Conference on Output Decline and Prospects for Recovery in Eastern Europe, IIASA, Austria, November 18-20.

Employment Outlook, OECD, July 1993.

Estrin S., Schaffer, M., and I. J. Singh. 1994. »The Provision of Social Benefits in State-Owned, Privatized and Private Firms in Poland«. Workshop on Enterprise Adjustment in Eastern Europe, The World Bank, September 22-23.

Flanagan, R. J. 1994. »Labor Market Responses to a Change in Economic System« ABCDE Conference, The World Bank, April 28-29.

Fox, Louise. 1994. »Old-Age Security in Transitional Econonmies.« Policy Research Working Paper No. 1257, World Bank, Policy Research Department.

Fretwell, D., and S. Goldberg. 1993. »Developing Effective Employment Services«. *World Bank Discussion Paper, No. 208.*

Frydman, R., Murphy, K., and A. Rapaczynski. 1994. »Zwiazki Zawodowe odkryte na nowo,« *Gazeta Bankowa, 48.* November 26 (in Polish)

Gill, I. 1995. »Evaluating Active Labor Programs: Seminar Summary,« The World Bank, mimeo, May 12.

Góra, M., and H. Lehmann. 1994. »How Divergent is Regional Labour Market Adjustment in Poland?« *ifo Institute for Economic Research Working Paper No. 21,* Munich.

Góra, M., Socha, M., and U. Sztanderska. 1994. »Polityki Rynku Pracy: Formulowanie I Ocena,« Warsaw, Poland, mimeo (in Polish).

Góra, M., and U. Sztanderska. 1994. »Evaluation of Labour Market Policies. Supplementary Labour Force Survey Questionnaire«. In: *Labour Force Survey Design: Analysis and Evaluation of Labour Market Policies,* ifo Institute for Economic Research, Munich, forthcoming

Ham, J., Svejnar, J, and K. Terrell. 1993. »The Emergence of Unemployment in the Czech and Slovak Republics,« *Comparative Economic Studies, 35, 4: 121-134.*

Jackman, R. 1994. »Coping with Job Destruction in Economies in Transition«. Background Paper for World Development Report 1995. The World Bank.

Jackman, R. 1995. »Regional Labour Market Policies in OECD Countries«. In: Lehmann, H. and J. Wadsworth, editors: *Labour Force Survey Design and Labour Market Policies.*
Proceedings of the technical workshop., *ifo Studies of Eastern Europe and the Economies in Transition, no. 19.*

Komai, J. 1992. *The Socialist System. The Polictical Economy of Communism.* Princeton University Press. Princeton.

Krumm K., Mianovic B, and M. Walton. 1994. »Transfers and the Transition from Socialism. Key Tradeoffs«. *Policy Research Working Paper no. 1380.* The World Bank.

Layard, R., and A. Richter. 1995. »How Much Unemployment is Needed for Restructuring: The Russian Experience.« Economics of Transition, vol. 3, No. 1, pp.39-58.

Lehmann, H. 1995. »Active Labour Market Policies in the OECD and in Selected Transition Economies«. Background Paper for World Development Report 1995. The World Bank.

Leigh, D. E.. 1992. »Retraining Displaced Workers. What Can Developing Countries Learn from OECD Nations?« *Policy Research Working Paper No. 946.* The World Bank, August.

Milanovic, B. 1995. »Poverty, Inequality and Social Policy in Transition Economies,« *Transition Economics Division Research Paper Series, Paper No. 9.* February.

O'Leary, C. J. 1995. »An Impact Analysis of Employment Programs in Hungary,« *W. E. Upjohn Institute for Employment Research Staff Working Paper 95-30.* January.

Pinto, B, Belka M., and S. Krajewski. 1993. »Transforming State Enterprises in Poland: Evidence on Adjustment by Manufacturing Firms,« *The Brookings Papers on Economic Activity, 1: 213-261.*

Review of the Labour Market in the Czech Republic. OECD, November 1994

Roberts, B. 1995. »Welfare Changes During Economic Transition: the Effects of Ending Shortages in Russia and Poland,« University of Miami, mimeo.

Rose, R., and W. Maley. 1994. »Nationalities in the Baltic States: A Survey Study.« Studies in Public Policy 222. Glasgow: University of Strathclyde.

Rutkowski, J. 1994. »Labor Market Transition and Changes in the Wage Structure: The Case of Poland,« *Polish Policy Research Group Discussion Paper No. 32, Warsaw University*

Rutkowski, M, 1990. »Labour Hoarding and Future Open Unemployment in Eastern Europe: The Case of Polish Industry,« *Centre for Economic Performance Discussion Paper No. 6, London School of Economics, July.*
Rutkowski, M. 1991. »A Model of Wage Spiral Tragedy under Repressed Inflation,« *Comparative Economic Studies, XXXIII, 2: 91-95.*
Rutkowski, M., and S. Sinha, 1995. »Employment Flows and Sectoral Shifts During the Transition Shock in Post-Socialist Countries«. Background Paper for World Development Report 1995, The World Bank.
Sachs, J. 1993. *Poland's Jump to the Market Economy.* The MIT Press.
International Labour Organisation RLFS Surveys for Russia and Ukraine
World Bank *Poverty Assessments* for the Kyrgyz Republic, Poland, Russia, and Romania
World Bank Sector Report on the *Restructuring the Coal Industry in Russia.*

*Jozef M. van Brabant**

Deregulated, Administered, and Social-Democratic Labor Markets for Postcommunist Economies in Transition (PETs)

Much has been written in recent years about the institutional aspects of labor markets under administrative planning, the seemingly counterintuitive behavior of labor markets during the systemic transformation[1] under way in the eastern part of Europe[2] since 1989, the sociopolitical inhibitions against deregulating labor markets yet political inability to innovate a more suitable set of regulations because of short-term sociopolitical constraints, and the urgency of coming to grips with escalating structural unemployment in the postcommunist economies in transition (PETs). This is as true in the countries that are attempting to pivot around a fixed point of acquired levels of living, one that in principle should not be lowered too much to preserve the sociopolitical consensus, as for PETs that are yet to embark on any serious, integrated modernization process.

I have written elsewhere (Brabant 1994a, b) about the perplexing reality that much of this debate is being conducted without the existence of even a minimal consensus on the broad purposes macroeconomic policy at the national and regional levels is to serve, in marked contrast to the clear priority on fostering and sustaining near-full employment, while maintaining price stability and promoting sustainable growth in an equitable manner, prevalent in multilateral cooperation and national macroeconomic policies in the first three postwar decades.

* Principal Economic Affairs Officer of the Department of Economic and Social Information and Policy Analysis of the United Nations Secretariat in New York. Especially the conceptual and data backdrop to this paper draws upon work done for Brabant 1994a, b; and WESS 1994. But I alone am responsible for the views presented here.

1 Inasmuch as ›transformation policies‹ suggests incisiveness of action over a fairly protracted period of time, I much prefer this to ›transition policies.‹ In what follows, I use the latter notion for the generic events in the eastern part of Europe since 1989 and the former to designate policies in selected countries directed at steering expeditiously, and with some determination, towards market-based decision making in a pluralistic polity.

2 Comprising the countries that prior to 1989 were ruled by a communist party and administered through some form of central planning (that is, Albania, Bulgaria, the German Democratic Republic [GDR], Hungary, Poland, Romania, and the successor States of Czechoslovakia, of the Soviet Union, and of Yugoslavia). I ignore other formerly or still planned economies.

Tinkering with the scenario of the PETs' transformation drama since 1989 has involved adhering closely to the ›Washington consensus‹ – the holy trinity of stabilization, liberalization, and privatization. Recognizing the need for some such policies under some concrete conditions at some point in time *in se* does not answer the core question: What is the purpose of putting in place a suitable variant of the trinity tailored to the specific conditions of any one country? The terms of this seemingly simple question refer back to the goal adopted at the transition's inception: political pluralism shored up by market-based resource allocation with a view to protecting and improving the intellectual and material well-being of citizens and the polity *tout court*. Accordingly, the overriding task of transformation should ineluctably be the identification of a new growth path (Kornai 1994), one capable of yielding sustained advancement at a fairly rapid pace over the long haul so that the PETs can catch up with the industrial countries, say of western Europe.[3] This measure of success appears to be all but completely neglected in the debate on the successes and failures of transition polices and what corrective measures are potentially available (Brabant 1995b).

In this paper I want to address briefly the core aspects of functioning labor markets in the context of moving towards such a new growth path and, even more, of progressing along this path in the catchup mode. I first place this in the historical context of eastern Europe's predicament. Then I briefly sketch the administered state of labor markets under planning with its legacies for the transformation. Next I look at the sort of neoliberal and neoclassical agendas that have been pressed upon policy makers in PETs with widely varying outcomes. In a fourth section I examine some of the features of contemporary labor markets, chiefly in the more advanced PETs, Finally, I flag up some of the fundamental issues in rebuilding functioning labor markets for a growing economy, one that would embody the twin goals shared by most of the eastern revolutions.

1. *Historical predicament – a turnaround full circle?*

The root society-wide problem of the parlous employment situation in PETs at this juncture has multiple origins, not just the legacies of communist administration and its associated poorly justified allocation of resources. Nor can it

3 Other observers have stressed a more encompassing agenda for success: sustainable growth, income security, and democracy with the latter determining the tradeoffs among the three (Bresser Pereira, Maravall, and Przeworski 1993). Here I focus essentially on the growth component with some spillovers on the margin for income security and democratic advancement.

be adequately treated as a transitory side effect of the transformation under way, regardless of the latter's pace and priority on the policy makers' agenda. Rather, for most PETs – virtually the entire region under review except the former GDR and contemporary Czechia – it is an historical encumbrance rooted in chronic agrarian overpopulation and considerable rural poverty (Moore 1945).

Prior to communist administration, the cyclical hiring and firing in the comparatively weak industrial sectors, with the noted exceptions, were largely cushioned by afflux and reflux to the land, where the age-old family system masked the chronic nature of underemployment, though not of deep-rooted poverty for large segments of the population as underemployment was a basic contributor to low levels of economic development, to weak industrialization, and to failed modernization efforts throughout vast stretches of eastern Europe (Basch 1943, Hertz 1947, Marczewski 1956). That is to say, unemployment in these countries was largely disguised through endemic overpopulation in rural areas, where agriculture remained the predominant activity, with generally a low degree of urbanization.

Open and disguised unemployment were widely believed to inhibit economic development and modernization for lack of effective purchasing power and savings that could be mobilized for industrial investment and to contribute fundamentally to prolonging the sociopolitical backwardness of most of these countries. Communism vouched not only to do away with the cyclicality of employment particularly in manufacturing and mining. It also explicitly sought to alleviate overpopulation on the land by drawing, sometimes forcing, such labor resources into new industrial activities. It sought to tackle the core tasks through centralized planning with a rigid hierarchical administration as one priority component of a broader-based program for all-around modernization through forced industrialization. Generating growth principally on the basis of additions to primary production factors proved to be a congenial strategy in this respect, at least during the first decade or so of socialist construction.

In addition, one basic social promise of communist-style central planning, though no such commitment was initially made in Marxist-Leninist ideology, was that industrial modernization would guarantee gainful employment for all and for life, with the State providing social security not directly tied to job performance – a *iunctim* contract of social welfare and full employment anchored to specific aspects of the prevailing ideology of single-party rule. Policies under planning combined the workplace, particularly in large industrial state firms, with a wide range of social, cultural, and consumer perquisites that had little to do with job performance (Jowitt 1992, Lefèvre 1993) and that in a market economy are as a rule monetized and handled in legally separate economic entities. Furthermore, the range of goods and services constituting those perquisites, particularly in terms of quality and price, were often explicitly tied to a specific job, especially in the vanguard industrial state firms.

A rationale for this policy can be found in features of administrative planning. Organizationally, the delivery of social-welfare provisions underwritten by the State was thus strongly decentralized. Beneficiaries could be reached directly with minimal transaction costs. This was not an inconsiderable benefit, given the poor infrastructure in some countries, notably the Soviet Union. But it remained this only for as long as the system could be safeguarded against the eventually staggering costs of rent seeking and, in some cases, outright corruption. Furthermore, because socialist development policies sought to appropriate resources largely on the basis of instruments other than those typical of market allocation, this employment system in principle ensured the physical distribution of many goods and services in accordance with societal rather than individual preferences.

As a result, the initial bursts of industrial expansion in most planned economies succeeded in absorbing the excess labor from agriculture and in guaranteeing stable employment for the rapidly-growing urban masses. True, in many respects communism only managed to suppress *some* of the underlying conditions of low-level economic development. This nuance is important for, at least in the aggregate, some employment opportunities created through planned industrial modernization cannot simply be relegated to the dustbins of recent history, regardless of the contempt and skepticism with which some analysts have been treating those activities. But it is incontrovertible that the job-creating strategy with social security was anchored to largely one-off shifts in labor productivity as a result of geographical relocation and movements from rural to urban employment, chiefly into manufacturing activities. But this massive resource mobilization and redistribution failed to provide the incentives to generate steady gains in factor productivity once factor relocation came to an end, as it eventually was bound to.

Thus, after the first modernization waves of the 1950s and the early 1960s, in most planned economies ironically a chronic shortage of labor soon emerged as a constraining bottleneck to further pursuing the conventional socialist industrialization strategy. Open unemployment was very low, when extant at all, and then mostly of a frictional nature throughout the communist phase. Planning the economy in detail, while gearing education to meet anticipated labor needs, was designed to enhance a proper matchup between the demand for and the supply of labor, largely on the basis of socioeconomic priorities set by the self-styled communist vanguard of these societies.

2. *Administered labor markets and their legacies*

This brief summary suggests that for over four decades in Eastern Europe and even longer throughout most of the former Soviet Union (excepting the Baltic States), open unemployment was all but nonexistent. Until the late 1980s, not only was every able-bodied person above school and under retirement age entitled to a job. In many countries, it was a specific legal obligation for every such person to be gainfully employed, largely within the socialized sectors, though, after some initial hiccups, private agriculture remained dominant in Poland and Yugoslavia. As a counterpart, the State assumed responsibility for creating employment opportunities, primarily in the state sector. Not only was there full employment, job security was deeply anchored in the socialist welfare state, the stigma of being jobless was pronounced, and citizens had come to view this all-around social security as an acquired right largely independent of actual work performance.

Many implications of this reality can be specified. The salient ones for our purposes are eight. One striking consequence was exceedingly high labor-force participation rates, though with variations among the countries and with some decline during the 1980s, when participation ranged on average from some 70 percent in Hungary to some 80 percent in Czechoslovakia; in western countries, the comparable participation rate was around 70 percent in 1989, after a marked expansion in the preceding two decades. Though lower than for men, female participation (ranging from some 60 percent in Hungary to about 75 percent in Bulgaria and Czechoslovakia, also after a marked decline from earlier records) was particularly high when compared to most other countries (about 60 percent for western countries also after a rapid expansion).

Another consequence was that the vast majority of new jobs tended to be created in heavy industry and in activities that are presently no longer sustained by incomplete markets or because of foreign competition. Services not directly related to material production (the ›nonmaterial sphere‹) were as a rule given short shrift in the socialist development priorities throughout most of the postwar period. Note that some countries had started to relax this bias well before the transitions got under way. This explains part of the dynamics through which layoffs or quits in the industrial sectors have recently been absorbed chiefly in the emerging private activities, as detailed later.

Third, geographical labor mobility (as distinct from job hopping, for example, to beat rigid wage scales) under planning was limited. At some stages of their evolution, the eastern economies managed labor markets by assigning individuals to jobs or by explicitly restricting the geographical mobility of workers, such as through the *propiska* (internal registration) system in the Soviet Union, a practice that continues in a number of the successor States. Even without such constraints, labor mobility remained confined by the housing shortage and the housing-allocation system.

Fourth, some jobs were associated with low-cost housing, particularly in the state sector. The planned economies also eased access to schools, to in-house training, and to medical care, including hospitals and sanatoria; and arranged for privileged availability of consumer goods otherwise in short supply, of health-care institutions, of child-care and nursery facilities without which female participation could not have been sustained, as well as of a variety of leisure activities in some cases. Note that the enumerated nonwage social and other benefits, unrelated to actual job performance, facilitated ›organized‹ – read planned – labor mobility, but discouraged voluntary mobility. Migration abroad was either strictly forbidden (except in Yugoslavia) or fully controlled through interstate agreements.

Fifth, the implications of this type of social-welfare distribution system for policy formulation during the transition must be crystal clear. Take housing at very low rents – one of the most important services thus delivered. This hindered labor mobility beyond a fairly confined commuting distance at given transportation facilities. Workers bent on moving not only had to find a new job. They also had to identify a package of nonpecuniary benefits associated with the new workplace but independent of their actual or expected productivity. In the case of enterprise-owned housing, some lock-in of employment was even more binding. Not only did these circumstances inhibit the emergence of a real-estate market. In spite of planning, there was a chronic undersupply of housing, certainly in urbanized areas, where policy makers tended to concentrate the vast majority of industrial state firms.

Sixth, with the redirection of resource allocation in tune with market-based decisions during transformation, the activities of firms have become increasingly focused on their commercial tasks. Newly established or privatized firms do not provide their workers with the kind of social services that had traditionally inhered in being employed by a state firm. Likewise, given the strong emphasis in policy making on divesting state-owned assets at the earliest opportunity, almost in whatever format possible, the trend for firms to focus primarily on their commercial activities is irreversible, regardless of whether the firm is handed over to private owners, simply placed under the control of an independent board of directors and supervisors until divestment, or temporarily entrusted to private operators through, for example, leases or management contracts. Such institutional microeconomic reform poses many problems: Who will henceforth provide and finance these services? Who will be responsible for the associated assets? and How can the population prospectively afford such (partially) commercialized services (notably housing, medical care, nurseries, some vocational training, and education above the primary level more generally)?

The physical infrastructure of these social-service and -catering operations is frequently captured by those best placed in the privatization process whereas the obligation to deliver the services ends up once again with government. Given the latter's dire financial straits soon after the initiation of stabilization policies, when there tends to be an initial surge in budget revenues, this obligation is then frequently devolved to regional or local governments, ostensibly in order to downsize central government. But the budgetary constraints of these lower-level public organs are arguably even tighter than those faced by central governments.

Because the private sector is not equipped, at any rate not yet able, to provide such services on a commercial or voluntary basis, the result is often a marked decline in the availability and a deterioration in the accessibility of those services early in the transition. Paradoxically this occurs at a time when the need for a broad social safety net tends to be most pronounced, if only to cushion those most adversely affected by the transitions and to preserve a semblance of sociopolitical stability. Initially, this net should ideally also catch those social functions that eventually need to be commercialized, and perhaps divested. Incentives to move in that direction as fast as circumstances permit need to be reinforced. These transitory tasks are quite distinct from the social functions that properly belong in the public sector, whether completely, such as unemployment insurance and most forms of welfare support, or in some form of surveillance and supervision, such as in the case of pension and health-insurance funds. The PETs lag on both counts, albeit to different degrees. If only for that reason, the proper role of the public sector in erecting and in modulating the safety net according to revolving needs and resources has not been progressing as rapidly and fully as desirable to cushion against the adverse impacts of transition policies, including notably for those ejected from or rejected for gainful employment.

Arguably even more important than who will henceforth provide those goods and services effectively and how quickly this transformation can credibly materialize, are the prices at which these outputs will henceforth become available. The change in relative prices against the erstwhile free or nearly-free social and welfare benefits cannot but drastically affect family budgets. One should be concerned about how soon such market-based pricing can realistically be enforced for there is a limit to how much of the real cost the consumer can absorb in the short run. This is critical also with respect to the more humdrum aspects of enhancing flexibility in labor markets. For example, notwithstanding the most vocal free-market rhetoric of some policy makers, not a single PET has thus far succeeded in enforcing market-based rents, except in the thoroughly privatized sector, where the owner can negotiate his/her own rental conditions.[4] Essential utility charges, such as for elec-

4 Several PETs have returned much of such real-estate to owners who were dispossessed under communism. However, this does not mean that the owner who chooses not to occupy the returned dwelling can charge market-clearing rents.

tricity and gas, in most countries continue to be heavily subsidized. All this complicates ensuring that adequate goods and services will be kept available, given the parlous state of government budgets, and that those operations can be run profitably without creating socially destabilizing monopolies.

Seventh, particularly in most of the successor States of the Soviet Union the transfer of services still performed by state firms to fully or quasi-commercialized operations has posed a major obstacle in restructuring the labor force. Many state firms and even those ostensibly privatized, but chiefly turned over to management and workers, have been short of cash to pay the wage bill and have furloughed a sizable proportion of their workers. Most of the affected workers continue to be on the enterprise roll but not on the payroll, if only to preserve access to several nonwage benefits (particularly housing, canteens, and essential medical services). Avoiding the stigma of unemployment, reserving one's right to shares in companies if and when privatization gets under way, and cherishing the hope of being rehired with better times play a role too. In other words, most state firms continue to be a repository of a substantial part of the real labor redundancies in these countries. Another part is, of course, traditional overstaffing in such firms under communist-style planning which sometimes continues because of inertia and strategic calculations regarding the benefits of preserving ›human capital‹ and ›worker support‹ for privatization.

Finally, this brief backdrop suggests that the problem of creating new jobs in PETs, whether in the open economy or not, resides primarily in features of the labor market broadly considered that owe their existence on the whole to past developments. Of particular importance are the legacies of one-party rule and planned economic and social administration, in addition to the historical burden of agrarian overpopulation. But this circumstance is being compounded by newer developments that had not been anticipated when the countries embarked on their transition. Thus, new firms were expected to identify increments to their workforce essentially from the pool of the unemployed, particularly those shed by state-owned manufacturing and mining sectors. In practice, those losing their job on the whole have tended to join the pool of unemployed, thus exacerbating the structural problems characterizing long-term unemployment. In short, these people become essentially unemployable, regardless of the measures initiated to improve the functioning of budding labor markets. New employment has, in fact, been assured not from the pool of the unemployed, but directly by recruiting new entrants into the labor force or hiring away those in the state sector. There are many reasons that explain the latter phenomenon, including the embodied knowledge that ›insiders‹ can mobilize particularly in the context of massive divestment. This is especially valuable in the emerging market economy based on private property whose new agents are largely unfamiliar with the past, and often the current, business environment in these countries.

Even with a vibrant new private sector, particularly the rapid emergence of basic, such as banking and personal, service activities that are labor-intensive, if mostly also low-wage, the problem can at best be tackled over a protracted period of time. Coming to grips with those central aspects of labor markets is a critical task of orderly transformation, regardless of the format that policy makers may favor for conceptualizing, implementing, and fine-tuning the transition agenda. First and foremost, apart from the social safety net, is the need to ensure that labor markets become more flexible all-around, not just in the case of newly-emerging private activities.

3. *Labor markets in the neoliberal and neoclassical mode*

Certainly the initial drive behind transformation agendas in PETs was provided by the neoliberal thinking, often anchored to a rather simplistic, neoclassical view of how markets operate. Very little thought in the process was given to how markets in fact emerge and mature; to the inherent differences in markets for goods, services, labor, and capital; to the marked asymmetries in some of these markets even in well-developed economies; and indeed to how growth can be regained and sustained in a fundamental catchup process. These evident ›problems‹ with the transformation agendas to date suggest that the best way to move towards a transformed eastern Europe is unlikely to be by simply pursuing an agenda anchored to stabilization, liberalization, and privatization without caring about notably institution building (including for labor markets[5]) and the requirements of generating and sustaining a sociopolitical consensus. The core of the ›Washington consensus‹ was highly likely to depress production, incomes, and employment; it was not likely to encourage putting in place the mechanisms for resuming sustainable growth, hence giving a new impetus to job creation (Krugman 1995). This can be seen by looking briefly at contemporary theories of how labor markets, when extant, really operate. I return to the circumstance, typical of PETs for years to come, of what is likely to happen when labor markets do not (yet) operate well.

The simplest way to picture aggregate unemployment is by positing a demand-supply diagram with an exogenously determined (real-product) wage exceeding the real marginal product of labor. The demand for labor depends on various production considerations, including the real-product wage, labor productivity, wage-related taxes, nonpecuniary benefits accruing to labor, the

5 The holy trinity was even less likely to facilitate the solidification of democracy and building civil society, including in support of labor markets (Gellner 1994, Ignatieff 1995). But these are issues that I cannot adequately discuss in this paper.

costs of hiring and firing, and legal provisions affecting the costs of severing employment. The supply of labor emanates from the choice between work and leisure, which depends on the real-consumption wage, wage-related benefits, deferred emoluments, nonpecuniary benefits, and alternative sources of income. Key to making this textbook case operational for policy purposes is explaining how the real-product wage is actually determined by juxtaposing the interests of workers and employers in a concrete institutional setting.

To characterize unemployment as a problem for policy makers, it must be clear who are the unemployed, why they find themselves in this predicament, and what specific remedial issues figure on the policy agenda. An individual may intuitively be regarded as involuntarily unemployed if he/she is out of work but available for, and seeking, work at the prevailing wage, suitably normalized for productivity differences. From an economic perspective, the unemployed must, in some sense, be those whose reservation wage exceeds the prospective value of their contribution to production, when all measures are properly normalized and the unavoidable transaction costs of hiring and firing are taken into account (Lindbeck 1993). This may be because they confront a more confined choice set between work and leisure than the employed. Various features of the labor market may drive a wedge between the net benefit of work to the individual and the marginal productivity of labor to the employer. To the extent that the two are well apart, one can readily identify an explanation for the intuitive conjecture that employment has remained below its potential. It also helps to rationalize the existence of involuntary unemployment.

Aggregate unemployment derives to a large extent from underlying macro- and microeconomic conditions. As a rule, the real wage, employment, and unemployment are determined jointly within a setting of imperfectly competitive product and labor markets for both the employee and the employer. These help to elucidate why real wages do not fall – at any rate, do not fall sufficiently – in the wake of involuntary unemployment, as classical labor theory would have it. Furthermore, even if employment growth were to outpace the labor force's, this would only bring temporary respite if the fall in unemployment itself had unsustainable economic consequences. Such an event may be associated with a wage demand that does not exceed the marginal product of labor at full employment; but there is insufficient aggregate demand to guide the economy back to full employment, as in Keynesian labor theory. However, if unemployment performs the disciplining function of staving off wage increases, thus pressure on the price level or on profitability, unemployment cutbacks could only be very limited or temporary, unless substantial changes in the patterns of wage- and price-setting were in prospect. This suggests that demand-management by itself cannot solve the problem. Streamlining the wage-bargaining process may significantly ease that managerial task, however.

Whatever the preferred theory, three observations should be borne in mind. First, to identify and explain the nature of the involuntary unemployed, it is important to recognize institutional and behavioral features of existing labor markets and to come to grips with the determinants of these phenomena as well as with the factors that undergird their dynamics. Second, it does not suffice to look only at the aggregate aspects of involuntary unemployment because neither the demand for nor the supply of labor is homogeneous. Firms seek specific skills for a particular job and the involuntary unemployed do not enter the labor market simply to seek a job yielding some positive wage. Finally, the category of the involuntary unemployed is not necessarily easily identified, either in theory or in practice. This complicates relevant policy analysis. These observations are particularly germane to the situation in PETs.

For one thing, the range and severity of the problems encountered in identifying the involuntary unemployed, in quantifying their salient features, in otherwise detailing the behavior of economic agents during systemic transformation, and in embracing constructive measures designed to combat unemployment and streamline gainful employment through positive labor-market measures are especially daunting in PETs. This stems in part from the deficient institutional infrastructure for assessing the situation in labor markets, and even more for formulating and implementing positive labor-market policies. It also follows from deficient statistical practices, reaching well beyond the familiar generic ones. Another complication for policy is that the labor-market situation in most PETs is likely to further deteriorate over several years to come without central intervention. Putting in place remedial measures depends in good part on regaining robust and sustainable growth, but the latter is by no means a panacea. Moreover, the structure and trends of employment, unemployment, and labor-force developments, as well as the type of labor statistics and labor-market policies in these countries, differ considerably. These and other circumstances call for exercising great caution in the use of the available statistical information, particularly when it comes to drawing policy conclusions, and to rely more on broader systemic features and qualitative aspects of the transition under way.

Second, precisely because of the legacies of the employment policies under communist administration and the degree of turbulence caused by downward pressures on demand and output during the first years of transformation in particular, labor markets in PETs are far less transparent than in mature market economies. As experience has amply demonstrated, forcing through rather liberal policies gives rise to peculiar behavior in state firms, to social resistance to reform policies, to untenable regional unemployment, to a degree of minimal social support that cannot be mobilized through fiscal measures or for which there is no longer a minimal sociopolitical consensus, and to political disarray which is bound to undermine incipient democracy in PETs (Bresser Pereira, Maravall, and Przeworski 1993).

Two final remarks on the liberal approach. The first is simple: Markets cannot ›emerge‹ from competition; they are essentially created by policy, usually with an important hand lent by central authorities. Certainly capital and labor markets, and often even markets for goods and services, in PETs cannot yet be assumed to operate like those in mature economies. Associated with this, second, is that labor markets even in mature economies do not work smoothly. Particularly disturbing are the chronic nature of long-term unemployment, the magnitude of youth unemployment, and the inability of workers once laid off to retrain themselves without some active labor-market policies (ALMPs), necessarily supported by government. Without such policies, given still inchoate markets, the sociopolitical costs of experimental transformation agendas turn out to be exorbitant, hence have to be contained through interventions that in fact amount to subsidizing employment but in a wholly *ad hoc* manner, rather than through some kind of purposeful policy directed at enhancing the transformation process through an orderly destruction of assets that cannot survive and the creative movement towards a new, self-sustainable modernization process leading to catchup with the advanced countries in western Europe (Brabant 1993a, b; 1995a, b).

4. *Salient features of labor markets in transformation*

After several years of struggling with the formulation of transition policies and strategies in a bewildering context, notably because of the absence of any clearly defined coordination mechanism, it is now clear that unemployment in PETs has been exhibiting features that had not been counted on when the transitions were first inaugurated (Blanchard, Commander, and Coricelli 1995). Of especial importance are ten. First, one of the more puzzling side effects of the transition has been the rapid decline in absolute levels of total employment, from some 193 million in 1989 to perhaps 176 million in 1993 – a reduction of 8.4 percent – and even less in 1994, though final data are not yet available.[6] For Eastern Europe without the Yugoslav successor States, in 1993 employment levels had receded by some 15 percent on average, but the

6 For reasons of space, I can report and reference here only some of the data cited or used to buttress the analytical insights or empirical findings. The background tables are obtainable from the author. Earlier estimates are in Brabant 1994a and WESS 1994.

extremes of the range were 27.3 percent for Albania and 8.1 percent for Romania; preliminary indicators suggest that in most countries this downward trend has continued since then, albeit at a more moderate pace. Also in four of the successor States of Yugoslavia for which data are available, total employment has receded markedly – on average by 15.6 percent between 1989 and 1993, but unevenly spread among the new States; further drops occurred in 1994. The decline in employment has been much smaller in the Baltic States (10.4 percent for the group) and indeed the other successor States of the Soviet Union (5.7 percent), much of this only in 1993 with further cutbacks since then. Particularly in Turkmenistan and Uzbekistan, employment levels apparently rose somewhat, but measurement problems loom large here (Brabant 1994a, WESS 1994).

Some shrinkage had been anticipated, given disguised unemployment under administrative planning and artificially high participation rates. A much sharper contraction became unavoidable, however, in the wake of the marked economic depression throughout the PETs. This drop in employment cannot, of course, be equated with involuntary unemployment. Some of those ejected from the labor force registered as unemployed or have been identified as being without work and actively looking for another job. Others have been discouraged, thus given up not only on registering in labor offices but also in looking for a formal job. Many are probably involuntarily unemployed. In the interim, some may have joined the informal economy, which by definition eludes official statistics. In several PETs, women have dropped out of the labor force, in some cases because child assistance previously provided by state firms is no longer affordable, if available, or because maternity leave has been administered even more generously than under communism. Or the real problems have been deferred through various part-time jobs, sometimes subsidized from central budgets, and various training and retraining programs. Also, some PETs have applied early-retirement schemes and have forced out workers above retirement age, thereby putting pressure on the country's social-security systems without counteracting the negative economic, psychological, and social impacts of the transitions. Some have voluntarily taken early retirement on the ground that prevailing social-security commitments would be honored once on the pension roll, whereas the benefits would in all likelihood be scaled down in the future. Real benefits have, however, markedly shrunk.

Second, open unemployment, measured by the number of those registered as eligible for some form of social compensation because they are looking for a job and need to be tied over, has escalated in Eastern Europe from some 1.7 million persons in 1990 to some 6.2 million in 1993, but with a drop to 5.9 million in 1994 (see table 1); and in four of the successor States of Yugoslavia from 1.1 million in 1990 to 1.3 million in 1993, a level that, on the whole, seems to have been preserved in 1994 (to this must be added perhaps 0.5 million for Bosnia-Herzegovina). In the Baltic States, the numbers of registered unemployed are still rather small, having inched up from some 7,400 in 1991 to some 67,000 in 1992 and 175,000 in 1994. The data for the other successor States of the Soviet Union show only moderate open unemployment: from under 100,000 in 1991 to just over 1.2 million in 1993, but rapidly rising in 1994 to about 2.1 million.

These data underline the escalation in the share of the labor force that is registered as unemployed but apparently willing to work. Actual shares and levels of unemployment, using labor-survey methods, would yield significantly higher magnitudes, particularly for the successor States of the Soviet Union. In any case, measured shares (see table 2) range from a claimed roughly 0.3 to 3 percent in the Commonwealth of Independent States (CIS), except Armenia (Vodopivec and Vroman 1993), where it is reportedly some 6 percent at present, to between 15 and 33 percent in the successor States of Yugoslavia. As regards the CIS, ›latent unemployment‹ is vastly higher; in Russia in 1994 between 7 and 14 percent of the total labor force, instead of the 2 percent registered as unemployed. Even among the Eastern European countries, levels of open and registered unemployment ranged in 1994 from some 3.2 percent in Czechia to some 16 percent in Poland, and a reported 19 percent in Albania (but with numerous legal and illegal migrant workers notably in Greece and Italy). In the Baltic States, unemployment rates continue to be fairly low (between 2 and 6 percent), although real unemployment is probably much higher – between 8 and 12 percent – if the underemployed and those on short-time hours and on indefinite unpaid leave were included. But unemployment is expected to rise for some time to come, particularly with industrial restructuring effectively enforced under recessionary conditions.

Third, those who are losing their job and are relatively unskilled tend to become chronic unemployed, thus exacerbating a ›low turnover‹ or ›stable pool‹ rather than joining a ›churning pool‹ of unemployed, in part because most of the initial employment adjustment in the state sector was largely accommodated by direct flows to jobs in other sectors, allowing for those who quit the labor force through early retirements, discouragement, or disabilities. As a result, most PETs have seen an alarming rise in the share of long-term unemployed (now over 40 percent in Eastern Europe, except Czechia and the Yugoslav successor States, but only 10 percent in the successor States of the Soviet Union) with regional concentrations. This raises the specter of masses of essentially unemployable people, regardless of the measures initiated to improve the functioning of budding labor markets. This tends to be most pronounced for unskilled, manual, and female workers (Leven 1993, Standing 1994). The direct flow of labor runs counter to the expectation that the nonstate sector would primarily fill its vacancies by tapping the pool of the unemployed formed by the quick shedding of labor in the state sector. The pool of unemployed is being fed from both the state and private sectors, with the latter coming close in relative terms to the quits in the state sector as the initial adjustments in the private sector to fill obvious gaps left by planning are being completed.

Excepting Hungary and Slovenia, more than half of the unemployed are female and in some countries this group tends to be affected earlier, as more traditional ›female‹ jobs, such as administrative or secretarial posts in state firms are excised before ›production‹ workers, largely male in heavy industry, are let go and the absorption in the newly emerging private sector has not yet fully got under way. The noticeable drop in the share of female unemployed in countries such as Bulgaria, Russia, and Ukraine needs to be seen primarily against the expansion in the numbers of unemployed, with the proportion of men joining the pool rising within 1-2 years following the initial runup in female unemployment (Beleva 1993, Dimitrova 1993, Kirova 1993). But the share of female unemployment in terms of the female labor force remains higher than that for men. In Romania, the rate of unemployment for women is nearly double that for men, with only slight improvements in recent quarters. The reverse situation in Hungary and to a lesser extent in Slovenia can be explained in terms of the early start with industrial restructuring and the emerging service sector.

Fourth, new entrants to the labor force, particularly those with lower-level and vocational training as compared to those with advanced degrees in most countries (but apparently not in Czechia), are finding it quite difficult to secure a workplace. Measured magnitudes almost certainly vastly understate the problem. Most register as unemployed only when some compensation can be accessed and ›transaction costs‹ are not forbidding. Those with advanced degrees are attracted to new private firms, oftentimes their own, or find a ready employ in new firms established by foreigners. Linguistic skills and *savoir-faire*, both largely lacking from unskilled workers, may play an important role here.

Fifth, labor shedding from existing state firms has been much less, given the level of disguised unemployment through overstaffing and low labor productivity as well as the contraction in output levels, than had been anticipated. State firms initially adopted a wait-and-see attitude in an effort to protect their labor complement even at the cost of an erosion in real wage and benefit levels. Even when turned over to private owners or to independent boards of directors, and in an adaptive mode for those not yet privatized, these firms have not infrequently maintained their labor complement, even if for now somewhat redundant, for its favorable externalities, such as in propping up morale and labor peace, preserving available insider information, being able to take quickly advantage of any upturn in the pace of economic activity, avoiding severance-pay liabilities, and the opportunities for existing workers and management to participate more actively in the *de facto* or *de jure* divestment of state assets.

Sixth, the shedding of labor has had a differential impact on various social strata that used to be employed, including older workers, minorities, women, and the functionally disabled. Youth has found it difficult to gain entry into traditional manufacturing. Old prejudices and stereotypes have been reemerging in several PETs, notably in hiring female applicants or some minorities (Sziracki and Windell 1993), such as the Romanies (Blaha 1993).

Seventh, there has generally been a pronounced and worsening regional employment imbalance; at any rate, the degree of regional dispersion of unemployment rates in eastern Europe is large when judged by comparable magnitudes for western countries. As a rule, urban centers, particularly centrally located cities, such as state and provincial capitals, are faring much better than rural areas. Note that this is quite the opposite of the typical situation in many market economies, where urban blight and crime are frequently associated with very high levels of unemployment and confined chances of emerging from the unemployment pool. In some capitals, such as Prague, an acute shortage of qualified labor resources is reported with the influx from elsewhere being inhibited for lack of labor mobility. Furthermore, particularly in Central Europe, the situation suggests a sharp deterioration in opportunities moving from west to east. This owes a good deal to the collapse of intragroup trade of the PETs. But it also derives from the buoyancy of trade and economic cooperation with western Europe, particularly Austria and Germany. Regional imbalances have also become pronounced in the successor States of the Soviet Union, owing to the advanced degree of manufacturing monoculture fostered under administrative planning, hence the impact of the collapse in interrepublic trade ties.

Eighth, some short-term asymmetries in labor-market adjustments have been at work in the countries that have sought structural change in output and labor markets, and they may last longer than those observed for developed countries. When aggregate demand increases, real wages for the employed and their productivity rise, but employment does not, or to a much smaller extent. This is in marked contrast to the association between decreases in aggregate demand and employment changes: Employment is compressed and wages for those remaining in the labor force are kept level or decrease only slightly with productivity declining less than the level of economic activity. This would seem to exacerbate the wedge between insiders and outsiders, thus magnifying chronic, long-term unemployment.

Ninth, output has dropped far more than employment. This suggests that the unemployment situation for many PETs is bound to deteriorate for some time to come. It will also further worsen because of the disguised unemployment endemic for state firms under central planning. A rough gauge of the former can be obtained by comparing cumulative declines in output and employment since 1989 (see table 3).[7] A large discrepancy between the two suggests that average labor productivity declined as well because of ›hidden‹ unemployment relative to the situation that existed prior to the transition. Note that those employed largely in state firms remain there either because management finds it convenient, perhaps lucrative, to hold on to the labor complement or because workers are reluctant to give up the relevant nonwage benefits, both of which the State accommodates. Also, these data cannot inform about overstaffing under administrative planning.

Seen over the period 1989-1994, the degree of apparent hoarding has recently shrunk somewhat in several PETs with incipient economic recovery and contraction in employment levels, which may be indicative that enterprise restructuring is finally getting under way. But it continues to be quite large (over 10 percentage points) in countries such as Czechia, Romania, virtually all the successor States of the Soviet Union and of Yugoslavia, excepting Slovenia, in spite of efforts to delay active transformation measures. These data suggest that the prospective dimensions of the unemployment problem, once enterprise restructuring finally gets under way, are utterly daunting. This is particularly the case, with hoarding magnitudes exceeding 20 percentage points, in Albania, Croatia, Macedonia, Romania, virtually all of the successor States of the Soviet Union, and rump Yugoslavia. The unemployment situation in these PETs is bound to worsen considerably in the future, even though the problem is already large, except for the former Soviet Union, particularly when the above indicators are supplemented with reasonable estimates of traditional overstaffing in many state firms. This cannot but further deflate people's expectations and aggravate disaffection with the transformation strategies.[8]

Finally, the ratio of the numbers of unemployed to vacancies in all PETs tended to worsen rapidly after the first few months of transition policies. There is no ambiguity, however, that in virtually all PETs the number of

7 This is admittedly a very crude gauge. With measured large magnitudes persisting over several years, however, these numbers are indicative of a serious problem for years to come hanging over the further pursuit of transformation policies in a number of PETs. Note that these computations implicitly assume that any overstatement of the contraction in employment has been compensated by an overstatement in the fall of output. Inasmuch as virtually all PETs count their employed as those having a job in firms of a certain size, the drop in registered employment levels is overstated. Also, output declines are widely believed to overstate the real contraction, owing to the poor collection of even marginally accurate information on the private sector and the even worse coverage of the informal sector.

8 Note that in many cases this means more disappointment with the immediate consequences of the strategies pursued, and apparent inability of the new leadership to stanch the palpable socioeconomic hemorrhage, than a fundamental shift in sentiment as regards the nature of the desirable economic, political, and social remaking of eastern Europe as such.

vacancies is much smaller than the number of unemployed, sometimes by a factor of 50 to over 100. This may in part reflect some structural, rather than frictional, seasonal, or cyclical mismatch in the labor markets. Only more recently has there been an apparent improvement in this situation notably in countries that are gradually emerging from the transition recession, including most of Central Europe, some of the Baltic States, and Slovenia. But for some time the unemployment/vacancy ratio remains rather unstable. A more solid decrease in this ratio depends critically on having experienced growth for some time and hence embarked on a sustainable growth trajectory, when the process of economic restructuring through modernization finally begins to open up new jobs. The situation in most of the successor States of the Soviet Union and Yugoslavia is not encouraging in this respect, particularly when allowance is made for the difficult measurement problems at stake here. Moreover, particularly in the former, the combination of falling employment, rising unemployment, and increasing vacancies may indicate a structural mismatch in labor markets (UNECE 1995, p. 116).

5. *Towards growth-oriented labor-market policies*

It is now clear that the problems of rapidly rising unemployment, of restructuring the economy and society more generally, and of overcoming obstacles to generating employment opportunities in PETs are much more daunting than anticipated during the initial phases of the societal transformation process. They stem in part from the legacies of central planning and from communism's sociopolitical precepts. But also specific features of the transition policies pursued to date and of institutional changes ushered into those countries since 1989 have worsened the employment situation, the way in which the pool of the unemployed is being taken care of through unemployment-insurance as well as through more general social-policy support programs, and the kind of more ALMPs practiced to date. Finally, part of the employment problem in these economies simply stems from demographic factors, with some PETs (notably Poland and Romania, and to a lesser extent Czechia and Slovakia) having to reckon with a rise in the working-age population, while others (particularly Bulgaria and Hungary) having to come to grips with a rapid rise in the number of aged persons relative to the working-age population (Boeri and Sziraczki 1993) with social-policy implications that far transcend this paper's remits.

For reasons of sociopolitical stability, employment in obsolete activities – the core of the ›old‹ state sector, in some cases even after nominal divestment – cannot be eliminated in record tempo, employment creation in the private sector lags significantly behind the pace required to soak up desirable layoffs in the state sector and new entrants, and restructuring social-welfare provisions traditionally passed on through the socialized sectors has proved to be a cumbersome exercise (Boeri 1994, 1995; Burda 1995; Franz 1995). For these and related reasons, many PETs, while having eliminated most outright budget subsidies, have embraced more subtle temporary transfers. Most common has been granting credit on a basis that has little to do with the borrower's (including the government's) creditworthiness. But other facilitations, such as fiscal easements and larger import protection than decision makers would otherwise have wanted to support, have been accommodated. In some cases, early commitments to very liberalized foreign sectors have had to be reconsidered. Policy makers have also retrenched on the initial liberalization burst as a way of bolstering the position of existing firms, and indeed agriculture, ostensibly pending greater progress with the construction of a ›normal market economy.‹

In other words, like their western European neighbors, the PETs have learned the hard way that labor-market pressures can be alleviated only over time and through compromise. This is particularly so when marked downsizing of the economy, notably employment, is advised. Even when embraced pragmatically, with the emphasis squarely on ALMPs, labor markets in a number of quasi welfare states, notably in western Europe, have continued to experience pressures for years. Except for the speed with which it emerged, the features of unemployment, though not of labor markets as such, in the PETs exhibit increasingly the familiar characteristics of structural unemployment in western Europe. Whereas the latter may well continue to muddle through their current policy stances of benign neglect, for as long as the employed tax payers remain willing to fund the expenditures required to forestall a social revolt, this stance cannot be replicated in eastern Europe; indeed it should not even if feasible. For one thing, the funding is simply not available to afford the unemployed the support cushion common in developed countries. Also, the PETs have had a long history of social commitment to worker protection and some sort of social contract, often stretching back to well before the advent of communism; militancy for some form of codetermination remains pronounced. Expectations deriving from these and related realities cannot be wiped out by replacing administered markets with the neoliberal credo (Moene and Wallerstein 1993, Przeworski 1993).

The measured elaboration and gradual implementation of a social-democratic labor-market policy would, in my view, be desirable. Social democracy can be characterized in multiple ways. Here I utilize it in its more positive sense, namely a society in which workers' power is exerted through strong unions aligned with, but preferably neither directly tied to nor dependent on, the political parties dominant in parliament. Given the prevailing instability in party structures and pluralistic decision-making infrastructure, such comparative independence but willingness to cooperate and compromise, including with government and the legislature, is even more desirable than in a well-established democracy. Whereas it encompasses centralized trade unions and a system of regular consultation and cooperation among government, union, and employer organizations, such a social-democratic labor-market policy should certainly not be structured so as eventually to give rise to corporatism or another misguided, premature welfare state. Rather, it requires a common understanding on the desirability of solidaristic bargaining; on access to basic goods and services as a citizen's right, perhaps reflecting some of the earlier traditions of these societies; and on a government's commitment to pursuing near-full employment policies, including through ALMPs with the social safety net explicitly tailored to the stage of transformation attained.

In the case of the PETs, both those trying to pivot around acquired rights, if somewhat curbed, and others who are still fundamentally in search of a modernization strategy, hence willing to let the economy drift in the interim, there is an urgent need for the government to facilitate the identification of a new growth path, and to actively work towards making it fully available for economic agents to travel along. Such a growth path should be sustainable over the longer haul and yield a sufficiently robust pace of expansion, including new employment opportunities to enable fundamental catchup with the more developed countries. For those pivoting, the goal should be emulating average levels of living in western Europe; for the others, it should be catching up in terms of modernization along the path chosen by the newly industrializing economies, such as those of south and east Asia.

I see the emergence of such a flexibly managed labor market largely in an evolutionary perspective. It would by and large emulate the early postwar (say until the mid 1960s) policies of western Europe axed on the fundamental bargain among the unions, which secure real wage restraint; the government, which seeks to prevent unemployment through its own economic and social policies; but also a host of not-for-profit nongovernmental organizations other than the labor unions devoted to enhancing the process of coordination, cooperation, and competition in society. A genuine industrial policy in the sense of government taking a pro-active role in economic management may well be contemplated in this context. ALMPs would constitute one important component thereof (Brabant 1993a, Chang 1994). The emergence of corporatism and the welfare state with all of its potential excesses, and indeed the rupture of this implicit contract, should be prevented. The danger that such may materialize as a logical consequence of the inability to fine-tune the social contract is real and should not be minimized. Indeed, vested rights tend to become ossified if central decision makers hold on to policies that are no longer suitable to the situation at hand, until circumstances force a rupture of the institutions and policies distinctive of the cited social democracy. But those concerns, while they should be kept in the back of policy makers' minds, should not be worried about too much under the PETs' near-term circumstances. They should certainly not be an excuse for arguing the case for unbridled liberalism as a panacea.

The evolution of labor markets within a social-democracy framework in PETs would, of course, encompass some of the measures that policy makers have been compelled to institute since 1989. Thus, there would certainly be room for affordable unemployment compensation, particularly when structured in a sensible manner with proper deadlines and adequate support for a limited time, possibly made contingent on training or workfare programs. There would also be scope for social-welfare policy to take care of the weaker strata in society and those who, through no ill will, simply find themselves excluded from labor markets as they are presently crystallizing under the vagaries of transition policies.

Perhaps more important would be the adoption of ALMPs for which in short order most of the unemployment-support expenditures are to be appropriated. This has thus far been underplayed in virtually all PETs – Czechoslovakia and since then Czechia being a major exception (Burda and Lubyova 1995; Ham, Švejnar, and Terrell 1995) – perhaps in the naïve, quite misguided expectation that markets would take care of themselves, including in reallocating labor resources. But this is fallacious thinking in the absence of well-functioning markets. It would be fallacious as well to view ALMPs as a wonder remedy even if associated with the creation of new job. Some active measures have been designed to alleviate the shortage of skills in demand; to combat the lack of mobility of the labor force for regional reasons or because of housing problems; to restore some measure of growth; and to foster the private sector, perhaps in combination with newly privatized state assets, so that new, fairly dependable, jobs will be created soonest. Another goal that deserves more than casual attention in ALMPs is to identify a new, employment-intensive growth path that can be endogenously sustained. With more ALMPs I certainly associate more general policies that have a bearing on growth and hence the demand for labor. I am thinking here especially of all kinds of education, the management of technological policies, the support of science, encouragement of entrepreneurship, and promotion of other policies that before, during, or after the habitual productive working life span can enable the individual to become and remain more productive, including from society's point of view.

Finally, I should like to return briefly to the issue of industrial policy, which I (Brabant 1993a, p. 49) view as a strategy formulated, and possibly initiated, by the State (or on its behalf) that encompasses mechanisms by which the actions of various layers of decision making about resource allocation in an economy can be coordinated, monitored, evaluated, and fine-tuned. Clearly, suitable governance capabilities must be in place or quickly acquired, including perhaps through foreign assistance. These actions are designed to influence, by direct or indirect means, static resource allocation in and among economic sectors, and especially the pace and composition of dynamic economic expansion. The means used to reach this goal are selective commitments of resources to particular activities with a view to facilitating, accelerating, or retrenching their growth path, in the end yielding accelerated modernization.

I am advocating here industrial policy not because I am particularly enamored by it. Rather, I contemplate it on the ground that, if the principal economic purpose of the transformation is to catch up with the more advanced countries of western Europe and to strengthen the underlying foundations of political democracy, it is difficult to envisage how such a new growth path can be discovered, walked along, and sustained over the long haul by relying principally on stabilization, liberalization, and privatization. At the very least institutions will have to be built, including revamping the role of the State in economic affairs and encouraging the formation of constructive trade unions. Also, efforts have to be marshaled to obtain and sustain a minimal sociopolitical consensus. Industrial policy deserves to be carefully considered in a pragmatic frame, rather than to be rejected out of hand for ideological reasons, if properly wielded by a governance structure that has clout and responsibility (Chang 1994), that does not get captured by rent seekers, and that recognizes that sharing in the benefits of economic expansion could play a constructive role. That would be particularly germane to meeting the requirements for regaining and sustaining growth by fostering market-conforming, -correcting, and -integrating measures. It could also help to solidify the sociopolitical consensus, including through direct action to loosen up labor markets.

Conclusions

The feeling that present levels of unemployment are too high and entail a vast waste of scarce resources is pervasive among policy makers and the populations at large of many countries, certainly of most PETs. Whether remedial measures can be activated depends first and foremost on political will, largely to conduct macroeconomic policy with a view to encouraging a more employment-intensive growth path. Of course, also the confined maneuvering room in PETs stemming from the myriad of constraints on conducting the most desirable transformation policy and hopping onto such a recovery-to-modernization trajectory must be duly considered. Recognizing these obstacles is quite different from simply deciding that nothing whatsoever can be done to come to grips with them to some degree, perhaps out of some misguided *a priori* ideological fear of corrupting transformation. This includes notably the creation of integrated and reasonably flexible labor markets within a sensible tripartite arrangement. Without such a policy stance, it is doubtful that the so vital economic, political, and social restructuring of the PETs can prospectively be completed without jeopardizing core features of the transition visions that suddenly jelled in 1989-1990.

The strategy pursued until now in many PETs, either in the form of disguising or hiding unemployment or simply putting in place unemployment-compensation and social-support programs, will not do. I maintain this while recognizing the evident obstacles of commercializing the nonwage benefit systems of state firms and of widespread unemployment, even if financial support can be mobilized. The markets for goods, services, capital, and labor in particular –arguably »the most important of all markets« (Burda 1995, p. 332) – in PETs are still too fragile, incomplete, and unintegrated for policy makers to confidently predict that the employment problem can be solved spontaneously. Experiences of mature economies with labor-market failures should be heeded: Without positive policy intervention, the pool of unemployed becomes overloaded with the chronically unemployable, leading to economic and social, and indeed personal, ills that aggravate the sociopolitical concerns arising from the already unsettled employment situation. However, steps to reintegrate the unemployed should be carefully weighed and tailored to the requirements of readying workers for more durable jobs whose emergence, in turn, will have to be fostered as well.

In a longer-term perspective, in which the economic restructuring issues ahead are fully reflected, much more encompassing ALMPs will have to be embraced. Indeed, efforts to foster greater transparency and flexibility through retraining and mobility, hopefully as strategic components of more forward-looking macroeconomic policy stances imbued with the goal of regaining growth, even though in and of itself this cannot be a panacea. This goal can be accomplished only when government plays a forward-looking role. In the interim, measures to enhance precisely that can take the form of some kind of industrial policy designed to avert pushing masses of workers out of a job through targeted temporary subsidies directed at creating and sustaining employment, rather than through muddling-through strategies.[9] Only in this way could all available resources be productively mobilized and the unemployment problem alleviated. In this context, all realistic efforts apt to improve export markets for PETs need to be encouraged. But it would seem

9 In this connection, it is useful to remember that creating judiciously chosen employment through some form of state support will alleviate the state of the social costs of unemployment and bring in new revenues, so that the net incremental cost to those supporting employment expansion will remain well below the apparent wage cost – and revenue – of job creation. But this can only be a temporary solution, save in case of a negative income tax.

unrealistic to predicate sustainable economic recovery in the PETs chiefly on the unconditional opening of markets in the European Union (Brabant 1995a) or even export-led growth based on existing cheap labor or raw material resources. Even less realistic are anticipations that free labor mobility into the European Union will be granted as a way of solving some of the more obdurate problems currently and prospectively faced by PET policy makers.

Bibliography

Basch, Antonín, *The Danube basin and the German economic sphere* (New York: Columbia University Press, 1943).

Beleva, Iskra, »Transformatsiyata na trudoviya model v Bŭlgariya i izpolzvaneto na trudovite resursi,« *Ikonomicheska misŭl*, 1993:9/10, 62-73.

Blaha, Jaroslav, »Les tsiganes en République tchèque, Slovaquie et Hongrie,« *Le Courrier des Pays de l'Est*, No. 383 (1993), 86-94.

Blanchard, Olivier, Simon Commander, and Fabrizio Coricelli, »Unemployment and restructuring in Eastern Europe and Russia,« in Simon Commander and Fabrizio Coricelli, eds., *Unemployment, restructuring, and the labor market in Eastern Europe and Russia* (Washington, DC: The World Bank, 1995), pp. 289-329.

Boeri, Tito, »›Transitional‹ unemployment,« *Economics of Transition*, 1994:1, 1-25.

–, »Unemployment dynamics and labor market policies,« in Simon Commander and Fabrizio Coricelli, eds., *Unemployment, restructuring, and the labor market in Eastern Europe and Russia* (Washington, DC: The World Bank, 1995), pp. 361-83.

– and Gyorgy Sziraczki, »Labor market developments and policies in central and eastern Europe; a comparative analysis,« in *Structural change in Central and Eastern Europe: labor market and social policy implications*, edited by Georg Fischer and Guy Standing (Paris: Organisation for Economic Co-operation and Development, 1993), pp. 241-61.

Brabant, Jozef M. van, *Industrial policy in Eastern Europe – governing the transition* (Dordrecht, Boston, MA, London: Kluwer Academic Publishers, 1993a).

–, »Lessons from the wholesale transformations in the East,« *Comparative Economic Studies*, 1993b:4, 73-102.

–, »Labor-market developments during systemic transformation« (paper presented at the Fourth US-Polish Roundtable, Certosa di Pontignano [Italy], 14-17 June 1994a).

–, »Behavior in labor markets, systemic transition, and recovery in Eastern Europe« (paper presented at the conference on ›Challenges of Unemployment in a Regional Europe‹, Ameland [The Netherlands], 11-15 October 1994b).

–, *The transformation of Eastern Europe – joining the European integration movement* (Commack, NY: Nova Science Publishers, 1995a).

–, »Microeconomics, endogenous growth, and systemic transformation« (paper prepared for the Fourth Freiberg Symposium on Economics ›Microeconomics of Transition and Growth,‹ Freiberg [Germany], 28-30 August 1995b).

Bresser Pereira, Luiz Carlos, José Maria Maravall, and Adam Przeworski, *Economic reforms in new democracies – a social-democratic approach* (Cambridge and New York: Cambridge University Press, 1993).

Burda, Michael C., »Labor market institutions and the economic transformation of central and eastern Europe,« in Simon Commander and Fabrizio Coricelli, eds., *Unemployment, restructuring, and the labor market in Eastern Europe and Russia* (Washington, DC: The World Bank, 1995), pp. 331-60.
– and Martina Lubyova, »The impact of active labour market policies: a closer look at the Czech and Slovak Republics« (London: CEPR Discussion Papers No. 1102, February 1995).
Chang, Ha-Joon, *The political economy of industrial policy* (New York: St. Martin's Press, 1994).
Dimitrova, Elka, »Ima li ›zhenski pazar‹, no na truda?«, *Ikonomika*, 1993:11, 28-39.
Franz, Wolfgang, »Central and East European labour markets in transition: developments, causes, and cures« (London: CEPR Discussion Papers No. 1132, February 1995).
Gellner, Ernest, *Conditions of liberty: civil society and its rivals* (London: Penguin, 1994).
Ham, John, Ján Švejnar, and Katharine Terrell, »Czech Republic and Slovakia,« in Simon Commander and Fabrizio Coricelli, eds., *Unemployment, restructuring, and the labor market in Eastern Europe and Russia* (Washington, DC: TheWorld Bank, 1995), pp. 91-146.
Hertz, Frederick, *The economic problem of the Danubian States – a study in economic nationalism* (London: Gollancz, 1947).
Ignatieff, Michael, »On civil society – why Eastern Europe's revolutions could succeed,« *Foreign Affairs*, 1995:2, 128-36.
Jowitt, Ken, »The Leninist legacy,« in *New world disorder – the Leninist extinction*, edited by Ken Jowitt (Berkeley, CA and London: University of California Press, 1992), pp. 284-305.
Kirova, Krasimira, »Bezrabotitsata i razkrivane na novi rabotni mesta,« *Ikonomicheska misŭl*, 1993:7/8, 40-51.
Kornai, János, »Lasting growth as the top priority: macroeconomic tensions and government economic policy in Hungary« (London: EBRD Working Paper No. 15, December 1994).
Krugman, Paul, »Dutch tulips and emerging markets,« *Foreign Affairs*, 1995:4, 28-46.
Lefèvre, Cécile, »Le rôle social de l'entreprise industrielle en Russie,« *Le Courrier des Pays de l'Est*, No. 383 (1993), 33-9.
Leven, Bożena, »Unemployment among Polish women,« *Comparative Economic Studies*, 1993:4, 135-45.
Lindbeck, Assar, *Unemployment and macroeconomics* (Cambridge, MA and London: The MIT Press, 1993).
Marczewski, Jean, *Planification et croissance économique des démocraties populaires* (Paris: Presses Universitaires de France, 1956).
Moene, Karl Ove and Michael Wallerstein, »What's wrong with social democracy?« in *Market socialism – the current debate* (New York and Oxford: Oxford University Press, 1993), pp. 219-35.
Moore, William E., *Economic demography of Eastern and Southeastern Europe* (Geneva: League of Nations, 1945).
Przeworski, Adam, »Economic reforms, public opinion, and political institutions: Poland in the Eastern European perspective,« in *Economic reforms in new democracies – a social-democratic approach*, edited by Luiz Carlos Bresser Pereira,

José Maria Maravall, and Adam Przeworski (Cambridge and New York: Cambridge University Press, 1993), pp. 132-98.
Standing, Guy, »The changing position of women in Russian industry: prospects of marginalization,« *World Development*, 1994:2, 271-83.
Sziracki, Gyorgy and Jim Windell, *The impact of employment restructuring on disadvantaged groups in Bulgaria and Hungary* (Geneva: International Labor Office, Working Paper No. 62, 1993).
UNECE, *Economic Survey of Europe in 1994-1995* (New York: United Nations Publications, Sales No. E.95.II.E.1, 1995).
Vodopivec, Milan and Wayne Vroman, *The Armenian labor market in transition: issues and options* (Washington, DC: The World Bank, Working Paper No. 1193, September 1993).
WESS, »The global employment situation: present and near-term,« in *World Economic and Social Survey, 1994* (New York: United Nations Publications, Sales No. E.94.II.C.1, 1994), pp. 157-205.

Table 1: Levels of unemployment, 1990-1994
(in thousands, end of period)

Country or region	1990	1991	1992	1993	1994
Eastern Europe, total	1734.9	4505.5	5862.7	6172.3	5871.0
Albania	150.7	139.8	394.3	301.3	262.0
Bulgaria	72.7	419.1	576.9	626.1	488.0
Czechoslovakia	77.0	523.7	395.1	n.a.	n.a.
Czechia	39.4	221.7	134.8	185.2	167.0
Slovakia	37.6	302.0	260.3	368.1	372.0
Hungary	81.4	406.1	663.0	632.0	520.0
Poland	1126.1	2155.6	2509.3	2889.6	2838.0
Romania	150.0	337.5	929.0	1170.0	1224.0
Yugoslavia	1383.5	1576.6	1300.3[a]	1275.4[a]	1319.0[a]
Bosnia-Herzegovina	288.7	330.2	...	...	...
Croatia	195.5	283.3	261.0	243.1	248.0
Macedonia	156.3	164.8	172.1	177.2	196.0
Slovenia	55.4	91.2	118.2	137.1	124.0
Yugoslavia (FR)	687.6	707.1	749.0	718.0	751.0
Baltic States	...	7.4	67.0	123.4	175.0
Estonia	0.6	0.9	15.0	16.2	13.0
Latvia	...	1.9	31.3	76.7	84.0
Lithuania	...	4.6	20.7	30.5	78.0
CIS[b]	...	80.5[c]	819.9	1239.6	2093.0[d]
Armenia	...	...	56.3	102.6	92.0
Azerbaijan	...	3.8	6.4	19.5	24.0
Belarus	...	2.0	24.0	66.2	101.0
Georgia	...	1.7	18.9	39.6	...
Kazakhstan	...	4.1	33.7	40.5	70.0
Kyrgyzstan	...	0.1	1.8	2.9	12.0

Moldova	...	0.1	15.0	14.1	21.0
Russia	...	61.9	577.7	835.5	1637.0
Tajikistan	...	...	6.8	21.5	32.0
Ukraine	...	6.8	70.5	83.9	82.0
Uzbekistan	...	...	8.8	13.3	22.0

n.a.: not applicable.
. . .: not available.
0.0: less than half of the smallest unit.

a Without Bosnia-Herzegovia.
b Without Armenia and Tajikistan.
c Data for Turkmenistan are not available.
d Without Georgia.

Table 2: Unemployment rate, 1991-1994
(in percent of active population, end of period)

Country or region	1991	1992	1993	1994
Eastern Europe				
Albania	9.4	24.2	22.0	19.0
Bulgaria	11.5	15.6	16.4	12.8
Czechoslovakia	6.6	5.5	n.a.	n.a
Czechia	4.1	2.6	3.5	3.2
Slovakia	11.8	10.4	14.4	14.8
Hungary	7.4	12.7	12.6	10.4
Poland	11.8	13.6	16.4	16.0
Romania	3.1	8.2	10.4	10.9
Yugoslavia				
Bosnia-Herzegovina	17.0	...	...	...
Croatia	14.1	17.8	16.9	17.7
Macedonia	24.5	26.8	30.3	33.2
Slovenia	10.1	13.4	15.5	14.3
Yugoslavia (FR)	20.5	22.8	24.0	23.9
Baltic States				
Estonia	0.1	1.9	2.6	2.2
Latvia	...	2.1	5.8	6.5
Lithuania	0.3	1.0	3.4	4.5
CIS				
Armenia	...	3.5	6.2	6.0
Azerbaijan	0.1	0.2	0.7	0.9
Belarus	...	0.5	1.3	2.1
Georgia	...	1.0	2.0	2.8
Kazakhstan	...	0.5	0.6	1.0
Kyrgyzstan	...	0.1	0.2	0.8
Moldova	...	0.7	0.7	1.0
Russia	0.1	0.8	1.1	2.1

Tajikistan	...	0.3	1.1	1.8
Ukraine	...	0.3	0.4	0.3
Uzbekistan	...	0.1	0.2	0.3
Russia ILO definition	...	4.8	5.5	7.1

Legend: see table 1.

Table 3: Apparent hoarding of labor
(drop in output[a] minus drop in employment[b] relative to 1989)

	1990	1991	1992	1993	1994
Eastern Europe					
Albania	9.3	28.5	19.3	7.5	...
Bulgaria	3.0	1.4	-0.7	-0.7	...
Czechia	0.3	8.9	11.9	9.9	3.7
Hungary	0.2	2.5	-2.0	-4.1	-6.7
Poland	7.6	8.1	2.2	-1.6	-6.1
Romania	7.2	18.6	23.6	19.0	...
Slovakia	-0.1	4.0	3.2	5.5	1.7
Former Yugoslavia					
Croatia	5.4	16.1	12.6	13.6	10.4
Macedonia	8.7	16.7	22.8	27.5	26.5
Slovenia	0.8	1.1	-0.1	-3.6	-8.8
Yugoslavia (FRY)	5.4	9.0	27.3	41.3	36.6
Baltic States					
Estonia	6.0	15.6	21.2	19.5	...
Latvia	-2.6	7.3	35.7	38.9	37.9
Lithuania	4.3	18.8	48.4	57.6	55.5
CIS					
Armenia	10.1	20.8	58.7	62.4	60.7
Azerbaijan	11.4	16.1	30.2	44.7	53.3
Belarus	2.2	0.9	7.6	14.6	28.4
Georgia	8.0	16.8	27.8	44.2	...
Kazakhstan	2.2	13.0	22.5	26.5	38.0
Kyrgyzstan	-2.0	1.4	22.1	25.3	43.5
Moldova	0.5	18.9	40.6	42.4	56.4
Russia	1.6	12.2	26.6	33.2	41.1
Tajikistan	7.1	16.9	40.9	48.3	51.8
Ukraine	2.0	12.2	20.0	28.4	...
Uzbekistan	-0.1	5.4	16.2	18.3	17.2

. . .: not available.

a GDP whenever available. Otherwise NMP (Moldova and Tajikistan) and GMP (for the former Yugoslavia) for earlier years linked to GDP series.

b Mid-year employed (in some cases mid-point estimates).

Olaf Hübler

Beschäftigungsorientierte Qualifizierung in Ostdeutschland – Ein Modell für die Arbeitsmärkte in Osteuropa?

> Wer Weiterbildung einschränkt,
> um Kosten zu sparen, der ist
> jemand, der die Uhr anhält, um
> Zeit zu sparen.

1. *Einführung*

Wie neueste Betriebsbefragungen z.B. für Niedersachsen bestätigen, ist die Qualifikation der Arbeitskräfte wichtigste Voraussetzung für erfolgreiches Wirtschaften der Unternehmen. Und hieran mangelt es nach Auskunft von Personalchefs in vielen Fällen. Maßnahmen sind notwendig, um Abhilfe zu schaffen. Ob hierin auch eines der drängendsten Probleme für Osteuropa liegt, mag unterschiedlich beurteilt werden. Zumindest herrscht Übereinstimmung darin, daß berufsorientierte Weiterbildung wünschenswert ist und für die weitere ökonomische Entwicklung einer Volkswirtschaft große Bedeutung besitzt. Die Gemeinsamkeit bei der Beurteilung hört auf, wenn es um das Wie und Wieviel geht. Die mittel- und osteuropäischen Länder können sich aufgrund der knappen Ressourcen Fehlallokationen noch weniger leisten als Länder wie Deutschland oder die USA. Es bedarf sorgfältiger Überlegung, wo Schwerpunkte zu setzen sind. Die Erfahrungen aus den Zeiten der Planwirtschaft sind nur sehr begrenzt verwertbar. Eine Orientierung an fortgeschrittenen Marktwirtschaften ist naheliegend, wenn eine Entwicklung in diese Richtung angestrebt wird. Allerdings ergeben sich in Übergangsgesellschaften wie Ungarn, Polen oder Tschechische Republik, aber auch Bulgarien, Rumänien oder Albanien besondere Probleme in der Anpassungsphase. Ostdeutschland als Vorbild zu wählen, erscheint intuitiv einleuchtend. Waren doch die Ausgangsbedingungen ähnlich und haben sich dort bereits verschiedene wirtschaftliche Erfolge eingestellt. (Ist dieser Teil Deutschlands doch derzeit die europäische Region mit den höchsten Wachstumsraten.)

Eine unbesehene Übernahme des Modells Ostdeutschland bei der Qualifizierung wäre jedoch voreilig. Verschiedene Fragen sind zunächst zu klären. Wie war die Ausgangslage in Ostdeutschland? Bedurfte und bedarf es tatsächlich einer Qualifizierungsoffensive in Ostdeutschland? Welche Ziele werden damit verfolgt? Welche Instrumente stehen zur Verfügung? Wie sind sie angenommen worden und was läßt sich über die Wirkungen sagen? Welche Fehler wurden begangen, welche Alternativen gibt es? Erst hieran anschließend können Möglichkeiten der Übertragbarkeit diskutiert werden. Einzubeziehen sind dabei die abweichenden Voraussetzungen und die bisher im Übergang genutzten Maßnahmen.

2. *Warum beschäftigungsorientierte Qualifizierung in Ostdeutschland?*

Unabhängig von den Besonderheiten in Ostdeutschland nach der Wende ist Weiterbildung in jeder Entwicklungsphase einer Volkswirtschaft bedeutsam. Rein schulische Kenntnisse reichen weder für den Arbeitsanbieter aus, um Beschäftigung für das gesamte Erwerbsleben zu sichern, noch für die Unternehmen, um im Konkurrenzkampf bestehen und damit Arbeitsnachfrage im gegebenen Umfang aufrechterhalten zu können. Nur durch ständiges Anpassen an neue Entwicklungen läßt sich die Wettbewerbsposition halten. Für den einzelnen Arbeitnehmer haben Maßnahmen der beruflichen Qualifizierung die Funktion, vor Entlassung zu schützen, Abgruppierungen zu vermeiden, Aufstiegschancen zu wahren und Einkommen zu mehren. Dabei ist in einem Umfeld mit hohem Qualifikationsniveau einerseits die Gefahr von Entlassung auch für relativ gut ausgebildete Arbeitskräfte vergleichsweise groß, weil jederzeit ein anderer bereitsteht, auch schwierige Tätigkeiten zu übernehmen, die ein umfassendes Wissen und Erfahrung verlangen. Andererseits gehen von einer im Durchschnitt hoch qualifizierten Belegschaft positive externe Effekte aus, die allen einen Schutz vor Entlassung bieten, da über Innovationen, flexible Spezialisierung und hohe Arbeitsproduktivität die Gefahren auf dem Produktmarkt für ein Unternehmen reduziert werden. Endogenes Wachstum durch Anhebung des allgemeinen Qualifikationsniveaus ist ein Schlüssel zum Erfolg, eine notwendige Bedingung zur Aufrechterhaltung einer hohen Innovationsrate (Bodenhöfer 1983, S.21). Und dies gilt nicht nur für ein Unternehmen, sondern für ganze Regionen und Volkswirtschaften.
Schnell nach der Wende und der Wiedervereinigung Deutschlands machte das Schlagwort von der Qualifizierungsoffensive Ost (Friedrich-Ebert-Stiftung, 1991) die Runde. Sie wurde als ein wesentliches Element beim Umbau der Wirtschaft und bei der Bewältigung der Arbeitsmarktprobleme angesehen. Verwundern mag dies vor dem Hintergrund, daß von westlichen Investoren das vorhandene Humankapital in der ehemaligen DDR als großes Plus für die

dortige Bevölkerung eingeschätzt wurde, als entscheidender Erfolgsfaktor im Transformationsprozeß ostdeutscher Betriebe. Und in der Tat waren die Bildungsausgaben in der ehemaligen DDR, gemessen am Volkseinkommen, erheblich höher als in der alten Bundesrepublik. Sie beliefen sich z.B. 1989 auf 5.8 % im Osten gegenüber 3.7 % im Westen. Dies macht sich dann auch in der Verteilung der Bildungsabschlüsse bemerkbar, wie Tabelle 1 zeigt. Nach qualifizierten Schul- und Berufsabschlüssen weist Ostdeutschland einen sichtbaren Vorsprung auf.

Tabelle 1: Verteilung von Bildungsabschlüssen für Personen im erwerbsfähigen Alter in Ost- und Westdeutschland, Mikrozensus April 1991 (in Prozent)

Schulabschluß	neue Bundesländer	alte Bundesländer
Realschule	55.0	23.8
Fachhochschul- oder Hochschulreife	14.6	18.5
Lehr- und Anlern-Ausbildung	60.7	56.1
Fachschulabschluß	7.1	6.8
Fachhochschul-/ Hochschulabschluß	10.0	9.5

Quelle: Schoer/Dabbert (1994).

Trotz dieser günstigen Ausgangslage hat sich die Situation auf dem Arbeitsmarkt in Ostdeutschland nach der Wende dramatisch verschlechtert. Wie Ergebnisse des Arbeitsmarkt-Monitors zeigen (Bielenski/Magvas/Parmentier 1992), waren vom Beschäftigungsabbau zwar sehr viel mehr unqualifizierte Arbeitskräfte betroffen. Bei Facharbeitern sowie Fach- und Hochschulabsolventen ist jedoch eine beträchtliche Dequalifizierung zu beobachten. Unterwertige Beschäftigung wird von mehr als 30 % dieser Gruppe ausgeübt (Weiß u.a. 1993, S.18f).

Prinzipiell sind bei Entlassungen in einer Rezession oder Strukturkrise zunächst die Unqualifizierten betroffen, während ein Teil der Qualifizierten deren Tätigkeiten wahrnimmt, also unterwertig eingesetzt wird. Auf diesem Weg lassen sich generell die Qualifikationsanforderungen erhöhen. Davon haben zweifellos auch ostdeutsche Betriebe nach der Wiedervereinigung Gebrauch gemacht und so durch Abgruppierung einen Teil der schnell steigenden Lohnkosten aufgefangen, da die Konkurrenzfähigkeit wegen eines völlig veralteten Kapitalbestandes andernfalls überhaupt nicht gewährleistet gewesen wäre. In Ostdeutschland kommt jedoch hinzu, daß ein Teil des in der DDR

erworbenen Humankapitals obsolet geworden ist. Dies lag erstens daran, daß in der DDR vielen Beschäftigten aufgrund starker Planungsvorgaben und dem Zwang zur Vollbeschäftigung nur Aufgaben zugeteilt wurden, bei denen sie völlig unterfordert waren und Weiterbildung nicht selten von den Betrieben als Abstellgleis genutzt wurde, um Arbeitskräfte loszuwerden bzw. Belegschaft abzubauen. Zweitens haben die in einer Mangelwirtschaft erworbenen spezifischen Fähigkeiten, wie improvisatorisches Geschick, Aufspüren von Ersatzlösungen und Umwegbeschaffung, ihre Bedeutung weitgehend verloren. Drittens sind Kompetenzen, die parteipolitisch und idiologisch von größter Bedeutung waren, völlig entwertet. Viertens konnte das theoretisch vorhandene Wissen aber auch nicht immer genutzt werden, weil die technischen Anlagen nicht zur Verfügung standen.
Obsoletes Wissen stellt aber nicht das Hauptproblem dar. Daraus folgt nicht zwangsläufig die Forderung nach einer Qualifizierungsoffensive. Anders sieht dies mit speziellen Fähigkeiten aus, die in einer Marktwirtschaft, nicht jedoch in einer Planwirtschaft dringend benötigt werden. Deren Identifizierung besitzt erste Priorität. Eine Bestandsaufnahme von vorhandenen und benötigten Fähigkeiten, das Erkennen, wo und in welcher Form Mismatch zwischen Arbeitsangebot und Arbeitsnachfrage vorliegt, kann erst deutlich machen, ob und welche Qualifizierung in Ostdeutschland benötigt wird.
Auch wenn sich für einzelne Unternehmen und Branchen Besonderheiten ergeben haben, wie Firmenbefragungen zeigen (Heineke/Koch/Gleiche 1992), so waren doch auch allgemeine Defizite nach der Wende erkennbar, und zwar

- im Umgang mit Hochtechnologie;
- bei der Nutzung moderner Informationssysteme;
- im Bereich Managementfähigkeiten;
- beim Vertrieb und Marketing;
- im Rechnungswesen;
- bei juristischen Problemen;
- bei Fremdsprachen.

Entscheidungsfreudigkeit, Eigeninitiative, Risikobereitschaft, Konkurrenzdenken, Durchsetzungsvermögen und Kreativität waren in ostdeutschen Betrieben weit weniger ausgeprägt als in Westdeutschland. Die wesentlichen Defizite ergaben sich weniger auf den unteren als auf den oberen Hierarchieebenen der Unternehmen (Albach/Schwarz 1994, S.17f.).
Hicks (1963, S.36) folgend, kann eine Strategie, die zunächst bei Eigentümern und Managern ansetzt und fehlende Fähigkeiten vermittelt, nicht ganz falsch sein. Je besser Unternehmer qualifiziert sind, um so eher werden sie von der Einsicht getragen, daß für erfolgreiches Wirtschaften qualifizierte Mitarbeiter absolute Voraussetzung sind, und bereit sein, Weiterbildung ihrer Beschäftigten finanziell in großem Umfang zu unterstützen. Eine forcierte Weiterbildung des Managements in ostdeutschen Betrieben ist nicht nur sinnvoll und

notwendig, sondern sogar wesentliche Voraussetzung für eine qualifikationsorientierte Modernisierung der betrieblichen Produktionsstrukturen und des betrieblichen Sozialmilieus. Denn solange die dort tätigen Manager nicht selbst für Fragen der Personalentwicklungsplanung sensibilisiert und qualifiziert werden, sind pro-aktive Maßnahmen zur systematischen Weiterbildung der Beschäftigten bei ihnen nicht zu erwarten (Kurz-Scherf/Mahnkopf 1993, S.99).

Die Frage, ob Qualifizierungsmaßnahmen in Ostdeutschland notwendig sind, wird kaum von irgendeiner Seite verneint. Welche Ziele allerdings damit verbunden sind, darüber gehen die Meinungen schon auseinander. Während bei den Arbeitnehmern eindeutig die Sicherung des Arbeitsplatzes, der Schutz vor Abgruppierung, die Vergrößerung der Chancen des beruflichen Aufstiegs und ein höheres Einkommen im Vordergrund stehen (Kurz-Scherf/Mahnkopf 1993, S.35), werden bei den Unternehmen verschiedene Funktionen der Weiterbildung betont. So unterscheiden Ischebeck/Schusser/Söhngen/Weiß (1994) eine strategische, gestalterische und Dienstleistungsfunktion. Dabei geht es darum, die Ziele des Unternehmens zu unterstützen, die Organisationsentwicklung zu fördern und den Qualifizierungsbedarf zu decken. Spezielle Transformationsziele der Weiterbildung im Osten sind bei den Betrieben die Entwicklung einer neuen Unternehmenskultur, die Verankerung eines neuen Führungsstils, die Entwicklung einer neuen Arbeitsorganisation und die Umorientierung auf Westmärkte (Weiß u.a. 1993, S.20ff). Deutlich im Vordergrund gesehen wird ein Qualifizierungsbedarf bei Fachkräften im gewerblichen und kaufmännischen Bereich sowie bei Führungskräften.

Bei Wirtschaftspolitikern kann man sich häufig des Eindrucks nicht erwehren, als seien sie weniger an langfristiger Beschäftigungssicherung durch Qualifizierungsmaßnahmen interessiert. Vielmehr geht es in erster Linie um eine Reduktion der offiziellen Arbeitslosenzahlen, um eine bestenfalls kurzfristige Beschäftigungsorientierung. Offizielle Verlautbarungen lesen sich allerdings völlig anders. So nennt z.B. das Ministerium für Soziales in Mecklenburg-Vorpommern als Ziele des Landesprogramms: das Berufsspektrum der Frauen erweitern, Voraussetzungen für die Wettbewerbsfähigkeit der Wirtschaft schaffen, Standortvorteile erzielen, um Investoren zu gewinnen, Wissenstransfer in die Praxis sichern und auf neue technologische Anforderungen reagieren (Friedrich-Ebert-Stiftung 1991a, S.13). Arbeitsämter oder Institutionen wie das Institut für Arbeitsmarkt- und Berufsforschung betonen die Notwendigkeit einer marktgängigen Fortbildung (Blaschke/Koller u.a. 1990, S.6), wobei immer wieder zu recht zu hören ist, daß das Beschäftigungsproblem selbst damit nicht zu lösen ist, daß berufliche Qualifizierung selbst keine Arbeitsplätze schafft.

Insgesamt bestand und besteht eine große Bereitschaft in der ostdeutschen Bevölkerung zur Weiterbildung. 90 % der 19-64jährigen halten eine ständige Weiterbildung für notwendig (Friedrich-Ebert-Stiftung 1991a, S.14, Bielenski/v.Rosenbladt 1991, Tab.141). Aber auch die Unternehmen haben die Bedeutung erkannt. In einer Befragung gaben 52 Prozent der Unternehmen des Verarbeitenden Gewerbes an, Weiterbildung sei die wichtigste der anstehenden Aufgaben in Ostdeutschland (DIW/IfW, Nr.39, 1992, S.475). Jedes dritte Unternehmen mißt der Weiterbildung zunehmende Bedeutung bei. Innerbetrieblichen Maßnahmen wird eindeutig der Vorrang gegeben. Rein quantitativ betrachtet, liegt diese Beteiligung der beruflichen Weiterbildung über der in Westdeutschland oder ist zumindest vergleichbar mit dieser (Weiß u.a. 1993, S.41, Wahse u.a. 1993, S.10). Aus qualitativer Sicht wird das westdeutsche Niveau jedoch bei weitem noch nicht erreicht.
Zu unterscheiden ist zwischen Einarbeitung, inner- und außerbetrieblicher Weiterbildung, die auf die Belegschaft abzielt, sowie Maßnahmen, die der Information, Schulung und Beratung von Selbständigen gelten. Für die Jahre 1990-92 läßt sich eine Tendenz weg von innerbetrieblichen hin zu außerbetrieblichen Kursen beobachten. Während im November 1990 in Ostdeutschland 8 % der Beschäftigten (einer Teilstichprobe des Arbeitsmarkt-Monitors von 4056 Personen) angaben, eine Einarbeitung bzw. Einweisung am Arbeitsplatz in den vorangegangenen 12 Monaten erhalten zu haben, 11 % an innerbetrieblichen und ebenfalls 11 % an außerbetrieblichen Kursen teilgenommen hatten, sah das Bild Ende 1992 deutlich anders aus (4 %, 7 % und 14 %).
Die innerbetriebliche Fortbildung in Ostdeutschland liegt nicht nur aufgrund dieser Entwicklung deutlich unter der Westdeutschlands sowie unter der in der ehemaligen DDR. Während im Osten 50 Teilnehmer auf Weiterbildungsmaßnahmen entfallen, sind dies im Westen 70. Allerdings ist der zeitliche Aufwand pro Beschäftigten im Westen niedriger, 26 gegenüber 95 Stunden (iwd 1994, S.4). Eine Schätzung hat ergeben, daß 1992 Unternehmen für betriebliche Ausbildung in Ostdeutschland etwa 3.5 Mrd DM ausgegeben haben. Dem stehen 33.3 Mrd DM in Westdeutschland gegenüber (iwd 1994a, S.4). Bei einer Übernahme ostdeutscher Betriebe durch westdeutsche Investoren ist eine Ausweitung der Weiterbildungsaktivitäten jedoch keineswegs selbstverständlich. Wenn, dann beschränken sich Maßnahmen meist auf kurze Einarbeitungsphasen. Längerfristig angelegte Fortbildung ist die Ausnahme. Im Mittelpunkt innerbetrieblicher Qualifizierungsstrategien stehen fünf Maßnahmen (iwd 1993, S.6):
- Unterweisungen
- Patenbetreuung und Job Rotation
- Seminare und Lehrgänge

- Erfahrungsaustausch
- Lernprogramm.

Wahse/Schaefer (1993) kommen bei einer Gegenüberstellung von Treuhand- und Ex-Treuhand-Unternehmen für 1993 zu folgendem Bild (vgl. Tabelle 2): Während Weiterbildungsquoten und Weiterbildungsaufwendungen je Beschäftigten in den Ex-Treuhand-Betrieben deutlich höher sind, wird pro Teilnehmer in den Treuhand-Betrieben mehr ausgegeben. Treuhand-Betriebe konzentrieren sich stärker auf die Fortbildung der Führungs- und Fachkräfte.

Tabelle 2: Berufliche Weiterbildung in Treuhand- und Ex-Treuhand-Betrieben 1993 (in Prozent)

	Treuhand-Betriebe	Ex-Treuhand-Betriebe
Weiterbildungsquote (Teilnehmer/Beschäftigte)	16.9	27.7
Struktur der Weiterbildungsteilnehmer		
• Un- und Angelernte	1.8	2.4
• Facharbeiter	34.3	31.3
• Kaufmännische Angestellte	21.4	25.9
• Technische Angestellte	25.5	28.7
• Führungskräfte	17.0	11.7
Σ	100.0	100.0
Weiterbildungsaufwendungen je Beschäftigten in DM	190	246
Weiterbildungsaufwendungen je Teilnehmer in DM	1000	885

Quelle: Wahse/Schaefer (1993).

Der Umfang der Weiterbildungsaktivitäten schwankt deutlich zwischen den Wirtschaftssektoren. Generell läßt sich eine schnellere Anpassung im gewerblich-technischen Bereich als im Dienstleistungssektor ausmachen (Weiß u.a. 1993, S.47). Die empirischen Befunde hinsichtlich der Betriebsgröße sind uneinheitlich. Wahse u.a.(1993) kommen zu dem Ergebnis, daß Klein- und Mittelbetriebe allgemein zurückhaltender in ihren Anstrengungen bei der Qualifizierung der Mitarbeiter sind. Wenn, dann konzentrieren sich solche Aktivitäten wegen fehlender finanzieller und personeller Mittel meist auf Kurse außerhalb des Betriebes. Demgegenüber hebt Weiß (1994) hervor, daß Kleinbetriebe mit weniger als 20 Beschäftigten die höchsten Weiterbildungskosten pro Beschäftigten haben und der größte Anteil der Kosten auf das Lernen im Betrieb entfällt (iwd 1994a, S.5). Als Begründung dient: Zum einen gleichen

Kleinbetriebe ihr Manko in der Organisation interner Lehrveranstaltungen durch Lernprozesse am Arbeitsplatz aus. Zum anderen können Bildungsexperten in den Großbetrieben den Umfang des lernorientierten Arbeitens weniger gut einschätzen als die Verantwortlichen in Kleinbetrieben.
1992 haben Privatwirtschaft, Arbeitnehmer und öffentliche Hand zusammen mehr als 83 Mrd. DM in ganz Deutschland für Weiterbildung ausgegeben. Davon entfielen 52 % auf Unternehmen, 11.8 % auf Arbeitnehmer, 23 % auf die Bundesanstalt für Arbeit, 7.8 % auf die öffentliche Hand als Arbeitgeber und der Rest auf Bund, Länder, Gemeinden und Europäische Union (iwd 1994c, S.4f). Diese Zahlen machen deutlich, daß die Unternehmen, insbesondere die ostdeutschen, wesentliche Unterstützung durch Förderprogramme von den verschiedensten Seiten erhalten bzw. erhalten können. Wegen der Vielzahl der Geldgeber, der Art der Programme, der Zielgruppen und Bedingungen sind die vorhandenen Möglichkeiten nur schwer durchschaubar. In vielen Fällen ist die Förderung beruflicher Fortbildung nicht vorrangiges Ziel, sondern eingebettet als eine Maßnahme in ein größeres Programm, das z.B. auf regionalpolitische oder mittelstandspolitische Hilfen abzielt.
Die mit Abstand wichtigsten Maßnahmen basieren jedoch auf dem Arbeitsförderungsgesetz (AFG) von 1969, das mit gewissen Modifikationen auch für Ostdeutschland Gültigkeit besitzt. Kernstück dieses Gesetzes sind Förderung der betrieblichen Ausbildung, Fortbildung und Umschulung sowie Arbeitsbeschaffungsmaßnahmen, die auch und gerade für Ostdeutschland Möglichkeiten der Weiterbildung enthalten. Dieser aktive Teil der Arbeitsmarktpolitik, der zunächst nach Inkraftsetzen des AFG in erster Linie eine prophylaktische Funktion besaß, hat mehr und mehr eine kurative Funktion erhalten (Blaschke/Plath/Nagel 1992, S.381ff). Interessengebundene Maßnahmen sollen durch das AFG (§ 43, Abs.2) nicht gefördert werden. Dies bedeutet, betriebliche Weiterbildung soll nur dann gefördert werden, sofern die Maßnahme der Sicherung bzw. Bereitstellung von anderen Arbeitsplätzen dient. Praktisch schwierig ist jedoch eine Abgrenzung gegenüber beruflicher Qualifizierung, die gegenüber ersterer nicht auf spezielle Arbeitsplätze abzielt und nicht vom Betrieb getragen wird. Durch das Erste Gesetz zur Umsetzung des Spar-,Konsolidierungs- und Wachstumsprogramms (1.SKWPG) ist die Förderung der beruflichen Weiterbildung auf Arbeitslose, von Arbeitslosigkeit unmittelbar bedrohte und Arbeitnehmer ohne beruflichen Abschluß begrenzt worden. Im Gegensatz zu den alten Ländern bestand jedoch in den neuen Ländern bis 31.12. 95 die Möglichkeit der Förderung, auch wenn die Arbeitslosigkeitsdrohung nur mittelbar war. Darüber hinausgehend konnte die Bundesanstalt für Arbeit Einarbeitungszuschüsse an Arbeitgeber zahlen für neu eingestellte Arbeitskräfte, die vorher arbeitslos waren oder unmittelbar von Arbeitslosigkeit bedroht waren. Voraussetzung für die Gewährung war, daß die volle Leistung der Neueingestellten erst nach einer Einarbeitungszeit er-

bracht werden konnte und die Vermittlung von Kenntnissen über die übliche Einarbeitung am Arbeitsplatz hinausging sowie der Verbesserung der beruflichen Mobilität diente. Die Zuschüsse zum üblichen Arbeitslohn für maximal 12 Monate bis höchstens 50 % sind seit 1.1. 93 auf 6 Monate bis höchstens 30 % abgesenkt worden. Günstiger sind die Bedingungen, wenn Unternehmen schwerstvermittelbare Arbeitslose beschäftigen, diese beruflich qualifizieren und sozial betreuen. In diesem Fall können bis zu 80 % der Kosten, die durch die Einstellung entstanden sind bzw. während der Beschäftigung anfallen, für maximal 2 Jahre ersetzt werden. Darlehn und Zuschüsse werden für staatliche Weiterbildungseinrichtungen zum Aufbau und zur Erweiterung ihrer Einrichtungen gewährt. In Ausnahmefällen ist dies auch für betriebliche Weiterbildungsträger allein oder in Kooperation mit anderen Betrieben bzw. Bildungseinrichtungen möglich.

Arbeitsbeschaffungsmaßnahmen (ABM), auch ein Instrument der aktiven Arbeitsmarktpolitik, das im Rahmen des AFG etabliert wurde, dienen primär der Schaffung neuer Arbeitsplätze. Gefördert werden Arbeiten öffentlicher und privater Träger, die im öffentlichen Interesse liegen und keine Konkurrenz zu nicht geförderten Arbeitsplätzen darstellen. ABM sollen immer, wo möglich, mit beruflichen Weiterbildungsmaßnahmen gekoppelt sein (BMWi 1994, S.98). Zuschüsse zu den Personalkosten können je nach Voraussetzungen bis zu 100 % gewährt werden. Für Ostdeutschland wurde der Grundgedanke von ABM in zweierlei Hinsicht weiterentwickelt. Einerseits entstanden in Verbindung mit dem Gemeinschaftswerk »Aufschwung-Ost« sogenannte MEGA-ABM, d.h. Arbeitsbeschaffungsmaßnahmen bei einem Mindestfördervolumen von 3 Mill. DM im Rahmen eines regionalen Verbundes von Großprojekten vor allem im Bereich Umweltsanierung, Neuerschließung von Betriebsgelände (Groß/Miethe u.a.1991, Emmerich 1993). MEGA-ABM sind heute durch Strukturförderprojekte nach § 249h AFG abgelöst. Diese gibt es seit Anfang 1993, sie sind bis Ende 1997 befristet und fördern Arbeiten zur »Verbesserung der Umwelt, der sozialen Dienste oder der Jugendhilfe« durch pauschalierte Lohnkostenzuschüsse. Diese werden privaten und zum Teil auch staatlichen Arbeitgebern gewährt, die Arbeitslose einstellen. Andererseits wurden sogenannte Gesellschaften zur Arbeitsförderung, Beschäftigung und Strukturentwicklung (ABS-Gesellschaften) gegründet (Kaiser 1992). Diese sind vorwiegend aus stillgelegten, ehemaligen DDR-Betrieben hervorgegangen und dienen zur sozialverträglichen Begleitung von Umstrukturierungsmaßnahmen in Krisenbranchen und -regionen und erscheinen als Trägertyp für die obengenannten Großprojekte interessant zu sein (Bauer 1994, S.18, Deeke 1994). Bei ABS-Gesellschaften mit dem Schwerpunkt Qualifizierung stehen Erstausbildung, Fortbildung und Umschulung im Vordergrund. Da viele Tausend Arbeitslose nicht von heute auf morgen weitergebildet werden können, erscheint die Kombination aus Beschäftigungs-

und Qualifizierungsgesellschaften für Ostdeutschland gegenwärtig noch der beste Weg zu sein. Für viele Arbeitnehmer ist die Phase des Übergangs so auf geeignete Weise zu nutzen. Ziel der Beschäftigungsgesellschaften ist, von Massenarbeitslosigkeit bedrohte Arbeitnehmer nicht in die Arbeitslosigkeit zu entlassen, sondern ihnen mit einer sinnvollen Beschäftigung die Wiedereingliederung in den Arbeitsmarkt zu erleichtern. Die Ausgestaltung der ABS-Gesellschaften in der Praxis ist in sehr vielfältiger Form vollzogen worden. In der engsten Form beschränken sich die Gesellschaften auf Qualifizierungsmaßnahmen. Meist kommt jedoch eine ABM-finanzierte Beschäftigungskomponente mit einem Qualifizierungsanteil von ca. 20 % hinzu. Im erweiterten Rahmen setzen ABS-Gesellschaften auf die Vorbereitung von Existenzgründungen und Technologietransfers (Friedrich-Ebert-Stiftung 1991, S.21).

Auch in Verbindung mit Kurzarbeit, die nach AFG gefördert wird, finden sich Qualifizierungselemente. Im Juli 1990 war für die neuen Bundesländer über § 63, Abs.4 und 5 AFG eine erleichterte Inanspruchnahme von Kurzarbeitergeld geschaffen worden. Die Bestimmungen des Absatzes 5 wurden Ende 1991 allerdings wieder außer Kraft gesetzt. Kurzarbeitergeld konnte danach auch dann gezahlt werden, wenn der Arbeitsausfall nicht nur vorübergehend war, und es bestanden Möglichkeiten zur Zahlung von Unterhaltsgeld für die Teilnahme an beruflicher Weiterbildung auch für (noch) Beschäftigte, insbesondere bei Kurzarbeit-Null. Betriebe konnten eine Gruppenförderung zur Weiterbildung beantragen. Kurzarbeit war auch nicht selten bei Teilnehmern an ABS-Gesellschaften anzutreffen. Tabelle 3 gibt einen Überblick, wie sich die einzelnen Maßnahmen des AFG auf Teilnehmer in ABS-Gesellschaften, getrennt nach den neuen Bundesländern, verteilen. Dabei zeigt sich, daß FuU-Maßnahmen in ABS-Gesellschaften sehr viel weniger durchgeführt werden als allgemein bei aktiver Arbeitsmarktpolitik (vgl. Tabelle 4).

Neben dem AFG existierten bzw. existieren noch weitere Fördermöglichkeiten, die auch Maßnahmen zur Qualifizierung enthalten. Zu nennen sind hier die Gemeinschaftsaufgabe »Verbesserung der regionalen Wirtschaftsstruktur«, das Gemeinschaftliche Förderkonzept der EG für die neuen Bundesländer und den Ostteil Berlins 1991-1993, der Europäische Regionalfond und verschiedene Sonderprogramme des Bundes z.B. zur Förderung des Absatzes ostdeutscher Produkte (BMWi 1994). Mittel des Europäischen Sozialfonds können für die Qualifizierung von Beschäftigten in kleinen und mittleren Unternehmen, von Ausbildungspersonal und für die Vermittlung von Managementmethoden in Anspruch genommen werden. Ein breites Spektrum an Fördermöglichkeiten ist zur Qualifizierung für Unternehmer, Führungs- und Fachkräfte sowie Existenzgründer geschaffen worden. Maßnahmen wie Unternehmensberatung durch private, staatliche und halbstaatliche Gesellschaften, durch Fachleute, die aus dem Berufsleben ausgeschieden sind, Teilnahme

Tabelle 3: Teilnehmer in ABS-Gesellschaften nach AFG-Maßnahmen, getrennt nach Bundesländern, 31.3.1992					
Land	Gesamtzahl	FuU	ABM	Kurzarbeit	Sonstige
Mecklenburg-Vorpommern	11143	2611 (23.4 %)	4047 (36.3 %)	4150 (37.3 %)	335 (3.0 %)
Brandenburg	11611	1471 (12.7 %)	6902 (59.4 %)	2517 (21.7 %)	721 (6.2 %)
Sachsen-Anhalt	24031	1362 (5.7 %)	18068 (75.2 %)	4147 (17.2 %)	454 (1.9 %)
Sachsen	49414	6875 (13.9 %)	13254 (26.8 %)	21618 (43.7 %)	7667 (15.5 %)
Thüringen	27547	9485 (34.4 %)	4421 (16.0 %)	11781 (42.8 %)	1860 (6.8 %)
Berlin-Ost	6090	–	5290 (86.9 %)	800 (13.1 %)	–
Σ	129836	21804 (16.8 %)	51982 (40.0 %)	45013 (34.7 %)	11037 (8.5 %)

Quelle: Friedrich-Ebert-Stiftung (1992), S.11.

an Informations- und Schulungsveranstaltungen, Lehrgänge, die mit Zertifikaten verbunden sind, Bildungsmaßnahmen zur Einführung und Verbreitung neuer Technologien und zur Beseitigung von Qualifikationsmängeln (Friedrich-Ebert-Stiftung 1991, S.33) werden durch Übernahme der Kosten in Höhe eines bestimmtes Prozentsatzes oder bis zu gewissen Höchstsätzen begünstigt.

4. *Wie sind Maßnahmen und Stand der Weiterbildung in Ostdeutschland gegenwärtig zu beurteilen?*

4.1. *Welche Wege gibt es?*

Seit der Wende hat es eine Vielzahl von Initiativen und Maßnahmen zur Weiterbildung der ostdeutschen Bevölkerung gegeben, die breit gestreut sind nach Trägern, Teilnehmern und Art der Qualifikation. Angesichts der Größe des

Gesamtproblems ist es richtig, nicht nur mit einzelnen Maßnahmen an die Lösung gehen zu wollen (SVR 1991, S.261). Zu trennen ist vor allem zwischen Weiterbildung von Unternehmern und Führungskräften auf der einen Seite sowie Arbeitnehmern der mittleren und unteren Hierarchieebenen auf der anderen Seite. Bei letzteren ergeben sich deutliche Unterschiede, je nachdem ob die Qualifikation außerhalb oder innerhalb eines Unternehmens erworben wird. Soweit nicht konsumorientierte Fortbildung im Vordergrund steht, die in erster Linie auf die Privatsphäre abzielt – eine Überlegung, die gegenwärtig in Ostdeutschland kaum eine Rolle spielt –, ist die Zielsetzung mehr oder weniger deutlich auf Beschäftigung ausgerichtet. Allerdings kann dies etwas sehr unterschiedliches bedeuten. Die kurzfristige Erhaltung des Arbeitsplatzes, die Umoriertierung, die Suche nach einem neuen Arbeitsplatz, die gezielte Ausrichtung nach den Bedürfnissen der Unternehmen, die langfristige individuelle Absicherung gegen Arbeitslosigkeit, die breit gestreute Anhebung des allgemeinen Qualifikationsniveaus der erwerbstätigen Bevölkerung, all dies sind Möglichkeiten, eine beschäftigungsorientierte Strategie der Weiterbildung zu betreiben. Entsprechend unterschiedlich fällt auch die Beurteilung einzelner Maßnahmen aus, die auf die Stärkung des spezifischen oder allgemeinen Humankapitals abzielen oder Bildung auf Vorrat anstreben oder Qualifizierung statt Entlassung in den Vordergrund stellen. Zweifellos kann keiner dieser Überlegungen ihre Berechtigung abgesprochen werden und eine völlig einseitige Ausrichtung könnte fatale Folgen haben. Doch aus ökonomischer Sicht der knappen Mittel ist einer Schwerpunktbildung der Vorrang zu geben. Hierbei hauptsächlich auf die kurzfristige Strategie einer möglichst geringen Zahl an Arbeitslosen zu setzen, erscheint der falsche Weg. Die Erhaltung unrentabler Arbeitsplätze und damit die Behinderung des notwenigen Strukturwandels fügt langfristig der Erwerbsbevölkerung mehr Schaden zu, als daß es ihr nutzt (SVR 1991, S.261).

Erfolgversprechender ist, die Wachstumskräfte zu stärken, die Attraktivität des Standorts Deutschland zu erhöhen. Und hierzu gehört als ein wesentlicher Bestandteil die Erweiterung und Aktualisierung des Humankapitals (SVR 1991/92, S.265). Das wesentliche Problem bei diesem Weg besteht in der Bindung hoher finanzieller Mittel für Qualifizierung, deren Erfolg unsicher ist und die anderer Verwendung z.B. für Problemgruppen am Arbeitsmarkt entzogen werden. Bildung auf Vorrat ist immer nur im begrenzten Umfang möglich. Wir wissen nicht, welche Qualifikationen für welche Tätigkeitsfelder in fünf oder gar zehn Jahren benötigt werden. Ad hoc Fortbildung, die auf sofortige Erfolge hofft, ist aber auch nicht möglich. Vorhandene Engpässe beim Humankapital und Mismatch zwischen geforderter Qualifikation für Arbeitsplätze und vorhandener Qualifikation bei den Arbeitskräften lassen sich nicht kurzfristig beseitigen. Daraus resultiert die Forderung, Weiterbildung flexibel und systematisch zu gestalten. Ersteres ist im doppelten Wortsinn zu verstehen. Zum einen hat die Qualifizierung der Arbeitskräfte nicht nur bei der Einstellung oder in fest vorgegebenen Blöcken, zu ganz bestimmten Zeiten zu erfolgen, sondern lebenslanges Lernen ist notwendig. Zum anderen darf das vermittelte Wissen nicht nur im engen Rahmen, spezifisch für einen Arbeitsplatz mit seinen gegenwärtigen Anforderungen einsetzbar sein. Vielmehr soll Qualifizierung die Voraussetzungen schaffen, in einem breiten Bereich tätig sein zu können, und die Bereitschaft fördern, sich auf neue Tätigkeiten einzustellen, das erworbene Wissen veränderten Gegebenheiten anzupassen. Vor diesem Hintergrund sind Stand und Maßnahmen der Qualifizierungsaktivitäten in Ostdeutschland zu beurteilen.

4.2. *Qualifizierung der Unternehmer und Manager – eine notwendige Voraussetzung*

Eine im Rahmen von Qualifizierungsüberlegungen wenig diskutierte Thematik ist die des Bildungs- und Fortbildungsstandes der Führungskräfte eines Unternehmens. Bestenfalls werden Randbemerkungen gemacht wie z.B., Managementdefizite seien eines der bedeutendsten Hemmnisse bei der betrieblichen Weiterbildung (Kurz-Scherf/Mahnkopf 1993, S.19). Und in der Tat, insbesondere in den neuen Bundesländern kommt den Führungskräften eine ganz entscheidende Bedeutung bei der wirtschaftlichen Entwicklung zu. Wenn die Weichen in der Spitze eines Unternehmens nicht richtig gestellt werden, nutzt die beste Weiterbildung der Belegschaft wenig. Gefahren unzureichender Fähigkeiten bei Managern und Unternehmern bestehen vorrangig darin, daß Fehlentscheidungen langfristiger Art getroffen werden, die sich nicht oder nur unter großen Einbußen korrigieren lassen. Daraus resultieren Entlassungen oder gar Unternehmenszusammenbrüche. Und insofern ist auch Qualifizierung der Führungskräfte beschäftigungsorientiert zu sehen, wenn auch weniger bezogen auf diese selbst als auf andere Beschäftigte. Für neue Selbständige kann aber durchaus das eigene Existenzproblem von größter Bedeutung sein. Dies gilt insbesondere für diejenigen, die die Selbständigkeit als Alternative zur Arbeitslosigkeit wählen.

Weniger ein Mangel an reinem Fachwissen ist das Problem der Führungskräfte, insbesondere in Ostdeutschland, sondern fehlende Managementfähigkeiten. Diese umfassen: Übernahme von Verantwortung, Entscheidungen unter Unsicherheit, Planen, Koordinieren, Delegieren, Verhandeln, flexibles Reagieren auf veränderte Bedingungen (Hübler 1992, S.108). Entscheidungsfreudigkeit, Risikobereitschaft und Durchsetzungsvermögen waren in der ehemaligen DDR wenig ausgeprägt. Fehlende Informationen über Möglichkeiten des Beschaffungs- und Absatzmarketings, mangelnde Bereitschaft, die Belegschaft fortzubilden, Zurückhaltung gegenüber ständigen Neuerungen

vor allem in der Organisation des Unternehmens können weitere Probleme darstellen. Solange die Manager nicht selbst für Fragen der Personalentwicklungsplanung sensibilisiert sind, werden sie kaum eine aktive Rolle bei der Weiterbildung ihrer Belegschaft übernehmen (Kurz-Scherf/Mahnkopf 1993, S. 99). Dies hat unter Umständen zur Konsequenz, daß sich besonders fähige Arbeitskräfte wegbewerben, da sie die Zurückhaltung der Betriebsleitung als Indiz für schlechte Zukunftsaussichten werten (Hübler 1994, S.421).
Insgesamt handelt es sich bei den benötigten Fähigkeiten der Manager weniger um Eigenschaften, die einem starken Wandel unterworfen sind und von daher nicht vorhersehbar sind. Das Problem besteht vielmehr darin, daß in diesen Bereichen Kurse und Schulungen zwar gewisse Techniken vermitteln können, daß aber ein Großteil der verlangten Fähigkeiten persönlichkeitsbedingt vorhanden ist oder nicht und einer Aneignung enge Grenzen gesetzt sind. Am ehesten bieten sich hier noch Chancen durch Learning on-the-job und Imitieren. Dies hat zumindest in Betrieben, die von westdeutschen Unternehmen übernommen wurden, dazu geführt, daß zunächst Manager des Stammbetriebes an die Spitze des neuen Zweigwerkes im Osten rückten. Für nicht wenige Betriebe gilt diese Regelung noch heute. Z.T. erfolgte aber auch für eine Zeitlang eine Schulung der Ostmanager im Westen. Von dieser Möglichkeit wurde jedoch sehr viel weniger Gebrauch gemacht. Eine weitere Möglichkeit besteht darin, daß aus dem Berufsleben ausgeschiedene westdeutsche Manager ihre Erfahrungen ehrenamtlich an ostdeutsche Kollegen weitergeben, ihnen beratend zur Seite stehen. Auch hier können Fördermittel in Anspruch genommen werden. Diese Form der Qualifizierung sollte sehr viel mehr genutzt werden, da persönliche Interessen bei ehemaligen, pensionierten westdeutschen Managern sehr viel weniger als bei aktiven zu erwarten sind.
Informationen über Stand und Wirkungen der Qualifizierung ostdeutscher Manager und Unternehmer sind ausgesprochen dünn. In Einzelfällen wird berichtet, daß der Austausch von westdeutschen durch ostdeutsche Manager erfolgreich vollzogen worden ist. Insgesamt herrscht aber mehr Skepsis in diesem Bereich vor. Auch über die Qualifikation der Unternehmer in Ostdeutschland ist praktisch nichts bekannt, seien es Altunternehmer, Neugründer, Management-Buy-Out-(MBO) oder Management-Buy-In-(MBI) Unternehmen oder Übernahmen aus dem Westen. Untersuchungen für Westdeutschland (Brüderl/Preisendörfer/Baumann 1991, S.98) kommen zu dem Ergebnis, daß die Gefahr einer Insolvenz deutlich mit dem Bildungsstand des Unternehmers sinkt. Wird dieses Ergebnis auch für Ostdeutschland als gültig angesehen, wofür einiges spricht, so könnte die Entwicklung der Insolvenzen als ein Indikator für die Entwicklung der Qualifikation der Unternehmer angesehen werden. Die Zahl der Gewerbeabmeldungen von 1990-1994 war zunächst deutlich ansteigend und ist dann auf einem hohen Niveau geblieben, während bei

den Gewerbeanmeldungen bereits seit 1991 ein Rückgang zu verzeichnen ist (SVR 1994/95, S.86). Dies Ergebnis spricht zumindest nicht dafür, daß sich bei den Unternehmern Positives bei der Qualifikation getan hat, auch wenn zu bedenken ist, daß neugegründete Unternehmen einem hohen Insolvenzrisiko ausgesetzt sind. Untersuchungen zu MBO- und MBI-Unternehmen zeigen, daß diese einen erheblichen Qualifikationsbedarf für das Management sehen, vor allem in den Bereichen Marketing und Controlling (BMWi 1993, S.39). Rückblickend kommen die neuen Eigentümer vielfach zu der Einschätzung, daß sie die Leistungsfähigkeit des Unternehmens anfangs zu positiv gesehen haben und ihnen zu wenig Beratung und Unterstützung bei der Entwicklung eines Unternehmenskonzeptes zuteil wurde. Allgemein wird jedoch eine unzureichende Beratung kaum als Hemmnis bei der Inanspruchnahme öffentlicher Fördermittel gewertet (Richter/Leipfritz/Heimpold 1994). Die Fördermöglichkeiten bei Neugründungen sind insgesamt sehr weitreichend. Ob die an die Unterstützung jeweils gekoppelte Eigenleistung ausschlaggebend für eine zu geringe Inanspruchnahme war oder ist, kann nicht zweifelsfrei beantwortet werden. Im Prinzip muß jedoch der Gedanke der Eigenbeteiligung als sinnvoll angesehen werden, trägt er doch dazu bei, daß keine öffentlichen Mittel verschwendet werden. Vielleicht wäre eine stärkere Koppelung von Investitions- und Beratungshilfen angebracht, um die Gefahr möglicher Fehleinschätzungen zu vermindern. Unterstützung durch erfahrene Manager ist zweifellos der am erfolgversprechendste Weg. Soweit zunächst westdeutsche Manager an der Spitze ostdeutscher Unternehmen stehen, sollte eine schrittweise Übernahme durch ostdeutsche Führungskräfte von vorn herein zum Unternehmenskonzept gehören, da andernfalls ein wesentlicher Anreiz für ostdeutsche Arbeitskräfte, in der Betriebshierarchie aufzurücken, entfällt. Weniger ein fester Zeitplan als ein auf inhaltlichen Gesichtspunkten aufbauendes Konzept der Übernahme der Betriebsleitung durch ostdeutsche Beschäftigte sollte dabei Leitgedanke sein.

4.3. *Betriebliche Weiterbildung*

Von Betrieben veranlaßte Qualifizierung der Belegschaft findet im wesentlichen in drei Formen statt: Learning by doing durch Einarbeitung und Einweisung am Arbeitsplatz, innerbetriebliche Kurse und von externen Trägern durchgeführte Fortbildung. Lernen in der Arbeitssituation erfolgte zumindest in der Anfangsphase, aber häufig auch heute noch vorrangig nach dem Prinzip »trial and error«. Gelenkte und systematische Formen der Vermittlung von Kenntnissen sind dagegen relativ selten. Wie bereits erwähnt, besteht eine Tendenz hin zur Qualifizierung in außerbetrieblichen Einrichtungen. Dies gilt vornehmlich für Beschäftigte mit höherer Schulbildung bzw. mit höherem

beruflichen Abschluß (Bielenski/v.Rosenbladt 1991, Tab.238, Bielenski/Enderle/v.Rosenbladt 1992, Tab.4242). Drei Gründe sind vor allem für die Verlagerung hin zur externen Fortbildung verantwortlich. Erstens wurden aus DDR-Zeiten vorhandene Betriebsakademien und Betriebsberufsfachschulen aus Kostengründen personell verkleinert, privatisiert oder ganz geschlossen. Zweitens haben häufig qualifizierte Kollegen die Unternehmen verlassen, so daß »learning by doing« erschwert wird. Und drittens können Betriebe staatliche Fördermittel bei außerbetrieblichen Maßnahmen leichter bekommen. Während anfangs, d.h. zwischen Wende und Wiedervereinigung, maximal zwei bis drei Prozent der in Weiterbildung befindlichen Personen vom Arbeitsamt gefördert wurden, belief sich dieser Prozentsatz ein halbes Jahr später bereits auf durchschnittlich 15 % (Bielenski/v.Rosenbladt 1991, Tab.240, Bielenski/Enderle/v.Rosenbladt 1992, Tab.4245). Der Umfang der Fortbildung läßt sich durchschnittlich mit knapp 10 Stunden pro Woche je Teilnehmer bei einer durchschnittlichen Dauer von reichlich 4 Monaten beziffern (Tab.239, Tab.4244). Zwischen den Betrieben bestehen jedoch erhebliche Unterschiede. Wie Fallbeispiele deutlich machen (Weiß u.a. 1993, S.82ff), liegt die Weiterbildungsquote, bezogen auf die Beschäftigtenzahl, zwischen 8 und 100 %. Eine eindeutige Tendenz nach Betriebgröße läßt sich nicht erkennen. Aber Treuhandbetriebe sind sehr viel zurückhaltender bei Weiterbildungsaktivitäten als andere.
Nach Schuldt (1994) ist zwischen vier Unternehmenstypen zu trennen, die sich neben anderen Merkmalen auch im Qualifizierungsverhalten unterscheiden. Beim sogenannten Abwicklungs- und Auffangtyp findet kaum betriebliche Qualifizierung statt und wenn, dann ist diese verschult und wenig praxisnah. Der externe Integrationstyp A, der durch starke Integration des östlichen Unternehmens in ein westliches Mutterunternehmen charakterisiert ist, weist eine ausgeprägte Erstausbildung auf, ergänzt um praxisnahe innerbetriebliche Qualifizierungsmaßnahmen. Die Strategien sind aber auch hier sehr unterschiedlich. Während einige Unternehmen auf das Multiplikatorenkonzept setzen wie z.B. Mercedes, haben andere wie die Dresdner Bank den Gedanken des Patenmitarbeiters verwirklicht. Die Versicherungswirtschaft setzt dagegen verstärkt auf regionale Bildungsstätten (idw 1992). Der Integrationstyp B, der insbesondere bei Erweiterungsinvestoren zu finden ist, konzentriert sich auf innerbetriebliche Qualifizierung des mittleren und oberen Managements. Ein als Aufbau- und Entwicklungstyp bezeichnetes, originär ostdeutsches Unternehmen betreibt sowohl ausgeprägte Erstausbildung als auch Neueinstellungen in allen Qualifikationsstufen und ist bemüht, alte Führungseliten zu halten. Im gewerblichen Bereich sind Qualifizierungsbemühungen durch Ausleihe an westdeutsche Unternehmen bisher wenig erfolgreich gewesen. Durch berufsbegleitende Qualifizierung im kaufmännischen Bereich konnten dagegen Engpässe überwunden werden.

Von Ausnahmen abgesehen, müssen Umfang und vor allem die Qualität der betrieblichen Weiterbildung in Ostdeutschland noch als unzureichend betrachtet werden. Auch wenn externen Partnern wie Unternehmensberatern, wissenschaflichen Instituten, freien Weiterbildungsträgern sowie Wirtschaftsverbänden von den Betrieben in Ostdeutschland durchweg gute Noten bei der Hilfestellung ihrer Bildungsarbeit erteilt werden (Weiß u.a. 1993, S.69), sind vor allem am Anfang viele Ressourcen fehlgeleitet worden. Dubiose Crash-Kurse, die von Glücksrittern aus dem Westen angeboten wurden und kaum den Bedürfnissen in Ostdeutschland entsprachen, die mehr der Einkommensverbesserung der Anbieter dienten als einer beschäftigungsorientierten Qualifizierung der ostdeutschen Bevölkerung, sind kaum hilfreich. Mehr noch als in den alten Bundesländern ist der Weiterbildungsmarkt in den neuen Ländern durch ein hohes Maß an Intransparenz, durch ein niedriges Planungsniveau, durch fehlende Evaluation von längerfristigem Weiterbildungsbedarf und eine unzureichende Qualitätskontrolle gekennzeichnet. Auch wenn sich in letzter Zeit die Weiterbildungsangebote deutlich in der Qualität und Überschaubarkeit verbessert haben (Müller 1995), so ist dem Sachverständigenrat (1991/92, S.241f) doch zuzustimmen, wenn er Fort- und Umschulungsangebote von außen in ihrer Qualität als schwer zu beurteilen einstuft und die besten Aussichten für erfolgreiche Qualifizierung an modern und technisch gut ausgestatteten Arbeitsplätzen sieht. Gegen ein Plädoyer für eine Begrenzung auf innerbetriebliche Fortbildung wird jedoch eingewandt, daß Betriebe aufgrund unzureichender personalpolitischer Planung vielfach selber nicht in der Lage seien, ihren mittelfristigen Bedarf zu formulieren, deshalb sei das Problem einer nachfragebezogenen, einer »wirtschaftsnahen« Qualifizierung nicht lösbar (Deeke 1994, S.251). Zudem ist zu beachten, daß Arbeitslose bei dieser Form der Weiterbildung nach bisheriger Praxis zumindest ausgeschlossen sind.

Unzureichende innerbetrieblicher Weiterbildung in Ostdeutschland ergibt sich daraus, daß viele Betriebe vorrangig an die wirtschaftliche Existenzsicherung denken und längerfristige Überlegungen dabei zunächst außer acht lassen. Betriebliche Investitionen in das Humankapital erscheinen insbesondere im Hinblick auf die unsichere Zukunft vieler Betriebe zweitrangig. Dies trifft in erster Linie auf noch nicht privatisierte Treuhandunternehmen zu und solche, deren Eigentumsverhältnisse immer noch ungeklärt sind. Es mangelt an Finanzierungsmitteln. Die Kosten werden von den Unternehmen als wesentliches Hemmnis für eine weitere betriebliche Fortbildung angesehen. Freistellungsprobleme wegen Arbeitszeitverkürzungen und mögliche kumulative Freistellungsansprüche der Arbeitnehmer rangieren in der Skala erschwerender Faktoren jedoch noch davor oder erhalten zumindest gleichen Rang (iwd 1994b, S.6).

Obwohl die Aussage statistisch nicht abgesichert ist, wird vor allem bei Kleinbetrieben fehlende innerbetriebliche Qualifizierung vermutet (Kurz-Scherf/Mahnkopf 1993, S.87). Fehlende finanzielle und personelle Ressourcen sowie ein Mangel an Konzepten sind die am häufigsten genannten Gründe. Kleinbetrieben bleibt meist nur die Möglichkeit, auf externe, den eigenen Bedürfnissen nur beschränkt gerecht werdende Angebote einzugehen. Günstiger ist die Lage in Betrieben, die von westlichen Investoren erworben wurden. Aber auch hier wird die zu sehr auf kurzfristige Anpassung ausgerichtete Qualifizierung bemängelt (Kurz-Scherf/Mahnkopf 1993, S.88). Außerdem mangelt es den in diesen Fällen vielfach eingesetzten westlichen Ausbildern an Fingerspitzengefühl im Umgang mit Teilnehmern aus den neuen Ländern. Es steht zu sehr die Vermittlung elementarer Grundkenntnisse, die häufig vorhanden sind, im Vordergrund und weniger die eines praxisnahen Know-how (Weiß u.a. 1993, S.69).

4.4. *Förderung beruflicher Fortbildung*

Nach AFG wird berufliche Fortbildung, die im allgemeinen nicht betrieblich veranlaßt ist, einerseits direkt durch Fortbildungs- und Umschulungsmaßnahmen (FuU) gefördert. Andererseits ist auch Unterstützung für Qualifizierung in Verbindung mit ABM-Maßnahmen und Kurzarbeit möglich. In allen Fällen haben solche Maßnahmen eine Entlastungs- und Brückenfunktion. Die Zahl der Arbeitslosen soll damit zumindest kurzfristig reduziert werden, um die passive Arbeitsmarktpolitik zu entlasten. Und den einzelnen Arbeitnehmern soll mittel- und langfristig der Weg in ein neues, dauerhaftes Beschäftigungsverhältnis erleichtert bzw. gefährdete Arbeitsplätze sollen gesichert werden. Wie Tabelle 4 zeigt, hat der Umfang dieser Maßnahmen nach der Zahl der Teilnehmer in Ostdeutschland den in Westdeutschland phasenweise (FuU, Kurzarbeit) oder nahezu durchgängig seit der Wiedervereinigung (ABM) überschritten. Die Aufgliederung zwischen Fortbildung und Umschulung macht klar, daß auf erstere Maßnahme der mit Abstand größere Teil entfällt, daß jedoch letztere relativ an Bedeutung gewonnen hat. Zumindest in der ersten Zeit nach der Wiedervereinigung fühlten sich die Ostdeutschen über das mögliche Angebot an Qualifizierungsmaßnahmen nicht ausreichend informiert. 70 % der Gesamtbevölkerung und 75 % der Erwerbstätigen gaben Ende 1990 an, daß der Grad der Information unzureichend sei (Bielenski/v.Rosenbladt 1991, Tab.141).
Von Unternehmensseite wird die staatliche Förderung insgesamt als wirkungsvoll eingestuft. Eine Befragung des Ifo-Instituts im Frühjahr 1993 bei 931 Unternehmen in Ostdeutschland (Richter/Leibfritz/Heimpold 1994) hat zwar nach drei Jahren intensiver Förderpolitik eine gemischte Bilanz ergeben.

Tabelle 4: Teilnehmer an Maßnahmen zur Weiterbildung, Beschäftigte in ABM und Zahl der Kurzarbeiter in den alten und neuen Bundesländern (ABULA, NBULA) nach Quartalen						
	FuU		ABM		Kurzarbeit	
Zeitraum	NBULA	ABULA	NBULA	ABULA	NBULA	ABULA
4/90			11751	83446	1735904	46247
1/91			40936	78069	1925838	120893
2/91	223200	375043	101291	83578	1962107	139538
3/91	316300	348381	234114	85839	1464328	136128
4/91	395400	368739	356955	84355	1112622	183475
1/92	458300	379411	396437	79977	511127	243036
2/92	506900	383714	403663	80833	440060	240717
3/92	499200	352763	386171	79003	292128	163639
4/92	493000	372547	365953	72699	236673	484684
1/93	431747	383354	322857	62548	231809	986648
2/93	427242	366921	276047	52110	215604	959455
3/93	363390	322104	220064	42929	147338	504346
4/93	307784	321376	220710	44486	130963	617288
1/94	269462	319143	229663	48709	128670	500927
2/94	249376	310645	264540	52215	116552	320296
3/94	240005	292749	303198	60177	78350	140835
4/94	276935	312672	323286	68738	63748	139773
1/95	266970	304525	318904	69754	82928	151789
2/95	266180	308024	325157	71322	82109	130840

Quelle: Statistisches Bundesamt (1995), Zur wirtschaftlichen und sozialen Lage in den neuen Bundesländern, Arbeitsunterlagen, Ausgabe 3/95, Wiesbaden.

Der Grundtenor ist jedoch positiv. Von Großunternehmen wurden überwiegend ABM in Anspruch genommen. Bei kleineren und mittleren Unternehmen hatten dagegen Einarbeitungshilfen ein deutliches Übergewicht. Wirksame Anreize, in dauerhafte Arbeitsverhältnisse zu wechseln, werden durch die Maßnahmen zwar gesehen. Es gibt aber auch eine Reihe von Hinweisen, die auf ein Verharren im »Status des Gefördertseins« hindeuten. Die Befragung läßt auf eine Erhöhung der Produktivität und Verbesserung der Wettbewerbsfähigkeit ostdeutscher Unternehmen durch Maßnahmen der Arbeitsmarktpolitik, insbesondere die Förderung der beruflichen Bildung schließen. Die Schaffung neuer Arbeitsplätze ist noch am ehesten bei Kleinbetrieben zu erwarten, wie Tabelle 5 zeigt.

Gegenüber innerbetrieblicher Weiterbildung, die auf Beschäftigte abzielt, konzentrieren sich die geförderten FuU-Maßnahmen auch in Ostdeutschland

Tabelle 5: Wirkungen arbeitsmarktpolitischer Fördermaßnahmen nach Unternehmensgrößenklassen 1992
(in Prozent der Unternehmen, Mehrfachnennungen möglich)

	Beschäftigte 1 – 19	20 – 199	200 und mehr	Σ
Erhaltung von Arbeitsplätzen	20.8	37.0	47.0	37.4
Schaffung neuer Arbeitsplätze	24.4	24.4	12.9	19.7
Verbesserung der beruflichen Qualifikation	13.0	23.0	40.2	27.7
Finanzielle Entlastung zugunsten von Investitionen	13.2	21.7	23.6	20.5

Quelle: Richter / Leibfritz / Heimpold (1994).

zum ganz überwiegenden Teil auf Arbeitslose. Während 1991 nur jeder zweite Teilnehmer an FuU vorher arbeitslos war, waren dies 1993 vier Fünftel (Deeke 1994, S.139). Dies ist insoweit positiv zu bewerten, als anderenfalls die Kluft zwischen Arbeitslosen und Beschäftigten noch größer würde. Arbeitslose haben so die Möglichkeit, ihre Kenntnisse zu verbessern bzw. zu reaktivieren. Das Humankapital wird zumindest nicht entwertet. Wenn an FuU allerdings überwiegend Arbeitslose teilnehmen, so werden Maßnahmen dieser Art bei Unternehmen zu einem negativen Screening. Wer nicht in der Lage ist, aus welchem Grund auch immer, selbst für eine dauerhafte Beschäftigung zu sorgen, bedarf der staatlichen Förderung. Im Zweifelsfall werden Unternehmer andere Bewerber solchen Personen vorziehen. Eine Höherqualifizierung der Arbeitslosen ist die Folge. Wenn dann auch noch die Arbeitslosen selbst von diesen Erwartungen ausgehen – und hierfür gibt es eine Reihe von Anhaltspunkten, und zwar um so mehr, je länger die Arbeitslosigkeit bereits dauert –, dann läßt die anfangs durchaus vorhandene Bereitschaft zur Weiterbildung nach. Zumindest wird der persönliche Einsatz bei Fördermaßnahmen zurückgehen, so daß sich der Teufelskreis verstärkt. Hinzu kommt, daß Weiterbildung, falls sie doch zur Beschäftigung führt, nicht selten, so paradox dies erscheinen mag und der eigentlichen Intention zuwider läuft, in Dequalifizierung endet. Wenn beispielsweise massenhaft Kurse für Akademiker angeboten werden, die mit IHK-Abschlüssen enden, so kann dies nur zur Demotivation führen. Auch nicht zur Aufwertung von FuU-Maßnahmen trägt die Tatsache bei, daß sich Arbeitsämter bei der Bewertung von Fortbildungsangeboten überwiegend von finanziellen Kriterien leiten lassen. Eine Vielzahl von Billigangeboten z.B. im kaufmännischen Bereich hat den Vorrang

vor teuren Angeboten wie z.B. Fortbildung für CNC-Techniken, die nur an teuren Anlagen durchgeführt werden kann (Kurz-Scherf/Mahnkopf 1993, S.80).
Aufgrund des hohen Finanzierungsbedarfs für Qualifizierungsmaßnahmen hat sich in den neuen Ländern vielfach die Form der Mischfinanzierung herausgebildet (Ministerium für Arbeit und Soziales Sachsen-Anhalt 1993, S.19). Dies hat zur Folge, daß u.U. eine Institution, meist eine supranationale, die Förderkriterien vollständig festlegt. Die in diesem Rahmen möglichen Förderprojekte entsprechen jedoch häufig nicht voll den Bedürfnissen vor Ort. Da andernfalls eine Förderung ganz unterbleibt, ergeben sich somit Fördermaßnahmen, die gemessen an den eingesetzten Mitteln und Wirkungen, Verschwendung bedeuten.
An der Förderung beruflicher Qualifizierung in der gegenwärtigen Form wird auch bemängelt, daß sie zu einer kostenfreien Bedienung der Unternehmen führt und eigene Weiterbildungsinitiativen der Betriebe blockiert (Kurz-Scherf/Mahnkopf 1993, S.74). Mitnahmeeffekte sind insofern noch das geringste Problem, wenn dadurch freiwerdende Mittel für die weitere wirtschaftliche Entwicklung der Unternehmen verwendet werden. Wenn FuU-Geförderte überhaupt eine dauerhafte Beschäftigung finden, ist damit das Hauptziel erreicht.
Kritischer wird Qualifizierung in Verbindung mit ABM gesehen. Dabei steht weniger die Fortbildungskomponente auf dem Prüfstand, sondern die Arbeitsbeschaffungsmaßnahme als solche. Wettbewerbsverzerrungen durch ABM sind unerwünscht (SVR 1991/92, S.239). Die Problematik des zweiten Arbeitsmarktes liegt darin, daß deren Träger, insbesondere ABS-Gesellschaften, in Konkurrenz mit privaten Unternehmen des ersten Arbeitsmarktes treten. Erstere haben einen zweifachen Wettbewerbsvorteil. Erstens sind sie von Arbeitskosten entlastet und zweitens können sie den Arbeitskräften Löhne anbieten, die z.T. sogar über denen auf dem freien Markt liegen. Weder die Verdrängung privater Anbieter noch die Erhaltung unrentabler Arbeitsplätze darf Ergebnis von ABM sein. Für Arbeitskräfte muß ein starker Anreiz erhalten bleiben, einen neuen Arbeitsplatz zu suchen und sich dafür zu qualifizieren. Deshalb plädiert der Sachverständigenrat (1991/92, S.241) auch dafür, ABS-Gesellschaften nicht auf Dauer zu etablieren und ABM auf Teilzeitbasis zu beschränken, die verbleibende Zeit für Qualifizierungsmaßnahmen zu nutzen. In Zweifel wird jedoch gezogen, ob ABS-Gesellschaften überhaupt in der Lage sind, qualitativ und quantitativ hinreichende Qualifizierungsmöglichkeiten zu bieten. Ob allerdings Subventionen an Kommunen (SVR 91/92, S.239) und Vergabe von Aufträgen an private Unternehmen in jedem Fall die richtigen Alternativen sind, erscheint fraglich. In letzter Zeit bekannt gewordene Verschwendung von Mitteln bei Gemeinden sowie eine nicht auszuschließende Beschäftigungsförderung ausländischer Arbeitskräfte, die zu niedrige-

ren Löhnen als ihre deutschen Kollegen arbeiten, lassen Vorschläge dieser Art auch nicht im besten Licht erscheinen. Kromphardt (1994, S.26) bemerkt dazu, daß bei Auftragsvergabe an Unternehmen keineswegs sichergestellt ist, ob überhaupt jemand eingestellt wird oder ob die Arbeiten via Überstunden erledigt werden. Den Vorteil einer direkten Einstellung von ABM-Kräften sieht er darin, daß eine Zielgruppensteuerung erfolgen kann. Auch ist zu beachten, daß ABM überwiegend in solchen Feldern durchgeführt wird, wie z.B. bei der Altlastensanierung, wo Vergabe-ABM kaum geeignet sind und für private Unternehmen nicht rentabel erscheinen (Deeke 1994, S.197). Von Kritikern wie dem Sachverständigenrat (1991/92, S.240) wird jedoch eingewandt, daß gerade bei der Sanierung von Betriebsgelände die Bundesanstalt für Arbeit die Finanzierung von Aufgaben der Treuhandanstalt übernommen hat.

Die Frage, ob und in welchem Umfang ABM und Qualifizierung zu kombinieren sind, läßt sich nicht pauschal beantworten. Bei ABS-Gesellschaften wird Qualifizierungsmaßnahmen neben ABM, beruflicher Erstausbildung und Kurzarbeit zumindest a priori eine gleichrangige Bedeutung beigemessen (Kaiser 1992, S.7). Reine Bildungsmaßnahmen spielen jedoch in der Praxis lediglich eine untergeordnete Rolle, sofern sie von den ABS-Gesellschaften selbst durchgeführt werden, auch wenn, wie Tabelle 3 zeigt, regionale Schwankungen festzustellen sind. Auch einzelne Gesellschaften sind mit dem klaren Ziel angetreten, die berufliche Qualifizierung voranzutreiben. Ein Beispiel hierfür ist die »Gemeinnützige Wirtschaftsentwicklungs- und Qualifizierungsgesellschaft mit beschränkter Haftung, Lauchhammer«, die sich neben der Schaffung eigenständig existenzfähiger Klein- und Mittelbetriebe, der Akquisition von Firmenansiedlung und der Mitwirkung bei der Entwicklung regionaler Wirtschaftsstrukturen die Fortbildung von freizusetzenden bzw. freigesetzten Beschäftigten der Schwermaschinenbau Lauchhammer AG zum Hauptziel gesetzt hatte (Groß/Miethe u.a. 1991, S.27ff). Im Ergebnis zeigte sich, daß vor allem Frauen die Möglichkeit der Qualifizierung nutzten, für sie aber nur wenige Möglichkeiten der Vermittlung auf einen neuen Arbeitsplatz bestanden. Insofern sind Qualifizierungsbemühungen dieser Art im Lichte einer Beschäftigungsorientierung als wenig erfolgreich einzustufen. Verantwortlich ist hierfür vor allem die schlechte Arbeitsmarktlage in Ostdeutschland (Kromphardt 1994, S.28).

Das Urteil über ABS-Gesellschaften fällt aber keineswegs einheitlich aus. Es gibt auch sehr positive Einschätzungen. ABS-Gesellschaften sind danach zu einer erfolgsträchtigen Erarbeitung und Praxis weiterführender Konzepte der Weiterbildung in der Lage (Deeke 1994, S.253). Chancen bieten ABS-Gesellschaften wohl am ehesten da, wo versucht wird, die Tätigkeiten und Qualifizierungsbemühungen zu kombinieren und auf eine spätere Selbständigkeit der Teilnehmer auszurichten. Zu denken ist an Existenzgründungen, die auf Sanierungs- oder Wartungsarbeiten spezialisiert sind, an Beratungsfirmen für Neuansiedlungen oder an Betriebe, die vor allem den Export von gebrauchten Maschinen und Ersatzteilen in Länder Mittel- und Osteuropas zum Ziel haben (Bauer 1994, S.67f und S.126).

Ein Grund, warum Bildungsmaßnahmen weniger von den ABS-Gesellschaften selbst durchgeführt werden, sondern von externen Bildungsträgern, mag daran liegen, daß durch die verfügten Einkommenshöchstgrenzen in Beschäftigungsgesellschaften kaum qualifiziertes Personal gewonnen und gehalten werden kann (Friedrich-Ebert-Stiftung 1992, S.23). Hieraus die Forderung nach höherer Entlohnung in ABS-Gesellschaften ableiten zu wollen, wäre jedoch verfehlt, trüge eine solche Maßnahme doch gerade zur nicht gewollten dauerhaften Existenz solchen Gesellschaften bei.

Die Verbindung von Kurzarbeit mit Weiterbildung hat gegenüber den schwerpunktmäßig auf ABM aufbauenden Konzepten den Vorteil, daß hier Beschäftigte und nicht Arbeitslose gefördert werden. Die Gefahr einer möglichen Stigmatisierung ist also sehr viel geringer, auch wenn öffentlich finanzierte Maßnahmen generell als ein Hinweis auf eine drohende Entlassung gewertet werden können. Insgesamt wurden die Möglichkeiten der Qualifizierung bei Kurzarbeit jedoch wenig genutzt (Brinkmann u.a. 1992, S.426). Multivariate Analysen zeigen sogar, daß Kurzarbeiter eine signifikant niedrigere Neigung zur Weiterbildung aufweisen als andere Beschäftigte. Sie tendieren mehr dazu, sich einen neuen Arbeitsplatz zu suchen (Hübler 1994, S.435). Eine Erklärung kann sein, daß erstens Betriebe sich kaum um Qualifizierung ihrer Kurzarbeiter kümmern und daß zweitens die Betroffenen selbst in der Kurzarbeit fälschlicherweise mehr ein Signal der Hoffnung auf Arbeitsplatzerhaltung sehen, während sie mit Qualifizierung und insbesondere Umschulung mehr eine Abkehr vom Betrieb verbinden (Auer 1992, S.8f). Bei einer zu extensiven und andauernden Förderung von Kurzarbeit muß außerdem berücksichtigt werden, daß damit dann eine Abkehr von der ursprünglichen Intention der Kurzarbeit verbunden ist und letztlich die Maßnahme auf die Erhaltung unrentabler Arbeitsplätze abzielt (SVR 1991, S.262).

4.5. *Wirkungen der Weiterbildung*

Zwar ist die Zahl derjenigen Ostdeutschen, die betriebliche Weiterbildung erhalten bzw. an nach AFG geförderten Qualifizierungsmaßnahmen teilgenommen haben, imponierend. Aber angesichts des enormen finanziellen Aufwandes für Weiterbildung in Ostdeutschland – vgl. Tabelle 6 zu den Ausgaben der Bundesanstalt für Arbeit – bedarf es schon einer Evaluierung. Welche Wirkungen wurden durch Qualifizierungsmaßnahmen erzielt? Eine rein theoretische Analyse, wie sie z.B. Helmut Weiß (1994) vornimmt, hilft nur beschränkt weiter. Empirisch sind die Wirkungen zu erfassen, und zwar sind sie daran zu messen, ob die beiden beschäftigungsorientierten Ziele, Entlastungs- und Brückenfunktion erreicht werden. Die Meinungen darüber gehen deutlich auseinander. Methodische Probleme der Messung der Beschäftigungseffekte sind hierfür vorrangig verantwortlich.

Tabelle 6: Ausgaben der Bundesanstalt für Arbeit für Fortbildungs- und Umschulungsmaßnahmen in Ostdeutschland in Mrd. DM

	1991	1992	1993	1994
insgesamt	4.735	11.282	10.379	6.989
Lebensunterhalt für Teilnehmer	1.578	6.006	6.558	4.619
Sachkosten	2.690	4.711	3.748	2.370
Einarbeitungszuschüsse	0.468	0.065	0.090	0.043

Quelle: Bundesanstalt für Arbeit, Geschäftsbericht 1992, 1993 und 1994.

4.5.1. *Beschäftigungsäquivalente und Entlastungseffekte*

Das Institut für Arbeitsmarkt- und Berufsforschung (IAB) beurteilt die Effizienz arbeitsmarktpolitischer Maßnahmen über Beschäftigungsäquivalente und Entlastungseffekte. Wie Tabelle 7 zeigt, ergeben sich erhebliche Entlastungseffekte, die im Zeitablauf allerdings rückläufig sind. Der Hauptanteil der Entlastung entfällt jedoch auf Vorruhestandsregelungen. Reine Fortbildungseffekte liegen außer 1992 unter 20 % und weisen eine rückläufige Tendenz auf.

Tabelle 7: Beschäftigungsäquivalent und Entlastungseffekte aktiver Arbeitsmarktpolitik in den neuen Bundesländern (in Tsd.)

Beschäftigungsäquivalent	1990	1991	1992	1993
FuU (ohne Einarbeitung)	7	169	425	345
ABM	5	257	543	364
Kurzarbeit	341	901	194	85
Σ	353	1327	1161	794
Entlastungseffekt	59.5	59.3	49.8	40.9

Quelle: Deeke (1994), S.214.

Nicht unumstritten ist dabei die zugrunde gelegte Berechnungsmethode. Als Beschäftigungsäquivalent von Fortbildung und Umschulung sind die in Vollzeit teilnehmenden Personen gezählt, bei ABM kommt zu den darin Beschäftigten noch ein unmittelbar mit der Durchführung der Maßnahmen verbundener weiterer Beschäftigungseffekt hinzu. Als Wirkung von ABM-Maßnahmen nimmt das IAB also eine Zahl an, die über der Zahl der geförderten Personen liegt. Die Begründung hierfür lautet: Es wird eine bestimmte Zahl an Arbeitnehmern zusätzlich eingestellt bzw. nicht entlassen. Außerdem löst ABM Vorleistungsnachfrage und in diesem Zuge weitere Multiplikatoreffekte aus, z.B. durch Stammpersonal bei den Trägern. Bei der Kurzarbeit ist der Umfang der Ausfallzeiten pro Kopf berücksichtigt. Das Beschäftigungsäquivalent (BÄ) ist kleiner als die Zahl der mit Kurzarbeitergeld geförderten Beschäftigungsverhältnisse. Hierbei wird berücksichtigt, wie sich erfahrungsgemäß ein Beschäftigungsrückgang in Arbeitslosigkeit niederschlägt (Lampert/Englberger/Schüle 1991, S.67ff, Deeke 1994, S.211, Autorengemeinschaft 1993). In der Berechnung des Entlastungseffektes sind gegenüber den IAB-Berechnungen Ströme in und aus der Stillen Reserve vernachlässigt. Der Entlastungseffekt (ELE) wird wie folgt berechnet

$$ELE = 100 \times BÄ / (\text{Zahl der reg. Arbeitslosen} + BÄ).$$

Die zugrunde gelegten Annahmen sind mehr oder weniger willkürlich. Außerdem unterliegen die Effekte Änderungen im Zeitablauf. Und schließlich sind die Wirkungen individuell unterschiedlich, so daß Individualdaten die Grundlage der Berechnung sein sollten und nicht aggregierte Teilnehmerzahlen.

Unter dem Aspekt der Brückenfunktion ist die Qualifizierungsoffensive in Ostdeutschland vielfach kritisiert worden. Die Qualifizierungsmaßnahmen seien zu wenig auf die tatsächliche Belange des Arbeitsmarktes abgestimmt. Dies gilt auch, wenn auch weniger für die betriebliche Weiterbildung. Hierfür liegen bisher allerdings noch kaum Evaluierungsergebnisse vor. Gewisse Hinweise mögen jedoch die Studien liefern, die im Rahmen eines Sonderprogramms der Bundesregierung für Regionen mit besonderen Beschäftigungsproblemen 1979 durchgeführt wurden. Abweichend von sonstiger Förderung wurden hier erhebliche Hilfen für innerbetriebliche Qualifizierung geleistet (Mendius u.a. 1983, Ohndorf 1992). Die Einschätzung zu den erzielten Wirkungen ist durchweg positiv. In vielen Fällen konnten selbst Beschäftigte unterhalb des Facharbeiterniveaus nach der Qualifizierungsmaßnahme weiterbeschäftigt bleiben. Zum Teil wurden auch positive Effekte auf dem externen Arbeitsmarkt registriert. Die Qualifizierungsförderung führte bei anderen Betrieben über gesteigerte Nachfrage zu einer Beschäftigungsstabilisierung.

4.5.2. *Deskriptiv-statistische Ergebnisse*

Neben Studien, die in qualitativer Hinsicht Kritik an den FuU-Maßnahmen üben, liegen einige quantitive Ergebnisse zu Beschäftigungswirkungen beruflicher Weiterbildung auf deskriptiv – statistischer Ebene vor. Aufgrund des

Arbeitsmarkt-Monitors ergibt sich, wie Parmentier/Tessaring (1994, S.85) errechnen, daß 83 % derjenigen, die an Qualifizierungsmaßnahmen teilgenommen haben und vorher arbeitslos waren, danach eine Beschäftigung gefunden haben. Auch Blaschke/Nagel (1992) und Blaschke/Nagel/Billmeier/Gruber (1993), die im Gegensatz zu ersteren nicht den Arbeitsmarkt-Monitor als Grundlage ihrer Berechnungen heranziehen, sondern Daten der Arbeitsämter, kommen zu einer sehr positiven Einschätzung der Beschäftigungswirkungen. Danach waren lediglich 20 % der Männer und 37 % der Frauen, die im dritten Quartal 1991 eine Vollzeit-FuU-Maßnahme abgeschlossen hatten, sechs Monate später noch oder wieder arbeitslos. Etwas ungünstiger sah das Ergebnis bei 1992 bzw. im ersten Halbjahr 1993 abgeschlossenen Maßnahmen aus. 22 % der Männer und 40 % der Frauen waren 6 Monate nach Ende der Maßnahme noch oder wieder Leistungsempfänger. Die entsprechenden Zahlen für die alten Bundesländer waren 28.5 % bzw. 23.4 % (Blaschke/Brinkmann/Nagel 1995, S.11). Besonders interessant in diesem Zusammenhang ist die Tatsache, daß bei FuU-Hilfen, die in Form von Einarbeitungszuschüssen gewährt wurden – also an Arbeitgeber gezahlt wurden, die Arbeitnehmer unbefristet eingestellt haben, deren volle Leistungsfähigkeit erst nach einer besonderen Einarbeitungszeit erreicht werden kann –, das Arbeitslosigkeitsrisiko deutlich geringer war als bei FuU-Teilnehmern insgesamt. Die den obigen Zahlen entsprechenden Prozentsätze für Ostdeutschland waren 6.3 % bzw. 6.7 %. Zu berücksichtigen ist hierbei allerdings, daß 6 Monate für eine Beurteilung zu kurz ist und daß bei diesen Angaben offen bleibt, ob eine Abwanderung in die stille Reserve erfolgt ist oder tatsächlich eine Beschäftigung gefunden bzw. beibehalten wurde. Aufgrund des Arbeitsmarkt-Monitors (Bielenski/Enderle/v.Rosenbladt 1992, Tabelle 4146) ergibt sich nach Auskunft der Betroffenen, daß 3 % der Wohnbevölkerung aufgrund von Weiterbildung, die von November 1989 bis November 1991 erfolgt ist, eine neue Stelle bis November 1991 erhalten haben. Während 5 % glauben, sich beruflich verbessert zu haben, geben 6 % an, daß durch die Maßnahme ihr Arbeitsplatz sicherer geworden ist. 16 % sind dagegen der Meinung, die Teilnahme an Weiterbildungsmaßnahmen habe nichts an ihrer beruflichen Situation geändert. Dieses Bild sieht sehr viel ungünstiger aus als das aufgrund der voranstehenden Angaben. Bei ABM-Maßnahmen weist der Arbeitsmarkt-Monitor auch nur bedingt Erfolge bezüglich der Beschäftigungswirkung aus. Im März 1992 waren 37 % von 313.000 ehemaligen ABM-Teilnehmern ohne Beschäftigung. Dieser Prozentsatz dürfte noch höher liegen, wenn man berücksichtigt, daß 18 % aus dieser Gruppe keine Angaben über den gegenwärtigen Erwerbsstatus machten. Für nur 25 % konnte ein Übergang in die Beschäftigung bei einem normalen, privatwirtschaftlich geführten Betrieb festgestellt werden. Auch bei Kurzarbeitern sind die Erfolge begrenzt. Weniger als die Hälfte war ein Jahr später noch oder wieder erwerbstätig.

Prinzipielle Probleme bei der Quantifizierung der Effekte, die durch betriebliche Weiterbildung oder AFG-Maßnahmen ausgelöst werden, ergeben sich vor allem dadurch, daß zwei Zustände miteinander verglichen werden, von denen der eine fiktiv ist. Von geförderten Personen ist unbekannt, wie ihre Entwicklung verlaufen wäre, wenn die Förderung unterblieben wäre. Und selbst wenn davon auszugehen ist, daß positive Wirkungen vorliegen, läßt sich nicht zweifelsfrei sagen, ob diese durch die Fördermaßnahmen induziert worden sind. Möglicherweise unterscheidet sich die Gruppe der Geförderten grundsätzlich von der der Nichtgeförderten. Das heißt, Unterschiede zwischen diesen Gruppen waren unter Umständen bereits vor der Fördermaßnahme vorhanden. Bleibt dieser Umstand unberücksichtigt, so wird Qualifizierungsmaßnahmen ein positiver oder auch negativer Effekt zugeschrieben, der eigentlich in den geförderten Personen selbst zu sehen ist. Schließlich ist zu beachten, daß die bisher ermittelten und hier erwähnten Wirkungen lediglich kurzfristiger Natur sind und allein auf den Erwerbszustand abstellen. Der Erfolg einer Maßnahme muß aber auch an langfristigen Effekten gemessen werden. Hierfür ist der Zeitraum noch zu kurz, um gesicherte Aussagen treffen zu können. Für den einzelnen hängt der Erfolg aber nicht nur davon ab, ob er eine Beschäftigung findet bzw. seinen Arbeitsplatz behält, sondern auch wie sich der Beschäftigungsumfang und damit zusammenhängend das Einkommen entwickelt.
Im folgenden werden, ebenfalls auf den Daten des Arbeitsmarkt-Monitors basierend, die Ergebnisse einiger weiterer, selbst durchgeführter Untersuchungen hinzugefügt. In Tabelle 8 sind verschiedene statistische Tests durchgeführt worden, die Hinweise darauf geben sollen, ob sich Unterschiede zwischen geförderten und nichtgeförderten Personen ausmachen lassen und ob diese möglicherweise bereits vor der Maßnahme vorhanden waren. Ausgangspunkt bildet eine Teilstichprobe von im November 1990 beschäftigten Personen, so daß die Ausgangssituation, von persönlichen und betrieblichen Unterschieden abgesehen, für alle in gewisser Weise gleich ist.
Die Ergebnisse zeigen, daß Personen mit einer beruflichen Vollzeit-Fortbildung oder -Umschulung (FuU=1), die auf einer AFG-Maßnahme basiert, geringere Beschäftigungschancen (P(B)) als andere besitzen. Das Arbeitslosigkeitsrisiko (P(AL)) ist zunächst höher, später jedoch niedriger als bei anderen Personen. Dies spricht dafür, daß nicht wenige der so geförderten Personen in die stille Reserve abgedrängt werden. Günstiger sehen die Wirkungen bei betrieblicher Weiterbildung aus. Training on-the-job (QUAL1=1) und Kurse innerhalb der Betriebe (QUAL2=1) reduzieren das Arbeitslosigkeitsrisiko im Durchschnitt und verbessern gleichzeitig die Beschäftigungschancen. Demgegenüber sind Kurse außerhalb der Unternehmen (QUAL3=1) auf dieser Analyseebene zumindest in Erhebungswelle 4 weniger positiv einzuschätzen. Ebenso wie bei den nach AFG finanzierten Qualifizierungsmaßnahmen ist das Arbeitslosigkeitsrisiko, wenn auch nur geringfügig, größer als bei anderen

Tabelle 8: Tests auf Differenz zweier Mittelwerte bzw. Wahrscheinlichkeiten zur Überprüfung von Unterschieden zwischen Personen mit und ohne Qualifizierungsmaßnahmen; Datenbasis: Arbeitsmarkt-Monitor, Welle 1, 4 und 6

		Y		AZEIT		P(AL)		P(B)	
		11/90	11/92	11/90	11/92	11/91	11/92	11/91	11/92
Vollzeit	FuU=1	1212.92	1674.58	38.53	38.79	0.151	0.098	0.343	0.155
	FuU=0	1184.98	1819.49	39.74	38.18	0.066	0.133	0.814	0.719
t		0.39	-1.27	-0.96	0.70	3.65*	-1.76	-15.81*	-23.22*
Einarbeitung	QUAL1=1	1209.98	1816.35	40.43	39.11	0.043	0.099	0.862	0.763
	QUAL1=0	1180.05	1817.75	39.57	38.00	0.077	0.137	0.771	0.670
t		1.38	-0.04	2.82*	2.84*	-3.60*	-2.86*	5.94*	4.99*
Kurs im Betrieb	QUAL2=1	1259.79	1984.64	40.33	38.77	0.037	0.057	0.838	0.807
	QUAL2=0	1162.68	1766.57	39.54	38.02	0.079	0.149	0.772	0.655
t		4.76*	7.01*	2.54*	1.94	-5.16*	-8.89*	4.41*	9.38*
Kurs extern	QUAL3=1	1272.85	2040.40	39.02	38.38	0.076	0.098	0.729	0.698
	QUAL3=0	1155.34	1741.02	39.97	38.13	0.069	0.143	0.806	0.650
t		6.24*	9.60*	-2.84	0.72	0.70	-4.06*	-5.04*	2.96*
Umgang mit neuer	NEU=1	1227.21	1891.19	40.23	39.13	0.044	0.083	0.828	0.786
Technologie	NEU=0	1173.64	1796.87	39.59	37.93	0.077	0.142	0.775	0.662
t		2.68*	2.94*	2.29*	3.56*	-3.87*	-5.10*	3.42*	7.33*
Umschulung	UM=1	1221.84	1890.96	40.00	40.12	0.092	0.096	0.621	0.449
	UM=0	1183.48	1813.72	39.71	38.09	0.069	0.134	0.799	0.704
t		1.18	1.26	0.42	2.67	1.33	-2.12*	-6.22*	-9.30*

Erläuterungen: Y = monatliches Durchschnittseinkommen; AZeit = Arbeitsstunden pro Woche; P (AL) = Arbeitslosigkeitsrisiko; P (B) = Beschäftigungschance; * = statistisch signifikant; Welle 1 = Erhebung Nov. 1990; Welle 4 = Nov. '91; Welle 6 = Nov. '92; eigene Berechnungen

Erwerbspersonen und sind die Beschäftigungschancen geringer. Eine deutlich günstigere Beurteilung ergibt sich für QUAL3 in Welle 6. Dies spricht dafür, daß sich die Qualität der externen Kurse verbessert hat und daß bei verschlechterter Gesamtsituation die relative Beschäftigungschance der Personen mit Qualifizierungsmaßnahmen gestiegen sind. Wenn die Qualifizierungsmaßnahmen zwischen den Zielen »Erlernen des Umgangs mit neuen Techniken, neuen Maschinen – NEU=1« und »Umschulung – UM=1« unterschieden wird, dann zeigen sich bei Maßnahmen mit ersterer Zielsetzung ähnlich günstige Effekte wie bei betriebsinternen Kursen allgemein, während Umschulung mit deutlichen Risiken verbunden ist.
Die Tests, die sich auf die Differenz der Einkommen (Y) sowie der Arbeitsstunden pro Woche (AZEIT) beziehen, sind beschränkt auf beschäftigte Personen. Wenn alle Personen in die Untersuchung einbezogen werden, dann wirken sich gruppenspezifische Wahrscheinlichkeiten, arbeitslos zu werden, auf die durchschnittlichen Einkommen bzw. auf die durchschnittliche Arbeitszeit der geförderten und nichtgeförderten Personen aus. Ein solches Vorgehen könnte leicht zu Fehlinterpretationen führen. Der Vergleich zwischen geförderten und nichtgeförderten Personen in der Gruppe der Beschäftigten vor und nach der Maßnahme führt zu folgenden Resultaten. Erstens scheint sich die Gruppe derjenigen, die zwischenzeitlich arbeitslos geworden sind und eine Vollzeit-FuU-Förderung nach AFG erhalten haben, nicht von anderen zu unterscheiden, denn sowohl vor der Maßnahme als auch danach lassen sich keine signifikanten Unterschiede im Einkommen und bei der Arbeitszeit ermitteln. Tendenziell sinkt sogar das Einkommen nach der Maßnahme. Dies ist ein Hinweis auf die bisweilen geäußerte Befürchtung, daß mit FuU-Maßnahmen eine Dequalifizierung einhergeht. Werden dagegen alle Personen einbezogen, also auch später Arbeitslose, so folgen nach der Maßnahme ein geringeres Einkommen und weniger Arbeitsstunden bei den geförderten Personen. Zweitens sind umfassendere, betrieblich veranlaßte Weiterbildungsmaßnahmen (Kurse innerhalb und außerhalb des Unternehmens) konzentriert auf Arbeitskräfte, die a priori länger arbeiten (gilt nur für QUAL2) und ein höheres Einkommen erhalten als andere Beschäftigte, also vorwiegend auf qualifizierte Erwerbspersonen. Die so geförderten haben sowohl vor und als auch nach der Maßnahme höhere Einkommen als andere bezogen. Auf die Gruppe der on-the-job Qualifizierten läßt sich diese Aussage nicht übertragen.

4.5.3. *Ökonometrische Schätzungen*

Pannenberg (1994) zeigt in seinen Multinomial-Logit-Schätzungen auf Basis des Sozio-ökonomischen Panels Ost, daß Personen mit Weiterbildung on-the-job im Vergleich zu denjenigen, die keine Fortbildung erfahren, überproportional viele Akademiker sind. An Maßnahmen off-the-job nehmen signifikant mehr Frauen als Männer und jüngere Personen teil. Aber auch Personen mit Universitätsabschluß sind deutlich mehr vertreten als unter den nichtgeförderten Personen. Werden als Maßnahmen FuU und ABM verglichen, dann wird deutlich, daß Frauen eher an FuU-Maßnahmen beteiligt sind, während Männer bessere Chancen haben, aus einer Beschäftigung heraus an ABM teilzunehmen.

Die Wiederbeschäftigungschancen der Personen, die an FuU-Maßnahmen teilgenommen haben, hängen einerseits davon ab, wie lange die Maßnahme dauert, und andererseits von welchem Erwerbszustand aus mit der Maßnahme begonnen wird. Nicht überraschend ist, daß mit der Dauer der Kurse sich die Chancen verbessern, daß sich jedoch Nachteile ergeben, wenn nach der Maßnahme eine Arbeitslosigkeitsphase folgt. Je länger diese ist, um so ungünstiger sind die Vermittlungschancen. Es liegt also eine negative Zeitdauerabhängigkeit vor. Pannenberg kommt aber auch zu dem von der Suchtheorie abgeleiteten Ergebnis, daß bei finanzieller Unterstützung der FuU-Maßnahmen in Form von Unterhaltsgeld die Wahrscheinlichkeit einer Wiederbeschäftigung sinkt.

In der methodisch anspruchvollsten Evaluierungsstudie über Wirkungen der Weiterbildung in Ostdeutschland, bei der die Daten des Arbeitsmarkt-Monitors Verwendung finden, berücksichtigen Fitzenberger und Prey (1995) die oben angesprochenen Probleme weitgehend. Heckman und Hotz (1989) folgend, erfassen die Autoren explizit in ihren ökonometrischen Schätzungen über Beschäftigungschancen, ob Personen, die in späteren Perioden an Weiterbildungsmaßnahmen teilgenommen haben, in weiter zurückliegenden Perioden keine berufliche Qualifizierung erhalten haben. Wenn die Beschäftigungschancen tatsächlich durch Weiterbildung und nicht nur aufgrund unbeobachteter Heterogenität verbessert werden, sollte diese in Form einer Pre-Qualifizierungsdummy erfaßte Größe statistisch keinen Einfluß auf die Beschäftigung haben. Anderenfalls kann darauf geschlossen werden, daß sich Personen mit Weiterbildung von anderen bereits vor der Maßnahme in unbeobachteten Merkmalen unterscheiden. Die Schätzergebnisse zeigen, daß dies der Fall ist. Während Personen, die später an Qualifizierungsmaßnahmen außerhalb der Betriebe teilnehmen, a priori schlechte Beschäftigungschancen haben, gilt für diejenigen, die innerbetrieblich qualifiziert werden, das umgekehrte. Langfristig – soweit die Daten bisher hierzu überhaupt Aussagen zulassen – unterscheiden sich die Beschäftigungschancen der extern Qualifizierten nicht von anderen. Bei den intern Qualifizierten ist der »langfristige« Beschäftigungseffekt positiv und statistisch gesichert. Da der ermittelte Effekt jedoch geringer als der kurzfristige ist und die Beschäftigungschancen vor der Maßnahme sehr gut waren, kommen Fitzenberger und Prey zu dem Schluß, innerbetriebliche Maßnahmen könnten einen negativen Nettobeschäftigungseffekt haben. Demgegenüber werden externe Maßnahmen per saldo positiv bewertet, da die negativen Beschäftigungsaussichten aufgrund der schlechten Startbedingungen langfristig kompensiert würden. Die Ergebnisse lassen eine solche Interpretation jedoch nur schwer zu. Der Fakt bleibt, daß intern Qualifizierte durch diese Maßnahme ihre Beschäftigungschancen mehren, während dies für extern Qualifizierte nicht gilt.

Ergänzend zu den univariaten Vergleichen in Tabelle 8 sind in Tabelle 9 noch einige multivariate Schätzergebnisse hinzugefügt. Vollzeit-FuU führt hiernach sehr viel deutlicher als im univariaten Fall zur Dequalifizierung. Das logarithmierte Einkommen (LNY) sinkt, wenn nach der FuU-Maßnahme eine neue Beschäftigung gefunden wird. Bei inner- und außerbetrieblichen Kursen zur Qualifizierung aus dem Zustand der Beschäftigung heraus ergeben sich demgegenüber statistisch signifikante Einkommenssteigerungen. Das Ergebnis zu FuU aus Tabelle 8 für die Arbeitszeit wird im wesentlichen bestätigt. Es läßt sich also kein eindeutiger Effekt durch FuU ausmachen. Arbeitslosigkeitsrisiken liegen dagegen deutlich höher als bei denjenigen, die keine Weiterbildung erfahren haben. Eindeutig am günstigsten schneiden innerbetriebliche Maßnahmen ab, die in Umfang und Qualität über die Form einer einfachen Einarbeitung hinausgehen. Unter den vier verglichenen Maßnahmen (FuU, QUAL1 – QUAL3) ist QUAL2 die einzige, durch die statistisch signifikant das Arbeitslosigkeitsrisiko sinkt und die Beschäftigungschancen steigen. Vorsicht ist bei vorschnellen Schlußfolgerungen hinsichtlich erhöhter Beschäftigungsrisiken durch außerbetriebliche Weiterbildungsmaßnahmen angebracht. Anders als bei den univariaten Ergebnissen der Tabelle 8 unterscheiden sich die Beschäftigungschancen nicht von denen bei Personen, die an keiner Qualifizierungsmaßnahme teilgenommen haben.

Alternativschätzungen, die wie bei Heckman und Hotz (1989) Pre-Qualifikationsdummies (PQD) berücksichtigen, kommen zu keinen grundsätzlich anderen Ergebnissen. In Einklang mit Fitzenberger und Prey sind die a priori Beschäftigungschancen von später intern Qualifizierten größer als von anderen Personen. Dies gilt sowohl für solche, die lediglich am Arbeitsplatz eingearbeitet werden, als auch für solche, die an längeren innerbetrieblichen Kursen teilnehmen. Erstaunlicherweise zeigen die Schätzungen a priori Vorteile bei ersteren auf. Personen mit Vollzeit-FuU sind von vornherein deutlich benachteiligt. Dagegen läßt sich statistisch a priori kein Unterschied zwischen denjenigen, die später an externen Weiterbildungskursen teilgenommen haben, aber während der Maßnahme beschäftigt waren, und anderen Personen feststellen. Wenn PQD berücksichtigt werden, ist im Gegensatz zu Tabelle 9 der QUAL1-Beschäftigungseffekt vernachlässigbar gering.

Zusammenfassend läßt sich sagen, daß nach dem bisherigen Stand umfangreicher innerbetrieblicher Qualifizierung der Vorzug vor allen anderen Maßnahmen zu geben ist. Gerade bei diesen Maßnahmen ist jedoch, gemessen am Umfang, ein Rückgang im Vergleich zu anderen Weiterbildungsformen

Tabelle 9: OLS- und Logit-ML-Schätzungen zur Ermittlung von Einkommens-, Arbeitszeit- Arbeitslosigkeitsrisiko- und Beschäftigungseffekten von Weiterbildung Datenbasis: Arbeitsmarkt-Monitor, Welle 1, 4 und 6

	OLS				LOGIT-ML			
	LNY		AZEIT		P(AL)		P(B)	
FuU	-0.3238	(2.54)	0.6800	(0.49)	0.9449	(15.23)	-1.9119	(86.36)
QUAL1	-0.0500	(1.30)	0.9248	(2.20)	0.0189	(0.01)	-0.2855	(4.69)
QUAL2	0.0841	(2.40)	0.7075	(1.85)	-0.6870	(11.96)	0.5169	(16.89)
QUAL3	0.1353	(3.85)	0.2941	(0.77)	-0.3924	(4.38)	-0.0420	(0.13)
S	0.0995	(8.90)	$0.8427 \cdot 10^{-3}$	(0.08)	-0.1464	(24.79)	0.0829	(12.68)
EX	$0.5639 \cdot 10^{-3}$	(0.08)						
EXSQ	$0.1297 \cdot 10^{-3}$	(0.87)						
TEN	$-0.3734 \cdot 10^{-3}$	(1.63)	-0.0051	(2.11)	0.0003	(0.19)	-0.0019	(15.79)
ALT			0.0443	(2.00)	0.0352	(27.36)	-0.0261	(28.55)
SEX	0.1860	(6.36)	4.0977	(12.84)	-0.5015	(26.63)	0.2916	(16.95)
CONST	6.2210	(48.08)	34.4941	(23.91)	-1.7694	(18.21)	1.2440	(15.94)
R^2	0.0591		0.0613					
LRT					17.91		300.95	
N	2779		2779		4046		4046	

Erläuterungen: FuU - Dummy Fortbildung und Umschulung; QUAL1 - Dummy Qualifizierung durch Einarbeitung; QUAL2 - Dummy betriebsinterne Qualifizierung; QUAL3 - betriebsexterne Qualifizierung; S - Schulbildung in Jahren; EX - Berufserfahrung in Jahren; EXSQ = EX*EX; TEN - Betriebszugehörigkeitsdauer in Jahren; ALT - Alter in Jahren; SEX - Dummy (1, wenn männlich)

eigene Berechnungen

zu konstatieren. Die Wirkung von Vollzeit-FuU aus dem Status der Nichtbeschäftigung – eine Maßnahme, die bei öffentlicher Förderung eindeutig favourisiert wird – erscheint zweifelhaft. Zwar läßt sich nicht ermitteln, wie das Ergebnis bei Nichtförderung ausgesehen hätte, aber immerhin werden in Tabelle 9 Schulbildung, Berufserfahrung und Geschlecht explizit berücksichtigt, so daß in gewisser Weise für selektierende Elemente in Förder- und Nichtfördergruppen kontrolliert wird. Außerdem haben die Alternativschätzungen, in die a priori Unterschiede eingehen, gezeigt, daß die Ergebnisse stabil bleiben.

5. *Überlegungen zur Umstrukturierung der Weiterbildung*

5.1. *Zusammenfassung der bisheriger Erfahrungen*

Die qualitative und quantitative Analyse der Qualifizierungsoffensive Ost hat eine ganze Reihe von Problemen aufgezeigt. Trotz aller Kritik war und ist der Grundansatz richtig. Allerdings fehlt es noch an einer Gesamtstrategie. Eine Vielzahl von Einarbeitungsmaßnahmen, Kursen und öffentlichen Hilfen zur Qualifizierung stellt noch kein Programm dar. Die in der Zwischenzeit gesammelten Erfahrungen und aufgedeckten Mängel müssen eingehen bei Überlegungen zur Umstrukturierung der Weiterbildung. Bei alternativen Vorschlägen zur bisherigen Praxis sind beschränkende Randbedingungen und konfligierende Ziele zu beachten.

Wesentliche Schlußfolgerungen der Analyse sind die folgenden. Qualifizierung auf breiter Basis mit einem langfristigen Konzept ist notwenig, schafft aber direkt kaum neue Arbeitsplätze. Positive Beschäftigungseffekte ergeben sich in erster Linie auf individueller Ebene und weniger aus gesamtwirtschaftlicher Sicht. Umfassende Fortbildung trägt jedoch zur Technologieverbesserung bei, so daß einerseits die Absatzchancen bei Weitergabe in den Preisen steigen, aber andererseits auch Freisetzungseffekte und zusätzlicher Qualifizierungsbedarf damit verbunden sind. Es findet also ein ständiger Wettlauf zwischen technologischer Entwicklung und Ausbildung statt (Tinbergen 1975). Flächendeckende Qualifizierung ist wünschenswert, hat bei beschränkten Mitteln jedoch geringere Wirkungen als die Clusterung von Weiterbildungsaktivitäten, bei der externe Effekte zur Verstärkung beitragen. Langfristig orientierter Weiterbildung haftet das Problem der Unsicherheit über die zukünftige Entwicklung an. Bildung auf Vorrat ist nur bedingt möglich. Dauerhafte Fehl- und Überqualifizierung in dem Sinne, daß die erworbenen Fähigkeiten nur beschränkt eingesetzt werden können, bedeutet nicht nur eine Verschwendung knapper Ressourcen, sondern auch Frustration und Demotivierung bei den Betroffenen. Innerbetriebliche Weiterbildung hat viele Vorzüge gegenüber außerbetrieblichen Maßnahmen. Die Praxis zeigt aber, daß die Unternehmen zu wenige Humankapitalinvestitionen vornehmen, daß aufgrund der Unsicherheit über die weitere Entwicklung im Sinne der neuen Investitionstheorie (Pindyck 1991, Dixit 1992) abgewartet wird, bis mehr Klarheit herrscht. Erst dann investieren die Unternehmen in ihre Belegschaft. Außerdem ist zu berücksichtigen, daß eine Konzentration auf innerbetriebliche Weiterbildung in der gegenwärtigen Form Arbeitslose ausgrenzt, zu sehr auf die Entwicklung des spezifischen und weniger auf die des allgemeinen Humankapitals setzt, daß vielen, insbesondere kleinen Unternehmen personelle und sachliche Ressourcen zur Weiterbildung fehlen, daß mit einer öffentlichen Förderung der Qualifizierung im Betrieb Mitnahmeeffekte verbunden sind und die Eigeninitiative der Unternehmen zurückgeht, diese aber auch nicht gezwungen werden können fortzubilden.

5.2. *Umstrittene Forderungen*

Die Schlußfolgerungen, die aus den gewonnenen Erfahrungen gezogen werden, sind keineswegs einheitlich. Eine vielfach erhobene Forderung ist, insgesamt mehr Mittel für die öffentliche Förderung, für die Arbeitsmarktpolitik bereitzustellen (Kurz-Scherf/Mahnkopf 1993, S.127, Deeke 1994, S.232). Die empirischen Erfahrungen liefern hierfür jedoch keine unterstützenden Hinweise. An der Wirksamkeit öffentlich geförderter Maßnahmen bestehen einige Zweifel. Bei einer Ausdehnung besteht die Gefahr der Verschwendung. Die Mittel werden alternativen, möglicherweise vorteilhafteren Verwendungen entzogen und die Verausgabung erfolgt mit leichter Hand. Die Prüfung der Wirksamkeit einzelner Maßnahmen dürfte bei erweitertem Budget tendenziell rückläufig sein. Wenn, dann sollte eher dem Vorschlag gefolgt werden, für die Fortbildung einen Mindestanteil am Gesamtvolumen der Arbeitsmarktpolitik festzulegen (Kurz-Scherf/Mahnkopf 1993, S.127). Die Vergangenheit hat gezeigt, daß bei zunehmender Arbeitslosigkeit verstärkt Mittel in die passive Arbeitsmarktpolitik zu Lasten der Fortbildung fließen.
Bei Überlegungen, Arbeitsmarktbeschaffungsmaßnahmen und Kurzarbeit in Verbindung mit Qualifizierung auszudehnen (Deeke 1994, S.250), ist folgendes zu bedenken. Erstens darf der erste Arbeitsmarkt davon nicht negativ tangiert werden. Und zweitens besteht bei dauerhafter Etablierung die Gefahr der Gewöhnung sowohl von seiten der Unternehmen als auch von seiten der Arbeitskräfte. Insofern spricht einiges dafür, sobald sich die Bedingungen auf dem ersten Arbeitsmarkt verbessern, die Fördermittel für ABM, ABS und KUG zu reduzieren. Und zwar sollte ein gewisser Automatismus etabliert

werden, da ständige politische Diskussionen, ob bereits eine Verbesserung eingetreten ist oder nicht, der Sache nur abträglich sein kann. Eine Koppelung an die Zahl der registrierten Arbeitslosen (Deeke 1994, S.233) ist hier sicher kein falscher Weg.
In den meisten Fällen werden ABM und Kurzarbeit mit Qualifizierungsmaßnahmen denjenigen ohne vorzuziehen sein. Allerdings bleibt das Problem, daß Qualifizierungsmaßnahmen, die eindeutig auf Arbeitslose abzielen oder sich gar auf schwervermittelbare, benachteiligte Arbeitslose konzentrieren (Kurz-Scherf/Mahnkopf 1993, S.129, Deeke 1994, S.247), schnell das Etikett erhalten, hier wird nur Arbeitslosigkeit verwaltet. Unter den Teilnehmern macht sich dann Resignation breit, und Betriebe sehen in solchen Maßnahmen ein Signal, bei der Einstellung von Personen aus dieser Gruppe zurückhaltend zu sein. Vorsicht ist auch bei dem gutgemeinten Vorschlag, das Unterhaltsgeld bei beruflicher Fortbildung deutlich gegenüber dem Arbeitslosengeld anzuheben (Kurz-Scherf/Mahnkopf 1993, S.128, Deeke 1994, S.248), angebracht. Anreize sind sehr zu begrüßen, nur sollten diese in erster Linie darin liegen, daß mit der Fortbildung die Chancen einer Vermittlung verbessert werden. Wenn, dann bietet sich eher an, den Betrag, der für ein erhöhtes Unterhaltsgeld vorgesehen ist, als Zuschuß bei einer Einstellung nach der Qualifizierungsmaßnahme zu gewähren.
Kritik an den bislang erörterten Vorschlägen zur Verbesserung der Qualifizierung darf keineswegs so mißverstanden werden, daß einer alleinigen Verantwortung der Betriebe für Weiterbildung das Wort geredet wird. Nur Vorschläge, die Betroffene, Unternehmen und Staat einbeziehen, aber auch konsensfähig sind, haben Aussicht auf Erfolg.

5.3. *Elemente einer veränderten Weiterbildungsstrategie*

Ausgangspunkt bildet die Stärkung der betrieblichen Weiterbildung. Der erste Schritt muß in der Qualifizierung des Managements und gegebenenfalls der neuen Unternehmen bestehen, da andernfalls jede Form der Weiterbildung für die Belegschaft auf Widerstand stößt und unsystematisch verläuft. Die gesetzlichen Möglichkeiten der Förderung sind hier völlig ausreichend. Wesentlicher ist ein Klima zu schaffen, daß eine partizipative, langfristig, strategisch orientierte betriebliche Qualifizierungspolitik ermöglicht. Hierzu gehört, daß Mitarbeitergespräche über Fortbildung geführt werden, daß die Handlungsspielräume der Mitarbeiter erweitert werden (Weiß u.a. 1993, S.166), daß regelmäßige Kontrollen über die Anwendbarkeit erworbener Qualifikationen stattfinden, an denen Arbeitgeber und Arbeitnehmer beteiligt sind, daß Fortbildungscurricula erarbeitet werden, daß Weiterbildungsberichte verfaßt werden, daß von ad-hoc-Budgets für Weiterbildung abgegangen wird (Kurz-

Scherf/Mahnkopf 1993, S.133), daß ein Bildungskontrolling installiert wird, das Bedarfsermittlung, Konzeption und Organisation von Maßnahmen sowie Erfolgskontrolle umfaßt, daß eine Güte-Zertifizierung der Weiterbildung erfolgt, wie sie durch die »Gesellschaft der deutschen Wirtschaft zur Förderung und Zertifizierung von Qualitätssicherungssystemen in der beruflichen Weiterbildung ›CERTQUA‹ angestrebt wird (iwd 1995, S.8). Bei der Zertifizierung wird überprüft, inwieweit das betriebliche Qualitätssicherungssystem mit der Norm übereinstimmt oder nicht, ob also das System geeignet ist, die individuelle Qualitätspolitik zu verwirklichen.
Bei einer Ausbildung des Leitungspersonals im Westen bzw. eines Imports westlichen Managements ist darauf zu achten, daß Weiterbildungsangebote auf die spezifischen Bedingungen in Ostdeutschland abgestimmt sind. Der Transfer von Know-how aus dem Westen war in der ersten Phase der Transformation sicher ausgesprochen wichtig und hilfreich. Langfristig sollte Fach- und Führungskräftebedarf aber verstärkt durch Ostdeutsche gedeckt werden.
Die Fortbildung der Belegschaft in den Betrieben sollte weder punktuell auf einzelne Gruppen beschränkt bleiben, noch allein in der Zeit nach der Einstellung erfolgen. Vielmehr ist eine permanente, wellenweise verstärkte Qualifizierung anzustreben, aus der ein endogenes Firmenwachstum resultiert. Wegen der Unsicherheit über Art und Umfang des zukünftigen Bedarfs müssen nicht nur Arbeitnehmer an einer mehr allgemeinen, als an einer spezifischen, auf die gegenwärtigen Notwendigkeiten abgestellten Aus- und Weiterbildung interessiert sein, um gegebenenfalls auch einen neuen, in den Anforderungen veränderten Arbeitsplatz zu finden. Auch bei den Unternehmen sollte Flexibilität im Mittelpunkt stehen. Anreize für die Betriebe, mehr in das Humankapital als in Sachkapital und mehr als bisher überhaupt in die Belegschaft zu investieren, könnten erstens darin bestehen, daß Ablösesummen, wie sie im Fußballgeschäft bisher üblich waren, gezahlt werden, basierend auf Fortbildungspässen, in denen die betrieblichen Qualifizierungsmaßnahmen festgehalten sind. Zweitens kann Weiterbildung Gegenstand von Lohnverhandlungen sein. Möglichkeiten bestehen darin, Teile der Produktivitätssteigerung nicht für Lohnerhöhungen zu verwenden, sondern in die Weiterbildung zu stecken. Ebenso können Vereinbarungen über Arbeitszeitverkürzungen getroffen werden, bei denen z.B. die Hälfte in Form von Weiterbildungskursen abgegolten wird. Drittens kann die staatliche Förderung auf betriebliche Weiterbildung ausgedehnt werden. Hier wird die Gefahr von Mitnahmeeffekten als besonders hoch angesehen. Soweit ein Unternehmen jedoch expandiert und die eingesparten Mittel für weiteres Wachstum verwendet, ist gegen solche Mitnahmeeffekte im Sinne einer beschäftigungsorientierten Qualifizierungspolitik nichts einzuwenden. Aus dieser Sicht ist die Förderung

ertragsstarker, expandierender, auf dem Weltmarkt konkurrenzfähiger Betriebe, wie sie Bulow und Summers (1986) vorschlagen, sehr viel vorteilhafter, weil wohlfahrtsfördernder, als die Unterstützung strukturschwacher Unternehmen.

Bei den bisherigen Überlegungen sind Arbeitslose unberücksichtigt geblieben. Der Weg, sie über externe Qualifizierung wieder an das Erwerbsleben heranzuführen, ihre Wiederbeschäftigungschancen zu verbessern, scheint nur sehr bedingt erfolgreich zu sein. Die Möglichkeiten, sie in Betrieben zu qualifizieren, müssen deutlich verbessert werden. Zwei Möglichkeiten sollten hierbei ergänzend genutzt werden. Erstens sind öffentliche Hilfen für Arbeitgeber angebracht, die Arbeitslose in ihrem Betrieb qualifizieren. Dies kann z.B. in Form verringerter Sozialversicherungsbeiträge oder durch direkte Subventionen an die Betriebe geschehen, wie dies in Frankreich und Spanien praktiziert wird. Auch ist an Qualifizierungsgutscheine zu denken. Und zweitens sollte der Einstellung von Arbeitslosen, insbesondere von Langzeitarbeitslosen, der Vorrang vor Qualifizierungsmaßnahmen eingeräumt werden. Dies heißt einerseits, Formen der Vermittlung und des Verleihs von Arbeitskräften nach dem niederländischen Vorbild »START« sind zu verstärken. Andererseits sind vermehrt Einarbeitungszuschüsse zu gewähren, wenn Beschäftigung und Qualifizierung kombiniert werden. In diesen Zusammenhang passen auch Vorschläge des Arbeitskreises AFG-Reform (Adamy u.a. 1994, S.31ff), Förderketten einzurichten, die befristete Beschäftigung, berufliche (Weiter-) Bildung und betriebliche Arbeitserfahrung miteinander verküpfen sollen. Vorstellbar wäre auch, falls andere Maßnahmen nicht greifen, daß Zuschüsse für die Qualifizierung der Stammbelegschaft gewährt werden, wenn in einer Art Huckepack gleichzeitig damit die Einstellung von (Langzeit-) Arbeitslosen verbunden wäre. Zu hoffen ist, daß mit der Qualifizierung ein betrieblicher Aufstieg verbunden ist und die bisherigen, damit frei gewordenen Arbeitsplätze wenn möglich mit Arbeitslosen wiederbesetzt werden.

Qualifizierungsgutscheine (Siebert 1991, SVR 1991, S.261) können – in einem ersten Schritt auf Arbeitslose begrenzt, später erweitert auch auf Beschäftigte – von der Bundesanstalt für Arbeit ausgegeben werden. Die Kupons können dann nach freier Wahl bei Firmen eingereicht werden, die Qualifizierungsangebote machen. Den Firmen werden über diesen Weg von staatlicher Seite die Qualifizierungskosten ersetzt. Die Einlösung der Gutscheine bei kommunalen Qualifizierungsgesellschaften und externen Weiterbildungseinrichtungen in freier und öffentlicher Trägerschaft sollte zwar nicht ausgeschlossen werden. Wie die Erfahrungen zeigen, sind die Wirkungen jedoch vorteilhafter bei innerbetrieblichen Maßnahmen. Wichtig ist aber auch dort, daß die Maßnahmen und Kurse nicht auf Arbeitslose beschränkt bleiben, sondern die Stammbelegschaft auch daran teilnimmt. Anderenfalls geht wie-

derum ein negatives Signal von solcher Form der Weiterbildung aus. Training on-the-job erscheint für Arbeitslose im Sinne der Verbesserung der Wiederbeschäftigungschancen am vorteilhaftesten.
Wenn mit der Qualifizierung am Arbeitsplatz direkt auch eine Einstellung einhergeht – der Fall, der gegenüber der reinen Qualifizierung immer vorzuziehen ist –, und Einarbeitungszuschüsse gewährt werden, dann sollten diese deutlich über den Beträgen liegen, die die Firmen aus den Gutscheinen erhalten. Die Gefahr von Mitnahmeeffekten z.B. über Rotationseinstellungen, wie sie bei ABM-Maßnahmen nicht selten zu beobachten sind, könnte vermindert werden, wenn die Betriebe Teile der Subventionen zurückzahlen müssen, falls das Beschäftigungsverhältnis nach einer bestimmten Zeit, z.B. einem Jahr, nicht mehr aufrechterhalten wird. Je länger die Beschäftigung dauert, um so geringer könnte der Rückzahlungsanteil sein. Als ein weiteres Mittel, dauerhafte Beschäftigungsverhältnisse für Arbeitslose zu schaffen, ist die Subventionierung von Job-sharing zwischen Arbeitslosen und erfahrenen, kurz vor der Verrentung stehenden Beschäftigten anzusehen. Dies hätte gegenüber anderen Maßnahmen verschiedene Vorteile. Erstens werden durch Pensionierung frei werdende Stellen üblicherweise wiederbesetzt. Über Job-sharing könnte ein bisher Arbeitsloser einen deutlichen Startvorteil erhalten, diesen Arbeitsplatz später voll zu erhalten. Zweitens könnte der Arbeitslose von den Erfahrungen des bald Ausscheidenden erheblich profitieren. Drittens betrachtet letzterer den neu eingestellten Arbeitslosen nicht wie andere Beschäftigte des Betriebes als potentiellen Konkurrenten und wird daher eher bereit sein, ihm bei der Einarbeitung zu helfen. Viertens erleichtert die zunächst als Teilzeitbeschäftigung vorgenommene Einstellung die langsame Wiedereingewöhnung in den Arbeitsprozeß, die bei Langzeitarbeitslosen ein deutliches Problem ist, und läßt Zeit für weitere Qualifizierungsmaßnahmen.
Eine allein auf betriebliche Weiterbildung setzende Förderpolitik greift zu kurz. Unternehmen betreiben selbst bei staatlichen Anreizen Qualifizierung zu stark in Abhängigkeit von der eigenen kurzfristigen Ertragslage. Außerdem sind vor allem Kleinbetriebe meist gar nicht in der Lage, ihren mittelfristigen Bedarf genau zu formulieren und mit ihren Ressourcen die gewünschte Qualifizierung durchzuführen. Ein Lernverbund von betrieblicher und beruflicher Weiterbildung, orientiert am dualen System der beruflichen Erstausbildung in Deutschland, das weltweit als vorbildlich angesehen wird (Caillods 1994), zeigt einen Weg. Es geht darum, daß Weiterbildung konkret geregelt und systematisiert wird, daß die Kooperation zwischen betrieblicher und beruflicher Weiterbildung institutionalisiert wird, daß die beiden Formen eine Einheit bilden und letztere nicht mit einem negativen Signal versehen wird, wie dies gegenwärtig teilweise der Fall ist.

6. *Berufliche Weiterbildung in Osteuropa*

6.1. *Ausgangsbedingungen*

Vor der Übergangsphase zur Marktwirtschaft waren die Ausgangsbedingungen bei aller Unterschiedlichkeit in Ostdeutschland und den meisten mittel- und osteuropäischen Staaten doch sehr ähnlich. Vollbeschäftigung nach außen, geringe Lohnspreizung, keine offene Inflation, ungünstige Handelsbilanzen, niedrige Produktivität und geringer technologischer Stand der Kapitalausstattung waren charakteristisch. Seit 1990 lassen sich, wie einzelne Eckdaten für ausgewählte osteuropäische Länder in Tabelle 10 zeigen, sehr ähnliche dramatische Veränderungen beobachten, deutlicher Anstieg der Arbeitslosenquote, z.T. extrem hohe Inflationsraten, negative Wachstumsraten in der Produktion und bei den Löhnen, Anstieg der Selbständigenquoten.
In der Aus- und Weiterbildung waren die mittel- und osteuropäischen Länder am System der Sowjetunion orientiert. Nach acht Jahren allgemeiner Schulbildung folgte ein breites Feld der sekundären Ausbildung, das eine Verknüpfung von betrieblicher und schulischer Ausbildung vorsah (Caillods 1994). Initiativen und Finanzierung zur Weiterbildung gingen primär von den Betrieben aus. Gemessen an den formalen Bildungsabschlüssen war und ist das Qualifikationsniveau in diesen Ländern genauso wie in Ostdeutschland gut, wie der Anteil der Beschäftigten mit Universitätsabschluß in Tabelle 10 zeigt. Hier liegt nicht das Problem einer beschäftigungsorientierten Qualifizierung.
Durch den Zusammenbruch des alten Systems, verbunden mit einem weitgehenden Rückzug der Betriebe von der Finanzierung der Aus- und Weiterbildung, ist jedoch nach einer Neustrukturierung der beruflichen Qualifizierung zu suchen. Der Arbeitsmarktpolitik kommt hier eine erhebliche Bedeutung zu. Die Wege, die die einzelnen mittel- und osteuropäischen Länder in dieser Richtung bisher beschritten haben, sind unterschiedlich. Insgesamt ist das Ausmaß, verglichen mit Ostdeutschland, aber eher bescheiden. Sowohl im Hinblick auf die absolute und relative Zahl der Teilnehmer als auch gemessen am finanziellen Aufwand – vgl. Tabelle 11 – wird Qualifizierungsmaßnahmen eine vergleichsweise geringe Bedeutung beigemessen. Abgesehen von Bulgarien und Polen konzentrieren sich die anderen Länder im Rahmen der aktiven Arbeitsmarktpolitik mehr auf Arbeitsbeschaffungsmaßnahmen. In der Tschechischen Republik und Polen werden, soweit überhaupt, Umschulungsmaßnahmen von den lokalen Arbeitsämtern betrieben (Franz 1994, S.14,28). Lehmann (1993) hat speziell für Polen herausgefunden, daß Qualifizierungsmaßnahmen vor allem bei den männlichen Arbeitskräften gegen Ende 1992 zu einer deutlichen Verbesserung der Beschäftigungschancen geführt haben. In Ungarn gibt es Solidaritätsfonds, die neben der Finanzierung der passiven

Tabelle 10: Wirtschaftliche Eckdaten für Ostdeutschland und ausgewählte osteuropäische Länder

	Ostdeutschland	Bulgarien	Polen	Rumänien	Tschechische Republik	Ungarn
Bevölkerung in Tsd.						
1990	16028	8668	38119	23207	10303	10365
1993	15598	8470	38459	22755	10330	10294
Erwerbstätige in % (1991)						
Industrie	42.84	43.92	34.71	39.90	45.22	30.25
Dienstleistung	50.70	37.83	36.43	30.39	44.02	58.52
Landwirtschaft	6.46	18.25	28.86	29.71	10.76	11.23
Selbständigenquote						
1990	1.57	-	11.61	4.06	0.47	5.11
1993	2.90	3.45	12.91	16.16	5.32	6.14
reales Lohnwachstum						
1990	11.5[1)]	6.2	-27.4	5.6	-5.5	-0.2
1993	-0.9	1.1	-1.1	-16.7	3.6	-0.4
Inflationsrate						
1990	13.3[2)]	19.3	585.8	4.2	10.0	28.2
1993	8.4	73.0	36.9	256.1	20.8	22.5
Arbeitslosenquote						
1990	2.6	1.6	6.1	1.3	1.0	1.6
1993	15.9	15.7	15.5	9.4	3.0	13.4
Wirtschaftswachstum (real)						
1990	-14.0[2)]	-11.8	-12.0	-7.4	-4.7	-4.0
1993	7.1	-4.0	4.0	1.0	-0.3	-2.3
BSP pro Kopf in US-Dollar						
1990	8145	2250	1690	1640	2700	2780
1993	7651	1330	1960	1090	2440[2)]	3010
Anteil der Beschäftigten mit Universitätsabschluß						
1990	10.8[2)]	13.7	10.5	-	8.4	12.3
1992	-	17.4	14.2	7.7	11.0	14.6

1) Die Angaben beziehen sich auf das 2. Halbjahr 1991
2) Die Angaben beziehen sich auf 1991

Quelle: European Commission (1994), Employment Observatory, Central Eastern Europe, Employment Trends and Developments, Nr.6, October 1994; eigene Berechnungen.

Arbeitsmarktpolitik auch teilweise Mittel für Trainingsprogramme bereitstellen (Franz 1994, S.19). Die allgemeine Zurückhaltung bei Qualifizierungsmaßnahmen wird vor allem mit der Ineffektivität und der kurzen Dauer der Fortbildungskurse sowie mit den zu geringen Anreizen erklärt (Beer 1995, S.107). Sie könnte aber auch auf die zu geringe Spreizung der Lohnstruktur und die zu großzügige Bemessung der Arbeitslosenunterstützung zurückzuführen sein. Gemessen an OECD-Standards ist die Unterstützung jedoch nicht als zu generös einzustufen (Franz 1994, S.48). Jackman (1994, S.340) sieht aber schon, daß fehlende monetäre Anreize aufgrund einer zu egalitären Lohnstruktur die Bereitschaft zur Qualifizierung negativ beeinflußt. Und Franz (1994, S.51) hält genügend große Unterschiede zwischen der Kompensationsleistung an Personen, die sich in Qualifizierungsmaßnahmen befinden, und der Arbeitslosenunterstützung als Qualifizierungsanreiz für angebracht.

6.2. *Schwerpunkte und Hilfen westlicher Länder*

Die mittel- und osteuropäischen Länder haben nicht wie Ostdeutschland einen so starken Partner, der einen Großteil der Finanzierungslast trägt. Insofern ist die Übernahme von Konzepten zur beschäftigungsorientierten Qualifizierung nur beschränkt möglich. Wenn auch auf niedrigerem Niveau, so sollte aber doch versucht werden, ein relativ breites Spektrum an Weiterbildungsmöglichkeiten anzubieten. Aufgrund der beschränkten Mittel ist jedoch Konzentration auf einige Schwerpunkte geboten. Vorrang sollten Maßnahmen in Bereichen haben, die international die vergleichsweise größte Konkurrenzfähigkeit aufweisen. Hieraus können sehr viel mehr positive Beschäftigungseffekte resultieren als bei Qualifizierungsmaßnahmen, die sich gleichmäßig auf alle Bevölkerungsschichten und Sektoren verteilen und Bildung auf Vorrat produzieren. Entstehende Einkommensungleichheiten sind über staatliche Transferpolitik auszugleichen. Umfangreiche Programme, die lediglich auf die kurzfristige Reduzierung der Arbeitslosigkeit abzielen, sind auf Dauer wenig ertragreich. Permanentes Lernen, das den flexiblen Einsatz im Erwerbsleben fördert, sollte Vorrang haben.
Qualifizierung on-the-job hat einen noch größeren Stellenwert als in Deutschland. Wie gesehen, mangelt es nicht an formalen Bildungsabschlüssen. Durch die Ausbreitung von Informationstechnologien und neuen Formen der Arbeitsorganisation sowie einer damit verbundenen Zunahme an komplexen und abstrakten Arbeitsaufgaben gewinnt theoretisches Wissen zwar an Bedeutung (Caillods 1994, S.251). Dieses kann aber nur durch praktisches Lernen am Objekt umfassend erworben werden. Die Schwierigkeit besteht darin, daß in den meisten Betrieben Osteuropas die Maschinen technologisch nicht dem

Tabelle 11: Teilnehmer (T) an Qualifizierungsmaßnahmen (FuU) und öffentliche Ausgaben (A) in Deutschland und ausgewählten osteuropäischen Ländern (Angaben in Prozent)

	Jahr	Deutschland	Ostdeutschland	Bulgarien	Polen	Rumänien	Tschechoslowakei	Ungarn
(1) T an FuU / AL	1991	24.8	30.6	7.9	0.4	1.5	4.5	11.5
	1992	29.0	42.0	3.2	-	3.8	6.9	10.4
(2) T an FuU / BAA	1991	1.17	2.64	0.42	0.03	0.04	0.11	0.44
	1992	1.55	4.95	0.35	-	0.27	0.19	0.96
(3) A für FuU / AAMP	1991	44.3 (31.5)	60.6 (26.6)	41.6	58.7	5.2	6.9	17.8
	1992	44.5 (40.9)	48.6 (43.6)	32.3	69.2	3.8	7.0	22.3
(4) A für FuU / BIP	1991	0.41	2.62	0.04	0.18	0.005	0.01	0.06
	1992	0.61	4.83	0.06	0.21	0.004	0.04	0.11

Erläuterungen:

AL – Arbeitslose, BAA – Bevölkerung im arbeitsfähigen Alter, AAMP – Ausgaben für aktive Arbeitsmarktpolitik, BIP – Bruttoinlandsprodukt.
Bei den in Klammern angegebenen Zahlen für Deutschland insgesamt sowie für Ostdeutschland (Zeile (3); 1991 und 1992) ist Kurzarbeit mit berücksichtigt, sonst nicht.

Quelle: European Commission (1993), Employment Observatory, Central Eastern Europe, Active Labour Market Policies during the Transition, Nr. 4, May 1993; eigene Berechnungen.

neuesten Stand entsprechen, sondern z.T. völlig veraltet sind. Auch fehlt es an Ausbildern, die in der Lage sind, die neuen, mit der Einführung der Marktwirtschaft verbundenen Aufgaben zu vermitteln, den Umgang mit fortgeschrittener Technologie beizubringen und die Bedeutung von Teamwork im Rahmen veränderter Arbeitsorganisation zu verdeutlichen. Eine Möglichkeit ist, das Training der Ausbilder in westlichen Marktwirtschaften zu forcieren und auf später einsetzende Multiplikatoreffekte im Heimatland zu setzen. Gefahren ergeben sich dadurch, daß die Ausbilder entweder nicht zurückkehren oder daß aufgrund anderer Technologie und Arbeitsorganisation keine adäquate Qualifizierung erfolgt. Der Import westlicher Ausbilder ist hier vorzuziehen, vor allem wenn sie im Rahmen von Joint-Ventures tätig sind. Daneben besitzt die Qualifizierung der Unternehmer und Manager Vorrang. Hilfen westlicher Staaten sollten dies stärker als bisher berücksichtigen. Sie konzentrieren sich derzeit auf Existenzgründungen und die Förderung von Direktinvestitionen, die die Qualifizierung der Unternehmer nur nachrangig in die Förderung einschließen, wie z.B. ein Überblick über Maßnahmen zur Förderung deutscher Direktinvestitionen in den Ländern Mittel- und Osteuropas zeigt (BMWi 1994a). Die Förderung neugeründeter Betriebe, vor allem wenn sie allein am Realkapital ausgerichtet ist, birgt hohe Risiken hinsichtlich der Fehlleitung knapper Ressourcen in sich (Franz 1994, S.51). Effizienter ist neben der Beseitigung institutioneller Gründungsbarrieren die Verwendung der Mittel für Investitionen in das Humankapital. Zumindest sollte die Gleichrangigkeit der Förderung von Real- und Humankapitalinvestitionen angestrebt werden.

7. *Schlußbemerkung*

Nach der Wiedervereinigung Deutschlands hat es im Ostteil des Landes eine Qualifizierungsoffensive von bisher nicht gekanntem Ausmaß gegeben. Der Höhepunkt, der Mitte 1992 erreicht wurde, ist heute schon wieder deutlich unterschritten. Die Frage, ob und in welchem Umfang die Maßnahmen aus beschäftigungsorientierter Sicht erfolgreich waren, kann trotz einer Reihe vorliegender Evaluierungsstudien nicht zweifelsfrei beantwortet werden. Vor allem ist der Zeitraum dafür noch zu kurz. Es läßt sich aber auch nicht eindeutig sagen, wie sich die bisherige Beschäftigung entwickelt hätte, wenn die Maßnahmen unterblieben wären. Trotz verschiedener Kritikpunkte an Form und Inhalt der Weiterbildungsmaßnahmen in Ostdeutschland, die insbesondere eine unzureichende innerbetriebliche Fortbildung einschließen, ist das Ge-

samtbild positiv. Auch wenn ein nicht unerheblicher Teil der Fortbildungsmaßnahmen Erwerbslosigkeit nicht verhindern konnte, so wurde doch zweierlei erreicht. Erstens konnte das riesige Beschäftigungsproblem in Ostdeutschland ohne größere soziale Spannungen gelöst werden – und hierzu haben Fortbildungsmaßnahmen beigetragen. Und zweitens ist Vorsorge für die Zukunft getroffen worden, soweit Bildung auf Vorrat überhaupt möglich ist.
Die mittel- und osteuropäischen Länder, die sich noch voll im Transformationsprozeß befinden, können Ostdeutschland zwar in vieler Hinsicht als Vorbild nehmen. Sie haben aber kaum die Chance, eine vergleichbare Qualifizierungspolitik zu betreiben. Trotz allem sollte auch dort permanente Qualifizierung, die auf flexible Anpassung an die neuen Verhältnisse abzielt, gegenüber anderen Maßnahmen den Vorrang haben. Qualifizierung allein schafft jedoch noch keine Beschäftigung.

Literaturverzeichnis

Adamy, W. u.a. (1994), Memorandum für ein neues Arbeitsförderungsgesetz, Düsseldorf.

Albach, H. und R.Schwarz (1994), Die Transformation des Humankapitals in ostdeutschen Betrieben, Discussion Paper FS IV 94 -1, Wissenschaftszentrum Berlin.

Auer, P. (1992), Interner und externer Arbeitsmarkt: Kurzarbeit und Qualifizierung in den neuen Bundesländern, in: P.Auer u.a. (Hrsg.), Kurzarbeit und Qualifizierung in den neuen Bundesländern: Von der internen zur externen Anpassung, Discussion Paper FS I 92-2, Wissenschaftszentrum Berlin für Sozialforschung, 3-12.

Autorengemeinschaft (1993), Der Arbeitsmarkt 1993 und 1994 in der Bundesrepublik Deutschland, Mitteilungen aus der Arbeitsmarkt- und Berufsforschung 26, 445-466.

Bauer, M. (1994), Der Arbeitsmarkt der neuen Bundesländer im Spannungsfeld der Umstellung der Absatzmärkte. Eine empirische Analyse der Branchen Maschinen- und Anlagenbau, Textil- und Schuhindustrie, Einzel- und Großhandel, Diss. Hannover.

Beer, D. (1995), Labour Market Policy in Eastern Europe, in: Pfau-Effinger, B., Neufeld, M. und V. Kreißig (eds.), Labour Markets in Transition: Employment, Unemployment and Labour Market Policies in Central and Eastern Europe, SAMF – Arbeitspapier 1995 – 1, Gelsenkirchen, 91-109.

Bielenski, H., Enderle, J. und B. v. Rosenbladt (1992), Arbeitsmarkt-Monitor für die neuen Bundesländer, Umfrage 11/91 – Tabellenband, Beiträge zur Arbeitsmarkt- und Berufsforschung 148.4, Nürnberg.

Bielenski, H., Magvas, E. und K. Parmentier (1992), Arbeitsmarkt-Monitor für die neuen Bundesländer. Eine Arbeitsmarktumfrage der Bundesanstalt für Arbeit: Zwischenbilanz und ausgewählte Ergebnisse, Mitteilungen aus der Arbeitsmarkt- und Berufsforschung 25, 136-157.

Bielenski, H. und B. v. Rosenbladt (1991), Arbeitsmarkt Monitor für die neuen Bundesländer, Umfrage 11/90 – Tabellenband –, Beiträge zur Arbeitsmarkt- und Berufsforschung 148.1, Nürnberg.

Blaschke, D., Brinkmann, C. und E. Nagel (1995), Einarbeitungszuschüsse – Befunde und Perspektiven, IAB-Werkstattbericht, Nr.2.

Blaschke, D., Koller, M., Kühlewind, G., Möller, U. und Stooß, F. (1990), Qualifizierung in den neuen Bundesländern, Materialien aus der Arbeitsmarkt- und Berufsforschung – Nr.7.

Blaschke, D. und E. Nagel (1992), Arbeitslosigkeit nach Maßnahmen der beruflichen Weiterbildung niedriger als erwartet, IAB-Werkstattbericht, Nr.14.

Blaschke, D., Nagel, E., Billmeier, M. und H. Gruber (1993), Berufliche Weiterbildung und Verbleib im Leistungsbezug, IAB-Werkstattbericht, Nr.6.

Blaschke, D., Plath, H.-E. und E.Nagel (1992), Konzepte und Probleme der Evaluierung aktiver Arbeitsmarktpolitik am Beispiel Fortbildung und Umschulung, Mitteilungen aus der Arbeitsmarkt- und Berufsforschung 25, 381-405.

Bodenhöfer, H.-J. (1982), Unternehmenswachstum, Qualifikationsstruktur und Absorption eines höheren Qualifiktionsangebots, in: H.P.Widmaier (Hrsg.), Das Arbeitsangebot zwischen Markt und Plan, Berlin, 11-59.

Brinkmann, C. u.a. (1992), Arbeitsmarktpolitik in den neuen Bundesländern, WSI-Mitteilungen, Heft 7, 420-430.

Brüderl, J., Preisendörfer, P. und A. Baumann (1991), Determinanten der Überlebenschancen neugegründeter Kleinbetriebe, Mitteilungen aus der Arbeitsmarkt- und Berufsforschung 24, 91-100.

Bulow, J.I. und L.H. Summers (1986), A Theory of Dual Labor Markets with Application to Industrial Policy, Discrimination, and Keynesian Unemployment, Journal of Labor Economics 4, 376-414.

Bundesministerium für Wirtschaft – BMWi – (1993), Management Buy-Out/Buy-In, Bonn.

Bundesministerium für Wirtschaft – BMWi – (1994), Wirtschaftliche Förderung in den neuen Bundesländern, Bonn.

Bundesministerium für Wirtschaft – BMWi – (1994a), Maßnahmen zur Förderung deutscher Direktinvestitionen in den Ländern Mittel- und Osteuropas (MOE) und in den Neuen Unabhängigen Staaten der ehemaligen Sowjetunion (NUS), Dokumentation Nr. 347, Bonn.

Caillods, F. (1994), Converging Trends Admidst Diversity in Vocational Training Systems, International Labour Review 133, 241-257.

Deeke, A. (1994), Zwischen Anspruch und Wirklichkeit – 25 Jahre Arbeitsförderungsgesetz, in: Arbeitskreis AFG-Reform (Hrsg.), Memorandum für ein neues Arbeitsförderungsgesetz, Düsseldorf, 49-285.

Deutsches Institut für Wirtschaftsforschung/Institut für Weltwirtschaft – DIW/IfW – (1992), Gesamtwirtschaftliche und unternehmerische Anpassungsprozesse in Ostdeutschland, DIW-Wochenbericht 59, Nr.39/92.

Dixit, A. (1992), Investment and Hysteresis, Journal of Economic Perspectives 6, 107-132.

Emmerich, K. (1993), Mega ABM – Bestandsaufnahme und Perspektiven, IAB-Werkstattbericht, Nr.9.

Fitzenberger, B. und H. Prey (1995), Assessing the Impact of Training on Employment. The Case of East Germany, Diskussionspapier 23 – 1995, Universität Konstanz.

Franz, W. (1994), Central and East European Labor Markets in Transition: Developments, Causes, and Cures, Diskussionspapier 19 – 1994, Universität Konstanz.

Friedrich-Ebert-Stiftung (1990), Die Zukunft selbst gestalten: Beschäftigungs- und Qualifizierungsgesellschaften in der Phase der wirtschaftlichen Neuordnung, Reihe Wirtschaftliche Diskurse Nr.11, Bonn.

Friedrich-Ebert-Stiftung (1990a), Arbeitsmarktprobleme und Qualifizierungserfordernisse in den fünf neuen Bundesländern, Reihe Wirtschaftliche Diskurse Nr.13, Bonn.

Friedrich-Ebert-Stiftung (1991), Qualifizierungsoffensive Ost, Reihe Wirtschaftliche Diskurse Nr.17, Bonn.

Friedrich-Ebert-Stiftung (1991a), Wege zum Aufschwung am Arbeitsmarkt, Reihe Wirtschaftliche Diskurse Nr.21, Bonn.

Friedrich-Ebert-Stiftung (1992), Arbeitsbeschaffungsmaßnahmen – Brücke zu neuen Arbeitsplätzen in Ostdeutschland, Reihe Wirtschaftliche Diskurse Nr.29, Bonn.

Groß, J., Miethe, H. u.a. (1991), Fallstudien zur Entwicklung von Beschäftigungsgesellschaften. Mega-ABM und Beschäftigungsgesellschaften in der Lausitzer Region, IAB-Werkstattbericht, Nr.6, 16.10.1991.

Heckman, J.J. und V.J. Hotz (1989), Choosing Among Nonexperimental Methods for Estimating the Impact of Social Programs: The Case of Manpower Training, Journal of the American Statistical Association 84, 862-880.

Heinecke, S., Koch, R. und K.Gleiche (1992), Regionale Strukturanalyse Erfurt. Entwicklung des Arbeitsmarktes und Konsequenzen für Fortbildung und Umschulung, Erfurt.

Hicks, J.R. (1963), The Theory of Wages, 2nd ed., London.

Hübler, O. (1992), Selbständige in Ostdeutschland – Eine theoretische und mikroökonometrische Analyse, Vierteljahreshefte zur Wirtschaftsforschung, Heft 3/4, 107-130.

Hübler, O. (1994), Weiterbildung, Arbeitsplatzsuche und individueller Beschäftigungsumfang – Eine ökonometrische Untersuchung für Ostdeutschland, Zeitschrift für Wirtschafts- und Sozialwissenschaften 114, 419-447.

Informationsdienst des Instituts der deutschen Wirtschaft (1992), iwd, 18.Jg., Nr.24.

Informationsdienst des Instituts der deutschen Wirtschaft (1993), iwd, 19.Jg., Nr.28.

Informationsdienst des Instituts der deutschen Wirtschaft (1994), iwd, 20.Jg., Nr.5

Informationsdienst des Instituts der deutschen Wirtschaft (1994a), iwd, 20.Jg., Nr.15.

Informationsdienst des Instituts der deutschen Wirtschaft (1994b), iwd, 20.Jg., Nr.16.

Informationsdienst des Instituts der deutschen Wirtschaft (1994c), iwd, 20.Jg., Nr.47.

Informationsdienst des Instituts der deutschen Wirtschaft (1995), iwd, 21.Jg., Nr.11.

Ischebeck,W., Schusser, W., Söhngen, B. und R. Weiß (1994), Qualität und Effizienz betrieblicher Bildungsarbeit, Kölner Texte & Thesen Nr.16, Köln.

Jackman, R. (1994), Economic Policy and Employment in the Transition Economies of Central and Eastern Europe: What Have we Learned? International Labour Review 133, 327-345.

Kaiser, M. (1992), Gesellschaften zur Arbeitsförderung, Beschäftigung und Strukturentwicklung (ABS-Gesellschaften) als Träger arbeitsmarktpolitischer Maßnahmen. Ein Zwischen- und Sachstandsbericht, IAB-Werkstattbericht, Nr.10.

Kromphardt, J. (1994), Arbeitsmarktpolitik in Ostdeutschland – Theoretische Grundlagen, Maßnahmen, Probleme, Diskussionspapier 20/1994, Fachbereich 14, Technische Universität Berlin.

Kurz-Scherf, I. und B. Mahnkopf (1993), Innerbetriebliche Notwendigkeiten und Möglichkeiten zur Qualifizierung aus Sicht der Beschäftigten, QUEM-Report, Heft7 /Teil II, Berlin.
Lampert, H., Englberger, J. und U. Schüle (1991), Ordnungs- und prozeßpolitische Probleme der Arbeitsmarktpolitik in der Bundesrepublik Deutschland, Berlin.
Lehmann, H. (1993), Labour Market Flows and the Evaluation of Labour Market Policies in Poland. Centre for Economic Performance, Discussion Paper 161, London.
Mendius, H.G., Sengenberger, W., Köhler, C. und M. Maase (1983), Qualifizierung im Betrieb als Instrument der öffentlichen Arbeitsmarktpolitik, Forschungsbericht Sozialforschung Bd.89 des BMAS, Bonn.
Ministerium für Arbeit und Soziales des Landes Sachsen-Anhalt (1993), Arbeitsmarktpolitik für Sachsen-Anhalt, Magdeburg.
Müller, K. (1995), Weiterbildung in Ostdeutschland. Ein Markt wird transparenter, IAB-Werkstattbericht, Nr.4.
Ohndorf, W. (1992), Das arbeitsmarktpolitische Programm der Bundesregierung für Regionen mit besonderen Beschäftigungsproblemen vom Mai 1979 (Sonderprogramm '79) – Anregungen für die neuen Bundesländer, Mitteilungen aus der Arbeitsmarkt- und Berufsforschung 25, 303-313.
Pannenberg, M. (1994), Weiterbildungsaktivitäten und Erwerbsbiographie. Eine empirische Analyse für Deutschland, Diss. Berlin.
Parmentier, K. und M. Tessaring (1994), The Dynamics of Transitions in East Germany: Stocks and Flows by Level of Qualification between 1989 and 1991, in: J. Schwarze, F.Buttler und G. Wagner (Eds.), Labour Market in Present Day Germany, Frankfurt, 67-90.
Pindyck, R.S. (1991), Irreversibility, Uncertainty, and Investment, Journal of Economic Literature 29, 1110-1148.
Richter, M., Leibfritz, W. und G. Heimpold (1994), Staatliche Förderung in den neuen Bundesländern: Bisher positive Wirkungen, aber stärkere Konzentration der Mittel erforderlich, Ifo – Schnelldienst 8/94.
Sachverständigenrat zur Begutachtung der gesamtwirtschaftlichen Entwicklung – SVR – (1991), Marktwirtschaftlichen Kurs halten. Zur Wirtschaftspolitik für die neuen Bundesländer, Sondergutachten vom 13. April 1991.
Sachverständigenrat zur Begutachtung der gesamtwirtschaftlichen Entwicklung – SVR – (1991/92), Jahresgutachten.
Sachverständigenrat zur Begutachtung der gesamtwirtschaftlichen Entwicklung – SVR – (1994/95), Jahresgutachten.
Schoer, K. und E. Dabbert (1994), Qualifikationsniveau der Arbeitskräfte in den neuen Ländern und Berlin-Ost, in: Statistisches Bundesamt (Hrsg.), Zur wirtschaftlichen und sozialen Lage in den neuen Bundesländern, Vierteljahresschrift, 24-28.
Schuldt, K. (1994), Qualifizieren, Rekrutieren, Selektieren, Entlassen – Typisierung personalwirtschaftlicher Strategien im Rekonstruktionsprozeß von Kombinaten, Discussion Paper FS I 94 – 102, Wissenschaftszentrum Berlin für Sozialforschung.
Siebert, H. (1991), Brauchbares Konzept der Qualifizierungsgutscheine, Handelsblatt Nr.103, 3.6.1991.
Tinbergen, J. (1975), Income Distribution-Analysis and Policies, Amsterdam.
Wahse, J., Dahms, V. und R. Schaefer (1993), Stand und Erfordernisse betrieblicher Weiterbildung in den neuen Bundesländern im Prozeß der Transformation von der Planwirtschaft in die Marktwirtschaft, mimeo, Berlin.

Wahse, J. und R. Schaefer (1993), Beschäftigungsperspektiven von Treuhandunternehmen und Ex-Treuhandfirmen im Vergleich – Befragung Oktober 1993, mimeo, Berlin.
Weiß, H. (1994), Die berufliche Weiterbildung im wirtschaftlichen Transformationsprozess, Qualifizierungsmaßnahmen in den neuen Bundesländern, Diss. München.
Weiß, R. (1994), Betriebliche Weiterbildung 1992. Weiterbildungserhebung der Wirtschaft, Kölner Texte & Thesen Nr.21, Köln.
Weiß, R. u.a. (1993), Innerbetriebliche Notwendigkeiten und Möglichkeiten zur Qualifizierung aus Unternehmenssicht, QUEM-Report, Heft 7 /Teil I, Berlin.

Zenon Wiśniewski

Polens Erfahrungen mit Maßnahmen zur beschäftigungsorientierten Qualifizierung: Kann der Westen helfen?

1. *Einführung*

Im Jahr 1989 wurde in Polen die erste nichtkommunistische Regierung gebildet. Für den wirtschaftlichen Bereich wurde ein radikales Reformprogramm, das sogenannte Balcerowicz-Programm, erarbeitet, das die schnelle und konsequente Einführung der Marktwirtschaft beinhaltete. 1992 war Polen das erste postkommunistische Land, in dem im Privatsektor mehr Personen beschäftigt waren als im vergesellschafteten. Im Jahre 1994 erreichte Polen mit einer BIP-Steigerung von 5 % einen weiteren hohen Wachstumsschritt. Mit der marktwirtschaftlichen Öffnungspolitik hat Polen inzwischen einen Anteil des privaten Sektors am BIP von über 50 % erreicht. Derzeit befinden sich 60 % aller Arbeitsplätze im privatwirtschaftlichen Bereich. Neben dem wachsenden Dienstleistungssektor bleibt aber auch weiterhin im Agrarsektor noch ein Viertel der Erwerbstätigen. Der Dienstleistungssektor einschließlich der Bauwirtschaft erwirtschaftet inzwischen rd. die Hälfte des BIP und beschäftigt etwa 40 % der polnischen Arbeitskräfte.

Der Übergang von der zentralgeleiteten Planwirtschaft zur Marktwirtschaft brachte schwerwiegende soziale und ökonomische Probleme mit sich, die nicht von heute auf morgen zu lösen sind. Als besondere Bedrohung wird die Arbeitslosigkeit empfunden. Die Zahl der Arbeitslosen stieg von offiziell Null (Ende 1989) auf 2,87 Millionen Ende 1994. Die Arbeitslosenquote beträgt ca. 16 %. Die charakteristischen Merkmale der Arbeitslosigkeit in Polen sind:[1]

– überproportionale Betroffenheit der Jugendlichen. Der Anteil der 18 bis 35jährigen an den Arbeitslosen insgesamt beträgt 62 %, darunter der 18 bis 24jährigen bereits 35 %,

– langfristige, strukturelle Arbeitslosigkeit in verschiedenen Regionen mit der Konsequenz wachsender Verarmung der Bevölkerung,

1 Vgl. M. Kabaj, Elementy polityki przeciwdziałania bezrobociu. Jak zmniejszyć bezrobocie o połowę w okresie pięciu lat?, in: Rada Strategii Społeczno-Gospodarczej przy Radzie Ministrów (Hrsg.), Bezrobocie. Czy, jak i kiedy mozna je przezwyciężyć?, Warszawa 1995, SS. 26-56.

– 32 % der Arbeitslosen verfügen nur über eine Schulausbildung von 8 Jahren (und weniger).

Heute setzen die Menschen ihre Hoffnungen auf die Arbeitsmarktpolitik. Die Finanzmittel sind jedoch so knapp, daß für aktive Maßnahmen kaum etwas übrig bleibt. In Polen beanspruchen die Mittel für die Zahlung von Arbeitslosengeld etwa 90 % der gesamten Ausgaben, die für die Arbeitsmarktpolitik bestimmt sind, so daß für aktive, arbeitsplatzschaffende Politik nur ein geringer Rest bleibt. Qualifizierung und Arbeitsbeschaffung sind deshalb noch seltene Gäste. Die Devise »Qualifizieren statt Entlassen« und »Qualifizieren bei Arbeitslosigkeit« ist nicht so stark ausgeprägt wie z.B. in Ostdeutschland.[2]

Eine notwendige Bedingung für einen erfolgreichen Strukturwandel zur Marktwirtschaft ist die Freisetzung von Beschäftigten. Andererseits werden durch den Strukturwandel in großem Umfang neue Arbeitsplätze entstehen. Aber die neuen Arbeitsanforderungen in der Marktwirtschaft machen eine Zusatzausbildung und die Vervollkommunng von Fähigkeiten und Kenntnissen erforderlich. Ein großes Wachstumpotential ist auch im Dienstleistungssektor vorhanden, dessen Erschließung mit der Notwendigkeit von Umschulung und Weiterbildung verbunden ist. Vor diesem Hintergrund ist die Qualifizierung als Herausforderung zu sehen. Die Aufgabe, im Transformationsprozeß die Qualifikationen auf marktwirtschaftliche Bedingungen hin auszurichten, müssen Schulsystem, Wirtschaft und teilweise die Regierung durch eine aktive Arbeitsmarktpolitik übernehmen. Die aktive Arbeitsmarktpolitik kann jedoch nicht viel mehr leisten als eine Bekämpfung der Symptome durch eine nachträgliche Reparatur der Qualifikationsdefizite durch Fortbildung und Umschulung.

2. *Schulsystem und Berufsausbildung*

Das Ausbildungsniveau der polnischen Arbeitnehmer ist mit jenen der westlichen OECD-Länder vergleichbar. Mit dieser Aussage sind auch westliche Experten einverstanden.[3] Der Anteil derjenigen, die über mehr als die Grundausbildung verfügen, beträgt 74,6 % der Erwerbstätigen. 12 % der Erwerbstätigen haben Hochschulabschluß.

Die Grundfunktion für das gesamte Schul- und Bildungssystem erfüllt die Grundschule. Sie vermittelt allen Schülern eine einheitliche Ausbildung. Die Grundausbildung dauert 8 Jahre.

2 Vgl. Z. Wiśniewski, Polityka zatrudnienia i rynku pracy w Republice Federalnej Niemiec, Toruń 1994, SS. 167-180.

3 OECD, The Labour Market in Poland, Paris 1993, S. 70.

Die nächste Stufe umfaßt zwei gleichwertige Bildungswege: einen allgemeinbildenden (vierjähriges allgemeinbildendes Lyceum) und einen beruflichen. Letzterer gliedert sich wiederum in zwei Züge:

- einen einstufigen Weg über die vier- bis fünfjährige berufliche Mittelschule (Berufstechnikum, Berufslyceum),
- einen zweistufigen Weg über die dreijährige Berufsgrundschule und ein daran anschließendes dreijähriges berufsbildendes Lyceum oder Berufstechnikum.

Für Absolventen der allgemeinbildenden Lyceen stehen einjährige postlyceale Schulen für bestimmte Facharbeiterberufe und zweijährige postlyceale Schulen für bestimmte Berufe auf Technikerniveau zur Verfügung.

Ein wesentlicher Unterschied zwischen den Berufsbildungssystemen in der Bundesrepublik Deutschland und Polen besteht im Zugang zur Ausbildung. In der Bundesrepublik erfolgt der Ausgleich von Angebot und Nachfrage auf dem Ausbildungsmarkt, und die freie Wahl des Berufs und der Ausbildungsstätte ist grundgesetzlich verankert. Dagegen entscheidet in Polen eine Bürokratie über Zahl und Art der Ausbildungsplätze.

Die letzte Stufe des Bildungssystems bilden die Hochschulen. In Polen ist die Hochschullandschaft institutionell stark zersplittert. Nach der Ausgliederung der medizinischen, wirtschaftswissenschaftlichen und agrarwissenschaftlichen Fakultäten und ihrer Verselbständigung während der fünfziger Jahre sowie der Neugründung weiterer, zumeist eng profilierter Hochschulen bestanden 1989 über 100 Hochschuleinrichtungen. Damit gab es im Verhältnis zur Bevölkerungszahl einen ungewöhnlich hohen Anteil von Hochschulen, während gleichzeitig der Anteil der Studierenden an den entsprechenden Altersjahrgängen mit 10 bis 15 % weit unter dem europäischen Durchschnitt lag. Ein wesentliches Anliegen der Hochschulpolitik nach 1989 ist es daher, die niedrige Rate der Studierenden in naher Zukunft deutlich zu erhöhen. Zu diesem Zweck wird seit 1990 versucht, das veraltete, relativ homogene Profil der Hochschulausbildung aufzubrechen und funktional-inhaltlich auf dreierlei Weise stärker zu diversifizieren: erstens durch die Einrichtung bzw. die stärkere Profilierung eines nicht-universitären Hochschulsektors, zweitens durch die Gründung von Privathochschulen mit zusätzlichen innovativen Ausbildungsangeboten, und drittens durch die Einführung eines stufenweisen Studienmodells innerhalb des universitären Sektors. Die Gründung von Fachhochschulen mit dreijährigen praxisorientierten Studiengängen wird diskutiert. Angesichts der noch fehlenden Rechtsgrundlagen konnte der neue Hochschultyp in Polen bislang nur in nichtstaatlichen Modellprojekten erprobt werden. Man muß hinzufügen, daß bereits 54 private Hochschulen gegründet worden sind.

Wir haben es gegenwartig mit einer Situation zu tun, in der sich das konservative Bildungssystem zwar dem Druck seiner sich wandelnden Umwelt nicht unterwarf, aber doch seine stabilisierende Kraft verbrauchte und sich den Veränderungen anpassen mußte.

3. *Die notwendigen Veränderungen in der Berufsausbildung*

In Polen überwiegt die Berufsausbildung. Im Zeitraum 1992-93 haben mehr als 70 % der Grundschulabsolventen die Berufsausbildung gewählt. Im Detail sieht die Struktur folgendermaßen aus:
- 38 % Berufsgrundschule,
- 34 % berufliche Mittelschule,
- 28 % allgemeinbildendes Lyceum.

Die Empfehlungen weisen darauf hin, daß in der Zukunft folgende Struktur nötig ist:[4]
- 20 % Berufsgrundschule,
- 30 % berufliche Mittelschule,
- 50 % allgemeinbildendes Lyceum.

Die berufliche Struktur der Berufsgrundschulen und beruflichen Mittelschulen gewährleistet keine vollständig bedarfsgerechte Qualifizierung. So existieren z.B. noch Schulen, die Bergleute ausbilden, obwohl auf dem Arbeitsmarkt kein Bedarf an solchen Qualifikationen besteht.

Die bestehenden Berufsgrundschulen bilden in vielen sehr eng definierten Berufen aus, die heute wegen der Restrukturierung der Industrie nicht mehr gebraucht werden. Statt in 520 sollte in der Zukunft Ausbildung nur noch in 140 Berufen stattfinden. Die berufliche Bildung muß marktgängige Ergebnisse zum Ziel haben. Marktgängigkeit schließt betriebliche Verwertbarkeit der Qualifikationen ein.

Die Gestaltung der Berufe und der inhaltlichen Programme der Ausbildung ist weiter nach Sektoren orientiert (sectoral identity) und teilweise begrenzt. Bereits bestehende Profile und noch zu Lernendes gilt es miteinander zu verbinden, um neue marktgängige und anerkannte Qualifikationsprofile zu gewinnen.

In Hinblick auf die Liquidation vieler Berufsgrundschulen, die auf der Basis der Betriebe organisiert waren, muß man über die zukünftige Rolle der Betriebe und über die Organisation der praktischen Ausbildung entscheiden.

Die Reformen und die neue Konstruktion der beruflichen Ausbildung sollten vor allem die Flexibilität erhöhen, um den Bedarf an Qualifikationen mit dem

4 S. M. Kwiatkowski, Systemkształcenia zawodowego – kierunki zmian, in: Kształcenie zawodowe w warunkach gospodarki rynkowej, hrsg. von S. M. Kwiatkowski, Warszawa 1994.

Angebot zusammenzubringen. Die Flexibilität sollte in folgenden Bereichen gesichert werden:[5]

- Aufteilung der Lehrzeit in Zyklen (Etappen),
- Organisation des Schulsystems,
- Inhaltsprogramme.

4. *Qualifizierungsmaßnahmen für Arbeitslose und für von Arbeitslosigkeit bedrohte Arbeitnehmer*

Im Gesetz über Beschäftigung und Bekämpfung der Arbeitslosigkeit sind die Maßnahmen der beruflichen Weiterbildung festgelegt.[6] Für Arbeitslose sind Anlern-, Umschulungs- und Fortbildungsmaßnahmen vorgesehen. Diese haben arbeitsplatzbezogenen Charakter und keine präventive Funktion. Grundsätzlich fördert das Arbeitsamt die Teilnahme an beruflichen Bildungsmaßnahmen 6 Monate lang. In begründeten Fällen ist die Förderung bis zu 12 Monate möglich. Arbeitslose erhalten Unterhaltsgeld in Höhe von 115 % des Arbeitslosengeldes. Auch Arbeitnehmer, deren Arbeitsverhältnis seitens des Betriebes gekündigt wurde, haben das Recht auf Teilnahme an den beruflichen Weiterbildungsmaßnahmen.

Unternehmen, die mindestens 50 Personen beschäftigen, können die Erstattung der Umschulungskosten für eigenes Personal beantragen. Die Erstattung kann nur 50 % der Gesamtmaßnahmekosten betragen und darf nicht höher als die durchschnittliche Entlohnung sein. Wenn das Unternehmen den Teilnehmer der beruflichen Weiterbildungsmaßnahmen innerhalb von 12 Monaten nach Abschluß entläßt, muß das bezahlte Geld zurückerstattet werden.

Für diese beruflichen Bildungsmaßnahmen wurden nur kleine Anteile des Arbeitsfonds (d.h. der gesamten aktiven und passiven arbeitsmarktpolitischen Ausgaben) ausgegeben:

1990 – 0,4 %, 1991 – 0,7 %, 1992 – 0,8 %, 1993 – 1,4 % und 1994 – 1,3 %.

Im Jahre 1994 haben 87.923 Personen an beruflichen Weiterbildungsmaßnahmen teilgenommen. (Zum Vergleich: 1994 waren im Jahresdurchschnitt 2,9 Mill. Personen arbeitslos.) 3/4 der Umschulungsmaßnahmen haben weniger als 3 Monate gedauert. Mehr als 40 % der Teilnehmer haben nach Beendigung des Programms eine Arbeit gefunden.

Es ist klar, daß das dargestellte Instrumentarium mit der Aufgabe, wirtschaftliche Strukturbrüche und wirtschaftsstrukturellen Wandel aufzufangen, überfordert ist. Weder ist dies alleinige Aufgabe der Arbeitsmarktpolitik, noch rei-

5 M. Gmytrasiewicz, Szkolnictwo zawodowe i wyższe a rynek pracy, in: Rynek Pracy, 1994, No. 5, SS. 2-12.

6 Ustawa o zatrudnieniu i przeciwdziałaniu bezrobociu, Gesetzblatt 1995, No. 1, pos. 1.

chen die Instrumente selbst dazu aus. Außerdem sind die Arbeitsämter unsicher, da sie die zukünftigen strukturellen Befunde und Entwicklungstrends auf dem Arbeitsmarkt nicht kennen. Es ist noch nicht vollkommen bewußt, daß sich die Qualifizierung im Prozeß der Umstellung auf neue Strukturen auch bei unsicheren Aussichten lohnt. Sicherheit im Sinne völliger Gewißheit und exakt vorgegebener Arbeitsplatzprofile gibt es letzlich nicht. Deshalb sollte die Richtung der Arbeitsmarktpolitik durch folgende Grundsätze geprägt sein:[7]

- »Qualifizieren statt Entlassen« und
- »Qualifizieren bei Arbeitslosigkeit«.

Im Falle von Arbeitslosigkeit ist es besser, in Qualifizierung zu investieren, als Arbeitslosengeld zu zahlen. Daher wird eine generelle Überprüfung der Finanzierungsstrategien in der beruflichen Weiterbildung nötig.

5. *Wie kann der Westen helfen?*

In den osteuropäischen Ländern existieren Absatzmärkte mit erheblichem Wachstumspotential. So bieten sich neben dem Absatz von Konsumgütern für die westlichen Ländern erhebliche Chancen bei der notwendigen Erneuerung des Kapitalstocks, der Infrastruktur sowie der Sanierung ökologischer Altlasten.

Beim Übergang zur Marktwirtschaft sind Investitionen in Sach- und Humankapital gleichermaßen notwendig. Die Umgestaltung zu leistungsfähigen Marktwirtschaften und rechtsstaatlichen Ordnungsstrukturen erfordert nicht nur einen hohen Kapitaleinsatz, sondern ebenso den Erwerb neuen Wissens und neuer Fertigkeiten. Bei der Anpassung der Qualifikationstrukturen geht es nicht nur um den Erwerb neuen Wissens, sondern letztlich vor allem um die Akzeptanz neue Werte und um die Änderung von Verhaltensweisen.

Der Westen kann Polen und anderen postkommunistischen Ländern helfen, aktuelle Entwicklung zu verstehen, nachzuvollziehen und die richtigen Schlußfolgerungen daraus zu ziehen. Das gilt sowohl für die gesamtwirtschaftliche Ebene als auch für die regionale Differenzierung und für die einzelunternehmerische Seite. Die westliche Hilfe bei der Qualifizierung ist umso wichtiger, als die schlechte wirtschaftliche Lage die öffentlichen Haushalte und die Unternehmen zu Einsparungen im öffentlichen Bildungssektor bzw. bei Aus- und Weiterbildungsmaßnahmen zwingt.

7 Vgl. dazu D. Blaschke, M. Koller, G. Kühlewind, U. Möller, F. Stooß, Qualifizierung in den neuen Bundesländern, in: Materialien aus der Arbeitsmarkt- und Berufsforschung – Nr. 7/1990.

In Polen befinden sich Reformen von beschäftigungsorientierten Qualifizierungsmaßnahmen in der Anfangsphase. Die westliche Hilfe kann zur Änderung der inhaltlichen Programme für die berufliche Bildung und für die allgemeine Aus- und Weiterbildung beitragen, um bedarfsgerechte Qualifizierung in Gang zu bringen. Hierzu sind genauere Kenntnisse der zukünftigen Entwicklung des Qualifikationsbedarfs eine wichtige Voraussetzung.
Auch sollte der gesetzliche Rahmen für die Transformation der Berufsbildung von einem zentral geplanten und überwiegend öffentlich finanzierten in ein marktwirtschaftlich orientiertes und zumeist in Teilen privatfinanziertes Ausbildungssystem geschaffen werden. Berufs- und Weiterbildungsberatung und die Qualitätssicherung des Ausbildungssystems sind beispielhafte Aufgaben, die mit westlicher Unterstützung zu lösen sind. Besonders großer Nachholbedarf besteht bei der Unterstützung folgender Bereiche: Managementschulung und Personalentwicklungsplanung im Blickwinkel neuer Produktions- und Organisationsformen, Vertrieb und Marketing im Zusammenhang mit veränderten internationalen Märkten und Schulung von Fachkräften hinsichtlich der Anwendung neuer Technologien und Produktinnovationen.
Da sich der Strukturwandel in den einzelnen Regionen mit unterschiedlicher Geschwindigkeit vollzieht, stellt sich die Qualifizierungsaufgabe vor Ort unterschiedlich dar. Besonders wichtig ist Beratung vor Ort, die spezifische Chancen und Probleme zu erkennen hilft, um berufliche Aus- und Weiterbildung in ihrer »Eigenschaft als regionaler Entwicklungsfaktor« zu fördern. In diesem Bereich kann der Westen Hilfe im erheblichem Umfang leisten.
Der Rückgang des Volkseinkommens, bei gleichzeitig niedrigen Ausgaben für Bildungszwecke, steht in Polen im Widerspruch zur wachsenden Arbeitslosigkeit und dem steigenden Umschulungs- und Weiterbildungsbedarf. Vor diesem Hintergrund ist es umso verständlicher, daß alle westlichen Förderprogramme im Bereich Aus- und Weiterbildung willkommen sind. Ganz besonders betrifft das die Notwendigkeit der Entwicklung von Leitlinien zur Umsetzung der neuen Bildungsmaßnahmen und Evaluation der Umschulungs- und Weiterbildungsprogramme. Die zentralen Aufgabenfelder wurden bereits in verschiedenen westlichen Hilfsprogrammen für Polen ausgearbeitet.[8]

8 Die wichtigsten internationalen Geber in Polen sind die Europäische Union mit dem PHARE-Programm, die Europäische Bank für Wiederaufbau und Entwicklung (EBWE), die Weltbank zusammen mit der International Finance Cooperation (IFC) und der Internationale Währungsfonds (IWF).

Klára Fóti

The Increasing Shadow Economy in Eastern Europe – Impacts on the First Labour Market and the National Budget

Introduction

Experiences of the past few years of transition from a centrally planned to a market economy have shown that the path towards establishing a market system is paved with obstacles and the transition itself is dragging on much longer than was originally expected. This is true even for those countries where some market elements acted in the economy before the political changes, during the ›communist‹ era (like Hungary and to a certain extent Poland as well). It is increasingly clear therefore that both the so-called ›early starters‹ (the more developed countries in the region, besides the above two the Czech Republic, Slovakia and Slovenia) and the ›late starters‹ (the less developed ones, for example Romania and Russia) have to cope with similar problems during the transition period. The reason for this does not only lie in the underdeveloped state of their economies, nor in the depth of the changes required (which inevitably takes time) but also in the serious contradictions and mismatch between macroeconomic requirements and the reality on the microlevel. The most important symptom explaining this mismatch is the rapid expansion of the shadow economy. The main objective of the macroeconomic policy is to establish a full-fledged, modern market economy, in which the overwhelming majority of economic activities are monetized. During a period, however, when virtually the only official economy i.e. the state sector is contracting, there is often no alternative on the individual level but to retreat from the money economy (Rose, 1992.) This applies more to those countries in transition where the centrally planned system was specifically rigid, and therefore the private sector was very small and underdeveloped.
In all Eastern European countries, however, in addition to those turbulences accompanying the transition process, inherited features of a centrally planned economy (like shortage of domestic capital, underdevelopment of the service sector etc.) and new elements of an emerging market economy (abundant labour in the wake of the declining state sector and therefore rapid increase in

unemployment) seem to reinforce each other in stimulating the hidden economy.

Policy-makers are aware of its growing significance. However, it seems to be extremely difficult to measure its size within the specific circumstances of these countries (like the inadequacy of the statistical system for example) not to mention those serious problems one has to face when trying to evaluate its impacts. (The latter problems are also familiar to developed countries.) This may well explain why thus far macroeconomic policy in the countries of Eastern Europe has failed to respond to the rapid increase in the shadow economy. This fact itself has certainly contributed to a further expansion of the hidden economy. One of the reasons for this is that the authorities are pressing ahead with increases in the tax rates and the tax base in their attempt to reduce the budget deficit, the growth of which is partly due to a fall in the revenue base in the wake of a contracting GDP. As a result, any activity involving tax evasion is becoming more and more widespread in these countries.

It is not surprising therefore that, according to some recent estimates, the share of the shadow economy in GDP became higher in Eastern European countries than in developed market economies. In Hungary for example, according to some estimates, its share now exceeds 30 % of the GDP, although in the late eighties it stood at around 20 %.

This paper gives an overview of some estimations using different methods to measure the size of the shadow economy in Eastern European countries. These estimations, however, could be regarded as initial attempts to assess its role in the whole economy. Therefore when analysing their results it should be borne in mind first of all that they were made at the very beginning of the transition period when inherited features prevailed. Secondly, it is always difficult by its nature to measure the size of the shadow economy, but this applies specifically to the period of transition which is full of uncertainty. Thirdly, the different methods of estimations are based on often differing definitions of the hidden economy. Therefore the first section of the paper is concerned with the definition of the shadow economy, analysing what kind of activities are covered under this label. The second section shows the main features of the shadow economy during the ›communist‹ era, mainly concentrating on Hungary. This country could be of special interest in this respect, since due to a relatively relaxed political atmosphere even at that time, some market relations were introduced from as early as 1968, and from the early eighties the authorities legalized some of the activities which had been hidden before. Then the third section of the paper analyses in more detail those reasons which led to the expansion of the hidden economy, and the last section is concerned with the impacts.

1. *Problems with defining the shadow economy*

One of the major difficulties one has to face right at the start of an examination of the shadow economy is its definition. Almost all the authors dealing with the topic give the shadow economy different labels, such as the informal economy, black economy, hidden economy, second economy, underground economy, unregistered economy, illegal activities, etc. The main reason for this on the one hand can be found in the nature of the topic, namely its blurred boundaries, and on the other, that there is hardly any firm tradition or convention according to which the shadow economy is defined. For example, there is not a consensus even among experts whether the illegal activities, such as smuggling, theft, etc. should be included in the definition. Confusion is further compounded by the fact that although the authors often mean different things by the different labels, there is usually a considerable overlap between them (it is enough to refer here to labels like informal economy, hidden economy, shadow economy and black economy, which could be regarded as almost synonymous notions).

However, there are certainly common characteristic features which help us with the definition. Perhaps the most important and most general of these is that the shadow economy covers those activities which, for whatever reason, are unregistered, and therefore it is difficult, if not impossible, to measure them.[1] These can be activities conducted for money, or take the form of natural barter (without monetary mediation). There are several reasons explaining why activities are not registered. Firstly, the reason for this lies in the very nature of the activities concerned. Typical such examples are household activities, including DIY, which have been on the increase, especially during the last decade, not only in Western countries, but also in the former socialist states (as can be seen from the next section of the paper). Secondly, the fact of the non-registration can be a result of a deliberate attempt to hide these activities from the authorities. For example, tax evasion is a typical, well-known motive behind such an attempt. Again, there is a common characteristic of the two types, sometimes relating and overlapping activities, namely that they are not operating in accordance with formal, official rules and/or legal framework.

1 According to Feige's definition, in the widest sense all non-measured economic activity can be regarded as part of the hidden economy (see Lackó, 1995).

2. *The shadow economy in Eastern Europe during the ›communist‹ era, with particular regard to its size in Hungary*

Although in the introductory chapter of this paper a growing significance of the shadow economy was emphasized, it has to be acknowledged that quite an extensive hidden economy characterized the centrally planned economies in Eastern Europe. Reasons for its existence and features, however, often differed from those in market economies.

At that time roots of the shadow economy from the demand side could be found mainly in severe shortages both in goods and in services, a feature of all the centrally planned economies. Severe shortages and underdevelopment of the service sector had at least two main consequences in Hungary. Firstly, they served as a base for widespread corruption and bribery,[2] like in all other centrally planned economies.[3] The second consequence is perhaps more specific to Hungary and it also partly relates to the supply side. Small-sized farming on »household« plots became very widespread especially in the rural population after 1968 when, in order to offset their low standard of living, the authorities encouraged such activities by providing rural households with »household« plots as benefit in kind. In addition, both in urban and rural areas a sort of ›do-it-yourself‹ activities, especially in housing construction and maintenance, became very popular. They spread particularly quickly after 1982 when the authorities deliberately tried to encourage the second economy by permitting small private businesses to be set up, lifting some previous restrictions (people could be engaged in more activities than before) and legalizing some illegal forms of activity belonging to the second economy.[4] According to some estimates (Gábor, 1989), by the late eighties about 75 % of households were involved in this legalized second economy.

As far as the supply side in the ›socialist‹ industry is concerned, the so-called ›soft budget constraint‹ (using the famous Hungarian economist Kornai's term)[5] certainly did also contribute to an extensive hidden economy since

2 For a good and interesting description on how the system really worked in Hungary, based on his own story, see: Kenedi, 1981.

3 Within the circumstances of shortages, corruption and bribery were often not carried out in a monetized form. Personal relations, networks, network capital were of special value, and they proved to be especially precious if these could be found within the party apparatus.

4 For example, that is how the so-called famous VGMKs (intrapreneurial work teams) were established. These teams were private partnerships consisting of workers from an enterprise which subcontracted particular jobs to these partnerships. The work (which was either the workers' regular job, or production of something different) was done after-hours and paid at a much higher rate than in the regular working hours. According to the estimates (Sziráczki,1989), in 1985 about one in ten employees in industry was involved in 60 % of all industrial enterprises which subcontracted these partnerships.

5 ›Soft budget constraint‹ basically means that due to the massive subsidies given to state enterprises there was a tendency to over-spend and the financial discipline in these firms was loose, resulting in too much waste of energy, raw materials etc.

inefficient management of available resources led to under-utilization of both physical and human capital.[6] Thus a considerable surplus labour capacity emerged *within* the state sector (in the first economy) which was often channelled by various means to the second economy. So here we can observe an important difference as regards the labour market status of participants in the hidden economy in the former ›communist‹ countries as compared to that of those involved in the shadow economy in developed market economies. Namely that in Eastern Europe it was mainly the active population which participated in the hidden economy *in addition to* their first (official economy) job.

In order to obtain at least an approximate picture of the size of the shadow economy, it is worth looking at those various estimations which tried to measure it in Hungary during the ›communist‹ era – see table 1 (as can be seen from the table, some of the estimations also cover the early years of transition). The table shows that various methods can be used to estimate the size of the hidden economy. The main distinction can be made between the direct and indirect methods. The former one concentrates first of all on measuring the invisible incomes (see Ekes), and/or it focuses on tax evasion (see for example APEH), and it often uses surveys. Indirect methods seek to estimate the size of the hidden economy by drawing conclusions from various macroeconomic indicators.[7]

Estimations based on various methods could hardly be compared not only due to the difference between methods but also because they often cover (or concentrate on) different areas of the shadow economy. In addition, as can be seen from the table, the various estimations do not cover the same period. It is clear, however, that the shadow economy exceeded 10 % of the GDP even in the eighties.[8] As mentioned before, the reasons for the existence of the shadow economy were quite different from those in Western countries.[9]

6 The under-utilization of labour is closely connected with the phenomenon known as labour hoarding. On the macro-level this implies over-employment, and in Hungary the phenomenon was called »unemployment within the factory gates«.

7 There are several indirect methods. The so-called discrepancy approach examines discrepancies between incomes and expenditures of households or between various measurements of incomes. The indirect methods can also be based on macroeconomic aggregates (like monetary or labour market ones). Indirect methods also include such an approach which, examining reasons and consequences, is based on many indicators analysed at the same time (on these methods see details in Lackó, 1995).

8 There are some other estimations which put its share much higher, at around 30 % (see Gáspár and Sass, 1994., p.4). These estimations were carried out with different methods to those in the table.

9 It is an open question as to what extent results of those guestimations made on the size of the shadow economy in the ›communist‹ era (see table 1), could be compared to those in Western countries. The ambiguity stems partly from the different character of the black economy in the two country groups, partly from the differing methods its size could be measured with (for problems with measuring methods in post-communist countries see: Czakó and Sik, 1994, and Sik, 1995).

Table 1
Various estimations of the size of Hungary`s hidden economy

Author	Method	Year	Results (estimated value or share of the hidden economy)
Ékes (1987)	direct	1981	13-16 (as a % of the national income)
Ékes (1993)	direct	1991	23-24 (as % of GDP)
Dallago (1990)	indirect	1986	230-255 thousand persons involved
Ékes (1990)	indirect	1990	332-366 thousand persons involved
APEH* (1990)	direct	1989	19 (as % of GDP)
Árvay (1994)	direct	1991	26-32 (as % of GDP)
Árvay-Vértes (1994)	direct	1980-1992	13-27 (as % of GDP)
Lackó (1992)	indirect, (cash demand model)	1971-1989	6-20 (as % of GDP)

* Hungarian Office for Tax and Finance Control
Source: Lackó, 1995.

Table 2 shows that the share of the shadow economy increased by a considerable extent towards the end of the ›communist‹ era (I shall touch upon the reasons for the increase later in the paper). However, the activities the hidden economy contained have certainly differed to quite a significant degree.[10] This can be attributed partly to the fact that some of the features characterizing the developed market economies were almost entirely lacking in Eastern Europe. For example, here tax evasion was rare, obviously because at that time a comprehensive income and value added tax system had not existed in such a form as was introduced recently.[11]

10 To a certain extent, in Eastern Europe roots of the shadow economy were similar to those observed in Latin America, since it is also closely connected to the fact that market entry was limited, competition was lacking, etc. It was in Hungary where, in my opinion, the situation was specifically reminiscent of that in Latin America since here from 1968 onwards it was also true that the available resources were reserved for privileged groups closely connected to an often corrupt state – in this case party – apparatus (Gáspár and Sass, 1994).

11 Mostly small private entrepreneurs had to pay taxes (in Hungary their activity was quite heavily taxed especially before the early eighties due to political and ideological considerations, like in other Eastern European countries).

Table 2
The role of the hidden economy in Hungary between 1980 and 1992

	1980	1985	1989	1990	1991	1992
Official economy* (billion HUF)	721	1034	1722	2089	2308	1805
Hidden economy**	83	130	233	375	465	650
as % of GDP (market prices)	12	13	14	16	20	23

Source: GKI (Institute for Economic Research), Árvay-Vértes, Budapest, 1994.
* Current and market prices
** Estimates

It can be seen from table 3 that the private sector played a much bigger role in contributing to the GDP produced by the hidden economy than the state sector, and its share even increased steadily during the eighties. This is understandable[12] and it is not surprising to see that the share of the private sector in the hidden economy grew by almost 4 % between 1980 and 1985, during the period when the private sector expanded as a result of the government's changed attitude towards small businesses which was evident from the measures relaxing some of the previous restrictions (as mentioned above in more detail).
The fact that the share of the private sector is overwhelmingly higher in GDP produced by the hidden economy, implies that the share of this sector within the official GDP would be about 6-7 % higher, and that the share of the state sector would therefore be lower by the same percentage, if the shadow economy was included in the calculation of the official GDP. This percentage has not changed much during the 12-year period examined.[13]

3. *Increase in the shadow economy during transition – some evidence, reasons and impacts*

As can be seen from table 2, the share of the shadow economy in Hungary reached a very high level by 1992 (it actually grew from 12 % in 1980 to 23 %). It is an important question whether the hidden economy also reached

12 As they said in their article, at the beginning of their estimation the researchers themselves assumed that the hidden economy could be found exclusively in the private sector (Arvay-Vertes, 1994).
13 See Arvay-Vertes, 1994.

Table 3
GDP produced by the hidden economy by type of ownership

Type of ownership	1980	1985	1989	1990	1991	1992	1993
			Billion Forint				
Public sector	18	24	43	56	67	64	. . .
Private sector (domestic)	65	106	190	278	395	574	. . .
Foreign ownership	0	0	0	1	3	12	. . .
Total	83	130	233	335	465	650	. . .
			Share (%)				
Public sector	21	18	18	17	14	10	8
Private sector (domestic)	79	82	82	83	85	88	90
Foreign ownership	0	0	0	0	1	2	2
Total	100	100	100	100	100	100	100

Source: Árvay-Vértes, 1994.3.
Note: . . .: not available

such a high share in other East European countries by the early nineties, and if so, what does this mean?

Unfortunately there are no similar estimations available from other countries in Eastern Europe, neither do we have comparable data for all these countries at the moment. However, a Hungarian researcher tried to rank some of the transition countries and some of the OECD-countries according to their respective share of the hidden economy in the GDP. Although Lackó emphasized strongly that the data she received represented no more than an indication,[14] it is worth looking at them.

As can be seen from table 5, the share of the hidden economy is by far the highest in all post-communist countries, exceeding that of those countries which are known for their extensive shadow economy (like Italy, for example). So it is worth examining the reasons for the high share of the shadow economy in Eastern Europe.

Firstly, the reasons which caused quite an extensive hidden economy in the past have not disappeared entirely. Secondly, sometimes they are even rein-

14 First Lackó made estimates for the three post-communist countries, using the same model applied for the OECD-countries (the model is based on the analysis of electricity consumption by the population). She emphasized that for various reasons the results of the model for the post-communist countries cannot be directly compared with those for the OECD-countries. Therefore she relied on results of another analysis which tried to assess the share of the hidden economy in the United States, and using these results as a base, she attempted a comparison of the countries listed in table 4 (see details in: Lackó, 1995).

Table 4
Share of the hidden economy* in the official GDP in some transition countries and various OECD-countries (1990)

Country	Hidden economy/GDP (%)
Poland	34.0
Czechoslovakia	30.6
Hungary	27.5
Ireland	23.5
Spain	20.6
Greece	19.0
Belgium	17.8
Denmark	16.3
Italy	15.1
Portugal	13.6
Finland	11.7
Canada	11.5
Austria	10.7
United States**	10.5
United Kingdom	10.2
Germany	9.2
Netherlands	8.4
Sweden	7.7
Australia	7.0
France	6.7
Norway	6.2
Japan	3.0
Switzerland	2.1

Source: Lackó, 1995.
* Without household production
** Serving as a base for other countries

forced by emerging new phenomena. For example, although nowadays most shortages in goods have ceased to exist, many of the services are still underdeveloped (obviously because it requires a more extended period of time than in the case of goods). From the demand side, this fact contributes to the expansion of the activities taking the form of natural barter (some of these are listed in Table 5). The decline in the activity of the state sector further facilitates this process, since people released from the official economy are often available for jobs in the hidden economy. So employment fell to a large extent in all post-socialist countries (even in the more developed »Visegrad« group, namely in Czechoslovakia, Hungary and Poland, it declined by 12 % between 1989 and 1992). As a consequence, unemployment has been rapidly rising and – with the exception of the Czech Republic – in all Eastern European countries where reliable data are available, unemployment rates stand at above 10 %. Despite this, unemployment did not rise as much as employment fell. The reason for this is a considerable drop in the participation rate of the working-age population which can be witnessed in all of these countries. It is certainly the expansion of the shadow economy which can provide an explanation as to how people who dropped out of the labour force can survive.[15] Similarly, many of the long-term unemployed may have found a job outside the official economy. The long-term unemployment rate in some countries has become comparable to or even higher than that in an established market economy (for example, in Hungary in 1994 it already represented some 40 % of the unemployed).

Other consequences and side effects of the transition process also seem to stimulate the increase in hidden economy. The reasons are as follows. From the beginning of transition there has been a firm policy determination in every country that the state should withdraw from the economy. Attempts to implement this policy, however, such as cutting and eliminating subsidies to state enterprises, resulted in mass bankruptcies and high unemployment. Therefore a new type of cash benefits (unemployment compensation) had to be created and measures for an active labour market policy were introduced. In addition, the dependency ratio[16] deteriorated as a consequence of the declining participation rate which was stimulated, inter alia, by early retirement schemes and, in the case of Hungary, an increased intake into higher education. Thus new costs are emerging which impose serious limits to cutting the expenditure side of the central budget, if social tension is to be avoided. At the same time, a fall in the revenue base proved to be unavoidable since GDP fell by a considerable extent (by more than 20 %) during the first few years of transition. This happened as a result of shrinking foreign demand in the wake of the collapse

15 The reason is that in Eastern Europe families usually live from two income-earners (due to massive involvement of women in the labour force during the fifties). In most cases it is unlikely that the income of one of them would have risen to such an extent that it could substitute the other lost income. In this context, it is interesting to see that the male participation rate has also dropped.
In addition, according to the Hungarian Labour Force Survey (LFS), the number of the so-called »discouraged people« amounts to 100 thousand (i.e. those who cannot be regarded as unemployed, according to the ILO standard, because they gave up searching for a job). Many of them may have become »discouraged« simply because they found a job in the shadow economy.

16 This expresses the ratio of the non-active population to the labour force. In Hungary, whereas in the seventies and in the eighties on average 100 labour force had to support less than 100 non-active persons, now the former have to support more than 100 of the latter (i.e.about 138 non-active persons).

of the COMECON and of the recession in the early nineties in the world economy. At the same time, significant import liberalization measures were carried out in these countries which wiped out domestic production in many sectors. In addition, domestic demand was also shrinking due to declining real wages (which is closely connected with high inflation) and falling living standards.

The desperate need to restore the budget balance is especially conspicuous and urgent in those countries which have to cope with other serious macroeconomic imbalances (namely with high foreign and public indebtedness accumulated so far). This is clearly the case especially in Poland and Hungary where there have already been several attempts to break this vicious circle by increasing the tax rates and at the same time to cut the expenditure side by withdrawing or reducing social benefits and by severely cutting government spending on such important areas as health and education. It is understandable, however, that these attempts are being constantly confronted by fierce resistance from the population since these measures severely violate vested interests. The resistence is manifested not only in explicit opposition to these measures but, to a considerable extent, in the expansion of the shadow economy.

Besides high taxation (often called over-taxation) the heavy administrative burden imposed on small entrepreneurs further stimulates this kind of activity. At the same time, the lack or shortcomings of a legal framework aimed at regulating the market and the inability to enforce contracts are also leading to a higher share of the hidden economy in Eastern Europe.

It is worth taking a closer look at the kinds of activities which are involved in the hidden economy and examining another estimation based on the micro-level – in other words using a completely different method from the aforementioned ones. (This may be useful also because the results of the estimations shown in Table 4 include neither household production, nor some other activities.)[17]

A survey based on representative stratified samples of people in Bulgarian, Czechoslovakian and Russian cities[18] was carried out in the early nineties. On the basis of this survey, Table 5 summarizes participation of people in the official, social and non-civil economies.[19]

17 Activities where electricity consumption is not used, but which may play an important role in the hidden economy (like giving tips, transactions with foreign currency, etc.)

18 See details in: Rose, 1992.

19 Rose (1992) actually mentions nine economies because he regards all the activities listed as separate economies. They are classified according to their significance in helping households meet their everyday needs. The main types (official, social and non-civil) are also classified according to the same criteria since Rose says that the total welfare of the family is »the sum of all goods and services consumed as the result of activities in monetized and non-monetized, legal and non-legal economies« (Rose, 1992).

Table 5
Participation in the official, social and non-civil economies in Bulgaria, Czechoslovakia and Russia

Type of economies	Bulgaria (1991) (%)	Czecho-slovakia (1991) (%)	Russia (1992) (%)
OFFICIAL economy (monetized, legal)	(90)	(96)	(94)
1.Employed in official economy	62	84	81
2. Pensioner	36	20	16
SOCIAL economy (non-monetized)	(93)	(95)	(96)
3. Household production of food, home repairs	73	66	81
4. Regular help by friends and relatives	53	76	27
5. Exchanges of free favours	47	51	37
6. Queuing more than half a day a week	38	27	66
INFORMAL economy (monetized, non-legal)	(50)	(73)	(48)
7. Works in second economy	15	36	27
8. Payments for social networks: briberies	38	57	35
9. Uses foreign currency	16	29	2

( ) % involved in at least one activity in the economy
Source: Rose, 1992.

The results clearly show the growing significance of the hidden economy. The questionnaires were fielded at the very beginning of transition (in 1991 in Bulgaria and Czechoslovakia and in early 1992 in Russia), and the share of some of the activities, such as queueing (as shortages disappear), may have become much lower since then. However, as these countries have become more open since then, transactions with foreign currency[20] may have expanded.

20 If we consider payments (and perhaps savings) with foreign currencies as part of the hidden economy this is certainly true, especially in those countries where inflation is very high, so there is a real need for substituting the domestic currency.

It is interesting to see that nearly every household is involved in the official and at the same time in the »social« (i.e. non-monetized, non-legal) economy. It can be considered as a typical, specific feature of the countries of Eastern Europe. It is true that the reason why the »social« economy is so widespread lies in the decline of the official economy.[21] It is also true, however, that the non-monetized sector is deeply rooted in many Eastern European countries (especially in those where market relations were hardly introduced during the ›communist‹ era). They played an important role since they served as a kind of substitute for the lacking private sector (and they offset shortcomings and underdevelopment of the service sector, as mentioned). As can be seen from the table, in the case of all three countries there is an overlap between those who are employed in the official economy and pensioners. It is true that the low retirement age in Eastern Europe (at the moment it is usually 55 years for women and 60 for men) explains this. It should also be borne in mind, however, that pensions are very low. On the other hand, the number of pensioners employed in the official economy dropped since the transition began because they were the first to be dismissed when an enterprise got into trouble (at least in Hungary this practice became quite common). So with a low pension and dismissed from the official economy, pensioners are increasingly forced to rely also on the shadow economy.

It follows from the above that there is such a close interface between the reasons for and impacts of the shadow economy that they can hardly be distinguished from each other. It is enough to refer here to the impacts on the labour market, for example to the fall in the participation rate. It is becoming more rewarding to work in a second economy job: not only is remuneration often higher there (as a result of tax evasion), but most jobs in the official economy no longer seem to be more secure (in many cases they prove to be actually less secure than some jobs in the shadow economy).[22] Of course, this does not mean that the substantial drop in the participation rate can be attributed to the increase in the hidden economy. In reality there are not such rigid boundaries between the official and the second economy jobs. (We could see for example from table 5 that one person and/or household could be involved in both).[23] It only implies that due to the existence of the shadow economy it may be possible to survive despite the declining participation rate. This also explains (at least partly) why the hidden economy managed to provide a mechanism to ease social tension.

21 See Rose, 1992.

22 This implies that virtually all the advantages of state employment in the past have ceased to exist. At the same time, the state sector has to face unfair competition from the shadow economy since it is hard to avoid tax evasion in the former, whereas in the latter it is not even too risky (due to the current inefficiency of the authorities to disclose cases of tax evasion).

23 The fact that the active population participates to a large extent in the shadow economy can be regarded as an important distingushing feature of the hidden economy in Eastern Europe.

It is, however, clearly impeding the implementation of an efficient social policy, mainly because it obscures the potential target groups.[24] There are certain social groups which used to rely exclusively on the official (first) economy, and therefore they have relatively little access to the shadow economy (Rose calls them »vulnerable«). If social benefits are means-tested,[25] there is a danger that this group may be left out from social provisions, whereas others could be eligible who are coping relatively well with the help of their activities in the shadow economy.

Conclusions

This paper attempted to show the reasons which led to the high share of the shadow economy by the early years of transition in Eastern Europe. Inherited features of these centrally planned economies and consequences of the transition process reinforce each other and thus they both contribute to its expansion.

It follows that the impacts are closely connected to the reasons and are often controversial. On the one hand, expansion of the shadow economy clearly impedes implementation of the most important macroeconomic objectives, namely establishment of a strong, modern, civilized, monetized private sector. This sector could be the main stimulus to long-term economic growth not only through its direct positive impacts on the economy but also through its payments of taxes to the central budget. On the other hand, the increase in the hidden economy in Eastern Europe can be regarded as a kind of self-defence on the part of the population against such shocks which potentially can cause major social tension. From this perspective it certainly eases the burden on the expenditure side of the central budget since less government spending is needed.

The problem is that the existence of the shadow economy makes it almost impossible to target social policy and it inevitably leads to much confusion, especially when policy-makers want to evaluate the effects of their macroeconomic policy. At the same time, policy-makers should be increasingly aware of the size and specific features of the shadow economy in their country. This is the main reason why more sophisticated methods of estimating the hidden economy and their applications are urgently needed.

24 The reason for this, as Rose (1992) put it, is that responses to particular households to transition are based rather on situational factors than on structural ones. This means that responses can be diverging, depending on the given situation a household is in. Therefore the responses tend to be unpredictable.

25 »Means tested« means that the provision of social benefit depends on the size of income and/or wealth.

Bibliography

Árvay, János; Vértes, András, 1994, »A magánszektor és a rejtett gazdaság súlya Magyarországon« (Share of the Private Sector and of the Hidden Economy in Hungary) Statisztikai Szemle, No. 7. (in Hungarian)

Czakó, Agnes; Sik, Endre, 1995, »Fekete kereskedelem és fekete munka« (Black trade and black work), Manuscript (in Hungarian)

Ékes, Ildikó, 1993, Rejtett gazdaság – láthatatlan jövedelmek tegnap és ma (Hidden Economy – Invisible Incomes Yesterday and Today) (in Hungarian)

Gábor, R. István, 1989, ›Main Issues and Major Trends of Government Employment and Wage Policies‹ in: Flexibility and rigidity in the labour market in Hungary, International Institute for Labour Studies, Geneva, Research Series, N° 90 (eds.: Horváth, D. Tamás; Sziráczki, György)

Gáspár, Pál; Sass, Magdolna, 1994, Informal Economy in Hungary (a publication, sponsored by the International Center for Economic Growth, San Francisco), Institute for World Economics of the Hungarian Academy of Sciences, Budapest

Kenedi, János,1981, »Do it yourself« (Hungary's hidden economy), Pluto Press Ltd., London

Lackó, Mária, 1992, »Az illegális gazdaság aránya Magyarországon 1970 és 1989 között. Egy monetáris modell« (The Proportion of the Illegal Eonomy in Hungary between 1970 and 1980. A Monetary Model), Közgazdasági Szemle, No.9. (in Hungarian). English version: Acta Oeconomica, Vol. 44 (1-2), pp. 161-190 (1992)

Lackó, Mária, 1995, »Rejtett gazdaság nemzetközi összehasonlításban (Becslési módszer a háztartási villamosenergia-fogyasztás alapján)« (Hidden economy in international comparison – an estimation method based on household electricity consumption) Közgazdasági Szemle, No.5. (in Hungarian)

Rose, Richard, 1992, »Divisions and Contradictions in Economies in Transition (Household Portfolios in Russia, Bulgaria and Czechoslovakia)«, Studies in Public Policy, No. 206., Centre for the Study of Public Policy, University of Stratchclyde, Glasgow.

Sik, Endre, 1994, »To Measure the Non(un)measurable in an Unprecedented Epoch (Unregistered Economy and Post-Communist Transformation), Manuscript, Budapest.

Sziráczki, György, 1989, ›Changes in the Labour Market and Employment Policy (1973-87)‹, in: Flexibility and rigidity in the labour market in Hungary, International Institute for Labour Studies, Geneva, Research Series, No. 90 (eds. Horváth, D. Tamás; Sziráczki, György)

TÁRKI – GKI, 1994, A magánszektor fejlödése Magyarországon – kutatási jelentés (Association for Social Science Informatics and Institute for Economic Policy Research: »Development of the Private Sector in Hungary« – Research Report, Budapest)

Marvin Jackson

Summary of the Results of Working Group VI

I shall summarize the report of Working Group VI, Labor Markets in Eastern Europe, around three main questions: I. What is the situation in Eastern Europe? II. What are the main labor market policies being applied in the region? III. What might be learned from the experiences in Western Europe?

I. *What is the situation in Eastern Europe?*

Reported unemployment rates in Eastern Europe vary from a low of 1.8 % in the Russian Federation to more than 20 % (that is, Spanish or Irish rates) in Bulgaria, Macedonia, and Albania. Relatively low rates are reported also in the Baltic States and the Czech Republic (3.5 %).

There are large regional variations within countries. For example, at the end of 1994, according to the *Employment Observatory: Central and Eastern Europe* (European Commission, 1995:7) rates varied in the Czech Republic from 1.6 % in Mid Bohemia to 4.4 in East Bohemia. Regional rates in Poland varied from 13.3 % in Warsaw to over 22 % in the Northeast, while in Hungary 6.9 % were unemployed in Budapest and the Northwest and over 15 % in the Northeast. Northeast regions are often the worst hit, while capital cities fare better. Higher education and more small- and medium-enterprises seems to be associated with more favorable employment rates.

The reported unemployment statistics are not standardized according to ILO definitions. There is both significant underreporting of employed persons, especially in new private and family enterprises, and a great amount of part-time employment in the reported figures on employment. Unemployment rates on a full-time basis probably would be much higher in most countries, especially in Russia and Romania, as suggested in one report.

Unemployment rates are higher, except in Hungary, among females. Unemployment is also very high among young people, reaching a reported 45 % for Bulgaria and 32 % for Poland at the end of 1994. This is over twice the reported overall unemployment rate for each country.

One must be careful to avoid premature conclusions about the numbers of unemployed on the basis of changes in the unemployment rates. This is because changes in unemployment rates and differences in unemployment rates across countries is subject to changes in the size of the labor force due to changing legal definitions and discouraged worker effects (causing some long-term unemployed to withdraw from the labor force). As one might expect, there is considerable disagreement about »the facts« of unemployment in Eastern Europe, and this was reflected in our working group.

There was also some considerable disagreement about the underlying causes and best ways of explaining unemployment and its likely evolution in the immediate and longer term horizons. Sometimes this disagreement was more implicit than explicit in our discussion. In any case, in our group there were no systematic studies of either »the facts« which would describe the situation in the region or the underlying causes and likely future of unemployment. Moreover, no systematic studies were reported by any of the presenters. Still, it is evident that our group shares some common views on why unemployment is different in Eastern and Western Europe.

Understanding the situation in Eastern Europe requires careful consideration of the initial conditions of transition. The former system generated a number of agreed »special configurations« or, if you will, »distortions« in the allocation of labor, among which we can list: (1) a certain amount of »over employment« in the senses of both unusually high participation rates and unproductive employment, (2) sectoral and branch allocations such as too much employment in industry and too little in services, (3) special enterprise configurations which saw most social benefits to workers provided by the enterprise itself, and (4) others. Perhaps too few were employed in the export sectors and too many in the energy and raw materials sectors as well as the machine building sectors. This was combined with other factors, such as the shortage of housing, which reduced regional mobility of labor and highly specialized education and vocation training which reduced employment flexibility. Some professions, which are extremely important in the west, were more or less missing, such as accounting, business law, personnel management, and others.

The abrupt liberalization of economies brought this distorted structure into direct contact with international markets. It is not surprising, given the initial allocation distortions and labor immobilities, that output and employment should fall. Some estimates, which probably exaggerate the problem, suggest that when faced with international prices as much as 30 % or more of existing production generated negative value added, that is, a situation where the opportunity costs of energy and raw materials exceeded the value of final outputs. Given any rigidity in allocation, the recorded unemployment rates, perhaps going from less than zero to 15 % or more, might not be surprising. The extent and speed of the declines in output and employment would depend on how fast restructuring could take place.

It should be noted that there is little agreement either within our working group or among economists in general about the actual causes of output and employment decline. Some would blame excessive devaluations and tight monetary policy, both initially in 1990 and 1992, or later as a result of continuing IMF pressure. Others would see the problems as the above mentioned initial distortions as well as subsequent barriers to restructuring and soft budget constraints of the state.

There was general agreement in our working group that across the region there has been a pronounced tendency for the fall in employment (which is probably a better way than the unemployment rate to measure changes in labor) to lag the fall in output. There was not so much agreement about how to interpret this phenomenon. One author used the differences between the fall in output and the fall in employment to indicate the approximate dimension of labor hoarding by enterprises. His measures for the European Association countries suggest a variation from minus 4.1 % in Hungary to a plus 19.0 % in Romania. Estimates go even higher in the FSU, suggesting such factors as worker dominance of enterprise decisions and soft budget constraints. Nevertheless, it should be noted that enterprises in developed market economies often do not shed labor when sales and output decline because of the high transaction costs of doing so for a short period of time.

According to this analysis, unemployment rates declined slightly in 1994 in Albania, Bulgaria, Czechia, Hungary, Slovenia, Estonia, and in some cases in the FSU. Our working group did not agree on whether we have now seen worst or not. We did agree on some of the more important factors. For example, employment growth has been rapid in the service sectors. Also, new private start ups (as opposed to privatized former state owned enterprises) have rapidly growing employment, and, when the size of this sector becomes important enough absolutely, such growth brings down both the unemployment rate and the absolute amount of unemployment. In studies of Poland, the new startup sector exhibits its vigor even when size effects are taken into consideration.

II. *What is being done about unemployment in the region?*

There was no evident agreement in our group concerning the recommended mix of policy measures that could or should be undertaken, that is, over the issue of passive or active labor policy. It was stated, for example, that some 30 % of Poland's unemployed find themselves jobs without special help (thus, it was also pointed out that there is a need to judge active labor policy measures in terms of their net effects above what would happen even without them). In the Czech Republic it was emphasized that behind the low unemployment is the insistence of the government on individual initiatives in the labor market, both on the supply and the demand sides. The only important group to get help, is the young mothers.

In the case of Hungary, an initial build up of unemployment was delayed by the ability of Hungarian enterprises to shift exports from the former CMEA to Western, especially EU markets. In mid-1992 Hungary's magic of gradualism stopped working as trade deficits appeared, industrial output fell sharply, and the state budget deficits grew sharply as a percent of GDP. Ability to shift exports has been demonstrated elsewhere in Central and Eastern Europe. Indeed, the region's exports have grown remarkably to the EU.

The development of the shadow economy is another spontaneous factor that provides for reemployment of those leaving or being pushed out of the old state sector. The analysis of the Hungarian example, in particular, provided a detailed consideration of factors affecting shadow economy development from the old system to the new. The various estimations for Hungary show a wide variation, but one consistent set of estimates suggests the size increased from 12 % of GDP in 1980 to 23 % in 1992. Yet other measures go higher to nearly 30 % for Hungary, 30 % for Czechia, and 34 % for Poland. However, there is little systematic investigation of the shadow economy so far. The discussion suggested more attention should be placed on the tax and other incentives (including those at the political level) to not reporting income, output and employment.

The efficacy of various active adjustment policies were debated without much agreement. Our group did recognize that governments throughout the region face severe financial constraints. This is not just from IMF pressure, but arises because of the continuing support of generous social and retirement benefits. There are also constraints on the human resources needed to administer labor policies and political risks. These problems grow rapidly if the point of consideration is shifted from Central Europe to Romania, Bulgaria or the FSU.

Nevertheless, there is a broad range of active measures that could be undertaken, as the Polish example showed, where 18 major program alternatives were identified. The main point of this discussion, nevertheless, was how the experts could serve and even provoke the politicians into action. Another focus was on education and on the chances of correcting through measures of reeducation the huge mismatches between the existing human resources and the needs for modernizing and restructuring enterprises in the region. Special features of the labor market must be considered, such as information asymmetries and issues of fairness.

The broad restructuring in education and training taking place in Poland's education system was examined. While there has been a great increase in the number and diversity of institutions (for example, now 54 private universities and 10,000 new training institutions), the degree of specialization has been reduced. Another author presented a detailed and systematic analysis of job or occupational training in the new German states. His results suggest strongly that programs outside of enterprises do not work. Good results from programs within enterprises are obtained if the programs are long and deep enough. This, he suggested, gives a role to state subsidies to enterprises, especially the SMEs that might not have the means themselves.

III. *What can be learned from the West*

A general warning was given that active labor market policies borrowed from Western Europe are too likely to have higher marginal costs than can be presently afforded in Eastern Europe. An example might be the training programs applied in the former GDR that could only be afforded by the strong West German state. By contrast, »social democratic policies« were advocated, referring especially to the success of such programs in Western Europe going back to the late 1950s and before the OPEC oil price crises of the 1970s. Others in our group, worried about the premature transplantation of Western European institutions into an only partially transformed system in the East, especially when large doubts could be raised about the effectiveness of those institutions in the West and the ability of East administrators to manage them.

In any case a warning must be sounded. We still know little about the agent behavior on either side of the emerging labor markets in Eastern Europe. Also, we have insufficient grasp of the behavior of political agents in the region. The lack of evidence in the papers of our group of systematic and careful comparative analysis of labor markets has already been mentioned. This makes it dangerous to make strong policy recommendations.

Perhaps there is some irony in a situation which finds Eastern Europe chasing after an image of Western Europe and when it arrives there only finds that Western Europe has transitioned to yet a different system. Is »transition« just a matter of copying the Western »social market economy« or should it be to take aim at a new institutional arrangement which seems likely to emerge after the year 2000? We fear that predicting the dimensions of that world on either side of the former Iron Curtain is beyond our present capacities. Perhaps, then, a less interventionist approach is called for in Central and Eastern Europe. That, I can add, would be consistent with both Schumpeter and Hayek.

Josef C. Brada

Final Remarks on Working Group VI

I have to apologize a little bit because when I thought about what I would say, my intention initially was to talk about some of the similarities between the problems that were discussed with respect to Germany and Western Europe and the problems of unemployment in East Europe. But as I sat here and listened to the reports, it occurred to me that perhaps it would be more important for me to talk about what I see as some important differences. Now, my apology has to come from the fact that this change in my theme has given me very little time to formulate my thoughts so my presentation is not as organized as it should be, and I hope you will bear with me. On the surface there certainly are similarities between unemployment in East and West Europe especially in that unemployment in East Europe is as great and as socially troubling a problem as it is in West Europe.

A part of East European unemployment is a cyclical element due to the decline in trade among the East European countries, the discoordination of economic life that has resulted from transformation measures that are being taken and also the effects of stabilization measures and the impact they have had on aggregate demand in these countries. Part of their high volume of unemployment is due to structural factors, and here, perhaps, there is a closer analogy to the kinds of problems that have been raised at this conference in terms of responsiveness to international competition and other stuctural factors related to unemployment in Western Europe. Certainly there have been tremendous structural shifts, and these are still continuing, of East European labor out of the industrial sector and – in a number of countries – also out of agriculture into services. There have also been shifts within industry from sectors that clearly lack in international competitiveness to sectors where competitiveness can be achieved.

It is evident that the cyclical factor is much more important in explaining high levels of unemployment in East Europe than it is in West Europe, although the structural changes that are needed are also much greater in East Europe as well. Nevertheless, it seems to me that, in a way, the magnitude of the change required on labor markets in East Europe is an advantage in dealing with unemployment in these countries. It is an advantage in the sense that there can be – even though I suspect that many people in East Europe who are undergoing unemployment at this time or facing prospects of unemployment may not feel that way – a much greater emphasis on changes in jobs and patterns of work because people realize that they are existing and operating in an abnormal environment. Therefore, they expect that a normalization, that is to say, the resumption of economic growth after the dislocations of transformation and stabilization, will take place, and with it a return of unemployment levels back to more normal levels and at the same time an increase in living standards as labour productivity increases.

The feeling in our group, when we discussed this, was that people in East Europe have an implicit assumption that economic conditions in their countries will improve, that there is in some sense a vision of where they are going. They also understand that there is a danger. Their vision is that they will achieve West European living standards while returning to high levels of employment. The danger, of course, is that they will become locked into lower living standards but with structural maladaptation and high levels of unemployment that, while in the present situation are the result of short run factors and therefore acceptable, will become long run structural problems. Nevertheless, there is feeling of optimism or of hope, a feeling, I would say, of vision of where these societies are hoping to go.

This idea of a vision of the future is perhaps something that is now missing in West Europe. I found in many of the presentations about unemployment solutions in West Europe much ambiguity about what is to be done. There was numerous concrete proposals of what to do, but I wonder a little bit how practical they are and how effective they are going to be. Many suggest reliance on new techniques or new ways of organizing work and society that seem rather utopian. In East Europe there are no expectations that innovations in technology are going to cure all these problems. The failure of communism to harness the so-called scientific-technical revolution has shown these people the limits of technological cures for social problems. Moreover, the technology sector has collapsed in the region, and although there is certainly an expectation that technology imports from the West will be important, nevertheless, technology is not seen as the cure-all that it was under socialism.

Second, in East Europe there is certainly an acceptance of growing inequality, although it is something that is difficult for people to accept and to some it is unpopular. Nevertheless, I think there is a perception that it is very expensive to try to do away with or to prevent the emergence of growing inequality in these countries. There is also greater acceptance of change. People understand that they will be unemployed, that they will have to make changes in their unemployment. If people are earning 250 DM a month, they cannot afford to say that they do not want to make these changes in the way they work.

The difference, then, between East and West Europe is that, in West Europe, people are in general satisfied with the standard of living and the key issue is one of redistribution between those who have jobs and those who do not.

There is no real drive for increased growth and development. This I think is a serious mistake. For example, much has been made at this conference of avoiding American »starvation wages« in Europe, among others by Commissioner Flynn. I was struck by the fact that anyone who was employed for a year in the United States at the legal minimum wage would earn the average per capita income of the Commissioner's native Ireland. This suggests that emphasizing redistribution at the expense of economic growth is a dead-end policy for Western Europe. In East Europe, the vision is one of societies that will be able to produce more wealth over time; redistribution is secondary.

So there is much less of an issue of Keynes or Schumpeter, as some speakers have put it, in East Europe. In fact, I think the keyword in East Europe is neither Keynes nor Schumpeter, but rather Marx, who emphasized labor as the source of all value. People expect that their lives will improve if they work harder. So, in a sense, there is vision in East Europe and a perception that time and hard work will improve the situation. This is lacking in the discussion of West Europe because for West Europe there is no model for the future. It is the region with the highest productivity, and therefore it has to grope for what the future is going to bring. I suggest that realism and optimism, an emphasis on wealth creation not wealth preservation, might move this discussion forward.

Anhang

Appendix

Die Autoren

The Authors

Dr. Martin Ahbe, 1977 – 1983, Studium der Wirtschaftswissenschaften und Soziologie an den Universitäten Darmstadt, Freiburg und Kiel; 1990 Promotion an der Universität Hamburg; seit Juni 1995 Economist, Directorate for Internal Coordination, Secretariat General, European Commission, Brüssel.

Dr. Gabriele Andretta, Studium der Sozialwissenschaften und Psychologie in Göttingen; 1990 Promotion an der Georg-August-Universität Göttingen in Sozialpolitik; seit 1991 wissenschaftliche Mitarbeiterin, Soziologisches Forschungsinstitut (SOFI) e.V. an der Georg-August-Universität, Göttingen.

Prof. Dr. Martin Baethge, Studium der Soziologie, Philosophie und Politikwissenschaft in Göttingen und Berlin; 1969 Promotion an der Universität Hannover; seit 1973 Professor für Allgemeine Soziologie an der Georg-August-Universität Göttingen; seit 1975 Direktor des Soziologischen Forschungsinstituts (SOFI) e.V., Göttingen.

Prof. Dr. Gerhard Bosch, Studium der Volkswirtschaftslehre und der Soziologie in Köln; 1977 Promotion zum Dr. rer. pol. an der Universität Dortmund; 1991 Habilitation für Arbeits- und Wirtschaftssoziologie an der Universität Osnabrück; seit 1989 Leiter der Abteilung »Arbeitsmarkt« am Institut Arbeit und Technik des Wissenschaftszentrums Nordrhein-Westfalens in Gelsenkirchen; seit 1993 Professor an der Universität-Gesamthochschule Duisburg und Vize-Präsident des Instituts Arbeit und Technik.

Dr. Jozef M. van Brabant, 1973 Ph.D. (economics) at Yale University, New Haven, CT, USA; January 1975 – present successively Economic Affairs Officer, First Economic Affairs Officer, Chief of Section and Senior Economic Affairs Officer, and, most recently, Principal Economic Affairs Officer in the Department of Economic and Social Information and Policy Analysis, United Nations Secretariat New York, NY, USA.

Prof. Dr. Josef C. Brada, 1971 Ph.D. in Economics, University of Minnesota, since 1981 Professor of Economics, Arizona State University, Tempe, Arizona, USA; since 1992 Director, College of Business International Programs, Arizona State University.

Prof. Dr.-Ing. Hans-Jörg Bullinger, 1974 Promotion; 1978 Habilitation; seit 1982 Professor an der Universität Stuttgart; Leiter des Instituts für Arbeitswissenschaft und Technologiemanagement (IAT) der Universität Stuttgart und des Fraunhofer-Instituts für Arbeitswirtschaft und Organisation (IAO), Stuttgart.

Prof. Dr. Johann Eekhoff, 1972 Promotion an der Universität Bonn; 1979 Habilitation an der Universität Saarbrücken; 1991 – 1994 Staatssekretär im Bundeswirtschaftsministerium, Bonn; seit 1995 Direktor des Instituts für Mietrecht und Wohnungswirtschaft, Universität Köln.

Prof. Dr. John Erpenbeck, 1968 Promotion zum Dr. rer. nat.; 1978 Habilitation zum Dr. sc.phil.; 1984 Ernennung zum Professor; seit 1991 im Forschungsschwerpunkt Wissenschaftsgeschichte und Wissenschaftstheorie der Förderungsgesellschaft wissenschaftliche Neuvorhaben mbH (Max-Planck-Gesellschaft) zu analogen Fragestellungen.

Pádraig Flynn, 1977 first elected to the Irish Parliament – Dail Eireann; 1980 – 1981 Minister of State at the Department of Transport and Power; Feb. 1992 – Dec. 1992 Minister for Justice; Since Jan. 1995 Member of the European Commission responsible for Employment, Industrial Relations and Social Affairs.

David Foden, 1976 – 1979 Corpus Christi College Cambridge to read Economics. Graduated with upper second class honors; since 1985, Research Officer at the European Trade Union Institute, Brussels.

Gottlieb Förster, seit 1982 Gewerkschaftssekretär bei der IG Chemie-Papier-Keramik in Hannover; seit 1988 Leiter der Tarifabteilung beim Hauptvorstand der IG Chemie-Papier-Keramik und Vorstandssekretär im Vorstandsbereich Tarifpolitik – Humanisierung.

Dr. Klára Fóti, 1987 Doctor's degree in International Economics; since August 1985 Research Fellow, Institute for World Economics of the Hungarian Academy of Sciences, Budapest.

Prof. Dr. Wolfgang Franz, Studium der Volkswirtschaftslehre an der Universität Mannheim; 1974 Promotion mit einer Arbeit über Arbeitsmarktanalysen; 1981 Habilitation mit einer Arbeit über Arbeitsmarktanalysen; Seit 1988 Professor an der Universität Konstanz, Fakultät für Wirtschaftswissenschaften und Statistik; Mitglied des Sachverständigenrates zur Begutachtung der gesamtwirtschaftlichen Entwicklung im Bundeswirtschaftsministerium, Bonn.

Prof. Dr. Friedrich Fürstenberg, 1953 Promotion zum Dr. rer. pol an der Universität Tübingen, 1962 Habilitation, seit 1986 Philosophische Fakultät, Universität Bonn.

Prof. Dr. Herbert Giersch, Studium an den Universitäten Breslau und Kiel; 1948 Promotion zum Dr. rer. pol. an der Universität Münster; 1950 Habilitation an der Universität Münster; 1969 – 1989 Professor für Wirtschaftswissenschaften, Universität Kiel; gleichzeitig Präsident des Instituts für Weltwirtschaft, Kiel.

Dr. Daniel Gros, 1984 Ph.D. in Economics, University of Chicago; since July 1992 Head of TACIS Group of Experts providing advice to CIS governments on their mutual trade and payments, Centre for European Policy Research (CEPS), Brussels; since April 1994 Visiting Professor at the University of Frankfurt, Department of Economics.

Peter Haase, Studium der Betriebswirtschaft an den Universitäten Kiel und Göttingen; seit 1995 Geschäftsführer, Volkswagen Coaching GmbH, Wolfsburg; seit 1986 Lehrbeauftragter, TU Braunschweig.

Dr. Christa-Jana Hartwig, Studium der angewandten Psychologie, Universität Dresden; Promotion an der Universität Dresden; seit 1992 wissenschaftliche Mitarbeiterin Arbeitsgruppe »QUEM« (Qualifikations-Entwicklungs-Management), Berlin.

Prof. Dr. Volker Heyse, 1964 – 1969 Studium der Psychologie und Sozialpsychologie, Friedrich-Schiller-Universität zu Jena; 1973 Promotion zum Dr. phil.; 1986 Dr. sc. phil. (habil.) auf dem Gebiet der Gruppen- und Persönlichkeitssoziologie; seit Januar 1992 Leiter der Niederlassung Berlin, Deutsche Industrie Consult.

Prof. Dr. Dr. Karl Homann, 1963 – 1972 Studium der Philosophie, Germanistik und Katholischen Theologie an der Universität Münster, Promotion zum Dr. phil; 1971 – 1979 Studium der Volkswirtschaftslehre and der Universität Münster, Promotion zum Dr. rer. pol; 1985 Habilitation für Philosophie an der Universität Göttingen; seit 1990 Professor für Wirtschafts- und Unternehmensethik an der Wirtschaftswissenschaftlichen Fakultät der Katholischen Universität Eichstätt in Ingolstadt.

Prof. Dr. Olaf Hübler, 1966 – 1970 Studium an der Universität Berlin; Diplomprüfung im Fach Volkswirtschaftslehre, Universität Berlin; 1974 Promotion; 1978 Habilitation (Thema: Regionale Sektorstrukturen – Verfahren zur Schätzung und Auswertung regionaler Input-Output Beziehungen); seit 1982 Professor für Ökonometrie und Statistik, Institut für Quantitative Wirtschaftsforschung, Universität Hannover.

Stefan Huckemann, 1986 – 1992 Studium der Betriebswirtschaftslehre, Universitäten Dortmund und Köln; seit 1993 wissenschaftlicher Assistent, Institut für Wirtschaftspolitik und Konjunkturforschung, Universität Witten-Herdecke.

Prof. Dr. Marvin Jackson, 1967 Ph.D. in Economics, University of California, Berkeley; since 1990 Director, Leuven Institute for Central and East European Studies, Catholic University Leuven, Belgium; since 1991 Professor, Catholic University Leuven, Belgium.

Dr. Peter Klös, Studium der Wirtschaftswissenschaften, Universität Marburg; seit 1988 Institut der deutschen Wirtschaft, AB Arbeitsmarkttheorie und -politik, Köln.

Thomas Lange, bis 1995 wissenschaftlicher Mitarbeiter im Institute for Employment Studies, University of Sussex, Brighton; seit August 1995 wissenschaftlicher Mitarbeiter im Institut für Öffentliche Verwaltung und Recht, The Gordon University, Aberdeen, Schottland.

Dr. Richard Medley, Advisor to the US-Hedge Funds, New York, NY; since 1995 ass. Professor, Lester Crowne Distinguished Faculty, Yale University, New Haven.

Prof. Dr. Peter Meyer-Dohm, Studium der Volkswirtschaftslehre an den Universitäten Göttingen und Hamburg; 1956 Promotion zum Dr. rer. pol.; seit 1981 Honorarprofessor der Ruhr-Universität Bochum und seit 1990 der Technischen Universität Braunschweig; seit 1990 Vorsitzender der International Partnership Initiative e. V. (I.P.I.), Wolfsburg; seit 1992 Mitglied des Wissenschaftsrats.

Dr. Klaus-Peter Möller, 1958 – 1962 Studium an den Universitäten Hamburg und Innsbruck; 1981 Promotion zum Dr. rer. pol. an der Universität Hannover; seit 1977 Leiter des Instituts für angewandte Systemforschung des Eduard-Pestel Instituts (ISP), Hannover.

Prof. Dr. Dale T. Mortensen, since 1965 Faculty of the Department of Economics at Northwestern University; currently: Ida C. Cook Professor of Economics; Director, Mathematical Methods in the Social Sciences Program, College of Arts and Sciences; Professor of Managerial Economics and Decision Sciences in the Kellogg School of Management.

Prof. Dr. Karl Heinrich Oppenländer, 1954 – 1958 Studium der Wirtschafts- und Sozialwissenschaften an der Universität München; 1963 Promotion zum Dr. oec. publ. an der Universität München; 1975 Habilitation an der Universität Tübingen; seit 1958 Ifo Institut für Wirtschaftsforschung, München; seit 1976 Präsident des Ifo Instituts.

Dr. Joachim Ragnitz, 1981 – 1986 Studium der Volkswirtschaftslehre, Universität zu Köln; seit 1994 Leiter, Abteilung Strukturwandel, Institut für Wirtschaftsforschung, Halle.

Dr. Ramana Ramaswamy, 1990 Ph.D. in Economics, University of Cambridge, UK; since 1992 Economist, European 1 Department, International Monetary Fund, Washington, D.C., USA.

Prof. Dr. Robert Rowthorn, Professor at the Faculty of Economics at the University of Cambridge, United Kingdom.

Prof. Dr. Hans Ruh, 1953 – 1958 Studium der protestantischen Theologie an den Universitäten Zürich, Bonn und Basel; 1958 Staatsexamen in Theologie, 1969 Habilitation an der protestantisch-theologischen Fakultät der Universität Bern, seit 1977 Professor für Sozialethik, Universität Bern; seit 1978 Professor für Sozialethik an der Eidgenössischen Technischen Hochschule, Zürich.

Dr. Michal Rutkowski, Ph.D. from the Warsaw School of Economics; since 1990 economist, Europe and Central Asia Department, The World Bank, Washington, D.C., USA.

Prof. Dr. Gilles Saint-Paul, 1987 – 1990 Ph.D. Massachussetts Institute of Technology; 1994 Habilitation diriger des recherches, E.H.E.S.S.; since August 1991 Fellow of the Center for Economic Policy Research; current position: Researcher, Departement et Laboratoire d'Economie Théorique et Appliquée (DELTA); Paris.

Wolfgang Scheremet, 1983 – 1989 Studium der Wirtschaftswissenschaften, Universität Konstanz; seit August 1990 wiss. Mitarbeiter, Deutsches Institut für Wirtschaftsforschung (DIW), Berlin.

PD Dr. Ronald Schettkat, 1976 – 1981 Studium der Wirtschaftswissenschaften, Technische Universität Berlin; April 1987 Promotion zum Dr. rer. oec., Technische Universität Berlin; Dezember 1991 Privatdozent, Venia Legendi (Habilitation), Universität Bremen; seit 1990, Wissenschaftszentrum Berlin für Sozialforschung GmbH, Berlin.

Hubertus Schmoldt, seit 1963 Mitglied der IG Chemie-Papier-Keramik; 1966 – 1969 Studium an der Hochschule für Wirtschaft und Politik, Hamburg; seit 1988 Mitglied des geschäftsführenden Hauptvorstandes, seit 1995 Vorsitzender des geschäftsführenden Hauptvorstandes, IG Chemie-Papier-Keramik; Stellvertretender Aufsichtsratsvorsitzender, BUNA GmbH; Mitglied des Aufsichtsrates, Mobil Oil AG und der Schwarzkopf GmbH.

Heide Simonis, Studium der Volkswirtschaft und Soziologie, Universitäten Erlangen, Kiel und Nürnberg; 1967 Examen als Diplom-Volkswirtin, Kiel; 1969 Beginn der parteipolitischen Arbeit mit dem Eintritt in die SPD; 1976 Wahl in den Deutschen Bundestag; seit 19. Mai 1993 Ministerpräsidentin des Landes Schleswig-Holstein.

Dr. Matthew J. Slaugther, May 1994 Ph.D. in Economics, Massachussetts Institute of Technology; since July 1994 ass. Professor of Economics, Dartmouth College, Hanover, NH, USA.

Prof. Dr. Rüdiger Soltwedel, 1964 – 1969 Studium der Wirtschaftswissenschaften, Universitäten Nürnberg und Saarbrücken; 1984 Promotion an der Christian-Albrechts-Universität, Kiel; seit Juli 1992 Leiter der Forschungsabteilung »Raumwirtschaft und Infrastruktur«, Institut für Weltwirtschaft, Kiel.

Ingeborg Sperling, 1965 – 1972 Studium der Verwaltungs- und Wirtschaftswissenschaften, Universitäten Hamburg und Berlin; seit 1972 wissenschaftliche Mitarbeiterin im HWWA-Institut für Wirtschaftsforschung-Hamburg; seit 1979 Forschungsgruppenleiterin, Arbeitsmarktforschung, HWWA-Institut für Wirtschaftsforschung-Hamburg.

Prof. Dr. Erich Staudt, 1973 Promotion an der Universität Erlangen-Nürnberg; 1978 Habilitation; seit 1986 Lehrstuhl für Arbeitsökonomie an der Ruhr-Universität Bochum.

Prof. Dr. Ulrich van Suntum, Studium an den Universitäten Münster und Bochum, 1980 Promotion zum Dr. rer. oec.; 1984 Habilitation; 1990 – 1995 Professor für Volkswirtschaftslehre an der Universität Münster und Leiter des Instituts für Wirtschaftspolitik und Konjunkturforschung der Universität Witten/Herdecke; seit 1995 am Institut für Siedlungs- und Wohnungswesen, Universität Münster.

Werner Then, 1969 – 1992 Präsident bzw. Sprecher des Bundesverbandes Zeitarbeit e.V.; heutige Position: Präsident der Deutschen Management-Gesellschaft e.V., Frankfurt am Main und Leiter des Instituts für Innovation im System Arbeit an der Fachhochschule Nürtingen.

Prof. Dr. Zenon Wiśniewski, 1968 – 1972 studies of economics, Nicholas Copernicus University, Torun, Poland; 1980 Ph.D. from Poznan School of Economics (Labor Economics); 1993 Habilitation in Economics from Nicholas Copernicus University, Torun; since 1994 Professor of Economics and Deputy Dean of the Faculty of Economic Sciences and Management, Nicholas Copernicus University, Torun.

Dr. Artur Wollert, 1967 Promotion Dr. oec. publ.; 1985 – März 1994 Mitglied der Geschäftsleitung und Arbeitsdirektor, HERTIE Waren- und Kaufhaus GmbH, Frankfurt; seit April 1994 Beauftragter der Karstadt AG, Essen.

Prof. Dr. Walther Ch. Zimmerli, 1971 Promotion in Zürich; 1978, Habilitation für Philosophie, Universität Zürich; seit 1988, Ordinarius für Philosophie, Universitäten Bamberg und Erlangen.

Stephan Zinser, Dipl.-Kaufmann, wissenschaftlicher Mitarbeiter am Institut für Arbeitswissenschaft und Technologiemanagement (IAT) der Universität Stuttgart.